商标诉讼

实务法规辑要

SHANGBIAO SUSONG SHIWU FAGUI JIYAO

李永波　侯玉静 ◎编

中国法制出版社
CHINA LEGAL PUBLISHING HOUSE

序　言

古人有云，弄一车兵器，不如寸铁杀人，关键在于运用者能否精熟于一器，达到自如、自得的境界。对于律师来说，在法庭这个没有硝烟的战场，法律条文是“寸铁”，能否熟练援引法条就是衡量一个律师“战力”的关键指标，商标诉讼尤其如此。

商标诉讼，相对于普通的民商事案件而言，专业性强、规则特殊，这些特殊的裁判规则无法完全依靠民商事基础法律知识推导而出，因此准确地掌握这些规则的内容和出处，就会在证据准备和法庭辩论中占据优势。再者，《民法典》《民事诉讼法》及其司法解释等民商事基础法律规定的“外源性”修订，以及《商标法》等知识产权法律法规的“内源性”修订，使得商标司法实践所依据的法条，从实体到程序，在过去三年内发生了翻天覆地的变化，因此系统地编辑这些新法、新规供从业者熟读精思，颇有意义。

本书编写的特点主要体现在体例、内容和图示化三个方面。

首先，在编写体例上，分为商标、知识产权、综合实体与程序三个版块。商标法律法规是核心，知识产权和民商事综合法律法规中涉及商标诉讼的分别纳入作为辅助；每一个版块之下，按照该版块法律法规的内容特点，分主题显示。旨在确保全面性、系统性的前提之下，主题突出、便于理解和掌握。

其次，在法律法规的编辑拣选上，不以法律层级为纲，在最高人民法院司法解释、规定、批复之外，纳入部分高级人民法院、中级人民法院的审理指南、专题综述，以及国家知识产权局的审理标准、裁量标准及各类批复。这是因为在商标司法领域，很多法律尚未明确规定的内容，在司法实践中已有一些较为成熟、通用的审理思路和裁量方法，这些规则在上升为规范性指引之前，就零散存在于前述各类指南、标准之中，发现并掌握这些规则，对诉讼律师来说是制胜关键。

最后，图示化主要涉及管辖问题。知识产权的地域管辖和级别管辖非常复杂，不仅因为各地知识产权法院、知识产权法庭跨地域集中管辖，还因为知识产权诉讼要按照案件类型和诉讼标的两个标准确定级别管辖，各级、各地法院涉及知识产权管辖的规定内容繁多，本书化繁为简，以图表形式展示，更加直观、简便和准确。

本书得以编辑出版，特别感谢中国法制出版社编辑成知博老师，成老师的严谨、勤勉是鞭策我们前进的动力。本书学习参考了数十本知识产权法规参考资料，查阅了海量网络资源，为方便读者使用，进行了必要的加工和节录等处理，这些繁重的工作主要是由马宏浩律师完成，在此也表示衷心的感谢！

李永波　侯玉静

北京市集佳律师事务所

目 录

第一编 商标相关规定

三、驰名商标

四、商标授权确权

五、商标侵权

第二编　知识产权综合

二、保全、调解与简易程序

三、证据规定

四、涉网知识产权

五、民事责任

参考资料

参考资料

六、刑事责任

第三编　综合实体与程序

二、司法解释

参考资料

三、地方规范性司法文件

附录　部分知识产权法院（法庭）级别管辖图示

第一编

商标相关规定

◎ 导　读

本部分主要由商标法领域最新的法律法规、司法解释、批复答复、地方司法文件等组成，为方便读者快速检索，分为如下七个部分：

1. 综合：商标相关的综合性规定。
2. 商标申请及管理：国家知识产权局等针对商标相关问题的规定或批复。
3. 驰名商标：涉驰名商标的行政与司法保护。
4. 商标授权确权：关于商标授权确权行政诉讼的相关规定。
5. 商标侵权：涉商标民事侵权的司法解释、批复、审理指南等。
6. 权利冲突：商标与其他权利发生冲突后的解决规则。
7. 程序性规定：涉商标财产保全、管辖及法律适用规定。

一、综合

中华人民共和国商标法

（1982年8月23日第五届全国人民代表大会常务委员会第二十四次会议通过　根据1993年2月22日第七届全国人民代表大会常务委员会第三十次会议《关于修改〈中华人民共和国商标法〉的决定》第一次修正　根据2001年10月27日第九届全国人民代表大会常务委员会第二十四次会议《关于修改〈中华人民共和国商标法〉的决定》第二次修正　根据2013年8月30日第十二届全国人民代表大会常务委员会第四次会议《关于修改〈中华人民共和国商标法〉的决定》第三次修正　根据2019年4月23日第十三届全国人民代表大会常务委员会第十次会议《关于修改〈中华人民共和国建筑法〉等八部法律的决定》第四次修正）

第一章　总　　则

第一条　为了加强商标管理，保护商标专用权，促使生产、经营者保证商品和服务质量，维护商标信誉，以保障消费者和生产、经营者的利益，促进社会主义市场经济的发展，特制定本法。

第二条　国务院工商行政管理部门商标局主管全国商标注册和管理的工作。

国务院工商行政管理部门设立商标评审委员会，负责处理商标争议事宜。

第三条　经商标局核准注册的商标为注册商标，包括商品商标、服务商标和集体商标、证明商标；商标注册人享有商标专用权，受法律保护。

本法所称集体商标，是指以团体、协会或者其他组织名义注册，供该组织成员在商事活动中使用，以表明使用者在该组织中的成员资格的标志。

本法所称证明商标，是指由对某种商品或者服务具有监督能力的组织所控制，而由该组织以外的单位或者个人使用于其商品或者服务，用以证明该商品或者服务的原产地、原料、制造方法、质量或者其他特定品质的标志。

集体商标、证明商标注册和管理的特殊事项，由国务院工商行政管理部门规定。

第四条　自然人、法人或者其他组织在生产经营活动中，对其商品或者服务需要取得商标专用权的，应当向商标局申请商标注册。不以使用为目的的恶意商标注册申请，应当予以驳回。

本法有关商品商标的规定，适用于服务商标。

第五条　两个以上的自然人、法人或者其他组织可以共同向商标局申请注册同一商标，共同享有和行使该商标专用权。

第六条　法律、行政法规规定必须使用注册商标的商品，必须申请商标注册，未经核准注册的，不得在市场销售。

第七条 申请注册和使用商标，应当遵循诚实信用原则。

商标使用人应当对其使用商标的商品质量负责。各级工商行政管理部门应当通过商标管理，制止欺骗消费者的行为。

第八条 任何能够将自然人、法人或者其他组织的商品与他人的商品区别开的标志，包括文字、图形、字母、数字、三维标志、颜色组合和声音等，以及上述要素的组合，均可以作为商标申请注册。

第九条 申请注册的商标，应当有显著特征，便于识别，并不得与他人在先取得的合法权利相冲突。

商标注册人有权标明“注册商标”或者注册标记。

第十条 下列标志不得作为商标使用：

（一）同中华人民共和国的国家名称、国旗、国徽、国歌、军旗、军徽、军歌、勋章等相同或者近似的，以及同中央国家机关的名称、标志、所在地特定地点的名称或者标志性建筑物的名称、图形相同的；

（二）同外国的国家名称、国旗、国徽、军旗等相同或者近似的，但经该国政府同意的除外；

（三）同政府间国际组织的名称、旗帜、徽记等相同或者近似的，但经该组织同意或者不易误导公众的除外；

（四）与表明实施控制、予以保证的官方标志、检验印记相同或者近似的，但经授权的除外；

（五）同“红十字”、“红新月”的名称、标志相同或者近似的；

（六）带有民族歧视性的；

（七）带有欺骗性，容易使公众对商品的质量等特点或者产地产生误认的；

（八）有害于社会主义道德风尚或者有其他不良影响的。

县级以上行政区划的地名或者公众知晓的外国地名，不得作为商标。但是，地名具有其他含义或者作为集体商标、证明商标组成部分的除外；已经注册的使用地名的商标继续有效。

第十一条 下列标志不得作为商标注册：

（一）仅有本商品的通用名称、图形、型号的；

（二）仅直接表示商品的质量、主要原料、功能、用途、重量、数量及其他特点的；

（三）其他缺乏显著特征的。

前款所列标志经过使用取得显著特征，并便于识别的，可以作为商标注册。

第十二条 以三维标志申请注册商标的，仅由商品自身的性质产生的形状、为获得技术效果而需有的商品形状或者使商品具有实质性价值的形状，不得注册。

第十三条 为相关公众所熟知的商标，持有人认为其权利受到侵害时，可以依照本法规定请求驰名商标保护。

就相同或者类似商品申请注册的商标是复制、摹仿或者翻译他人未在中国注册的驰名商标，容易导致混淆的，不予注册并禁止使用。

就不相同或者不相类似商品申请注册的商标是复制、摹仿或者翻译他人已经在中国注册的驰名商标，误导公众，致使该驰名商标注册人的利益可能受到损害的，不予注册并禁止使用。

第十四条 驰名商标应当根据当事人的请求，作为处理涉及商标案件需要认定的事实进行认定。认定驰名商标应当考虑下列因素：

（一）相关公众对该商标的知晓程度；

（二）该商标使用的持续时间；

（三）该商标的任何宣传工作的持续时间、程度和地理范围；

（四）该商标作为驰名商标受保护的记录；

（五）该商标驰名的其他因素。

在商标注册审查、工商行政管理部门查处商标违法案件过程中，当事人依照本法第十三条规定主张权利的，商标局根据审查、处理案件的需要，可以对商标驰名情况作出认定。

在商标争议处理过程中，当事人依照本法第十三条规定主张权利的，商标评审委员会根据处理案件的需要，可以对商标驰名情况作出认定。

在商标民事、行政案件审理过程中，当事人依照本法第十三条规定主张权利的，最高人民法院指定的人民法院根据审理案件的需要，可以对商标驰名情况作出认定。

生产、经营者不得将"驰名商标"字样用于商品、商品包装或者容器上，或者用于广告宣传、展览以及其他商业活动中。

第十五条 未经授权，代理人或者代表人以自己的名义将被代理人或者被代表人的商标进行注册，被代理人或者被代表人提出异议的，不予注册并禁止使用。

就同一种商品或者类似商品申请注册的商标与他人在先使用的未注册商标相同或者近似，申请人与该他人具有前款规定以外的合同、业务往来关系或者其他关系而明知该他人商标存在，该他人提出异议的，不予注册。

第十六条 商标中有商品的地理标志，而该商品并非来源于该标志所标示的地区，误导公众的，不予注册并禁止使用；但是，已经善意取得注册的继续有效。

前款所称地理标志，是指标示某商品来源于某地区，该商品的特定质量、信誉或者其他特征，主要由该地区的自然因素或者人文因素所决定的标志。

第十七条 外国人或者外国企业在中国申请商标注册的，应当按其所属国和中华人民共和国签订的协议或者共同参加的国际条约办理，或者按对等原则办理。

第十八条 申请商标注册或者办理其他商标事宜，可以自行办理，也可以委托依法设立的商标代理机构办理。

外国人或者外国企业在中国申请商标注册和办理其他商标事宜的，应当委托依法设立的商标代理机构办理。

第十九条 商标代理机构应当遵循诚实信用原则，遵守法律、行政法规，按照被代理人的委托办理商标注册申请或者其他商标事宜；对在代理过程中知悉的被代理人的商业秘密，负有保密义务。

委托人申请注册的商标可能存在本法规定不得注册情形的，商标代理机构应当明确告知委托人。

商标代理机构知道或者应当知道委托人申请注册的商标属于本法第四条、第十五条和第三十二条规定情形的，不得接受其委托。

商标代理机构除对其代理服务申请商标注册外，不得申请注册其他商标。

第二十条　商标代理行业组织应当按照章程规定，严格执行吸纳会员的条件，对违反行业自律规范的会员实行惩戒。商标代理行业组织对其吸纳的会员和对会员的惩戒情况，应当及时向社会公布。

第二十一条　商标国际注册遵循中华人民共和国缔结或者参加的有关国际条约确立的制度，具体办法由国务院规定。

第二章　商标注册的申请

第二十二条　商标注册申请人应当按规定的商品分类表填报使用商标的商品类别和商品名称，提出注册申请。

商标注册申请人可以通过一份申请就多个类别的商品申请注册同一商标。

商标注册申请等有关文件，可以以书面方式或者数据电文方式提出。

第二十三条　注册商标需要在核定使用范围之外的商品上取得商标专用权的，应当另行提出注册申请。

第二十四条　注册商标需要改变其标志的，应当重新提出注册申请。

第二十五条　商标注册申请人自其商标在外国第一次提出商标注册申请之日起六个月内，又在中国就相同商品以同一商标提出商标注册申请的，依照该外国同中国签订的协议或者共同参加的国际条约，或者按照相互承认优先权的原则，可以享有优先权。

依照前款要求优先权的，应当在提出商标注册申请的时候提出书面声明，并且在三个月内提交第一次提出的商标注册申请文件的副本；未提出书面声明或者逾期未提交商标注册申请文件副本的，视为未要求优先权。

第二十六条　商标在中国政府主办的或者承认的国际展览会展出的商品上首次使用的，自该商品展出之日起六个月内，该商标的注册申请人可以享有优先权。

依照前款要求优先权的，应当在提出商标注册申请的时候提出书面声明，并且在三个月内提交展出其商品的展览会名称、在展出商品上使用该商标的证据、展出日期等证明文件；未提出书面声明或者逾期未提交证明文件的，视为未要求优先权。

第二十七条　为申请商标注册所申报的事项和所提供的材料应当真实、准确、完整。

第三章　商标注册的审查和核准

第二十八条　对申请注册的商标，商标局应当自收到商标注册申请文件之日起九个月内审查完毕，符合本法有关规定的，予以初步审定公告。

第二十九条　在审查过程中，商标局认为商标注册申请内容需要说明或者修正的，可以要求申请人做出说明或者修正。申请人未做出说明或者修正的，不影响商标局做出审查决定。

第三十条　申请注册的商标，凡不符合本法有关规定或者同他人在同一种商品或者类似商品上已经注册的或者初步审定的商标相同或者近似的，由商标局驳回申请，不予公告。

第三十一条　两个或者两个以上的商标注册申请人，在同一种商品或者类似商品上，以相同或者近似的商标申请注册的，初步审定并公告申请在先的商标；同一天申请的，初步审定并公告使用在先的商标，驳回其他人的申请，不予公告。

第三十二条　申请商标注册不得损害他人现有的在先权利，也不得以不正当手段抢先注册他人已经使用并有一定影响的商标。

第三十三条　对初步审定公告的商标，自公告之日起三个月内，在先权利人、利害关系人认为违反本法第十三条第二款和第三款、第十五条、第十六条第一款、第三十条、第三十一条、第三十二条规定的，或者任何人认为违反本法第四条、第十条、第十一条、第十二条、第十九条第四款规定的，可以向商标局提出异议。公告期满无异议的，予以核准注册，发给商标注册证，并予公告。

第三十四条　对驳回申请、不予公告的商标，商标局应当书面通知商标注册申请人。商标注册申请人不服的，可以自收到通知之日起十五日内向商标评审委员会申请复审。商标评审委员会应当自收到申请之日起九个月内做出决定，并书面通知申请人。有特殊情况需要延长的，经国务院工商行政管理部门批准，可以延长三个月。当事人对商标评审委员会的决定不服的，可以自收到通知之日起三十日内向人民法院起诉。

第三十五条　对初步审定公告的商标提出异议的，商标局应当听取异议人和被异议人陈述事实和理由，经调查核实后，自公告期满之日起十二个月内做出是否准予注册的决定，并书面通知异议人和被异议人。有特殊情况需要延长的，经国务院工商行政管理部门批准，可以延长六个月。

商标局做出准予注册决定的，发给商标注册证，并予公告。异议人不服的，可以依照本法第四十四条、第四十五条的规定向商标评审委员会请求宣告该注册商标无效。

商标局做出不予注册决定，被异议人不服的，可以自收到通知之日起十五日内向商标评审委员会申请复审。商标评审委员会应当自收到申请之日起十二个月内做出复审决定，并书面通知异议人和被异议人。有特殊情况需要延长的，经国务院工商行政管理部门批准，可以延长六个月。被异议人对商标评审委员会的决定不服的，可以自收到通知之日起三十日内向人民法院起诉。人民法院应当通知异议人作为第三人参加诉讼。

商标评审委员会在依照前款规定进行复审的过程中，所涉及的在先权利的确定必须以人民法院正在审理或者行政机关正在处理的另一案件的结果为依据的，可以中止审查。中止原因消除后，应当恢复审查程序。

第三十六条　法定期限届满，当事人对商标局做出的驳回申请决定、不予注册决定不申请复审或者对商标评审委员会做出的复审决定不向人民法院起诉的，驳回申请决定、不予注册决定或者复审决定生效。

经审查异议不成立而准予注册的商标，商标注册申请人取得商标专用权的时间自初步审定公告三个月期满之日起计算。自该商标公告期满之日起至准予注册决定做出前，对他人在同一种或者类似商品上使用与该商标相同或者近似的标志的行为不具有追溯力；但是，因该使用人的恶意给商标注册人造成的损失，应当给予赔偿。

第三十七条　对商标注册申请和商标复审申请应当及时进行审查。

第三十八条　商标注册申请人或者注册人发现商标申请文件或者注册文件有明显错误的，可以申请更正。商标局依法在其职权范围内作出更正，并通知当事人。

前款所称更正错误不涉及商标申请文件或者注册文件的实质性内容。

第四章　注册商标的续展、变更、转让和使用许可

第三十九条　注册商标的有效期为十年，自核准注册之日起计算。

第四十条　注册商标有效期满，需要继续使用的，商标注册人应当在期满前十二个月内按照规定办理续展手续；在此期间未能办理的，可以给予六个月的宽展期。每次续展注册的有效期为十年，自该商标上一届有效期满次日起计算。期满未办理续展手续的，注销其注册商标。

商标局应当对续展注册的商标予以公告。

第四十一条　注册商标需要变更注册人的名义、地址或者其他注册事项的，应当提出变更申请。

第四十二条　转让注册商标的，转让人和受让人应当签订转让协议，并共同向商标局提出申请。受让人应当保证使用该注册商标的商品质量。

转让注册商标的，商标注册人对其在同一种商品上注册的近似的商标，或者在类似商品上注册的相同或者近似的商标，应当一并转让。

对容易导致混淆或者有其他不良影响的转让，商标局不予核准，书面通知申请人并说明理由。

转让注册商标经核准后，予以公告。受让人自公告之日起享有商标专用权。

第四十三条　商标注册人可以通过签订商标使用许可合同，许可他人使用其注册商标。许可人应当监督被许可人使用其注册商标的商品质量。被许可人应当保证使用该注册商标的商品质量。

经许可使用他人注册商标的，必须在使用该注册商标的商品上标明被许可人的名称和商品产地。

许可他人使用其注册商标的，许可人应当将其商标使用许可报商标局备案，由商标局公告。商标使用许可未经备案不得对抗善意第三人。

第五章　注册商标的无效宣告

第四十四条　已经注册的商标，违反本法第四条、第十条、第十一条、第十二条、第十九条第四款规定的，或者是以欺骗手段或者其他不正当手段取得注册的，由商标局宣告该注册商标无效；其他单位或者个人可以请求商标评审委员会宣告该注册商标无效。

商标局做出宣告注册商标无效的决定，应当书面通知当事人。当事人对商标局的决定不服的，可以自收到通知之日起十五日内向商标评审委员会申请复审。商标评审委员会应当自收到申请之日起九个月内做出决定，并书面通知当事人。有特殊情况需要延长的，经国务院工商行政管理部门批准，可以延长三个月。当事人对商标评审委员会的决定不服的，可以自收到通知之日起三十日内向人民法院起诉。

其他单位或者个人请求商标评审委员会宣告注册商标无效的，商标评审委员会收到申请后，应当书面通知有关当事人，并限期提出答辩。商标评审委员会应当自收到申请之日起九个月内做出维持注册商标或者宣告注册商标无效的裁定，并书面通知当事人。有特殊情况需要延长的，经国务院工商行政管理部门批准，可以延长三个月。当事人对商标评审委员会的裁定不服的，可以自收到通知之日起三十日内向人民法院起诉。人民法院应当通知商标裁定程序的对方当事人作为第三人参加诉讼。

第四十五条 已经注册的商标，违反本法第十三条第二款和第三款、第十五条、第十六条第一款、第三十条、第三十一条、第三十二条规定的，自商标注册之日起五年内，在先权利人或者利害关系人可以请求商标评审委员会宣告该注册商标无效。对恶意注册的，驰名商标所有人不受五年的时间限制。

商标评审委员会收到宣告注册商标无效的申请后，应当书面通知有关当事人，并限期提出答辩。商标评审委员会应当自收到申请之日起十二个月内做出维持注册商标或者宣告注册商标无效的裁定，并书面通知当事人。有特殊情况需要延长的，经国务院工商行政管理部门批准，可以延长六个月。当事人对商标评审委员会的裁定不服的，可以自收到通知之日起三十日内向人民法院起诉。人民法院应当通知商标裁定程序的对方当事人作为第三人参加诉讼。

商标评审委员会在依照前款规定对无效宣告请求进行审查的过程中，所涉及的在先权利的确定必须以人民法院正在审理或者行政机关正在处理的另一案件的结果为依据的，可以中止审查。中止原因消除后，应当恢复审查程序。

第四十六条 法定期限届满，当事人对商标局宣告注册商标无效的决定不申请复审或者对商标评审委员会的复审决定、维持注册商标或者宣告注册商标无效的裁定不向人民法院起诉的，商标局的决定或者商标评审委员会的复审决定、裁定生效。

第四十七条 依照本法第四十四条、第四十五条的规定宣告无效的注册商标，由商标局予以公告，该注册商标专用权视为自始即不存在。

宣告注册商标无效的决定或者裁定，对宣告无效前人民法院做出并已执行的商标侵权案件的判决、裁定、调解书和工商行政管理部门做出并已执行的商标侵权案件的处理决定以及已经履行的商标转让或者使用许可合同不具有追溯力。但是，因商标注册人的恶意给他人造成的损失，应当给予赔偿。

依照前款规定不返还商标侵权赔偿金、商标转让费、商标使用费，明显违反公平原则的，应当全部或者部分返还。

第六章 商标使用的管理

第四十八条 本法所称商标的使用，是指将商标用于商品、商品包装或者容器以及商品交易文书上，或者将商标用于广告宣传、展览以及其他商业活动中，用于识别商品来源的行为。

第四十九条 商标注册人在使用注册商标的过程中，自行改变注册商标、注册人名义、地址或者其他注册事项的，由地方工商行政管理部门责令限期改正；期满不改正的，由商标局撤销其注册商标。

注册商标成为其核定使用的商品的通用名称或者没有正当理由连续三年不使用的，任何单位或者个人可以向商标局申请撤销该注册商标。商标局应当自收到申请之日起九个月内做出决定。有特殊情况需要延长的，经国务院工商行政管理部门批准，可以延长三个月。

第五十条 注册商标被撤销、被宣告无效或者期满不再续展的，自撤销、宣告无效或者注销之日起一年内，商标局对与该商标相同或者近似的商标注册申请，不予核准。

第五十一条 违反本法第六条规定的，由地方工商行政管理部门责令限期申请注册，违法经营额五万元以上的，可以处违法经营额百分之二十以下的罚款，没有违法经营额或者违法经营额不足五万元的，可以处一万元以下的罚款。

第五十二条 将未注册商标冒充注册商标使用的，或者使用未注册商标违反本法第十条规定的，由地方工商行政管理部门予以制止，限期改正，并可以予以通报，违法经营额五万元以上的，可以处违法经营额百分之二十以下的罚款，没有违法经营额或者违法经营额不足五万元的，可以处一万元以下的罚款。

第五十三条 违反本法第十四条第五款规定的，由地方工商行政管理部门责令改正，处十万元罚款。

第五十四条 对商标局撤销或者不予撤销注册商标的决定，当事人不服的，可以自收到通知之日起十五日内向商标评审委员会申请复审。商标评审委员会应当自收到申请之日起九个月内做出决定，并书面通知当事人。有特殊情况需要延长的，经国务院工商行政管理部门批准，可以延长三个月。当事人对商标评审委员会的决定不服的，可以自收到通知之日起三十日内向人民法院起诉。

第五十五条 法定期限届满，当事人对商标局做出的撤销注册商标的决定不申请复审或者对商标评审委员会做出的复审决定不向人民法院起诉的，撤销注册商标的决定、复审决定生效。

被撤销的注册商标，由商标局予以公告，该注册商标专用权自公告之日起终止。

第七章 注册商标专用权的保护

第五十六条 注册商标的专用权，以核准注册的商标和核定使用的商品为限。

第五十七条 有下列行为之一的，均属侵犯注册商标专用权：

（一）未经商标注册人的许可，在同一种商品上使用与其注册商标相同的商标的；

（二）未经商标注册人的许可，在同一种商品上使用与其注册商标近似的商标，或者在类似商品上使用与其注册商标相同或者近似的商标，容易导致混淆的；

（三）销售侵犯注册商标专用权的商品的；

（四）伪造、擅自制造他人注册商标标识或者销售伪造、擅自制造的注册商标标识的；

（五）未经商标注册人同意，更换其注册商标并将该更换商标的商品又投入市场的；

（六）故意为侵犯他人商标专用权行为提供便利条件，帮助他人实施侵犯商标专用权行为的；

（七）给他人的注册商标专用权造成其他损害的。

第五十八条 将他人注册商标、未注册的驰名商标作为企业名称中的字号使用，误导公众，构成不正当竞争行为的，依照《中华人民共和国反不正当竞争法》处理。

第五十九条 注册商标中含有的本商品的通用名称、图形、型号，或者直接表示商品的质量、主要原料、功能、用途、重量、数量及其他特点，或者含有的地名，注册商标专用权人无权禁止他人正当使用。

三维标志注册商标中含有的商品自身的性质产生的形状、为获得技术效果而需有的商品形状或者使商品具有实质性价值的形状，注册商标专用权人无权禁止他人正当使用。

商标注册人申请商标注册前，他人已经在同一种商品或者类似商品上先于商标注册人使用与注册商标相同或者近似并有一定影响的商标的，注册商标专用权人无权禁止该使用人在原使用范围内继续使用该商标，但可以要求其附加适当区别标识。

第六十条 有本法第五十七条所列侵犯注册商标专用权行为之一，引起纠纷的，由当事人协商解决；不愿协商或者协商不成的，商标注册人或者利害关系人可以向人民法院起诉，也可以请求工商行政管理部门处理。

工商行政管理部门处理时，认定侵权行为成立的，责令立即停止侵权行为，没收、销毁侵权商品和主要用于制造侵权商品、伪造注册商标标识的工具，违法经营额五万元以上的，可以处违法经营额五倍以下的罚款，没有违法经营额或者违法经营额不足五万元的，可以处二十五万元以下的罚款。对五年内实施两次以上商标侵权行为或者有其他严重情节的，应当从重处罚。销售不知道是侵犯注册商标专用权的商品，能证明该商品是自己合法取得并说明提供者的，由工商行政管理部门责令停止销售。

对侵犯商标专用权的赔偿数额的争议，当事人可以请求进行处理的工商行政管理部门调解，也可以依照《中华人民共和国民事诉讼法》向人民法院起诉。经工商行政管理部门调解，当事人未达成协议或者调解书生效后不履行的，当事人可以依照《中华人民共和国民事诉讼法》向人民法院起诉。

第六十一条 对侵犯注册商标专用权的行为，工商行政管理部门有权依法查处；涉嫌犯罪的，应当及时移送司法机关依法处理。

第六十二条 县级以上工商行政管理部门根据已经取得的违法嫌疑证据或者举报，对涉嫌侵犯他人注册商标专用权的行为进行查处时，可以行使下列职权：

（一）询问有关当事人，调查与侵犯他人注册商标专用权有关的情况；

（二）查阅、复制当事人与侵权活动有关的合同、发票、账簿以及其他有关资料；

（三）对当事人涉嫌从事侵犯他人注册商标专用权活动的场所实施现场检查；

（四）检查与侵权活动有关的物品；对有证据证明是侵犯他人注册商标专用权的物品，可以查封或者扣押。

工商行政管理部门依法行使前款规定的职权时，当事人应当予以协助、配合，不得拒绝、阻挠。

在查处商标侵权案件过程中，对商标权属存在争议或者权利人同时向人民法院提起商标侵权诉讼的，工商行政管理部门可以中止案件的查处。中止原因消除后，应当恢复或者终结案件查处程序。

第六十三条 侵犯商标专用权的赔偿数额，按照权利人因被侵权所受到的实际损失确定；实际损失难以确定的，可以按照侵权人因侵权所获得的利益确定；权利人的损失或者侵权人获得的利益难以确定的，参照该商标许可使用费的倍数合理确定。对恶意侵犯商标专用权，情节严重的，可以在按照上述方法确定数额的一倍以上五倍以下确定赔偿数额。赔偿数额应当包括权利人为制止侵权行为所支付的合理开支。

人民法院为确定赔偿数额，在权利人已经尽力举证，而与侵权行为相关的账簿、资料主要由侵权人掌握的情况下，可以责令侵权人提供与侵权行为相关的账簿、资料；侵权人不提供或者提供虚假的账簿、资料的，人民法院可以参考权利人的主张和提供的证据判定赔偿数额。

权利人因被侵权所受到的实际损失、侵权人因侵权所获得的利益、注册商标许可使用费难以确定的，由人民法院根据侵权行为的情节判决给予五百万元以下的赔偿。

人民法院审理商标纠纷案件，应权利人请求，对属于假冒注册商标的商品，除特殊情况外，责令销毁；对主要用于制造假冒注册商标的商品的材料、工具，责令销毁，且不予补偿；或者在特殊情况下，责令禁止前述材料、工具进入商业渠道，且不予补偿。

假冒注册商标的商品不得在仅去除假冒注册商标后进入商业渠道。

第六十四条　注册商标专用权人请求赔偿，被控侵权人以注册商标专用权人未使用注册商标提出抗辩的，人民法院可以要求注册商标专用权人提供此前三年内实际使用该注册商标的证据。注册商标专用权人不能证明此前三年内实际使用过该注册商标，也不能证明因侵权行为受到其他损失的，被控侵权人不承担赔偿责任。

销售不知道是侵犯注册商标专用权的商品，能证明该商品是自己合法取得并说明提供者的，不承担赔偿责任。

第六十五条　商标注册人或者利害关系人有证据证明他人正在实施或者即将实施侵犯其注册商标专用权的行为，如不及时制止将会使其合法权益受到难以弥补的损害的，可以依法在起诉前向人民法院申请采取责令停止有关行为和财产保全的措施。

第六十六条　为制止侵权行为，在证据可能灭失或者以后难以取得的情况下，商标注册人或者利害关系人可以依法在起诉前向人民法院申请保全证据。

第六十七条　未经商标注册人许可，在同一种商品上使用与其注册商标相同的商标，构成犯罪的，除赔偿被侵权人的损失外，依法追究刑事责任。

伪造、擅自制造他人注册商标标识或者销售伪造、擅自制造的注册商标标识，构成犯罪的，除赔偿被侵权人的损失外，依法追究刑事责任。

销售明知是假冒注册商标的商品，构成犯罪的，除赔偿被侵权人的损失外，依法追究刑事责任。

第六十八条　商标代理机构有下列行为之一的，由工商行政管理部门责令限期改正，给予警告，处一万元以上十万元以下的罚款；对直接负责的主管人员和其他直接责任人员给予警告，处五千元以上五万元以下的罚款；构成犯罪的，依法追究刑事责任：

（一）办理商标事宜过程中，伪造、变造或者使用伪造、变造的法律文件、印章、签名的；

（二）以诋毁其他商标代理机构等手段招徕商标代理业务或者以其他不正当手段扰乱商标代理市场秩序的；

（三）违反本法第四条、第十九条第三款和第四款规定的。

商标代理机构有前款规定行为的，由工商行政管理部门记入信用档案；情节严重的，商标局、商标评审委员会并可以决定停止受理其办理商标代理业务，予以公告。

商标代理机构违反诚实信用原则，侵害委托人合法利益的，应当依法承担民事责任，并由商标代理行业组织按照章程规定予以惩戒。

对恶意申请商标注册的，根据情节给予警告、罚款等行政处罚；对恶意提起商标诉讼的，由人民法院依法给予处罚。

第六十九条 从事商标注册、管理和复审工作的国家机关工作人员必须秉公执法，廉洁自律，忠于职守，文明服务。

商标局、商标评审委员会以及从事商标注册、管理和复审工作的国家机关工作人员不得从事商标代理业务和商品生产经营活动。

第七十条 工商行政管理部门应当建立健全内部监督制度，对负责商标注册、管理和复审工作的国家机关工作人员执行法律、行政法规和遵守纪律的情况，进行监督检查。

第七十一条 从事商标注册、管理和复审工作的国家机关工作人员玩忽职守、滥用职权、徇私舞弊，违法办理商标注册、管理和复审事项，收受当事人财物，牟取不正当利益，构成犯罪的，依法追究刑事责任；尚不构成犯罪的，依法给予处分。

第八章 附　　则

第七十二条 申请商标注册和办理其他商标事宜的，应当缴纳费用，具体收费标准另定。

第七十三条 本法自 1983 年 3 月 1 日起施行。1963 年 4 月 10 日国务院公布的《商标管理条例》同时废止；其他有关商标管理的规定，凡与本法抵触的，同时失效。

本法施行前已经注册的商标继续有效。

中华人民共和国商标法实施条例

（2002 年 8 月 3 日中华人民共和国国务院令第 358 号公布　2014 年 4 月 29 日中华人民共和国国务院令第 651 号修订　自 2014 年 5 月 1 日起施行）

第一章 总　　则

第一条 根据《中华人民共和国商标法》（以下简称商标法），制定本条例。

第二条 本条例有关商品商标的规定，适用于服务商标。

第三条 商标持有人依照商标法第十三条规定请求驰名商标保护的，应当提交其商标构成驰名商标的证据材料。商标局、商标评审委员会应当依照商标法第十四条的规定，根据审查、处理案件的需要以及当事人提交的证据材料，对其商标驰名情况作出认定。

第四条 商标法第十六条规定的地理标志，可以依照商标法和本条例的规定，作为证明商标或者集体商标申请注册。

以地理标志作为证明商标注册的，其商品符合使用该地理标志条件的自然人、法人或者其他组织可以要求使用该证明商标，控制该证明商标的组织应当允许。以地理标志作为集体商标注册的，其商品符合使用该地理标志条件的自然人、法人或者其他组织，可以要求参加以该地理标志作为集体商标注册的团体、协会或者其他组织，该团体、协会或者其他组织应当依据其章程接纳为会员；不要求参加以该地理标志作为集体商标注册的团体、协会或者其他组织的，也可以正当使用该地理标志，该团体、协会或者其他组织无权禁止。

第五条　当事人委托商标代理机构申请商标注册或者办理其他商标事宜，应当提交代理委托书。代理委托书应当载明代理内容及权限；外国人或者外国企业的代理委托书还应当载明委托人的国籍。

外国人或者外国企业的代理委托书及与其有关的证明文件的公证、认证手续，按照对等原则办理。

申请商标注册或者转让商标，商标注册申请人或者商标转让受让人为外国人或者外国企业的，应当在申请书中指定中国境内接收人负责接收商标局、商标评审委员会后继商标业务的法律文件。商标局、商标评审委员会后继商标业务的法律文件向中国境内接收人送达。

商标法第十八条所称外国人或者外国企业，是指在中国没有经常居所或者营业所的外国人或者外国企业。

第六条　申请商标注册或者办理其他商标事宜，应当使用中文。

依照商标法和本条例规定提交的各种证件、证明文件和证据材料是外文的，应当附送中文译文；未附送的，视为未提交该证件、证明文件或者证据材料。

第七条　商标局、商标评审委员会工作人员有下列情形之一的，应当回避，当事人或者利害关系人可以要求其回避：

（一）是当事人或者当事人、代理人的近亲属的；

（二）与当事人、代理人有其他关系，可能影响公正的；

（三）与申请商标注册或者办理其他商标事宜有利害关系的。

第八条　以商标法第二十二条规定的数据电文方式提交商标注册申请等有关文件，应当按照商标局或者商标评审委员会的规定通过互联网提交。

第九条　除本条例第十八条规定的情形外，当事人向商标局或者商标评审委员会提交文件或者材料的日期，直接递交的，以递交日为准；邮寄的，以寄出的邮戳日为准；邮戳日不清晰或者没有邮戳的，以商标局或者商标评审委员会实际收到日为准，但是当事人能够提出实际邮戳日证据的除外。通过邮政企业以外的快递企业递交的，以快递企业收寄日为准；收寄日不明确的，以商标局或者商标评审委员会实际收到日为准，但是当事人能够提出实际收寄日证据的除外。以数据电文方式提交的，以进入商标局或者商标评审委员会电子系统的日期为准。

当事人向商标局或者商标评审委员会邮寄文件，应当使用给据邮件。

当事人向商标局或者商标评审委员会提交文件，以书面方式提交的，以商标局或者商标评审委员会所存档案记录为准；以数据电文方式提交的，以商标局或者商标评审委员会数据库记录为准，但是当事人确有证据证明商标局或者商标评审委员会档案、数据库记录有错误的除外。

第十条　商标局或者商标评审委员会的各种文件，可以通过邮寄、直接递交、数据电文或者其他方式送达当事人；以数据电文方式送达当事人的，应当经当事人同意。当事人委托商标代理机构的，文件送达商标代理机构视为送达当事人。

商标局或者商标评审委员会向当事人送达各种文件的日期，邮寄的，以当事人收到的邮戳日为准；邮戳日不清晰或者没有邮戳的，自文件发出之日起满 15 日视为送达当事人，但是当事人能够证明实际收到日的除外；直接递交的，以递交日为准；以数据电文方式送达的，自文件发出之日起满 15 日视为送达当事人，但是当事人能够证明文件进入其电子系统日期的除外。文件通过上述方式无法送达的，可以通过公告方式送达，自公告发布之日起满 30 日，该文件视为送达当事人。

第十一条　下列期间不计入商标审查、审理期限：

（一）商标局、商标评审委员会文件公告送达的期间；

（二）当事人需要补充证据或者补正文件的期间以及因当事人更换需要重新答辩的期间；

（三）同日申请提交使用证据及协商、抽签需要的期间；

（四）需要等待优先权确定的期间；

（五）审查、审理过程中，依案件申请人的请求等待在先权利案件审理结果的期间。

第十二条　除本条第二款规定的情形外，商标法和本条例规定的各种期限开始的当日不计算在期限内。期限以年或者月计算的，以期限最后一月的相应日为期限届满日；该月无相应日的，以该月最后一日为期限届满日；期限届满日是节假日的，以节假日后的第一个工作日为期限届满日。

商标法第三十九条、第四十条规定的注册商标有效期从法定日开始起算，期限最后一月相应日的前一日为期限届满日，该月无相应日的，以该月最后一日为期限届满日。

第二章　商标注册的申请

第十三条　申请商标注册，应当按照公布的商品和服务分类表填报。每一件商标注册申请应当向商标局提交《商标注册申请书》1 份、商标图样 1 份；以颜色组合或者着色图样申请商标注册的，应当提交着色图样，并提交黑白稿 1 份；不指定颜色的，应当提交黑白图样。

商标图样应当清晰，便于粘贴，用光洁耐用的纸张印制或者用照片代替，长和宽应当不大于 10 厘米，不小于 5 厘米。

以三维标志申请商标注册的，应当在申请书中予以声明，说明商标的使用方式，并提交能够确定三维形状的图样，提交的商标图样应当至少包含三面视图。

以颜色组合申请商标注册的，应当在申请书中予以声明，说明商标的使用方式。

以声音标志申请商标注册的，应当在申请书中予以声明，提交符合要求的声音样本，对申请注册的声音商标进行描述，说明商标的使用方式。对声音商标进行描述，应当以五线谱或者简谱对申请用作商标的声音加以描述并附加文字说明；无法以五线谱或者简谱描述的，应当以文字加以描述；商标描述与声音样本应当一致。

申请注册集体商标、证明商标的，应当在申请书中予以声明，并提交主体资格证明文件和使用管理规则。

商标为外文或者包含外文的，应当说明含义。

第十四条 申请商标注册的，申请人应当提交其身份证明文件。商标注册申请人的名义与所提交的证明文件应当一致。

前款关于申请人提交其身份证明文件的规定适用于向商标局提出的办理变更、转让、续展、异议、撤销等其他商标事宜。

第十五条 商品或者服务项目名称应当按照商品和服务分类表中的类别号、名称填写；商品或者服务项目名称未列入商品和服务分类表的，应当附送对该商品或者服务的说明。

商标注册申请等有关文件以纸质方式提出的，应当打字或者印刷。

本条第二款规定适用于办理其他商标事宜。

第十六条 共同申请注册同一商标或者办理其他共有商标事宜的，应当在申请书中指定一个代表人；没有指定代表人的，以申请书中顺序排列的第一人为代表人。

商标局和商标评审委员会的文件应当送达代表人。

第十七条 申请人变更其名义、地址、代理人、文件接收人或者删减指定的商品的，应当向商标局办理变更手续。

申请人转让其商标注册申请的，应当向商标局办理转让手续。

第十八条 商标注册的申请日期以商标局收到申请文件的日期为准。

商标注册申请手续齐备、按照规定填写申请文件并缴纳费用的，商标局予以受理并书面通知申请人；申请手续不齐备、未按照规定填写申请文件或者未缴纳费用的，商标局不予受理，书面通知申请人并说明理由。申请手续基本齐备或者申请文件基本符合规定，但是需要补正的，商标局通知申请人予以补正，限其自收到通知之日起30日内，按照指定内容补正并交回商标局。在规定期限内补正并交回商标局的，保留申请日期；期满未补正的或者不按照要求进行补正的，商标局不予受理并书面通知申请人。

本条第二款关于受理条件的规定适用于办理其他商标事宜。

第十九条 两个或者两个以上的申请人，在同一种商品或者类似商品上，分别以相同或者近似的商标在同一天申请注册的，各申请人应当自收到商标局通知之日起30日内提交其申请注册前在先使用该商标的证据。同日使用或者均未使用的，各申请人可以自收到商标局通知之日起30日内自行协商，并将书面协议报送商标局；不愿协商或者协商不成的，商标局通知各申请人以抽签的方式确定一个申请人，驳回其他人的注册申请。商标局已经通知但申请人未参加抽签的，视为放弃申请，商标局应当书面通知未参加抽签的申请人。

第二十条 依照商标法第二十五条规定要求优先权的，申请人提交的第一次提出商标注册申请文件的副本应当经受理该申请的商标主管机关证明，并注明申请日期和申请号。

第三章 商标注册申请的审查

第二十一条 商标局对受理的商标注册申请，依照商标法及本条例的有关规定进行审查，对符合规定或者在部分指定商品上使用商标的注册申请符合规定的，予以初步审定，并予以公告；对不符合规定或者在部分指定商品上使用商标的注册申请不符合规定的，予以驳回或者驳回在部分指定商品上使用商标的注册申请，书面通知申请人并说明理由。

第二十二条　商标局对一件商标注册申请在部分指定商品上予以驳回的，申请人可以将该申请中初步审定的部分申请分割成另一件申请，分割后的申请保留原申请的申请日期。

需要分割的，申请人应当自收到商标局《商标注册申请部分驳回通知书》之日起 15 日内，向商标局提出分割申请。

商标局收到分割申请后，应当将原申请分割为两件，对分割出来的初步审定申请生成新的申请号，并予以公告。

第二十三条　依照商标法第二十九条规定，商标局认为对商标注册申请内容需要说明或者修正的，申请人应当自收到商标局通知之日起 15 日内作出说明或者修正。

第二十四条　对商标局初步审定予以公告的商标提出异议的，异议人应当向商标局提交下列商标异议材料一式两份并标明正、副本：

（一）商标异议申请书；

（二）异议人的身份证明；

（三）以违反商标法第十三条第二款和第三款、第十五条、第十六条第一款、第三十条、第三十一条、第三十二条规定为由提出异议的，异议人作为在先权利人或者利害关系人的证明。

商标异议申请书应当有明确的请求和事实依据，并附送有关证据材料。

第二十五条　商标局收到商标异议申请书后，经审查，符合受理条件的，予以受理，向申请人发出受理通知书。

第二十六条　商标异议申请有下列情形的，商标局不予受理，书面通知申请人并说明理由：

（一）未在法定期限内提出的；

（二）申请人主体资格、异议理由不符合商标法第三十三条规定的；

（三）无明确的异议理由、事实和法律依据的；

（四）同一异议人以相同的理由、事实和法律依据针对同一商标再次提出异议申请的。

第二十七条　商标局应当将商标异议材料副本及时送交被异议人，限其自收到商标异议材料副本之日起 30 日内答辩。被异议人不答辩的，不影响商标局作出决定。

当事人需要在提出异议申请或者答辩后补充有关证据材料的，应当在商标异议申请书或者答辩书中声明，并自提交商标异议申请书或者答辩书之日起 3 个月内提交；期满未提交的，视为当事人放弃补充有关证据材料。但是，在期满后生成或者当事人有其他正当理由未能在期满前提交的证据，在期满后提交的，商标局将证据交对方当事人并质证后可以采信。

第二十八条　商标法第三十五条第三款和第三十六条第一款所称不予注册决定，包括在部分指定商品上不予注册决定。

被异议商标在商标局作出准予注册决定或者不予注册决定前已经刊发注册公告的，撤销该注册公告。经审查异议不成立而准予注册的，在准予注册决定生效后重新公告。

第二十九条　商标注册申请人或者商标注册人依照商标法第三十八条规定提出更正申请的，应当向商标局提交更正申请书。符合更正条件的，商标局核准后更正相关内容；不符合更正条件的，商标局不予核准，书面通知申请人并说明理由。

已经刊发初步审定公告或者注册公告的商标经更正的，刊发更正公告。

第四章　注册商标的变更、转让、续展

第三十条　变更商标注册人名义、地址或者其他注册事项的，应当向商标局提交变更申请书。变更商标注册人名义的，还应当提交有关登记机关出具的变更证明文件。商标局核准的，发给商标注册人相应证明，并予以公告；不予核准的，应当书面通知申请人并说明理由。

变更商标注册人名义或者地址的，商标注册人应当将其全部注册商标一并变更；未一并变更的，由商标局通知其限期改正；期满未改正的，视为放弃变更申请，商标局应当书面通知申请人。

第三十一条　转让注册商标的，转让人和受让人应当向商标局提交转让注册商标申请书。转让注册商标申请手续应当由转让人和受让人共同办理。商标局核准转让注册商标申请的，发给受让人相应证明，并予以公告。

转让注册商标，商标注册人对其在同一种或者类似商品上注册的相同或者近似的商标未一并转让的，由商标局通知其限期改正；期满未改正的，视为放弃转让该注册商标的申请，商标局应当书面通知申请人。

第三十二条　注册商标专用权因转让以外的继承等其他事由发生移转的，接受该注册商标专用权的当事人应当凭有关证明文件或者法律文书到商标局办理注册商标专用权移转手续。

注册商标专用权移转的，注册商标专用权人在同一种或者类似商品上注册的相同或者近似的商标，应当一并移转；未一并移转的，由商标局通知其限期改正；期满未改正的，视为放弃该移转注册商标的申请，商标局应当书面通知申请人。

商标移转申请经核准的，予以公告。接受该注册商标专用权移转的当事人自公告之日起享有商标专用权。

第三十三条　注册商标需要续展注册的，应当向商标局提交商标续展注册申请书。商标局核准商标注册续展申请的，发给相应证明并予以公告。

第五章　商标国际注册

第三十四条　商标法第二十一条规定的商标国际注册，是指根据《商标国际注册马德里协定》（以下简称马德里协定）、《商标国际注册马德里协定有关议定书》（以下简称马德里议定书）及《商标国际注册马德里协定及该协定有关议定书的共同实施细则》的规定办理的马德里商标国际注册。

马德里商标国际注册申请包括以中国为原属国的商标国际注册申请、指定中国的领土延伸申请及其他有关的申请。

第三十五条　以中国为原属国申请商标国际注册的，应当在中国设有真实有效的营业所，或者在中国有住所，或者拥有中国国籍。

第三十六条　符合本条例第三十五条规定的申请人，其商标已在商标局获得注册的，可以根据马德里协定申请办理该商标的国际注册。

符合本条例第三十五条规定的申请人，其商标已在商标局获得注册，或者已向商标局提出商标注册申请并被受理的，可以根据马德里议定书申请办理该商标的国际注册。

第三十七条 以中国为原属国申请商标国际注册的，应当通过商标局向世界知识产权组织国际局（以下简称国际局）申请办理。

以中国为原属国的，与马德里协定有关的商标国际注册的后期指定、放弃、注销，应当通过商标局向国际局申请办理；与马德里协定有关的商标国际注册的转让、删减、变更、续展，可以通过商标局向国际局申请办理，也可以直接向国际局申请办理。

以中国为原属国的，与马德里议定书有关的商标国际注册的后期指定、转让、删减、放弃、注销、变更、续展，可以通过商标局向国际局申请办理，也可以直接向国际局申请办理。

第三十八条 通过商标局向国际局申请商标国际注册及办理其他有关申请的，应当提交符合国际局和商标局要求的申请书和相关材料。

第三十九条 商标国际注册申请指定的商品或者服务不得超出国内基础申请或者基础注册的商品或者服务的范围。

第四十条 商标国际注册申请手续不齐备或者未按照规定填写申请书的，商标局不予受理，申请日不予保留。

申请手续基本齐备或者申请书基本符合规定，但需要补正的，申请人应当自收到补正通知书之日起 30 日内予以补正，逾期未补正的，商标局不予受理，书面通知申请人。

第四十一条 通过商标局向国际局申请商标国际注册及办理其他有关申请的，应当按照规定缴纳费用。

申请人应当自收到商标局缴费通知单之日起 15 日内，向商标局缴纳费用。期满未缴纳的，商标局不受理其申请，书面通知申请人。

第四十二条 商标局在马德里协定或者马德里议定书规定的驳回期限（以下简称驳回期限）内，依照商标法和本条例的有关规定对指定中国的领土延伸申请进行审查，作出决定，并通知国际局。商标局在驳回期限内未发出驳回或者部分驳回通知的，该领土延伸申请视为核准。

第四十三条 指定中国的领土延伸申请人，要求将三维标志、颜色组合、声音标志作为商标保护或者要求保护集体商标、证明商标的，自该商标在国际局国际注册簿登记之日起 3 个月内，应当通过依法设立的商标代理机构，向商标局提交本条例第十三条规定的相关材料。未在上述期限内提交相关材料的，商标局驳回该领土延伸申请。

第四十四条 世界知识产权组织对商标国际注册有关事项进行公告，商标局不再另行公告。

第四十五条 对指定中国的领土延伸申请，自世界知识产权组织《国际商标公告》出版的次月 1 日起 3 个月内，符合商标法第三十三条规定条件的异议人可以向商标局提出异议申请。

商标局在驳回期限内将异议申请的有关情况以驳回决定的形式通知国际局。

被异议人可以自收到国际局转发的驳回通知书之日起 30 日内进行答辩，答辩书及相关证据材料应当通过依法设立的商标代理机构向商标局提交。

第四十六条 在中国获得保护的国际注册商标，有效期自国际注册日或者后期指定日起算。在有效期届满前，注册人可以向国际局申请续展，在有效期内未申请续展的，可以给予 6 个月的宽展期。商标局收到国际局的续展通知后，依法进行审查。国际局通知未续展的，注销该国际注册商标。

第四十七条 指定中国的领土延伸申请办理转让的，受让人应当在缔约方境内有真实有效的营业所，或者在缔约方境内有住所，或者是缔约方国民。

转让人未将其在相同或者类似商品或者服务上的相同或者近似商标一并转让的，商标局通知注册人自发出通知之日起3个月内改正；期满未改正或者转让容易引起混淆或者有其他不良影响的，商标局作出该转让在中国无效的决定，并向国际局作出声明。

第四十八条 指定中国的领土延伸申请办理删减，删减后的商品或者服务不符合中国有关商品或者服务分类要求或者超出原指定商品或者服务范围的，商标局作出该删减在中国无效的决定，并向国际局作出声明。

第四十九条 依照商标法第四十九条第二款规定申请撤销国际注册商标，应当自该商标国际注册申请的驳回期限届满之日起满3年后向商标局提出申请；驳回期限届满时仍处在驳回复审或者异议相关程序的，应当自商标局或者商标评审委员会作出的准予注册决定生效之日起满3年后向商标局提出申请。

依照商标法第四十四条第一款规定申请宣告国际注册商标无效的，应当自该商标国际注册申请的驳回期限届满后向商标评审委员会提出申请；驳回期限届满时仍处在驳回复审或者异议相关程序的，应当自商标局或者商标评审委员会作出的准予注册决定生效后向商标评审委员会提出申请。

依照商标法第四十五条第一款规定申请宣告国际注册商标无效的，应当自该商标国际注册申请的驳回期限届满之日起5年内向商标评审委员会提出申请；驳回期限届满时仍处在驳回复审或者异议相关程序的，应当自商标局或者商标评审委员会作出的准予注册决定生效之日起5年内向商标评审委员会提出申请。对恶意注册的，驰名商标所有人不受5年的时间限制。

第五十条 商标法和本条例下列条款的规定不适用于办理商标国际注册相关事宜：

（一）商标法第二十八条、第三十五条第一款关于审查和审理期限的规定；

（二）本条例第二十二条、第三十条第二款；

（三）商标法第四十二条及本条例第三十一条关于商标转让由转让人和受让人共同申请并办理手续的规定。

第六章 商标评审

第五十一条 商标评审是指商标评审委员会依照商标法第三十四条、第三十五条、第四十四条、第四十五条、第五十四条的规定审理有关商标争议事宜。当事人向商标评审委员会提出商标评审申请，应当有明确的请求、事实、理由和法律依据，并提供相应证据。

商标评审委员会根据事实，依法进行评审。

第五十二条 商标评审委员会审理不服商标局驳回商标注册申请决定的复审案件，应当针对商标局的驳回决定和申请人申请复审的事实、理由、请求及评审时的事实状态进行审理。

商标评审委员会审理不服商标局驳回商标注册申请决定的复审案件，发现申请注册的商标有违反商标法第十条、第十一条、第十二条和第十六条第一款规定情形，商标局并未依据上述条款作出驳回决定的，可以依据上述条款作出驳回申请的复审决定。商标评审委员会作出复审决定前应当听取申请人的意见。

第五十三条　商标评审委员会审理不服商标局不予注册决定的复审案件，应当针对商标局的不予注册决定和申请人申请复审的事实、理由、请求及原异议人提出的意见进行审理。

商标评审委员会审理不服商标局不予注册决定的复审案件，应当通知原异议人参加并提出意见。原异议人的意见对案件审理结果有实质影响的，可以作为评审的依据；原异议人不参加或者不提出意见的，不影响案件的审理。

第五十四条　商标评审委员会审理依照商标法第四十四条、第四十五条规定请求宣告注册商标无效的案件，应当针对当事人申请和答辩的事实、理由及请求进行审理。

第五十五条　商标评审委员会审理不服商标局依照商标法第四十四条第一款规定作出宣告注册商标无效决定的复审案件，应当针对商标局的决定和申请人申请复审的事实、理由及请求进行审理。

第五十六条　商标评审委员会审理不服商标局依照商标法第四十九条规定作出撤销或者维持注册商标决定的复审案件，应当针对商标局作出撤销或者维持注册商标决定和当事人申请复审时所依据的事实、理由及请求进行审理。

第五十七条　申请商标评审，应当向商标评审委员会提交申请书，并按照对方当事人的数量提交相应份数的副本；基于商标局的决定书申请复审的，还应当同时附送商标局的决定书副本。

商标评审委员会收到申请书后，经审查，符合受理条件的，予以受理；不符合受理条件的，不予受理，书面通知申请人并说明理由；需要补正的，通知申请人自收到通知之日起30日内补正。经补正仍不符合规定的，商标评审委员会不予受理，书面通知申请人并说明理由；期满未补正的，视为撤回申请，商标评审委员会应当书面通知申请人。

商标评审委员会受理商标评审申请后，发现不符合受理条件的，予以驳回，书面通知申请人并说明理由。

第五十八条　商标评审委员会受理商标评审申请后应当及时将申请书副本送交对方当事人，限其自收到申请书副本之日起30日内答辩；期满未答辩的，不影响商标评审委员会的评审。

第五十九条　当事人需要在提出评审申请或者答辩后补充有关证据材料的，应当在申请书或者答辩书中声明，并自提交申请书或者答辩书之日起3个月内提交；期满未提交的，视为放弃补充有关证据材料。但是，在期满后生成或者当事人有其他正当理由未能在期满前提交的证据，在期满后提交的，商标评审委员会将证据交对方当事人并质证后可以采信。

第六十条　商标评审委员会根据当事人的请求或者实际需要，可以决定对评审申请进行口头审理。

商标评审委员会决定对评审申请进行口头审理的，应当在口头审理15日前书面通知当事人，告知口头审理的日期、地点和评审人员。当事人应当在通知书指定的期限内作出答复。

申请人不答复也不参加口头审理的，其评审申请视为撤回，商标评审委员会应当书面通知申请人；被申请人不答复也不参加口头审理的，商标评审委员会可以缺席评审。

第六十一条　申请人在商标评审委员会作出决定、裁定前，可以书面向商标评审委员会要求撤回申请并说明理由，商标评审委员会认为可以撤回的，评审程序终止。

第六十二条 申请人撤回商标评审申请的，不得以相同的事实和理由再次提出评审申请。商标评审委员会对商标评审申请已经作出裁定或者决定的，任何人不得以相同的事实和理由再次提出评审申请。但是，经不予注册复审程序予以核准注册后向商标评审委员会提起宣告注册商标无效的除外。

第七章 商标使用的管理

第六十三条 使用注册商标，可以在商品、商品包装、说明书或者其他附着物上标明“注册商标”或者注册标记。

注册标记包括㊟和®。使用注册标记，应当标注在商标的右上角或者右下角。

第六十四条 《商标注册证》遗失或者破损的，应当向商标局提交补发《商标注册证》申请书。《商标注册证》遗失的，应当在《商标公告》上刊登遗失声明。破损的《商标注册证》，应当在提交补发申请时交回商标局。

商标注册人需要商标局补发商标变更、转让、续展证明，出具商标注册证明，或者商标申请人需要商标局出具优先权证明文件的，应当向商标局提交相应申请书。符合要求的，商标局发给相应证明；不符合要求的，商标局不予办理，通知申请人并告知理由。

伪造或者变造《商标注册证》或者其他商标证明文件的，依照刑法关于伪造、变造国家机关证件罪或者其他罪的规定，依法追究刑事责任。

第六十五条 有商标法第四十九条规定的注册商标成为其核定使用的商品通用名称情形的，任何单位或者个人可以向商标局申请撤销该注册商标，提交申请时应当附送证据材料。商标局受理后应当通知商标注册人，限其自收到通知之日起2个月内答辩；期满未答辩的，不影响商标局作出决定。

第六十六条 有商标法第四十九条规定的注册商标无正当理由连续3年不使用情形的，任何单位或者个人可以向商标局申请撤销该注册商标，提交申请时应当说明有关情况。商标局受理后应当通知商标注册人，限其自收到通知之日起2个月内提交该商标在撤销申请提出前使用的证据材料或者说明不使用的正当理由；期满未提供使用的证据材料或者证据材料无效并没有正当理由的，由商标局撤销其注册商标。

前款所称使用的证据材料，包括商标注册人使用注册商标的证据材料和商标注册人许可他人使用注册商标的证据材料。

以无正当理由连续3年不使用为由申请撤销注册商标的，应当自该注册商标注册公告之日起满3年后提出申请。

第六十七条 下列情形属于商标法第四十九条规定的正当理由：

（一）不可抗力；

（二）政府政策性限制；

（三）破产清算；

（四）其他不可归责于商标注册人的正当事由。

第六十八条　商标局、商标评审委员会撤销注册商标或者宣告注册商标无效，撤销或者宣告无效的理由仅及于部分指定商品的，对在该部分指定商品上使用的商标注册予以撤销或者宣告无效。

第六十九条　许可他人使用其注册商标的，许可人应当在许可合同有效期内向商标局备案并报送备案材料。备案材料应当说明注册商标使用许可人、被许可人、许可期限、许可使用的商品或者服务范围等事项。

第七十条　以注册商标专用权出质的，出质人与质权人应当签订书面质权合同，并共同向商标局提出质权登记申请，由商标局公告。

第七十一条　违反商标法第四十三条第二款规定的，由工商行政管理部门责令限期改正；逾期不改正的，责令停止销售，拒不停止销售的，处10万元以下的罚款。

第七十二条　商标持有人依照商标法第十三条规定请求驰名商标保护的，可以向工商行政管理部门提出请求。经商标局依照商标法第十四条规定认定为驰名商标的，由工商行政管理部门责令停止违反商标法第十三条规定使用商标的行为，收缴、销毁违法使用的商标标识；商标标识与商品难以分离的，一并收缴、销毁。

第七十三条　商标注册人申请注销其注册商标或者注销其商标在部分指定商品上的注册的，应当向商标局提交商标注销申请书，并交回原《商标注册证》。

商标注册人申请注销其注册商标或者注销其商标在部分指定商品上的注册，经商标局核准注销的，该注册商标专用权或者该注册商标专用权在该部分指定商品上的效力自商标局收到其注销申请之日起终止。

第七十四条　注册商标被撤销或者依照本条例第七十三条的规定被注销的，原《商标注册证》作废，并予以公告；撤销该商标在部分指定商品上的注册的，或者商标注册人申请注销其商标在部分指定商品上的注册的，重新核发《商标注册证》，并予以公告。

第八章　注册商标专用权的保护

第七十五条　为侵犯他人商标专用权提供仓储、运输、邮寄、印制、隐匿、经营场所、网络商品交易平台等，属于商标法第五十七条第六项规定的提供便利条件。

第七十六条　在同一种商品或者类似商品上将与他人注册商标相同或者近似的标志作为商品名称或者商品装潢使用，误导公众的，属于商标法第五十七条第二项规定的侵犯注册商标专用权的行为。

第七十七条　对侵犯注册商标专用权的行为，任何人可以向工商行政管理部门投诉或者举报。

第七十八条　计算商标法第六十条规定的违法经营额，可以考虑下列因素：

（一）侵权商品的销售价格；

（二）未销售侵权商品的标价；

（三）已查清侵权商品实际销售的平均价格；

（四）被侵权商品的市场中间价格；

（五）侵权人因侵权所产生的营业收入；

（六）其他能够合理计算侵权商品价值的因素。

第七十九条 下列情形属于商标法第六十条规定的能证明该商品是自己合法取得的情形：

（一）有供货单位合法签章的供货清单和货款收据且经查证属实或者供货单位认可的；

（二）有供销双方签订的进货合同且经查证已真实履行的；

（三）有合法进货发票且发票记载事项与涉案商品对应的；

（四）其他能够证明合法取得涉案商品的情形。

第八十条 销售不知道是侵犯注册商标专用权的商品，能证明该商品是自己合法取得并说明提供者的，由工商行政管理部门责令停止销售，并将案件情况通报侵权商品提供者所在地工商行政管理部门。

第八十一条 涉案注册商标权属正在商标局、商标评审委员会审理或者人民法院诉讼中，案件结果可能影响案件定性的，属于商标法第六十二条第三款规定的商标权属存在争议。

第八十二条 在查处商标侵权案件过程中，工商行政管理部门可以要求权利人对涉案商品是否为权利人生产或者其许可生产的产品进行辨认。

第九章 商标代理

第八十三条 商标法所称商标代理，是指接受委托人的委托，以委托人的名义办理商标注册申请、商标评审或者其他商标事宜。

第八十四条 商标法所称商标代理机构，包括经工商行政管理部门登记从事商标代理业务的服务机构和从事商标代理业务的律师事务所。

商标代理机构从事商标局、商标评审委员会主管的商标事宜代理业务的，应当按照下列规定向商标局备案：

（一）交验工商行政管理部门的登记证明文件或者司法行政部门批准设立律师事务所的证明文件并留存复印件；

（二）报送商标代理机构的名称、住所、负责人、联系方式等基本信息；

（三）报送商标代理从业人员名单及联系方式。

工商行政管理部门应当建立商标代理机构信用档案。商标代理机构违反商标法或者本条例规定的，由商标局或者商标评审委员会予以公开通报，并记入其信用档案。

第八十五条 商标法所称商标代理从业人员，是指在商标代理机构中从事商标代理业务的工作人员。

商标代理从业人员不得以个人名义自行接受委托。

第八十六条 商标代理机构向商标局、商标评审委员会提交的有关申请文件，应当加盖该代理机构公章并由相关商标代理从业人员签字。

第八十七条 商标代理机构申请注册或者受让其代理服务以外的其他商标，商标局不予受理。

第八十八条 下列行为属于商标法第六十八条第一款第二项规定的以其他不正当手段扰乱商

标代理市场秩序的行为：

（一）以欺诈、虚假宣传、引人误解或者商业贿赂等方式招徕业务的；

（二）隐瞒事实，提供虚假证据，或者威胁、诱导他人隐瞒事实，提供虚假证据的；

（三）在同一商标案件中接受有利益冲突的双方当事人委托的。

第八十九条 商标代理机构有商标法第六十八条规定行为的，由行为人所在地或者违法行为发生地县级以上工商行政管理部门进行查处并将查处情况通报商标局。

第九十条 商标局、商标评审委员会依照商标法第六十八条规定停止受理商标代理机构办理商标代理业务的，可以作出停止受理该商标代理机构商标代理业务6个月以上直至永久停止受理的决定。停止受理商标代理业务的期间届满，商标局、商标评审委员会应当恢复受理。

商标局、商标评审委员会作出停止受理或者恢复受理商标代理的决定应当在其网站予以公告。

第九十一条 工商行政管理部门应当加强对商标代理行业组织的监督和指导。

第十章 附 则

第九十二条 连续使用至1993年7月1日的服务商标，与他人在相同或者类似的服务上已注册的服务商标相同或者近似的，可以继续使用；但是，1993年7月1日后中断使用3年以上的，不得继续使用。

已连续使用至商标局首次受理新放开商品或者服务项目之日的商标，与他人在新放开商品或者服务项目相同或者类似的商品或者服务上已注册的商标相同或者近似的，可以继续使用；但是，首次受理之日后中断使用3年以上的，不得继续使用。

第九十三条 商标注册用商品和服务分类表，由商标局制定并公布。

申请商标注册或者办理其他商标事宜的文件格式，由商标局、商标评审委员会制定并公布。

商标评审委员会的评审规则由国务院工商行政管理部门制定并公布。

第九十四条 商标局设置《商标注册簿》，记载注册商标及有关注册事项。

第九十五条 《商标注册证》及相关证明是权利人享有注册商标专用权的凭证。《商标注册证》记载的注册事项，应当与《商标注册簿》一致；记载不一致的，除有证据证明《商标注册簿》确有错误外，以《商标注册簿》为准。

第九十六条 商标局发布《商标公告》，刊发商标注册及其他有关事项。

《商标公告》采用纸质或者电子形式发布。

除送达公告外，公告内容自发布之日起视为社会公众已经知道或者应当知道。

第九十七条 申请商标注册或者办理其他商标事宜，应当缴纳费用。缴纳费用的项目和标准，由国务院财政部门、国务院价格主管部门分别制定。

第九十八条 本条例自2014年5月1日起施行。

二、商标申请及管理

商标审查审理指南[①]

（2021年11月16日　国家知识产权局第462号公告）

略。

国家知识产权局关于印发《商标一般违法判断标准》的通知

（2021年12月13日　国知发保字〔2021〕34号）

各省、自治区、直辖市和新疆生产建设兵团知识产权局：

为深入贯彻落实党中央、国务院关于全面加强知识产权保护的决策部署，加强商标管理，统一执法标准，提升执法水平，根据《中华人民共和国商标法》、《中华人民共和国商标法实施条例》等规定，制定《商标一般违法判断标准》。现予印发，请遵照执行。各地在执行中遇到的新情况、新问题，请及时报告。

商标一般违法判断标准

第一条　为了加强商标管理，强化商标执法业务指导，统一执法标准，根据《中华人民共和国商标法》（以下简称《商标法》）、《中华人民共和国商标法实施条例》（以下简称《商标法实施条例》）以及相关法律法规、部门规章，制定本标准。

第二条　负责商标执法的部门查处商标一般违法行为适用本标准。

第三条　本标准所称的商标一般违法行为是指违反商标管理秩序的行为。

有下列行为之一的，均属商标一般违法：

（一）违反《商标法》第六条规定，必须使用注册商标而未使用的；

（二）违反《商标法》第十条规定，使用不得作为商标使用的标志的；

（三）违反《商标法》第十四条第五款规定，在商业活动中使用“驰名商标”字样的；

（四）违反《商标法》第四十三条第二款规定，商标被许可人未标明其名称和商品产地的；

---

① 因篇幅有限，此文件未全文展示，望广大读者谅解。具体内容敬请参见国家知识产权局网站https：//www.cnipa.gov.cn/art/2021/11/24/art_ 527_ 171611.html。——编者注

（五）违反《商标法》第四十九条第一款规定，商标注册人在使用注册商标的过程中，自行改变注册商标、注册人名义、地址或者其他注册事项的；

（六）违反《商标法》第五十二条规定，将未注册商标冒充注册商标使用的；

（七）违反《商标法实施条例》第四条第二款和《集体商标、证明商标注册和管理办法》第十四条、第十五条、第十七条、第十八条、第二十条、第二十一条规定，未履行集体商标、证明商标管理义务的；

（八）违反《商标印制管理办法》第七条至第十条规定，未履行商标印制管理义务的；

（九）违反《规范商标申请注册行为若干规定》第三条规定，恶意申请商标注册的；

（十）其他违反商标管理秩序的。

第四条　根据《商标法》第六条、《中华人民共和国烟草专卖法》第十九条、《中华人民共和国烟草专卖法实施条例》第二十二条和第六十五条规定，卷烟、雪茄烟、有包装的烟丝以及电子烟等新型烟草制品必须使用注册商标，未在中国核准注册的，不得在中国生产、销售。

在中国销售的进口卷烟、雪茄烟、有包装的烟丝以及电子烟等新型烟草制品，必须使用在中国核准注册的商标。

第五条　使用的未注册商标是否违反《商标法》第十条规定，一般以中国境内公众的通常认识作为判断标准。

但有合理充分的理由证明中国境内特定公众认为使用的未注册商标违反了该条第一款第六项至八项规定的除外。

第六条　使用的未注册商标是否构成《商标法》第十条第一款规定的相同或者近似，参照《商标审查审理指南》进行判断。

第七条　《商标法》第十条第一款第六项规定的带有民族歧视性，是指使用未注册商标的文字、图形或者其他构成要素带有对特定民族进行丑化、贬低或者其他不平等看待该民族的内容。

第八条　《商标法》第十条第一款第七项规定的带有欺骗性，是指商标对其使用商品或者服务的质量等特点或者产地作了超过其固有程度或者与事实不符的表示，易使公众对商品或者服务的质量等特点或者产地产生错误的认识。

但公众基于日常生活经验等不会对商品或者服务的质量等特点或者产地产生误认的除外。

第九条　使用的未注册商标有下列情形之一的，均属《商标法》第十条第一款第七项规定的带有欺骗性：

（一）易使公众对商品或者服务的质量、主要原料、功能、用途、重量、数量以及其他特点产生误认的；

（二）易使公众对商品或者服务的产地产生误认的；

（三）其他对使用商品或者服务的质量等特点或者产地作了超过其固有程度或者与事实不符的表示、易使公众产生误认的。

第十条　《商标法》第十条第一款第八项规定的有害于社会主义道德风尚，是指损害中国公众共同生活及其行为的准则、规范以及在一定时期内社会上流行的良好风气和习惯。

第十一条　《商标法》第十条第一款第八项规定的其他不良影响，是指标志的文字、图形或者其他构成要素具有贬损含义，或者该标志本身虽无贬损含义但作为商标使用，易对中国政治、经济、文化、宗教、民族等社会公共利益和公共秩序产生消极、负面的影响。

第十二条 使用的未注册商标有下列情形之一的，均属《商标法》第十条第一款第八项规定的其他不良影响：

（一）对国家安全、国家统一有危害的；

（二）对国家主权、尊严、形象有损害的；

（三）有害于民族、种族尊严或者感情的；

（四）有害于宗教信仰、宗教感情或者民间信仰的；

（五）与恐怖主义组织、邪教组织名称相同或者近似的；

（六）与突发公共事件特有名称相同或者近似的；

（七）商标或者其构成要素与政治、经济、文化、宗教、民族等公众人物的姓名、肖像等相同或者近似，对社会公共利益和公共秩序产生消极、负面影响的；

（八）其他对公共利益和公共秩序产生消极、负面影响的。

第十三条 判断使用的未注册商标是否有害于社会主义道德风尚或者有其他不良影响，应当综合考量以下因素以及各因素之间的相互影响：

（一）该商标使用时的政治背景、社会背景、历史背景、文化传统、民族风俗、宗教政策等；

（二）该商标的构成要素以及其使用的商品或者服务；

（三）使用人的主观意图、使用方式以及使用行为所产生的社会影响等。

公众日常生活经验，或者辞典、工具书等记载，或者相关公众的通常认识，可以作为有害于社会主义道德风尚或者有其他不良影响的判断依据。

第十四条 使用的未注册商标具有多种含义，其中某一含义易使公众认为其属于《商标法》第十条第一款第六项至八项规定情形的，可以认定违反该款规定。

第十五条 国家知识产权局认定商标注册申请违反《商标法》第十条规定且相关决定、裁定生效后，商标申请人或者他人继续使用该商标的，负责商标执法的部门依法查处。

第十六条 负责商标执法的部门发现已经注册的商标涉嫌违反《商标法》第十条规定的，应当逐级报告国家知识产权局，由国家知识产权局按照规定程序依法处理。国家知识产权局作出宣告注册商标无效的决定生效后，商标注册人或者他人继续使用该商标的，负责商标执法的部门应当依法查处。

第十七条 违反《商标法》第十四条第五款规定的，应综合考虑违法行为的情节、危害后果、主观过错等因素，依照《商标法》第五十三条和《中华人民共和国行政处罚法》第三十三条规定处理。

第十八条 《商标法》第四十九条第一款所称自行改变注册商标，是指商标注册人擅自对注册商标的文字、图形、字母、数字、三维标志、颜色组合、声音等构成要素作局部改动或者变换相对位置，影响对该注册商标的认知或者识别，仍标明“注册商标”或者注册标记的。

第十九条 将卷烟整体包装作为商标注册的，其按照国家有关规定加注警语、修改警语内容和警语区面积造成卷烟商标改变并使用的行为，不视为违反《商标法》第四十九条第一款的规定。

第二十条 有下列情形之一的，均属《商标法》第四十九条第一款规定的自行改变商标注册事项：

（一）商标注册人名义（姓名或者名称）发生变化后，未依法向国家知识产权局提出变更申请的；

（二）商标注册人地址发生变化后，未依法向国家知识产权局提出变更申请，或者商标注册人实际地址与《商标注册簿》上记载的地址不一致的；

（三）除商标注册人名义、地址之外的其他注册事项发生变化后，商标注册人未依法向国家知识产权局提出变更申请的。

第二十一条　商标注册人自行改变注册商标、注册人名义、地址或者其他注册事项，由负责商标执法的部门责令限期改正；期满不改正的，负责商标执法的部门逐级报告国家知识产权局，由国家知识产权局按照规定程序依法处理。

第二十二条　《商标法》第五十二条所称的冒充注册商标，是指在使用未注册商标的商品、商品包装、容器、服务场所以及交易文书上或者在广告宣传、展览以及其他商业活动中，标明"注册商标"，或者在未注册商标上标注注册标记，或者在未注册商标上标注与注册标记近似的符号，误导相关公众的。

第二十三条　商标注册人或者使用人有下列行为之一的，均属《商标法》第五十二条规定的冒充注册商标：

（一）使用未向国家知识产权局提出注册申请的商标且标明"注册商标"或者标注注册标记的；

（二）使用向国家知识产权局提出注册申请但被驳回或者尚未核准注册的商标且标明"注册商标"或者标注注册标记的；

（三）注册商标被撤销、被宣告无效、因期满未续展被注销或者申请注销被核准后，继续标明"注册商标"或者标注注册标记的，但在注册商标失效前已进入流通领域的商品除外；

（四）超出注册商标核定使用的商品或者服务而使用该商标且标明"注册商标"或者标注注册标记的；

（五）改变注册商标的显著特征后仍标明"注册商标"或者标注注册标记的；

（六）组合使用两件以上注册商标且标注注册标记，但未按照注册商标逐一标注注册标记的；

（七）标明"注册商标"或者标注注册标记的进口商品，该商标未在中国注册且未声明的。

商标注册人或者使用人的上述行为，同时构成《商标法》第五十七条规定的侵犯他人注册商标专用权的，负责商标执法的部门应当依照《商标法》第六十条第二款规定查处；涉嫌犯罪的，应当及时移送司法机关依法处理。

第二十四条　商标注册人应当监督被许可人合法使用其注册商标。商标注册人明知或者应知被许可人存在自行改变注册商标、注册人名义、地址或者其他注册事项而不及时制止的，商标注册人承担自行改变注册商标的法律责任。

第二十五条　集体商标、证明商标注册人违反《商标法实施条例》第四条第二款和《集体商标、证明商标注册和管理办法》第十四条、第十五条、第十七条、第十八条、第二十条规定的，由负责商标执法的部门按照《集体商标、证明商标注册和管理办法》第二十二条规定处理。

第二十六条　非集体成员生产的商品符合地理标志条件的，其可以正当使用该地理标志中的地名，但无权使用该作为地理标志注册的集体商标标识。

第二十七条 集体商标注册人有下列情形之一的，均属《集体商标、证明商标注册和管理办法》第二十一条规定的没有对该商标的使用进行有效管理或者控制：

（一）违反该集体商标使用管理规则的成员未承担责任的；

（二）使用该集体商标商品的检验监督制度未有效运行的；

（三）其他没有对该商标的使用进行有效管理或者控制的。

第二十八条 证明商标注册人有下列情形之一的，均属《集体商标、证明商标注册和管理办法》第二十一条规定的没有对该商标的使用进行有效管理或者控制：

（一）违反该证明商标使用管理规则的使用人未承担责任的；

（二）使用该证明商标商品的检验监督制度未有效运行的；

（三）其他没有对该商标的使用进行有效管理或者控制的。

第二十九条 《印刷业管理条例》、《商标印制管理办法》所称的商标标识，是指与商品配套一同进入流通领域的带有商标的有形载体，包括注册商标标识和未注册商标标识。

商标标识一般独立于被标志的商品，不具有该商品的功能。

第三十条 商标印制，是指印刷、制作商标标识的行为。

以印染、冲压等方式直接在商品、商品零部件、商品的主要原材料（不含商品的包装物）上标注商标图文的，属于商品生产加工行为，一般不属于前款所称的商标印制。

第三十一条 商标印制单位承印标注“注册商标”字样或者注册标记的商标标识，应当按照《商标印制管理办法》第三条、第四条、第五条、第七条的规定，核查《商标注册证》等证明文件和承印商标是否与《商标注册证》核准注册的商标一致，以及该注册商标是否有效。未履行上述审核义务的，负责商标执法的部门应当依法查处。

第三十二条 商标印制单位承印未标注“注册商标”字样和注册标记的商标标识，未履行以下审核义务的，负责商标执法的部门应当依法查处：

（一）按照《商标印制管理办法》第三条、第六条、第七条的规定，核查证明文件以及商标图样；

（二）通过国家知识产权局官网查询在同一种商品或者服务上，他人是否已注册与承印商标标识相同的商标。

他人已在同一种商品或者服务上注册与承印商标标识相同的商标，商标印制单位仍然承接印制的，按照《商标印制管理办法》第十三条规定处理。

第三十三条 负责商标执法的部门查处恶意申请商标注册行为，可以参照国家知识产权局认定商标注册申请或者商标注册违反《商标法》第四条、第十条第一款第八项、第十三条、第十五条、第三十二条规定或者属于第四十四条第一款“以欺骗或者其他不正当手段取得注册的”情形的生效决定或者裁定，并结合具体案情，作出处理。

第三十四条 本标准由国家知识产权局负责解释。涉及商标授权确权的，适用《商标审查审理指南》。

第三十五条 本标准自2022年1月1日起施行。

国家知识产权局关于涉嫌侵权商标已获初步审定公告或被异议等程序问题的批复

（2021 年 11 月 24 日　国知发保函字〔2021〕191 号）

广东省知识产权局：

《广东省知识产权局关于〈商标法〉第六十二条第三款规定的“对商标权属存在争议”是否包括被举报涉嫌侵权商标已获初步审定公告或被异议情形的请示》（粤知〔2021〕97 号）收悉。经研究，现批复如下：

《商标法》第六十二条第三款规定：“在查处商标侵权案件过程中，对商标权属存在争议或者权利人同时向人民法院提起商标侵权诉讼的，工商行政管理部门可以中止案件的查处。中止原因消除后，应当恢复或者终结案件查处程序。”《商标法实施条例》第八十一条规定：“涉案注册商标权属正在商标局、商标评审委员会审理或者人民法院诉讼中，案件结果可能影响案件定性的，属于商标法第六十二条第三款规定的商标权属存在争议。”

对于涉嫌侵权商标已获初步审定公告或处于异议程序的情形，因其尚未获得注册商标专用权，一般不中止案件的审理。但考虑到涉嫌侵权商标的权利状态可能对案件定性产生影响，执法部门可以结合涉嫌侵权商标的实际使用情况、被异议的情况等具体案情决定是否中止案件的查处。

特此批复。

注册商标专用权质押登记程序规定

（2020 年 4 月 22 日国家知识产权局公告第 358 号公布　自 2020 年 5 月 1 日起施行）

第一条　为充分发挥注册商标专用权无形资产的价值，促进经济发展，根据《物权法》、《担保法》、《商标法》和《商标法实施条例》的有关规定，制定本规定。

国家知识产权局负责办理注册商标专用权质权登记。

第二条　自然人、法人或者其他组织以其注册商标专用权出质的，出质人与质权人应当订立书面合同，并向国家知识产权局办理质权登记。

质权登记申请应由质权人和出质人共同提出。质权人和出质人可以直接向国家知识产权局申请，也可以委托商标代理机构代理办理。在中国没有经常居所或者营业所的外国人或者外国企业应当委托代理机构办理。

第三条　办理注册商标专用权质权登记，出质人应当将在相同或者类似商品/服务上注册的相同或者近似商标一并办理质权登记。质权合同和质权登记申请书中应当载明出质的商标注册号。

共有商标办理质权登记的，除全体共有人另有约定的以外，应当取得其他共有人的同意。

第四条 申请注册商标专用权质权登记的，应提交下列文件：

（一）申请人签字或者盖章的《商标专用权质权登记申请书》；

（二）主合同和注册商标专用权质权合同；

（三）申请人签署的承诺书；

（四）委托商标代理机构办理的，还应当提交商标代理委托书。

上述文件为外文的，应当同时提交其中文译文。中文译文应当由翻译单位和翻译人员签字盖章确认。

第五条 注册商标专用权质权合同一般包括以下内容：

（一）出质人、质权人的姓名（名称）及住址；

（二）被担保的债权种类、数额；

（三）债务人履行债务的期限；

（四）出质注册商标的清单（列明注册商标的注册号、类别及专用期）；

（五）担保的范围；

（六）当事人约定的其他事项。

第六条 申请登记书件齐备、符合规定的，国家知识产权局予以受理并登记。质权自登记之日起设立。国家知识产权局自登记之日起2个工作日内向双方当事人发放《商标专用权质权登记证》。

《商标专用权质权登记证》应当载明下列内容：出质人和质权人的名称（姓名）、出质商标注册号、被担保的债权数额、质权登记期限、质权登记日期。

第七条 质权登记申请不符合本办法第二条、第三条、第四条、第五条规定的，国家知识产权局应当通知申请人，并允许其在30日内补正。申请人逾期不补正或者补正不符合要求的，视为其放弃该质权登记申请，国家知识产权局应当通知申请人。

第八条 有下列情形之一的，国家知识产权局不予登记：

（一）出质人名称与国家知识产权局档案所记载的名称不一致，且不能提供相关证明证实其为注册商标权利人的；

（二）合同的签订违反法律法规强制性规定的；

（三）注册商标专用权已经被撤销、被注销或者有效期满未续展的；

（四）注册商标专用权已被人民法院查封、冻结的；

（五）其他不符合出质条件的。

不予登记的，国家知识产权局应当通知当事人，并说明理由。

第九条 质权登记后，有下列情形之一的，国家知识产权局应当撤销登记：

（一）发现有属于本办法第八条所列情形之一的；

（二）质权合同无效或者被撤销；

（三）出质的注册商标因法定程序丧失专用权的；

（四）提交虚假证明文件或者以其他欺骗手段取得注册商标专用权质权登记的。

撤销登记的，国家知识产权局应当通知当事人。

第十条 质权人或出质人的名称（姓名）更改，以及质权合同担保的主债权数额变更的，当事人可以凭下列文件申请办理变更登记：

（一）申请人签字或者盖章的《商标专用权质权登记事项变更申请书》；

（二）主债权数额变更的，双方签订的有关的补充或变更协议；

（三）申请人签署的相关承诺书；

（四）委托商标代理机构办理的，还应当提交商标代理委托书。

出质人名称（姓名）发生变更的，还应按照《商标法》及《商标法实施条例》的相关规定在国家知识产权局办理变更注册人名义申请。

第十一条　因被担保的主合同履行期限延长、主债权未能按期实现等原因需要延长质权登记期限的，质权人和出质人双方应当在质权登记期限到期前，持以下文件申请办理延期登记：

（一）申请人签字或者盖章的《商标专用权质权登记期限延期申请书》；

（二）当事人双方签署的延期协议；

（三）申请人签署的相关承诺书；

（四）委托商标代理机构办理的，还应当提交商标代理委托书。

主债权未能按期实现，双方又未能达成有关延期协议的，质权人可以出具相关书面保证函，说明债权未能实现的相关情况，申请延期。国家知识产权局予以延期登记的，应当通知出质人。

第十二条　办理质权登记事项变更申请或者质权登记期限延期申请后，由国家知识产权局在2个工作日内重新核发《商标专用权质权登记证》。

第十三条　注册商标专用权质权登记需要注销的，质权人和出质人双方可以持下列文件办理注销申请：

（一）申请人签字或者盖章的《商标专用权质权登记注销申请书》；

（二）申请人签署的相关承诺书；

（三）委托商标代理机构办理的，还应当提交商标代理委托书。

注销登记的，国家知识产权局应当在2个工作日内通知当事人。

质权登记期限届满后，该质权登记自动失效。

第十四条　《商标专用权质权登记证》遗失的，可以向国家知识产权局申请补发。

第十五条　国家知识产权局对注册商标质权登记的相关信息进行公告。

第十六条　反担保及最高额质权适用本规定。

第十七条　本规定自2020年5月1日起施行，原《注册商标专用权质权登记程序规定》（工商标字〔2009〕182号）同日起不再执行。

附件：1. 商标专用权质权登记申请书（略）

2. 办理商标专用权质权登记承诺书（略）
3. 商标专用权质权登记事项变更申请书（略）
4. 办理商标专用权质权登记事项变更承诺书（略）
5. 商标专用权质权登记期限延期申请书（略）
6. 办理商标专用权质权登记期限延期承诺书（略）
7. 商标专用权质权登记注销申请书（略）
8. 办理商标专用权质权登记注销承诺书（略）
9. 商标专用权质权登记证补发申请书（略）

国家知识产权局关于发布《商标注册档案管理办法》的公告

（2020年8月20日国家知识产权局公告第370号发布　自公布之日起施行）

为适应商标注册便利化改革需要，提高商标注册档案管理效能和管理水平，根据《中华人民共和国档案法》及《中华人民共和国档案法实施办法》的相关规定，国家知识产权局制定了《商标注册档案管理办法》，经国家档案局同意，现予以发布，并自公布之日起施行。

特此公告。

商标注册档案管理办法

第一条　为加强商标注册档案管理，根据《中华人民共和国档案法》《中华人民共和国商标法》和国家有关规定，制定本办法。

第二条　本办法所称商标注册档案，是指在商标注册申请、异议、撤销、复审、无效等过程中形成的具有保存和利用价值的各种形式和载体的历史记录。

第三条　国家知识产权局监督和指导商标注册档案工作，接受国家档案主管部门对商标注册档案工作的监督、指导和检查。商标注册档案的立档、归档和管理工作由商标局具体承办。

第四条　商标注册档案实行集中统一管理，维护商标注册档案完整与安全，便于社会各方面的利用。

第五条　商标注册文件材料归档范围主要包括：

（一）商标注册申请及后续业务类；

（二）商标异议业务类；

（三）商标撤销业务类；

（四）商标复审业务类；

（五）商标无效业务类；

（六）其他类。

出具商标注册证明材料、补发商标注册证材料、补发商标变更、转让、续展证明材料等可不归档。

第六条　对属于归档范围的商标注册文件材料，商标业务经办部门在案件审结后应当按照归档要求及时整理并归档。

商标注册档案管理部门应当严格审查归档质量。对符合归档要求的，履行交接手续；对不符合归档要求的，退回业务经办部门重新整理。

归档的商标注册文件材料一般应当为原件，确实无法获得原件的，可以是与原件核对无异的复印件，但是应当注明原因。商标业务经办部门应当保证商标注册档案的系统性、完整性、准确性。

第七条 商标电子注册文件归档工作，应当按照国家有关电子文件管理标准执行。

商标电子注册文件应当采用适合长期保存的文件存储格式与元数据一并归档并建立持久有效的关联。

第八条 商标注册档案的管理以卷为保管单位，根据商标业务类型以申请号或者注册号等分别立卷保管。

商标注册档案的建立按照分类、组卷、排列、编号、装订、编目等顺序进行，做到分类清楚、排列有序、目录准确、装订整齐。

第九条 商标注册档案库房应当符合国家有关标准，具备防火、防盗、防高温、防潮、防尘、防光、防磁、防有害生物、防有害气体等保管条件，确保档案的安全。

第十条 商标注册档案的保管期限分为永久和定期两种，具体按照本办法附件《商标注册文件材料归档范围和商标注册档案保管期限表》执行。

对保管期限为永久的商标注册档案，按照国家有关规定向国家档案馆移交。

第十一条 商标电子注册档案可以采用在线或者离线方式保存，并定期备份。在线存储应当使用档案专用存储服务器，离线存储应当确保载体的耐久性。

商标电子注册档案的保管应当符合国家有关标准，通过数据备份、异地容灾等手段保证数据安全。

第十二条 商标局对保管期限届满的商标注册档案应当及时进行鉴定并形成鉴定报告，对仍有保存价值的档案，应当根据实际延长保管期限继续保存；对不再具有保存价值、确定销毁的档案，应当清点核对并编制档案销毁清册，经报国家知识产权局分管商标工作的领导审批后，按照有关规定销毁，销毁清册永久保存。

第十三条 除涉及国家秘密、商业秘密和个人隐私等内容外，任何人可以依照相关规定查阅、复制商标注册档案。

第十四条 开展商标注册档案的整理、数字化服务以及保管等外包工作应当符合国家有关规定。

第十五条 涉及国家秘密、商业秘密和个人隐私等内容的商标注册档案的保管、利用，应当依照国家有关规定办理。

第十六条 违反国家档案管理规定，造成商标注册档案失真、损毁、泄密、丢失的，依法追究相关人员责任；涉嫌犯罪的，移交司法机关依法追究刑事责任。

第十七条 商标局可以依据本办法，结合商标注册档案管理的工作实际制定档案管理工作规程。

第十八条 本办法自公布之日起施行。

附件：商标注册文件材料归档范围和商标注册档案保管期限表（略）

商标印制管理办法

（1996年9月5日国家工商行政管理局令第57号公布　1998年12月3日国家工商行政管理局令第86号第一次修订　2004年8月19日国家工商行政管理总局令第15号第二次修订　2020年10月23日国家市场监督管理总局令第31号第三次修订）

第一条　为了加强商标印制管理，保护注册商标专用权，维护社会主义市场经济秩序，根据《中华人民共和国商标法》、《中华人民共和国商标法实施条例》（以下分别简称《商标法》、《商标法实施条例》）的有关规定，制定本办法。

第二条　以印刷、印染、制版、刻字、织字、晒蚀、印铁、铸模、冲压、烫印、贴花等方式制作商标标识的，应当遵守本办法。

第三条　商标印制委托人委托商标印制单位印制商标的，应当出示营业执照副本或者合法的营业证明或者身份证明。

第四条　商标印制委托人委托印制注册商标的，应当出示《商标注册证》，并另行提供一份复印件。

签订商标使用许可合同使用他人注册商标，被许可人需印制商标的，还应当出示商标使用许可合同文本并提供一份复印件；商标注册人单独授权被许可人印制商标的，还应当出示授权书并提供一份复印件。

第五条　委托印制注册商标的，商标印制委托人提供的有关证明文件及商标图样应当符合下列要求：

（一）所印制的商标样稿应当与《商标注册证》上的商标图样相同；

（二）被许可人印制商标标识的，应有明确的授权书，或其所提供的《商标使用许可合同》含有许可人允许其印制商标标识的内容；

（三）被许可人的商标标识样稿应当标明被许可人的企业名称和地址；其注册标记的使用符合《商标法实施条例》的有关规定。

第六条　委托印制未注册商标的，商标印制委托人提供的商标图样应当符合下列要求：

（一）所印制的商标不得违反《商标法》第十条的规定；

（二）所印制的商标不得标注“注册商标”字样或者使用注册标记。

第七条　商标印制单位应当对商标印制委托人提供的证明文件和商标图样进行核查。

商标印制委托人未提供本办法第三条、第四条所规定的证明文件，或者其要求印制的商标标识不符合本办法第五条、第六条规定的，商标印制单位不得承接印制。

第八条　商标印制单位承印符合本办法规定的商标印制业务的，商标印制业务管理人员应当按照要求填写《商标印制业务登记表》，载明商标印制委托人所提供的证明文件的主要内容，《商标印制业务登记表》中的图样应当由商标印制单位业务主管人员加盖骑缝章。

商标标识印制完毕，商标印制单位应当在15天内提取标识样品，连同《商标印制业务登记表》、《商标注册证》复印件、商标使用许可合同复印件、商标印制授权书复印件等一并造册存档。

第九条　商标印制单位应当建立商标标识出入库制度，商标标识出入库应当登记台帐。废次标识应当集中进行销毁，不得流入社会。

第十条　商标印制档案及商标标识出入库台帐应当存档备查，存查期为两年。

第十一条　商标印制单位违反本办法第七条至第十条规定的，由所在地市场监督管理部门责令其限期改正，并视其情节予以警告，处以非法所得额三倍以下的罚款，但最高不超过三万元，没有违法所得的，可以处以一万元以下的罚款。

第十二条　擅自设立商标印刷企业或者擅自从事商标印刷经营活动的，由所在地或者行为地市场监督管理部门依照《印刷业管理条例》的有关规定予以处理。

第十三条　商标印制单位违反第七条规定承接印制业务，且印制的商标与他人注册商标相同或者近似的，属于《商标法实施条例》第七十五条所述的商标侵权行为，由所在地或者行为地市场监督管理部门依《商标法》的有关规定予以处理。

第十四条　商标印制单位的违法行为构成犯罪的，所在地或者行为地市场监督管理部门应及时将案件移送司法机关追究刑事责任。

第十五条　本办法所称“商标印制”是指印刷、制作商标标识的行为。

本办法所称“商标标识”是指与商品配套一同进入流通领域的带有商标的有形载体，包括注册商标标识和未注册商标标识。

本办法所称“商标印制委托人”是指要求印制商标标识的商标注册人、未注册商标使用人、注册商标被许可使用人以及符合《商标法》规定的其他商标使用人。

本办法所称“商标印制单位”是指依法登记从事商标印制业务的企业和个体工商户。

本办法所称《商标注册证》包括国家知识产权局所发的有关变更、续展、转让等证明文件。

第十六条　本办法自2004年9月1日起施行。国家工商行政管理局1996年9月5日发布的《商标印制管理办法》同时废止。

规范商标申请注册行为若干规定

（2019年10月11日国家市场监督管理总局令第17号公布　自2019年12月1日起施行）

第一条　为了规范商标申请注册行为，规制恶意商标申请，维护商标注册管理秩序，保护社会公共利益，根据《中华人民共和国商标法》（以下简称商标法）和《中华人民共和国商标法实施条例》（以下简称商标法实施条例），制定本规定。

第二条　申请商标注册，应当遵守法律、行政法规和部门规章的规定，具有取得商标专用权的实际需要。

第三条　申请商标注册应当遵循诚实信用原则。不得有下列行为：

（一）属于商标法第四条规定的不以使用为目的恶意申请商标注册的；

（二）属于商标法第十三条规定，复制、摹仿或者翻译他人驰名商标的；

（三）属于商标法第十五条规定，代理人、代表人未经授权申请注册被代理人或者被代表人商标的；基于合同、业务往来关系或者其他关系明知他人在先使用的商标存在而申请注册该商标的；

（四）属于商标法第三十二条规定，损害他人现有的在先权利或者以不正当手段抢先注册他人已经使用并有一定影响的商标的；

（五）以欺骗或者其他不正当手段申请商标注册的；

（六）其他违反诚实信用原则，违背公序良俗，或者有其他不良影响的。

第四条 商标代理机构应当遵循诚实信用原则。知道或者应当知道委托人申请商标注册属于下列情形之一的，不得接受其委托：

（一）属于商标法第四条规定的不以使用为目的恶意申请商标注册的；

（二）属于商标法第十五条规定的；

（三）属于商标法第三十二条规定的。

商标代理机构除对其代理服务申请商标注册外，不得申请注册其他商标，不得以不正当手段扰乱商标代理市场秩序。

第五条 对申请注册的商标，商标注册部门发现属于违反商标法第四条规定的不以使用为目的的恶意商标注册申请，应当依法驳回，不予公告。

具体审查规程由商标注册部门根据商标法和商标法实施条例另行制定。

第六条 对初步审定公告的商标，在公告期内，因违反本规定的理由被提出异议的，商标注册部门经审查认为异议理由成立，应当依法作出不予注册决定。

对申请驳回复审和不予注册复审的商标，商标注册部门经审理认为属于违反本规定情形的，应当依法作出驳回或者不予注册的决定。

第七条 对已注册的商标，因违反本规定的理由，在法定期限内被提出宣告注册商标无效申请的，商标注册部门经审理认为宣告无效理由成立，应当依法作出宣告注册商标无效的裁定。

对已注册的商标，商标注册部门发现属于违反本规定情形的，应当依据商标法第四十四条规定，宣告该注册商标无效。

第八条 商标注册部门在判断商标注册申请是否属于违反商标法第四条规定时，可以综合考虑以下因素：

（一）申请人或者与其存在关联关系的自然人、法人、其他组织申请注册商标数量、指定使用的类别、商标交易情况等；

（二）申请人所在行业、经营状况等；

（三）申请人被已生效的行政决定或者裁定、司法判决认定曾从事商标恶意注册行为、侵犯他人注册商标专用权行为的情况；

（四）申请注册的商标与他人有一定知名度的商标相同或者近似的情况；

（五）申请注册的商标与知名人物姓名、企业字号、企业名称简称或者其他商业标识等相同或者近似的情况；

（六）商标注册部门认为应当考虑的其他因素。

第九条　商标转让情况不影响商标注册部门对违反本规定第三条情形的认定。

第十条　注册商标没有正当理由连续三年不使用的，任何单位或者个人可以向商标注册部门申请撤销该注册商标。商标注册部门受理后应当通知商标注册人，限其自收到通知之日起两个月内提交该商标在撤销申请提出前使用的证据材料或者说明不使用的正当理由；期满未提供使用的证据材料或者证据材料无效并没有正当理由的，由商标注册部门撤销其注册商标。

第十一条　商标注册部门作出本规定第五条、第六条、第七条所述决定或者裁定后，予以公布。

第十二条　对违反本规定第三条恶意申请商标注册的申请人，依据商标法第六十八条第四款的规定，由申请人所在地或者违法行为发生地县级以上市场监督管理部门根据情节给予警告、罚款等行政处罚。有违法所得的，可以处违法所得三倍最高不超过三万元的罚款；没有违法所得的，可以处一万元以下的罚款。

第十三条　对违反本规定第四条的商标代理机构，依据商标法第六十八条的规定，由行为人所在地或者违法行为发生地县级以上市场监督管理部门责令限期改正，给予警告，处一万元以上十万元以下的罚款；对直接负责的主管人员和其他直接责任人员给予警告，处五千元以上五万元以下的罚款；构成犯罪的，依法追究刑事责任。情节严重的，知识产权管理部门可以决定停止受理该商标代理机构办理商标代理业务，予以公告。

第十四条　作出行政处罚决定的政府部门应当依法将处罚信息通过国家企业信用信息公示系统向社会公示。

第十五条　对违反本规定第四条的商标代理机构，由知识产权管理部门对其负责人进行整改约谈。

第十六条　知识产权管理部门、市场监督管理部门应当积极引导申请人依法申请商标注册、商标代理机构依法从事商标代理业务，规范生产经营活动中使用注册商标的行为。

知识产权管理部门应当进一步畅通商标申请渠道、优化商标注册流程，提升商标公共服务水平，为申请人直接申请注册商标提供便利化服务。

第十七条　知识产权管理部门应当健全内部监督制度，对从事商标注册工作的国家机关工作人员执行法律、行政法规和遵守纪律的情况加强监督检查。

从事商标注册工作的国家机关工作人员玩忽职守、滥用职权、徇私舞弊，违法办理商标注册事项，收受当事人财物，牟取不正当利益的，应当依法给予处分；构成犯罪的，依法追究刑事责任。

第十八条　商标代理行业组织应当完善行业自律规范，加强行业自律，对违反行业自律规范的会员实行惩戒，并及时向社会公布。

第十九条　本规定自 2019 年 12 月 1 日起施行。

参考资料

集体证明商标注册申请十五问

（2020年　国家知识产权局商标局）

为深化商标注册便利化改革，不断提高服务水平，持续优化市场营商环境，商标局在2018年编撰《地理标志商标注册申请15问》之后，针对近期来函来电反映的地理标志商标以外的其他集体证明商标的主要问题和答复，编撰了《集体证明商标注册申请15问》，供申请人参考。

问题一、我们是一家从事农产品推广的集团公司，可不可以申请注册集体商标？

答：不可以。

根据《商标法》第三条二款的规定，集体商标是指以团体、协会或者其他组织名义注册，供该组织成员在商事活动中使用，以表明使用者在该组织中的成员资格的标志。集体商标的注册申请主体应当为团体、协会等集体性组织。如中国新华书店协会；佛山市湖南省岳阳市商会；北京市大兴区庞各庄西瓜产销联合会等。

单一的企业或者个体经营者不能作为集体商标申请人。例如：某市农业服务中心；某县XX粮贸有限责任公司。集团公司不是集体组织，也不符合集体商标申请人的要求。

另外，根据《农民专业合作社法》，农民专业合作社是指在农村家庭承包经营基础上，农产品的生产运营者或者农业生产经营服务的提供者、利用者，自愿联合、民主管理的互助性经济组织，属于《商标法》第三条第二款所指的“其他组织”，可以作为集体商标（地理标志除外）注册申请主体。

问题二、我们协会准备申请注册一个集体商标，在商标局官方网站上下载了使用管理规则范本，其中第五条要求写明使用该集体商标的商品的品质标准，这个应该怎么表述比较规范？

答：根据《集体商标、证明商标注册和管理办法》第十条第（二）项的规定：集体商标的使用管理规则应当包括使用该集体商标所指定商品的品质。集体商标所指定商品（或服务）的品质标准可以是现行有效的国家标准（或行业标准/地方标准），也可以由申请人自行描述。值得注意的是：

申请人如果采用国家标准/行业标准/地方标准的，应当核实该标准是否已废止（或被代替）。例如：申请人若申请注册某集体商标指定商品为“大米”，可以采用现行有效的GB/T 1354-2018【大米】的国家标准，不能采用已经废止的GB/T 1354-2009【大米】的国家标准。

申请人提供的标准应当明确说明该集体商标所指定商品的品质要求，不能提供与该集体商标所指定商品的品质无关的标准。例如：申请人若申请注册某集体商标指定商品为“玉米”，可以采用GB 1353-2018【玉米】的标准，而不能采用GB/T 35835-2018【玉米秸秆颗粒】的标准。

申请人如果自行描述该集体商标所指定商品的品质标准，那么该标准应当做到明确具体，不能含糊其辞。

问题三、我们是中国XX协会，准备申请注册一个证明商标，根据《集体商标证明商标注册和管理办法》，需要提交使用管理规则，要求写明使用该证明商标的商品（或服务）的特有品质，这个应该怎么表述比较规范?

答：根据《商标法》第三条三款规定，证明商标是指由对某种商品或者服务具有监督能力的组织所控制，而由该组织以外的单位或者个人使用于其商品或服务，用于证明该商品或者服务的原产地、原料、制造方法、质量或者其他特定品质的标志。

国家强制性标准不属于证明商标证明的范畴，使用证明商标的商品（或服务）的品质应当高于国家强制性标准。申请人应详细描述原料、制造方法、质量或者其他特定品质的具体标准，以便于该商标使用人和消费者通过管理规则知晓使用该证明商标的商品（或服务）不同于同类商品（或服务）的特殊优异之处。

如中国制笔协会申请的“CWIA+图形”商标，在指定商品“铅笔”上的品质标准为“铅笔（考试用和涂卡用铅笔要符合并高于GB/T 26698-2011标准）1. 考试用铅笔“2B”字样清晰可见；断面平整、铅芯居中；杆径均匀、长短统一；漆面光亮、色彩均匀；卷削时铅芯不易断，铅芯性能达到或超过铅笔标准，即芯尖受力/N≥9.31；滑度（摩擦系数）≤0.175；2. 揿动式涂卡笔按QB/T 1023—2007中的第4章铅芯公称直径为1.0mm的揿动式活动铅笔要求”。

问题四、商标局官方网站提供的集体商标使用管理规则范本的第七条、第八条，证明商标使用管理规则范本的第十四条、第十五条涉及集体/证明商标被许可使用人的权利和义务，其中的“其他权利”“其他义务”应该怎么表述?

答：商标局官方网站提供的是集体/证明商标使用管理规则的参考样本，“其他权利”“其他义务”字样是为了提示集体/证明商标申请人可以根据自己管理的需要，对集体/证明商标被许可使用人设定更多的权利、义务。如果有，应明确权利、义务的具体内容；如果没有，应将“其他权利”“其他义务”字样删除。

问题五、我们协会想申请一个集体商标，请问集体成员名单应该包括哪些内容?

答：集体商标所有权属于该集体组织全体成员共同所有。根据相关规定，集体商标的注册人是集体组织，使用人是其成员，集体商标不得许可非集体成员使用。集体成员名单应详细列明该集体组织的全体成员名称（姓名）及地址。

问题六、集体/证明商标申请人是否必须具备检测能力?

答：《集体商标、证明商标注册和管理办法》第十条规定，集体商标的使用管理规则应当包括注册人对使用该集体商标商品的检验监督制度。集体商标注册人须按照使用管理规则的规定对商品（或服务）质量进行监督检测；集体成员须接受注册人对商品（或服务）质量进行不定期检测。但是集体商标申请人在提交商标申请时，可以不必提交其具备检测能力的证明材料（以地理标志作为集体商标申请注册的除外）。

根据《集体商标、证明商标注册和管理办法》第五条、第十一条规定，申请证明商标注册的，应当附送主体资格证明文件并应当详细说明其所具有的或者其委托的机构具有的专业技术人员、专业检测设备等情况，以表明其具有监督该证明商标所证明的特定商品品质的能力。证明商标的使用管理规则应当包括注册人对使用该证明商标商品的检验监督制度。

证明商标申请人其自身具备检测能力的，提供自有检测资质证书、检测人员名单和检测设备清单，即可认定其具有监督该证明商标所证明的特定商品品质的能力。

证明商标申请人委托他人检测的，需要提供委托检测协议、受托单位检测资质证书、检测人员名单和检测设备清单，即可认定申请人具有监督该证明商标所证明的特定商品品质的能力。

问题七、我们协会想申请“花果山”集体商标，但我们发现，别人在类似商品上已经注册了“花果山”商标，那我们的商标还能核准注册吗？

答：不能核准注册。

虽然集体商标与普通商标在使用方式、注册人与使用人的权利义务等方面有所不同，但是集体商标作为商标的一种类型，仍属用于区分商品和服务来源的商业标志，应遵循《商标法》第三十条、第三十一条的规定，在进行在先权利检索时，要与在先注册的商标（包括普通商标在内）进行近似性比对。

因此，在相同或类似商品上，构成相同或近似的普通商标和集体商标无法并存。

问题八、我在中国商标网上查询发现有人在第28类商品上申请的“安全玩具”证明商标被驳回了，请问为什么被驳回？

答：设置证明商标的目的是通过引入市场的第三方评价体系，向社会公众证明某一商品或服务的原产地、原料、制造方法、质量或者其他特定品质。证明商标作为商标的一种类型，也应符合包括《商标法》第十一条在内的有关规定。因此，证明商标也应该具有显著特征。

“安全玩具”是指不存在危险和危害隐患的玩具。根据《产品质量法》的规定，可能危害人体健康和人身、财产安全的工业产品，必须符合保障人体健康和人身、财产安全的国家标准。符合国家标准是相关生产经营者必须达到的基本质量要求。“安全玩具”用作证明商标仅仅表示“玩具”商品的质量符合相关的国家标准，缺乏显著特征。根据《商标法》第三条、第十一条第一款第（2）项、第三十条、《集体商标、证明商标注册和管理办法》的规定，应予以驳回。

问题九、我们协会之前已经在31类新鲜水果注册了“三星洞鲜桃”普通商标，现在又想在相同商品上将其注册为集体商标，是否可行？

答：不可行。

普通商标的注册人可以是自然人、法人或其他组织，商标权属于注册人，注册人既可以自己使用该注册商标，也可以许可他人使用。

集体商标与普通商标在使用方式，注册人和使用人的权利、义务等方面有所区别。如普通商标注册人可以依意愿许可任何其他主体使用，集体商标的使用人只能是该集体组织的成员，且其商品或服务应达到使用管理规则中确定的品质标准。同时，集体商标作为商标的一种类型，也应遵循《商标法》第三十条的规定。因此，即使是同一申请人，也不可以在相同或类似商品上注册两种不同类型的相同或近似商标。

如果已经注册了普通商标，又想将这个标识注册为集体商标，必须注销之前注册的普通商标。

问题十、我们是“流沙河龙虾”（活体龙虾）地理标志集体商标的持有人，现在扩大产业链，想将其在餐饮类别上注册为集体商标，是否可行？

答：地理标志集体商标与其他集体商标都是商标的一种类型，但其在使用方式、注册人与使用人的权利义务等方面又有所不同。比如，地理标志集体商标指定使用的商品有确定的生产地域范围，其他集体商标指定使用的商品或服务没有产地要求，把地理标志在其他商品或服务上注册为集体商标，易造成商品来源和品质的误认。又如，地理标志是其产地从事相关生产经营活动的市场主体共有的权利，因而《商标法实施条例》第四条和《集体商标证明商标注册和管理办法》第十八条第二款规定了地理标志中地名的正当使用——商品符合地理标志证明商标使用条件的主体可以要求使用该商标，注册人“应当允许”；商品符合地理标志集体商标使用条件的主体，可以要求成为注册人的成员，不要求成为注册人成员的也可以正当使用，注册人“无权禁止”。至于集体商标的使用人，仅限于注册人的成员，注册人可以排除成员以外其他主体的使用。把“流沙河龙虾”地理标志在“活体龙虾”以外的商品或服务上注册为集体商标，可能会损害在其产地从事相关生产经营活动，却无法成为注册人成员的部分主体的合法权益。

问题十一、我县是农业大县，正在打造一个含我们县名的农产品区域品牌，请问可不可以申请注册集体商标？

答：可以，但需符合一定条件。

根据《商标法》第十条第二款的规定，县级以上行政区划地名可以作为集体商标、证明商标的组成部分。但含县级以上行政区划地名的集体商标、证明商标申请，并非仅符合该单一条款规定即可注册，还应同时符合诸如显著性等《商标法》《商标法实施条例》《集体商标证明商标注册和管理办法》法律法规规章的规定。

近年来，越来越多的地方政府更加重视商标知识产权对区域经济发展的引领作用，纷纷以区域品牌为抓手，进行产业整合升级，促进地方经济发展。如果该农产品区域品牌由含县级以上行政区划名称和其它显著性文字要素组成，应经长期大量使用产生商标的显著性，具有一定知名度，还须当地人民政府授权。如果该农产品区域品牌由县级以上行政区划地名和商品（服务）通用名称组成，在经长期大量使用产生商标的显著性，具有一定知名度，获得当地人民政府授权的同时，还要求指定使用商品（服务）与商标所含商品（服务）通用名称一致或密切相关，且不会误认为地理标志。

问题十二、我是外国的申请人，想在中国申请注册集体/证明商标，主体资格证明、检测能力证明这些材料是否需要认证？

答：认证是指一国的外交、领事机关在公证文书上证明公证机关的最后一个签字或印章属实的手续。中国目前尚未加入《取消对外国公文认证要求公约》。

《商标法实施条例》第五条规定：外国人或者外国企业的代理委托书及有关的证明文件的公证、认证手续，按照对等原则办理。

因此，国外申请人在商标局提交集体/证明商标申请时，应将在国外生成的相关材料（包括申请人的主体资格证明文件、申请人的检验能力证明材料等）进行认证手续之后再行提交。

问题十三、集体/证明商标注册人是否可以使用该集体/证明商标？

答：集体商标注册人可以使用该集体商标，但证明商标注册人不得使用该证明商标。

《集体商标、证明商标注册和管理办法》第十七条规定，集体商标注册人的集体成员，在履行该集体商标使用管理规则规定的手续后，可以使用该集体商标。集体商标不得许可非集体成员使用。集体商标注册人是代表集体组织进行注册。因此，集体商标注册人可以使用该集体商标。

《集体商标、证明商标注册和管理办法》第二十条规定，证明商标的注册人不得在自己提供的商品（或服务）上使用该证明商标。证明商标的注册人应居间监督使用该证明商标的商品（或服务）的品质，确保其商品（或服务）符合品质标准。因此，证明商标只能由注册人以外的单位或者个人使用，证明商标注册人不得在自己提供的商品上使用该证明商标。

问题十四、我们协会之前注册了一个集体/证明商标，现在生产的产品标准有了变化，该怎么办？

答：《集体商标、证明商标注册和管理办法》第十条、第十一条、第十三条规定，已注册的集体/证明商标所指定使用的商品（或服务）的品质标准发生变化时，应当对集体商标/证明商标使用管理规则作出变更，对其所指定使用的每一项商品/服务的品质标准予以明确。

因产品标准变化申请集体商标/证明商标使用管理规则变更的，需要提交以下文件：(1) 商标变更申请书；(2) 主体资格证明文件；(3) 变更后的集体/证明商标使用管理规则。

办理途径和注意事项详见商标局官方网站“商标申请指南”版块的“申请变更商标申请人注册人名义地址变更集体商标证明商标管理规则集体成员名单变更商标代理人文件接收人”栏目(sbj. cnipa. gov. cn/sbsq)。

问题十五、集体/证明商标能不能转让？

答：都可以转让。

集体商标、证明商标都是商标的一种类型，其转让应满足商标转让的一般规定。

申请转让集体/证明商标的，需要提交以下文件：(1) 商标转让申请书；(2) 受让人的主体资格证明文件；(3) 商标转让合同；(4) 转让后的集体/证明商标使用管理规则。集体商标转让，还需提交受让人的集体成员名单。证明商标转让，还需提交受让人监督检测能力证明材料。

办理途径和注意事项详见商标局官方网站“商标申请指南”板块的“申请转让注册商标注册申请”栏目（sbj. cnipa. gov. cn/sbsq）。

地理标志商标注册申请15问

（2018年　国家知识产权局商标局）

为深入推进商标注册便利化，进一步提高对外服务水平，助力地理标志精准扶贫和区域经济发展，商标局针对来函来电反映的主要问题，结合审查工作实务，编纂了《地理标志商标注册申请15问》，供申请人参考。

问题一、公司、农民专业合作社可否作为地理标志商标申请人？

答：不可以。

地理标志属于区域公共资源。地理标志商标注册人应当是当地的不以赢利为目的团体、协会或者其他组织，一般为社会团体法人、事业单位法人，其业务范围与所监督使用的地理标志产品相关。

地理标志申请人必须经地理标志所标示地区县级以上人民政府或行业主管部门授权其申请注册并监督管理该地理标志。

地理标志商标的具体使用人必须是来自该地理标志标示地区的生产经营者。

问题二、我想申请“高老庄西瓜”地理标志商标，高老庄是我们县里的一个乡镇名称，能否由高老庄乡政府出具授权文件？

答：不可以。

地理标志属于区域公共资源，申请人应提交地理标志所标示地区的县级以上人民政府或者行业主管部门同意该申请人申请注册并监督管理该地理标志的文件。鉴于各地行业主管部门设置并不统一，为避免机构调整及人员更替引发主管部门授权的稳定性，建议由地理标志所标示地区的县级以上人民政府授权为宜。

问题三、我想申请“高老庄西瓜”地理标志商标，在填报商标注册申请书时，商品项目栏能否填“新鲜水果”？

答：不能。

地理标志具有特定品质，一般应指向单一的具体商品。因此，地理标志商标的指定使用商品不能笼统地表述为活动物、新鲜水果、中药材、谷类制品等某一类商品的统称。如：所报地理标志商标为“日照绿茶”，其指定使用商品应为“绿茶”；所报地理标志商标为“东台西瓜”，其指定使用商品应为“西瓜（新鲜水果）”。

由于我国地大物博，资源丰富，许多物产的称谓具有区域或民族特色，这些物产作为地理标志商标申请时，指定使用商品既可以是商标中包含的特定的单一商品名称，也可以是常用的单一商品名称。如：所报地理标志商标为“黄梅挑花”，其指定使用商品既可以是“挑花”，也可以是“丝织美术品”。

问题四、我们红旗乡生产富硒枇杷，能否申请“红旗富硒枇杷”地理标志商标？

答：不可以。

“硒”是一种对人体有益的微量元素。我局经研究决定，对含“硒”或“富硒”文字表述的地理标志商标申请，满足以下条件予以初步审定：

（一）指定使用商品的生产地域范围在国家确定的自然土壤含硒或富硒地区；

（二）国家标准或行业标准对指定使用商品的硒或富硒含量已有明确的规定；

（三）使用管理规则中指定使用商品品质特征表述有明确的符合国家标准或行业标准的硒或富硒含量的指标，且明确表述该指定使用商品含“硒”或“富硒”是在生长过程中从自然土壤中吸收。

对于指定使用在没有含“硒”或“富硒”国家或行业标准商品上的含“硒”或“富硒”的地理标志商标，以及指定使用在有含“硒”或“富硒”地方标准或企业标准的商品上的含“硒”或“富硒”的地理标志商标，因硒含量无法统一，为保证地理标志商品的特定质量，维护地理标志商标信誉，更好地引导消费和保障食用安全，以“易使消费者对商品原料或品质特点产生误认”为由，依法予以驳回。

目前，仅有“大米”和“茶”有明确的富硒行业标准。因此，“红旗富硒枇杷”不能核准为地理标志商标。

问题五、内部资料可否作为地理标志客观存在及信誉情况的证明材料？

答：不可以。

提交地理标志产品客观存在及信誉情况证明材料是地理标志确权的重要依据。该证明材料包括公开出版的县志、农业志、产品志、年鉴、教科书、国家级专业期刊等，可以是原件，也可以是加盖出具单位公章的封面、版权页、内容页的复印件。

根据《内部资料性出版物管理办法》第十五条的规定，内部资料严格限定在本行业、本系统、本单位内部交流，因此不能作为地理标志客观存在及信誉情况的证明材料。

问题六、《来去县志》记载“来去县出产各种亚热带水果，以柑桔、杨梅、李为大宗”，能否将其作为“来去杨梅”地理标志客观存在及信誉情况的证明材料？

答：不可以。

地理标志是在历史中客观形成的，其表现形式一般为“地理名称+商品通用名称”。“来去县出产各种亚热带水果，以柑桔、杨梅、李为大宗”仅表明来去县出产杨梅，但无法证明“来去杨梅”地理标志的客观存在及信誉。如果县志中的表述为“来去杨梅驰名邻近各省、县，50年代就被确定为省杨梅生产基地县之一”，就可以作为“来去杨梅”地理标志客观存在及信誉情况的证明材料。

问题七、委托检测协议里能否将检测内容约定为对地理标志产品质量的检测？

答：不能。

地理标志应具有特定品质，对地理标志商品的检测应是对其特定品质的检测，而不是质量检测。

地理标志申请人应是对所报地理标志商品具有监督和检测能力的组织。申请人自身具备检测能力的，应提交申请人的检测资质证书、检测人员名单及检测设备清单；自身不具备检测能力的，可以委托具有检测资质的机构对所报地理标志商品的特定品质进行检测，两者签订委托检测协议，协议中必须明确委托检测内容是地理标志商品的特定品质，此外还应提交受托方的检测资质证书、检测人员名单及检测设备清单。上述材料均需加盖出具方公章。

问题八、我们东方乡的马铃薯非常有名，想申请“东方马铃薯”地理标志商标，生产地域范围证明应由谁出具？

答：地理标志商品的生产地域范围既可以由证明地理标志客观存在及信誉情况的历史材料确定，也可以由该地理标志所标示地区的人民政府或行业主管部门出具的生产地域范围证明文件划定。地理标志商品的生产地域范围跨两个乡、镇、县、市的，应由该乡、镇、县、市的共同上级人民政府或行业主管部门出具。

“东方马铃薯”的产地范围在东方乡，其生产地域范围证明可以由东方乡人民政府或其上级政府（行业主管部门）出具。

问题九、我们申请了一个地理标志，在商标局官方网站上下载了使用管理规则范本，其中第五条要求写明地理标志与生产地域特定的自然地理环境之间的关系，这个应该怎么表述比较规范？

答：使用管理规则第五条第二部分应该对产地自然因素中对地理标志商品特定品质产生影响的各个方面进行详细分析，不能仅仅罗列产地的气温、光照、降水、土壤、河流等自然条件，而要把某个具体时间、某个具体环境要素对产品的某一项特定品质产生的具体影响的过程推理清楚。

有时候也可以将产地人文因素对地理标志商品特定品质产生的影响结合在一起描述，包括种植区域（如山前山后、朝向）、种植时节的选择，特殊的生产建筑（如流入磨坊），当地特有的生产技术等。

比如，关于“金乡黑蒜”：金乡县属温带季风型大陆性气候，四季分明，雨热同期，春夏季节长，秋冬季节短。秋播大蒜多在10月上旬播种，播种期要求日平均气温稳定且超过16℃。金乡常年10月上旬日平均气温在17.6℃，有利于蒜苗在入冬前形成5叶1心的壮苗，从而安全越冬。翌年3月下旬至4月上旬为大蒜起身期，是大蒜生长的最关键时期，需要较高的地温，要求日平均气温稳定超过12℃。金乡这一时期常年平均气温为12.3℃，十分适宜。5月中下旬是大蒜的成熟期，虽然4-5月期间金乡降水稀少，但金乡县地处南四湖西，河流众多，充沛的弱碱性地下水，保证了大蒜起身期和成熟期对水分的需求，而且含水量适中的土壤，既有利于大蒜生长又保证不会腐变，更有利于蛋白质、钠等干物质的积累。当地的潮土和水稻土，透气性好、肥水蓄纳，有益微生物活动，有利于大蒜肥水的良好吸收。金乡黑蒜就是由完整、饱满、未剥皮、无霉点的金乡大蒜，用当地弱碱性水浸泡晾干后，在60-90摄氏度的高温高湿密制容器中经过40天特殊发酵而成。

又如，关于“永定山茶”：该区域属亚热带海洋性季风气候，气候温和，冬暖夏凉，雨量充沛，且地貌为典型的中低山丘陵，森林植被茂密，空气中湿度较高。群峰相连，峡谷纵横，使得该区域如同一个天然的盆地，有利于植物和地表水蒸腾到空气中的水分聚集，形成雾珠，使红橙黄绿青蓝紫七种可见光中的红黄光得到加强，从而提高茶叶中叶绿素、茶多酚和氨基酸的含量，这些是提高茶叶色泽和滋味不可缺少的物质。茶树根的汁液中含有较多的柠檬酸、苹果酸、草酸及琥珀酸等有机酸。这些有机酸所组成的汁液，对酸性的缓冲力较大，对碱性的缓冲力较小，茶树在生理上需要酸性土壤。该区域山地土壤大多为酸性黄壤土，非常适宜茶树生长。永定山茶来自本地野生茶，经过长期人工选育而成，具有茶多酚含量高的特点，其鲜嫩叶的茶多酚含量在31%以上。永定山茶的制作仍沿用传统的手工方法，做青时，采取重萎轻摇、轻萎重摇、多摇少做、先轻后重、先少后多、先短后长、看青做青的独特技术。此传统技术对钝化鲜茶叶中氧化酶活性的效果优于其他工艺技术，仅次于绿茶炒青，能有效地抑制鲜叶中的茶多酚等的酶促氧化，保留鲜叶中大部分茶多酚。独特的自然条件、独特的品种和独特的传统制茶工艺造就了永定山茶独特品质。

此外，还需注意，每个地理标志的产地都有促成该地理标志特定品质形成的特有环境，因此地理标志商品特定品质与产地自然因素、人文因素的联系各不相同，不能抄袭照搬。

问题十、商标局官方网站上提供了地理标志集体/证明商标使用管理规则的模本，其中第六条要求写明地理标志商品的特定品质，这个应该怎么表述比较规范？

答：特定品质包括地理标志商品的感官特征、量化指标或其特殊的制作方法。感官特征包括形状、尺寸、颜色、纹理等视觉特征和嗅觉、味觉感知等等。量化指标包括所属族、种等生物特征，重量、密度、酸碱度等物理特征，水分、蛋白质、脂肪、微量元素含量等化学特征。制作方法包括对加工技术的描述以及最终产品的质量标准，如动物产品的饲养过程、屠宰方法等，植物产品的种植过程、收获实践、储存方式等，传统手工艺品的原材料、配料和制作过程等等。描述地理标志商品的特定品质，一定要围绕该地理标志商标指定使用的商品进行，如“羊（活动物）”与“羊肉”、“新鲜辣椒”与“辣椒（调味品）”就有所不同。

比如，关于“江安黑山羊”，指定使用在“羊（活动物）”商品上时是这样描述的：全身被毛呈黑色，毛细匀短浅；体型中等大，体质结实，各部位结构匀称、紧凑；公羊角粗大，角长16-19厘米，向后下弯曲呈镰刀形，有须；母羊角较小、呈八字形；头大小适中，额髋面平，鼻梁微隆，竖耳；颈长短适中，背腰平直，胸部深广、肋骨开张，荐部较宽，尻部较丰满；公羊睾丸对称，大小适中，发育良好；母羊乳头两个，无附乳头，呈球形。体略高但整体匀称，公羊平均体重约31.45公斤，平均体高约67.25厘米（根据……研究报告公布的数据，高出其他同类公山羊5-7厘米）；母羊平均体重约29.47公斤，平均体高约59.71厘米（根据……研究报告公布的数据，高出其他同类母山羊2-4厘米）。“江安黑山羊”指定使用在“羊肉”商品上时是这样描述的：肌肉有光泽，红色均匀，脂肪洁白或淡黄，色肉色佳；外表微干或微湿润不黏手，新切面湿润但不黏手；切面肉致密，指压后凹陷可以迅速的恢复原状；具有鲜羊肉固有的气味，膻味相对其他较轻，无臭味，无异味。煮肉汤透明澄清，脂肪团聚于表面，具有香味。蛋白质含量≥22.6%（根据……研究报告公布的数据，高出其他同类山羊肉约0.3%），脂肪含量≤3%（根据……研究报告公布的数据，低于其他同类山羊肉约2.5%）。

问题十一、商标局官方网站提供的地理标志集体/证明商标使用管理规则范本的第十四条、十五条涉及地理标志商标被许可使用人的权利、义务，其中的“其他权利”、“其他义务”应该怎么表述？

答：商标局官方网站提供的是地理标志集体/证明商标使用管理规则的范本，“其他权利”“其他义务”字样是为了提示地理标志商标申请人可以根据自己管理的需要，对地理标志被许可使用人设定更多的权利、义务。如果有，应明确权利、义务的具体内容；如果没有，应将“其他权利”“其他义务”字样删除。

问题十二、我想申请“凤凰腊肉”地理标志证明商标，但经查询，在29类“腌制肉”上已经注册了“凤凰”商标，那“凤凰腊肉”还能核准注册吗？

答：不能核准注册。

地理标志商标作为商标的一种类型，应遵循《商标法》第三十条的规定。在地理标志商标与普通商标进行近似性比对时，如果地理标志商标申请在后，普通商标申请在前，应当结合地理标志集体商标的知名度、显著性、相关公众的认知等因素，从不易构成相关公众混淆误认的视角，准予核准注册为宜；如果地理标志商标申请在前，普通商标申请在后，从容易导致相关公众对商品或服务来源产生混淆误认，不当攀附地理标志商标知名度的视角，可以认定二者构成近似商标，对普通商标不予核准注册。

问题十三、我是外国的申请人，想在中国申请注册地理标志，主体资格证明、原属国法律保护证明这些材料是否需要认证？

答：需要认证。

认证是指一国的外交、领事机关在公证文书上证明公证机关的最后一个签字或印章属实的手续。中国目前尚未加入《取消对外国公文认证要求公约》。

《商标法实施条例》第五条规定：外国人或者外国企业的代理委托书及有关的证明文件的公证、认证手续，按照对等原则办理。

国外申请人在商标局提交地理标志商标申请时，应将在国外生成的相关材料进行认证手续之后再行提交。这些材料包括：申请人的主体资格证明文件、该地理标志以其名义在其原属国受法律保护的证明、申请人获得监督管理该地理标志权利的证明材料、申请人的检验能力证明材料。

问题十四、普通集体/证明商标的使用管理规则中是否一定要有明确的品质标准？

答：一定要有。

《集体商标、证明商标注册和管理办法》第十条规定，集体商标的使用管理规则应当包括使用该集体商标的商品的品质；第十一条规定，证明商标的使用管理规则应当包括该证明商标证明的商品的特定品质。

商标局官方网站提供了普通集体/证明商标的使用管理规则范本，其中第五条为集体/证明商标使用者经营的商品/提供的服务所应达到的品质标准，申请人应将其所报的每一项商品/服务的品质标准予以明确。

普通集体商标使用管理规则中规定的使用该集体商标的商品或服务的品质标准可以是国家标准、行业标准、地方标准，也可以是自定标准。

普通证明商标使用管理规则中规定的使用该证明商标的商品或服务的品质标准应高于国家标准。

问题十五、我们已经注册了普通商标，现在又想将已注册的普通商标标识注册为集体商标，是否可行？有没有什么具体要求？

答：不可行。

地理标志集体商标、地理标志证明商标、普通集体商标、普通证明商标、普通商标均为不同的商标类型，其使用方式，注册人和使用人的权利、义务等并不相同。如普通商标注册人可以依意愿许可任何其他主体使用，集体商标的使用人只能是该集体组织的成员，且其商品或服务应达到使用管理规则中确定的品质标准。因此，即使是同一申请人，也不可以在相同或类似商品上注册两种不同类型的相同或近似商标。

如果已经注册了普通商标，又想将这个标识注册为集体商标，就必须注销之前注册的普通商标。

三、驰名商标

国家知识产权局关于加强查处商标违法案件中驰名商标保护相关工作的通知

（2019 年 11 月 15 日　国知发保函字〔2019〕229 号）

各省、自治区、直辖市、新疆生产建设兵团知识产权局（知识产权管理部门）：

为贯彻落实党中央、国务院关于严格知识产权保护的决策部署，充分发挥驰名商标保护在加快知识产权强国建设、营造良好营商环境等方面的重要作用，依据《商标法》《商标法实施条例》《驰名商标认定和保护规定》，根据机构改革后的职责要求，现就进一步加强查处商标违法案件中驰名商标保护工作通知如下。

一、严格按照法定权限和时限查办涉驰名商标案件

（一）立案主体。涉及驰名商标保护的商标违法案件，由市（地、州）级以上知识产权管理部门（以下简称立案机关）管辖。经原国家工商行政管理总局批准取得立案权限的具有设区市经济社会等管理权限的省直辖县（市、区）知识产权管理部门可继续办理该类案件。省直辖县（市、区）有新增或调整，拟取得驰名商标立案权限的，应及时报国家知识产权局批准。

（二）查办时限。按照《市场监督管理行政处罚程序暂行规定》的规定，立案机关查处涉及驰名商标保护的违法行为，应于收到当事人书面请求材料之日起十五个工作日内决定是否立案，有特殊情况的，经单位负责人批准可以延长十五个工作日。初步核查符合规定的，应当自立案之日起三十日内将驰名商标认定请示、案件材料副本一并报送省（自治区、直辖市）知识产权管理部门；经审查不符合规定的，应告知当事人理由并及时处理。

（三）核查部门。省（自治区、直辖市）知识产权管理部门应当自收到驰名商标请示材料之日起三十日内进行核实和审查。经核查符合规定的，向国家知识产权局报送书面请示，同时报送立案材料及证据材料副本（报送地址详见附件 1）。经核查不符合规定的，应当将有关材料退回立案机关。

二、有效规范驰名商标的认定申请和使用

（一）加强审核。当事人应对所提交材料的真实性负责，立案机关应指导当事人规范填写《驰名商标认定申请材料摘要表》（详见附件 2），同时对当事人提交材料及相关证据的完备性和真实性予以审查并核实。

（二）强化指导。省（区、市）知识产权管理部门应加强对辖区内立案机关驰名商标保护的业务指导，对法律适用的准确性、申请材料的完备性和真实性予以复核。

（三）依法规范。各级知识产权管理部门在日常工作中要引导企业正确认识驰名商标认定和保护制度。在执法中，要正确区分“驰名商标”字样正当使用与违法使用的界限，企业可在经营活动中对商标获得驰名商标保护的记录做事实性陈述，若有意淡化驰名商标认定与保护的法律性质，将“驰名商标”字样视为荣誉称号并突出使用，用于宣传企业或推销企业经营的商品或服务，则应依据《商标法》第十四条第五款规定进行查处。

三、突出重点切实加强驰名商标保护

（一）及时保护。对于国家知识产权局根据查处商标违法案件需要而认定的驰名商标，立案机关应当自批复后六十日内依法予以保护，并将行政处罚决定书及相关文书抄报所在省（自治区、直辖市）知识产权管理部门。省（自治区、直辖市）知识产权管理部门应当督促立案机关按时报送处理结果，并自收到抄报的行政处罚决定书之日起三十日内将保护情况及行政处罚决定书副本报送国家知识产权局保护司。

（二）援引保护。在查处商标违法案件中，当事人的商标曾在我国作为驰名商标受到行政保护的，若涉案商品与原驰名商标保护时的涉案商品相同或类似，且对方当事人对该商标驰名无异议或者虽有异议，但异议理由和提供的证据明显不足以支持该异议的，立案机关可以根据该保护记录，并结合相关证据，确定是否给予该商标驰名商标保护。

（三）重点保护。以驰名商标为重点，加大商标行政保护力度。各地要对辖区内曾行政认定并持续使用的驰名商标进行汇总、梳理，形成涉驰名商标案件联系人名单（附件3），并及时报送国家知识产权局保护司。首次报送名单后，有情况和信息变化的定期报送。国家知识产权局将建立相关数据库，面向商标行政执法人员开放，支撑各地执法办案。

查处商标违法案件中驰名商标保护，事关当事人切身利益，也是知识产权管理部门的重要职责，各地要以提升行政效能、优化营商环境的高度政治责任感，专人专责做好驰名商标保护工作，切实保障相关权利人的合法权益。国家知识产权局将把驰名商标保护工作纳入年度知识产权保护绩效考核，并适时督查督导。对工作中发现的新情况、新问题，请及时报告国家知识产权局保护司。

附件：1. 驰名商标材料报送地址（略）

2. 驰名商标认定申请材料摘要表（略）

3. 涉驰名商标案件联系人名单（略）

参考资料

《关于加强查处商标违法案件中驰名商标保护相关工作的通知》的理解与适用

（2021年5月11日　国家知识产权局）

保护驰名商标是我国《商标法》的重要内容，也是国际通行做法，对于规制商标恶意申请注册、维护公平竞争秩序和商标权利人合法权益具有重要作用。按照中央印发的“三定”方案，国家知识产权局负责对商标专利执法工作的业务指导。查处商标违法案件中驰名商标认定既是处理有关商标案件的必需环节，也是开展商标执法业务指导的重要方式。2019 年 11 月，国家知识产权局印发《关于加强查处商标违法案件中驰名商标保护相关工作的通知》（国知发保函字〔2019〕229 号）（以下简称《通知》）。《通知》印发以来，各地按照《通知》要求，从严从快加强驰名商标保护，取得了显著成效。截至 2021 年第一季度，国家知识产权局累积收到 344 件驰名商标认定请示，批复认定 69 件驰名商标。各地根据国家知识产权局批复，依法对驰名商标予以扩大保护。但部分地方仍存在立案主体不适格、办案时限超期、材料审核不严等问题，为帮助各地准确理解《通知》要求，提升驰名商标保护水平，现结合近年实践，对《通知》的理解与适用进行说明。

根据《商标法》《商标法实施条例》《驰名商标认定和保护规定》等法律法规规章，同时依据《全国人民代表大会常务委员会关于国务院机构改革涉及法律规定的行政机关职责调整问题的决定》《国务院关于国务院机构改革涉及行政法规规定的行政机关职责调整问题的决定》等有关规定，《通知》对查处商标违法案件中驰名商标保护提出了三个方面共九项要求。

一、严格按照法定权限和时限查办涉驰名商标案件

一是严格立案主体。根据《商标法》有关规定，县级以上工商行政管理部门均有权查处商标违法案件，但鉴于涉及驰名商标认定案件的特殊性和专业性，《驰名商标认定和保护规定》规定由地级市以上工商行政管理部门办理涉及驰名商标认定的违法案件。需要指出的是，权利人的注册商标有驰名商标认定记录、不涉及驰名商标认定的商标侵权假冒案件，县级以上知识产权管理部门有权立案查处。2009 年以来，按照中央统一部署，部分省份试点省直管县改革，赋予部分县（市、区）与设区市相同的经济社会管理权限，并直接由省级党委政府管理。针对上述情况，原国家工商行政管理总局依申请批复授予 13 个省份共 64 个省直管县（市、区）履行商标管理职责的部门驰名商标立案管辖权限，上述批复继续有效。鉴于地方管理体制的动态调整，《通知》要求，省直管县（市、区）如有调整，需要取得驰名商标立案权限的，应通过省级知识产权管理部门及时报请国家知识产权局批准。另外，《通知》中的知识产权管理部门是指履行知识产权执法、保护等管理职责的部门，包括各地知识产权局、市场监管局等，具体以当地“三定”方案为准。

二是严格办案时限。2018 年 12 月 21 日，国家市场监督管理总局公布《市场监督管理行政处罚程序暂行规定》，自 2019 年 4 月 1 日起施行，同时废止《工商行政管理机关行政处罚程序规定》，对各类违法案件立案时限作出统一规定。现行《驰名商标认定和保护规定》第十一条规定，工商行政管理部门依照《工商行政管理机关行政处罚程序规定》的有关规定决定是否立案。综合上述规定，《通知》明确“立案机关查处涉及驰名商标保护的违法行为，应于收到当事人书面请求材料之日起十五个工作日内决定是否立案”“有特殊情况的，经单位负责人批准可以延长十五个工作日”等要求。同时对于《驰名商标认定和保护规定》第十二条“自立案之日起三十日内向上级报送材料”的规定，《通知》予以重申。

三是严格报送程序。根据机构改革后的情况，对《驰名商标认定和保护规定》第十二条相关要求予以重申。首先，明确省（区、市）知识产权管理部门负责对下辖市（地、州）级知识产权管理部门报送的驰名商标请示材料进行核实和审查。其次，经核查符合规定的，由省级知识产权管理部门向国家知识产权局书面请示，并将立案材料和证据材料副本报送至国家知识产权局知识产权保护司；经核查不符合规定的，应当将有关材料退回立案机关。

二、有效规范驰名商标的认定申请和使用

一是加强材料审核。为规范驰名商标认定申请，国家知识产权局编制了《驰名商标认定申请材料摘要表》（以下简称《摘要表》）及说明。主张驰名商标保护的当事人应当填写《摘要表》，并按照《摘要表》及说明准备证据材料，同时，对其所提供材料的真实性负责。立案机关应指导申请人填写，同时对材料及证据的完备性进行审查，对真实性予以核实。具体审核方式包括书面核实和实地核实。

二是加强业务指导。省级知识产权管理部门在日常工作中应通过培训、研讨等方式加强对本辖区内立案机关驰名商标保护的业务指导，在个案中要对法律适用的准确性、申请材料的完备性和真实性予以复核。

三是加强规范使用。驰名商标是《商标法》对于未注册或者未在类似商品上注册而为相关公众所熟知的商标设立的特别保护制度。其中，对未注册的驰名商标予以相同或者类似商品（服务）上的保护，对已注册的驰名商标扩大到非类似商品（服务）上的保护。请求驰名商标保护的商标应当在客观上具有较高知名度，主观上持有人认为其权利受到侵害并请求保护，这体现了驰名商标制度旨在防止已经驰名的商标被他人侵犯、制止混淆和误导、维护持有人合法权益的立法目的。

各级知识产权管理部门在日常工作中要采取集中宣传、走访、座谈等多种形式，引导企业正确认识驰名商标保护制度，充分理解驰名商标是法律概念而不是荣誉称号，驰名商标代表的品牌价值要通过市场认可来体现，而不是通过政府部门的认定来实现。要通过诚信经营，加强自身品牌建设，不断提高产品和服务的市场美誉度来提升品牌价值。在办案中，要注意区分驰名商标正当使用与违法宣传的界限，若企业在经营活动中对自己商标获得驰名商标保护的记录作事实性陈述，没有突出使用“驰名商标”字样行为的，属于正当使用；若企业在经营活动中将“驰名商标”字样突出使用，用以宣传企业或推销企业经营的商品或服务，则超出正当使用范畴，构成《商标法》第十四条第五款所规定的违法行为。

三、突出重点切实加强驰名商标保护

一是强化及时保护。查处商标违法案件中驰名商标审查认定和执法保护是两个环节，由不同主体承担，国家知识产权局负责审查认定，立案机关负责结合具体案情，对违法当事人依法查处。《驰名商标认定和保护规定》要求，立案机关自收到认定批复后六十日内依法予以处理，并将行政处罚决定书抄报省级知识产权管理部门，省级知识产权管理部门应当自收到抄报的行政处罚决定书之日起三十日内将案件处理情况及行政处罚决定书副本报送国家知识产权局。因此，查处商标违法案件中强调认定批复下发后，立案机关要及时处理相关案件，并在案件办结后，及时逐级上报处理结果。

二是强化援引保护。《驰名商标认定和保护规定》第三条和第十六条第二款确立了个案认定、援引保护的规则。为了节约有限的行政资源，提升执法效率，对于没有异议或者异议理由和证据不足的涉及驰名商标保护案件，立案机关可以援引行政认定记录，对涉案商标予以驰名商标保护。上述行政认定记录，包括国家知识产权局和原国家工商行政管理总局在查处商标违法、商标异议、商标不予注册复审和注册商标无效宣告案件中的认定记录。需要说明的是，在后案件不是当然的援引在先认定记录予以驰名商标保护，而是需同时满足以下两个要件，一是保护范围基本相同，即后案与前案请求禁止注册或者禁止使用的商品（服务）相同或者类似；二是对方当事人对该商标驰名无异议，或者虽有异议但异议理由和提供的证据明显不足以支持该异议。

三是强化重点保护。驰名商标因其为相关公众所熟知，一般具有良好的声誉、较高的价值、巨大的消费号召力以及较强的市场竞争力，容易受到不法分子的仿冒侵害，侵权案件易发多发。国家知识产权局《2014-2018年知识产权行政保护典型案例》收录的50件商标行政保护典型案例中，有28件商标曾被行政认定为驰名商标，占比高达56%。为提升打击商标侵权行为的效率及精准度，经认定并持续使用的驰名商标应当列入行政保护的工作重点。《通知》要求，各地要对辖区内行政认定并持续使用的驰名商标进行汇总、梳理，形成驰名商标联系人名单，由省级知识产权管理部门统一定期报送国家知识产权局。国家知识产权局将建立相关数据库并及时更新，为加强驰名商标保护提供信息支撑。

需要说明的是，按照《商标法》第十四条的规定，驰名商标认定包括司法和行政两条途径，行政认定包括查处商标违法案件、商标注册（商标异议）、商标争议（商标不予注册复审和注册商标无效宣告）三种程序。《通知》适用于查处商标违法案件中的驰名商标认定，以及有行政认定记录商标的执法保护。

驰名商标保护，事关商标权利人切身利益，也是国家知识产权局和地方各级知识产权管理部门的重要职责。下一步，国家知识产权局将立足职能，强化业务指导，指导各地知识产权管理部门加强驰名商标保护工作，切实维护商标权利人和广大消费者的合法权益，营造良好营商环境。

驰名商标认定和保护规定

（2014年7月3日国家工商行政管理总局令第66号公布　自公布之日起30日后施行）

第一条　为规范驰名商标认定工作，保护驰名商标持有人的合法权益，根据《中华人民共和国商标法》（以下简称商标法）、《中华人民共和国商标法实施条例》（以下简称实施条例），制定本规定。

第二条　驰名商标是在中国为相关公众所熟知的商标。

相关公众包括与使用商标所标示的某类商品或者服务有关的消费者，生产前述商品或者提供服务的其他经营者以及经销渠道中所涉及的销售者和相关人员等。

第三条　商标局、商标评审委员会根据当事人请求和审查、处理案件的需要，负责在商标注册审查、商标争议处理和工商行政管理部门查处商标违法案件过程中认定和保护驰名商标。

第四条　驰名商标认定遵循个案认定、被动保护的原则。

第五条　当事人依照商标法第三十三条规定向商标局提出异议，并依照商标法第十三条规定请求驰名商标保护的，可以向商标局提出驰名商标保护的书面请求并提交其商标构成驰名商标的证据材料。

第六条　当事人在商标不予注册复审案件和请求无效宣告案件中，依照商标法第十三条规定请求驰名商标保护的，可以向商标评审委员会提出驰名商标保护的书面请求并提交其商标构成驰名商标的证据材料。

第七条　涉及驰名商标保护的商标违法案件由市（地、州）级以上工商行政管理部门管辖。当事人请求工商行政管理部门查处商标违法行为，并依照商标法第十三条规定请求驰名商标保护的，可以向违法行为发生地的市（地、州）级以上工商行政管理部门进行投诉，并提出驰名商标保护的书面请求，提交证明其商标构成驰名商标的证据材料。

第八条　当事人请求驰名商标保护应当遵循诚实信用原则，并对事实及所提交的证据材料的真实性负责。

第九条　以下材料可以作为证明符合商标法第十四条第一款规定的证据材料：

（一）证明相关公众对该商标知晓程度的材料。

（二）证明该商标使用持续时间的材料，如该商标使用、注册的历史和范围的材料。该商标为未注册商标的，应当提供证明其使用持续时间不少于五年的材料。该商标为注册商标的，应当提供证明其注册时间不少于三年或者持续使用时间不少于五年的材料。

（三）证明该商标的任何宣传工作的持续时间、程度和地理范围的材料，如近三年广告宣传和促销活动的方式、地域范围、宣传媒体的种类以及广告投放量等材料。

（四）证明该商标曾在中国或者其他国家和地区作为驰名商标受保护的材料。

（五）证明该商标驰名的其他证据材料，如使用该商标的主要商品在近三年的销售收入、市场占有率、净利润、纳税额、销售区域等材料。

前款所称“三年”、“五年”，是指被提出异议的商标注册申请日期、被提出无效宣告请求的商标注册申请日期之前的三年、五年，以及在查处商标违法案件中提出驰名商标保护请求日期之前的三年、五年。

第十条　当事人依照本规定第五条、第六条规定提出驰名商标保护请求的，商标局、商标评审委员会应当在商标法第三十五条、第三十七条、第四十五条规定的期限内及时作出处理。

第十一条　当事人依照本规定第七条规定请求工商行政管理部门查处商标违法行为的，工商行政管理部门应当对投诉材料予以核查，依照《工商行政管理机关行政处罚程序规定》的有关规定决定是否立案。决定立案的，工商行政管理部门应当对当事人提交的驰名商标保护请求及相关证据材料是否符合商标法第十三条、第十四条、实施条例第三条和本规定第九条规定进行初步核实和审查。经初步核查符合规定的，应当自立案之日起三十日内将驰名商标认定请示、案件材料副本一并报送上级工商行政管理部门。经审查不符合规定的，应当依照《工商行政管理机关行政处罚程序规定》的规定及时作出处理。

第十二条　省（自治区、直辖市）工商行政管理部门应当对本辖区内市（地、州）级工商行政管理部门报送的驰名商标认定相关材料是否符合商标法第十三条、第十四条、实施条例第三条和本规定第九条规定进行核实和审查。经核查符合规定的，应当自收到驰名商标认定相关材料之日起三十日内，将驰名商标认定请示、案件材料副本一并报送商标局。经审查不符合规定的，应当将有关材料退回原立案机关，由其依照《工商行政管理机关行政处罚程序规定》的规定及时作出处理。

第十三条 商标局、商标评审委员会在认定驰名商标时，应当综合考虑商标法第十四条第一款和本规定第九条所列各项因素，但不以满足全部因素为前提。

商标局、商标评审委员会在认定驰名商标时，需要地方工商行政管理部门核实有关情况的，相关地方工商行政管理部门应当予以协助。

第十四条 商标局经对省（自治区、直辖市）工商行政管理部门报送的驰名商标认定相关材料进行审查，认定构成驰名商标的，应当向报送请示的省（自治区、直辖市）工商行政管理部门作出批复。

立案的工商行政管理部门应当自商标局作出认定批复后六十日内依法予以处理，并将行政处罚决定书抄报所在省（自治区、直辖市）工商行政管理部门。省（自治区、直辖市）工商行政管理部门应当自收到抄报的行政处罚决定书之日起三十日内将案件处理情况及行政处罚决定书副本报送商标局。

第十五条 各级工商行政管理部门在商标注册和管理工作中应当加强对驰名商标的保护，维护权利人和消费者合法权益。商标违法行为涉嫌犯罪的，应当将案件及时移送司法机关。

第十六条 商标注册审查、商标争议处理和工商行政管理部门查处商标违法案件过程中，当事人依照商标法第十三条规定请求驰名商标保护时，可以提供该商标曾在我国作为驰名商标受保护的记录。

当事人请求驰名商标保护的范围与已被作为驰名商标予以保护的范围基本相同，且对方当事人对该商标驰名无异议，或者虽有异议，但异议理由和提供的证据明显不足以支持该异议的，商标局、商标评审委员会、商标违法案件立案部门可以根据该保护记录，结合相关证据，给予该商标驰名商标保护。

第十七条 在商标违法案件中，当事人通过弄虚作假或者提供虚假证据材料等不正当手段骗取驰名商标保护的，由商标局撤销对涉案商标已作出的认定，并通知报送驰名商标认定请示的省（自治区、直辖市）工商行政管理部门。

第十八条 地方工商行政管理部门违反本规定第十一条、第十二条规定未履行对驰名商标认定相关材料进行核实和审查职责，或者违反本规定第十三条第二款规定未予以协助或者未履行核实职责，或者违反本规定第十四条第二款规定逾期未对商标违法案件作出处理或者逾期未报送处理情况的，由上一级工商行政管理部门予以通报，并责令其整改。

第十九条 各级工商行政管理部门应当建立健全驰名商标认定工作监督检查制度。

第二十条 参与驰名商标认定与保护相关工作的人员，玩忽职守、滥用职权、徇私舞弊，违法办理驰名商标认定有关事项，收受当事人财物，牟取不正当利益的，依照有关规定予以处理。

第二十一条 本规定自公布之日起30日后施行。2003年4月17日国家工商行政管理总局公布的《驰名商标认定和保护规定》同时废止。

最高人民法院关于审理涉及驰名商标保护的民事纠纷案件应用法律若干问题的解释

（2009年4月22日最高人民法院审判委员会第1467次会议通过　根据2020年12月23日最高人民法院审判委员会第1823次会议通过的《最高人民法院关于修改〈最高人民法院关于审理侵犯专利权纠纷案件应用法律若干问题的解释（二）〉等十八件知识产权类司法解释的决定》修正　2020年12月29日最高人民法院公告公布　自2021年1月1日起施行　法释〔2020〕19号）

为在审理侵犯商标权等民事纠纷案件中依法保护驰名商标，根据《中华人民共和国商标法》《中华人民共和国反不正当竞争法》《中华人民共和国民事诉讼法》等有关法律规定，结合审判实际，制定本解释。

第一条　本解释所称驰名商标，是指在中国境内为相关公众所熟知的商标。

第二条　在下列民事纠纷案件中，当事人以商标驰名作为事实根据，人民法院根据案件具体情况，认为确有必要的，对所涉商标是否驰名作出认定：

（一）以违反商标法第十三条的规定为由，提起的侵犯商标权诉讼；

（二）以企业名称与其驰名商标相同或者近似为由，提起的侵犯商标权或者不正当竞争诉讼；

（三）符合本解释第六条规定的抗辩或者反诉的诉讼。

第三条　在下列民事纠纷案件中，人民法院对于所涉商标是否驰名不予审查：

（一）被诉侵犯商标权或者不正当竞争行为的成立不以商标驰名为事实根据的；

（二）被诉侵犯商标权或者不正当竞争行为因不具备法律规定的其他要件而不成立的。

原告以被告注册、使用的域名与其注册商标相同或者近似，并通过该域名进行相关商品交易的电子商务，足以造成相关公众误认为由，提起的侵权诉讼，按照前款第（一）项的规定处理。

第四条　人民法院认定商标是否驰名，应当以证明其驰名的事实为依据，综合考虑商标法第十四条第一款规定的各项因素，但是根据案件具体情况无需考虑该条规定的全部因素即足以认定商标驰名的情形除外。

第五条　当事人主张商标驰名的，应当根据案件具体情况，提供下列证据，证明被诉侵犯商标权或者不正当竞争行为发生时，其商标已属驰名：

（一）使用该商标的商品的市场份额、销售区域、利税等；

（二）该商标的持续使用时间；

（三）该商标的宣传或者促销活动的方式、持续时间、程度、资金投入和地域范围；

（四）该商标曾被作为驰名商标受保护的记录；

（五）该商标享有的市场声誉；

（六）证明该商标已属驰名的其他事实。

前款所涉及的商标使用的时间、范围、方式等，包括其核准注册前持续使用的情形。

对于商标使用时间长短、行业排名、市场调查报告、市场价值评估报告、是否曾被认定为著名商标等证据，人民法院应当结合认定商标驰名的其他证据，客观、全面地进行审查。

第六条 原告以被诉商标的使用侵犯其注册商标专用权为由提起民事诉讼，被告以原告的注册商标复制、摹仿或者翻译其在先未注册驰名商标为由提出抗辩或者提起反诉的，应当对其在先未注册商标驰名的事实负举证责任。

第七条 被诉侵犯商标权或者不正当竞争行为发生前，曾被人民法院或者行政管理部门认定驰名的商标，被告对该商标驰名的事实不持异议的，人民法院应当予以认定。被告提出异议的，原告仍应当对该商标驰名的事实负举证责任。

除本解释另有规定外，人民法院对于商标驰名的事实，不适用民事诉讼证据的自认规则。

第八条 对于在中国境内为社会公众所熟知的商标，原告已提供其商标驰名的基本证据，或者被告不持异议的，人民法院对该商标驰名的事实予以认定。

第九条 足以使相关公众对使用驰名商标和被诉商标的商品来源产生误认，或者足以使相关公众认为使用驰名商标和被诉商标的经营者之间具有许可使用、关联企业关系等特定联系的，属于商标法第十三条第二款规定的“容易导致混淆”。

足以使相关公众认为被诉商标与驰名商标具有相当程度的联系，而减弱驰名商标的显著性、贬损驰名商标的市场声誉，或者不正当利用驰名商标的市场声誉的，属于商标法第十三条第三款规定的“误导公众，致使该驰名商标注册人的利益可能受到损害”。

第十条 原告请求禁止被告在不相类似商品上使用与原告驰名的注册商标相同或者近似的商标或者企业名称的，人民法院应当根据案件具体情况，综合考虑以下因素后作出裁判：

（一）该驰名商标的显著程度；

（二）该驰名商标在使用被诉商标或者企业名称的商品的相关公众中的知晓程度；

（三）使用驰名商标的商品与使用被诉商标或者企业名称的商品之间的关联程度；

（四）其他相关因素。

第十一条 被告使用的注册商标违反商标法第十三条的规定，复制、摹仿或者翻译原告驰名商标，构成侵犯商标权的，人民法院应当根据原告的请求，依法判决禁止被告使用该商标，但被告的注册商标有下列情形之一的，人民法院对原告的请求不予支持：

（一）已经超过商标法第四十五条第一款规定的请求宣告无效期限的；

（二）被告提出注册申请时，原告的商标并不驰名的。

第十二条 当事人请求保护的未注册驰名商标，属于商标法第十条、第十一条、第十二条规定不得作为商标使用或者注册情形的，人民法院不予支持。

第十三条 在涉及驰名商标保护的民事纠纷案件中，人民法院对于商标驰名的认定，仅作为案件事实和判决理由，不写入判决主文；以调解方式审结的，在调解书中对商标驰名的事实不予认定。

第十四条 本院以前有关司法解释与本解释不一致的，以本解释为准。

四、商标授权确权

最高人民法院关于审理商标授权确权行政案件若干问题的规定

（2016年12月12日最高人民法院审判委员会第1703次会议通过　根据2020年12月23日最高人民法院审判委员会第1823次会议通过的《最高人民法院关于修改〈最高人民法院关于审理侵犯专利权纠纷案件应用法律若干问题的解释（二）〉等十八件知识产权类司法解释的决定》修正　2020年12月29日最高人民法院公告公布　自2021年1月1日起施行　法释〔2020〕19号）

为正确审理商标授权确权行政案件，根据《中华人民共和国商标法》《中华人民共和国行政诉讼法》等法律规定，结合审判实践，制定本规定。

第一条　本规定所称商标授权确权行政案件，是指相对人或者利害关系人因不服国家知识产权局作出的商标驳回复审、商标不予注册复审、商标撤销复审、商标无效宣告及无效宣告复审等行政行为，向人民法院提起诉讼的案件。

第二条　人民法院对商标授权确权行政行为进行审查的范围，一般应根据原告的诉讼请求及理由确定。原告在诉讼中未提出主张，但国家知识产权局相关认定存在明显不当的，人民法院在各方当事人陈述意见后，可以对相关事由进行审查并作出裁判。

第三条　商标法第十条第一款第（一）项规定的同中华人民共和国的国家名称等“相同或者近似”，是指商标标志整体上与国家名称等相同或者近似。

对于含有中华人民共和国的国家名称等，但整体上并不相同或者不相近似的标志，如果该标志作为商标注册可能导致损害国家尊严的，人民法院可以认定属于商标法第十条第一款第（八）项规定的情形。

第四条　商标标志或者其构成要素带有欺骗性，容易使公众对商品的质量等特点或者产地产生误认，国家知识产权局认定其属于2001年修正的商标法第十条第一款第（七）项规定情形的，人民法院予以支持。

第五条　商标标志或者其构成要素可能对我国社会公共利益和公共秩序产生消极、负面影响的，人民法院可以认定其属于商标法第十条第一款第（八）项规定的“其他不良影响”。

将政治、经济、文化、宗教、民族等领域公众人物姓名等申请注册为商标，属于前款所指的“其他不良影响”。

第六条　商标标志由县级以上行政区划的地名或者公众知晓的外国地名和其他要素组成，如果整体上具有区别于地名的含义，人民法院应当认定其不属于商标法第十条第二款所指情形。

第七条　人民法院审查诉争商标是否具有显著特征，应当根据商标所指定使用商品的相关公众的通常认识，判断该商标整体上是否具有显著特征。商标标志中含有描述性要素，但不影响其整体具有显著特征的；或者描述性标志以独特方式加以表现，相关公众能够以其识别商品来源的，应当认定其具有显著特征。

第八条 诉争商标为外文标志时，人民法院应当根据中国境内相关公众的通常认识，对该外文商标是否具有显著特征进行审查判断。标志中外文的固有含义可能影响其在指定使用商品上的显著特征，但相关公众对该固有含义的认知程度较低，能够以该标志识别商品来源的，可以认定其具有显著特征。

第九条 仅以商品自身形状或者自身形状的一部分作为三维标志申请注册商标，相关公众一般情况下不易将其识别为指示商品来源标志的，该三维标志不具有作为商标的显著特征。

该形状系申请人所独创或者最早使用并不能当然导致其具有作为商标的显著特征。

第一款所称标志经过长期或者广泛使用，相关公众能够通过该标志识别商品来源的，可以认定该标志具有显著特征。

第十条 诉争商标属于法定的商品名称或者约定俗成的商品名称的，人民法院应当认定其属于商标法第十一条第一款第（一）项所指的通用名称。依据法律规定或者国家标准、行业标准属于商品通用名称的，应当认定为通用名称。相关公众普遍认为某一名称能够指代一类商品的，应当认定为约定俗成的通用名称。被专业工具书、辞典等列为商品名称的，可以作为认定约定俗成的通用名称的参考。

约定俗成的通用名称一般以全国范围内相关公众的通常认识为判断标准。对于由于历史传统、风土人情、地理环境等原因形成的相关市场固定的商品，在该相关市场内通用的称谓，人民法院可以认定为通用名称。

诉争商标申请人明知或者应知其申请注册的商标为部分区域内约定俗成的商品名称的，人民法院可以视其申请注册的商标为通用名称。

人民法院审查判断诉争商标是否属于通用名称，一般以商标申请日时的事实状态为准。核准注册时事实状态发生变化的，以核准注册时的事实状态判断其是否属于通用名称。

第十一条 商标标志只是或者主要是描述、说明所使用商品的质量、主要原料、功能、用途、重量、数量、产地等的，人民法院应当认定其属于商标法第十一条第一款第（二）项规定的情形。商标标志或者其构成要素暗示商品的特点，但不影响其识别商品来源功能的，不属于该项所规定的情形。

第十二条 当事人依据商标法第十三条第二款主张诉争商标构成对其未注册的驰名商标的复制、摹仿或者翻译而不应予以注册或者应予无效的，人民法院应当综合考量如下因素以及因素之间的相互影响，认定是否容易导致混淆：

（一）商标标志的近似程度；

（二）商品的类似程度；

（三）请求保护商标的显著性和知名程度；

（四）相关公众的注意程度；

（五）其他相关因素。

商标申请人的主观意图以及实际混淆的证据可以作为判断混淆可能性的参考因素。

第十三条 当事人依据商标法第十三条第三款主张诉争商标构成对其已注册的驰名商标的复制、摹仿或者翻译而不应予以注册或者应予无效的，人民法院应当综合考虑如下因素，以认定诉争商标的使用是否足以使相关公众认为其与驰名商标具有相当程度的联系，从而误导公众，致使驰名商标注册人的利益可能受到损害：

（一）引证商标的显著性和知名程度；

（二）商标标志是否足够近似；

（三）指定使用的商品情况；

（四）相关公众的重合程度及注意程度；

（五）与引证商标近似的标志被其他市场主体合法使用的情况或者其他相关因素。

第十四条 当事人主张诉争商标构成对其已注册的驰名商标的复制、摹仿或者翻译而不应予以注册或者应予无效，国家知识产权局依据商标法第三十条规定裁决支持其主张的，如果诉争商标注册未满五年，人民法院在当事人陈述意见之后，可以按照商标法第三十条规定进行审理；如果诉争商标注册已满五年，应当适用商标法第十三条第三款进行审理。

第十五条 商标代理人、代表人或者经销、代理等销售代理关系意义上的代理人、代表人未经授权，以自己的名义将与被代理人或者被代表人的商标相同或者近似的商标在相同或者类似商品上申请注册的，人民法院适用商标法第十五条第一款的规定进行审理。

在为建立代理或者代表关系的磋商阶段，前款规定的代理人或者代表人将被代理人或者被代表人的商标申请注册的，人民法院适用商标法第十五条第一款的规定进行审理。

商标申请人与代理人或者代表人之间存在亲属关系等特定身份关系的，可以推定其商标注册行为系与该代理人或者代表人恶意串通，人民法院适用商标法第十五条第一款的规定进行审理。

第十六条 以下情形可以认定为商标法第十五条第二款中规定的“其他关系”：

（一）商标申请人与在先使用人之间具有亲属关系；

（二）商标申请人与在先使用人之间具有劳动关系；

（三）商标申请人与在先使用人营业地址邻近；

（四）商标申请人与在先使用人曾就达成代理、代表关系进行过磋商，但未形成代理、代表关系；

（五）商标申请人与在先使用人曾就达成合同、业务往来关系进行过磋商，但未达成合同、业务往来关系。

第十七条 地理标志利害关系人依据商标法第十六条主张他人商标不应予以注册或者应予无效，如果诉争商标指定使用的商品与地理标志产品并非相同商品，而地理标志利害关系人能够证明诉争商标使用在该产品上仍然容易导致相关公众误认为该产品来源于该地区并因此具有特定的质量、信誉或者其他特征的，人民法院予以支持。

如果该地理标志已经注册为集体商标或者证明商标，集体商标或者证明商标的权利人或者利害关系人可选择依据该条或者另行依据商标法第十三条、第三十条等主张权利。

第十八条 商标法第三十二条规定的在先权利，包括当事人在诉争商标申请日之前享有的民事权利或者其他应予保护的合法权益。诉争商标核准注册时在先权利已不存在的，不影响诉争商标的注册。

第十九条 当事人主张诉争商标损害其在先著作权的，人民法院应当依照著作权法等相关规定，对所主张的客体是否构成作品、当事人是否为著作权人或者其他有权主张著作权的利害关系人以及诉争商标是否构成对著作权的侵害等进行审查。

商标标志构成受著作权法保护的作品的，当事人提供的涉及商标标志的设计底稿、原件、取得权利的合同、诉争商标申请日之前的著作权登记证书等，均可以作为证明著作权归属的初步证据。

商标公告、商标注册证等可以作为确定商标申请人为有权主张商标标志著作权的利害关系人的初步证据。

第二十条 当事人主张诉争商标损害其姓名权，如果相关公众认为该商标标志指代了该自然人，容易认为标记有该商标的商品系经过该自然人许可或者与该自然人存在特定联系的，人民法院应当认定该商标损害了该自然人的姓名权。

当事人以其笔名、艺名、译名等特定名称主张姓名权，该特定名称具有一定的知名度，与该自然人建立了稳定的对应关系，相关公众以其指代该自然人的，人民法院予以支持。

第二十一条 当事人主张的字号具有一定的市场知名度，他人未经许可申请注册与该字号相同或者近似的商标，容易导致相关公众对商品来源产生混淆，当事人以此主张构成在先权益的，人民法院予以支持。

当事人以具有一定市场知名度并已与企业建立稳定对应关系的企业名称的简称为依据提出主张的，适用前款规定。

第二十二条 当事人主张诉争商标损害角色形象著作权的，人民法院按照本规定第十九条进行审查。

对于著作权保护期限内的作品，如果作品名称、作品中的角色名称等具有较高知名度，将其作为商标使用在相关商品上容易导致相关公众误认为其经过权利人的许可或者与权利人存在特定联系，当事人以此主张构成在先权益的，人民法院予以支持。

第二十三条 在先使用人主张商标申请人以不正当手段抢先注册其在先使用并有一定影响的商标的，如果在先使用商标已经有一定影响，而商标申请人明知或者应知该商标，即可推定其构成“以不正当手段抢先注册”。但商标申请人举证证明其没有利用在先使用商标商誉的恶意的除外。

在先使用人举证证明其在先商标有一定的持续使用时间、区域、销售量或者广告宣传的，人民法院可以认定为有一定影响。

在先使用人主张商标申请人在与其不相类似的商品上申请注册其在先使用并有一定影响的商标，违反商标法第三十二条规定的，人民法院不予支持。

第二十四条 以欺骗手段以外的其他方式扰乱商标注册秩序、损害公共利益、不正当占用公共资源或者谋取不正当利益的，人民法院可以认定其属于商标法第四十四条第一款规定的“其他不正当手段”。

第二十五条 人民法院判断诉争商标申请人是否“恶意注册”他人驰名商标，应综合考虑引证商标的知名度、诉争商标申请人申请诉争商标的理由以及使用诉争商标的具体情形来判断其主观意图。引证商标知名度高、诉争商标申请人没有正当理由的，人民法院可以推定其注册构成商标法第四十五条第一款所指的“恶意注册”。

第二十六条　商标权人自行使用、他人经许可使用以及其他不违背商标权人意志的使用，均可认定为商标法第四十九条第二款所称的使用。

实际使用的商标标志与核准注册的商标标志有细微差别，但未改变其显著特征的，可以视为注册商标的使用。

没有实际使用注册商标，仅有转让或者许可行为；或者仅是公布商标注册信息、声明享有注册商标专用权的，不认定为商标使用。

商标权人有真实使用商标的意图，并且有实际使用的必要准备，但因其他客观原因尚未实际使用注册商标的，人民法院可以认定其有正当理由。

第二十七条　当事人主张国家知识产权局下列情形属于行政诉讼法第七十条第（三）项规定的“违反法定程序”的，人民法院予以支持：

（一）遗漏当事人提出的评审理由，对当事人权利产生实际影响的；

（二）评审程序中未告知合议组成员，经审查确有应当回避事由而未回避的；

（三）未通知适格当事人参加评审，该方当事人明确提出异议的；

（四）其他违反法定程序的情形。

第二十八条　人民法院审理商标授权确权行政案件的过程中，国家知识产权局对诉争商标予以驳回、不予核准注册或者予以无效宣告的事由不复存在的，人民法院可以依据新的事实撤销国家知识产权局相关裁决，并判令其根据变更后的事实重新作出裁决。

第二十九条　当事人依据在原行政行为之后新发现的证据，或者在原行政程序中因客观原因无法取得或在规定的期限内不能提供的证据，或者新的法律依据提出的评审申请，不属于以“相同的事实和理由”再次提出评审申请。

在商标驳回复审程序中，国家知识产权局以申请商标与引证商标不构成使用在同一种或者类似商品上的相同或者近似商标为由准予申请商标初步审定公告后，以下情形不视为“以相同的事实和理由”再次提出评审申请：

（一）引证商标所有人或者利害关系人依据该引证商标提出异议，国家知识产权局予以支持，被异议商标申请人申请复审的；

（二）引证商标所有人或者利害关系人在申请商标获准注册后依据该引证商标申请宣告其无效的。

第三十条　人民法院生效裁判对于相关事实和法律适用已作出明确认定，相对人或者利害关系人对于国家知识产权局依据该生效裁判重新作出的裁决提起诉讼的，人民法院依法裁定不予受理；已经受理的，裁定驳回起诉。

第三十一条　本规定自2017年3月1日起施行。人民法院依据2001年修正的商标法审理的商标授权确权行政案件可参照适用本规定。

北京市高级人民法院商标授权确权行政案件审理指南①

（2019年4月24日）

第一部分　相关程序问题

1. 主体资格的确定

1.1　**【在先权利人的范围】**

商标权人及其他应受法律保护的合法在先权利所有人属于商标法第三十三条、第四十五条第一款规定的“在先权利人”。

1.2　**【利害关系人的范围】**

在先权利的被许可使用人、在先权利的合法继受人或者在先权利人的控股股东属于商标法第三十三条、第四十五条第一款规定的“利害关系人”。

经纪人提交了模特、演员等就相关人身权出具的特别授权文件的，属于“利害关系人”。

仅因诉争商标的申请注册而受到影响，但与在先权利不具有直接利害关系的主体，不宜认定为“利害关系人”。

1.3　**【利害关系人的认定时间】**

利害关系人的认定一般以提出商标异议或者无效宣告请求时为准。

一审法院受理行政诉讼后，利害关系人发生变化的，一般不影响原利害关系人的诉讼主体地位，但可以依据现利害关系人的申请通知其参加行政诉讼。

一审法院作出裁判后，利害关系人发生变化的，二审法院可以依据现利害关系人的申请通知其作为第三人参加行政诉讼。

1.4　**【引证商标转让对当事人诉讼地位的影响】**

一审行政诉讼中，引证商标被核准转让的，可以依据受让人的申请通知其参加诉讼，但不影响转让人继续参加诉讼；转让人明确放弃继续参加诉讼的，受让人可以替代转让人的诉讼地位，转让人已经完成的诉讼行为对受让人具有拘束力。

二审行政诉讼中，引证商标被核准转让的，可以依据受让人的申请通知其参加诉讼，但不影响转让人继续参加诉讼。

1.5　**【未通知诉争商标受让人参加评审的法律后果】**

商标评审程序中，诉争商标已经发生转让，国家知识产权局商标评审部门（以下简称商标评审部门）未通知受让人参加评审程序，直接作出对其不利的行政裁决，受让人在诉讼中能够证明被诉行政裁决理由和结论违法的，对其提出撤销被诉行政裁决的主张，可以予以支持；但受让人在

① 本文件为中英双语版，本书仅收录中文版，英文版可参照北京法院网 https://bjgy.chinacourt.gov.cn/article/detail/2019/04/id/3850624.shtml。——编者注

诉讼中不能证明被诉行政裁决理由和结论违法的，对其提出撤销被诉行政裁决的主张不予支持。

1.6 **【诉争商标转让对当事人诉讼地位的影响】**

商标评审程序中，诉争商标已经发生转让，且受让人参加后续评审程序的，转让人一般不再作为行政相对人。转让人提起行政诉讼的，可以裁定驳回起诉。

转让人在评审程序中已经完成的行为对受让人具有拘束力。

1.7 **【追加诉讼当事人的范围】**

商标申请驳回复审行政案件中，一般诉讼当事人应以被诉行政行为的相对人以及其他与行政行为有利害关系的人为限，不宜主动追加未参与商标评审程序的引证商标权利人等主体参加诉讼。

1.8 **【异议事由与主体资格的认定】**

异议人同时主张诉争商标违反商标法第十条、第十一条、第十二条规定和第十三条第二款、第三款、第十五条、第十六条第一款、第三十条、第三十一条、第三十二条规定的，应当对其是否具有依据第十三条第二款、第三款、第十五条、第十六条第一款、第三十条、第三十一条、第三十二条的规定提起申请的主体资格进行审查。若异议人不属于商标法第三十三条所规定的“在先权利人或者利害关系人”的，对其申请的除第十条、第十一条、第十二条规定以外的理由应当不予审查。

1.9 **【涉外当事人主体资格的认定】**

涉外当事人主体资格的认定，应当适用涉外民事关系法律适用法第十四条的规定。

当事人依据其他国家或者地区的法律主张对方当事人的主体资格已经不存在的，应当提供该主体资格消灭登记的证据以及该国家或者地区关于主体资格消灭的法律规定。

依据其他国家或者地区法律，主体资格被剔除登记薄后仍可恢复的，可以给予当事人对主体存续状态进行补正及说明的机会。若当事人怠于举证，由其承担相应法律后果。

2. 审查范围

2.1 **【遗漏评审理由的法律后果】**

商标评审范围一般以申请人在申请书、补充理由中明确列明的理由及其对应的法律条文为限，被申请人的答辩事实和理由与上述申请内容有直接关联的，可以一并予以审查，但超出商标法规定期限的除外。商标评审部门未按前述情形予以审查，且对当事人权利产生实际影响，当事人据此主张违反法定程序的，可以予以支持。

商标评审程序中，申请人或者被申请人的答辩事实和理由、后续质证意见等内容明显超出申请范围的，或者申请人仅在申请书和补充理由中罗列法律条文，在全文中没有相关事实及理由论述的，当事人据此主张商标评审部门遗漏评审理由的，不予支持。

2.2 **【第十三条与第三十条的选择适用】**

当事人依据商标法第十三条或者同时依据第十三条及第三十条提出申请，商标评审部门未依据商标法第十三条进行审查，且未支持当事人申请的，构成遗漏评审理由，若对当事人权利产生实际影响，当事人据此主张违反法定程序的，可以予以支持。

2.3 **【超范围审查的法律后果】**

当事人有证据证明被诉裁决的内容超出驳回商标注册申请决定、不予注册决定、撤销或者维持注册商标决定，和当事人复审请求、答辩的范围，且无法律依据，其主张超出部分违法的，可以予以支持。

2.4 【补充评审证据】

商标评审程序中，当事人依据商标法实施条例第五十九条的规定，声明需要补充提交证据，商标评审部门在法律规定的期限届满前径行作出被诉裁决的，当事人据此主张违反法定程序的，可以予以支持。

2.5 【商标驳回复审的审查范围】

商标申请驳回复审行政案件中，商标评审部门在未听取申请人意见的情况下，超出驳回商标注册申请的决定，直接依据商标法第十条、第十一条、第十二条或者第十六条第一款的规定作出被诉裁决，当事人据此主张违反法定程序的，可以予以支持。

2.6 【商标不予注册复审的审查范围】

商标不予注册复审行政案件中，被诉裁决内容超出不予核准注册的商品或者服务的范围，当事人据此主张违反法定程序的，可以予以支持。

商标评审部门审查不予注册复审的理由，一般应根据不予注册决定审查的范围、申请人申请复审的主张和原异议人在复审中所主张的并已在异议阶段申请的理由确定。

2.7 【商标权无效宣告的审查范围】

商标权无效宣告请求行政案件中，商标评审部门一般应当针对当事人申请和答辩的事实、理由及请求进行审查，商标评审部门超出前述范围进行评审，当事人据此主张违反法定程序的，可以予以支持。

2.8 【商标行政诉讼中审查范围的确定】

商标行政诉讼中，一般应根据原告的诉讼请求及理由确定审查范围。原告虽未提出主张，但被诉裁决存在明显不当的，应当在各方当事人陈述意见后，对相关事由进行审查并作出裁判，但不能超出被诉裁决的审查范围。

当事人在商标评审程序中提出了多项理由，商标评审部门仅依据部分理由作出被诉裁决，且认定结论有误，当事人主张撤销被诉裁决的，可以予以支持，对商标评审部门未审查的事由不宜直接予以支持。

2.9 【“绝对理由”和“相对理由”的同时适用】

商标评审部门依据商标法第十条、第十一条、第十二条的规定和第三十条、第三十一条的规定作出驳回诉争商标注册申请的决定，不能仅以商标评审部门同时适用商标法第十条、第十一条、第十二条的规定和第三十条、第三十一条的规定进行审查为由撤销被诉决定。

3. 送达

3.1 【送达地址的确认】

当事人在商标评审程序中确认送达地址且同意适用于商标行政诉讼程序的，可以按照该地址进行送达。

3.2 【电子送达】

采用传真、电子邮件方式送达的，应记录传真发送和接收号码、电子邮件发送和接收邮箱、发送时间、送达诉讼文书名称，并打印传真发送确认单、电子邮件发送成功网页，存卷备查。

采用短信、微信等方式送达的，应记录收发手机号码、发送时间、送达诉讼文书名称，并将短信、微信等送达内容拍摄照片，存卷备查。

3.3【送达认定标准】

商标评审程序中邮寄的商标评审案件受理通知书、举证通知书、答辩通知书、证据交换通知书和证据等案件相关材料均以当事人收到作为送达的标准。

3.4　【送达的举证责任】

商标行政诉讼中，当事人以其未收到案件相关材料为由主张送达程序违法的，商标评审部门应当提供当事人收到案件相关材料的证据，邮政部门按批次打印的交寄清单可以作为初步证据。

发文清单等内部流程材料，以及未经当事人授权的物业公司或者门卫代收的凭证，不足以证明当事人收到案件相关材料。

3.5　【送达程序不当】

商标评审部门无法提供当事人收到案件相关材料的直接证据，但其能够提供已经通知当事人参加评审程序的初步证据，且被诉裁决理由和结论均无不当，存在下列情形之一的，当事人主张送达程序违法，可以不予支持：

（1）当事人除主张送达程序违法外，未提出实体理由的；

（2）当事人除主张送达程序违法外，同时主张实体理由，但该理由不成立或者不属于本案审理范围的。

4. “一事不再理”的认定

4.1【“相同的事实”】

当事人依据在原行政行为之后新发现的证据，或者在原行政程序中因客观原因无法取得或在规定期限内不能提供的证据提出的申请，不属于以“相同的事实”再次提出申请。

下列情形属于以“相同的事实”再次提出申请：

（1）当事人依据在原行政程序中能够获得但无正当理由未予提交的图书馆查询资料等证据，再次提出申请的；

（2）当事人主张侵害在先著作权，在原行政程序中提交了相关作品，仅依据新取得的著作权登记证书，再次提出申请的。

4.2【“相同的理由”】

下列情形不属于以“相同的理由”再次提出申请：

（1）原行政程序中仅对当事人主张的部分理由进行了审理，该当事人对未经审理的其他理由，再次提出申请的；

（2）当事人依据在原行政程序中未涉及的引证商标，再次提出申请的；

（3）当事人在原行政程序中，依据商标法第十三条提出申请，商标评审部门主动转换适用商标法第三十条，且未予支持，当事人再次依据商标法第十三条提出申请的；

（4）商标异议复审程序中，当事人依据 2001 年商标法第十条第一款第（七）项提出申请，商标评审部门主动转换适用 2001 年商标法第十条第一款第（八）项并予以支持，经行政诉讼程序认为该申请不能成立，诉争商标被核准注册，当事人再次依据 2013 年商标法第十条第一款第（八）项提出无效宣告请求的。

4.3 【以“相同事实和理由”再次提出评审申请】

当事人以“相同事实和理由”再次提出评审申请的，商标评审部门不予受理或者依据商标法实施条例第五十七条规定予以驳回，当事人主张违反法定程序的，不予支持。

5. 重新作出行政行为的处理

5.1 【证据的提交】

审理被诉重审裁决的行政案件，当事人以商标评审部门未予采信其补充提交的证据为由，主张违反法定程序的，一般不予支持，但该证据所涉及内容并未经生效裁判认定且足以影响案件审查结果而商标评审部门未予采信的除外。

5.2 【重审裁决的审查程序】

商标评审部门按照生效裁判重新作出被诉裁决的，应当至少更换一名合议组成员，当事人因未予更换而主张违反法定程序的，可以予以支持。

生效裁判已经作出实体认定结论，商标评审部门未另行通知当事人进行答辩、交换证据、质证等，径行作出被诉裁决，当事人据此主张违反法定程序的，不予支持。

5.3 【提起诉讼的处理】

商标评审部门按照生效裁判重新作出被诉裁决，当事人据此提起行政诉讼的，裁定不予受理；已经受理的，裁定驳回起诉。但商标评审部门作出被诉裁决依据的事由不复存在的除外。

6. 其他程序事项

6.1 【商标注册事项的认定依据】

商标注册证与商标注册簿记载的注册事项不一致的，以商标注册簿为认定依据，但有证据证明商标注册簿确有错误的除外。

6.2 【起诉日期的计算】

原告不服行政行为提起诉讼的，起诉期限从其收到被诉裁决的第二日起算。

6.3 【商标评审部门的举证责任】

商标行政诉讼中，商标评审部门无正当理由，逾期未予举证的，可以认定构成行政诉讼法第三十四条规定的情形。但是，被诉裁决涉及第三人合法权益，第三人提供证据的除外。

6.4 【逾期作出被诉裁决的处理】

商标行政诉讼中，商标评审部门未按商标法第三十四条、第三十五条、第四十四条、第四十五条、第四十九条规定的法定期限作出被诉裁决，但未对当事人权利产生实际影响的，当事人据此主张违反法定程序的，不予支持。

6.5 【商标权撤销复审行政案件中证据的提交与采纳】

商标权撤销复审行政案件中，当事人明确表示依据其在撤销决定作出前提交的证据原件主张诉争商标实际使用的，商标评审部门仅以当事人未提交证据为由撤销诉争商标注册，当事人据此请求撤销被诉决定的，可以予以支持。

6.6 【未按规定预交案件受理费的法律后果】

商标行政诉讼中，原告或者上诉人未按诉讼费用交纳办法第二十二条规定的期限预交案件受理费，又不提出缓交、减交、免交申请，或者提出申请未获批准的，可以依据《最高人民法院关于适用〈中华人民共和国行政诉讼法〉的解释》第六十一条的规定，按自动撤诉处理。

6.7　**【诉讼费用的负担】**

商标行政诉讼中，因采纳当事人诉讼阶段补充提交的证据撤销被诉裁决的，诉讼费用应当由提交补充证据的当事人负担。

6.8　**【未告知合议组成员】**

商标评审部门未告知合议组成员导致当事人无法行使申请回避的权利，当事人据此主张违反法定程序，但未提出实质性的回避理由，可以不予支持。

6.9　**【双方代理】**

同一代理机构或者代理人在同一案件中，分别在商标行政程序不同阶段代理双方当事人的，可以认定被诉行政行为违反法定程序，但当事人明确表示同意的除外。

6.10　**【诉讼终结的适用】**

商标权无效宣告请求行政案件中，诉争商标已经被撤销注册的，不属于《最高人民法院关于适用〈中华人民共和国行政诉讼法〉的解释》第八十八条规定“终结诉讼”的情形。

6.11　**【当事人拒交“翻译文本”的处理】**

商标行政诉讼中，若第三人为外国人，原告未提交具有翻译资质的机构出具的翻译文本，也未委托翻译并交纳相应费用，经释明后原告在合理期限内仍不提交，导致无法向该外国当事人送达的，可以裁定驳回起诉。

前款规定中需翻译的文本包括起诉状、开庭传票。

第二部分　相关实体问题

7. 基本规则

7.1　**【商标法第四条的适用】**

商标申请人明显缺乏真实使用意图，且具有下列情形之一的，可以认定违反商标法第四条的规定：

（1）申请注册与不同主体具有一定知名度或者较强显著特征的商标相同或者近似的商标，且情节严重的；

（2）申请注册与同一主体具有一定知名度或者较强显著特征的商标相同或者近似的商标，且情节严重的；

（3）申请注册与他人除商标外的其他商业标识相同或者近似的商标，且情节严重的；

（4）申请注册与具有一定知名度的地名、景点名称、建筑物名称等相同或者近似的商标，且情节严重的；

（5）大量申请注册商标，且缺乏正当理由的。

前述商标申请人主张具有真实使用意图，但未提交证据证明的，不予支持。

7.2　**【诚实信用原则的适用】**

商标行政案件中，诉争商标的申请注册不应违背商标法第七条第一款的规定。

7.3　**【商标标志构成要素】**

诉争商标的构成要素应以商标注册公告、商标申请注册文件或者商标注册簿等文件中明确列明的内容为依据。

7.4 【商标受让不影响相关条款的认定】

诉争商标的申请注册违反商标法相关规定的，诉争商标的申请人或者注册人仅以其受让该商标不存在过错为由主张诉争商标应予核准注册或者维持有效的，不予支持。

7.5 【注册人被吊销或者注销的处理】

商标权撤销复审、商标权无效宣告请求行政案件中，诉争商标注册人被吊销营业执照或者已经注销的，不宜仅据此对诉争商标撤销注册或宣告无效。

8. 商标法第十条的适用

8.1 【商标法第十条第一款的认定标准】

诉争商标标志具有多种含义或者具有多种使用方式，其中某一含义或者使用方式容易使公众认为其属于商标法第十条第一款所规定情形的，可以认定诉争商标违反该款规定，诉争商标使用情况一般不予考虑。

8.2 【含有中国国家名称的标志】

诉争商标标志含有中华人民共和国国家名称，但整体上并不相同或者不相近似，如果该标志作为商标注册可能损害国家尊严的，可以认定属于商标法第十条第一款第（八）项规定的情形。

8.3 【含有外国国家名称的标志】

外国国家名称包括外国国家名称的中、外文全称或者简称等，官方文献等可以作为认定外国国家名称的依据。

诉争商标标志中虽含有外国国家名称，但是整体上并不相同或者不相近似，如果该标志作为商标注册可能损害该国尊严的，可以认定属于商标法第十条第一款第（八）项规定的情形。

具有下列情形之一的，可以推定属于商标法第十条第一款第（二）项规定的“经该国政府同意”，但有相反证据的除外：

（1）当事人提交了该国政府同意诉争商标申请注册的文件的；

（2）当事人提交了相同申请人就诉争商标在相同商品或者服务上，已经在该国获准注册的文件的。

8.4 【“欺骗性”的认定】

公众基于日常生活经验等不会对诉争商标指定使用的商品或者服务的质量等特点或者产地产生误认的，不属于商标法第十条第一款第（七）项规定的情形。

8.5 【使用企业名称注册商标】

诉争商标中含有企业全称或者简称，而申请人与该企业全称或者简称存在实质性差异的，在易使公众对商品或者服务来源产生误认的情况下，可以认定属于商标法第十条第一款第（七）项规定的情形。

诉争商标标志仅由申请人的企业全称或者简称构成，或者显著识别部分仅是企业全称或简称的，在不属前款所指的情形下，可以认定属于商标法第十一条第一款第（三）项规定的情形，但是具有显著特征且符合商业惯例的除外。

前述企业全称或者简称以容易使公众将其作为指代企业主体身份的标识为认定要件。

8.6 【“其他不良影响”的判断因素】

根据公众日常生活经验，或者辞典、工具书等官方文献，或者宗教等领域人士的通常认知，能够确定诉争商标标志或者其构成要素可能对我国社会公共利益和公共秩序产生消极、负面影响的，可以认定具有商标法第十条第一款第（八）项规定的“其他不良影响”。

当事人的主观意图、使用方式、损害结果等可以作为认定是否具有“其他不良影响”的参考因素。

8.7　**【“其他不良影响”的判断时间】**

在审查判断诉争商标标志或者其构成要素是否具有“其他不良影响”时，一般以诉争商标申请注册时的事实状态为准。核准注册时事实状态发生变化的，以核准注册时的事实状态判断其是否具有“其他不良影响”。

8.8　**【“已故知名人物”的保护】**

诉争商标标志或者其构成要素与特定行业、地域的已故知名人物姓名、肖像等相同或者近似，并由此导致公众对诉争商标指定使用的商品或者服务的质量、信誉、工艺等特点产生误认的，可以认定属于商标法第十条第一款第（七）项规定的情形。

诉争商标标志或者其构成要素与已故的政治、经济、文化、宗教、民族等公众人物的姓名、肖像等相同或者近似，可能对我国社会公共利益和公共秩序产生消极、负面影响的，可以认定属于商标法第十条第一款第（八）项规定的具有“其他不良影响”的情形。

8.9　**【“规范使用文字”的认定】**

诉争商标标志或者其构成要素未规范使用汉字或者成语，可能对我国文化教育产生消极、负面影响的，可以认定属于商标法第十条第一款第（八）项规定的具有“其他不良影响”的情形。

8.10　**【地名商标的其他含义】**

诉争商标标志或者其构成要素含有县级以上行政区划的地名或者公众知晓的外国地名，但是整体上具有其他含义的，可以认定其不属于商标法第十条第二款所规定的情形。

具有下列情形之一的，可以认定诉争商标整体上具有其他含义：

（1）诉争商标仅由地名构成，该地名具有其他含义的；

（2）诉争商标包含地名，但诉争商标整体上可以与该地名相区分的；

（3）诉争商标包含地名，整体上虽不能与该地名相区分，但经过使用足以使公众将其与之区分的。

8.11　**【已经获准注册“地名”商标扩展注册的判断】**

商标法未禁止地名作为商标注册和使用之前已经获准注册的地名商标，在原注册范围内有效，当事人主张在该地名商标基础上申请注册其他商标的，一般不予支持。

9. 商标法第十一条的适用

9.1　**【判断主体】**

判断诉争商标是否具有显著特征时，应以与该商标指定使用商品或者服务有关的消费者和与前述商品或者服务的营销有密切关系的其他经营者等相关公众为判断主体。

9.2　**【概括适用条款】**

被诉裁决未明确指出诉争商标属于商标法第十一条第一款第（一）项、第（二）项、第（三）项的具体情形，仅概括表述为商标法第十一条第一款，当事人主张法律适用错误的，可以予以支持。

9.3 **【具体条款的并列适用】**

商标法第十一条第一款第（一）项、第（二）项和第（三）项分别规定了诉争商标标志不具有显著特征的情形，认定相同商标在同一商品上是否具有显著特征时，一般不宜并列适用。

9.4 **【显著特征的认定范围】**

若诉争商标标志不会被相关公众作为商标识别，则其指定使用在任何商品上均不具有显著特征。

若诉争商标标志仅对其指定使用商品的质量、数量等特点具有描述性，则其在该商品上不具有显著特征。

9.5 **【新类型商标显著特征的认定】**

颜色组合标志、声音标志、或者以商品自身形状、包装、装饰等形式体现的三维标志等，是否系当事人所独创或者最早使用，与认定该标志是否具有显著特征无关。

9.6 **【“其他缺乏显著特征”的认定】**

诉争商标仅由广告宣传用语等构成的，一般属于商标法第十一条第一款第（三）项规定的情形。

9.7 **【“第二含义”的认定】**

当事人主张诉争商标标志经过使用取得显著特征的，可以综合考量下列因素予以认定：

（1）诉争商标标志的使用足以使其发挥识别商品来源的作用；

（2）使用诉争商标标志的时间、地域、范围、规模、知名程度等；

（3）其他经营者使用诉争商标标志的情况。

认定诉争商标标志经过使用取得显著特征的，仅限于使用诉争商标标志的商品，不包括与其类似的商品。

9.8 **【三维标志显著特征的判断】**

诉争商标含有三维标志的，应当从整体上判断其是否具有显著特征，一般情况下不能仅因该商标含有文字或者图形等其他因素，即认定其具有显著特征。

10. 商标法第十二条的适用

10.1 **【三维标志的功能性】**

当事人申请注册商标的三维标志仅由商品自身性质产生的形状、实现自身技术效果所需有的形状或者使商品具有实质性价值的形状构成，可以认定属于商标法第十二条规定的情形，该三维标志的使用情况不予考虑。

10.2 **【商品自身性质产生的形状】**

实现商品固有的目的、功能、用途、效果等，必须采用的或者通常采用的形状，属于商品自身性质产生的形状。

10.3 **【实现商品技术效果所需的形状】**

为达到特定技术参数、指标等所需要采用的形状，属于实现自身技术效果所需有的商品形状。

10.4 **【使商品具有实质性价值的形状】**

影响消费者购买意愿的商品外观、造型等，属于使商品具有实质性价值的形状。

11. 商标法第十三条的适用

11.1　【驰名商标的举证】

当事人主张在先商标构成驰名商标的，一般应当提交该商标在诉争商标申请日前已处于驰名状态的证据。

当事人提交诉争商标申请日后形成的证据，足以证明在先商标在诉争商标申请日前已处于驰名状态的，可以予以采纳。

11.2　【驰名商标的保护】

适用商标法第十三条第三款规定时，应考虑以下要件：

（1）引证商标在诉争商标申请日前已经达到驰名状态；

（2）诉争商标构成对驰名商标的复制、摹仿或者翻译；

（3）诉争商标的注册容易误导公众，致使驰名商标所有人的利益可能受到损害。

前款所列任一要件不成立时，无需对其他要件予以认定。

11.3　【驰名商标的保护范围】

认定驰名商标的保护范围，可以综合考虑商标的显著性、知名度、商标标志的近似程度、指定使用的商品情况、相关公众的重合程度及注意程度、诉争商标申请人的主观状态等因素。

11.4　【第十三条第三款适用的情形】

下列情形属于商标法第十三条第三款规定的情形：

（1）在不相同或者不类似的商品上申请注册的诉争商标是对引证商标的复制、摹仿或者翻译，足以使相关公众对使用引证商标和诉争商标的商品来源产生误认，或者足以使相关公众认为使用引证商标和诉争商标的经营者之间具有许可使用、关联企业关系等特定联系的；

（2）在不相同或者不类似的商品上申请注册的诉争商标是对引证商标的复制、摹仿或者翻译，足以使相关公众认为诉争商标与引证商标具有相当程度的联系，而减弱引证商标的显著性、贬损引证商标的市场声誉，或者不正当利用引证商标的市场声誉的。

11.5　【驰名状态】

下列情形不能认定在先商标已经达到驰名状态：

（1）当事人自身具有较长经营历史和较高知名度，但无法证明在先商标已为中国境内相关公众所熟知的；

（2）在先商标在其他国家、地区等具有较高知名度，但依据诉争商标申请日前的实际使用情况，不能为中国境内相关公众所熟知的。

11.6　【复制、摹仿和翻译的认定】

诉争商标标志与他人驰名商标标志相同或者视觉上基本无差异属于复制。

在诉争商标标志中使用他人驰名商标的显著部分或者显著特征等属于摹仿。

在诉争商标标志中将他人驰名商标以不同的语言文字予以表达，且该语言文字已与他人驰名商标建立对应关系，并为相关公众广为知晓或者习惯使用的，属于翻译。

11.7　【驰名商标的法条转换】

商标评审部门在符合下列条件的情况下，适用商标法第三十条或者第三十一条作出被诉裁决且支持当事人申请，对方当事人主张适用法律错误的，不予支持：

（1）当事人依据商标法第十三条第三款的规定对相同或者类似商品上申请注册的诉争商标申请不予核准注册或者宣告其无效的；

（2）当事人没有明确主张诉争商标的申请注册违反商标法第三十条或者第三十一条的；

（3）当事人申请诉争商标不予核准注册或者宣告无效的实质理由是相关公众容易对诉争商标与引证商标所标示的商品来源产生混淆的；

（4）当事人提出宣告诉争商标无效的申请没有超出商标法第四十五条第一款规定的五年期限的。

11.8 **【已注册驰名商标在同类商品的保护】**

诉争商标自注册之日起超过五年的，驰名商标所有人依据商标法第十三条第三款的规定请求对在相同或者类似商品上的诉争商标宣告无效的，可以予以支持。

12. 商标法第十五条的适用

12.1 **【未经授权的认定】**

被代理人或者被代表人未明确作出同意代理人或者代表人申请注册诉争商标的意思表示属于商标法第十五条第一款规定的“未经授权”。

被代理人或者被代表人知道诉争商标的申请注册而未提出反对意见的，一般不能据此推定其同意代理人或者代表人申请注册诉争商标。

12.2 **【“被代理人或者被代表人的商标”】**

被代理人或者被代表人在诉争商标申请日前的已注册或者申请的商标，不属于商标法第十五条第一款规定的“被代理人或者被代表人的商标”。

被代理人或者被代表人是否实际使用该商标，不属于商标法第十五条第一款认定的要件。

12.3 **【适用要件】**

代理人或者代表人未经授权申请注册的商标，与被代理人或者被代表人的商标相同或者相近似，指定使用的商品与被代理人或者被代表人的商标指向的商品相同或者类似，属于商标法第十五条第一款规定的情形。

12.4 **【适用主体】**

诉争商标申请人与商标法第十五条第一款规定的“代理人或者代表人”、第二款规定的“申请人”存在亲属关系，或者是“代理人或者代表人”或“申请人”公司法定代表人的，属于商标法第十五条适用的主体。

12.5 **【“在先使用”的判断】**

仅在其他国家、地区使用商标的，不属于商标法第十五条第二款规定的“在先使用”的情形。

商标使用的规模、时间、知名度等因素，不影响“在先使用”的判断。

12.6 **【“在先使用”证据的认定】**

当事人主张保护“在先使用”的商标，应当提交诉争商标申请日前在中国境内使用商标的证据，在其他国家、地区的使用证据或者准备投入中国境内使用的证据可以作为证明其商标在先使用情况的补充。

12.7 **【“其他关系”的认定】**

诉争商标申请人与在先使用人存在代理、代表关系以外的，能够知道他人商标且应予主动避让的关系，属于商标法第十五条第二款规定的“其他关系”的情形。

12.8　**【商标法第十五条认定的例外】**

诉争商标申请人能够举证证明其在形成代理、代表关系前，在先使用诉争商标的，可以认定不属于商标法第十五条第一款规定的情形。

诉争商标申请人能够举证证明其先于商标法第十五条第二款规定的“他人”使用诉争商标的，可以认定不属于商标法第十五条第二款规定的情形。

13. 商标法第十六条的适用

13.1　**【误导公众的认定】**

诉争商标的申请注册容易使相关公众对使用该商标的商品真实产地发生误认的，属于商标法第十六条第一款规定的情形。

13.2　**【“商标中有商品的地理标志”】**

诉争商标完整包含地理标志，或者包含地理标志的主要识别部分，容易使相关公众对使用该商标的商品的真实产地发生误认的，属于“商标中有商品的地理标志”的情形。

13.3　**【申请主体】**

为保护地理标志而成立或者以保护地理标志为宗旨的团体、协会等，认为诉争商标违反商标法第十六条第一款规定的，可以提出申请。

使用该地理标志的产品的生产加工者、市场经营者，可以作为利害关系人提出申请。

13.4　**【原属国在先保护原则】**

外国人以诉争商标的申请注册违反商标法第十六条第一款规定申请该商标不应予以注册或者应予宣告无效的，应当提供其名下的该地理标志在原属国受法律保护的证明。

13.5　**【混淆判断】**

若地理标志集体商标或者证明商标申请注册在后，普通商标申请在前，应当结合地理标志客观存在情况及其知名度、显著性、相关公众的认知等因素，判断是否容易造成相关公众对商品或者服务来源产生混淆；若地理标志集体商标或者证明商标申请在前，普通商标申请在后，可以从不当攀附地理标志知名度的角度，判断是否容易造成相关公众对商品或者服务来源产生混淆。

13.6　**【驰名商标保护的适用】**

地理标志集体商标或者证明商标已经达到驰名状态的，可以适用商标法第十三条第三款予以保护。

当事人依据商标法第十三条第三款申请地理标志集体商标或者证明商标不予核准注册或者宣告无效的，应当结合地理标志客观存在情况及其知名度、显著性、相关公众的认知等因素，认定地理标志集体商标或者证明商标的注册是否会误导公众、致使普通商标注册人的利益可能受到损害。

13.7　**【将地理标志注册为普通商标】**

诉争商标申请人或者注册人将地理标志整体或者主要识别部分作为证明商标或者集体商标之外的商标申请注册的，可以适用商标法第十六条第一款、第十条第二款或者第十一条第一款的规定等进行审理。

13.8　**【地理范围确定错误】**

地理标志集体商标或者证明商标的申请人在申请文件中标示的地区范围与真实产地不一致

的，可以适用商标法第十六条第一款的规定等进行审理。

13.9 【法律条款的适用】

当事人以他人申请注册的地理标志证明商标或者集体商标违反商标法第十六条第二款的规定不应予以核准注册或者应予宣告无效的，适用商标法第三十条中“凡不符合本法有关规定”的内容进行审理。

14. 商标法第十九条第四款的适用

14.1 【商标代理机构的认定】

已经备案的从事商标代理业务的主体、工商营业执照中记载从事商标代理业务的主体、以及虽未备案但实际从事商标代理业务的主体，属于商标法第十九条第四款规定的“商标代理机构”，一般工商营业执照记载的经营事项不能作为排除认定“商标代理机构”的依据。

14.2 【商标代理业务的认定】

接受委托人的委托，以委托人的名义办理商标注册申请、商标评审或者其他商标事宜，包括代理商标注册申请、变更、续展、转让、异议、撤销、评审、侵权投诉，提供商标法律咨询、担任商标法律顾问、代理其他有关商标事务等，属于商标代理业务。

14.3 【诉争商标的转让不影响主体的认定】

商标评审程序中，诉争商标从商标代理机构转让至非商标代理机构名下的，可以适用商标法第十九条第四款的规定进行审理。

14.4 【诉争商标申请注册范围的确定】

“代理服务”仅限于《类似商品和服务区分表》中第四十五类第4506类似群组的服务项目。

除商标代理服务之外，商标代理机构在其他商品或者服务类别上申请注册商标的，不予支持。

15. 商标法第三十条、第三十一条的适用

15.1 【商标延续注册的限制】

诉争商标申请人的在先商标注册后、诉争商标申请前，他人在相同或者类似商品上注册与诉争商标相同或者近似的商标并持续使用且产生一定知名度，诉争商标申请人不能证明该在先商标已经使用或者经使用产生知名度、相关公众不易发生混淆的情况下，诉争商标申请人据此主张该商标应予核准注册的，可以不予支持。

15.2 【商标近似的判断规则】

适用商标法第三十条、第三十一条时，可以综合考虑商标标志的近似程度、商品的类似程度、引证商标的显著性和知名度、相关公众的注意程度以及诉争商标申请人的主观意图等因素，以及前述因素之间的相互影响，以是否容易造成相关公众混淆为标准。

商标标志相同且指定使用的商品相同，可以直接认定违反商标法第三十条、第三十一条的规定，无须考虑其他因素。

将引证商标的整体或者显著识别部分作为诉争商标构成要素的，可以认定构成商标标志近似。

15.3 【商标申请驳回复审行政案件中商标近似性的判断】

商标申请驳回复审行政案件中，诉争商标与引证商标是否近似，主要根据诉争商标标志与引证商标标志近似程度等因素进行认定。诉争商标的知名度可以不予考虑。

15.4　【商标不予注册复审和无效宣告请求行政案件中商标近似性的判断】

商标不予注册复审和商标权无效宣告请求行政案件中，若诉争商标的申请人主观并无恶意，且基于特定历史原因诉争商标与引证商标长期共存，形成既定市场格局，当事人主张不会导致相关公众发生混淆的，可以认定不构成近似商标。

认定诉争商标与引证商标是否近似，可以综合考虑诉争商标申请人和引证商标权利人提供的证据、诉争商标申请人的主观状态等。

15.5　【市场调查报告的认定】

当事人可以提交市场调查报告用于证明诉争商标和引证商标不构成近似商标，但该报告结论缺乏真实性、科学性的，可以不予采纳。

15.6　【商标法第三十条、第三十一条的适用条件】

商标行政案件中，应当依据诉争商标的申请日确定引证商标属于已被核准注册、已初步审定的商标或者在先申请的商标。

引证商标申请日早于诉争商标，但在诉争商标申请日前，引证商标尚未被核准注册或者初步审定，即使在商标评审部门作出被诉裁决时，引证商标已被核准注册或者初步审定的，应当适用商标法第三十一条的规定对引证商标与诉争商标是否构成近似商标进行认定。

15.7　【引证商标权利人被注销】

商标行政案件中，引证商标权利人被注销且无证据证明存在权利义务承受主体的，可以认定引证商标与诉争商标不构成近似商标。

15.8　【中文商标与外文商标的近似性判断】

中文商标与外文商标的近似性判断，可以综合考虑以下因素：

（1）相关公众对外文含义的认知程度；

（2）中文商标与外文商标在含义、呼叫等方面的关联性或者对应性；

（3）引证商标的显著性、知名度和使用方式；

（4）诉争商标实际使用的情况。

15.9　【三维标志商标的比对】

涉及三维标志商标的近似性判断，一般应从整体上进行比对，不能仅就该商标中的文字、图形与在先注册的文字、图形商标进行比对。

15.10　【共存协议的属性】

判断诉争商标与引证商标是否构成近似商标，共存协议可以作为排除混淆的初步证据。

15.11　【共存协议的形式要件】

引证商标权利人应以书面形式同意诉争商标申请注册，明确载明诉争商标的具体信息，但附条件或者附期限的共存协议一般不予采信。

共存协议应当真实、合法、有效，且不存在损害国家利益、社会公共利益和第三人合法权益等情形，否则不应予以采纳。

15.12　【共存协议的法律效果】

引证商标与诉争商标的商标标志相同或者基本相同，且使用在相同或者类似商品上的，不能仅以共存协议为依据，准予诉争商标的注册申请。

引证商标与诉争商标的商标标志近似，使用在相同或者类似商品上，引证商标权利人出具共存协议的，在无其他证据证明诉争商标与引证商标的共存足以导致相关公众对商品来源发生混淆的情况下，可以认定诉争商标与引证商标不构成近似商标。

引证商标权利人出具共存协议后，以诉争商标与引证商标构成近似商标为由，提起不予注册异议或者请求无效宣告的，不予支持，但该协议依法无效或者被撤销的除外。

15.13 **【类似商品的认定】**

商标申请驳回复审行政案件中，一般应以案件审理时的《类似商品和服务区分表》作为判断构成类似商品或者服务的依据。

商标不予注册复审、商标权无效宣告请求行政案件中，案件审理时的《类似商品和服务区分表》可以作为判断构成类似商品或者服务的参考。

15.14 **【具有主观恶意的认定】**

判断诉争商标申请人是否具有主观恶意，可以综合考虑如下因素：

(1) 引证商标具有较强显著性和知名度；

(2) 诉争商标申请人与引证商标权利人营业地址临近；

(3) 诉争商标申请人与引证商标权利人属于同行业；

(4) 诉争商标标志与引证商标标志基本相同且诉争商标申请人未作出合理解释。

16. 商标法第三十二条的适用

16.1 **【在先权利范围】**

当事人依据反不正当竞争法第六条主张在先合法权益的，可以适用商标法第三十二条进行审理。

认定诉争商标的申请注册是否损害他人在先权利，一般以规定在先权利的法律为依据。

16.2 **【在先权利时间的起算】**

当事人主张诉争商标的申请注册损害“在先权利”的，应举证证明诉争商标申请日前该在先权利合法存在。

如果在先权利在诉争商标核准注册时已不存在的，则不影响诉争商标的注册。

16.3 **【外国人在先著作权】**

外国人主张诉争商标的申请注册损害其在先著作权的，按照著作权法第二条的规定进行处理。

16.4 **【损害在先著作权的认定】**

判断诉争商标的申请注册是否损害当事人在先著作权时，应考虑以下要件：

(1) 涉案作品构成著作权法的保护客体；

(2) 当事人为涉案作品的著作权人或者利害关系人；

(3) 在诉争商标申请日前，诉争商标申请人有可能接触涉案作品；

(4) 诉争商标标志与涉案作品构成实质性相似。

前款所列任一要件不成立时，无须对其他要件予以认定。

16.5 **【作品的认定】**

缺乏独创性的，不应认定为作品。

简单的常见图形、字母等一般不认定为作品。

16.6　**【超过保护期限的作品】**

诉争商标申请注册时，当事人以超过著作权法规定保护期限的作品主张著作权的，不予支持。

认定诉争商标标志和涉案作品是否构成实质性相似时，二者共同使用已进入公有领域的表达不作为考虑因素。

16.7　**【在先著作权权属的认定】**

当事人提供的涉及著作权的底稿、原件、合法出版物、诉争商标申请日前著作权登记证书、取得权利的合同等可以作为认定在先著作权归属的初步证据，但是诉争商标申请人提供相反证据的除外。

16.8　**【利害关系人资格的认定】**

当事人依据商标公告、商标注册证等主张其有权作为在先著作权的利害关系人提出申请的，可以予以支持。

16.9　**【独创性高低对认定“实质性相似”的影响】**

对于独创性较低的作品，诉争商标标志与该作品在视觉上基本无差异的，可以认定构成实质性相似。

16.10　**【不构成损害在先著作权的抗辩】**

当事人主张诉争商标的申请注册不构成损害他人在先著作权，具有下列情形之一的，可以予以支持：

（1）诉争商标标志与涉案作品相同或者相近似的部分属于公有素材或者公有领域的信息的；

（2）诉争商标标志与涉案作品相同或者相近似的原因在于执行共同的标准或者表达形式有限的；

（3）诉争商标标志与涉案作品相同或者相近似的部分源于案外人的作品，且该作品的创作完成时间早于涉案作品的。

16.11　**【在先著作权的保护范围】**

当事人以损害其在先著作权为由主张诉争商标应当不予核准注册或者应予宣告无效的，对诉争商标指定使用的商品或者服务类别不予考虑。

16.12　**【姓名权保护的具体利益】**

当事人主张诉争商标的申请注册损害其在先姓名权的，一般应举证证明诉争商标申请人明知其姓名而采取盗用、冒用等手段申请注册商标。

相关公众容易认为标有诉争商标的商品与该自然人存在许可等特定联系的，可以认定属于商标法第三十二条规定的情形。

16.13　**【姓名的范围】**

姓名包括户籍登记中使用的姓名，也包括别名、笔名、艺名、雅号、绰号等。

能够与特定的自然人建立起对应关系的主体识别符号可以视为该自然人的姓名。

16.14　**【自然人声誉对姓名权的影响】**

自然人的声誉不是保护其姓名权的前提，但可以作为认定相关公众是否将某一姓名与特定自然人建立起对应关系的考虑因素。

16.15 【肖像权的保护】

当事人主张诉争商标的申请注册损害其在先肖像权的，应当举证证明诉争商标标志具有足以使相关公众识别其所对应的特定自然人的个性特征，从而使该标志与该自然人之间形成了稳定的对应关系，相关公众容易认为标有诉争商标的商品与该自然人存在许可等特定联系。

人形剪影未包含可识别的特定自然人个性特征，当事人据此主张损害其在先肖像权的，不予支持。

16.16 【在先企业名称权的认定】

企业名称的简称或者字号等经使用具有一定知名度，已与当事人建立稳定对应关系，且该使用行为不违背当事人意愿的，当事人可以据此主张在先企业名称权。

16.17 【外国企业名称的保护】

外国公司的企业名称、字号或者其惯用音译等，在诉争商标申请日前已在中国境内进行商业使用、具有一定知名度且为相关公众所知晓的，当事人可以据此主张在先企业名称权。

16.18 【“商品化权益”的表述】

在法律尚未规定“商品化权益”的情况下，不宜直接在裁判文书中使用“商品化权益”等称谓。

16.19 【“商品化权益”认定的限制】

当事人主张的“商品化权益”内容可作为姓名权、肖像权、著作权、一定影响商品（服务）名称等法律明确规定的权利或者利益予以保护的，不宜对当事人所主张的“商品化权益”进行认定。

若依据除商标法第三十二条“在先权利”之外的其他具体条款不足以对当事人提供救济，且无法依据前款所规定的情形予以保护的，在符合特定条件时，可以依据当事人的主张适用商标法第三十二条“在先权利”予以保护，但一般应依据反不正当竞争法第六条的规定进行认定。

16.20 【“特定条件”的认定】

认定是否属于本审理指南16.19条所规定的“特定条件”时，应同时具备下列情形：

（1）“保护对象”为作品名称、作品中的角色名称等；

（2）在诉争商标申请日前，“保护对象”应具有一定知名度；

（3）诉争商标的申请注册人主观上存在恶意；

（4）诉争商标标志与“保护对象”相同或者相近似。

（5）诉争商标指定使用的商品属于“保护对象”知名度所及的范围，容易导致相关公众误认为其经过“保护对象”利益所有人的许可或者与利益所有人存在特定联系。

16.21 【恶意抢注适用仅限“未注册商标”】

商标法第三十二条规定的“申请人不得以不正当手段抢先注册他人已经使用并有一定影响的商标”，其中所规定的“商标”是指“未注册商标”，包括在诉争商标申请日前未提出商标注册申请或者已失效的商标。

16.22 【恶意抢注的适用要件】

认定诉争商标的申请注册是否属于“以不正当手段抢先注册他人在先使用并具有一定影响的商标”时，应同时具备下列情形：

（1）未注册商标在诉争商标申请日之前已经使用并有一定影响；

（2）诉争商标与在先使用的未注册商标构成相同或近似商标；

（3）诉争商标指定使用的商品与在先使用的未注册商标所使用的商品构成相同或者类似商品；

（4）诉争商标申请人明知或者应知他人在先使用商标。

商标申请人能够举证证明其没有利用在先使用商标商誉的恶意的，不构成前款所指情形。

16.23　**【明知或者应知的认定】**

认定诉争商标申请人是否明知或者应知他人的未注册商标时，可以综合考虑以下因素：

（1）诉争商标申请人与在先商标使用人曾就商标许可、商标转让等进行联络；

（2）经相关机关认定，诉争商标申请人存在侵害商标权行为；

（3）诉争商标申请人与在先商标使用人属于同行业；

（4）在先商标显著性较强的，诉争商标与其高度近似。

16.24　**【“已经使用”的判断】**

当事人通过商业宣传和生产经营活动，能够使其主张的“未注册商标”发挥识别商品来源的作用属于商标法第三十二条规定的“已经使用”。

一般在相关公众已将该“未注册商标”与当事人产生联系的情况下，只要该行为不违背当事人主观意愿的，可以认定构成“已经使用”的情形。

16.25　**【“有一定影响”的判断】**

当事人举证证明其在先未注册商标的知名度足以使诉争商标申请人明知或者应知该商标存在的，可以认定构成“有一定影响”。

当事人提交在先未注册商标的持续使用时间、区域、销售量或者广告宣传等证据，足以证明该商标为一定范围的相关公众所知晓的，可以认定构成“有一定影响”。

16.26　**【单纯出口行为的认定】**

使用在先未注册商标的商品未在中国境内流通且直接出口的，当事人主张诉争商标的申请注册属于商标法第三十二条规定的“以其他不正当手段抢先注册他人已经使用并有一定影响的商标”情形的，不予支持。

17. 商标法第四十四第一款的适用

17.1　**【“欺骗手段”的认定】**

同时具备下列情形的，可以认定属于商标法第四十四条第一款规定的“以欺骗手段取得注册”：

（1）诉争商标申请人存在使商标行政机关因受到欺骗而陷入错误认知的主观意愿；

（2）诉争商标申请人存在以弄虚作假的手段从商标行政机关取得商标注册的行为；

（3）商标行政机关陷入错误认识而作出的行政行为系基于诉争商标申请人的行为所产生，二者之间具有直接的因果关系。

17.2　**【“其他不正当手段”的认定】**

“其他不正当手段”是指以欺骗手段以外的其他方式扰乱商标注册秩序、损害公共利益、不正当占用公共资源或者谋取不正当利益，以使诉争商标获准注册的行为，包括诉争商标申请人采取大批量、规模性抢注他人具有一定知名度的商标等手段的行为。

同时具备下列要件的，可以认定属于商标法第四十四条第一款规定的“以其他不正当手段取得注册”：

（1）适用主体是该商标的申请注册人，但有证据证明诉争商标现注册人与申请注册人之间具有特定关系，或对于申请注册诉争商标的行为具有意思联络的除外；

（2）适用对象既包括已经注册的商标，也包括申请注册的商标；

（3）申请注册行为扰乱商标注册秩序、损害社会公共利益、或者属于不正当占用公共资源、以其他方式谋取不正当利益的；

（4）申请注册行为未仅损害特定民事权益。

17.3 【“其他不正当手段”具体情形的认定】

具有下列情形之一的，可以认定属于商标法第四十四条第一款规定的“以其他不正当手段取得注册”：

（1）诉争商标申请人申请注册多件商标，且与他人具有较强显著性的商标或者较高知名度的商标构成相同或者近似，既包括对不同商标权利人的商标在相同或类似商品、服务上申请注册的，也包括针对同一商标权利人的商标在不相同或不类似商品或者服务上申请注册的；

（2）诉争商标申请人申请注册多件商标，且与他人企业名称、社会组织名称、有一定影响商品的名称、包装、装潢等商业标识构成相同或者近似标志的；

（3）诉争商标申请人具有兜售商标，或者高价转让未果即向在先商标使用人提起侵权诉讼等行为的。

17.4 【“其他不正当手段”具体情形的例外】

诉争商标申请人具有本审理指南第17.3条规定的情形，但诉争商标申请注册的时间较早，且在案证据能够证明诉争商标申请人对该商标具有真实使用意图并实际投入商业使用的，可以根据具体情况，认定诉争商标不构成“以其他不正当手段取得注册”的情形。

17.5 【“其他不正当手段”条款适用的限制】

审理商标不予注册复审、商标权无效宣告请求等行政案件时，根据在案证据能够适用商标法其他条款对诉争商标不予注册或宣告无效的，不再适用商标法第四十四条第一款。

18. 商标法第四十五条的适用

18.1 【商标法第四十五条属性的确定】

商标法第四十五条第一、二、三款均属于程序条款。

18.2 【“五年期间”的认定】

商标法第四十五条第一款规定的“自商标注册之日起五年内”，是指自诉争商标注册公告之日的次日起五年内，该期间不适用中止、中断等情形。

自诉争商标注册公告之日的次日起，方可依据商标法第四十五条第一款的规定提起商标权无效宣告申请。

18.3 【超“五年期间”申请主体】

商标法第四十五条第一款规定的“驰名商标所有人”，不包括驰名商标的利害关系人。

18.4 【“恶意注册”的认定】

认定商标法第四十五条第一款规定的“恶意注册”，可以综合下列因素：

（1）诉争商标与在先驰名商标近似程度较高；
（2）在先驰名商标具有较强显著性和知名度；
（3）诉争商标指定使用商品与在先驰名商标的商品关联程度较高；
（4）诉争商标申请人与在先驰名商标所有人曾有贸易往来或者合作关系；
（5）诉争商标申请人与在先驰名商标所有人营业地址临近；
（6）诉争商标申请人与在先驰名商标所有人曾发生其他纠纷，足以知晓该驰名商标；
（7）诉争商标申请人与在先驰名商标所有人曾有内部人员往来关系；
（8）诉争商标申请人申请注册该商标后，具有攀附在先驰名商标商誉的行为；
（9）诉争商标申请人大量注册他人具有较强显著性和知名度的商标。

19. 商标法第四十九条第二款的适用

19.1　【注册商标通用化的判断】

认定诉争商标是否属于商品通用名称，应当从商标标志整体上进行审查，且应当认定通用名称指向的具体商品。对与该商品类似的商品不予考虑。

当事人主张诉争商标成为商品通用名称的，可以提交字典、工具书、国家或者行业标准、相关行业组织的证明、市场调查报告、市场上的宣传使用证据、其他主体在同种商品上使用该商标标志的证据等予以证明。

19.2　【注册商标通用化判断的时间点】

认定诉争商标是否属于通用名称，一般以当事人向商标撤销审查部门提出撤销申请时的事实状态进行判断，评审时的事实状态可以作为参考。

19.3　【新旧法的适用】

商标权撤销复审行政案件中，对于指定的三年期间跨越2014年5月1日的，在实体法上适用2001年修正的商标法。

19.4　【使用的认定】

具有下列情形之一的，当事人主张维持商标注册的，不予支持：
（1）仅在核定使用范围外的类似商品或者服务上使用诉争商标的；
（2）使用诉争商标但未发挥区分商品、服务来源作用的；
（3）为了维持诉争商标注册进行象征性使用的。

19.5　【“违法”使用的认定】

商标使用行为明确违反商标法或者其他法律禁止性规定的，可以认定不构成商标使用。

19.6　【使用主体的认定】

商标法第四十九条第二款规定的“连续三年不使用”中的“使用”主体，包括商标权人、被许可使用人以及其他不违背商标权人意志使用商标的人。

商标权人已经对他人使用诉争商标的行为明确表示不予认可，在商标权撤销复审行政案件中又依据该他人的行为主张使用诉争商标的，不予支持。

19.7　【非规范商品的认定】

实际使用的商品或者核定的商品不属于《类似商品和服务区分表》中的规范商品名称，在认定具体商品所属类别时，应当结合该商品功能、用途、生产部门、消费渠道、消费群体进行判断，并考虑因消费习惯、生产模式、行业经营需求等市场因素，对商品本质属性或名称的影响，作出综合认定。

19.8 【非规范实际使用商品构成核定商品使用的认定】

实际使用的商品不属于《类似商品和服务区分表》中的规范商品名称，但其与诉争商标核定使用的商品仅名称不同，本质上属于同一商品的，或是实际使用的商品属于核定商品下位概念的，可以认定构成对核定商品的使用。

认定是否属于同一商品，可以综合考虑物理属性、商业特点以及《类似商品和服务区分表》关于商品分类的原则和标准等因素。

19.9 【维持注册范围】

诉争商标在核定商品上构成使用的，可以维持与该商品类似的其他核定商品上的注册。

认定前款所指的类似商品，应当严格按照商品的功能、用途、生产部门、消费渠道和消费群体进行判断，一般依据《类似商品和服务区分表》进行认定。

19.10 【区分表的变化对商品类似的判断】

诉争商标核准注册时，核定的未实际使用商品与已实际使用商品在《类似商品和服务区分表》中不属于类似商品，但因《类似商品和服务区分表》的变化，在案件审理时属于类似商品的，以案件审理时的事实状态为准，可以维持未实际使用商品的注册。

诉争商标核准注册时，核定的未实际使用商品与已实际使用商品在《类似商品和服务区分表》中属于类似商品，但因《类似商品和服务区分表》的变化，在案件审理时不属于类似商品的，以核准注册时的事实状态为准，可以维持未实际使用商品的注册。

19.11 【在他人商标上贴附诉争商标的认定】

在标注他人商标的商品上同时贴附诉争商标，若相关公众不易识别该商品来源于诉争商标注册人的，可以认定不构成商标使用。

19.12 【一物多标行为的认定】

诉争商标注册人在同一商品上，同时使用包括诉争商标在内的多个商标的，若相关公众能够将该商标作为识别商品来源的标志，可以认定构成商标使用。

19.13 【一人多标行为的认定】

诉争商标注册人拥有多个已注册商标，虽然其实际使用商标与诉争商标仅存在细微差异，但若能够确定该使用系针对其已注册的其他商标的，对其维持诉争商标注册的主张，可以不予支持。

19.14 【“替他人推销”商标使用的认定】

诉争商标注册人为商场、超市等，其能够证明通过提供场地等形式与销售商等进行商业合作，足以认定其为推销商品提供建议、策划、宣传、咨询等服务，可以认定诉争商标在“替他人推销”服务上进行了商标使用。

19.15 【指定期间后的使用】

指定期间之后开始大量使用注册商标的，一般不构成在指定期间内的商标使用，但当事人在指定期间内使用商标的证据较少，在指定期间之后持续、大量使用诉争商标的，在判断是否构成商标使用时可以综合考虑。

19.16　【单纯出口行为的认定】

使用诉争商标的商品未在中国境内流通且直接出口的，诉争商标注册人主张维持注册的，可以予以支持。

附　　则

本指南自下发之日起执行，2014年1月22日发布的《北京市高级人民法院关于商标授权确权行政案件的审理指南》不再适用。

五、商标侵权

国家知识产权局关于印发《商标侵权判断标准》的通知

（2020年6月15日　国知发保字〔2020〕23号）

各省、自治区、直辖市及新疆生产建设兵团知识产权局（知识产权管理部门）：

为深入贯彻落实党中央、国务院关于强化知识产权保护的决策部署，加强商标执法指导工作，统一执法标准，提升执法水平，强化商标专用权保护，根据《商标法》、《商标法实施条例》的有关规定，制定《商标侵权判断标准》。现予印发，请遵照执行。各地在执行中遇到的新情况、新问题，请及时报告。

商标侵权判断标准

第一条　为加强商标执法指导工作，统一执法标准，提升执法水平，强化商标专用权保护，根据《中华人民共和国商标法》（以下简称商标法）、《中华人民共和国商标法实施条例》（以下简称商标法实施条例）以及相关法律法规、部门规章，制定本标准。

第二条　商标执法相关部门在处理、查处商标侵权案件时适用本标准。

第三条　判断是否构成商标侵权，一般需要判断涉嫌侵权行为是否构成商标法意义上的商标的使用。

商标的使用，是指将商标用于商品、商品包装、容器、服务场所以及交易文书上，或者将商标用于广告宣传、展览以及其他商业活动中，用以识别商品或者服务来源的行为。

第四条　商标用于商品、商品包装、容器以及商品交易文书上的具体表现形式包括但不限于：

（一）采取直接贴附、刻印、烙印或者编织等方式将商标附着在商品、商品包装、容器、标签等上，或者使用在商品附加标牌、产品说明书、介绍手册、价目表等上；

（二）商标使用在与商品销售有联系的交易文书上，包括商品销售合同、发票、票据、收据、商品进出口检验检疫证明、报关单据等。

第五条　商标用于服务场所以及服务交易文书上的具体表现形式包括但不限于：

（一）商标直接使用于服务场所，包括介绍手册、工作人员服饰、招贴、菜单、价目表、名片、奖券、办公文具、信笺以及其他提供服务所使用的相关物品上；

（二）商标使用于和服务有联系的文件资料上，如发票、票据、收据、汇款单据、服务协议、维修维护证明等。

第六条　商标用于广告宣传、展览以及其他商业活动中的具体表现形式包括但不限于：

（一）商标使用在广播、电视、电影、互联网等媒体中，或者使用在公开发行的出版物上，或者使用在广告牌、邮寄广告或者其他广告载体上；

（二）商标在展览会、博览会上使用，包括在展览会、博览会上提供的使用商标的印刷品、展台照片、参展证明及其他资料；

（三）商标使用在网站、即时通讯工具、社交网络平台、应用程序等载体上；

（四）商标使用在二维码等信息载体上；

（五）商标使用在店铺招牌、店堂装饰装潢上。

第七条　判断是否为商标的使用应当综合考虑使用人的主观意图、使用方式、宣传方式、行业惯例、消费者认知等因素。

第八条　未经商标注册人许可的情形包括未获得许可或者超出许可的商品或者服务的类别、期限、数量等。

第九条　同一种商品是指涉嫌侵权人实际生产销售的商品名称与他人注册商标核定使用的商品名称相同的商品，或者二者商品名称不同但在功能、用途、主要原料、生产部门、消费对象、销售渠道等方面相同或者基本相同，相关公众一般认为是同种商品。

同一种服务是指涉嫌侵权人实际提供的服务名称与他人注册商标核定使用的服务名称相同的服务，或者二者服务名称不同但在服务的目的、内容、方式、提供者、对象、场所等方面相同或者基本相同，相关公众一般认为是同种服务。

核定使用的商品或者服务名称是指国家知识产权局在商标注册工作中对商品或者服务使用的名称，包括《类似商品和服务区分表》（以下简称区分表）中列出的商品或者服务名称和未在区分表中列出但在商标注册中接受的商品或者服务名称。

第十条　类似商品是指在功能、用途、主要原料、生产部门、消费对象、销售渠道等方面具有一定共同性的商品。

类似服务是指在服务的目的、内容、方式、提供者、对象、场所等方面具有一定共同性的服务。

第十一条　判断是否属于同一种商品或者同一种服务、类似商品或者类似服务，应当在权利人注册商标核定使用的商品或者服务与涉嫌侵权的商品或者服务之间进行比对。

第十二条　判断涉嫌侵权的商品或者服务与他人注册商标核定使用的商品或者服务是否构成同一种商品或者同一种服务、类似商品或者类似服务，参照现行区分表进行认定。

对于区分表未涵盖的商品，应当基于相关公众的一般认识，综合考虑商品的功能、用途、主要原料、生产部门、消费对象、销售渠道等因素认定是否构成同一种或者类似商品。

对于区分表未涵盖的服务，应当基于相关公众的一般认识，综合考虑服务的目的、内容、方式、提供者、对象、场所等因素认定是否构成同一种或者类似服务。

第十三条　与注册商标相同的商标是指涉嫌侵权的商标与他人注册商标完全相同，以及虽有不同但视觉效果或者声音商标的听觉感知基本无差别、相关公众难以分辨的商标。

第十四条　涉嫌侵权的商标与他人注册商标相比较，可以认定与注册商标相同的情形包括：

（一）文字商标有下列情形之一的：

1. 文字构成、排列顺序均相同的；

2. 改变注册商标的字体、字母大小写、文字横竖排列，与注册商标之间基本无差别的；

3. 改变注册商标的文字、字母、数字等之间的间距，与注册商标之间基本无差别的；

4. 改变注册商标颜色，不影响体现注册商标显著特征的；

5. 在注册商标上仅增加商品通用名称、图形、型号等缺乏显著特征内容，不影响体现注册商标显著特征的；

（二）图形商标在构图要素、表现形式等视觉上基本无差别的；

（三）文字图形组合商标的文字构成、图形外观及其排列组合方式相同，商标在整体视觉上基本无差别的；

（四）立体商标中的显著三维标志和显著平面要素相同，或者基本无差别的；

（五）颜色组合商标中组合的颜色和排列的方式相同，或者基本无差别的；

（六）声音商标的听觉感知和整体音乐形象相同，或者基本无差别的；

（七）其他与注册商标在视觉效果或者听觉感知上基本无差别的。

第十五条 与注册商标近似的商标是指涉嫌侵权的商标与他人注册商标相比较，文字商标的字形、读音、含义近似，或者图形商标的构图、着色、外形近似，或者文字图形组合商标的整体排列组合方式和外形近似，或者立体商标的三维标志的形状和外形近似，或者颜色组合商标的颜色或者组合近似，或者声音商标的听觉感知或者整体音乐形象近似等。

第十六条 涉嫌侵权的商标与他人注册商标是否构成近似，参照现行《商标审查及审理标准》关于商标近似的规定进行判断。

第十七条 判断商标是否相同或者近似，应当在权利人的注册商标与涉嫌侵权商标之间进行比对。

第十八条 判断与注册商标相同或者近似的商标时，应当以相关公众的一般注意力和认知力为标准，采用隔离观察、整体比对和主要部分比对的方法进行认定。

第十九条 在商标侵权判断中，在同一种商品或者同一种服务上使用近似商标，或者在类似商品或者类似服务上使用相同、近似商标的情形下，还应当对是否容易导致混淆进行判断。

第二十条 商标法规定的容易导致混淆包括以下情形：

（一）足以使相关公众认为涉案商品或者服务是由注册商标权利人生产或者提供；

（二）足以使相关公众认为涉案商品或者服务的提供者与注册商标权利人存在投资、许可、加盟或者合作等关系。

第二十一条 商标执法相关部门判断是否容易导致混淆，应当综合考量以下因素以及各因素之间的相互影响：

（一）商标的近似情况；

（二）商品或者服务的类似情况；

（三）注册商标的显著性和知名度；

（四）商品或者服务的特点及商标使用的方式；

（五）相关公众的注意和认知程度；

（六）其他相关因素。

第二十二条 自行改变注册商标或者将多件注册商标组合使用，与他人在同一种商品或者服务上的注册商标相同的，属于商标法第五十七条第一项规定的商标侵权行为。

自行改变注册商标或者将多件注册商标组合使用，与他人在同一种或者类似商品或者服务上的注册商标近似、容易导致混淆的，属于商标法第五十七条第二项规定的商标侵权行为。

第二十三条　在同一种商品或者服务上，将企业名称中的字号突出使用，与他人注册商标相同的，属于商标法第五十七条第一项规定的商标侵权行为。

在同一种或者类似商品或者服务上，将企业名称中的字号突出使用，与他人注册商标近似、容易导致混淆的，属于商标法第五十七条第二项规定的商标侵权行为。

第二十四条　不指定颜色的注册商标，可以自由附着颜色，但以攀附为目的附着颜色，与他人在同一种或者类似商品或者服务上的注册商标近似、容易导致混淆的，属于商标法第五十七条第二项规定的商标侵权行为。

注册商标知名度较高，涉嫌侵权人与注册商标权利人处于同一行业或者具有较大关联性的行业，且无正当理由使用与注册商标相同或者近似标志的，应当认定涉嫌侵权人具有攀附意图。

第二十五条　在包工包料的加工承揽经营活动中，承揽人使用侵犯注册商标专用权商品的，属于商标法第五十七条第三项规定的商标侵权行为。

第二十六条　经营者在销售商品时，附赠侵犯注册商标专用权商品的，属于商标法第五十七条第三项规定的商标侵权行为。

第二十七条　有下列情形之一的，不属于商标法第六十条第二款规定的“销售不知道是侵犯注册商标专用权的商品”：

（一）进货渠道不符合商业惯例，且价格明显低于市场价格的；

（二）拒不提供账目、销售记录等会计凭证，或者会计凭证弄虚作假的；

（三）案发后转移、销毁物证，或者提供虚假证明、虚假情况的；

（四）类似违法情形受到处理后再犯的；

（五）其他可以认定当事人明知或者应知的。

第二十八条　商标法第六十条第二款规定的“说明提供者”是指涉嫌侵权人主动提供供货商的名称、经营地址、联系方式等准确信息或者线索。

对于因涉嫌侵权人提供虚假或者无法核实的信息导致不能找到提供者的，不视为“说明提供者”。

第二十九条　涉嫌侵权人属于商标法第六十条第二款规定的销售不知道是侵犯注册商标专用权的商品的，对其侵权商品责令停止销售，对供货商立案查处或者将案件线索移送具有管辖权的商标执法相关部门查处。

对责令停止销售的侵权商品，侵权人再次销售的，应当依法查处。

第三十条　市场主办方、展会主办方、柜台出租人、电子商务平台等经营者怠于履行管理职责，明知或者应知市场内经营者、参展方、柜台承租人、平台内电子商务经营者实施商标侵权行为而不予制止的；或者虽然不知情，但经商标执法相关部门通知或者商标权利人持生效的行政、司法文书告知后，仍未采取必要措施制止商标侵权行为的，属于商标法第五十七条第六项规定的商标侵权行为。

第三十一条　将与他人注册商标相同或者相近似的文字注册为域名，并且通过该域名进行相关商品或者服务交易的电子商务，容易使相关公众产生误认的，属于商标法第五十七条第七项规定的商标侵权行为。

第三十二条 在查处商标侵权案件时，应当保护合法在先权利。

以外观设计专利权、作品著作权抗辩他人注册商标专用权的，若注册商标的申请日先于外观设计专利申请日或者有证据证明的该著作权作品创作完成日，商标执法相关部门可以对商标侵权案件进行查处。

第三十三条 商标法第五十九条第三款规定的“有一定影响的商标”是指在国内在先使用并为一定范围内相关公众所知晓的未注册商标。

有一定影响的商标的认定，应当考虑该商标的持续使用时间、销售量、经营额、广告宣传等因素进行综合判断。

使用人有下列情形的，不视为在原使用范围内继续使用：

（一）增加该商标使用的具体商品或者服务；

（二）改变该商标的图形、文字、色彩、结构、书写方式等内容，但以与他人注册商标相区别为目的而进行的改变除外；

（三）超出原使用范围的其他情形。

第三十四条 商标法第六十条第二款规定的“五年内实施两次以上商标侵权行为”指同一当事人被商标执法相关部门、人民法院认定侵犯他人注册商标专用权的行政处罚或者判决生效之日起，五年内又实施商标侵权行为的。

第三十五条 正在国家知识产权局审理或者人民法院诉讼中的下列案件，可以适用商标法第六十二条第三款关于“中止”的规定：

（一）注册商标处于无效宣告中的；

（二）注册商标处于续展宽展期的；

（三）注册商标权属存在其他争议情形的。

第三十六条 在查处商标侵权案件过程中，商标执法相关部门可以要求权利人对涉案商品是否为权利人生产或者其许可生产的商品出具书面辨认意见。权利人应当对其辨认意见承担相应法律责任。

商标执法相关部门应当审查辨认人出具辨认意见的主体资格及辨认意见的真实性。涉嫌侵权人无相反证据推翻该辨认意见的，商标执法相关部门将该辨认意见作为证据予以采纳。

第三十七条 本标准由国家知识产权局负责解释。

第三十八条 本标准自公布之日起施行。

国家知识产权局关于商标侵权案件中违法所得法律适用问题的批复

（2021 年 12 月 14 日 国知发保函字〔2021〕206 号）

湖南省知识产权局：

《关于请求明确商标侵权行政处罚案件中违法所得法律适用问题的请示》收悉。经研究，现批复如下：

一、关于商标侵权案件中“违法所得”法律适用问题

2021年7月15日施行的《中华人民共和国行政处罚法》（以下简称《行政处罚法》）第二十八条第二款规定：“当事人有违法所得，除依法应当退赔的外，应当予以没收。……”。该规定适用于负责商标执法的部门查处商标侵权案件。对于商标侵权案件，商标法除了规定“没收、销毁侵权商品和主要用于制造商品、伪造注册商标标识的工具”外，同时规定了“罚款”的行政处罚，负责商标执法的部门应当遵循过罚相当原则，综合考虑具体案情，实施没收违法所得、罚款的处罚。

二、关于商标侵权案件中“违法所得计算方式”法律适用问题

《行政处罚法》第二十八条第二款规定：“……。法律、行政法规、部门规章对违法所得的计算另有规定的，从其规定”。现行有效的《工商行政管理机关行政处罚案件违法所得认定办法》第二条规定：“工商行政管理机关认定违法所得的基本原则是：以当事人违法生产、销售商品或者提供服务所获得的全部收入扣除当事人直接用于经营活动的适当的合理的支出，为违法所得”，该规定可以理解为对《行政处罚法》第二十八条关于计算方式的细化，适用于负责商标执法的部门在查处商标侵权案件中确定违法所得。

特此批复。

国家知识产权局办公室关于擅自将他人商品再包装后继续标注他人注册商标并进行销售的行为是否构成侵权的批复

（2021年9月17日　国知办函保字〔2021〕850号）

上海市知识产权局：

《上海市知识产权局关于将他人正品商品再包装后继续标注他人注册商标的行为是否构成侵权的请示》（沪知局〔2021〕44号）收悉。经研究，现批复如下：

一、权利人商标基本情况

浙江五芳斋实业股份有限公司（以下简称五芳斋公司）第9720610号“”商标、第36476272号“”商标分别于2012年8月28日、2019年10月21日获准注册，核定使用商品为商标注册用商品和服务国际分类第30类粽子、糕点等商品，专用期限分别至2022年8月27日和2029年10月20日。

二、批复意见

商标不仅具有识别商品或服务来源的基本功能，也具有保证商品或服务质量、维护商标信誉等衍生功能。商标的功能是商标赖以存在的基础，对于侵害注册商标行为足以达到损害其功能的程度的，不论是否发生市场混淆的后果，均可以认定构成商标侵权行为。

依据你局请示所附材料，虽然涉案产品为五芳斋公司正品商品，使用的礼盒外包装也标注了与五芳斋公司商标相同的标识，不致于使消费者对该粽子商品来源发生混淆，但是涉嫌侵权人未经权利人许可，将分装后的礼盒产品进行销售，易使消费者将该产品误认为是权利人的特定礼盒产品，抢占了权利人礼盒产品的市场份额。同时，将权利人散装粽子商品进行分装还存在降低权利人商品品质的风险，损害了权利人注册商标的信誉承载功能。因此，涉嫌侵权人上海隽湖贸易有限公司擅自将其批量购入的五芳斋公司的散装粽子商品进行礼盒分装后继续标注五芳斋公司注册商标并进行销售的行为，属于《中华人民共和国商标法》第五十七条第（七）项规定的“给他人的注册商标专用权造成其他损害的行为”。对于涉嫌侵权人购入的假冒礼盒外包装的供货商，也应依据相关法律法规规章进行查处。

请你局依据批复意见并结合具体案情指导相关部门依法依规办理该案件，结果及时报送我局知识产权保护司。

特此批复。

国家知识产权局关于商品形状与他人同类商品注册商标图形一致的行为是否构成侵犯注册商标专用权的批复

（2021年9月8日　国知发保函字〔2021〕137号）

四川省知识产权局：

《关于销售商品形状与他人同类商品注册商标图形一致的行为是否构成侵犯注册商标专用权的请示》（川知函〔2020〕16号）收悉。经研究，现批复如下：

一、权利人商标基本情况

香奈儿股份有限公司第768790号“ ”商标于1995年9月28日获准注册，核定使用商品为《商标注册用商品和服务国际分类》第14类“珠宝；首饰；项链；金银制艺术品”等商品，该商标经过多次续展，专用期限至2025年9月27日。

梵克雅宝有限公司第15395177号“ ”商标于2015年11月7日获准注册，核定使用商品为《商标注册用商品和服务国际分类》第14类“珍珠（珠宝）；珠宝首饰；宝石；未加工或半加工贵重金属；项链（首饰）；钟；表壳”等商品，专用期限至2025年11月6日。

二、批复意见

依据你局请示所附材料，前述两商标具有较高知名度和显著性，与权利人已形成唯一对应关系，相关消费者也已将商标与权利人紧密联系在一起。将该商标图样作为商品形状，实际上已经具备了识别商品来源作用，易使相关公众对商品来源产生误认，此种行为属于《商标法实施条例》第七十六条规定的“在同一种商品或者类似商品上将于他人注册商标相同或者近似的标志作为商品名称或者商品装潢使用，误导公众的，属于商标法第五十七条第二项规定的侵犯注册商标专用权的行为”。

请你局依据批复意见并结合具体案情指导相关部门依法依规办理该案件，结果及时报送我局知识产权保护司。

特此批复。

国家知识产权局关于《商标法》第五十九条第三款法律适用问题的批复

（2021年5月21日　国知发保函字〔2021〕77号）

上海市知识产权局：

《上海市知识产权局关于〈商标法〉第五十九条第三款相关法律适用问题的请示》（沪知局〔2020〕7号）收悉。经研究，现批复如下：

《商标法》第五十九条第三款规定“商标注册人申请商标注册前，他人已经在同一种商品或者类似商品上先于商标注册人使用与注册商标相同或者近似并有一定影响的商标的，注册商标专用权人无权禁止该使用人在原使用范围内继续使用该商标，但可以要求其附加适当区别标识。”

该款规定的目的在于平衡商标注册人和商标在先使用人之间的利益，在不损害商标权注册取得制度的基础上，维护在市场上已经具有一定影响但未注册商标的在先使用人的权益。我局认为适用该款规定，在先使用人须同时满足以下五个要件：一是在商标注册人申请商标注册前已经使用；二是先于商标注册人使用；三是在商标注册人申请商标注册前的使用达到“有一定影响”的程度；四是不得超出原经营商品或服务、原经营区域等原使用范围；五是商标注册人要求其附加适当区别标识的，在先使用人应当附加区别标识。

最高人民法院关于审理商标民事纠纷案件适用法律若干问题的解释

（2002年10月12日最高人民法院审判委员会第1246次会议通过　根据2020年12月23日最高人民法院审判委员会第1823次会议通过的《最高人民法院关于修改〈最高人民法院关于审理侵犯专利权纠纷案件应用法律若干问题的解释（二）〉等十八件知识产权类司法解释的决定》修正　2020年12月29日最高人民法院公告公布　自2021年1月1日起施行　法释〔2020〕19号）

为了正确审理商标纠纷案件，根据《中华人民共和国民法典》《中华人民共和国商标法》《中华人民共和国民事诉讼法》等法律的规定，就适用法律若干问题解释如下：

第一条　下列行为属于商标法第五十七条第（七）项规定的给他人注册商标专用权造成其他损害的行为：

（一）将与他人注册商标相同或者相近似的文字作为企业的字号在相同或者类似商品上突出

使用，容易使相关公众产生误认的；

（二）复制、摹仿、翻译他人注册的驰名商标或其主要部分在不相同或者不相类似商品上作为商标使用，误导公众，致使该驰名商标注册人的利益可能受到损害的；

（三）将与他人注册商标相同或者相近似的文字注册为域名，并且通过该域名进行相关商品交易的电子商务，容易使相关公众产生误认的。

第二条 依据商标法第十三条第二款的规定，复制、摹仿、翻译他人未在中国注册的驰名商标或其主要部分，在相同或者类似商品上作为商标使用，容易导致混淆的，应当承担停止侵害的民事法律责任。

第三条 商标法第四十三条规定的商标使用许可包括以下三类：

（一）独占使用许可，是指商标注册人在约定的期间、地域和以约定的方式，将该注册商标仅许可一个被许可人使用，商标注册人依约定不得使用该注册商标；

（二）排他使用许可，是指商标注册人在约定的期间、地域和以约定的方式，将该注册商标仅许可一个被许可人使用，商标注册人依约定可以使用该注册商标但不得另行许可他人使用该注册商标；

（三）普通使用许可，是指商标注册人在约定的期间、地域和以约定的方式，许可他人使用其注册商标，并可自行使用该注册商标和许可他人使用其注册商标。

第四条 商标法第六十条第一款规定的利害关系人，包括注册商标使用许可合同的被许可人、注册商标财产权利的合法继承人等。

在发生注册商标专用权被侵害时，独占使用许可合同的被许可人可以向人民法院提起诉讼；排他使用许可合同的被许可人可以和商标注册人共同起诉，也可以在商标注册人不起诉的情况下，自行提起诉讼；普通使用许可合同的被许可人经商标注册人明确授权，可以提起诉讼。

第五条 商标注册人或者利害关系人在注册商标续展宽展期内提出续展申请，未获核准前，以他人侵犯其注册商标专用权提起诉讼的，人民法院应当受理。

第六条 因侵犯注册商标专用权行为提起的民事诉讼，由商标法第十三条、第五十七条所规定侵权行为的实施地、侵权商品的储藏地或者查封扣押地、被告住所地人民法院管辖。

前款规定的侵权商品的储藏地，是指大量或者经常性储存、隐匿侵权商品所在地；查封扣押地，是指海关等行政机关依法查封、扣押侵权商品所在地。

第七条 对涉及不同侵权行为实施地的多个被告提起的共同诉讼，原告可以选择其中一个被告的侵权行为实施地人民法院管辖；仅对其中某一被告提起的诉讼，该被告侵权行为实施地的人民法院有管辖权。

第八条 商标法所称相关公众，是指与商标所标识的某类商品或者服务有关的消费者和与前述商品或者服务的营销有密切关系的其他经营者。

第九条 商标法第五十七条第（一）（二）项规定的商标相同，是指被控侵权的商标与原告的注册商标相比较，二者在视觉上基本无差别。

商标法第五十七条第（二）项规定的商标近似，是指被控侵权的商标与原告的注册商标相比较，其文字的字形、读音、含义或者图形的构图及颜色，或者其各要素组合后的整体结构相似，或者其立体形状、颜色组合近似，易使相关公众对商品的来源产生误认或者认为其来源与原告注册商标的商品有特定的联系。

第十条　人民法院依据商标法第五十七条第（一）（二）项的规定，认定商标相同或者近似按照以下原则进行：

（一）以相关公众的一般注意力为标准；

（二）既要进行对商标的整体比对，又要进行对商标主要部分的比对，比对应当在比对对象隔离的状态下分别进行；

（三）判断商标是否近似，应当考虑请求保护注册商标的显著性和知名度。

第十一条　商标法第五十七条第（二）项规定的类似商品，是指在功能、用途、生产部门、销售渠道、消费对象等方面相同，或者相关公众一般认为其存在特定联系、容易造成混淆的商品。

类似服务，是指在服务的目的、内容、方式、对象等方面相同，或者相关公众一般认为存在特定联系、容易造成混淆的服务。

商品与服务类似，是指商品和服务之间存在特定联系，容易使相关公众混淆。

第十二条　人民法院依据商标法第五十七条第（二）项的规定，认定商品或者服务是否类似，应当以相关公众对商品或者服务的一般认识综合判断；《商标注册用商品和服务国际分类表》《类似商品和服务区分表》可以作为判断类似商品或者服务的参考。

第十三条　人民法院依据商标法第六十三条第一款的规定确定侵权人的赔偿责任时，可以根据权利人选择的计算方法计算赔偿数额。

第十四条　商标法第六十三条第一款规定的侵权所获得的利益，可以根据侵权商品销售量与该商品单位利润乘积计算；该商品单位利润无法查明的，按照注册商标商品的单位利润计算。

第十五条　商标法第六十三条第一款规定的因被侵权所受到的损失，可以根据权利人因侵权所造成商品销售减少量或者侵权商品销售量与该注册商标商品的单位利润乘积计算。

第十六条　权利人因被侵权所受到的实际损失、侵权人因侵权所获得的利益、注册商标使用许可费均难以确定的，人民法院可以根据当事人的请求或者依职权适用商标法第六十三条第三款的规定确定赔偿数额。

人民法院在适用商标法第六十三条第三款规定确定赔偿数额时，应当考虑侵权行为的性质、期间、后果，侵权人的主观过错程度，商标的声誉及制止侵权行为的合理开支等因素综合确定。

当事人按照本条第一款的规定就赔偿数额达成协议的，应当准许。

第十七条　商标法第六十三条第一款规定的制止侵权行为所支付的合理开支，包括权利人或者委托代理人对侵权行为进行调查、取证的合理费用。

人民法院根据当事人的诉讼请求和案件具体情况，可以将符合国家有关部门规定的律师费用计算在赔偿范围内。

第十八条　侵犯注册商标专用权的诉讼时效为三年，自商标注册人或者利害权利人知道或者应当知道权利受到损害以及义务人之日起计算。商标注册人或者利害关系人超过三年起诉的，如果侵权行为在起诉时仍在持续，在该注册商标专用权有效期限内，人民法院应当判决被告停止侵权行为，侵权损害赔偿数额应当自权利人向人民法院起诉之日起向前推算三年计算。

第十九条　商标使用许可合同未经备案的，不影响该许可合同的效力，但当事人另有约定的除外。

第二十条 注册商标的转让不影响转让前已经生效的商标使用许可合同的效力，但商标使用许可合同另有约定的除外。

第二十一条 人民法院在审理侵犯注册商标专用权纠纷案件中，依据民法典第一百七十九条、商标法第六十条的规定和案件具体情况，可以判决侵权人承担停止侵害、排除妨碍、消除危险、赔偿损失、消除影响等民事责任，还可以作出罚款，收缴侵权商品、伪造的商标标识和主要用于生产侵权商品的材料、工具、设备等财物的民事制裁决定。罚款数额可以参照商标法第六十条第二款的有关规定确定。

行政管理部门对同一侵犯注册商标专用权行为已经给予行政处罚的，人民法院不再予以民事制裁。

第二十二条 人民法院在审理商标纠纷案件中，根据当事人的请求和案件的具体情况，可以对涉及的注册商标是否驰名依法作出认定。

认定驰名商标，应当依照商标法第十四条的规定进行。

当事人对曾经被行政主管机关或者人民法院认定的驰名商标请求保护的，对方当事人对涉及的商标驰名不持异议，人民法院不再审查。提出异议的，人民法院依照商标法第十四条的规定审查。

第二十三条 本解释有关商品商标的规定，适用于服务商标。

第二十四条 以前的有关规定与本解释不一致的，以本解释为准。

最高人民法院关于产品侵权案件的受害人能否以产品的商标所有人为被告提起民事诉讼的批复

（2002年7月4日最高人民法院审判委员会第1229次会议通过 根据2020年12月23日最高人民法院审判委员会第1823次会议通过的《最高人民法院关于修改〈最高人民法院关于人民法院民事调解工作若干问题的规定〉等十九件民事诉讼类司法解释的决定》修正 2020年12月29日最高人民法院公告公布 自2021年1月1日起施行 法释〔2020〕20号）

北京市高级人民法院：

你院京高法〔2001〕271号《关于荆其廉、张新荣等诉美国通用汽车公司、美国通用汽车海外公司损害赔偿案诉讼主体确立问题处理结果的请示报告》收悉。经研究，我们认为，任何将自己的姓名、名称、商标或者可资识别的其他标识体现在产品上，表示其为产品制造者的企业或个人，均属于《中华人民共和国民法典》和《中华人民共和国产品质量法》规定的“生产者”。本案中美国通用汽车公司为事故车的商标所有人，根据受害人的起诉和本案的实际情况，本案以通用汽车公司、通用汽车海外公司、通用汽车巴西公司为被告并无不当。

江苏省高级人民法院侵害商标权民事纠纷案件审理指南（修订版）

（2020 年 12 月 29 日　江苏省高级人民法院审判委员会第 36 次全体会议讨论通过）

《侵犯商标权纠纷案件审理指南》自 2011 年发布以来，对统一我省侵害商标权纠纷案件的审理思路，进一步提高类案审判水平发挥了重要作用。随着经济社会的发展、科学技术的不断进步，以及新型商业模式的出现，涉及侵害商标权的新情况与新问题不断呈现。《中华人民共和国商标法》先后于 2013 年、2019 年修订，最高人民法院涉商标案件审理的司法解释相继发布，江苏省高级人民法院也于 2019 年经审委会讨论通过《关于实行最严格知识产权司法保护为高质量发展提供司法保障的指导意见》。为正确审理侵害商标权民事纠纷案件，进一步加强对商标权的保护，根据新的法律法规和司法解释，结合全省法院知识产权审判工作实际，修订本指南。

第一部分　侵害商标权民事纠纷案件审理思路概述

1.1　基本情况

侵害商标权民事纠纷案件一般包括两大类：一类是商标标识侵权案件，即未经许可，在同一种或者类似商品或服务上使用与注册商标相同或者近似的商标等案件；另一类是注册商标之间、注册商标与字号、商品名称、商品包装、装潢、域名、APP 名称等其他商业标识之间的权利冲突案件。诉讼中，原告的诉讼主张一般包括请求被告停止侵权、赔偿损失等。被告抗辩的理由一般包括原告不享有商标权、被告的行为不构成侵权、被告不需要承担赔偿责任或者原告主张的赔偿数额缺乏依据等。

1.2　审理思路概述

第一步：审查商标权的有效性、原告的诉讼主体资格、确定原告商标权的保护范围。主要包括：商标权是否处于有效状态，原告是否有权就涉案商标主张权利以及商标式样、商标核定使用的商品或服务范围等具体内容。

第二步：审查被控侵权标识的使用是否构成商标意义上的使用。

第三步：审查被告是否侵害商标权。主要包括：被控侵权标识与注册商标是否相同或者近似、商品或服务是否相同或者类似、是否构成混淆误认。

第四步：审查被告的抗辩是否成立。诉讼中，除被告主张其使用的被控侵权标识与注册商标不相同不近似、商品或服务不相同不类似，不产生混淆误认的后果外，被告提出的具体抗辩还包括其使用商标标识属于描述性、指示性及地名使用；其系在先使用商标标识；销售的商品具有合法来源；诉讼时效抗辩等。

第五步：审查并确定民事责任的承担。在侵害商标权民事纠纷案件中，主要的责任承担方式是停止侵害和赔偿损失。法院在确定损害赔偿额时，应当采用精细化审理思维，详细分析确定赔偿额的各种因素，使损害赔偿的确定与商标权市场价值相适应，全面有效赔偿权利人的损失。对于具有故意侵权、重复侵权等严重侵权情节的，综合运用惩罚性赔偿、民事强制措施、失信黑名单等手段加大惩罚力度，显著提高侵权行为的违法成本，阻止侵权行为再发生。

1.3　**援引的主要法律规定**

《中华人民共和国民法典》《中华人民共和国商标法》《中华人民共和国商标法实施条例》《最高人民法院关于审理商标民事纠纷案件适用法律若干问题的解释》《最高人民法院关于审理涉及驰名商标保护的民事纠纷案件应用法律若干问题的解释》《最高人民法院关于审理涉及计算机网络域名民事纠纷案件适用法律若干问题的解释》《最高人民法院关于审理注册商标、企业名称与在先权利冲突的民事纠纷案件若干问题的规定》《最高人民法院关于审查知识产权纠纷行为保全案件适用法律若干问题的规定》《最高人民法院关于民事诉讼证据的若干规定》《最高人民法院关于知识产权民事诉讼证据的若干规定》《中华人民共和国民事诉讼法》《最高人民法院关于适用〈中华人民共和国民事诉讼法〉的解释》。

第二部分　商标权有效性、商标权保护范围审查

2.1　**注册商标**

指经商标行政主管机关依照法定程序核准注册的，能够区分不同商品生产者或服务提供者的标志。

根据不同标准，注册商标可作如下分类：商品商标、服务商标；文字商标（包括文字、字母和数字）、图形商标、图文组合商标、三维标志商标、颜色组合商标、声音商标等；集体商标、证明商标；联合商标、防御商标等。

2.2　**商标有效性审查**

首先应当审查商标权的有效性，一般应当要求权利人提供商标注册证、续展证明、转让或许可合同等。

2.3　**商标权的保护范围**

2.3.1　商标权保护范围的具体内容

商标权保护范围的具体内容包括商标专用权和禁用权两部分。

1. 专用权

指商标权人只能在经商标行政主管机关核定的商品或服务上使用自己的注册商标样式，即商标专用权以核准注册的商标和核定使用的商品或服务为限。

2. 禁用权

指商标权人或者未注册驰名商标持有人有权禁止他人未经许可，在同一种或者类似商品或服务上使用与其注册商标或未注册驰名商标相同或者近似的商标，容易导致混淆的行为；有权禁止他人采用其他不正当手段损害其注册商标声誉等行为。

注册商标是驰名商标的，商标权人有权禁止他人在不相同或者不相类似的商品或服务上使用与其注册商标相同或者近似的商标，误导公众，致使该商标权人利益可能受到损害的行为。

禁用权的范围大于专用权。

2.3.2　商标权保护范围的确定

商标权保护范围的确定，要考虑市场实际，并与其显著性强度、知名度程度等相适应，依法保障商标权人在其权利范围内获得充分、有效保护。

2.3.3　确定商标权保护范围需特别注意的问题

核准注册的商标，不论是商品商标还是服务商标，应当受到同等法律保护，商标权的保护范围应当及于全国范围的相关领域。虽然有些服务类注册商标提供的服务项目具有一定地域性特点，其相关服务及影响力可能未及全国范围，但并不意味着该注册商标的保护范围仅能覆盖至商标权人提供的服务项目所在区域。

(详见案例一)

2.4　商标的使用

指商标用于商品、商品包装或者容器以及商品交易文书上，或者将商标用于广告宣传、展览以及其他商业活动中，用于识别商品来源的行为。

2.4.1　商标使用的本质

商标使用的本质为区分商品或服务来源的使用。侵害商标权行为的本质即是对区分商品或服务来源功能的破坏，以致造成相关公众对商品或服务的来源产生误认或者认为其来源与注册商标的商品或服务存在某种特定的联系。如果被控侵权标识的使用并不是为了区分商品或服务的来源，则不会构成对他人商标权的侵害。

2.4.2　商标的实际使用

对于商标的实际使用，需要判断商标权人是否有真实的使用意图和实际使用行为。

1. 商标的使用，不仅包括商标权人自行使用，也包括许可他人使用以及其他不违背商标权人意志的使用；

2. 商标权人实际使用的商标与其核准注册的商标虽有细微差别，但未改变其显著特征的，视为对其注册商标的使用；

3. 没有实际使用注册商标，仅有转让或者许可行为；或者仅公布商标注册信息或者仅声明对其注册商标享有专用权的，即仅为维持注册商标的存在而进行的象征性使用，不认定为商标使用；

4. 商标权人有真实使用商标的意图，并且有实际使用的必要准备，但因其他客观事由尚未实际使用注册商标的，法院可以认定其有正当理由。

2.4.3　商品商标的使用

1. 将商标用于商品、商品包装或者容器以及商品交易文书上；

2. 将商标用于广告宣传、展览；

3. 使用在广播、电视、音像、电子媒体、网络等平面或者立体媒介上，或者在公开发行的出版物中发布，以及以广告牌、邮寄广告或者其他广告方式对商标进行广告宣传中标明其商标。

2.4.4　服务商标的使用

1. 在服务场所内外标明或使用其服务商标，包括服务场所招牌、店堂装饰装潢、服务人员的服装、鞋帽上或提供的餐食包装或容器上等。例如，提供裸露熟食的餐馆无法直接在商品上标识商标，故经营者一般是通过在装潢、包装或容器上标注字样、图案等标记的方式来标识食品的提供者和来源；

2. 在为提供服务所使用的物品上标明其服务商标；

3. 使用于和服务有联系的文件资料中，例如，在介绍手册、菜单、价目表、奖券、办公文具、信笺、名片、明信片、发票、财务账册、合同、维修维护证明等中标明其服务商标；

4. 使用在广播、电视、音像、电子媒体、网络等平面或者立体媒介上，或者在公开发行的出版物中发布，以及以广告牌、邮寄广告或者其他广告方式对商标或使用商标的服务进行广告宣传中标明其商标；

5. 在展览会、博览会上使用，包括在展览会、博览会上提供使用该商标的印刷品及其他资料。

第三部分　侵害商标权诉讼的提起

3.1　侵害商标权纠纷案件的诉讼主体

提起侵害商标权诉讼的主体一般包括商标注册人、商标使用许可合同的被许可人、商标权转让合同的受让人、因注册人死亡或企业合并、分立、破产、歇业等事由导致的商标财产性权利义务承继者。

3.1.1　独占使用许可合同的被许可人

商标权被侵害时，独占使用许可合同的被许可人可以单独向法院提起诉讼。

3.1.2　排他使用许可合同的被许可人

排他使用许可合同的被许可人可以和商标注册人共同起诉，也可以在商标注册人不起诉的情况下，自行提起诉讼。

商标注册人不起诉包括：

1. 商标注册人明示放弃起诉；

2. 被许可人有证据证明其已告知商标注册人或者商标注册人已知道有侵害商标权行为而仍不起诉的情形。

3.1.3　普通使用许可合同的被许可人

普通使用许可合同的被许可人经商标注册人明确授权，可以提起诉讼。

明确授权，包括在许可合同中明确授权和在合同之外另行出具授权书两种情况，不能仅以使用许可合同中没有明确授权即驳回被许可人的起诉。

如果使用许可合同对许可方式没有约定或者约定不明确，应视为普通使用许可。

3.1.4　商标权转让合同的受让人

商标权转让合同没有特别约定的，合同自双方当事人签字或者盖章之日起成立并生效。自商标行政主管机关核准公告之日起，受让人享有商标权。

被控侵权行为从转让前持续至转让后的，转让人与受让人都有权起诉，其中受让人有权主张商标转让后的侵权赔偿；转让人有权主张商标转让前的侵权赔偿。

转让合同对诉权有特别约定的，按照约定处理。

3.2　管辖

因侵害商标权行为提起的民事诉讼，由侵权行为的实施地、侵权商品的储藏地或者查封扣押地、被告住所地法院管辖。

侵权商品的储藏地，是指大量或者经常性储存、隐匿侵权商品所在地；查封扣押地，是指海关、工商等行政机关依法查封、扣押侵权商品所在地。

原告通过网络购物方式购买被控侵权商品，不以收货地作为侵权行为实施地来确定管辖法院，应按上述标准确定管辖法院。

（详见案例二）

对涉及不同侵权行为实施地的多个被告提起的共同诉讼，原告可以选择其中一个被告的侵权行为实施地法院管辖；仅对其中某一被告提起的诉讼，该被告侵权行为实施地的法院有管辖权。

3.3　**诉讼时效**

侵害商标权的诉讼时效为 3 年，自商标注册人或者利害权利人知道或者应当知道权利受到损害以及义务人之日起计算，但在 2017 年 10 月 1 日已经超出原有两年诉讼时效期间的除外。

商标注册人或者利害关系人超过 3 年起诉的，如果侵权行为在起诉时仍在持续，在该商标权有效期限内，法院应当判决被告停止侵权行为，侵权损害赔偿额应当自权利人向法院起诉之日起向前推算 3 年计算。

第四部分　侵害商标权的行为

4.1　**侵害商标权的行为**

根据《中华人民共和国商标法》第十三条、第五十七条，《中华人民共和国商标法实施条例》第七十五条、第七十六条，《最高人民法院关于审理商标民事纠纷案件适用法律若干问题的解释》第一条的规定，侵害商标权的行为一般包括：

1. 未经许可，在同一种商品上使用与其注册商标或未注册驰名商标相同的商标；

2. 未经许可，在同一种商品上使用与其注册商标或未注册驰名商标近似的商标，或者在类似商品上使用与其注册商标或未注册驰名商标相同或者近似的商标，容易导致混淆的；

3. 销售侵害商标权的商品；

4. 伪造、擅自制造他人注册商标标识或者销售伪造、擅自制造的注册商标标识；

5. 未经商标注册人同意，更换其注册商标并将该更换商标的商品又投入市场；

6. 故意为侵害他人商标权行为提供便利条件，即为侵权提供仓储、运输、邮寄、印制、隐匿、经营场所、网络商品交易平台等，帮助他人实施侵害商标权行为；

7. 在同一种商品或者类似商品上将与他人注册商标相同或者近似的标志作为商品名称或者商品装潢使用，误导公众的；

8. 将与他人注册商标相同或者相近似的文字作为企业字号在相同或者类似商品上突出使用，容易使相关公众产生误认的；

9. 将与他人注册商标相同或者相近似的文字注册为域名，并且通过该域名进行相关商品交易的电子商务，容易使相关公众产生误认的；

10. 复制、摹仿、翻译他人注册的驰名商标或其主要部分在不相同或者不相类似商品上作为商标使用，误导公众，致使该驰名商标注册人的利益可能受到损害的。

4.2　侵害商标权的判定

侵害商标权的判定主要涉及商品或服务相同、类似；商标相同、近似以及是否构成混淆误认的判断。

在侵害商标权纠纷案件中，要结合商标权保护范围具有弹性的特点，妥善利用商品或服务类似、商标近似、混淆可能性、不正当手段、主观过错等裁量性因素，考虑市场实际，使商标权的保护强度与其显著性、知名度相适应，尽可能保护商业标识的区别性，维护商标声誉，严厉打击不诚信的商标攀附、仿冒搭车及恶意抢注商标等行为，有效规范商标注册秩序，进一步净化市场竞争环境。

4.2.1　商品或服务相同

指主张权利的注册商标核定使用的商品或服务与被控侵权标识使用的商品或服务为同一类别。

4.2.2　商品或服务类似

类似商品，是指在功能、用途、生产部门、销售渠道、消费对象等方面相同，或者相关公众一般认为其存在特定联系、容易造成混淆的商品。

类似服务，是指在服务的目的、内容、方式、对象等方面相同，或者相关公众一般认为存在特定联系、容易造成混淆的服务。

4.2.3　商品或服务类似的判断方法

1. 应当结合案件具体的情况，以发生纠纷时相关公众的一般认识水平，从功能、用途、销售渠道、消费对象以及服务的目的、内容、方式、对象等因素综合考虑消费者是否会混淆或认为诉争商品或服务之间有特定联系。

2. 应当考虑市场实际，充分考虑商标所使用商品的关联性，结合个案情况认定。关联商品系《类似商品和服务区分表》中被划定为非类似，但实际上仍具有较强的关联性，且相关商标共存容易导致混淆误认的商品。对于这些商品，只要容易使相关公众认为商品是同一主体提供的，或者其提供者之间存在特定联系，即构成类似商品。主张权利的商标已实际使用并具有一定知名度的，认定商品类似要充分考虑商品之间的关联性。

3. 参考《商标注册用商品和服务国际分类表》与《类似商品和服务区分表》的分类。

4.2.4　《商标注册用商品和服务国际分类表》与《类似商品和服务区分表》的作用

《商标注册用商品和服务国际分类表》于1957年6月15日在法国尼斯外交会议上正式签订，并于1961年4月8日生效的国际公约，全称为《商标注册用商品和服务国际分类尼斯协定》。一般每五年修订一次，一是增加新的商品，二是将已列入分类表的商品按照新的观点调整，以求商品更具有内在的统一性。尼斯协定的宗旨是建立一个共同的商标注册用商品和服务国际分类体系，并保证其实施，我国于1994年8月9日正式成为该协定的成员国。

《类似商品和服务区分表》是我国商标行政主管机关以《商标注册用商品和服务国际分类表》为基础，针对中国的国情实际对商品和服务的类似群组及商品和服务的名称进行了翻译、调整、增补和删减而制订的。《类似商品和服务区分表》亦随着国际分类表的修订而作相应的调整。需特别注意的是，《类似商品和服务区分表》的作用是在商标注册行政授权中划定商标专用权的范围，而侵害商标权纠纷中认定类似商品或服务在于确定商标禁用权的范围。商标和服务存在项目更新、市场交易情况不断变化的情形，因此，在侵害商标权判定中，《类似商品和服务区分表》只能作为判断商品或服务类似的参考，不能作为唯一的认定标准。首先，应当考虑《类似商品和服务区分表》的划分；其次，当事人提出与《类似商品和服务区分表》的划分不一致的主张时，应当结合当事人的抗辩及提供的证据，根据前述“商品或服务类似的判断方法”进行判断。

4.2.5 商品类似的判定

下列商品一般构成类似商品：

1. 具有相同功能、用途的商品；

例如，钢笔与签字笔及铅笔等以书写为使用价值的商品，即可认定为具有相同功能。

2. 商品之间的功能、用途具有辅助性或互补性，容易被人误认为相关联商品或系列商品；

例如，毛毯（床上用品）与电热毯（电器）显然分属不同商品分类，但同属于一般认识中的“床上用品”，属于类似商品。

3. 在使用时存在着搭配关系的商品；

例如，皮带与领带，牙膏与牙刷等。

4. 存在着原料与成品或零部件与成品等对应关系的商品；

5. 销售渠道、销售场所、销售对象相同或者相近的商品或者一般属于同一行业或者领域生产、销售的商品。

4.2.6 判断商品与服务类似的考虑因素

1. 商品与服务之间联系的密切程度；

2. 在用途、用户、通常效用、销售渠道及销售习惯等方面的一致性；

3. 在商品与服务中使用相同或者近似商标，是否足以造成相关公众的混淆、误认。

4.2.7 商标相同

指被控侵权的标识与原告的注册商标相比较，两者在视觉上基本无差别。

4.2.8 商标近似

指被控侵权的标识与原告的注册商标相比较，其文字的字形、读音、含义或者图形的构图及颜色，或者各要素组合后的整体结构相似，或者其立体形状、颜色组合等近似，容易使相关公众对商品或服务的来源产生误认或者认为其来源与原告注册商标的商品或服务有特定的联系。

4.2.9 商标相同或近似的判断原则

1. 以相关公众的一般注意力为标准；

2. 既要对商标进行整体比对，又要对商标主要部分进行比对，并应当在比对对象隔离的状态下分别进行；

3. 判断商标是否近似，应当考虑请求保护注册商标的显著性和知名度。

4.2.10 相关公众的一般注意力

相关公众，是指与商标所标识的某类商品或服务有关的消费者和与前述商品或服务的营销有密切关系的其他经营者。

相关公众的一般注意力，是指对相关商品或服务具有一般知识和经验的公众，按照通常的消费习惯对商品或服务进行判断。

需特别注意的是，商标所标示的商品性质、种类、价格等因素不同，相关公众的范围和注意程度也就不同。通常来说，日常生活用品应以一般消费者为相关公众，其在购买时可能凭第一眼直觉就购买。而价值高的商品，例如汽车、房屋等，注意力标准要比购买日常生活用品时高许多。

4.2.11　商标相同或近似的判断方法

1. 比对时，应当以权利人注册商标的形态与被控侵权标识比对

权利人注册商标的实际使用形态与注册形态不一致的，在判断被控侵权标识与权利人的注册商标是否近似时，仍应以权利人商标的注册形态与被控侵权标识进行比对，而不能用权利人实际使用的注册商标形态与被控侵权标识进行比对。

2. 整体比对

指将商标作为一个整体来进行观察，而不仅将商标的各个构成要素单独抽出来分别进行比对。

当两个商标在各自具体的构成要素上存在区别，但只要将构成要素集合起来作为一个整体产生的整体视觉，有可能使消费者产生误认，就应当认定为近似商标。反之，如果两个商标的部分组成要素可能相同，但是它们作为一个整体并不会使消费者产生误认，就不能认定为近似商标。

3. 要部比对

指将商标中发挥识别作用的主要部分抽出来进行重点比较和对照，是对整体比对的补充。其中商标的要部是指最具显著性和识别性，容易使相关公众将其与使用该商标的商品或服务联系起来的商标构成要素。两个商标的构成要素整体上不近似，但主张权利的商标的知名度远高于被控侵权标识的，可以采取比较主要部分决定是否近似。

4. 隔离观察

指将商标与被控侵权标识放置于不同的地点在不同的时间进行观察比对。

4.2.12　商标近似的具体比对

1. 文字商标近似性的比对

根据文字商标的特征，具有呼叫功能的读音或文字的字形易给人听觉或视觉留下比较深刻的印象，故文字商标近似性的判断主要考虑文字的读音和字形，兼顾文字的含义。

2. 中文商标与外文商标近似性的比对

由于中文商标与外文商标在音、形上不相同也不近似，因此判断中文商标与外文商标是否近似，主要从含义上进行确定，需要考虑相关公众对外文商标的认知水平和能力、中文商标与外文商标含义上的关联性或者对应性、商标本身的知名度和显著性、商标的实际使用情况、所使用商品或服务的关联程度等因素。

3. 外文商标近似性的比对

判断外文商标之间是否构成近似，应考虑中国普通消费者的一般注意力、认知水平等因素。

(详见案例三)

4. 图文组合商标近似性的比对

使用整体比对和要部比对相结合的方法，考虑商标的特征及通常的呼叫习惯等因素进行比对。多数情形下，将组合商标中的文字字形及读音作为主要部分加以比对。

(详见案例四)

5. 特殊情形下图文组合商标近似性的比对

当涉案商标与被控侵权标识均为图文组合商标，而该图文组合商标中的中文文字商标系案外人商标并已被认定为驰名商标或具有极高知名度时，涉案商标中的文字显著性和知名度即相对有限，涉案商标的图形部分具有较强的识别性。在此情形下的图文组合商标近似性比对，应从双方商标外观整体观察，不能仅以被控侵权标识使用与涉案商标相同的文字即认定两者构成近似。

（详见案例五）

6. 三维标志商标近似性的比对

三维标志商标是由三维标志或者与其他标志组合构成的具有区别性的标识。

考虑到三维标志商标重点保护“三维标志”本身的立法原义和立法目的，在对三维标志商标进行近似性比对时应当整体比较，并重点关注三维标志本身是否具备显著性。当三维标志具备显著性时，侵权判定应重点比对三维标志部分。

（1）三维标志显著

被控侵权标识与三维标志商标中具有显著特征的三维标志相同或近似，容易使相关公众对商品或者服务的来源产生混淆或误认的，可以认定为相同或者近似商标。

（2）三维标志不显著但其他标志显著

虽然三维标志不显著，但如果被控侵权标识与三维标志商标中具有显著特征的其他标志相同或近似，容易使相关公众对商品或者服务的来源产生混淆或误认的，可以认定为相同或者近似商标。

如果被控侵权标识与三维标志商标中不具有显著特征的三维标志相同或近似，但是与具有显著特征的其他标志区别明显，不会使相关公众对商品或者服务的来源产生混淆或误认的，整体上仍不宜认定为相同或者近似商标。

（详见案例六）

4.2.13　混淆与误认对侵害商标权判定的重要影响

侵害商标权的判定，不仅应当比较诉争商标标识是否近似，还应当对是否足以造成相关公众混淆、误认进行认定。即使诉争的商标标识客观上相近似，但如果被控侵权标识的使用不会造成相关公众的混淆、误认，则不应认定构成侵害商标权。

足以造成相关公众的混淆、误认一般包括：

1. 商品或服务混淆

指相关公众将两个商品或服务混为一谈。

2. 来源混淆

指相关公众误认为被控侵权标识与注册商标所标示的商品或服务来自同一市场主体，对商品或服务的来源产生混淆、误认。

3. 关联关系混淆

指虽然相关公众认为被控侵权标识与注册商标所标示的商品或服务来自不同的市场主体，但是误认为两个市场主体之间存在着商标许可、投资合作、关联企业等关联关系。

4.2.14　混淆包括现实的混淆与混淆的可能性

除存在长期善意共存等极为特殊的历史因素外，通常在判断是否造成相关公众混淆时，既要考虑客观现实的混淆，也要考虑混淆的可能性。但不能以个别消费者、经营者认为混淆或不混淆而直接推定是否具有混淆的可能性，混淆可能性的判断主体仍然是相关公众。

(详见案例七)

4.2.15 衡量是否造成相关公众混淆、误认的因素

1. 注册商标的知名度、显著性

2. 被控侵权人的主观意图

3. 相关标识使用的历史和现状

4.2.16 商标的知名度和显著性对判断商标近似的影响

1. 如果比对的商标均未曾使用或者不具有很高的知名度，通常按照音、形、义等自然因素进行整体比对，这种近似更接近于事实上的近似即商标标识近似。

2. 如果比对的商标知名度相差悬殊，可以根据案件的具体情形采取比较主要部分或整体比对认定其近似性。

3. 如果比对的商标均具有较高知名度，或者相关商标的共存具有特殊历史渊源，有共同形成历史和发展历程的，此时不应简单就商标构成要素认定近似，而应当综合考虑两者的实际使用状况、使用历史、使用者的主观状态、相关公众的认知状态、政策变化等因素，尊重已经客观形成的市场格局，准确作出侵权判断。

例如，对于一些具有复杂历史渊源的商标或老字号等商业标识，相关当事人对于商标和品牌的创立和发展都作出了自己的贡献，加之还可能具有法律、政策等变化的其他原因，且均为善意使用，故法院在处理此类商标纠纷案件时，应当允许构成要素近似的商标之间的适当共存，实现经营者之间的包容性发展，即便相关商业标识的和平共处不可避免地会产生一定程度的市场混淆。

(详见案例八)

4.3 **反向假冒**

指未经商标注册人同意，将商标注册人的商标“更换”成自己的商标，并将该已更换商标的商品又投入市场。

(详见案例九)

4.4 **帮助侵权**

指故意为侵害他人商标权行为提供便利条件，帮助他人实施侵害商标权的行为。

4.4.1 便利条件

指为侵害他人商标权提供仓储、运输、邮寄、印制、隐匿、经营场所、网络商品交易平台等。

4.4.2 市场管理者承担侵权责任的具体表现形式及民事责任承担

市场管理者，是指依法设立，利用自有、租用或者其他形式取得固定场所，通过提供场地、相关设施、物业服务以及其他服务，吸纳商品经营者在场内集中进行现货商品交易，从事市场经营管理的企业法人。

市场管理者是否应当承担侵权责任，应当以市场管理者与商户之间的关系，商标权人向市场管理者发出附有确凿证据的警告函，市场管理者知晓市场内发生侵害商标权行为后的不同反应来

认定。

1. 市场管理者与商户之间不是单一的铺位租赁关系，除承担管理职能外，还直接参与市场内的经营活动，并从中获取租金外的经营利益，且消费者有充分理由相信，除商户外，市场管理者同时也是交易相对方。此种情形，应认定市场管理者与商户系共同经营，对经营行为共同承担侵权责任。

（详见案例十）

2. 市场管理者与商户之间仅是铺位租赁合同关系，只向商户收取铺位租金，不参与商户的经营行为。此时，如果市场管理者能够证明其收到商标权人警告函后即对被控侵权行为采取合理、必要措施的，应当认定其主观上没有放任侵权行为，客观上亦已尽到管理、监督、检查等义务，市场管理者不应对商户的侵害商标权行为承担责任。而如果市场管理者不能证明其在收到商标权人警告函后即对被控侵权行为采取合理、必要措施的，应当认定其在收到警告函后为商户的侵权行为提供帮助，市场管理者应当承担相应责任。商标权人不能证明市场管理者在收到警告函以前即知道商户实施侵权行为的，市场管理者仅就商户全部赔偿数额承担部分连带责任。

（详见案例十一、案例十二）

4.5　电子商务平台经营者侵害商标权行为认定

电子商务平台经营者，是指在电子商务中为交易双方或者多方提供网络经营场所、交易撮合、信息发布等服务，供交易双方或者多方独立开展交易活动的法人或者非法人组织。

法院审理涉电子商务平台侵害商标权纠纷案件，应当坚持严格保护知识产权的原则，依法惩治通过电子商务平台提供假冒等侵权商品或者服务的行为，积极引导当事人遵循诚实信用原则，依法正当行使权利，并妥善处理好商标权人、电子商务平台经营者、平台内经营者等各方主体之间的关系。

4.5.1　投诉处理机制中合格通知与声明的认定

1. 商标权人认为其商标权受到侵害的，有权通知电子商务平台经营者采取删除、屏蔽、断开链接、终止交易和服务等必要措施。商标权人向电子商务平台经营者发出的通知应当采取书面形式，通知一般包括：

①商标权的权利证明及商标权人的真实身份信息；

②能够实现准确定位的被控侵权商品或者服务信息；

③构成侵权的初步证据；

④通知真实性的书面保证等。

2. 电子商务平台经营者接到通知后，应当及时采取必要措施，并将该通知转送平台内经营者；未及时采取必要措施的，应对损害的扩大部分与平台内经营者承担连带责任。

判断电子商务平台经营者是否采取了合理的措施，法院可以考量下列因素：

①构成侵权的初步证据；

②侵权成立的可能性；

③侵权行为的影响范围；

④侵权行为的具体情节，包括是否存在恶意侵权、重复侵权情形；

⑤防止损害扩大的有效性；

⑥对平台内经营者利益可能的影响；

⑦电子商务平台的服务类型和技术条件等。

3. 平台内经营者接到电子商务平台经营者转送的通知后，可以向电子商务平台经营者提交不存在侵权行为的书面声明，声明一般包括：

①平台内经营者的真实身份信息；

②能够实现准确定位、要求终止必要措施的商品或者服务信息；

③商标权属证明、授权证明等不存在侵权行为的初步证据；

④声明真实性的书面保证等。

认定平台内经营者发出的声明是否具有恶意，法院可以考量下列因素：

①提供伪造或者无效的权利证明、授权证明；

②声明包含虚假信息或者具有明显误导性；

③通知已经附有认定侵权的生效裁判或者行政处理决定，仍发出声明；

④明知声明内容错误，仍不及时撤回或者更正等。

电子商务平台经营者接到声明后，应当将该声明转送发出通知的商标权人，并告知其可以向有关主管部门投诉或者向法院起诉。电子商务平台经营者在转送声明到达商标权人后十五日内，未收到权利人已经投诉或者起诉通知的，应当及时终止所采取的措施。

4.5.2　电子商务平台经营者知道或者应当知道存在侵权行为的侵权责任

电子商务平台经营者知道或者应当知道平台内经营者侵害商标权的，应当根据侵权的具体情形、技术条件以及构成侵权的初步证据、服务类型等因素，及时采取必要措施，未采取必要措施的，与侵权人承担连带责任。采取的必要措施应当遵循合理审慎的原则，包括但不限于删除、屏蔽、断开链接等下架措施。平台内经营者多次、故意侵害商标权的，电子商务平台经营者有权采取终止交易和服务的措施。

电子商务平台经营者存在下列情形之一的，法院可以认定其"应当知道"侵权行为的存在：

①未履行制定知识产权保护规则、审核平台内经营者经营资质等法定义务；

②未审核平台内店铺类型标注为"旗舰店""品牌店"等字样的经营者的权利证明；

③未采取有效技术手段，过滤和拦截包含"高仿""假货"等字样的侵权商品链接、被投诉成立后再次上架的侵权商品链接；

④其他未履行合理审查和注意义务的情形。

4.5.3　错误通知的赔偿责任

因通知错误造成平台内经营者损害的，依法承担民事责任。恶意发出错误通知，造成平台内经营者损失的，加倍承担赔偿责任。

认定通知人是否具有"恶意"，法院可以考量下列因素：

①提交伪造、变造的权利证明；

②提交虚假侵权对比的鉴定意见、专家意见；

③明知权利状态不稳定仍发出通知；

④明知通知错误仍不及时撤回或者更正；

⑤反复提交错误通知等。

电子商务平台经营者、平台内经营者以错误通知、恶意发出错误通知造成其损害为由，向法院提起诉讼的，可以与涉电子商务平台知识产权纠纷案件一并审理。

4.5.4　开展自营业务的电子商务平台经营者的侵害商标权行为认定

电子商务平台经营者对其自营业务依法承担商品销售者或者服务提供者的责任。认定电子商务平台经营者是否属于开展自营业务，法院可以考量下列因素：

①商品销售页面上标注的“自营”信息；

②商品实物上标注的销售主体信息；

③发票等交易单据上标注的销售主体信息等。

4.6　回收再利用带有商标标识容器的侵害商标权行为认定

如果回收利用企业对回收的旧瓶上原权利人的商标标识没有采取遮蔽、消除等合理措施，或者采取的措施不能彻底将原商标标识从相关公众的视野内移除，或者没有附加其他区别性标识，容易导致消费者产生混淆误认的，则再利用行为构成侵害商标权。

(详见案例十三)

4.7　驰名商标的保护

驰名商标，是指经过长期使用或者大量商业推广或宣传，在中国境内为相关公众所熟知，且具有良好市场声誉的商标。

4.7.1　驰名注册商标的跨类保护

复制、摹仿、翻译他人已经在中国注册的驰名商标或其主要部分，并在不相同或者不相类似商品或服务上作为商标使用，误导公众，致使该驰名商标注册人的利益可能受到损害的，构成侵害商标权。“误导公众，致使该驰名商标注册人的利益可能受到损害”，是指足以使相关公众认为被诉商标与驰名商标具有相当程度的联系，而减弱驰名商标的显著性、贬损驰名商标的市场声誉，或者不正当利用驰名商标的市场声誉。

(详见案例十四)

4.7.2　未注册驰名商标的非跨类保护

复制、摹仿、翻译他人未在中国注册的驰名商标或其主要部分，并在相同或者类似商品或服务上作为商标使用，容易导致混淆的，构成侵害商标权。“容易导致混淆”，是指足以使相关公众对使用驰名商标和被诉商标的商品或服务来源产生误认，或者足以使相关公众认为使用驰名商标和被诉商标的经营者之间具有许可使用、关联企业关系等特定联系。

对于驰名的未注册商标的保护，应当审查当事人申请保护的商标是否属于《中华人民共和国商标法》第十条、第十一条、第十二条规定的不得作为商标注册和使用的情形。

(详见案例十五)

4.8　损害商标品质保障功能的侵权认定

商标既具有识别商品或服务来源的基本功能，也具有品质保障、信誉承载等衍生功能，其中来源识别功能是商标的首要功能。司法实践中，除主要以是否破坏来源识别功能来判断是否构成侵害商标权外，也以是否损害品质保障功能来判定是否构成侵害商标权，商标权人对降低商品或服务品质、减损或损害其商标所负载商誉的商标使用行为有权制止。

将正品重新包装并贴附权利人商标后再行出售的行为是否构成侵害商标权，关键在于判断重新包装的行为是否损害了商标的品质保障功能，是否对商标权人的商誉造成损害。如果重新包装再转售的行为并未对商标的品质保障功能造成损害，则该行为属于合法的商品转售行为，适用权利用尽原则。但如果被控侵权人将较低质量标准的商品或服务通过改变包装等形成按较高质量标准的商品或服务出售或提供，则可以认定被控侵权人的行为即便未造成消费者混淆，亦构成侵害商标权。

（详见案例十六）

第五部分　权利冲突类案件的审理

5.1　商业标识的权利冲突

商业标识的权利冲突，是指两个或者两个以上的民事主体对相同或者近似的商业标识分别获取相同或者不相同的知识产权，相关商业标识在商业环境下产生消费者混淆或误认的后果，相关主体在行使权利上产生矛盾或冲突。

5.2　解决权利冲突类案件的基本原则

1. 保护在先合法权利原则

2. 诚实信用原则

3. 防止市场混淆原则

4. 利益平衡原则

审理权利冲突类案件，根据前述原则并综合考虑以下因素：

1. 原、被告各自使用商业标识的情况，包括消费者的认知程度，被告使用商业标识的具体范围、持续时间，以及是否系出于正常营业需要而合法善意地使用，有无累积一定的商誉；

2. 原、被告获得商业标识的时间、取得方式，是否具有正当性与合理性，有无攀附的主观恶意；

3. 诉争商业标识本身的显著性强弱、知名度大小；

4. 诉争商业标识形成和发展的历史、使用现状等等。

在综合考虑上述因素后，法院应当在尊重在先权利的前提下兼顾各方利益，认定是否构成侵害商标权，避免绝对地以在先商标权人的利益作为唯一衡量因素，而忽略被告利益及公共利益。但为了防止市场主体的混淆和冲突，鼓励诚实经营，维护正常的市场竞争秩序，在维持现有使用状态的同时，各方当事人均应当各自规范使用其商业标识，以便消费者加以区分和识别，维护各方当事人及消费者的合法权益。

5.3　注册商标之间的权利冲突

如果原告以他人使用在核定商品或服务上的注册商标与其在先的注册商标相同或者近似为由提起民事侵权诉讼的，法院应当告知原告向有关行政主管机关申请解决，先行申请无效或撤销注册商标。但法院可以在以下几种情形下直接处理注册商标之间的权利冲突案件。

1. 被告使用的注册商标复制、摹仿或者翻译原告驰名商标，构成侵犯商标权的，根据原告的请求，法院可以判决禁止被告使用其注册的商标；

2. 被告没有规范使用自己的注册商标，实际使用的商标超出了核定商品或服务的范围；或者虽然使用在核定的商品或服务上，但自行改变了商标的外观特征或式样，包括改变显著特征、拆分使用、将自己的多个注册商标不当叠加或组合使用，并通过文字处理，弱化或淡化部分文字，突出其他文字等方式使用注册商标，而与原告的注册商标相同或者近似；

3. 被控侵权商标在法院受理案件时尚未获得注册或已被撤销、无效的；

4. 被控侵权行为发生时，被控侵权商标尚未获得注册，而受理案件时被控侵权商标获得注册的。

（详见案例十七）

5.4　在先商标权与在后企业名称权冲突类案件的处理

将与他人注册商标相同或者相近似的文字作为企业字号在相同或者类似商品或服务上突出使用，容易使相关公众产生误认的，构成侵害商标权。

需特别注意的是：

1. 只有突出使用“与他人注册商标相同或者近似文字”的企业字号时，才构成侵害商标权。

2. 尽管未突出使用企业字号的行为不构成侵害商标权，但最高人民法院在（2004）民三他字第10号函中明确，“对违反诚实信用原则，使用与他人注册商标中的文字相同或者近似的企业字号，足以使相关公众对其商品或者服务的来源产生混淆的，根据当事人的诉讼请求，可以依照民法通则有关规定以及反不正当竞争法第二条第一、二款规定，审查是否构成不正当竞争行为，追究行为人的民事责任。”

5.5　在先企业名称权与在后商标权冲突类案件的处理

5.5.1　在先企业名称权与在后商标权的冲突

如果在先企业名称的使用系出于正常营业需要而合法善意地使用，并未攀附在后注册商标的商誉，应当判决在先的企业名称不构成侵害商标权。但为了防止市场主体的混淆和冲突，鼓励各自诚实经营，保护消费者权益与正常的市场竞争秩序，法院可以在判决中明确要求当事人各自规范使用其企业名称和注册商标。

（详见案例十八）

5.5.2　在先企业名称权的保护

注册在先的企业名称是否构成在先权利，不宜仅单纯依据诉争的企业名称、商标等商业标识的各自使用时间节点进行认定，而应当综合考虑市场主体使用企业名称等商业标识的完整历史渊源、企业名称的知名度等因素。虽然名称经合法登记和使用后，在其登记辖区范围内享有排斥其他同类竞争企业注册和使用相同或近似名称的权利，但在长期使用过程中，依靠名称权人的信誉、产品质量以及广告投入等因素，其在更大范围内享有较高知名度，由此在超出其登记辖区的更大范围内产生应受保护的权利和商益。如果在后商标权人获准注册的商标系抢注他人在先中华老字号、知名字号以及在一定范围内有影响的字号，则在后商标权人的行为应当受到规制，在先企业名称权应当具有明显的可保护利益。

（详见案例十九）

5.6　商标权与电视节目名称冲突类案件的处理

电视节目制作有其固有的制作规律，从提出节目名称及LOGO设想到开播要经过较长的一段时间，其中需经历节目名称及LOGO设计与创作、节目运行方案的构思与研究、召开首播新闻发布会、节目首播等环节。因此，认定谁在先设计出相关节目名称或商标，不能简单机械地以商标注册申请的时间和节目的开播时间来划定保护的边界，否则可能会出现不符合客观现实状态并产生不公平后果。

对于电视节目名称与商标权之间的冲突，如果电视台等对节目名称、LOGO 图标等享有在先权利或者有正当使用的权利，且不存在攀附和利用他人商标与商业信誉的主观过错，电视节目的播出不会造成相关公众的混淆与误认，则应当认定电视台等使用其节目名称不构成对他人商标权的侵害。

（详见案例二十）

5.7　商标权与域名冲突类案件的处理

将与他人注册商标相同或者相近似的文字注册为域名，并且通过该域名进行相关商品交易的电子商务，容易使相关公众产生误认的，构成侵害商标权。

需特别注意的是，由于侵害商标权必须与商品或服务联系在一起，故如果只是将与他人注册商标相同或者相近似的文字注册为域名，而没有通过该域名进行相关商品交易的电子商务，一般不认定构成侵害商标权。同时在理解并运用该条时，要注意结合《最高人民法院关于审理涉及计算机网络域名民事纠纷案件适用法律若干问题的解释》第四条和第五条的规定精神，认定被告注册、使用域名等行为构成侵权或者不正当竞争：原告请求保护的民事权益合法有效；被告域名或其主要部分构成对原告驰名商标的复制、模仿、翻译或音译，或者与原告的注册商标、域名等相同或近似，足以造成相关公众的误认；被告对该域名或其主要部分不享有权益，也无注册、使用该域名的正当理由；被告对该域名的注册、使用具有恶意。

5.8　商标权与 APP 标识冲突类案件的处理

在处理涉及 APP 应用程序与新商业模式融合的知识产权纠纷时，要以有利于促进创新、有利于公平竞争、有利于保护消费者利益为指引，慎重对待，妥善运用法律制度中的保护和例外，合理确定权利和责任的边界，依法维护善意使用者的市场交易安全，降低创新者的法律风险。

在使用的 APP 标识与他人注册商标构成近似的情况下，是否侵害他人商标权，应当综合考虑以下因素予以认定：

1. 二者使用的商品或服务的类别是否相同或类似

APP 本身属于《类似商品和服务区分表》0901 群组“计算机程序、可下载软件”。APP 标识通常由文字、图形或二者组合而成，代表不同的开发商和所提供的商品或服务。APP 被开发者上传至应用商店，下载后手机中会显示相应标识，用户通过 APP 标识区分其来源及所提供的商品或服务，故 APP 标识从构成要素、使用形式及展现位置来看，具有能够区分商品或服务来源的作用，可认定为《中华人民共和国商标法》第八条中区分商品或服务来源的标志。

依据 APP 的具体用途，可以将其分为两类：一类是软件企业向相关公众提供的计算机操作程序，用户下载、安装此类 APP 的目的是通过使用其作为计算机程序所具有的功能来解决某一方面的使用需求，如输入法、浏览器、图片编辑、文字处理等功能，此类 APP 在商品类别上可归入第 9 类计算机操作程序。另一类 APP 则是企业向相关公众提供商品或服务的平台或工具。对于相关公众来说，其下载、安装、使用 APP 的目的在于以 APP 作为平台或媒介来接受相关经营者提供的商品或服务，是互联网环境下新的商业模式。因此，与传统商品或服务类别的区分不同，APP

兼具商品和服务的双重属性。尤其是前述第二类 APP 跨越了第 9 类计算机操作程序，又与其具体提供的商品或服务类别发生重合。故在划分 APP 商品或服务的类别时，既要考虑计算机应用程序的性质，还要考虑其提供的商品或服务的类别，才能对其所属商品或服务的类别作出科学、合理的判断。

2. 注册商标的显著性和知名度

注册商标的显著性越高，造成混淆的可能性就越大；反之，造成混淆的可能性就越小。涉案商标受到保护的范围及强度应当与商标的显著性强弱及知名度大小相适应。

3. 是否具有攀附他人注册商标商誉的主观恶意

考虑 APP 运营者的使用意图，有无攀附注册商标的商誉，攫取不正当利益的目的。

(详见案例二十一)

第六部分 侵害商标权的抗辩事由

在侵害商标权纠纷案件的审理中，被告往往提出各种抗辩事由以证明自己并不构成侵害商标权或者不应当承担赔偿责任。被告主张较多的抗辩事由为其使用的被控侵权标识与注册商标不相同也不近似、商品或服务不相同也不类似，不产生混淆误认的后果，对该抗辩事由主要依据“4.2 侵害商标权的判定”的内容予以审查，本部分主要涉及其他常见的抗辩事由。

6.1 正当使用抗辩

注册商标中含有的本商品的通用名称、图形、型号，或者直接表示商品的质量、主要原料、功能、用途、重量、数量及其他特点，或者含有地名，商标权人无权禁止他人正当使用。

被告提出正当使用抗辩的事由，通常包括：

1. 被告的使用行为不构成商标意义上的使用

商标法对注册商标的保护并不是绝对的，如果他人是将与注册商标相同或近似的文字用来叙述、说明商品的特点、质量、数量等或者描述某种商业活动的客观事实等，而不具有区分商品来源和不同生产者的作用，则他人的使用不属于商标意义上的使用，不构成对他人商标权的侵害。

2. 被告系正当使用

被告使用与他人注册商标相同或近似的文字并非出于不正当竞争的目的，主观上不是想故意引起混淆，而是善意正当使用。判断是否出于善意，应当综合考虑使用意图、使用行为发生的时间、使用方式以及使用的客观效果。

6.1.1 描述商品或服务特点的叙述性使用

1. 注册商标直接表示商品或服务的性质、质量、主要原料、功能、用途、重量、数量、种类及其他特点，他人可以正当使用。

当注册商标具有描述性时，其他生产者出于说明或客观描述商品或服务特点的目的，以善意方式在必要的范围内予以标注，不会导致相关公众将其视为商标而导致来源混淆的，构成正当使用。判断是否属于善意，是否必要，可以参考商业惯例等因素。

(详见案例二十二)

2. 注册商标中含有本商品或服务的通用名称、图形、型号的，他人可以正当使用。

其中，通用名称是指在某一区域内为生产经营者或者消费者普遍用于称呼某一商品、服务或其他对象的名称，包括全称、简称、缩写、俗称等。通用名称既包括依据法律规定或者国家标准、行业标准属于商品或服务通用名称的，也包括约定俗成的商品或服务通用名称。相关公众普遍认为某一名称能够指代一类商品或服务的，应当认定为约定俗成的通用名称。被专业工具书、辞典等列为商品或服务名称的，可以作为认定约定俗成的通用名称的参考。约定俗成的通用名称一般以全国范围内相关公众的通常认识为判断标准。对于由于历史传统、风土人情、地理环境等原因形成的相关市场固定的商品或服务，在该相关市场内通用的称谓，法院可以认定为通用名称。

6.1.2　指示商品或服务特点、来源等的指示性使用

在产品修理、零配件制造、产品销售、产品组装等商业领域中，经营者为了向消费者描述其制造、销售的商品或提供的服务内容、来源等，应当允许其合理使用商标权人的商标。但经营者必须遵守指示性合理使用的规则，在使用时应当基于诚信善意，不能以描述的需要为由随意扩大使用商标权人的商标，使用商标的具体形式、程度应保持在合理范畴之内，不会对商标权人的合法权益造成损害。

(详见案例二十三)

6.1.3　作为地名使用

判断被告使用地名的行为是否属于正当使用，需结合地名商标的知名度、被告使用的具体方式和目的、是否会导致相关公众产生混淆误认等因素综合判断。若通过综合分析判断，确定被告的使用行为系出于攀附权利人地名商标知名度或商誉的意图，可能使相关公众产生混淆误认的，则该使用行为超出了正当使用的范畴，构成侵害商标权。若被告的使用行为有正当理由，且不会使相关公众产生混淆误认，则属于法律规定的正当使用，商标权人无权禁止他人在相同或者类似商品上正当使用该地名来表示商品与产地、地理位置等要素之间的联系。

(详见案例二十四、二十五)

6.1.4　地理标志使用

地理标志是标示某商品来源于某地区，并且该商品的特定质量、信誉或其他特征主要由该地区的气候、地质、土壤以及品种等自然因素和与之相适应的生产技术、加工工艺等人为因素所决定的标志。

地理标志类商标是将在一定范围内的公用资源纳入商标专用权的范围，故在确定地理标志类商标专用权的保护范围时，应当充分考虑公共利益和商标权利的平衡，将地理标志类商标专用权与禁用权范围限定于“具体地名+产品通用名称”的组合使用方式。一方面，商标专用权的范围不能扩张到地名或者通用名称的单独使用，另一方面，其禁用权的范围不能不当剥夺他人合理使用地名加产品通用名称的正当权利。地理标志是一项地区性、公有性的财产权，产地内所有符合条件的厂商和个人都有权使用，不允许垄断使用。因此，在地理标志类商标的保护及侵权诉讼中，在考察被告是否属于正当使用时，法院需要重点审查的内容包括被告销售的产品是否来源于该地理标志特定区域内、是否具备特定品质、产品标注的使用方式是否正当以及使用者主观上是否出于善意。如果被告提供的证据能够证明其商品或服务确实来源于地理标志特定区域，具备特定品质，且未使用地理标志中的特有图案，不会导致相关公众对商品的原产地等特定品质产生误

认的，则应当认定被告的使用系对特定地名的正当使用，不构成侵害商标权。

（详见案例二十六、二十七、二十八）

6.2　先用权抗辩

先用权抗辩制度的主要目的是保护那些已经在市场上具有一定影响但未注册的商标所有人的权益。商标注册人申请商标注册前，他人已经在同一种商品或服务，或者类似商品或服务上先于商标注册人使用与注册商标相同或者近似并有一定影响的商标的，商标权人无权禁止该使用人在原使用范围内继续使用该商标，但可以要求其附加适当区别标识。

先用权抗辩的适用要件主要包括：

1. 他人在注册商标申请日之前存在在先使用商标的行为；

2. 该在先使用行为原则上应当早于商标注册人对商标的使用行为，且为善意；

3. 该在先使用的商标应具有一定影响。使用人对其商标的使用确系真实使用，且经过使用已使得商标在使用地域内起到识别作用；

4. 被控侵权行为系他人在原有范围内的使用行为。

6.3　销售商的合法来源抗辩

在侵害商标权纠纷案件的审理中，作为被告的销售商对于侵权商品的制造者身份负有披露义务，在被控侵权人是制造商还是销售商身份不明时，其拒不提供商品来源信息的，可以认定其为制造商，由其承担制造商的法律责任。

销售商通常会主张合法来源抗辩，并提供商品来源信息。根据《中华人民共和国商标法》第六十四条第二款的规定，如果销售商提出的合法来源抗辩成立，其销售行为虽然仍构成侵害商标权，但不需要承担赔偿责任。

1. “侵权商品”证明责任的承担

根据“谁主张谁举证”的民事证据规则，商标权人主张他人销售了侵权商品，理应由其对被告销售的商品系“侵权商品”负举证责任，但相应的证明标准不宜设定太高，即商标权人只需对侵权商品与正品之间的区别作出合理说明即可，此时应当由被告证明该商品并非侵权商品。如果被告提供的相反证据能够初步证明其销售的商品并非侵权商品而是正品时，则商标权人应当对被控侵权商品的真伪进一步举证证明，如果商标权人无法进一步举证证明，则应当由其承担举证不能的法律后果。

2. 销售商“不知道是侵权商品”的认定

销售商主张合法来源抗辩时，需要证明：

（1）商品是由正规、合法渠道取得，并披露商品的提供者。包括合法的购货渠道、合理的价格和直接的供货方等。

具体需要提供的证据应视个案情况而定，一般需要提供供货合同、相应的商业发票等。如果销售商仅能提供记账凭证、收款收据，可以要求销售商补充提供送货单、入库进货单、付款凭证等相关凭证加以印证；如果供货商认可被控侵权商品由其实际销售给销售商，可以视个案情况降低对销售商的举证要求。

（2）其确实不知道自己销售的是侵害他人商标权的商品。对销售商“不知道是侵权商品”的认定，应当由销售商对其尽到合理审查注意义务承担举证责任。被告的经营规模、专业程度、市场交易习惯等，可以作为确定其合理审查注意义务的证据。销售商提供的被控侵权商品来源证据与其合理审查注意义务程度相当的，可以认定其不知道被控侵权商品侵害他人商标权。具体审查销售商的举证义务是否到位，可以综合考虑以下因素：

①商标的知名度。商标知名度越高的商品，在市场上影响力的范围及程度就越大，销售商对该商标及商品的了解也越多，其审查注意义务相应越高。

②销售商的认知能力。认知能力主要取决于销售商经营规模的大小、专业程度的高低、从业时间的长短等。司法实践中，对认知能力的判断一般以正常人施以谨慎的注意力为标准，而不以具体个体判断能力的强弱进行确定。一般情况下，大型的超市、商场、购物中心、百货商店等的认知能力高于中小型销售商；专业经销特定种类商品的销售商的认知能力高于经营各种类型商品的销售商；长期从事某行业的销售商的认知能力高于经营时间较短的销售商。对于认知能力强的销售商，应当赋予其更高的审查注意义务。

③商品的进货价格和进货渠道。商品的进货价格明显低于同类商品的正常市场价格，则销售商应当负有更高的审查注意义务，其应当对供货商的相关资质进行审查，包括供货商的生产经营执照、是否有商标注册证书或经授权的合法经销资质等。如果商品系从非正规市场或者从小商、小摊贩处购得，则从侧面可以推定销售商应当知道该商品难以保证为正品。

④商品本身的属性及外部反映的信息。一是根据商品本身的属性，区分普通商品与特殊商品。如医药保健品等商品，因涉及人身健康和生命安全，销售商应当负有更为严格的注意义务。二是根据商品外部反映的信息，确认该商品是否属于“三无产品”。“三无产品”一般是指无生产日期、无质量合格证以及无生产厂家，来路不明的产品。对于“三无产品”，销售商更需严格审查，否则其合法来源抗辩很难成立。

⑤不存在其他例外因素。在销售商举证证明其尽到合理审查注意义务的同时，商标权人可以通过相应证据，推定销售商明知其销售的是侵权商品。实践中，主要存在以下几种情形：一是销售商收到过商标权人的侵权警告函后仍继续销售的。需要说明的是，对警告函具体内容的要求应当不同于专利侵权诉讼中专利权人发送的警告函，商标权人在警告函中只需说明其拥有合法有效的商标权的具体情况，并附上注册商标证书，简单指明销售商销售的被控侵权商品的商标及名称即可。二是销售商曾因销售相同商品被法院或行政机关予以处理的。三是销售商先后或同时经销正品和侵权商品，且正品与侵权商品在价格等方面差异较大。

第七部分　驰名商标的司法认定

7.1　驰名商标司法认定的案件类型

1. 就相同或者类似商品或服务申请注册的商标是复制、摹仿或者翻译他人未在中国注册的驰名商标，容易导致混淆的；就不相同或者不相类似商品或服务申请注册的商标是复制、摹仿或者翻译他人已经在中国注册的驰名商标，误导公众，致使该驰名商标注册人的利益可能受到损害的；

2. 企业名称与驰名商标冲突类案件。对涉及驰名商标与企业名称冲突的民事纠纷案件，只有在不相同或不相类似的商品或服务上突出使用企业名称，或者使用企业名称足以使相关公众认为被诉企业名称与驰名商标具有相当程度的联系，而减弱驰名商标的显著性、贬损或不正当利用驰名商标的市场声誉的；

3. 原告以被控侵权商标的使用侵害其商标权为由提起民事诉讼，被告以原告的注册商标复制、摹仿或者翻译其在先未注册驰名商标为由提出抗辩或者提起反诉的；

4. 其他根据个案审理需要认定驰名商标的案件。

7.2　对于商标是否驰名不予审查的民事纠纷案件

1. 被控侵权行为的成立不以商标驰名为事实依据的

一般来说，被告经营商品或服务的类别与原告商标核定使用的商品或服务类别相同或类似，可以直接对被告的行为是否构成侵害商标权进行认定，无需认定驰名商标。

但为了使权利人获得与其长期累积的品牌商誉程度相当的司法保护力度，并确定与驰名商标相适应的保护强度，对于确已达到驰名程度的商标，法院可以根据权利人的请求，在综合考虑商标知名度、被控侵权人是否具有明显攀附意图等因素的基础上认定驰名商标。

（详见案例二十九）

2. 被控侵权行为不成立的

如果经过审理认定被告行为不构成侵害商标权，则无须审查商标是否驰名。

3. 驰名商标与域名的冲突

将与他人注册商标相同或者相近似的文字注册为域名，并且通过该域名进行相关商品交易的电子商务，容易使相关公众产生误认的，构成侵害商标权。由于该条规定对于注册商标的知名度不作特别要求，故涉及驰名商标与域名的冲突案件无需认定驰名商标。

7.3　驰名商标司法认定的原则

1. 被动认定

依当事人申请与审理需要启动司法认定程序，法院不能依职权主动认定。

2. 个案认定

法院在审理具体案件中认定的驰名商标，仅对个案具有效力，在他案中并不当然有效。

原告已提供其商标驰名的基本证据，被告不持异议的，法院对该商标驰名的事实予以认定。被控侵害商标权或者不正当竞争行为发生前，曾被法院或者国家商标行政管理或异议审查部门认定驰名的商标，被告对该商标驰名的事实不持异议的，法院应当予以认定。被告提出异议的，原告仍应当对该商标驰名的事实负举证责任。

3. 域内驰名

认定驰名商标必须以商标在中国境内驰名为必要，要求商标所指示的商品或服务应当在国内市场上存在和流通，或者在国内市场或互联网中进行过宣传。

7.4　驰名商标的认定标准

认定商标驰名，应当考虑以下因素：

1. 使用该商标商品或服务的市场份额、销售区域、利税等；

2. 该商标的注册时间和持续使用时间，包括商标核准注册前持续使用的情形；

3. 该商标的宣传或者促销活动的方式、持续时间、程度、资金投入和地域范围；

4. 该商标的价值、享有的市场声誉、相关公众的知晓程度；

5. 该商标曾被作为驰名商标受保护的记录等。

对于商标使用时间长短、行业排名、市场调查报告、市场价值评估报告、是否曾被认定为著名商标等证据，法院应当结合认定商标驰名的其他证据，客观、全面地进行审查、综合考虑。但在一些特殊情况下，对于众所周知的品牌或驰名事实，考虑部分因素即足以认定所涉商标驰名的，则无需机械地一一考虑全部因素。在认定涉移动互联网时代商标是否驰名时，应当充分考虑互联网信息传播特点，综合考虑商标法规定的各项驰名因素，并结合案件具体情况对驰名事实作出客观、全面地认定，不应机械强调商标使用时间等因素。

（详见案例三十）

要采取有效措施防止当事人滥用驰名商标司法认定制度，通过虚假诉讼等不正当手段达到认定目的。法院要依职权加强对有关证据和事实的调查核实，主动审查商标驰名与否相关证据的原件；审查被告注册时间与身份，如是否系在诉讼前不久成立，与原告是否存在关联；审查有关被控侵权行为是否真实存在等。

7.5　商标驰名在裁判文书中的表述

当事人不能单独提起驰名商标认定的诉讼，法院也不应将驰名商标的司法认定作为独立的诉讼请求审理。因驰名商标的司法认定属于事实认定的范畴，因此法院对驰名商标的认定，仅作为案件事实和判决理由。在判决主文中，不应出现“认定 xx 商标为驰名商标”的表述；以调解方式审结的，在调解书中对商标驰名的事实也不予认定。

7.6　驰名商标认定的审核备案制度

根据驰名商标司法认定审核备案制度要求，法院在案件审理过程中，经初步审查认为确需认定驰名商标的，必须形成书面报告随同卷宗移送，并以请示案件形式报请江苏省高级人民法院审核认定。

第八部分　民事责任的承担

8.1　停止侵害

在侵害商标权纠纷案件中，法院判决的责任方式主要包括：

1. 停止使用侵害原告商标权的“XX”标识的行为；

2. 规范使用、不得突出使用或者停止使用侵害原告商标权的“XX”企业名称。

8.1.1　规范使用企业名称

《最高人民法院关于审理注册商标、企业名称与在先权利冲突的民事纠纷案件若干问题的规定》第四条规定，被诉企业名称侵害商标权或者构成不正当竞争的，法院可以根据原告的诉讼请求和案件具体情况，确定被告承担停止使用、规范使用等民事责任。如果企业名称的注册使用并不违法，只是因突出使用其中的字号而侵害商标权的，判决被告规范使用企业名称、停止突出使用行为即足以制止被告的侵权行为，不宜判决停止使用或者变更企业名称。

8.1.2　停止使用或者变更企业名称

对于被诉企业名称侵害商标权或者构成不正当竞争的案件，是否判令停止使用企业名称，应当视案件具体情况，在综合考量主观过错程度、历史因素和使用现状的基础上公平合理地作出裁量。在被告注册、使用被诉企业名称具有明显攀附恶意时，如果允许被告继续使用其字号，与原告商标、字号共存，即便不突出使用字号，对于市场而言，尤其是潜在购买者，仍极易发生混淆或者误认为两者之间存在投资或合作等关联关系时，应当判决其在构成侵害商标权等的同时，停止使用或者变更企业名称，以体现商标法鼓励企业诚信经营、发展自主品牌的裁判导向。

8.1.3　停止使用楼盘名称问题

涉楼盘侵害商标权案件中，是否需要判决停止使用楼盘名称，应当考虑利益平衡原则，根据个案的不同情形予以裁量，在综合考量注册商标的知名度、被告的侵权过错程度、实际销售量、业主入住情况、拆除被控侵权标识的成本及影响、风险等因素后作出判决。

（详见案例三十一）

8.1.4　法院判决停止侵害的例外情况

如果判决停止有关行为会造成当事人之间利益的重大失衡，或者有悖社会公共利益，或者实际上无法执行，可以根据案件具体情况进行利益衡量，即可以不判决停止侵害，而改为加重民事赔偿的方式。

8.2　赔偿损失

坚持损害赔偿的市场价值导向，尽可能细化并阐述赔偿标准，确定与知识产权市场价值相适应的侵权损害赔偿数额。

8.2.1　基本原则

赔偿额为权利人因被侵权所受到的实际损失，难以确定实际损失的，为侵权人因侵权所获得的利益，损失或者利益难以确定的，参照商标许可使用费的倍数合理确定。故意侵权的，按上述方法确定数额的1-5倍确定。

权利人主张按照权利人损失或侵权人获利计算损害赔偿，同时有可供参照的合理许可使用费的，损害赔偿数额原则上不应低于可比较的合理许可使用费。

权利人因被侵权所受到的实际损失、侵权人因侵权所获得的利益、注册商标许可使用费均难以确定的，法院可以根据侵权行为的情节判决五百万元以下的赔偿。

根据诉讼请求，被告还应支付原告为制止侵权而花费的合理开支。

8.2.2　权利人的损失

权利人因侵权所受到的损失可以根据权利人因侵权所造成商品销售减少量或者侵权商品销售量与该注册商标商品的单位利润乘积计算。

确定侵害商标权的赔偿数额时，在权利人有证据证明其产品销量严重下降主要系因行为人实施侵权行为的情况下，权利人主张其实际损失包括因被迫降价而损失的利润、未来必将损失的利润以及商誉损失的，应当予以支持。

（详见案例三十二）

许可使用费可以作为其损失的参考。法院可以考量下列因素对许可使用费证据进行审核认定：

1. 许可使用费是否实际支付及支付方式，许可使用合同是否实际履行或者备案；
2. 许可使用的权利内容、方式、范围、期限；
3. 被许可人与许可人是否存在利害关系；

4. 行业许可的通常标准。

8.2.3 侵权人的获利

被告因侵权所获得的利益可以根据侵权商品销售量与该商品单位利润乘积计算；该商品单位利润无法查明的，按照注册商标商品的单位利润计算。如果以这两个单位利润计算均不尽合理，也可以以同类产品的平均利润率或者参照最相类似产品的利润率计算。

8.2.4 积极引导当事人采用损失或者获利确定赔偿额

对于当事人请求以损失或获利确定赔偿额的，法院不应当简单地以“难以确定”为由直接适用法定赔偿，而应当积极引导当事人及其诉讼代理人就权利状况、侵权认定、因侵权行为而产生的损失额、获利额或者许可费标准等方面的事实进行举证。能够据实计算具体数额的，则直接计算；不能具体计算数额的，能够通过对裁量性因素计算最低值的，则运用裁量性赔偿方法确定赔偿数额；有许可使用费可以参照的，可以参照许可使用费进行裁量；前述方法无法确定的，可以考虑适用法定赔偿。

在上述的举证质证中，原告就其主张的赔偿额提供详细计算方式及其参考因素，并有相关证据支持，说明其计算方式的合法、合理依据，如果侵权人仅作简单否认而并未提供任何相反证据或有力反驳理由，法院可以根据诉辩意见及现有证据支持权利人的合理诉求。对原告确因客观原因不能自行收集的证据，及时依申请出具调查令，必要时可以依申请调查收集，以体现加大知识产权司法保护力度的裁判导向。

8.2.5 法定赔偿

适用法定赔偿时，法院应当综合考虑如下因素：

1. 商标的声誉；
2. 商标许可使用的种类、数额、时间、范围；
3. 原告可能遭受的损失，被告可能获得的利益；
4. 原告因侵权行为受到的商业信誉损失；
5. 侵权行为的性质、持续时间、范围、后果；
6. 被告的过错程度、有无侵权史；
7. 侵权行为或侵权商品是否可能危害人身安全、破坏环境资源或者损害公共利益，如侵权物品是否为抢险救灾、防疫物资等；
8. 制止侵权行为的合理开支；
9. 其他因素。

侵权行为造成原告重大损失或者被告获利巨大的，为充分弥补原告损失，有效阻遏侵权行为，法院可以根据原告的请求，以接近或者达到最高限额确定法定赔偿数额。

如果现有证据虽未能证明因侵权行为导致的原告损失或者被告获利的具体数额，但可以证明不低于某项数额，可以按该最低额确定赔偿额，即便该最低额已经超过法定赔偿的最高限额。

8.2.6 合理费用

法院除判决被告承担赔偿损失责任之外，还应当根据原告的请求，判令被告支付因制止侵权行为所支付的合理开支。

原告为制止侵权行为发生而支出的合理费用的项目及范围，一般包括：

1. 公证费；

2. 因调查取证或出庭而产生的交通、住宿、误工等费用；

3. 档案查询费、材料印制费；

4. 翻译费；

5. 律师代理费；

权利人的律师代理费支出，若无明显不合理因素的，应当支持。

6. 公告费；

7. 因申请保全提供担保发生的保险费；

8. 其他合理费用。

对合理费用，法院应当审查合理性、必要性和关联性。原告虽未能提交发票等证据证明其维权支出，但根据案件查明的事实，能够推定该项支出确已发生且系维权必要的，可以纳入合理费用范围。

需特别注意的是：

1. 在关联案件中，对于原告为制止侵权行为而共同支出的合理费用，已在其他案件中确定或考虑过的不再重复计算。

2. 由于合理费用与侵权所造成的损失虽有关联，但系两种不同性质的费用，而且合理费用一般都能够准确算出，因此一般情况下，在裁判文书的事实部分可以详细认定合理费用的具体项目及确定依据，并在主文中对合理费用部分与赔偿额分别进行裁判。

3. 对诉讼代理人工作的评价。代理费的确定可以根据案件的复杂程度、专业性程度、代理人付出的工作量、行业惯例、律师收费标准、代理费是否实际支付等因素综合确定。

(详见案例三十三)

8.2.7 惩罚性赔偿

对故意侵害商标权，情节严重的，可以按照有关方法确定数额的一倍以上五倍以下确定赔偿数额。

1. 故意的认定

实践中，可以综合考虑被侵害商标的知名度、商标权受保护记录、被告与原告或者利害关系人之间的关系、侵权行为和手段的具体情形等因素认定被告主观上是否存在故意。下列情形，可以认定被告存在故意：

（1）被告经原告或者利害关系人通知、警告后，仍继续实施侵权行为；

（2）被告或其法定代表人、管理人是原告或者利害关系人的法定代表人、管理人、实际控制人；

（3）被告与原告或者利害关系人之间存在劳动、劳务、合作、许可、经销、代理、代表等关系，且接触过或知晓被侵害的商标；

（4）被告与原告或者利害关系人之间有业务往来或者为达成合同等进行过磋商，且接触过或知晓被侵害的商标；

（5）被告以侵权为业，不断变换公司名称或新设立公司实施侵权行为；

（6）被告实施假冒注册商标行为；

（7）其他情形。

2. 情节严重的认定

实践中，可以综合考虑侵害商标权行为的手段、性质、次数、持续时间、地域范围、规模、后果、侵权人在诉讼中的行为等因素认定侵权情节是否严重。“情节严重”一般包括：

（1）被告因侵害商标权经行政处罚、法院裁判承担责任后，再次实施相同或者类似侵权行为；

（2）被告以侵权为业；

（3）被告伪造、毁坏或者隐匿侵权证据；

（4）被告拒不履行保全裁定；

（5）被告侵权获利或者原告损失巨大；

（6）侵权行为可能危害国家安全、公共利益或者人身健康等；

（7）其他情形。

3. 计算基数

法院应当以原告实际损失数额或者被告因侵权所获得的利益作为计算惩罚性赔偿数额的基数。原告的实际损失数额或者被告因侵权所获得的利益均难以计算的，可以参照许可使用费的倍数合理确定计算基数。

原告维权支出的合理开支，不应当计入计算基数。

4. 倍数的确定

确定惩罚性赔偿数额的倍数应当综合考虑被告侵权的主观恶意程度、侵权行为的情节严重程度等因素。

因同一侵权行为已经被处以行政罚款或者刑事罚金且执行完毕，被告主张减免惩罚性赔偿责任的，法院不予支持，但在确定前款所称倍数时可以综合考虑。

（详见案例三十四）

8.2.8 适用举证妨碍及证据披露制度确定损害赔偿额

1. 对于原告有充分证据证明侵权事实存在，且侵权情节或侵权获利等方面的证据由被告掌握，原告确因客观原因难以取得，法院可以根据原告的申请责令被告在规定期限内提供，或者根据申请实施证据保全。被告明确拒绝提供、隐匿相关证据、提供虚假证据、提供证据不全面，或者毁灭证据、阻挠保全，或者销毁保全的证据，影响案件裁判的，法院可以综合案件现有证据，在判断原告提供的计算方式具有合理性的基础上，就赔偿额直接作出裁判，并可以根据情节轻重对被告予以罚款、拘留等。

（详见案例三十五）

2. 被告在审计报告、上市公司年报、招股说明书、财务账簿、会计凭证、销售合同、进出货单据、许可使用合同、设备系统存储的交易数据、公司网站、产品宣传册或其他媒体上公开的经营信息，以及第三方平台统计的商品流通数据，评估报告，市场监管、税务、金融部门的记录等，除明显不合常理或者被告提供证据推翻外，可以作为证据，用以证明当事人主张的侵权赔偿额。

（详见案例三十六）

8.2.9 原告可以主张诉讼期间持续侵权的损害赔偿数额

侵权行为在诉讼期间仍在持续，原告在一审法庭辩论终结前提出增加赔偿数额请求且提供相应证据的，可以根据查明的事实确定赔偿数额。

一审判决后侵权行为仍在持续，权利人上诉请求增加赔偿数额的，二审法院可以根据自愿原则予以调解。调解不成，且双方当事人同意由二审法院一并审理的，二审法院可以就增加的赔偿数额一并审理并判决。

8.3 商标使用状况对承担民事责任的影响

1. 商标未使用

请求保护的注册商标未实际投入商业使用的，确定民事责任时可将责令停止侵害作为主要方式。在确定赔偿额时可以酌情考虑未实际使用的事实，除为维权而支出的合理费用外，如果确无实际损失和其他损害，侵权人不承担赔偿责任。

2. 因三年未使用已被撤销的商标

商标受保护的原因不在标识形式本身，而在于它区分商品或服务来源以及所体现的商誉。如果注册商标未实际使用且被撤销，则该注册商标实际上并无知名度，也不能发挥市场识别作用，消费者不会将被控侵权标识与注册商标相联系并产生混淆或误认。由于该注册商标的权利并未在核定使用的商品或服务上体现出其商业价值，并没有可保护的实质性利益，因此对于此类已被撤销的注册商标，从撤销之日起无需再给予司法保护的必要。

（详见案例三十七）

3. 考虑注册人的主观状况

如果注册商标的注册人或受让人并无实际使用的意图，只是将注册商标作为索赔工具的，可以考虑不予赔偿。

8.4 附加适当区别标识

商标注册人申请商标注册前，他人已经在相同商品或服务，或者类似商品或服务上先于商标注册人使用与注册商标相同或者近似并有一定影响的商标的，商标权人无权禁止该使用人在原使用范围内继续使用该商标，但可以要求其附加适当区别标识。

8.5 个人与公司构成共同侵权的认定

公司实际控制人明知系侵害商标权的行为，仍通过其实际控制的公司实施该侵权行为，符合共同侵权行为构成要件的，依法判决其与公司承担连带责任。

（详见案例三十八）

8.6 销毁侵权材料、工具、专用设备及商品等

根据当事人的诉讼请求以及案件的具体情况、现实可能性等因素责令侵权人限期销毁侵权商品（包括库存品）以及制造侵权商品的材料、工具、专用设备等，或者在特殊情况下，责令禁止前述材料、工具、专用设备等进入商业渠道；必要时可以责令限期召回已进入流通领域的侵权商品等，由此产生的费用由行为人负担。

采取销毁措施应当以确有必要为前提，与侵权行为的严重程度相当，且不能造成不必要的损失。

因个案具体情况不判决销毁较为合理的，可以视情况增加赔偿数额。

8.7 **不适用赔礼道歉的责任方式**

在侵害商标权纠纷案件中，原告除要求赔偿损失外，一般还会要求被告公开赔礼道歉，但是赔礼道歉的民事责任仅适用于侵犯人身权的场合，而商标权是一种财产性质的权利，被控侵权行为严重损害商标权人商誉的，可以根据个案情况判决其在一定范围内消除影响。

8.8 **商标撤销、无效等行政程序对商标权效力及侵权诉讼的影响**

《中华人民共和国商标法》第四十七条规定，宣告无效的注册商标，该商标权视为自始即不存在。针对商标无效情形，实践中法院一般可以参照专利法司法解释的精神，裁定驳回起诉。

撤销商标的决定与商标无效宣告决定产生的效力不同。注册商标被撤销的，商标权的效力并非自始无效，而是自撤销公告之日起终止，对撤销公告前侵害商标权的行为仍有提起诉讼的请求权基础，仍可以要求停止侵害。因此，不能将撤销商标的法律效果混同于商标无效宣告而简单裁定驳回起诉。至于商标权人是否可以就撤销公告前的侵权事实主张损害赔偿，需要根据撤销商标的具体理由确定。如果注册商标系基于连续三年未使用而被撤销，原告无权获得赔偿。

（详见案例三十九）

第九部分　其　　他

9.1 **因恶意提起商标权诉讼中的反赔请求权**

行为人明知其获得的商标权不具有实质上的正当性，却以其形式上享有的商标权为依据，以不正当竞争、妨碍对方正常经营等为目的，对他人提起商标权诉讼，给他人造成损害的，系恶意诉讼。

恶意诉讼本质上属于侵权行为的一种，恶意诉讼行为人承担的赔偿数额应当以受害人的损失为限。在受害人的损失难以确定的情况下，可以综合考虑受害人现实的经济损失以及预期利润的损失等相关因素，酌情确定赔偿数额。受害人主张恶意诉讼行为人赔偿其因此而造成的直接损失、交易机会丧失等间接损失，以及增加的合理的交通、食宿、误工、证人出庭、公证、代理等必要费用的，应当予以支持。

（详见案例四十）

9.2 **行为保全**

商标注册人或者利害关系人有证据证明他人正在实施或者即将实施侵害其商标权的行为，如不及时制止将会使其合法权益受到难以弥补的损害的，可以依法在起诉前或诉讼过程中向法院申请采取责令停止有关行为的措施。

9.2.1 管辖

申请诉前行为保全，应当向被申请人住所地具有相应知识产权纠纷管辖权的法院或者对商标侵权纠纷具有管辖权的法院提出。

当事人约定仲裁的，应当向前款规定的法院申请行为保全。

9.2.2 审查行为保全申请

审查行为保全申请，应当综合考虑下列因素：

1. 申请人的请求是否具有事实基础和法律依据，包括请求保护的商标权效力是否稳定。审查判断申请人请求保护的商标权效力是否稳定，应当综合考量所涉权利是否处于宣告无效或者撤销程序中以及被宣告无效或者撤销的可能性；所涉权利是否存在权属争议等因素。

2. 不采取行为保全措施是否会使申请人的合法权益受到难以弥补的损害或者造成案件裁决难以执行等损害。难以弥补的损害一般指被申请人的行为侵害申请人商标权的可能性较大；被申请人的行为可能造成无法挽回的损害，如商誉损害；被申请人的行为将会导致侵权行为难以控制且显著增加申请人损害；被申请人的侵害行为将会导致申请人的相关市场份额明显减少等。

3. 不采取行为保全措施对申请人造成的损害是否超过采取行为保全措施对被申请人造成的损害。

4. 采取行为保全措施是否损害社会公共利益。

5. 申请人是否提供足够担保。

对于商标权利稳定，易于作出侵权可能性判断，或者生效民事、刑事、行政裁判已就相同知识产权客体、相同事实的行为作出侵权认定，符合行为保全条件的，应当根据当事人的申请及时作出行为保全裁定并采取保全措施。

9.2.3　紧急情况下应当立即裁定并采取行为保全措施

诉争商标即将被非法处分；申请人的商标权在展销会等时效性较强的场合正在或者即将受到侵害；被控侵权商品即将被出口等紧急情况下，不立即采取行为保全措施即足以损害申请人利益的，应当依照《中华人民共和国民事诉讼法》① 第一百条、第一百零一条的规定，立即裁定并采取保全措施。

9.2.4　审慎审查疑难复杂案件的行为保全申请

对于商标权稳定状态及侵权可能性等难以在短时间内作出判断的行为保全申请，应当通过组织听证、审查证据、咨询专家等方式审慎审查，尽快作出是否侵权的初步判断以及是否采取保全措施的决定。

9.2.5　担保

申请人提供的担保数额，应当相当于被申请人可能因执行行为保全措施所遭受的损失，包括责令停止侵权行为所涉产品的销售收益、保管费用等合理损失。

在执行行为保全措施过程中，被申请人可能因此遭受的损失超过申请人担保数额的，法院可以责令申请人追加相应的担保。申请人拒不追加的，可以裁定解除或者部分解除保全措施。

9.2.6　行为保全措施

法院裁定采取行为保全措施的，应当根据申请人的请求或者案件具体情况等因素合理确定保全措施的期限。

法院裁定采取行为保全措施或者裁定驳回申请的，应当向申请人、被申请人送达裁定书。向被申请人送达裁定书可能影响采取保全措施的，法院可以在采取保全措施后及时向被申请人送达裁定书，至迟不得超过五日。当事人不服行为保全裁定申请复议的，法院应当在收到复议申请后十日内审查并作出裁定。

---

① 《中华人民共和国民事诉讼法》于2021年12月24日第四次修正，本书收录的2021年12月24日前公布的文件，其中所引条文均为修正前《中华人民共和国民事诉讼法》的相关条文。——编者注

裁定停止侵害知识产权行为的效力，一般应当维持至案件裁判生效时止。

9.2.7　一审判决或者中间判决不影响采取行为保全措施

一审判决或者中间判决认定侵权成立，被控侵权人提出上诉且仍持续实施被控侵权行为，权利人申请行为保全，符合行为保全条件的，在二审法院接到报送的案件之前，一审法院可以依法作出行为保全裁定，责令被控侵权人先行停止被控侵权行为。二审诉讼程序中，二审法院可以根据权利人的申请依法作出行为保全裁定。

一审判决或者中间判决认定侵权成立，被控侵权人未提出上诉，则一审责令停止侵权行为的判决（含中间判决）已经生效，此时无需再采取行为保全措施。

9.2.8　保全错误

申请有错误的，申请人应当赔偿被申请人因保全所遭受的损失。申请人撤回行为保全申请或者申请解除行为保全措施的，不因此免除其赔偿责任。

行为保全申请错误主要指：

1. 申请人在采取行为保全措施后三十日内不依法提起诉讼或者申请仲裁；

2. 行为保全措施因请求保护的商标权被宣告无效等原因自始不当；

3. 申请责令被申请人停止侵害商标权或者不正当竞争，但生效裁判认定不构成侵权或者不正当竞争；

4. 其他情形。

被申请人提起赔偿诉讼，申请人申请诉前行为保全后没有起诉或者当事人约定仲裁的，由采取保全措施的法院管辖；申请人已经起诉的，由受理起诉的法院管辖。

9.2.9　反向行为保全

在网络销售领域，经营者因投诉而被平台经营者删除或断开销售链接。如果被投诉人认为其从事的网络销售等行为侵权可能性较小、断开或删除销售链接将会使其遭受难以弥补的损失，在其提供足够担保等情形下，其可以向法院申请责令平台经营者限期采取恢复被删除的销售链接等措施。

法院经审查认为符合条件的，应当及时作出裁定，责令平台经营者限期恢复被删除的销售链接，相关措施被称为反向行为保全，反向行为保全为业内通俗称谓。目前，法院可以适用《中华人民共和国民事诉讼法》第一百条、第一百零一条关于行为保全之规定。

(详见案例四十一)

9.2.10　解除行为保全

当事人申请解除行为保全措施，法院收到申请后经审查符合《最高人民法院关于适用〈中华人民共和国民事诉讼法〉的解释》[①] 第一百六十六条规定的情形的，应当在五日内裁定解除。

法院采取的行为保全措施，一般不因被申请人提供担保而解除，但是申请人同意的除外。

9.2.11　依法制裁妨害诉讼保全的行为

当事人或其利害关系人妨害诉讼保全，包括拒不履行或者协助履行保全裁定等情形的，应当

---

① 《最高人民法院关于适用〈中华人民共和国民事诉讼法〉的解释》于2022年3月22日第二次修正，本书收录的2022年3月22日前公布的文件，其中所引条文均为修正前《最高人民法院关于适用〈中华人民共和国民事诉讼法〉的解释》的相关条文。——编者注

根据情节轻重依法予以罚款、拘留；情节严重，涉嫌构成犯罪的，依法移送犯罪线索。

9.3　**民事制裁**

法院对于侵害商标权的行为可以作出罚款、收缴侵权商品、伪造的商标标识和主要用于生产侵权商品的材料、工具、设备等财物的民事制裁决定。

9.4　**确认不侵权**

商标权人向他人发出侵权警告函，他人可以作为原告针对商标权人发函指控其侵害商标权的行为向法院提起诉讼，请求确认其不侵害商标权。

9.4.1　受理条件

参照《最高人民法院关于审理侵犯专利权纠纷案件应用法律若干问题的解释》第十八条的规定，确认不侵权之诉的受理条件应当包括：

1. 被警告人或者利害关系人受到明确的侵权警告威胁；

2. 被警告人或者利害关系人书面催告商标权人向法院起诉，或要求其请求有关行政机关处理；

3. 商标权人未在合理期限内撤回警告或通过提起诉讼、行政处理等方式解决。自商标权人收到该书面催告之日起一个月内或者自书面催告发出之日起二个月内，商标权人未在合理期限内撤回警告或请求法院、行政机关处理，使得被警告人或者利害关系人的法律地位处于不稳定、不安全的危险状态；

4. 不提起确认不侵权诉讼将使得被警告人或者利害关系人的合法权益受到或可能受到损害。只有通过提起确认不侵权诉讼才能消除这种不稳定、不安全的状态。

作为一种新型诉讼，确认不侵权之诉应以必要为前提，对其受理应加以严格审查。

9.4.2　管辖

确认不侵权之诉由侵权行为地法院受理。确认不侵权之诉与侵权之诉可以并存。因同一侵权事实提起的两种诉讼，由最先受理的法院管辖，后受理的法院应将案件移送先受理法院合并审理。

附件：《审理指南案例指引》（略）

天津市高级人民法院关于涉平行进口商标侵权纠纷案件的审判指引（试行）

（2018年）

为妥善审理涉平行进口商标侵权纠纷案件，依法保护当事人的合法权益，统一裁判标准和司法尺度，促进天津自贸区平行贸易规范发展，服务保障天津的现代化建设，依据商标法及司法解释的相关规定，结合我市审判实际，制定本指引。

一、定义及举证责任

（一）平行进口的定义

平行进口是指未经我国商标权利人同意，从境外进口、销售带有相同商标的同类商品的行为。

本指引所规范的平行进口是指平行进口的商品来源于商标权人或者其授权主体，且履行了合法的入境手续。即平行进口的商品是由商标权人自己或者授权他人投放到境外市场的合法商品，也称“真品”。

（二）举证责任

被告应举证证明进口商品为经商标权人或者其授权主体投放市场的商品，但原告对进口商品为真品予以认可或者未提异议的除外。被告还应就进口商品履行了合法的入境手续承担举证责任。

二、审理原则和思路

（一）以商标权利穷竭为原则

商标法对商标权进行保护的主要目的，是为了维护商标权人作为商标所标识商品的主体身份及其商誉，进而维护健康的市场商业秩序。

商标权利穷竭规则是指商品经由商标权人自己或者授权他人投放市场后，其对该商品上的商标权利即被视为用尽。商标权利人已从该商品的首次销售中获得商业回报，在没有合法依据情况下，其无权禁止他人对该商品再行销售。

（二）以依法平衡保护为目的

平行进口是否构成商标侵权，应以维护商标权的合法权益和利益平衡为原则，并结合当事人的诉讼主张及个案的具体事实等因素予以综合考量评判，正确处理保护商标权与保障商品自由流通之间的关系。

三、侵权判定标准

（一）以“实质性差异”作为基本判定标准

在认定平行进口是否构成侵害商标权时，应在查明案件事实的基础上，重点分析平行进口是否会对商标权造成“实质性”损害。

根据当事人的主张及举证质证情况，具体审查进口商品在投入市场时的实际状况与相关标识等信息的标注情况，相关商品在国内的销售是否有可能引起消费者混淆、是否使商标的商誉受到损害，判断进口商品与国内商标权利人销售的商品是否存在“实质性差异”。

原告对存在“实质性差异”负有举证责任。

（二）构成侵害商标权的情形

进口商品与国内商标权利人销售的商品存在“实质性差异”，主要指进口商品在投放市场后，其商品信息、包装装潢、商标标识等原有状态被改变，使消费者无法获知进口商品的真实来源，足以影响消费者购买商品的意愿或者对商标权益造成其他损害的，依法认定构成商标侵权。

（三）不构成侵害商标权的情形

进口商品与国内商标权利人销售的商品在品质、包装、质量控制等方面相同或者不存在“实质性差异”，且该进口商品的状况未被改变、相关标识等信息的标注准确清楚，不足以导致消费者混淆的，依法认定不构成商标侵权。

四、指示性合理使用抗辩

（一）定义

所售平行进口商品为合法取得的真品，并且为了客观说明自己商品来源而善意使用他人的商标，不足以使消费者产生混淆的，构成指示性合理使用，商标权人无权禁止。

（二）判断标准及考量因素

认定是否构成指示性合理使用，应当结合商标知名度、商品用途、消费群体、销售渠道、交易习惯以及被诉侵权的具体使用方式等（包括店铺所在地域或者所在行业的经营习惯），综合考量以下因素：

1. 使用目的的正当性，即使用他人商标时应出于善意。善意是指应基于销售的正当目的使用他人商标，向公众传递出其所售商品来源于商标权利人的客观事实，不得不正当地利用商标及商标权人的商誉。

2. 使用需求的必要性，即为指示其所销售商品的相关信息而不得不使用他人的商标，以便于消费者了解和找寻其所欲购买的品牌商品，否则将不能说明特定的商品来源。

3. 使用限度的适当性，即使用他人的商标应当在合理的限度内，以能够区别商品来源的目的为限，不得造成对商标权益的损害。

4. 使用结果的非混淆性，即从相关公众的一般认知角度看，对他人商标的使用不会造成消费者对商品来源产生混淆，或者不会形成对使用人与权利人之间存在授权经营、专卖专营等关联关系的误认。

五、附则

本指引自下发之日起执行，已经作出生效裁判的案件不适用本指引。

本指引与新的法律法规和司法解释的规定不一致时，按照法律法规和司法解释执行。

天津市高级人民法院侵犯商标权纠纷案件审理指南

（2016 年 1 月 12 日　津高法〔2016〕3 号）

一、审理思路

（一）审查原告的主体资格；

（二）审查涉案注册商标专用权的内容；

（三）审查涉案注册商标的知名度和使用情况；

（四）审查被告是否实施了侵权行为；

（五）审查被告的抗辩事由是否成立；

（六）确定被告的侵权责任。

二、原告诉讼主体资格

原告包括商标注册人、利害关系人、转让合同的受让人。

1. 商标注册人

是在商标注册证上载明的权利人。

2. 利害关系人

包括注册商标使用许可合同的被许可人和注册商标财产权利的合法继承人等。在发生注册商标专用权被侵害时，独占使用许可合同的被许可人可以向人民法院提起诉讼；排他使用许可合同的被许可人可以和商标注册人共同起诉，也可以在商标注册人不起诉的情况下，自行提起诉讼；普通使用许可合同的被许可人经商标注册人明确授权，可以提起诉讼。

3. 转让合同的受让人

转让注册商标的，转让人和受让人应当签订转让协议，并共同向商标局提出申请，转让注册商标核准并予以公告后，受让人自公告之日起享有注册商标专用权。被控侵权行为持续到注册商标转让核准公告之日后，受让人有权对公告之日以后的被控侵权行为向人民法院提起诉讼。

三、商标权权利范围及状态

（一）权利范围

注册商标专用权是指注册商标权人在核定使用的商品上使用核准注册的商标的权利；禁止他人未经许可在相同或类似商品上使用相同或近似商标以及其他侵犯注册商标权行为的权利。

（二）权利状态

1. 受保护的注册商标标志以商标注册证上载明的商标标志为准；

2. 核定使用商品的类别以商标注册证上载明的类别和项目为准；

3. 受保护的注册商标应在有效期内，商标注册人和利害关系人应提供商标注册证、续展证明。

四、商标侵权判定

人民法院在判定是否构成商标侵权时，一般应主要审查被控侵权标志的使用是否属于商标使用行为，是否在与注册商标核定使用同一种或者类似商品或者服务上使用了与注册商标标志相同或者近似的标志，是否容易导致相关公众混淆。

（一）商标使用判定

商标使用是指将商标用于商品、商品包装或者容器以及商品交易文书上，或者将商标用于广告宣传、展览以及其他商业活动中，用于识别商品来源的行为。

1. 商品商标的使用包括：

（1）将商标用于商品、商品包装或者容器以及商品交易文书上的；

（2）将商标用于广告宣传、展览的；

（3）在报纸、杂志、电视、网络等媒体上使用商标，用于识别商品来源的；

（4）其他使用商标用于识别商品来源的。

2. 服务商标的使用包括：

（1）在服务场所内外标明服务商标的；

（2）在为提供服务所使用的物品上标明其服务商标的；

（3）在和服务有联系的文件资料上标明其服务商标的；

（4）在报纸、杂志、电视、网络等媒体上标明其服务商标的；

（5）其他在商业活动中标明其服务商标的行为。

（二）同一种或者类似商品或服务判定

1. 同一种商品或者服务是指注册商标核定使用的商品或者服务类别与被控侵权标志使用的商品或者服务类别相同。

2. 类似商品是指在商品的功能、用途、生产部门、销售渠道、消费对象等方面相同，或者相关公众一般认为其存在特定联系的商品。

类似服务是指在服务的目的、内容、方式、对象等方面相同，或者相关公众一般认为存在特定联系的服务。

类似商品与服务是指商品和服务之间存在特定联系。

3. 类似商品或服务判定方法

认定商品或者服务是否类似，应当以侵权行为发生时相关公众对商品或者服务的一般认识水平，从功能、用途、生产部门、销售渠道、消费对象以及服务目的、内容、方式、对象等因素综合判断商品或服务之间存在的特定联系，《商标注册用商品和服务国际分类表》、《类似商品和服务区分表》可以作为判断类似商品或者服务的参考。

（三）相同或者近似商标标志判定

1. 相同商标标志

相同商标标志是指被控侵权商标标志与注册商标标志相比较，二者在视觉效果上基本无差别。

相同文字商标标志是指商标标志使用的语种相同，且文字构成、排列顺序完全相同，或字体、字母大小写或者文字排列方式仅使两个标志存在细微差别。

相同图形商标标志是指商标标志图形在视觉效果上基本无差别。

相同组合商标标志是指商标标志的文字构成、图形外观及其排列组合方式相同，使商标标志在呼叫和整体视觉效果上基本无差别。

2. 近似商标标志

近似商标标志是指被控侵权商标标志与注册商标标志相比较，其文字的字形、读音、含义或者图形的构图及颜色或者其各要素组合后的整体结构无实质差别，或者其立体形状、颜色组合近似。

3. 相同或者近似商标标志判定

（1）判定主体

相关公众是指与使用注册商标标志的商品或服务有关的消费者和与前述商品或服务的营销有密切关系的经营者。

（2）判定标准

认定商标标志相同或者近似，应当以相关公众的一般注意力为标准进行判断，一般注意力即大多数相关公众通常的、普通的、一般的注意力。

（3）判定方法

判定商标标志相同或者近似，既要对商标标志的整体进行对比，又要对商标标志的主要部分进行对比，对比应当在对比对象隔离的状态下分别进行。

隔离对比又称为隔离观察比较，是指将注册商标标志与被控侵权的商标标志放置于不同地点在不同时间进行观察对比。隔离对比是一种基本的对比方法，无论进行整体对比还是要部对比，都应该采用隔离对比的方法。

整体对比又称为整体观察比较，是指将商标标志作为一个整体来进行观察，而不是将商标标志的各个构成要素分别进行对比。

要部对比又称为主要部分观察比较，是指将商标标志中发挥主要识别作用的部分抽出来进行重点比较和对照，是整体对比的补充。

（4）近似判定

①文字商标标志的近似判定

文字商标标志的近似判定，应当将文字的读音、含义和由文字构成的形状外观作为认定要素整体对比。

符合下列情形之一，通常可以认定构成文字商标标志近似：

A. 文字字形近似且读音相同或近似的；

B. 文字构成相同，仅字体、读音、排列顺序不同的；

C. 文字由三个或三个以上排列顺序相同的汉字构成，整体无含义或两者含义无明显区别，但个别汉字不同的；

D. 文字含义相同或近似的；

E. 文字由字、词重叠而成的；

F. 仅加入表示商品质量、主要原料、功能、用途、重量、数量及其他特点或者生产、销售或使用场所或者核定使用商品的通用名称、型号的；

G. 仅是在商标标志中加入或删除显著性较弱的文字，且显著性较强的要部相同或近似的。

②图形商标标志的近似判定

图形商标标志的近似判定，应当将图形的外观作为认定要素整体对比，图形的外观对比应从图形的构图、设计方面进行，整体视觉效果无实质性差别，通常可以认定为近似。

符合下列情形之一，通常可以认定构成图形商标标志近似：

A. 图形的构图和整体外观在视觉效果上没有实质性差异，构成近似的；

B. 完整包含具有一定知名度或者显著性较强的图形商标的。

③组合商标标志的近似判定

组合商标标志的近似判定，应当将组成商标标志的文字、图形、字母、数字、三维标志或颜色组合中的两种或两种以上要素，作为一个整体进行对比，既要整体观察，又要注意到各个组成部分，观察后的整体视觉效果如无实质性差别，通常可以认定为近似。

（四）混淆的判定

1. 混淆可能性

根据《商标法》第五十七条第（二）项的规定，未经商标注册人的许可，在同一种商品上使用与其注册商标标志近似的商标标志，或者在类似商品上使用与其注册商标标志相同或者近似的商标标志，容易导致混淆的，属于侵犯注册商标专用权的行为。

容易导致混淆是指混淆可能性，而不是实际混淆，指相关公众容易对商品的来源产生误认或者认为其来源与原告注册商标的商品有特定的联系，包括来源混淆和关联关系混淆。

来源混淆是指被告在同一种或者类似的商品和服务上，使用与原告注册商标相同或者近似的商标标志，足以使相关公众相信该商品或者服务来源于原告注册商标所标识的商品或者服务。

关联关系混淆是指被告在同一种或者类似的商品和服务上，使用与原告注册商标相同或者近似的商标标志，足以使相关公众相信原告与被告具有密切的商业关系。

2. 判定方法

判定是否混淆可以考虑下列因素：

（1）注册商标的显著性和知名度；

（2）被控侵权人的主观意图；

（3）涉案商品的功能、用途、价格、质量等；

（4）被控侵权商标标志的实际使用情况；

（5）实际混淆的证据；

（6）其他容易导致混淆的情形。

五、商标侵权行为

（一）未经商标注册人的许可，在同一种商品上使用与其注册商标相同的商标的；

（二）未经商标注册人许可，在同一种商品上使用与其注册商标近似的商标，或者在类似商品上使用与其注册商标相同或者近似的商标，容易导致混淆的；

（三）未经商标注册人同意，更换其注册商标并将该更换商标的商品又投入市场的；

（四）将与他人注册商标相同或者相近似的文字作为企业的字号在相同或者类似的商品上突出使用，容易使相关公众产生误认的；

（五）复制、摹仿、翻译他人注册的驰名商标或其主要部分在不相同或者不相类似商品上作为商标使用，误导公众的，致使该驰名商标注册人的利益可能受到损害的；

（六）将与他人注册商标相同或者相近似的文字注册为域名，并且通过该域名进行相关商品交易的电子商务，容易使相关公众产生误认的；

（七）销售侵犯注册商标专用权的商品的；

（八）伪造、擅自制造他人注册商标标志或者销售伪造、擅自制造的注册商标标志的；

（九）故意为侵犯他人商标专用权行为提供便利条件，帮助他人实施侵犯商标专用权行为的。为侵犯他人商标专用权提供仓储、运输、邮寄、印制、隐匿、经营场所、网络商品交易平台等属于提供便利条件。

六、商业标识的权利冲突

商业标识是指在商业活动中能够识别或区分商品、经营主体或经营活动的标识，包括商标、商号和域名。

（一）解决商业标识权利冲突的基本原则：

1. 诚实信用原则；

2. 保护在先权利原则；

3. 防止市场混淆原则。

（二）注册商标专用权与企业名称权的冲突

1. 将与他人注册商标相同或者相近似的文字作为企业字号在相同或者类似商品、服务上突出使用，容易使相关公众产生误认的，属于侵犯注册商标专用权的行为。

2. 将他人注册商标、未注册的驰名商标作为企业名称中的字号使用误导公众，构成不正当竞争行为的，依照反不正当竞争法处理。

（三）注册商标专用权与域名的冲突

将与他人注册商标相同或者相近似的文字注册为域名，并且通过该域名进行相关商品交易的电子商务，容易使相关公众产生误认的，属于侵犯注册商标专用权的行为。

（四）历史原因造成的权利冲突

对于涉及有特定历史渊源的注册商标与企业名称冲突的案件，应当根据案件的具体情况，综合考虑该商标和企业名称的历史形成背景、产生冲突的原因，当事人各自对商标和企业名称的贡献、使用的主观意图和状况等因素，根据诚实信用原则、保护在先权利原则、防止市场混淆原则做出公平合理的认定。

七、抗辩事由

（一）正当使用抗辩

1. 注册商标中含有的本商品的通用名称、图形、型号或者直接表示商品的质量、主要原料、功能、用途、重量、数量及其他特点，或者含有的地名，注册商标专用权人无权禁止他人正当使用。

2. 三维标志注册商标中含有的商品自身的性质产生的形状、为获得技术效果而需要的商品形状或使商品具有实质性价值的形状，注册商标专用权人无权禁止他人正当使用。

3. 商标注册人申请商标前，他人已经在同一种商品或者类似商品上先于商标注册人使用与注册商标相同或者近似并有一定影响的商标的，注册商标专用权人无权禁止该使用人在原使用范围内继续使用该商标，但可以要求其附加适当区别标识。

（二）侵权不赔偿抗辩

1. 注册商标未使用抗辩

注册商标专用权人请求赔偿，被诉侵权人以注册商标专用权人未使用注册商标提出抗辩的，人民法院可以要求注册商标专用权人提供此前三年内实际使用该注册商标的证据。注册商标专用权人不能证明此前三年内实际使用过该注册商标，也不能证明因侵权行为受到其他损失的，被诉侵权人不承担赔偿责任。

2. 合法来源抗辩

销售不知道是侵犯注册商标专用权的商品，能证明该商品是自己合法取得并说明提供者的，不承担赔偿责任。

销售商合法来源抗辩的构成条件：

（1）认定是否知道自己销售的商品为侵犯注册商标专用权的商品，可以考虑以下因素：

①注册商标的知名度；

②销售商的经营规模；

③销售商品的进货和销售价格。

（2）认定是否合法取得，可以考虑以下因素：

①有供销双方签订的进货合同且经查证已真实履行的；

②有合法进货发票且发票记载事项与涉案商品对应的；

③有供货单位合法签章的供货清单和货款收据且经查证属实或供货单位认可的；

④以合理的对价取得商品；

⑤其他能够证明合法取得涉案商品的情形。

（3）说明提供者

销售商应当说明提供者的姓名或企业名称、地址、联系方式等能够查实的信息。

八、民事责任

人民法院在审理侵犯注册商标专用权纠纷案件中，依据法律规定和案件具体情况，可以判决侵权人承担停止侵害、赔偿损失、消除影响等民事责任，还可以作出罚款，收缴侵权商品、伪造的商标标志和专门用于生产侵权商品的材料、工具、设备等财物的民事制裁决定。罚款数额可以参照《中华人民共和国商标法实施条例》的有关规定确定。

（一）停止侵害

1. 一般情况下法院判决的具体责任方式包括：

（1）停止侵害原告注册商标专用权的行为；

（2）如果因在企业名称中突出使用注册商标而构成侵权，判决规范使用企业名称足以制止侵权行为的，可以判决不得突出使用注册商标或者规范使用企业名称；

2. 例外情况

如果判决停止侵害会损害社会公共利益，或者造成双方当事人之间的重大利益失衡，或者实际上已无法执行，可以不判决停止侵害，适当加大民事赔偿数额。

（二）赔偿损失

商标法第六十三条第一款规定：侵犯商标专用权的赔偿数额，按照权利人因被侵权所受到的实际损失确定；实际损失难以确定的，可以按照侵权人因侵权所获得的利益确定；权利人的损失或者侵权人获得的利益难以确定的，参照该商标许可使用费的倍数合理确定。对恶意侵犯商标专用权，情节严重的，可以在按照上述方法确定数额的一倍以上三倍以下确定赔偿数额。赔偿数额应当包括权利人为制止侵权行为所支付的合理开支。

1. 权利人的损失

权利人的损失，可以根据权利人因侵权所造成商品销售减少量或者侵权商品销售量与该注册商标商品的单位利润乘积计算。

2. 侵权人的获利

侵权人的获利，可以根据侵权商品销售量与该商品单位利润乘积计算；该商品单位利润无法查明的，按照注册商标商品的单位利润计算。

3. 注册商标许可使用费认定

可以根据原告提交的在商标局备案并经过公告的商标使用许可合同记载的许可使用费认定。

4. 惩罚性赔偿

对恶意侵犯商标专用权，情节严重的，可以按照权利人损失或侵权获利的计算方法确定的数额的一倍以上三倍以下，确定赔偿数额。

5. 法定赔偿

权利人因被侵权所受到的实际损失、侵权人因侵权所获得的利益、注册商标许可使用费均难以确定的，人民法院可以适用法定赔偿，根据侵权行为的情节判决三百万元以下的赔偿。

适用法定赔偿时，应考虑以下因素：

(1) 侵权行为的性质、期间、后果;

(2) 商标的声誉;

(3) 商标使用许可费的数额;

(4) 商标使用许可的种类、时间、范围;

(5) 制止侵权行为的合理开支。

人民法院在确定法定赔偿数额后，当事人按照法定赔偿数额的规定达成调解协议的，应当准许。

6. 合理开支

为制止侵权行为所支付的合理开支包括:

(1) 公证费;

(2) 调查、取证费用包括档案查询费、书面资料印刷费;

(3) 交通费、住宿费、伙食费等;

(4) 翻译费;

(5) 合理的律师费。

7. 侵权人妨害举证适用法定赔偿

人民法院为确定赔偿数额，在权利人已经尽力举证，而与侵权行为相关的账簿、资料主要由侵权人掌握的情况下，可以责令侵权人提供与侵权行为相关的账簿、资料；侵权人不提供或者提供虚假的账簿、资料的，人民法院可以参考权利人的主张和提供的证据酌情判定赔偿数额。

九、驰名商标

为相关公众所熟知的商标，持有人认为其权利受到侵害时，可以依照商标法规定请求驰名商标保护。

(一) 保护原则

就不相同或者不相类似商品申请注册的商标是复制、摹仿或者翻译他人已经在中国注册的驰名商标，误导公众，致使该驰名商标注册人的利益可能受到损害的，不予注册并禁止使用。

就相同或者类似商品申请注册的商标是复制、摹仿或者翻译他人未在中国注册的驰名商标，容易导致混淆的，不予注册并禁止使用。

(二) 认定原则

1. 被动认定原则;

2. 个案认定原则;

3. 事实认定原则;

4. 按需认定原则。

(三) 在案件审理时，当事人主张商标驰名的，应当根据案件具体情况，可以考虑下列因素，证明被诉侵犯商标权或者不正当竞争行为发生时，其商标已为相关公众所熟知:

(1) 使用该商标的商品的市场份额、销售区域、利税等;

(2) 该商标的持续使用时间;

(3) 该商标的宣传或者促销活动的方式、持续时间、程度、资金投入和地域范围;

（4）该商标曾被作为驰名商标受保护的记录；
（5）该商标享有的市场声誉；
（6）证明该商标已为相关公众所熟知的其他因素。

四川省高级人民法院关于审理涉小商品侵犯商标权纠纷类型化案件赔偿标准问题的意见

（2019 年）

近年，四川各级法院受理的侵犯商标权纠纷案件不断增多，其中，涉及小商品侵犯商标权纠纷类型化案件呈逐年上升趋势，各地法院裁判标准不统一，判赔金额差异较大。为正确审理该类案件，统一裁判尺度，根据《中华人民共和国商标法》《中华人民共和国侵权责任法》《中华人民共和国民事诉讼法》等有关法律规定，结合审判实际，制订本意见。

一、小商品商标权侵权纠纷类型化案件的定义

权利人针对同一商标，分别起诉多个侵权人，且侵权人主要为个体工商户的侵害商标权民事纠纷案件。小商品主要指被诉侵权商品单价低于 100 元的生活用品或文化用品。

二、总体原则

对于涉小商品商标权侵权纠纷类型化案件的审理，既要维护权利人的正当权利，也要注意平衡权利人和个体工商户的利益，引导权利人起诉侵权源头；在确定赔偿金额时，遵循以补偿性为主，以惩罚性为辅的原则。

三、考量因素

（一）一般考量因素

权利人不能证明其因侵权行为受到的损失以及侵权人因实施侵权行为的获利情况，请求人民法院按照法定赔偿确定赔偿金额的，人民法院在确定赔偿金额时，应考虑以下因素：

1. 被侵权商标的商誉、知名度、使用情况、宣传情况等；
2. 权利人的涉案商标商品正常销售价格和被诉侵权商品的销售价格；
3. 侵权人实施侵权行为持续时间，是否属于多次、反复侵权（可在上一次赔偿金额的一至五倍范围内适用惩罚性赔偿）；
4. 侵权人所处市场区域、店铺经营规模、经营性质（区分批发商、个体工商户）等；
5. 涉案商标的许可使用费情况；
6. 被诉侵权商品是否涉及可能危害消费者人身安全和健康的食品、生活用品、药品等；
7. 权利人为制止侵权行为所支付的合理费用。

（二）其他考量因素

在确定赔偿金额时还应考量以下情况，并据此在个案裁判中予以调整：

1. 当事人诉讼诚信情况（是否接受送达、是否出庭参加诉讼、是否以不正当理由不愿意合并开庭、有无恶意拖延诉讼等情况，可考虑在 300-500 元之内增减）；

2. 多案合并开庭对维权费用合理部分的分担情况（律师费、公证费、差旅费等费用应多案综合考量，对明显高于市场价格的律师费用应适当予以减少，尤其律师费的主张需一案一据，多案同时主张的综合考量）；

3. 赔偿金额应与本地区经济状况发展相适宜（同一类型案件参考经济发达地区可适当降低）；

4. 本地区类似商品的判赔金额应适当平衡；

5. 同类案件调解情况（判决确定的赔偿金额一般不低于当事人自愿调解达成的赔偿金额）。

四、赔偿金额的范围

1. 赔偿金额应包含合理维权开支。涉及一般性商标侵权，可在1000-3000元幅度内确定赔偿金额；涉及驰名商标侵权，可在3000-5000元幅度内考虑。

2. 侵权人存在多次侵权且销售金额较大的，可以在5000元以上考虑赔偿金额。

五、其他涉及侵犯著作权、外观设计专利的类型化案件，可参照上述规定中确定的考量情节，并结合法律和司法解释的相关规定确定赔偿金额。

六、本意见从2020年1月1日起施行。

四川省高级人民法院侵害商标权案件审理指南

（2018年9月4日）

为准确适用相关法律、法规和司法解释，统一我省法院审理侵害商标民事纠纷案件的裁判尺度，提高我省法院侵害商标权案件的审理水平，根据《中华人民共和国商标法》、《最高人民法院关于审理商标民事纠纷案件适用法律若干问题的解释》、《中华人民共和国商标法实施条例》等法律法规和司法解释的规定，特制定本审理指南。

1 **【审理原则】**

1.1 审理侵害商标权案件，行使裁量权时，应该加大对商标权的保护力度，保护商标权人的合法权益，平衡商标权人、其他市场经营者以及消费者之间的利益，促进市场经济的发展。

2 **【审理内容】**

2.1 审理侵害商标权案件，一般审查如下内容：诉的合并、受理法院是否有管辖权、原告主体是否适格、商标权的范围、被诉侵权行为、被告抗辩事由是否成立以及被告承担的侵权责任等。

3 **【审查诉的合并】**

3.1 同一案件中，针对同一被诉侵权行为，原告既主张侵害商标权又主张违反《中华人民共和国反不正当竞争法》的，可以一并审理。如果原告的主张能够依据商标法获得支持，则不再适用《中华人民共和国反不正当竞争法》进行审理。如果原告的主张不能依据商标法获得支持，在与商标法立法政策不冲突时，可以依据《中华人民共和国反不正当竞争法》进行审理。

3.2 同一案件中，针对同一主体的多个被诉侵权行为，原告主张部分行为侵害商标权、部分行为构成不正当竞争的，可以根据案件情况决定是否一并审理。决定一并审理的，人民法院根据原告诉讼请求，依据相关法律规定，分别判断各被诉侵权行为是否构成商标侵权或不正当竞争。

4　**【审查法院管辖权】**

4.1　侵害商标权案件，当事人可以自愿选择向人民法院起诉，或者向工商行政管理机关投诉。

4.2　侵害商标权案件，由侵权行为地、侵权商品的储藏地或者查封扣押地、被告住所地人民法院管辖。侵权行为地包括侵权行为实施地和侵权结果发生地。

侵害商标权案件中，如果原告通过网络购物方式购买被诉侵权产品的，不能以网络购物收货地作为侵权行为地确定管辖。

4.3　侵害商标权案件中，当事人依照《中华人民共和国商标法》第十三条规定主张权利的，根据案件审理情况，人民法院认为有必要对商标驰名情况作出认定的，由成都市中级人民法院集中管辖。

5　**【审查原告主体资格】**

5.1　侵害商标权案件中，商标权人及利害关系人可以向人民法院提起诉讼。利害关系人包括注册商标使用许可合同的被许可人、注册商标财产权利的合法继承人等。

5.2　前款被许可人中，独占使用许可合同的被许可人、经商标权人明确授权的普通使用许可合同的被许可人，可以单独向人民法院提起诉讼。排他使用许可合同的被许可人可以和商标权人共同提起诉讼，也可以在商标权人不起诉的情况下，单独提起诉讼。

6　**【审查商标权权利范围】**

6.1　商标权人享有在核定的商品上专有使用其注册商标的权利，以及禁止他人未经其许可在同一种或者类似商品上使用与其注册商标相同或者近似的商标的权利。

6.2　注册商标以商标注册证上载明的商标为准；核定的商品以商标注册证上载明的类别和项目为准；注册商标应在有效期内。

7　**【审查被诉侵权行为】**

7.1　《中华人民共和国商标法》第五十七条、《最高人民法院关于审理商标民事纠纷案件适用法律若干问题的解释》第一条列举的行为，均属于侵害商标权行为，应以此为判断依据。

7.2　未经商标权人许可，在相同商品上使用相同商标构成侵权；在同一种商品上使用与注册商标近似的商标，或在类似商品上使用与其注册商标相同或者近似的商标是否构成侵权，应从商品类似、商标近似和容易导致混淆两方面判断。

7.3　判断商品是否类似应考虑商品功能、用途、生产部门、消费渠道、消费对象等因素；判断服务是否类似应考虑服务目的、服务内容、服务方式、服务对象等因素；判断商品与服务是否类似应考虑商品与服务的关联度，二者在用途、消费对象、功能、销售渠道及销售习惯等方面的一致性等因素。

7.4　判断商标近似，应从商标本身的形、音、义、整体表现形式等方面，以相关公众的一般注意力为标准，采取整体观察与比对主要部分的方法，判断被告使用的商标与商标权人的注册商标是否相同或者近似。

7.5 文字商标的近似判断，可以将文字的读音、含义、字体、形状等作为认定要素进行比对；图形商标的近似判断，可以将图形的构图、颜色等作为认定要素进行比对；组合商标的近似判定，可以将商标的文字构成、图形外观、排列组合方式等作为认定要素进行比对。

7.6 认定商品类似以及商标近似，需结合注册商标的知名度进行考察，注册商标的知名度越大，保护力度越大，认定商品类似、商标近似的标准越低。

7.7 容易导致混淆通常指混淆可能性，包括来源混淆和关联关系混淆。

来源混淆是指被告使用与原告注册商标相同或近似的商标，足以使相关公众相信其商品与原告注册商标所标识的商品来自同一市场主体。

关联关系混淆是指被告使用与原告注册商标相同或者近似的商标，足以使相关公众相信原告与被告之间存在联营、许可、赞助等经营上、组织上或者法律上的关联。

相关公众是指与注册商标标识的商品有关的消费者或与前述商品营销密切相关的经营者。

8 **【审查抗辩事由】**

8.1 被告提出的抗辩事由一般包括如下情形：

（1）被告使用与原告注册商标相同或者近似的标识的行为不构成商标性使用；

（2）商标注册人申请商标注册前，被告已经在同一种商品或类似商品上先于商标注册人使用与注册商标相同或者近似商标，并有一定影响的；

（3）被告对其使用的与原告注册商标相同或者近似的标识享有商标权、企业名称权、著作权、外观设计专利权等权利；

（4）原告未实际使用注册商标；

（5）被告销售的商品不是假冒商品；

（6）被诉侵权商品有合法来源；

（7）其他情形。

8.2 商标的使用，是指在商业活动中，将商标标识用于标明商品来源，使得相关公众能够识别商品来源。

8.3 在商业活动中，有下列行为之一的，可以认定为商品商标的使用：

（1）在商品、商品包装或者容器以及商品交易文书上标明商品商标的；

（2）在广告宣传、展览上标明商品商标的；

（3）在报纸、杂志、电视、网络等平面或立体媒介上标明商品商标，用于识别商品来源的；

（4）其他在商业活动中标明商品商标，用于识别商品来源的行为。

8.4 在商业活动中，有下列行为之一的，可以认定为服务商标的使用：

（1）在服务场所内外标明服务商标的；

（2）在为提供服务所使用的物品上标明服务商标的；

（3）在服务人员的服装、鞋帽及标牌、名片、名信片等物品上标明其服务商标的；

（4）在与服务相关的财务账册、发票、合同等商业交易文书上标明服务商标的；

（5）在报纸、杂志、电视、网络等平面或立体媒介上标明服务商标，用于识别服务来源的；

（6）其他在商业活动中标明服务商标，用于识别服务来源的行为。

8.5 商标权人无权禁止他人正当使用商标。判断被诉侵权行为是否属于商标的正当使用，一般考虑如下因素：

（1）使用意图。审查被告是出于描述、说明商品的目的善意使用相关标识，还是出于攀附他人商誉等不当目的恶意使用原告商标；

（2）使用方式。审查被告使用相关标识的方式是否合理，是否符合一般商业惯例。将原告注册商标置于显著位置，以加大加粗等方式突出使用，不标注或不妥善标注被告商标、企业名称等信息等使用方式不宜认定为合理使用方式；

（3）使用效果。被告使用相关标识，容易导致相关公众混淆的，不宜认定为商标的正当使用。

8.6 被告以在先使用的未注册商标抗辩的，抗辩是否成立，一般考虑如下因素：

（1）时间上，被告的使用行为在商标申请注册前；

（2）形式上，被告的使用行为合法，不能违反法律有关商标使用的禁止性规定；

（3）结果上，被告在先使用的未注册商标在一定区域范围内为相关公众认可，具有一定影响。

8.7 被告以在核定商品上使用其注册商标抗辩的，应当根据《中华人民共和国民事诉讼法》第一百二十四条第（三）项规定，裁定驳回原告起诉，并告知原告向商标行政管理机关申请解决。如果被告以改变显著特征、拆分、组合等方式使用其注册商标，或者超出了核定商品的范围，则被告的商标权抗辩不能成立。

8.8 被告以其使用的标识是在注册程序中的商标抗辩的，由于该商标尚未获准注册，除符合前述8.6条规定的情形外，被告的抗辩不成立。

8.9 被告以被诉侵权行为发生时，其享有商标权抗辩的，如果被告的注册商标被撤销，撤销前的商标权仍然有效，被告的抗辩成立；如果被告的注册商标被宣告无效，商标权视为自始不存在，被告的抗辩不成立。

8.10 注册商标在商标权人使用过程中，因自行改变注册事项、无正当理由连续三年停止使用等原因被撤销的，商标撤销决定不具有溯及力，该商标权在被撤销前依然有效。

注册商标因违反法律禁止性规定，或者以欺骗、损害他人在先权利等不正当手段取得注册，被商标行政管理机关宣告无效的，该商标权视为自始不存在。

8.11 被告以享有企业名称权抗辩的，抗辩是否成立，一般考虑如下因素：

（1）原告注册商标的知名度；

（2）被告企业名称登记时间与原告商标权取得时间；

（3）被告使用其企业名称的方式是否规范；

（4）被告使用企业名称的行为是否导致相关公众混淆；

（5）其他因素。

8.12 被告以享有著作权、外观设计专利权等其他在先权利抗辩的，人民法院依照《中华人民共和国商标法》第三十二条之规定，根据诚实信用原则、公平原则、保护在先权利原则以及防止市场混淆原则等审查抗辩是否成立。

8.13 被告以原告未实际使用注册商标抗辩的，法院可以要求原告提供此前三年内实际使用该注册商标的证据。仅实施商标的转让行为或许可使用行为，没有发挥商标区分商品来源功能的，不属于商标使用行为。

8.14　被告以其销售的商品不是假冒商品抗辩的，法院应当要求原告陈述被告所售商品是假冒商品的理由。如果原告提供了与被控侵权时间大概一致时间段内的正品，并且陈述被告所售商品与正品在颜色、材料、大小、型号以及防伪码等方面存在不同，可初步认定被告销售的是假冒商品。如果原告不能说明两者之间的区别，或者被告提供了其所售商品不是假冒商品的反证时，原告需进一步提供证据加以证明。

8.15　被告以被诉侵权商品有合法来源抗辩的，抗辩是否成立，一般考虑如下因素：

（1）主体上，合法来源抗辩的主体为侵权商品的销售者；

（2）主观上，销售者不知道其销售的商品为侵害商标权的商品；

（3）客观上，被诉侵权商品有合法来源。

8.16　被告是否知道或应当知道其销售的商品为侵害商标权的商品，需判断被告是否尽到合理的注意义务，一般考虑如下因素：

（1）销售商品的进货和销售价格；

（2）注册商标的知名度；

（3）销售者的经营规模；

（4）其他因素。

8.17　被诉侵权商品是否来源合法，法院重点审查能够证明侵权商品提供者合法存在的证据以及能够证明侵权商品交易方式、过程、价格等符合交易习惯的商品来源证据，如合同、收付款凭证、供货单据、权利证明等。仅有销售者与提供者就侵权商品来源于该提供者的一致陈述而无其他证据予以佐证的，原则上不宜认定侵权商品来源合法。

8.18　合法来源抗辩原则上由被告主动提出，但根据查明事实，被诉侵权商品确有合法来源，在被告未提出合法来源抗辩的情况下，法院应当进行释明，对被告的诉讼行为进行引导。

8.19　被告合法来源抗辩成立的，不承担损害赔偿责任。但应停止侵权，并支付权利人维权的合理费用。

9　**【民事责任的认定】**

9.1　侵害商标权案件中，法院可以根据案件具体情况，判令被告承担停止侵害、赔偿损失、消除影响等民事责任。

9.2　如果被告停止被诉侵权行为可能损害公共利益，或者违反比例原则，或者实际上已无法执行的，可以不判令停止侵害，根据案件情况从高确定赔偿数额。

9.3　如果被告因在企业名称中突出使用原告注册商标构成侵权，判决规范使用企业名称足以制止侵权行为的，可以判决不得突出使用注册商标或者规范使用企业名称。

9.4　无法确定权利人的实际损失、侵权人违法所得、商标许可使用费时，法院可以根据在案证据合理酌定赔偿数额。根据在案证据可以确定权利人实际损失或者侵权人违法所得明显超过法定赔偿最高限额的，法院可以在法定赔偿最高额以上合理酌定赔偿数额。

9.5　法院合理酌定赔偿数额时，除根据在案证据外，一般考虑如下因素：

（1）原告商品的市场价格、销售量、利润率以及所在行业的正常利润率；

（2）被诉侵权商品的市场价格、销售量、利润率以及所在行业的正常利润率；

（3）其他因素。

9.6　权利人的实际损失、侵权人违法所得、商标许可使用费难以确定，也无法合理酌定赔偿数额的，适用法定赔偿确定赔偿数额。

9.7　法院根据当事人请求或依职权适用法定赔偿时，一般考虑如下因素：

（1）商标的知名度；

（2）被告的主观过错、侵权方式、侵权时间、侵权范围、侵权后果等；

（3）制止侵权行为的合理开支；

（4）其他因素。

9.8　原告为制止侵权行为支付的合理开支包括律师费、公证费、差旅费、材料印制费以及其他合理费用。

9.9　被告的侵权行为对原告的商誉等造成较大影响的，可以判决被告刊登声明、消除影响。选择刊登声明的媒体时，应考虑侵权行为的性质、情节和影响范围等因素。

9.10　商标权是财产性权利，法院不宜在案件中判决被告承担赔礼道歉的民事责任。

注：

1. 如非特别指明，本审理指南中所称“商品”，包括服务。

2. 如非特别指明，本审理指南中所称商标，不包括驰名商标。

六、权利冲突

最高人民法院关于审理注册商标、企业名称与在先权利冲突的民事纠纷案件若干问题的规定

（2008 年 2 月 18 日最高人民法院审判委员会第 1444 次会议通过　根据 2020 年 12 月 23 日最高人民法院审判委员会第 1823 次会议通过的《最高人民法院关于修改〈最高人民法院关于审理侵犯专利权纠纷案件应用法律若干问题的解释（二）〉等十八件知识产权类司法解释的决定》修正　2020 年 12 月 29 日最高人民法院公告公布　自 2021 年 1 月 1 日起施行　法释〔2020〕19 号）

为正确审理注册商标、企业名称与在先权利冲突的民事纠纷案件，根据《中华人民共和国民法典》《中华人民共和国商标法》《中华人民共和国反不正当竞争法》和《中华人民共和国民事诉讼法》等法律的规定，结合审判实践，制定本规定。

第一条　原告以他人注册商标使用的文字、图形等侵犯其著作权、外观设计专利权、企业名称权等在先权利为由提起诉讼，符合民事诉讼法第一百一十九条规定的，人民法院应当受理。

原告以他人使用在核定商品上的注册商标与其在先的注册商标相同或者近似为由提起诉讼的，人民法院应当根据民事诉讼法第一百二十四条第（三）项的规定，告知原告向有关行政主管机关申请解决。但原告以他人超出核定商品的范围或者以改变显著特征、拆分、组合等方式使用的注册商标，与其注册商标相同或者近似为由提起诉讼的，人民法院应当受理。

第二条　原告以他人企业名称与其在先的企业名称相同或者近似，足以使相关公众对其商品的来源产生混淆，违反反不正当竞争法第六条第（二）项的规定为由提起诉讼，符合民事诉讼法第一百一十九条规定的，人民法院应当受理。

第三条　人民法院应当根据原告的诉讼请求和争议民事法律关系的性质，按照民事案件案由规定，确定注册商标或者企业名称与在先权利冲突的民事纠纷案件的案由，并适用相应的法律。

第四条　被诉企业名称侵犯注册商标专用权或者构成不正当竞争的，人民法院可以根据原告的诉讼请求和案件具体情况，确定被告承担停止使用、规范使用等民事责任。

北京市高级人民法院关于商标与使用企业名称冲突纠纷案件审理中若干问题的解答

（2002 年 12 月 24 日　京高法发〔2002〕357 号）

根据有关法律和最高人民法院司法解释的精神，结合本市审判实践，我院在调查研究的基础上，制定如下解答意见：

1. 商标与使用企业名称冲突纠纷案件的具体含义是什么？

本《解答》所称商标与使用企业名称冲突是指：将与他人注册商标相同或者近似的文字作为企业名称中的字号注册使用，使商标与字号发生的冲突。当事人因注册商标与使用企业名称发生冲突引起纠纷向人民法院起诉的，经审查符合《民事诉讼法》第一百零八条规定的，人民法院应予受理。

2. 如何理解企业名称应当依法规范使用？

企业名称是区别不同市场主体的标志，依次由企业所在地的行政区划、字号、行业或者经营特点、组织形式等四部分组成。其中，字号是区别不同企业的主要标志。企业在对外经营活动中应当依法规范使用企业名称，企业的印章、银行账户、信笺、产品或者其包装等使用的企业名称，应当与营业执照上的企业名称相同。从事商业、公共饮食、服务等行业的企业名称的牌匾可以适当简化，但不得与其他企业的注册商标相混淆。

3. 审理商标与使用企业名称冲突纠纷案件应当如何适用法律？

商标与使用企业名称冲突纠纷，从侵权人的行为性质上看，主要是借助于合法的形式侵害他人商誉，表现为使消费者对商品或者服务的来源以及不同经营者之间具有关联关系产生混淆误认，故一般属于不正当竞争纠纷，应当适用《民法通则》、《反不正当竞争法》进行调整；将与他人注册商标相同或者近似的文字作为企业的字号在相同或者类似商品上单独或者突出使用，容易使相关公众产生误认的，属于侵犯他人注册商标专用权的行为，应当适用《商标法》进行调整。

4. 审理商标与使用企业名称冲突纠纷案件，如何判令侵权人承担法律责任？

审理商标与使用企业名称冲突纠纷案件，应当遵循诚实信用、保护在先合法权益的原则。侵权人的行为造成消费者对商品或者服务的来源产生误认和混淆，或者造成消费者误认为不同经营者之间具有关联关系，或者对驰名商标造成《商标法》第十条第（八）项所说的不良影响，构成不正当竞争的，人民法院可以判令停止使用企业名称或者对该企业名称的使用方式和范围作出限制。因主观上具有过错给权利人造成损害的，还应该判令赔偿损失。

5. 注册商标专用权的受让人对于受让前的侵权行为能否主张权利？

商标是区别不同商品或者服务来源的标志。注册商标专用权的受让人自商标转让公告之日起享有该商标专用权和禁止他人在相同或者类似商品或者服务中使用该商标的权利，对于转让前发生的侵权行为不能主张权利。但有特别约定或者至商标转让公告之日仍在持续的侵权行为除外。

6. 审理商标与使用企业名称冲突纠纷案件，商标权人是否必须在一定期限内主张权利？

商标与使用企业名称发生冲突，商标权人自企业名称登记之日起五年内未提出请求的，不予保护。对恶意将他人驰名商标注册为企业名称的，则不受五年的限制。

7. 企业名称专用权人能否许可他人使用自己的企业名称？

企业名称是用于区别不同企业或者社会组织的标志，具有专用属性，其保护范围受行业和行政区划的限制，仅可由进行注册登记的企业专用，故企业名称专用权人不得许可他人使用自己的企业名称。在商标与使用企业名称冲突纠纷案件的审理中，对被告以经他人授权许可而使用企业名称为由进行抗辩的不予支持。

8. 如何认定商标与企业名称中字号的使用冲突足以造成消费者的误认混淆？

判断商标与企业名称中字号的使用冲突能否造成消费者误认混淆（包括产生混淆的可能性），即对不同经营者提供的商品或者服务的商业来源以及不同经营者之间具有关联关系的误认混淆，应该以侵权行为发生时的有关事实为依据，同时还应当考虑但不限于以下因素：（1）销售商品或者提供服务的渠道与方式；（2）双方所经营的商品或者服务的类似程度以及消费者购买时的注意程度；（3）是否有证据证明已经造成了实际混淆；（4）被告人是否具有利用或者损害他人商誉的故意等，综合作出判断。

9. 审理商标与使用企业名称冲突纠纷案件，如何认定文字近似？

判断商标与企业名称中的字号是否近似，应主要考虑公众的视觉效果，综合字形、读音、含义进行判断。只要字形、读音之一基本相同并足以使消费者对商品或服务的来源以及不同经营者之间具有关联关系造成误认混淆的，即应认定为近似，同时还应考虑请求保护的注册商标的显著性和知名程度。

10. 审理商标与使用企业名称冲突纠纷案件，什么情况下应当中止审理？

商标与使用企业名称冲突纠纷案件的审理中，被告请求商标局或者商标评审委员会撤销注册商标专用权的，人民法院一般不中止诉讼，但行政主管机关正在对使用冲突纠纷进行处理或者人民法院经审查认为有必要中止诉讼的除外。

11. 经行政主管机关认定为驰名商标的权利人对于此前他人在不相同或者不相类似的商品或者服务中使用驰名商标的行为能否主张权利？

经行政主管机关认定的驰名商标，自认定驰名之日起其保护范围及于不相同或者不相类似的商品或者服务，但其效力并不能当然溯及既往。权利人对于此前他人在不相同或者不相类似的商品或者服务中使用驰名商标的行为主张权利，对方当事人不持异议的，人民法院可以就是否构成驰名商标不再审查。

12. 商标与使用企业名称冲突纠纷案件审理中。企业名称先于注册商标合法登记的应如何处理？

审理商标与使用企业名称冲突纠纷应当依法保护在先合法登记并使用企业名称者享有继续使用的合法权益，即在注册商标申请日前已经合法登记并使用的企业名称中的字号与他人商标相同或者近似的，企业名称使用人有权继续使用该企业名称。

天津市高级人民法院关于商业标识权利冲突纠纷案件审判指引（试行）

（2020年）

为依法妥善审理涉及商业标识权利冲突纠纷案件，规范市场秩序，统一裁判标准，依据《中华人民共和国商标法》《中华人民共和国反不正当竞争法》及司法解释的相关规定，结合我市审判实际，制定本指引。

一、定义

商业标识权利冲突是指因相同或者近似的商业标识（注册商标，企业名称、简称、字号，商品名称、包装、装潢，域名等）分别产生的权利归属于不同主体，导致权利的范围和边界在商业使用中出现交叉，形成权利冲突。

二、审理原则

审理商业标识权利冲突案件，应当坚持诚实信用、保护在先权利、防止混淆、利益平衡的原则。

三、审理思路

判断被告使用被诉侵权标识的行为是否构成侵权或者不正当竞争行为，应当考量以下因素：

（一）原告、被告涉案商业标识的基本情况，包括商业标识类型、取得时间和开始使用时间、显著性和知名度、使用情况、权利是否有瑕疵等；

（二）原告主张的被诉侵权行为的具体表现形式；

（三）被告取得、行使权利过程中是否存在攀附原告涉案商业标识声誉的意图；

（四）被告使用被诉侵权标识的行为是否容易导致混淆或者误认。

判断被告取得、行使权利过程中是否存在攀附原告涉案商业标识声誉的意图可以考量以下因素：

（一）被告取得权利时，原告商业标识的知名度；

（二）被告取得权利时，是否知道或者应当知道原告商业标识的存在；

（三）被告对于被诉侵权标识的使用方式是否体现攀附原告商业标识的意图；

（四）被告使用被诉侵权标识是否具有正当理由。

四、历史原因形成的权利冲突

对于因特定历史原因形成的商业标识权利冲突，被告不具有恶意的，应当综合案件具体情况，考虑各商业标识的产生和发展历史、使用情况、产生冲突原因等情节，公平合理划分权利的范围和界限，必要时可以判令规范使用或者附加区别标识，一般不宜简单地认定构成侵害注册商标专用权或者不正当竞争。

五、正当使用

原告请求保护的商业标识中包含商品①的通用名称、图形、型号，或者直接表示商品的质量、

① 下文所称商品包括服务。

主要原料、功能、用途、重量、数量以及其他特点，或者含有地名，被告为说明、描述商品需要而正当使用相关内容，并据此主张其行为不构成侵害注册商标专用权或者不正当竞争的，应予支持。

六、在先使用

原告请求保护的商业标识为注册商标，被告对于被诉侵权标识的使用符合下列条件的，可以在原使用范围内继续使用，必要时可以判令其附加适当区别标识。

（一）被诉侵权商业标识使用在先，即在涉案注册商标申请注册日以及开始使用日之前，被诉侵权商业标识已经使用并具有一定影响；

（二）被诉侵权商业标识与涉案注册商标相同或者近似；

（三）被诉侵权商业标识系在与涉案注册商标核准使用的相同或者类似商品上使用；

（四）提出在先使用抗辩的被告系被诉侵权商业标识的在先使用人。

七、企业名称与注册商标的冲突

企业应当依法规范使用企业名称。企业的印章、银行账户、信笺、产品或者其包装等使用的企业名称，应当与营业执照上的企业名称相同。从事商业、公共饮食、服务等行业的企业名称牌匾可以适当简化，但不得侵害他人权利。

注册商标相关权利人主张被告登记、使用企业名称的行为构成侵害注册商标专用权、不正当竞争的，在固定原告诉讼请求及各项被诉侵权行为的基础上，应当首先审查各被诉侵权行为是否构成侵犯注册商标专用权，对于不能适用商标法予以规范的其他行为，再审查其是否构成不正当竞争。

被告将与原告注册商标相同或者近似的文字登记为企业名称中的字号，在相同或者类似商品上突出使用，容易导致混淆的，可以认定为侵害注册商标专用权行为。

被告将与原告有一定影响的注册商标相同或近似的文字登记为企业名称中的字号，即使规范使用，仍足以引人误认的，可以认定为不正当竞争行为。

八、商品名称、包装、装潢的冲突

在一定地域范围内具有一定影响的商品名称、包装、装潢，相同地域的其他经营者擅自使用相同或者近似的标识，足以引人误认的，可以认定为不正当竞争行为。

在一定地域范围内具有一定影响的商品名称、包装、装潢，其他地域的经营者在后善意使用相同或者近似标识的，不构成不正当竞争。因后来的经营活动进入相同地域范围而足以引人误认的，在先使用者请求责令在后使用者附加足以区别商品来源的其他标识的，应当予以支持。

九、域名与其他商业标识的冲突

被告将与原告注册商标相同或者近似的文字注册为域名，并且通过该域名进行相关商品交易的电子商务，容易导致混淆的，可以认定为侵害注册商标专用权。

被告恶意将原告有一定影响的商标，企业名称、字号、简称，商品名称，域名主体部分等商业标识注册为域名，足以引人误认的，可以认定为不正当竞争行为。

十、责任承担

被诉侵权行为构成侵害注册商标专用权或者不正当竞争行为的，可以判令停止使用、消除影响、赔偿损失等。

被告登记、使用其企业名称的行为构成侵害注册商标专用权或者不正当竞争行为的，可以判令停止使用企业名称或者对该企业名称的使用方式和范围作出限制。

被告登记、使用其企业名称的行为未构成侵害注册商标专用权或者不正当竞争行为的，也可以根据案件具体情况，判令规范使用企业名称或者附加区别标识。

七、程序性规定

最高人民法院关于商标法修改决定施行后商标案件管辖和法律适用问题的解释

（2014 年 2 月 10 日最高人民法院审判委员会第 1606 次会议通过　根据 2020 年 12 月 23 日最高人民法院审判委员会第 1823 次会议通过的《最高人民法院关于修改〈最高人民法院关于审理侵犯专利权纠纷案件应用法律若干问题的解释（二）〉等十八件知识产权类司法解释的决定》修正　2020 年 12 月 29 日最高人民法院公告公布　自 2021 年 1 月 1 日起施行　法释〔2020〕19 号）

为正确审理商标案件，根据 2013 年 8 月 30 日第十二届全国人民代表大会常务委员会第四次会议《关于修改〈中华人民共和国商标法〉的决定》和重新公布的《中华人民共和国商标法》《中华人民共和国民事诉讼法》和《中华人民共和国行政诉讼法》等法律的规定，就人民法院审理商标案件有关管辖和法律适用等问题，制定本解释。

第一条　人民法院受理以下商标案件：

1. 不服国家知识产权局作出的复审决定或者裁定的行政案件；
2. 不服国家知识产权局作出的有关商标的其他行政行为的案件；
3. 商标权权属纠纷案件；
4. 侵害商标权纠纷案件；
5. 确认不侵害商标权纠纷案件；
6. 商标权转让合同纠纷案件；
7. 商标使用许可合同纠纷案件；
8. 商标代理合同纠纷案件；
9. 申请诉前停止侵害注册商标专用权案件；
10. 申请停止侵害注册商标专用权损害责任案件；
11. 申请诉前财产保全案件；
12. 申请诉前证据保全案件；
13. 其他商标案件。

第二条　不服国家知识产权局作出的复审决定或者裁定的行政案件及国家知识产权局作出的有关商标的行政行为案件，由北京市有关中级人民法院管辖。

第三条　第一审商标民事案件，由中级以上人民法院及最高人民法院指定的基层人民法院管辖。

涉及对驰名商标保护的民事、行政案件，由省、自治区人民政府所在地市、计划单列市、直辖市辖区中级人民法院及最高人民法院指定的其他中级人民法院管辖。

第四条　在行政管理部门查处侵害商标权行为过程中，当事人就相关商标提起商标权权属或者侵害商标权民事诉讼的，人民法院应当受理。

第五条　对于在商标法修改决定施行前提出的商标注册及续展申请，国家知识产权局于决定施行后作出对该商标申请不予受理或者不予续展的决定，当事人提起行政诉讼的，人民法院审查时适用修改后的商标法。

对于在商标法修改决定施行前提出的商标异议申请，国家知识产权局于决定施行后作出对该异议不予受理的决定，当事人提起行政诉讼的，人民法院审查时适用修改前的商标法。

第六条　对于在商标法修改决定施行前当事人就尚未核准注册的商标申请复审，国家知识产权局于决定施行后作出复审决定或者裁定，当事人提起行政诉讼的，人民法院审查时适用修改后的商标法。

对于在商标法修改决定施行前受理的商标复审申请，国家知识产权局于决定施行后作出核准注册决定，当事人提起行政诉讼的，人民法院不予受理；国家知识产权局于决定施行后作出不予核准注册决定，当事人提起行政诉讼的，人民法院审查相关诉权和主体资格问题时，适用修改前的商标法。

第七条　对于在商标法修改决定施行前已经核准注册的商标，国家知识产权局于决定施行前受理、在决定施行后作出复审决定或者裁定，当事人提起行政诉讼的，人民法院审查相关程序问题适用修改后的商标法，审查实体问题适用修改前的商标法。

第八条　对于在商标法修改决定施行前受理的相关商标案件，国家知识产权局于决定施行后作出决定或者裁定，当事人提起行政诉讼的，人民法院认定该决定或者裁定是否符合商标法有关审查时限规定时，应当从修改决定施行之日起计算该审查时限。

第九条　除本解释另行规定外，商标法修改决定施行后人民法院受理的商标民事案件，涉及该决定施行前发生的行为的，适用修改前商标法的规定；涉及该决定施行前发生，持续到该决定施行后的行为的，适用修改后商标法的规定。

最高人民法院关于人民法院对注册商标权进行财产保全的解释

（2000 年 11 月 22 日最高人民法院审判委员会第 1144 次会议通过　根据 2020 年 12 月 23 日最高人民法院审判委员会第 1823 次会议通过的《最高人民法院关于修改〈最高人民法院关于审理侵犯专利权纠纷案件应用法律若干问题的解释（二）〉等十八件知识产权类司法解释的决定》修正　2020 年 12 月 29 日最高人民法院公告公布　自 2021 年 1 月 1 日起施行　法释〔2020〕19 号）

为了正确实施对注册商标权的财产保全措施，避免重复保全，现就人民法院对注册商标权进行财产保全有关问题解释如下：

第一条 人民法院根据民事诉讼法有关规定采取财产保全措施时，需要对注册商标权进行保全的，应当向国家知识产权局商标局（以下简称商标局）发出协助执行通知书，载明要求商标局协助保全的注册商标的名称、注册人、注册证号码、保全期限以及协助执行保全的内容，包括禁止转让、注销注册商标、变更注册事项和办理商标权质押登记等事项。

第二条 对注册商标权保全的期限一次不得超过一年，自商标局收到协助执行通知书之日起计算。如果仍然需要对该注册商标权继续采取保全措施的，人民法院应当在保全期限届满前向商标局重新发出协助执行通知书，要求继续保全。否则，视为自动解除对该注册商标权的财产保全。

第三条 人民法院对已经进行保全的注册商标权，不得重复进行保全。

最高人民法院关于审理商标案件有关管辖和法律适用范围问题的解释

（2001 年 12 月 25 日最高人民法院审判委员会第 1203 次会议通过　根据 2020 年 12 月 23 日最高人民法院审判委员会第 1823 次会议通过的《最高人民法院关于修改〈最高人民法院关于审理侵犯专利权纠纷案件应用法律若干问题的解释（二）〉等十八件知识产权类司法解释的决定》修正　2020 年 12 月 29 日最高人民法院公告公布　自 2021 年 1 月 1 日起施行　法释〔2020〕19 号）

《全国人民代表大会常务委员会关于修改〈中华人民共和国商标法〉的决定》（以下简称商标法修改决定）已由第九届全国人民代表大会常务委员会第二十四次会议通过，自 2001 年 12 月 1 日起施行。为了正确审理商标案件，根据《中华人民共和国商标法》（以下简称商标法）、《中华人民共和国民事诉讼法》和《中华人民共和国行政诉讼法》（以下简称行政诉讼法）的规定，现就人民法院审理商标案件有关管辖和法律适用范围等问题，作如下解释：

第一条 人民法院受理以下商标案件：

1. 不服国家知识产权局作出的复审决定或者裁定的行政案件；
2. 不服国家知识产权局作出的有关商标的其他行政行为的案件；
3. 商标权权属纠纷案件；
4. 侵害商标权纠纷案件；
5. 确认不侵害商标权纠纷案件；
6. 商标权转让合同纠纷案件；
7. 商标使用许可合同纠纷案件；
8. 商标代理合同纠纷案件；
9. 申请诉前停止侵害注册商标专用权案件；
10. 申请停止侵害注册商标专用权损害责任案件；
11. 申请诉前财产保全案件；

12. 申请诉前证据保全案件；

13. 其他商标案件。

第二条 本解释第一条所列第1项第一审案件，由北京市高级人民法院根据最高人民法院的授权确定其辖区内有关中级人民法院管辖。

本解释第一条所列第2项第一审案件，根据行政诉讼法的有关规定确定管辖。

商标民事纠纷第一审案件，由中级以上人民法院管辖。

各高级人民法院根据本辖区的实际情况，经最高人民法院批准，可以在较大城市确定1-2个基层人民法院受理第一审商标民事纠纷案件。

第三条 商标注册人或者利害关系人向国家知识产权局就侵犯商标权行为请求处理，又向人民法院提起侵害商标权诉讼请求损害赔偿的，人民法院应当受理。

第四条 国家知识产权局在商标法修改决定施行前受理的案件，于该决定施行后作出复审决定或裁定，当事人对复审决定或裁定不服向人民法院起诉的，人民法院应当受理。

第五条 除本解释另行规定外，对商标法修改决定施行前发生，属于修改后商标法第四条、第五条、第八条、第九条第一款、第十条第一款第（二）、（三）、（四）项、第十条第二款、第十一条、第十二条、第十三条、第十五条、第十六条、第二十四条、第二十五条、第三十一条所列举的情形，国家知识产权局于商标法修改决定施行后作出复审决定或者裁定，当事人不服向人民法院起诉的行政案件，适用修改后商标法的相应规定进行审查；属于其他情形的，适用修改前商标法的相应规定进行审查。

第六条 当事人就商标法修改决定施行时已满一年的注册商标发生争议，不服国家知识产权局作出的裁定向人民法院起诉的，适用修改前商标法第二十七条第二款规定的提出申请的期限处理；商标法修改决定施行时商标注册不满一年的，适用修改后商标法第四十一条第二款、第三款规定的提出申请的期限处理。

第七条 对商标法修改决定施行前发生的侵犯商标专用权行为，商标注册人或者利害关系人于该决定施行后在起诉前向人民法院提出申请采取责令停止侵权行为或者保全证据措施的，适用修改后商标法第五十七条、第五十八条的规定。

第八条 对商标法修改决定施行前发生的侵犯商标专用权行为起诉的案件，人民法院于该决定施行时尚未作出生效判决的，参照修改后商标法第五十六条的规定处理。

第九条 除本解释另行规定外，商标法修改决定施行后人民法院受理的商标民事纠纷案件，涉及该决定施行前发生的民事行为的，适用修改前商标法的规定；涉及该决定施行后发生的民事行为的，适用修改后商标法的规定；涉及该决定施行前发生，持续到该决定施行后的民事行为的，分别适用修改前、后商标法的规定。

第十条 人民法院受理的侵犯商标权纠纷案件，已经过行政管理部门处理的，人民法院仍应当就当事人民事争议的事实进行审查。

第二编

知识产权综合

◎导　读

本部分主要由知识产权领域最新的法律法规、司法解释、批复答复、地方司法文件等组成，为方便读者快速检索，分为如下六个部分：

1. 综合性规定：包含反不正当竞争、地理标志、企业名称等在内的知识产权保护规定。

2. 保全、调解与简易程序：涉及知识产权保全、调解与简易程序等方面的规定。

3. 证据规定：知识产权民事诉讼证据有关规定。

4. 涉网知识产权：电商平台、网络游戏等涉网络知识产权特别规定。

5. 民事责任：知识产权民事侵权案件有关规定。

6. 刑事责任：知识产权刑事犯罪有关规定。

一、综合性规定

中华人民共和国反不正当竞争法

（1993 年 9 月 2 日第八届全国人民代表大会常务委员会第三次会议通过 2017 年 11 月 4 日第十二届全国人民代表大会常务委员会第三十次会议修订 根据 2019 年 4 月 23 日第十三届全国人民代表大会常务委员会第十次会议《关于修改〈中华人民共和国建筑法〉等八部法律的决定》修正）

第一章 总 则

第一条 为了促进社会主义市场经济健康发展，鼓励和保护公平竞争，制止不正当竞争行为，保护经营者和消费者的合法权益，制定本法。

第二条 经营者在生产经营活动中，应当遵循自愿、平等、公平、诚信的原则，遵守法律和商业道德。

本法所称的不正当竞争行为，是指经营者在生产经营活动中，违反本法规定，扰乱市场竞争秩序，损害其他经营者或者消费者的合法权益的行为。

本法所称的经营者，是指从事商品生产、经营或者提供服务（以下所称商品包括服务）的自然人、法人和非法人组织。

第三条 各级人民政府应当采取措施，制止不正当竞争行为，为公平竞争创造良好的环境和条件。

国务院建立反不正当竞争工作协调机制，研究决定反不正当竞争重大政策，协调处理维护市场竞争秩序的重大问题。

第四条 县级以上人民政府履行工商行政管理职责的部门对不正当竞争行为进行查处；法律、行政法规规定由其他部门查处的，依照其规定。

第五条 国家鼓励、支持和保护一切组织和个人对不正当竞争行为进行社会监督。

国家机关及其工作人员不得支持、包庇不正当竞争行为。

行业组织应当加强行业自律，引导、规范会员依法竞争，维护市场竞争秩序。

第二章 不正当竞争行为

第六条 经营者不得实施下列混淆行为，引人误认为是他人商品或者与他人存在特定联系：

（一）擅自使用与他人有一定影响的商品名称、包装、装潢等相同或者近似的标识；

（二）擅自使用他人有一定影响的企业名称（包括简称、字号等）、社会组织名称（包括简称等)、姓名（包括笔名、艺名、译名等)；

（三）擅自使用他人有一定影响的域名主体部分、网站名称、网页等；

（四）其他足以引人误认为是他人商品或者与他人存在特定联系的混淆行为。

第七条 经营者不得采用财物或者其他手段贿赂下列单位或者个人，以谋取交易机会或者竞争优势：

（一）交易相对方的工作人员；

（二）受交易相对方委托办理相关事务的单位或者个人；

（三）利用职权或者影响力影响交易的单位或者个人。

经营者在交易活动中，可以以明示方式向交易相对方支付折扣，或者向中间人支付佣金。经营者向交易相对方支付折扣、向中间人支付佣金的，应当如实入账。接受折扣、佣金的经营者也应当如实入账。

经营者的工作人员进行贿赂的，应当认定为经营者的行为；但是，经营者有证据证明该工作人员的行为与为经营者谋取交易机会或者竞争优势无关的除外。

第八条 经营者不得对其商品的性能、功能、质量、销售状况、用户评价、曾获荣誉等作虚假或者引人误解的商业宣传，欺骗、误导消费者。

经营者不得通过组织虚假交易等方式，帮助其他经营者进行虚假或者引人误解的商业宣传。

第九条 经营者不得实施下列侵犯商业秘密的行为：

（一）以盗窃、贿赂、欺诈、胁迫、电子侵入或者其他不正当手段获取权利人的商业秘密；

（二）披露、使用或者允许他人使用以前项手段获取的权利人的商业秘密；

（三）违反保密义务或者违反权利人有关保守商业秘密的要求，披露、使用或者允许他人使用其所掌握的商业秘密；

（四）教唆、引诱、帮助他人违反保密义务或者违反权利人有关保守商业秘密的要求，获取、披露、使用或者允许他人使用权利人的商业秘密。

经营者以外的其他自然人、法人和非法人组织实施前款所列违法行为的，视为侵犯商业秘密。

第三人明知或者应知商业秘密权利人的员工、前员工或者其他单位、个人实施本条第一款所列违法行为，仍获取、披露、使用或者允许他人使用该商业秘密的，视为侵犯商业秘密。

本法所称的商业秘密，是指不为公众所知悉、具有商业价值并经权利人采取相应保密措施的技术信息、经营信息等商业信息。

第十条 经营者进行有奖销售不得存在下列情形：

（一）所设奖的种类、兑奖条件、奖金金额或者奖品等有奖销售信息不明确，影响兑奖；

（二）采用谎称有奖或者故意让内定人员中奖的欺骗方式进行有奖销售；

（三）抽奖式的有奖销售，最高奖的金额超过五万元。

第十一条 经营者不得编造、传播虚假信息或者误导性信息，损害竞争对手的商业信誉、商品声誉。

第十二条 经营者利用网络从事生产经营活动，应当遵守本法的各项规定。

经营者不得利用技术手段，通过影响用户选择或者其他方式，实施下列妨碍、破坏其他经营者合法提供的网络产品或者服务正常运行的行为：

（一）未经其他经营者同意，在其合法提供的网络产品或者服务中，插入链接、强制进行目标跳转；

（二）误导、欺骗、强迫用户修改、关闭、卸载其他经营者合法提供的网络产品或者服务；

（三）恶意对其他经营者合法提供的网络产品或者服务实施不兼容；

（四）其他妨碍、破坏其他经营者合法提供的网络产品或者服务正常运行的行为。

第三章 对涉嫌不正当竞争行为的调查

第十三条 监督检查部门调查涉嫌不正当竞争行为，可以采取下列措施：

（一）进入涉嫌不正当竞争行为的经营场所进行检查；

（二）询问被调查的经营者、利害关系人及其他有关单位、个人，要求其说明有关情况或者提供与被调查行为有关的其他资料；

（三）查询、复制与涉嫌不正当竞争行为有关的协议、账簿、单据、文件、记录、业务函电和其他资料；

（四）查封、扣押与涉嫌不正当竞争行为有关的财物；

（五）查询涉嫌不正当竞争行为的经营者的银行账户。

采取前款规定的措施，应当向监督检查部门主要负责人书面报告，并经批准。采取前款第四项、第五项规定的措施，应当向设区的市级以上人民政府监督检查部门主要负责人书面报告，并经批准。

监督检查部门调查涉嫌不正当竞争行为，应当遵守《中华人民共和国行政强制法》和其他有关法律、行政法规的规定，并应当将查处结果及时向社会公开。

第十四条 监督检查部门调查涉嫌不正当竞争行为，被调查的经营者、利害关系人及其他有关单位、个人应当如实提供有关资料或者情况。

第十五条 监督检查部门及其工作人员对调查过程中知悉的商业秘密负有保密义务。

第十六条 对涉嫌不正当竞争行为，任何单位和个人有权向监督检查部门举报，监督检查部门接到举报后应当依法及时处理。

监督检查部门应当向社会公开受理举报的电话、信箱或者电子邮件地址，并为举报人保密。对实名举报并提供相关事实和证据的，监督检查部门应当将处理结果告知举报人。

第四章 法律责任

第十七条 经营者违反本法规定，给他人造成损害的，应当依法承担民事责任。

经营者的合法权益受到不正当竞争行为损害的，可以向人民法院提起诉讼。

因不正当竞争行为受到损害的经营者的赔偿数额，按照其因被侵权所受到的实际损失确定；实际损失难以计算的，按照侵权人因侵权所获得的利益确定。经营者恶意实施侵犯商业秘密行为，情节严重的，可以在按照上述方法确定数额的一倍以上五倍以下确定赔偿数额。赔偿数额还应当包括经营者为制止侵权行为所支付的合理开支。

经营者违反本法第六条、第九条规定，权利人因被侵权所受到的实际损失、侵权人因侵权所获得的利益难以确定的，由人民法院根据侵权行为的情节判决给予权利人五百万元以下的赔偿。

第十八条 经营者违反本法第六条规定实施混淆行为的，由监督检查部门责令停止违法行为，没收违法商品。违法经营额五万元以上的，可以并处违法经营额五倍以下的罚款；没有违法经营额或者违法经营额不足五万元的，可以并处二十五万元以下的罚款。情节严重的，吊销营业执照。

经营者登记的企业名称违反本法第六条规定的，应当及时办理名称变更登记；名称变更前，由原企业登记机关以统一社会信用代码代替其名称。

第十九条 经营者违反本法第七条规定贿赂他人的，由监督检查部门没收违法所得，处十万元以上三百万元以下的罚款。情节严重的，吊销营业执照。

第二十条 经营者违反本法第八条规定对其商品作虚假或者引人误解的商业宣传，或者通过组织虚假交易等方式帮助其他经营者进行虚假或者引人误解的商业宣传的，由监督检查部门责令停止违法行为，处二十万元以上一百万元以下的罚款；情节严重的，处一百万元以上二百万元以下的罚款，可以吊销营业执照。

经营者违反本法第八条规定，属于发布虚假广告的，依照《中华人民共和国广告法》的规定处罚。

第二十一条 经营者以及其他自然人、法人和非法人组织违反本法第九条规定侵犯商业秘密的，由监督检查部门责令停止违法行为，没收违法所得，处十万元以上一百万元以下的罚款；情节严重的，处五十万元以上五百万元以下的罚款。

第二十二条 经营者违反本法第十条规定进行有奖销售的，由监督检查部门责令停止违法行为，处五万元以上五十万元以下的罚款。

第二十三条 经营者违反本法第十一条规定损害竞争对手商业信誉、商品声誉的，由监督检查部门责令停止违法行为、消除影响，处十万元以上五十万元以下的罚款；情节严重的，处五十万元以上三百万元以下的罚款。

第二十四条 经营者违反本法第十二条规定妨碍、破坏其他经营者合法提供的网络产品或者服务正常运行的，由监督检查部门责令停止违法行为，处十万元以上五十万元以下的罚款；情节严重的，处五十万元以上三百万元以下的罚款。

第二十五条 经营者违反本法规定从事不正当竞争，有主动消除或者减轻违法行为危害后果等法定情形的，依法从轻或者减轻行政处罚；违法行为轻微并及时纠正，没有造成危害后果的，不予行政处罚。

第二十六条 经营者违反本法规定从事不正当竞争，受到行政处罚的，由监督检查部门记入信用记录，并依照有关法律、行政法规的规定予以公示。

第二十七条 经营者违反本法规定，应当承担民事责任、行政责任和刑事责任，其财产不足以支付的，优先用于承担民事责任。

第二十八条 妨害监督检查部门依照本法履行职责，拒绝、阻碍调查的，由监督检查部门责令改正，对个人可以处五千元以下的罚款，对单位可以处五万元以下的罚款，并可以由公安机关依法给予治安管理处罚。

第二十九条 当事人对监督检查部门作出的决定不服的，可以依法申请行政复议或者提起行政诉讼。

第三十条 监督检查部门的工作人员滥用职权、玩忽职守、徇私舞弊或者泄露调查过程中知悉的商业秘密的，依法给予处分。

第三十一条 违反本法规定，构成犯罪的，依法追究刑事责任。

第三十二条 在侵犯商业秘密的民事审判程序中，商业秘密权利人提供初步证据，证明其已经对所主张的商业秘密采取保密措施，且合理表明商业秘密被侵犯，涉嫌侵权人应当证明权利人所主张的商业秘密不属于本法规定的商业秘密。

商业秘密权利人提供初步证据合理表明商业秘密被侵犯，且提供以下证据之一的，涉嫌侵权人应当证明其不存在侵犯商业秘密的行为：

（一）有证据表明涉嫌侵权人有渠道或者机会获取商业秘密，且其使用的信息与该商业秘密实质上相同；

（二）有证据表明商业秘密已经被涉嫌侵权人披露、使用或者有被披露、使用的风险；

（三）有其他证据表明商业秘密被涉嫌侵权人侵犯。

第五章 附 则

第三十三条 本法自2018年1月1日起施行。

企业名称登记管理规定

（1991年5月6日中华人民共和国国家工商行政管理局令第7号发布 根据2012年11月9日《国务院关于修改和废止部分行政法规的决定》第一次修订 2020年12月14日国务院第118次常务会议修订通过 2020年12月28日中华人民共和国国务院令第734号公布 自2021年3月1日起施行）

第一条 为了规范企业名称登记管理，保护企业的合法权益，维护社会经济秩序，优化营商环境，制定本规定。

第二条 县级以上人民政府市场监督管理部门（以下统称企业登记机关）负责中国境内设立企业的企业名称登记管理。

国务院市场监督管理部门主管全国企业名称登记管理工作，负责制定企业名称登记管理的具体规范。

省、自治区、直辖市人民政府市场监督管理部门负责建立本行政区域统一的企业名称申报系统和企业名称数据库，并向社会开放。

第三条 企业登记机关应当不断提升企业名称登记管理规范化、便利化水平，为企业和群众提供高效、便捷的服务。

第四条 企业只能登记一个企业名称，企业名称受法律保护。

第五条 企业名称应当使用规范汉字。民族自治地方的企业名称可以同时使用本民族自治地方通用的民族文字。

第六条 企业名称由行政区划名称、字号、行业或者经营特点、组织形式组成。跨省、自治区、直辖市经营的企业，其名称可以不含行政区划名称；跨行业综合经营的企业，其名称可以不含行业或者经营特点。

第七条 企业名称中的行政区划名称应当是企业所在地的县级以上地方行政区划名称。市辖区名称在企业名称中使用时应当同时冠以其所属的设区的市的行政区划名称。开发区、垦区等区域名称在企业名称中使用时应当与行政区划名称连用，不得单独使用。

第八条 企业名称中的字号应当由两个以上汉字组成。

县级以上地方行政区划名称、行业或者经营特点不得作为字号，另有含义的除外。

第九条 企业名称中的行业或者经营特点应当根据企业的主营业务和国民经济行业分类标准标明。国民经济行业分类标准中没有规定的，可以参照行业习惯或者专业文献等表述。

第十条 企业应当根据其组织结构或者责任形式，依法在企业名称中标明组织形式。

第十一条 企业名称不得有下列情形：

（一）损害国家尊严或者利益；

（二）损害社会公共利益或者妨碍社会公共秩序；

（三）使用或者变相使用政党、党政军机关、群团组织名称及其简称、特定称谓和部队番号；

（四）使用外国国家（地区）、国际组织名称及其通用简称、特定称谓；

（五）含有淫秽、色情、赌博、迷信、恐怖、暴力的内容；

（六）含有民族、种族、宗教、性别歧视的内容；

（七）违背公序良俗或者可能有其他不良影响；

（八）可能使公众受骗或者产生误解；

（九）法律、行政法规以及国家规定禁止的其他情形。

第十二条 企业名称冠以“中国”、“中华”、“中央”、“全国”、“国家”等字词，应当按照有关规定从严审核，并报国务院批准。国务院市场监督管理部门负责制定具体管理办法。

企业名称中间含有“中国”、“中华”、“全国”、“国家”等字词的，该字词应当是行业限定语。

使用外国投资者字号的外商独资或者控股的外商投资企业，企业名称中可以含有“（中国）”字样。

第十三条 企业分支机构名称应当冠以其所从属企业的名称，并缀以“分公司”、“分厂”、“分店”等字词。境外企业分支机构还应当在名称中标明该企业的国籍及责任形式。

第十四条 企业集团名称应当与控股企业名称的行政区划名称、字号、行业或者经营特点一致。控股企业可以在其名称的组织形式之前使用“集团”或者“（集团）”字样。

第十五条 有投资关系或者经过授权的企业，其名称中可以含有另一个企业的名称或者其他法人、非法人组织的名称。

第十六条　企业名称由申请人自主申报。

申请人可以通过企业名称申报系统或者在企业登记机关服务窗口提交有关信息和材料，对拟定的企业名称进行查询、比对和筛选，选取符合本规定要求的企业名称。

申请人提交的信息和材料应当真实、准确、完整，并承诺因其企业名称与他人企业名称近似侵犯他人合法权益的，依法承担法律责任。

第十七条　在同一企业登记机关，申请人拟定的企业名称中的字号不得与下列同行业或者不使用行业、经营特点表述的企业名称中的字号相同：

（一）已经登记或者在保留期内的企业名称，有投资关系的除外；

（二）已经注销或者变更登记未满 1 年的原企业名称，有投资关系或者受让企业名称的除外；

（三）被撤销设立登记或者被撤销变更登记未满 1 年的原企业名称，有投资关系的除外。

第十八条　企业登记机关对通过企业名称申报系统提交完成的企业名称予以保留，保留期为 2 个月。设立企业依法应当报经批准或者企业经营范围中有在登记前须经批准的项目的，保留期为 1 年。

申请人应当在保留期届满前办理企业登记。

第十九条　企业名称转让或者授权他人使用的，相关企业应当依法通过国家企业信用信息公示系统向社会公示。

第二十条　企业登记机关在办理企业登记时，发现企业名称不符合本规定的，不予登记并书面说明理由。

企业登记机关发现已经登记的企业名称不符合本规定的，应当及时纠正。其他单位或者个人认为已经登记的企业名称不符合本规定的，可以请求企业登记机关予以纠正。

第二十一条　企业认为其他企业名称侵犯本企业名称合法权益的，可以向人民法院起诉或者请求为涉嫌侵权企业办理登记的企业登记机关处理。

企业登记机关受理申请后，可以进行调解；调解不成的，企业登记机关应当自受理之日起 3 个月内作出行政裁决。

第二十二条　利用企业名称实施不正当竞争等行为的，依照有关法律、行政法规的规定处理。

第二十三条　使用企业名称应当遵守法律法规，诚实守信，不得损害他人合法权益。

人民法院或者企业登记机关依法认定企业名称应当停止使用的，企业应当自收到人民法院生效的法律文书或者企业登记机关的处理决定之日起 30 日内办理企业名称变更登记。名称变更前，由企业登记机关以统一社会信用代码代替其名称。企业逾期未办理变更登记的，企业登记机关将其列入经营异常名录；完成变更登记后，企业登记机关将其移出经营异常名录。

第二十四条　申请人登记或者使用企业名称违反本规定的，依照企业登记相关法律、行政法规的规定予以处罚。

企业登记机关对不符合本规定的企业名称予以登记，或者对符合本规定的企业名称不予登记的，对直接负责的主管人员和其他直接责任人员，依法给予行政处分。

第二十五条　农民专业合作社和个体工商户的名称登记管理，参照本规定执行。

第二十六条　本规定自 2021 年 3 月 1 日起施行。

地理标志专用标志使用管理办法（试行）

（2020 年 4 月 3 日　国家知识产权局公告第 354 号）

第一条　为加强我国地理标志保护，统一和规范地理标志专用标志使用，依据《中华人民共和国民法总则》《中华人民共和国商标法》《中华人民共和国产品质量法》《中华人民共和国标准化法》《中华人民共和国商标法实施条例》《地理标志产品保护规定》《集体商标、证明商标注册和管理办法》《国外地理标志产品保护办法》，制定本办法。

第二条　本办法所称的地理标志专用标志，是指适用在按照相关标准、管理规范或者使用管理规则组织生产的地理标志产品上的官方标志。

第三条　国家知识产权局负责统一制定发布地理标志专用标志使用管理要求，组织实施地理标志专用标志使用监督管理。地方知识产权管理部门负责地理标志专用标志使用的日常监管。

第四条　地理标志专用标志合法使用人应当遵循诚实信用原则，履行如下义务：

（一）按照相关标准、管理规范和使用管理规则组织生产地理标志产品；

（二）按照地理标志专用标志的使用要求，规范标示地理标志专用标志；

（三）及时向社会公开并定期向所在地知识产权管理部门报送地理标志专用标志使用情况。

第五条　地理标志专用标志的合法使用人包括下列主体：

（一）经公告核准使用地理标志产品专用标志的生产者；

（二）经公告地理标志已作为集体商标注册的注册人的集体成员；

（三）经公告备案的已作为证明商标注册的地理标志的被许可人；

（四）经国家知识产权局登记备案的其他使用人。

第六条　地理标志专用标志的使用要求如下：

（一）地理标志保护产品和作为集体商标、证明商标注册的地理标志使用地理标志专用标志的，应在地理标志专用标志的指定位置标注统一社会信用代码。国外地理标志保护产品使用地理标志专用标志的，应在地理标志专用标志的指定位置标注经销商统一社会信用代码。图样如下①：

（二）地理标志保护产品使用地理标志专用标志的，应同时使用地理标志专用标志和地理标志名称，并在产品标签或包装物上标注所执行的地理标志标准代号或批准公告号。

（三）作为集体商标、证明商标注册的地理标志使用地理标志专用标志的，应同时使用地理标志专用标志和该集体商标或证明商标，并加注商标注册号。

第七条　地理标志专用标志合法使用人可在国家知识产权局官方网站下载基本图案矢量图。地理标志专用标志矢量图可按比例缩放，标注应清晰可识，不得更改专用标志的图案形状、构成、文字字体、图文比例、色值等。

① 图略。

第八条　地理标志专用标志合法使用人可采用的地理标志专用标志标示方法有：

（一）采取直接贴附、刻印、烙印或者编织等方式将地理标志专用标志附着在产品本身、产品包装、容器、标签等上；

（二）使用在产品附加标牌、产品说明书、介绍手册等上；

（三）使用在广播、电视、公开发行的出版物等媒体上，包括以广告牌、邮寄广告或者其他广告方式为地理标志进行的广告宣传；

（四）使用在展览会、博览会上，包括在展览会、博览会上提供的使用地理标志专用标志的印刷品及其他资料；

（五）将地理标志专用标志使用于电子商务网站、微信、微信公众号、微博、二维码、手机应用程序等互联网载体上；

（六）其他合乎法律法规规定的标示方法。

第九条　地理标志专用标志合法使用人未按相应标准、管理规范或相关使用管理规则组织生产的，或者在2年内未在地理标志保护产品上使用专用标志的，知识产权管理部门停止其地理标志专用标志使用资格。

第十条　对于未经公告擅自使用或伪造地理标志专用标志的；或者使用与地理标志专用标志相近、易产生误解的名称或标识及可能误导消费者的文字或图案标志，使消费者将该产品误认为地理标志的行为，知识产权管理部门及相关执法部门依照法律法规和相关规定进行调查处理。

第十一条　省级知识产权管理部门应加强本辖区地理标志专用标志使用日常监管，定期向国家知识产权局报送上一年使用和监管信息。鼓励地理标志专用标志使用和日常监管信息通过地理标志保护信息平台向社会公开。

第十二条　原相关地理标志专用标志使用过渡期至2020年12月31日。在2020年12月31日前生产的使用原标志的产品可以继续在市场流通。

第十三条　本办法由国家知识产权局负责解释。

第十四条　本办法自发布之日起实施。

农产品地理标志管理办法

（2007年12月25日农业部令第11号公布　根据2019年4月25日《农业农村部关于修改和废止部分规章、规范性文件的决定》修订）

第一章　总　　则

第一条　为规范农产品地理标志的使用，保证地理标志农产品的品质和特色，提升农产品市场竞争力，依据《中华人民共和国农业法》、《中华人民共和国农产品质量安全法》相关规定，制定本办法。

第二条 本办法所称农产品是指来源于农业的初级产品，即在农业活动中获得的植物、动物、微生物及其产品。

本办法所称农产品地理标志，是指标示农产品来源于特定地域，产品品质和相关特征主要取决于自然生态环境和历史人文因素，并以地域名称冠名的特有农产品标志。

第三条 国家对农产品地理标志实行登记制度。经登记的农产品地理标志受法律保护。

第四条 农业部负责全国农产品地理标志的登记工作，农业部农产品质量安全中心负责农产品地理标志登记的审查和专家评审工作。

省级人民政府农业行政主管部门负责本行政区域内农产品地理标志登记申请的受理和初审工作。

农业部设立的农产品地理标志登记专家评审委员会，负责专家评审。农产品地理标志登记专家评审委员会由种植业、畜牧业、渔业和农产品质量安全等方面的专家组成。

第五条 农产品地理标志登记不收取费用。县级以上人民政府农业行政主管部门应当将农产品地理标志管理经费编入本部门年度预算。

第六条 县级以上地方人民政府农业行政主管部门应当将农产品地理标志保护和利用纳入本地区的农业和农村经济发展规划，并在政策、资金等方面予以支持。

国家鼓励社会力量参与推动地理标志农产品发展。

第二章　登　　记

第七条 申请地理标志登记的农产品，应当符合下列条件：

（一）称谓由地理区域名称和农产品通用名称构成；

（二）产品有独特的品质特性或者特定的生产方式；

（三）产品品质和特色主要取决于独特的自然生态环境和人文历史因素；

（四）产品有限定的生产区域范围；

（五）产地环境、产品质量符合国家强制性技术规范要求。

第八条 农产品地理标志登记申请人为县级以上地方人民政府根据下列条件择优确定的农民专业合作经济组织、行业协会等组织。

（一）具有监督和管理农产品地理标志及其产品的能力；

（二）具有为地理标志农产品生产、加工、营销提供指导服务的能力；

（三）具有独立承担民事责任的能力。

第九条 符合农产品地理标志登记条件的申请人，可以向省级人民政府农业行政主管部门提出登记申请，并提交下列申请材料：

（一）登记申请书；

（二）产品典型特征特性描述和相应产品品质鉴定报告；

（三）产地环境条件、生产技术规范和产品质量安全技术规范；

（四）地域范围确定性文件和生产地域分布图；

（五）产品实物样品或者样品图片；

（六）其他必要的说明性或者证明性材料。

第十条　省级人民政府农业行政主管部门自受理农产品地理标志登记申请之日起，应当在45个工作日内完成申请材料的初审和现场核查，并提出初审意见。符合条件的，将申请材料和初审意见报送农业部农产品质量安全中心；不符合条件的，应当在提出初审意见之日起10个工作日内将相关意见和建议通知申请人。

第十一条　农业部农产品质量安全中心应当自收到申请材料和初审意见之日起20个工作日内，对申请材料进行审查，提出审查意见，并组织专家评审。

专家评审工作由农产品地理标志登记评审委员会承担。农产品地理标志登记专家评审委员会应当独立做出评审结论，并对评审结论负责。

第十二条　经专家评审通过的，由农业部农产品质量安全中心代表农业部对社会公示。

有关单位和个人有异议的，应当自公示截止日起20日内向农业部农产品质量安全中心提出。公示无异议的，由农业部做出登记决定并公告，颁发《中华人民共和国农产品地理标志登记证书》，公布登记产品相关技术规范和标准。

专家评审没有通过的，由农业部做出不予登记的决定，书面通知申请人，并说明理由。

第十三条　农产品地理标志登记证书长期有效。

有下列情形之一的，登记证书持有人应当按照规定程序提出变更申请：

（一）登记证书持有人或者法定代表人发生变化的；

（二）地域范围或者相应自然生态环境发生变化的。

第十四条　农产品地理标志实行公共标识与地域产品名称相结合的标注制度。公共标识基本图案见附图。农产品地理标志使用规范由农业部另行制定公布。

第三章　标 志 使 用

第十五条　符合下列条件的单位和个人，可以向登记证书持有人申请使用农产品地理标志：

（一）生产经营的农产品产自登记确定的地域范围；

（二）已取得登记农产品相关的生产经营资质；

（三）能够严格按照规定的质量技术规范组织开展生产经营活动；

（四）具有地理标志农产品市场开发经营能力。

使用农产品地理标志，应当按照生产经营年度与登记证书持有人签订农产品地理标志使用协议，在协议中载明使用的数量、范围及相关的责任义务。

农产品地理标志登记证书持有人不得向农产品地理标志使用人收取使用费。

第十六条　农产品地理标志使用人享有以下权利：

（一）可以在产品及其包装上使用农产品地理标志；

（二）可以使用登记的农产品地理标志进行宣传和参加展览、展示及展销。

第十七条　农产品地理标志使用人应当履行以下义务：

（一）自觉接受登记证书持有人的监督检查；

（二）保证地理标志农产品的品质和信誉；

（三）正确规范地使用农产品地理标志。

第四章　监督管理

第十八条　县级以上人民政府农业行政主管部门应当加强农产品地理标志监督管理工作，定期对登记的地理标志农产品的地域范围、标志使用等进行监督检查。

登记的地理标志农产品或登记证书持有人不符合本办法第七条、第八条规定的，由农业部注销其地理标志登记证书并对外公告。

第十九条　地理标志农产品的生产经营者，应当建立质量控制追溯体系。农产品地理标志登记证书持有人和标志使用人，对地理标志农产品的质量和信誉负责。

第二十条　任何单位和个人不得伪造、冒用农产品地理标志和登记证书。

第二十一条　国家鼓励单位和个人对农产品地理标志进行社会监督。

第二十二条　从事农产品地理标志登记管理和监督检查的工作人员滥用职权、玩忽职守、徇私舞弊的，依法给予处分；涉嫌犯罪的，依法移送司法机关追究刑事责任。

第二十三条　违反本办法规定的，由县级以上人民政府农业行政主管部门依照《中华人民共和国农产品质量安全法》有关规定处罚。

第五章　附　　则

第二十四条　农业部接受国外农产品地理标志在中华人民共和国的登记并给予保护，具体办法另行规定。

第二十五条　本办法自2008年2月1日起施行。

附图：（略）

国家知识产权局、国家市场监督管理总局关于进一步加强地理标志保护的指导意见

（2021年5月21日　国知发保字〔2021〕11号）

各省、自治区、直辖市和新疆生产建设兵团知识产权局、市场监管局（厅、委），各有关单位：

地理标志是重要的知识产权类型，是促进区域特色经济发展的有效载体，是推进乡村振兴的有力支撑，是推动外贸外交的重要领域，是保护和传承传统优秀文化的鲜活载体，也是企业参与市场竞争的重要资源。为落实习近平总书记有关地理标志工作的指示要求和中共中央办公厅、国务院办公厅印发的《关于强化知识产权保护的意见》，进一步加强地理标志保护，严格地理标志管理，现提出以下指导意见。

一、指导思想和基本原则

（一）指导思想。

坚持以习近平新时代中国特色社会主义思想为指导，深入贯彻落实党的十九大和十九届二中、三中、四中、五中全会精神，深入贯彻习近平总书记在中央政治局第二十五次集体学习时的重要讲话精神，全面落实党中央、国务院强化知识产权保护的决策部署，深化地理标志管理改革，强化地理标志保护，提升地理标志领域治理能力，有力支撑经济高质量发展，推动构建以国内大循环为主体、国内国际双循环相互促进的新发展格局。

（二）基本原则。

坚持高水平保护。完善地理标志法律制度体系，提高地理标志保护法治化水平，严格地理标志审查认定，严厉打击地理标志侵权假冒行为，统筹推进地理标志保护国际合作，提升地理标志保护水平。

坚持高标准管理。加强地理标志保护顶层设计，强化规划引领，深化管理体制机制改革，建立健全特色质量保证体系、技术标准体系与检验检测体系。

坚持高质量发展。坚守中国特色，突出“原汁原味”，扩大地理标志专用标志使用覆盖面，提升地理标志产品市场竞争力，更好满足人民日益增长的美好生活需要。

二、夯实地理标志保护工作基础

（三）提高地理标志保护法治化水平。深入开展地理标志立法调研论证，推动加快地理标志立法步伐，明确主管部门行政职责和各方权利义务，做好地理标志保护产品认定与地理标志集体商标、证明商标注册的衔接，推动地理标志保护与动植物品种保护的有效衔接，确定违法行为、法律责任及保护途径，提出立法建议。完善地理标志保护政策、标准和制度。推动在地理标志保护机制下，强化初级农产品、加工食品、道地药材、传统手工艺品等的保护。

（四）强化地理标志保护申请质量监管。严格把控地理标志保护申请质量，加强地理标志保护申请质量监控和通报。规范地理标志保护申请行为，对申请材料弄虚作假等行为从严处置，驳回有关地理标志保护申请，加强信用监管，并与知识产权保护考核检查等形成联动约束，切实推动从追求数量向提高质量转变。

（五）严格地理标志审核认定。强化地理标志保护产品认定与地理标志集体商标、证明商标注册的程序衔接协调，加强地理标志保护产品认定与地理标志作为集体商标、证明商标注册的数据交换、信息通报与资源共享，在普通商标注册审查过程中依法考虑地理标志保护产品认定与地理标志作为集体商标、证明商标注册在先审查结果。研究完善地理标志保护申请审核认定规则，统一规范地理标志名称、保护地域范围划定等认定要素，判断通用名称时综合考虑消费者理解认知等因素。研究建立有效反映地理标志特色的专门分类制度。

（六）优化地理标志保护扶持引导政策。清理和规范对地理标志保护申请的资助、奖励政策。着力优化资源投入方向，重点加大对强化地理标志行政保护、创新监管手段、核准专用标志使用、实施质量管控、建设地理标志产品保护示范区等方面的支持，切实改变“重申报、轻保护”的偏向，推动加强地理标志全链条保护，进一步提升地理标志知名度和市场竞争力。深化地理标志专用标志核准改革，探索进一步下放专用标志使用核准权和注销权，优化核准流程，压缩核准周期，进一步畅通合法使用人使用地理标志专用标志渠道。

三、健全地理标志保护业务体系

（七）完善特色质量保证体系。落实地理标志产品生产者主体责任，提高地理标志产品生产者质量管理水平。推动人工智能、大数据等新一代信息技术与地理标志特色质量管理融合，支持和鼓励地理标志专用标志合法使用人应用过程控制、产地溯源等先进管理方法和工具，加快建立以数字化、网络化、智能化为基础的地理标志特色质量保证体系，有效支撑地理标志高质量发展。

（八）建立健全技术标准体系。优化完善地理标志保护标准体系，推进地理标志保护基础通用国家标准制定，有效发挥全国知识管理标准化技术委员会地理标志分技术委员会作用，加快标准立改废释步伐，提升高质量地理标志保护产品标准的有效供给。鼓励研制地理标志国家标准样品。鼓励地理标志保护标准协调配套与协同发展，获得保护的地理标志可以根据保护地域范围、类别、知名度等方面的因素，制修订相应的国家标准、地方标准或团体标准，加强与地理标志保护要求的衔接。鼓励开展地理标志保护标准外文版研制，提升我国地理标志保护标准国际化水平。

（九）强化检验检测体系。鼓励有条件的地理标志产品产地建设专业化检验检测机构，畅通政府部门、行业协会等采信检验检测结果的信息渠道。完善专业化地理标志检验检测服务网点建设，不断满足消费市场需求，为消费者提供权威、可靠的专业技术服务。鼓励第三方检测机构为地理标志保护提供数据和技术支持。

四、加强地理标志行政保护

（十）严厉打击地理标志侵权假冒行为。加强执法检查和日常监管，严格依据《中华人民共和国产品质量法》等有关伪造产地的处罚规定和《中华人民共和国商标法》《中华人民共和国反不正当竞争法》相关规定，打击伪造或者擅自使用地理标志的生产、销售等违法行为，规范在营销宣传和产品外包装中使用地理标志的行为。加强对相同或近似产品上使用意译、音译、字译或标注“种类”“品种”“风格”“仿制”等地理标志“搭便车”行为的规制和打击。严格监督和查处地理标志专用标志使用人未按管理规范或相关使用管理规则组织生产的违规违法行为。加强地理标志领域的行政执法与刑事司法衔接，全方位提高地理标志执法保护水平。

（十一）强化涉及地理标志的企业名称登记管理。建立地理标志保护和企业名称的信息互通机制，研究将地理标志有关字段依法纳入全国名称规范管理系统，在企业名称登记管理中加强对地理标志的保护。企业在名称中使用地理标志有关字段的，应与地理标志保护申请机构达成一致或经过地理标志保护申请机构依法依规授权，并符合企业名称登记管理有关规定。

（十二）加强地理标志专用标志使用日常监管。建立健全地理标志专用标志使用情况年报制度，及时有效掌握地理标志专用标志中介机构使用信息并对社会公开。采用“双随机、一公开”与专项检查相结合的方式，聚焦特色质量，实行重点地理标志清单式监管。依法推动将地理标志产品生产、地理标志专用标志使用纳入知识产权信用监管。探索建立地理标志专用标志使用异常名录。

五、构建地理标志协同保护工作格局

（十三）加强地理标志快速协同保护。加强地理标志产品生产集中地、销售集散地、网络平台企业总部所在地知识产权部门违法线索、监管标准、保护信息的互联互通。支持和鼓励区域知识产权保护协作机制中纳入地理标志保护措施，开展联合保护行动。充分发挥知识产权保护中心作用，加强舆情监测和地理标志侵权假冒线索搜集报送，有效支撑相关执法部门开展联动执法。

（十四）健全涉外地理标志保护机制。严格履行《中华人民共和国政府与欧洲联盟地理标志保护与合作协定》《中华人民共和国政府和美利坚合众国政府经济贸易协议》《区域全面经济伙伴关系协定》等国际协议义务。加强与国外地理标志审查认定机构的交流与合作。鼓励在我国获得保护的国外地理标志产品在华经销商使用我国地理标志官方标志，指导互认互保清单中方产品在海外市场使用外方地理标志官方标志。完善国外地理标志产品在华保护以及我国地理标志产品在外保护年度报告制度。

六、加强地理标志保护组织保障

（十五）加强组织领导和资源投入。各级市场监管部门和知识产权部门要高度重视地理标志保护工作，立足本地实际、更新工作理念、创新工作方式，加强规划引领，抓好工作落实。争取各级财政部门、人事部门政策支持，加大资源投入力度，加强地理标志保护队伍建设，充分利用现有奖励制度，对为地理标志保护作出突出贡献的集体和个人，按国家有关规定给予表彰奖励。加强地理标志保护申请电子受理平台建设，完善平台功能，提升综合服务能力。国家知识产权局知识产权保护司牵头加强制度机制建设，会同国家市场监督管理总局相关司局建立地理标志保护和监管协调机制，不断加强业务指导。

（十六）加强学术研究和宣传培训。推动加强地理标志学术研究工作，夯实地理标志工作理论基础。将地理标志保护培训纳入行政保护培训计划，积极组织开展业务和技能培训、案例研讨等活动。积极做好地理标志行政保护典型案例和指导案例的遴选和报送，加强对地理标志保护措施成效、先进经验的宣传报道。加大涉外宣传力度，助推我国地理标志产品走出国门，开拓国际市场，大力弘扬中华优秀传统文化。

各级知识产权管理部门、市场监管部门和各有关单位要履职尽责，结合实际，细化工作任务和政策措施，认真落实各项措施和要求，确保各项重点任务落地见效。工作进展及重大问题及时向国家知识产权局、国家市场监督管理总局反馈。

附件：《关于进一步加强地理标志保护的指导意见》分工方案（略）

最高人民法院关于适用《中华人民共和国反不正当竞争法》若干问题的解释

（2022年1月29日最高人民法院审判委员会第1862次会议通过　2022年3月16日最高人民法院公告公布　自2022年3月20日起施行　法释〔2022〕9号）

为正确审理因不正当竞争行为引发的民事案件，根据《中华人民共和国民法典》《中华人民共和国反不正当竞争法》《中华人民共和国民事诉讼法》等有关法律规定，结合审判实践，制定本解释。

第一条　经营者扰乱市场竞争秩序，损害其他经营者或者消费者合法权益，且属于违反反不正当竞争法第二章及专利法、商标法、著作权法等规定之外情形的，人民法院可以适用反不正当竞争法第二条予以认定。

第二条 与经营者在生产经营活动中存在可能的争夺交易机会、损害竞争优势等关系的市场主体，人民法院可以认定为反不正当竞争法第二条规定的“其他经营者”。

第三条 特定商业领域普遍遵循和认可的行为规范，人民法院可以认定为反不正当竞争法第二条规定的“商业道德”。

人民法院应当结合案件具体情况，综合考虑行业规则或者商业惯例、经营者的主观状态、交易相对人的选择意愿、对消费者权益、市场竞争秩序、社会公共利益的影响等因素，依法判断经营者是否违反商业道德。

人民法院认定经营者是否违反商业道德时，可以参考行业主管部门、行业协会或者自律组织制定的从业规范、技术规范、自律公约等。

第四条 具有一定的市场知名度并具有区别商品来源的显著特征的标识，人民法院可以认定为反不正当竞争法第六条规定的“有一定影响的”标识。

人民法院认定反不正当竞争法第六条规定的标识是否具有一定的市场知名度，应当综合考虑中国境内相关公众的知悉程度，商品销售的时间、区域、数额和对象，宣传的持续时间、程度和地域范围，标识受保护的情况等因素。

第五条 反不正当竞争法第六条规定的标识有下列情形之一的，人民法院应当认定其不具有区别商品来源的显著特征：

（一）商品的通用名称、图形、型号；

（二）仅直接表示商品的质量、主要原料、功能、用途、重量、数量及其他特点的标识；

（三）仅由商品自身的性质产生的形状，为获得技术效果而需有的商品形状以及使商品具有实质性价值的形状；

（四）其他缺乏显著特征的标识。

前款第一项、第二项、第四项规定的标识经过使用取得显著特征，并具有一定的市场知名度，当事人请求依据反不正当竞争法第六条规定予以保护的，人民法院应予支持。

第六条 因客观描述、说明商品而正当使用下列标识，当事人主张属于反不正当竞争法第六条规定的情形的，人民法院不予支持：

（一）含有本商品的通用名称、图形、型号；

（二）直接表示商品的质量、主要原料、功能、用途、重量、数量以及其他特点；

（三）含有地名。

第七条 反不正当竞争法第六条规定的标识或者其显著识别部分属于商标法第十条第一款规定的不得作为商标使用的标志，当事人请求依据反不正当竞争法第六条规定予以保护的，人民法院不予支持。

第八条 由经营者营业场所的装饰、营业用具的式样、营业人员的服饰等构成的具有独特风格的整体营业形象，人民法院可以认定为反不正当竞争法第六条第一项规定的“装潢”。

第九条 市场主体登记管理部门依法登记的企业名称，以及在中国境内进行商业使用的境外企业名称，人民法院可以认定为反不正当竞争法第六条第二项规定的“企业名称”。

有一定影响的个体工商户、农民专业合作社（联合社）以及法律、行政法规规定的其他市场主体的名称（包括简称、字号等），人民法院可以依照反不正当竞争法第六条第二项予以认定。

第十条　在中国境内将有一定影响的标识用于商品、商品包装或者容器以及商品交易文书上，或者广告宣传、展览以及其他商业活动中，用于识别商品来源的行为，人民法院可以认定为反不正当竞争法第六条规定的“使用”。

第十一条　经营者擅自使用与他人有一定影响的企业名称（包括简称、字号等）、社会组织名称（包括简称等）、姓名（包括笔名、艺名、译名等）、域名主体部分、网站名称、网页等近似的标识，引人误认为是他人商品或者与他人存在特定联系，当事人主张属于反不正当竞争法第六条第二项、第三项规定的情形的，人民法院应予支持。

第十二条　人民法院认定与反不正当竞争法第六条规定的“有一定影响的”标识相同或者近似，可以参照商标相同或者近似的判断原则和方法。

反不正当竞争法第六条规定的“引人误认为是他人商品或者与他人存在特定联系”，包括误认为与他人具有商业联合、许可使用、商业冠名、广告代言等特定联系。

在相同商品上使用相同或者视觉上基本无差别的商品名称、包装、装潢等标识，应当视为足以造成与他人有一定影响的标识相混淆。

第十三条　经营者实施下列混淆行为之一，足以引人误认为是他人商品或者与他人存在特定联系的，人民法院可以依照反不正当竞争法第六条第四项予以认定：

（一）擅自使用反不正当竞争法第六条第一项、第二项、第三项规定以外“有一定影响的”标识；

（二）将他人注册商标、未注册的驰名商标作为企业名称中的字号使用，误导公众。

第十四条　经营者销售带有违反反不正当竞争法第六条规定的标识的商品，引人误认为是他人商品或者与他人存在特定联系，当事人主张构成反不正当竞争法第六条规定的情形的，人民法院应予支持。

销售不知道是前款规定的侵权商品，能证明该商品是自己合法取得并说明提供者，经营者主张不承担赔偿责任的，人民法院应予支持。

第十五条　故意为他人实施混淆行为提供仓储、运输、邮寄、印制、隐匿、经营场所等便利条件，当事人请求依据民法典第一千一百六十九条第一款予以认定的，人民法院应予支持。

第十六条　经营者在商业宣传过程中，提供不真实的商品相关信息，欺骗、误导相关公众的，人民法院应当认定为反不正当竞争法第八条第一款规定的虚假的商业宣传。

第十七条　经营者具有下列行为之一，欺骗、误导相关公众的，人民法院可以认定为反不正当竞争法第八条第一款规定的“引人误解的商业宣传”：

（一）对商品作片面的宣传或者对比；

（二）将科学上未定论的观点、现象等当作定论的事实用于商品宣传；

（三）使用歧义性语言进行商业宣传；

（四）其他足以引人误解的商业宣传行为。

人民法院应当根据日常生活经验、相关公众一般注意力、发生误解的事实和被宣传对象的实际情况等因素，对引人误解的商业宣传行为进行认定。

第十八条 当事人主张经营者违反反不正当竞争法第八条第一款的规定并请求赔偿损失的，应当举证证明其因虚假或者引人误解的商业宣传行为受到损失。

第十九条 当事人主张经营者实施了反不正当竞争法第十一条规定的商业诋毁行为的，应当举证证明其为该商业诋毁行为的特定损害对象。

第二十条 经营者传播他人编造的虚假信息或者误导性信息，损害竞争对手的商业信誉、商品声誉的，人民法院应当依照反不正当竞争法第十一条予以认定。

第二十一条 未经其他经营者和用户同意而直接发生的目标跳转，人民法院应当认定为反不正当竞争法第十二条第二款第一项规定的"强制进行目标跳转"。

仅插入链接，目标跳转由用户触发的，人民法院应当综合考虑插入链接的具体方式、是否具有合理理由以及对用户利益和其他经营者利益的影响等因素，认定该行为是否违反反不正当竞争法第十二条第二款第一项的规定。

第二十二条 经营者事前未明确提示并经用户同意，以误导、欺骗、强迫用户修改、关闭、卸载等方式，恶意干扰或者破坏其他经营者合法提供的网络产品或者服务，人民法院应当依照反不正当竞争法第十二条第二款第二项予以认定。

第二十三条 对于反不正当竞争法第二条、第八条、第十一条、第十二条规定的不正当竞争行为，权利人因被侵权所受到的实际损失、侵权人因侵权所获得的利益难以确定，当事人主张依据反不正当竞争法第十七条第四款确定赔偿数额的，人民法院应予支持。

第二十四条 对于同一侵权人针对同一主体在同一时间和地域范围实施的侵权行为，人民法院已经认定侵害著作权、专利权或者注册商标专用权等并判令承担民事责任，当事人又以该行为构成不正当竞争为由请求同一侵权人承担民事责任的，人民法院不予支持。

第二十五条 依据反不正当竞争法第六条的规定，当事人主张判令被告停止使用或者变更其企业名称的诉讼请求依法应予支持的，人民法院应当判令停止使用该企业名称。

第二十六条 因不正当竞争行为提起的民事诉讼，由侵权行为地或者被告住所地人民法院管辖。

当事人主张仅以网络购买者可以任意选择的收货地作为侵权行为地的，人民法院不予支持。

第二十七条 被诉不正当竞争行为发生在中华人民共和国领域外，但侵权结果发生在中华人民共和国领域内，当事人主张由该侵权结果发生地人民法院管辖的，人民法院应予支持。

第二十八条 反不正当竞争法修改决定施行以后人民法院受理的不正当竞争民事案件，涉及该决定施行前发生的行为的，适用修改前的反不正当竞争法；涉及该决定施行前发生、持续到该决定施行以后的行为的，适用修改后的反不正当竞争法。

第二十九条 本解释自2022年3月20日起施行。《最高人民法院关于审理不正当竞争民事案件应用法律若干问题的解释》（法释〔2007〕2号）同时废止。

本解释施行以后尚未终审的案件，适用本解释；施行以前已经终审的案件，不适用本解释再审。

最高人民法院关于全面加强知识产权司法保护的意见

（2020 年 4 月 15 日　法发〔2020〕11 号）

加强知识产权保护，是完善产权保护制度最重要的内容，也是提高我国经济竞争力最大的激励。知识产权司法保护是知识产权保护体系的重要力量，发挥着不可替代的关键作用。全面加强知识产权司法保护，不仅是我国遵守国际规则、履行国际承诺的客观需要，更是我国推动经济高质量发展、建设更高水平开放型经济新体制的内在要求。要充分认识全面加强知识产权司法保护的重大意义，准确把握知识产权司法保护服务大局的出发点和目标定位，为创新型国家建设、社会主义现代化强国建设、国家治理体系和治理能力现代化提供有力的司法服务和保障。现就人民法院知识产权司法保护工作，提出如下意见。

一、总体要求

1. 坚持以习近平新时代中国特色社会主义思想为指导，深入贯彻落实中共中央办公厅、国务院办公厅《关于加强知识产权审判领域改革创新若干问题的意见》《关于强化知识产权保护的意见》，紧紧围绕“努力让人民群众在每一个司法案件中感受到公平正义”目标，坚持服务大局、司法为民、公正司法，充分运用司法救济和制裁措施，完善知识产权诉讼程序，健全知识产权审判体制机制，有效遏制知识产权违法犯罪行为，全面提升知识产权司法保护水平，加快推进知识产权审判体系和审判能力现代化，为实施创新驱动发展战略、培育稳定公平透明可预期的营商环境提供有力司法服务和保障。

二、立足各类案件特点，切实维护权利人合法权益

2. 加强科技创新成果保护。制定专利授权确权行政案件司法解释，规范专利审查行为，促进专利授权质量提升；加强专利、植物新品种、集成电路布图设计、计算机软件等知识产权案件审判工作，实现知识产权保护范围、强度与其技术贡献程度相适应，推动科技进步和创新，充分发挥科技在引领经济社会发展过程中的支撑和驱动作用。加强药品专利司法保护研究，激发药品研发创新动力，促进医药产业健康发展。

3. 加强商业标志权益保护。综合考虑商标标志的近似程度、商品的类似程度、请求保护商标的显著性和知名度等因素，依法裁判侵害商标权案件和商标授权确权案件，增强商标标志的识别度和区分度。充分运用法律规则，在法律赋予的裁量空间内作出有效规制恶意申请注册商标行为的解释，促进商标申请注册秩序正常化和规范化。加强驰名商标保护，结合众所周知的驰名事实，依法减轻商标权人对于商标驰名的举证负担。加强地理标志保护，依法妥善处理地理标志与普通商标的权利冲突。

4. 加强著作权和相关权利保护。根据不同作品的特点，妥善把握作品独创性判断标准。妥善处理信息网络技术发展与著作权、相关权利保护的关系，统筹兼顾创作者、传播者、商业经营者和社会公众的利益，协调好激励创作、促进产业发展、保障基本文化权益之间的关系，促进文化创新和业态发展。依法妥善审理体育赛事、电子竞技传播纠纷等新类型案件，促进新兴业态规范发展。加强著作权诉讼维权模式问题研究，依法平衡各方利益，防止不正当牟利行为。

5. 加强商业秘密保护。正确把握侵害商业秘密民事纠纷和刑事犯罪的界限。合理适用民事诉讼举证责任规则，依法减轻权利人的维权负担。完善侵犯商业秘密犯罪行为认定标准，规范重大损失计算范围和方法，为减轻商业损害或者重新保障安全所产生的合理补救成本，可以作为认定刑事案件中“造成重大损失”或者“造成特别严重后果”的依据。加强保密商务信息等商业秘密保护，保障企业公平竞争、人才合理流动，促进科技创新。

6. 完善电商平台侵权认定规则。加强打击和整治网络侵犯知识产权行为，有效回应权利人在电子商务平台上的维权诉求。完善“通知-删除”等在内的电商平台治理规则，畅通权利人网络维权渠道。妥善审理网络侵犯知识产权纠纷和恶意投诉不正当竞争纠纷，既要依法免除错误下架通知善意提交者的责任，督促和引导电子商务平台积极履行法定义务，促进电子商务的健康发展，又要追究滥用权利、恶意投诉等行为人的法律责任，合理平衡各方利益。

7. 积极促进智力成果流转应用。依法妥善审理知识产权智力成果流转、转化、应用过程中的纠纷，秉持尊重当事人意思自治、降低交易成本的精神，合理界定智力成果从创造到应用各环节的法律关系、利益分配和责任承担，依法准确界定职务发明与非职务发明，有效保护职务发明人的产权权利，保障研发人员获得奖金和专利实施报酬的合法权益。

8. 依法惩治知识产权犯罪行为。严厉打击侵害知识产权的犯罪行为，进一步推进以审判为中心的刑事诉讼制度改革，切实落实庭审实质化要求，完善鉴定程序，规范鉴定人出庭作证制度和认罪认罚从宽制度。准确把握知识产权刑事法律关系与民事法律关系的界限，强化罚金刑的适用，对以盗窃、威胁、利诱等非法手段获取商业秘密以及其他社会危害性大的犯罪行为，依法从严从重处罚，有效发挥刑罚惩治和震慑知识产权犯罪的功能。

9. 平等保护中外主体合法权利。依法妥善审理因国际贸易、外商投资等引发的涉外知识产权纠纷，坚持依法平等保护，依法简化公证认证程序，进一步健全公正高效权威的纠纷解决机制，增强知识产权司法的国际影响力和公信力。

三、着力解决突出问题，增强司法保护实际效果

10. 切实降低知识产权维权成本。制定知识产权民事诉讼证据司法解释，完善举证责任分配规则、举证妨碍排除制度和证人出庭作证制度，拓宽电子数据证据的收集途径，准确把握电子数据规则的适用，依法支持当事人的证据保全、调查取证申请，减轻当事人的举证负担。

11. 大力缩短知识产权诉讼周期。积极开展繁简分流试点工作，推进案件繁简分流、轻重分离、快慢分道。深化知识产权裁判方式改革，实现专利商标民事、行政程序的无缝对接，防止循环诉讼。严格依法掌握委托鉴定、中止诉讼、发回重审等审查标准，减少不必要的时间消耗。依法支持知识产权行为保全申请，为裁判的及时执行创造条件。

12. 有效提高侵权赔偿数额。充分运用工商税务部门、第三方商业平台、侵权人网站或上市文件显示的相关数据以及行业平均利润率等，依法确定侵权获利情况。综合考虑知识产权市场价值、侵权人主观过错以及侵权行为的持续时间、影响范围、后果严重程度等因素，合理确定法定赔偿数额。对于情节严重的侵害知识产权行为，依法从高确定赔偿数额，依法没收、销毁假冒或盗版商品以及主要用于侵权的材料和工具，有效阻遏侵害知识产权行为的再次发生。

13. 依法制止不诚信诉讼行为。妥善审理因恶意提起知识产权诉讼损害责任纠纷，依法支持包括律师费等合理支出在内的损害赔偿请求。强化知识产权管辖纠纷的规则指引，规制人为制造管辖连接点、滥用管辖权异议等恶意拖延诉讼的行为。研究将违反法院令状、伪造证据、恶意诉讼等不诚信的诉讼行为人纳入全国征信系统。

14. 有效执行知识产权司法裁判。结合知识产权案件特点，全面优化知识产权案件执行管辖规则。研究完善行为保全和行为执行工作机制。制定知识产权裁判执行实施计划和工作指南，充分运用信息化网络查控、失信联合信用惩戒等手段加大裁判的执行力度，确保知识产权裁判得以有效执行。

四、加强体制机制建设，提高司法保护整体效能

15. 健全知识产权专门化审判体系。根据知识产权审判的现状、规律和趋势，研究完善专门法院设置，优化知识产权案件管辖法院布局，完善知识产权案件上诉机制，统一审判标准，实现知识产权案件审理专门化、管辖集中化、程序集约化和人员专业化。

16. 深入推行“三合一”审判机制。建立和完善与知识产权民事、行政、刑事诉讼“三合一”审判机制相适应的案件管辖制度和协调机制，提高知识产权司法保护整体效能。把握不同诉讼程序证明标准的差异，依法对待在先关联案件裁判的既判力，妥善处理知识产权刑事、行政、民事交叉案件。

17. 不断完善技术事实查明机制。适当扩大技术调查人员的来源，充实全国法院技术调查人才库，建立健全技术调查人才共享机制。构建技术调查官、技术咨询专家、技术鉴定人员、专家辅助人参与诉讼活动的技术事实查明机制，提高技术事实查明的中立性、客观性、科学性。

18. 加强知识产权案例指导工作。建立最高人民法院指导案例、公报案例、典型案例多位一体的知识产权案例指导体系，充分发挥典型案例在司法裁判中的指引作用，促进裁判规则统一。

19. 依托四大平台落实审判公开。充分利用审判流程公开、庭审活动公开、裁判文书公开、执行信息公开四大平台，最大限度地保障当事人和社会公众的知情权、参与权和监督权。丰富“4·26”世界知识产权日宣传内容，扩大对外宣传效果，增进社会各界对知识产权司法保护的了解、认同、尊重和信任。

20. 加强知识产权国际交流合作。积极参与知识产权保护多边体系建设，共同推动相关国际新规则创制。加强与国外司法、研究、实务机构以及知识产权国际组织的交流合作，积极开展具有国际影响力的知识产权研讨交流活动，加大中国知识产权裁判文书的翻译推介工作，扩大中国知识产权司法的国际影响力。

五、加强沟通协调工作，形成知识产权保护整体合力

21. 健全完善多元化纠纷解决机制。支持知识产权纠纷的多渠道化解，开展知识产权纠纷调解协议司法确认试点，充分发挥司法在多元化纠纷解决机制建设中的引领、推动作用，提升解决纠纷的整体效能。

22. 优化知识产权保护协作机制。加强与公安、检察机关在知识产权司法程序中的沟通协调，加强与知识产权、市场监管、版权、海关、农业等行政主管部门在知识产权行政执法程序上的衔接，推动形成知识产权保护的整体合力。

23. 建立信息沟通协调共享机制。建立健全与知识产权行政主管机关的数据交换机制，实现知识产权大数据分析工具运用常态化，提高综合研判和决策水平。

六、加强审判基础建设，有力支撑知识产权司法保护工作

24. 加强知识产权审判队伍建设。完善员额法官借调交流机制，积极推动选派优秀法官助理到下级法院挂职，遴选优秀法官到上级法院任职，实现知识产权人才的交流共享。加强知识产权司法人员业务培训。加强司法辅助人员配备，打造“审、助、书”配置齐全、技术调查官有效补充的专业审判队伍。

25. 加强专门法院法庭基础建设。加强最高人民法院知识产权法庭和各地知识产权法院、法庭建设，加强专业审判机构在机构设置、人员编制、办公场所、活动经费等方面的保障，为知识产权司法保护提供坚实的人力和物质基础。

26. 加强知识产权审判信息化建设。加强知识产权司法装备现代化、智能化建设，积极推进跨区域的知识产权远程诉讼平台建设。大力推进网上立案、网上证据交换、电子送达、在线开庭、智能语音识别、电子归档、移动微法院等信息化技术的普及应用，支持全流程审判业务网上办理，提高司法解决知识产权纠纷的便捷性、高效性和透明度。加强对电子卷宗、裁判文书、审判信息等的深度应用，充分利用司法大数据提供智能服务和精准决策。

最高人民法院关于依法加大知识产权侵权行为惩治力度的意见

（2020 年 9 月 14 日　法发〔2020〕33 号）

为公正审理案件，依法加大对知识产权侵权行为的惩治力度，有效阻遏侵权行为，营造良好的法治化营商环境，结合知识产权审判实际，制定如下意见。

一、加强适用保全措施

1. 对于侵害或者即将侵害涉及核心技术、知名品牌、热播节目等知识产权以及在展会上侵害或者即将侵害知识产权等将会造成难以弥补的损害的行为，权利人申请行为保全的，人民法院应当依法及时审查并作出裁定。

2. 权利人在知识产权侵权诉讼中既申请停止侵权的先行判决，又申请行为保全的，人民法院应当依法一并及时审查。

3. 权利人有初步证据证明存在侵害知识产权行为且证据可能灭失或者以后难以取得的情形，申请证据保全的，人民法院应当依法及时审查并作出裁定。涉及较强专业技术问题的证据保全，可以由技术调查官参与。

4. 对于已经被采取保全措施的被诉侵权产品或者其他证据，被诉侵权人擅自毁损、转移等，致使侵权事实无法查明的，人民法院可以推定权利人就该证据所涉证明事项的主张成立。属于法律规定的妨害诉讼情形的，依法采取强制措施。

二、依法判决停止侵权

5. 对于侵权事实已经清楚、能够认定侵权成立的，人民法院可以依法先行判决停止侵权。

6. 对于假冒、盗版商品及主要用于生产或者制造假冒、盗版商品的材料和工具，权利人在民事诉讼中举证证明存在上述物品并请求迅速销毁的，除特殊情况外，人民法院应予支持。在特殊

情况下，人民法院可以责令在商业渠道之外处置主要用于生产或者制造假冒、盗版商品的材料和工具，尽可能减少进一步侵权的风险；侵权人请求补偿的，人民法院不予支持。

三、依法加大赔偿力度

7. 人民法院应当充分运用举证妨碍、调查取证、证据保全、专业评估、经济分析等制度和方法，引导当事人积极、全面、正确、诚实举证，提高损害赔偿数额计算的科学性和合理性，充分弥补权利人损失。

8. 人民法院应当积极运用当事人提供的来源于工商税务部门、第三方商业平台、侵权人网站、宣传资料或者依法披露文件的相关数据以及行业平均利润率等，依法确定侵权获利情况。

9. 权利人依法请求根据侵权获利确定赔偿数额且已举证的，人民法院可以责令侵权人提供其掌握的侵权获利证据；侵权人无正当理由拒不提供或者未按要求提供的，人民法院可以根据权利人的主张和在案证据判定赔偿数额。

10. 对于故意侵害他人知识产权，情节严重的，依法支持权利人的惩罚性赔偿请求，充分发挥惩罚性赔偿对于故意侵权行为的威慑作用。

11. 人民法院应当依法合理确定法定赔偿数额。侵权行为造成权利人重大损失或者侵权人获利巨大的，为充分弥补权利人损失，有效阻遏侵权行为，人民法院可以根据权利人的请求，以接近或者达到最高限额确定法定赔偿数额。

人民法院在从高确定法定赔偿数额时应当考虑的因素包括：侵权人是否存在侵权故意，是否主要以侵权为业，是否存在重复侵权，侵权行为是否持续时间长，是否涉及区域广，是否可能危害人身安全、破坏环境资源或者损害公共利益等。

12. 权利人在二审程序中请求将新增的为制止侵权行为所支付的合理开支纳入赔偿数额的，人民法院可以一并审查。

13. 人民法院应当综合考虑案情复杂程度、工作专业性和强度、行业惯例、当地政府指导价等因素，根据权利人提供的证据，合理确定权利人请求赔偿的律师费用。

四、加大刑事打击力度

14. 通过网络销售实施侵犯知识产权犯罪的非法经营数额、违法所得数额，应当综合考虑网络销售电子数据、银行账户往来记录、送货单、物流公司电脑系统记录、证人证言、被告人供述等证据认定。

15. 对于主要以侵犯知识产权为业、在特定期间假冒抢险救灾、防疫物资等商品的注册商标以及因侵犯知识产权受到行政处罚后再次侵犯知识产权构成犯罪的情形，依法从重处罚，一般不适用缓刑。

16. 依法严格追缴违法所得，加强罚金刑的适用，剥夺犯罪分子再次侵犯知识产权的能力和条件。

最高人民法院印发《关于充分发挥知识产权审判职能作用推动社会主义文化大发展大繁荣和促进经济自主协调发展若干问题的意见》的通知

（2011年12月16日　法发〔2011〕18号）

各省、自治区、直辖市高级人民法院，解放军军事法院，新疆维吾尔自治区高级人民法院生产建设兵团分院：

现将《最高人民法院关于充分发挥知识产权审判职能作用推动社会主义文化大发展大繁荣和促进经济自主协调发展若干问题的意见》印发给你们，请结合审判工作实际，认真贯彻执行。执行中遇到问题，请随时报告我院。

最高人民法院关于充分发挥知识产权审判职能作用推动社会主义文化大发展大繁荣和促进经济自主协调发展若干问题的意见

为深入贯彻十七届六中全会、中央经济工作会议精神和“十二五”规划纲要要求，充分发挥知识产权审判在推动社会主义文化大发展大繁荣及促进经济发展方式加快转变和经济自主协调发展中的职能作用，现就有关问题提出如下意见：

一、解放思想，能动司法，切实增强提供知识产权司法保障的责任感和使命感

1. 提高认识，切实增强推动社会主义文化大发展大繁荣和促进经济自主协调发展的积极性和主动性。十七届六中全会通过的《中共中央关于深化文化体制改革推动社会主义文化大发展大繁荣若干重大问题的决定》，确定了中国特色社会主义文化发展道路，确立了建设社会主义文化强国的战略目标，提出了新形势下推动文化改革发展的指导思想、目标任务、重要方针、重大举措，是当前和今后一个时期指导我国社会主义文化建设的纲领性文件。国民经济和社会发展“十二五”规划纲要明确，未来五年我国各项工作必须以科学发展为主题，以加快转变经济发展方式为主线；坚持把经济结构战略性调整作为主攻方向，把科技进步和创新作为重要支撑。中央经济工作会议要求，要牢牢把握发展实体经济这一坚实基础，努力营造鼓励脚踏实地、勤劳创业、实业致富的社会氛围；牢牢把握加快改革创新这一强大动力，抓住时机尽快在一些重点领域和关键环节取得突破，着力提高原始创新能力，不断增强集成创新、引进消化吸收再创新能力；坚持创新驱动，强化知识产权保护；培育发展战略性新兴产业，注重推动重大技术突破，注重增强核心竞争力；加快壮大文化产业，推动文化事业蓬勃发展。文化发展、科技进步和知识创新，是推动经济发展方式转变和经济自主协调发展的根本动力。知识产权保护与促进文化发展繁荣和经济自主协调发展密切相关。各级法院和广大知识产权法官要充分认清形势，切实增强大局意识和责任意识，坚持能动司法，找准结合点和着力点，在知识产权司法保护中，更加注重激励文化发展和科技进步，更加注重推进文化创新和发展新型文化业态，更加注重推动知识产权文化的发展和繁荣；更加注重发挥知识产权对实体经济的促进和引领作用，更加注重培育发展战略性新兴产业和推动经济结构战略性调整，更加注重提高我国的综合国力和国际竞争力，在推动社会主义文化大发展大繁荣和经济自主协调发展中充分发挥建设者和保障者的作用。

2. 更新观念，切实增强服务社会主义文化大发展大繁荣和经济自主协调发展的针对性和有效性。要强化加强保护观念，充分认识加强保护是当前知识产权司法保护的主要矛盾、基本定位和政策取向，统筹好国际国内两个大局，用足用好知识产权法律，加强各类知识产权司法保护，切实降低维权成本和加大制裁力度。要强化分门别类和宽严适度观念，在知识产权司法保护中注意适应各类知识产权的属性和特点，符合各类不同知识产权的功能和保护需求，使知识产权司法保护更加适应我国所处的国际国内发展环境，更加符合我国经济社会文化发展新的阶段性特征，更加符合我国文化发展和科技创新的新要求。要强化利益平衡观念，把利益平衡作为知识产权司法保护的重要基点，统筹兼顾智力创造者、商业利用者和社会公众的利益，协调好激励创造、促进产业发展和保障基本文化权益之间的关系，使利益各方共同受益、均衡发展。要强化初次裁判正确观念，高度重视提高第一审初次裁判的正确率，使当事人及早获得司法公正，提高服判息诉率和减少上诉率，促进社会和谐稳定。

3. 发挥优势，进一步增强司法保护知识产权的主导性。继续深入落实发挥司法保护知识产权主导作用的国家知识产权战略构想和目标，增强贯彻这一战略目标的坚定性和自觉性，确保贯彻落实的科学性和准确性。要适应中国特色社会主义法律体系形成后的新形势新要求，更加重视司法保护知识产权，确保知识产权法律的贯彻实施，弘扬社会主义法治理念。要更加重视知识产权法律适用的稳定性和可预期性，重视程序保障和过程透明，重视在先典型案例示范作用，最大限度地为利益攸关方提供稳定和可期待的预期，最大限度地使其避免受司法标准不统一的困扰，积极营造良好的法律环境、投资环境和市场环境。要更加重视长效保护机制，重视一以贯之的法律执行，重视营造一种持之以恒的长效保护机制，避免为一时一事改变甚至损害法律的长效执行。要更加重视平等保护，重视知识产权法律的一体执行，坚决遏制地方保护。要更加重视裁判的引领和导向功能，在裁判中重视弘扬社会主义核心价值体系，注意把法律评价与道德评价有机结合起来，引领社会主流价值观，把维护公共道德作为司法保护的重要价值追求，提升全社会尊重知识、崇尚创新、诚信守法的知识产权法治文化。

二、加强涉文化类知识产权案件的审判，促进文化创新和培育新型文化业态，积极推动社会主义文化大发展大繁荣

4. 高度重视涉文化类知识产权案件的审判，依法加强文化类知识产权的保护。我国已形成以著作权法、非物质文化遗产法、计算机软件保护条例、信息网络传播权保护条例等法律、行政法规为主干的文化法律体系，涉文化类知识产权案件的审判已成为知识产权审判的重要方面。要认真贯彻落实中央关于大力发展公益性文化事业、加快发展文化产业的政策措施，制定和完善有关司法解释和司法政策，高度重视涉文化类审判工作，充分发挥知识产权审判对文化建设的规范、引导、促进和保障作用，激励全民族文化创造活力持续迸发，丰富人民社会文化生活，保障人民基本文化权益，推动文化产业跨越式发展，提升我国整体文化实力和国际竞争力。要高度重视涉及文化产业的新类型知识产权保护，积极推动文化产业发展成为国民经济支柱性产业。特别是依法加强出版发行、影视制作、广告、演艺、娱乐、设计等产业领域的著作权保护，推动传统文化产业发展壮大。深入研究和大力加强文化创意、数字出版、移动多媒体、动漫游戏、软件、数据库等战略性新兴文化产业的著作权保护，培育新型文化业态，扩展文化产业发展新领域，培育国民经济新的增长点，提升我国整体文化实力和竞争力。密切关注电信网、广电网、互联网“三网融合”等信息技术发展带来的新问题，在保护著作权益的同时，注重促进新兴产业的发展，促进我国信息化水平的提高。

5. 加大文化创造者权益保护，保障文化创造源泉充分涌流。要妥善处理作品的独创性与独创高度的关系，既维护给予作品著作权保护的基本标准的统一性，又注意把握各类作品的特点和适应相关保护领域的特殊需求，使保护强度与独创高度相协调。要妥善适用著作权法有关著作权的概括性规定，及时保护创作者的新权益。妥善处理个人作品、职务作品和法人作品的关系，既最大限度保护作者权益和鼓励创作积极性，又依法保护法人或者其他组织的合法权益。妥善运用思想和表达两分法，注意思想与表达区分的相对性，合理界定作品保护范围。高度重视传播者权益保护，充分保护出版者、表演者、录音录像制作者、广播电台、电视台的合法权益，促进作品的传播和利用。积极探索对综艺晚会、体育节目等所涉权益的法律保护，合理平衡相关各方利益。

6. 加强网络环境下的著作权保护，妥善处理保护著作权与促进信息网络产业发展和保障信息传播的关系。要准确把握法律、行政法规和司法解释有关网络环境下著作权保护的精神实质，特别要准确把握权利人、网络服务提供者和社会公众之间的利益平衡，既要加强网络环境下著作权保护，又要注意促进信息网络技术创新和商业模式发展，确保社会公众利益。正确把握作品、表演、录音录像制品提供行为与网络服务提供行为的划分，妥善处理有关网络服务提供者免责与归责、“通知与移除”规则与过错归责、网络服务提供者侵权过错与一般侵权过错的差别等关系。凡网络服务提供行为符合法定免责条件的，网络服务提供者不承担侵权赔偿责任；虽然不完全符合法定的免责条件，但网络服务提供者不具有过错的，也不承担侵权赔偿责任。要根据信息网络环境的特点和实际，准确把握网络服务提供行为的侵权过错认定，既要根据侵权事实明显的过错标准认定过错，不使网络服务提供者承担一般性的事先审查义务和较高的注意义务，又要适当地调动网络服务提供者主动防止侵权和与权利人合作防止侵权的积极性。要维护“通知与移除”规则的基本价值，除根据明显的侵权事实能够认定网络服务提供者具有明知或者应知的情形外，追究网络服务提供者的侵权赔偿责任应当以首先适用“通知与移除”规则为前提，既要防止降低网络服务提供者的过错认定标准，使“通知与移除”规则形同虚设；又要防止网络服务提供者对于第三方利用其网络服务侵权消极懈怠，滥用“通知与移除”规则。

7. 妥善处理好技术中立与侵权行为认定的关系，实现有效保护著作权与促进技术创新、产业发展的和谐统一。既要准确把握技术作为工具手段所具有的价值中立性和多用途性，又要充分认识技术所反映和体现的技术提供者的行为与目的。既不能把技术所带来的侵权后果无条件地归责于技术提供者，窒息技术创新和发展；也不能将技术中立绝对化，简单地把技术中立作为不适当免除侵权责任的挡箭牌。对于具有实质性非侵权商业用途的技术，严格把握技术提供者承担连带责任的条件，不能推定技术提供者应知具体的直接侵权行为的存在，其只在具备其他帮助或者教唆行为的条件下才与直接侵权人承担连带责任；对于除主要用于侵犯著作权外不具有其他实质性商业用途的技术，可以推定技术提供者应知具体的直接侵权行为的存在，其应与直接侵权人承担连带责任。在审理涉及网络著作权、“三网融合”等新兴产业著作权案件时，尤其要准确把握技术中立的精神，既有利于促进科技和商业创新，又防止以技术中立为名行侵权之实。

8. 妥当运用著作权的限制和例外规定，正确判定被诉侵权行为的合法性，促进商业和技术创新，充分保障人民基本文化权益。正确认定合理使用和法定许可行为，依法保护作品的正当利用和传播。在促进技术创新和商业发展确有必要的特殊情形下，考虑作品使用行为的性质和目的、被使用作品的性质、被使用部分的数量和质量、使用对作品潜在市场或价值的影响等因素，如果该使用行为既不与作品的正常使用相冲突，也不至于不合理地损害作者的正当利益，可以认定为合理使用。对设置或者陈列在室外社会公共场所的艺术作品进行临摹、绘画、摄影或者录像，并对其成果以合理的方式和范围再行使用，无论该使用行为是否具有商业目的，均可认定为合理使用。

9. 综合运用多种法律手段，积极推动非物质文化遗产的保护、传承和开发利用，促进我国丰富的文化资源转化为强大的文化竞争力。非物质文化遗产是凝聚民族精神、传承民族文化、维护文化多样性、促进社会和谐和可持续发展的重要基础和纽带，是文化创新的重要源泉。本着传承与创新、保护和利用并重的原则，根据现有法律和立法精神，积极保护民间文学艺术、传统知识、遗传资源等非物质文化遗产，公平合理地协调和平衡在发掘、整理、传承、保护、开发和利用过程中各方主体的利益关系。坚持尊重原则，利用非物质文化遗产应尊重其形式和内涵，不得以歪曲、贬损等方式使用非物质文化遗产。坚持来源披露原则，利用非物质文化遗产应以适当方式说明信息来源。鼓励知情同意和惠益分享，非物质文化遗产利用者应尽可能取得保存者、提供者、持有者或者相关保护部门的知情同意，并以适当方式与其分享使用利益。综合运用著作权法、商标法、专利法、反不正当竞争法等多种手段，积极保护非物质文化遗产的传承和商业开发利用。

10. 充分利用著作权保护手段，依法保护民间文学艺术作品。民间文学艺术作品的著作权保护，既要有利于民间文学艺术的传承，发挥其凝聚民族精神和维系民族精神家园的作用，又要有利于创新和利用，提高中华文化影响力。民间文学艺术作品可由产生和传承该作品的特定民族或者区域群体共同享有著作权，该特定民族或者区域的相关政府部门有权代表行使保护权利。对于民间文学艺术作品的保存人和整理人，应尊重其以适当方式署名的权利。利用民间文学艺术的元素或者素材进行后续创作，无需取得许可或者支付费用；形成具有独创性作品的，作者可依法获得完整的著作权保护，但应说明其作品的素材来源。不当利用民间文学艺术作品给特定民族或者区域群体精神权益造成损害的，人民法院可以判令不当利用人承担相应的民事责任。

11. 有效利用商标法、专利法等法律手段，保护非物质文化遗产的商业价值，促进具有地方特色的自然、人文资源优势转化为现实生产力。将非物质文化遗产的名称、标志等申请商标注册，构成对非物质文化遗产的歪曲、贬损、误导等不正当利用行为，损害特定民族或者区域群体的精神权益的，可以认定为具有其他不良影响，禁止作为商标使用；已经使用并造成不良影响的，人民法院可以根据具体案情，判决使用人承担停止使用、赔礼道歉，消除影响等民事责任。

非物质文化遗产的名称、标志等构成地理标志的，可以视具体情况作为在先权利予以保护。非物质文化遗产中的传统知识和遗传资源构成商业秘密的，禁止他人窃取、非法披露和使用。违反法律、法规的规定获取或者利用遗传资源，依赖该遗传资源完成发明创造并获得专利授权，专利权人指控他人侵犯其专利权的，可以不予支持。

三、加大科技成果权保护力度，推动科技进步与创新，提高自主创新能力

12. 依法加强专利、植物新品种、集成电路布图设计等科技类知识产权保护，积极推动科技进步和创新。根据科技进步的新趋势和经济发展的新需求，以提高我国原始创新能力和增强集成创新、引进消化吸收再创新能力为重要目标，准确贯彻专利法立法精神和正确进行侵权判定，加强对关键核心技术、基础前沿领域和战略性新兴产业的知识产权保护，推动技术突破和技术创新，推进传统产业优化升级，加快培育和发展战略性新兴产业，加快形成先导性、支柱性产业，增强企业和国家核心竞争力。加大涉文化领域科技类知识产权保护力度，发挥科技创新对文化发展的引擎作用，推动提高文化产业技术装备水平，增强文化产业核心竞争力，推动中华文化走向世界。

13. 正确把握专利权保护宽严适度的司法政策，大力提高自主创新能力。确定专利权的具体保护范围和强度时要适当考虑不同技术领域专利权的特点和创新实际，符合不同技术领域的创新需求、创新特点和发展实际。坚持发明和实用新型专利权利范围的折衷解释原则，准确界定专利权的保护范围。重视专利的发明目的对专利权保护范围的限定作用，不应把具有专利所要克服的现有技术缺陷或者不足的技术方案纳入保护范围。对于创新程度高、研发投入大、对经济增长具有突破和带动作用的首创发明，应给予相对较高的保护强度和较宽的等同保护范围；对于创新程度相对较低的改进发明，应适当限制其等同保护范围。

14. 正确运用专利侵权判定方法，加大对专利侵权行为的遏制力度。准确把握发明和实用新型专利侵权判定的全部技术特征对比、禁止反悔、捐献等判断规则，继续探索完善等同侵权适用条件。等同侵权应以手段、功能和效果基本相同并且对所属领域普通技术人员显而易见为必要条件，防止简单机械适用等同侵权或者不适当扩展其适用范围。现有技术抗辩规则在等同侵权和相同侵权中均可适用。准确把握外观设计专利侵权判定的整体观察设计特征、综合判断整体视觉效果的判定方法，以外观设计产品的一般消费者为判断主体，以外观设计的区别设计特征为核心，以产品外观设计整体视觉效果的相同或者近似作为判断侵权成立的根本标准。正确适用现有技术和设计抗辩，被诉侵权人以一份对比文献中记载的一项现有技术方案或者一项现有设计与公知常识或者惯常设计的显而易见组合主张现有技术或者现有设计抗辩的，应当予以支持。被诉侵权人以实施抵触申请中的技术方案或者外观设计主张其不构成专利侵权的，可以参照现有技术或者现有设计抗辩的审查判断标准予以评判。

15. 妥善审理产品制造方法发明专利侵权案件，依法保护方法发明专利权。在适当考虑方法专利权利人维权的实际困难的同时，兼顾被诉侵权人保护其商业秘密的合法权益。依法适用新产品制造方法专利的举证责任倒置规则，使用专利方法获得的产品以及制造该产品的技术方案在专利申请日前不为公众所知的，制造相同产品的被诉侵权人应当承担其产品制造方法不同于专利方法的举证责任。使用专利方法获得的产品不属于新产品，专利权人能够证明被诉侵权人制造了同样产品，经合理努力仍无法证明被诉侵权人确实使用了该专利方法，但根据案件具体情况，结合已知事实以及日常生活经验，能够认定该同样产品经由专利方法制造的可能性很大的，可以根据民事诉讼证据司法解释有关规定，不再要求专利权人提供进一步的证据，而由被诉侵权人提供其制造方法不同于专利方法的证据。要针对方法专利侵权举证困难的实际，依法采取证据保全措施，适当减轻方法专利权利人的举证负担。要注意保护被申请人的利益，防止当事人滥用证据保全制度非法获取他人商业秘密。被诉侵权人提供了其制造方法不同于专利方法的证据，涉及商业秘密的，在审查判断时应注意采取措施予以保护。

16. 妥善处理保护专利权与防止权利滥用的关系，依法规制滥用专利权及滥用诉前禁令制度。在依法保护专利权和保障当事人诉权的同时，注意防止专利权人明显违背法律目的行使权利，不正当地损害竞争对手，妨碍公平竞争和扰乱市场秩序。对于明知其专利权属于现有技术或者现有设计，仍然恶意向正当实施者及其交易对象滥发侵权警告或者滥用诉权，构成侵权的，可以视情支持受害人的损害赔偿请求。适度从严把握法律条件，加强程序保障，依法慎重采取诉前停止侵犯专利权措施。坚持把事实比较清楚、侵权易于判断作为采取诉前停止侵权措施的前提条件。对于需要进行比较复杂的技术对比才能作出侵权可能性判断的行为，不宜裁定采取责令诉前停止侵权措施。在条件允许的情况下，尽可能通过听取申请人与被申请人意见的方式对侵权可能性作出准确判断。宣告涉案专利权无效的无效请求审查决定已经作出的，一般不得裁定采取诉前停止侵害专利权措施。

17. 加强植物新品种权保护，推进农业科技创新，促进农业发展方式加快转变。加大对具有自主知识产权的重大农业科技成果和植物新品种的保护力度，促进提高自主创新能力，推进农业科技进步，提高农业综合生产能力、抗风险能力和市场竞争力。依法严格保障品种权人的利益，大力促进品种的培育和创新成果的转化，发展现代农业。加大对侵犯植物新品种行为的打击力度，对于为商业目的生产、销售或者重复使用授权品种繁殖材料等侵权行为，要及时依法予以制止；对于假冒他人授权品种的行为，也应以侵犯植物新品种权纠纷论处。依法审查品种权人的证据保全申请，积极采取证据保全措施，保障品种权人及时获得司法救济。对被诉侵权繁殖材料采取证据保全措施，应尽量遵守相应的技术规程，保证取样的客观性和代表性，但不得以未邀请有关专业技术人员协助取样为由简单否定证据保全的效力。注意依法保护农民的合法权益，维护农业和农村稳定。正确区分作为品种生产者、管理者的制种大户与以种植为业的普通个人、农村承包经营户，既要依法免除以种植为业的普通个人、农村承包经营户自繁自用授权品种繁殖材料的侵权责任，又要防止实质上成为品种生产者和管理者的制种大户逃避法律制裁。

四、加强商标权保护，培育和维护知名品牌，积极促进社会主义市场经济的竞争性、创新性和包容性增长

18. 依法加强商标权保护。商标权的保护，必须有利于鼓励正当竞争，有利于划清商业标识之间的边界，有利于遏制恶意抢注他人知名商业标识及“傍名牌”行为，有利于为知名品牌的创立和发展提供和谐宽松的法律环境，为培育知名品牌和提升企业综合竞争力提供助力，推动我国从制造大国向品牌强国加快转变。要根据商标的知名度、显著程度等，恰当运用商标近似、商品类似、在先使用并且有一定影响的商标、以欺骗或者其他不正当手段取得商标注册等裁量性法律标准，妥善把握商标注册申请人或者注册人是否有真实使用意图，以及结合商标使用过程中的“傍名牌”行为认定主观恶意等，用足用好商标法有关规定，加大遏制恶意抢注、“傍名牌”等不正当行为的力度，充分体现商标权保护的法律导向。

19. 妥善处理商标近似与商标构成要素近似的关系，准确把握认定商标近似的法律尺度。认定是否构成近似商标，要根据案件的具体情况。通常情况下，相关商标的构成要素整体上构成近似的，可以认定为近似商标。相关商标构成要素整体上不近似，但主张权利的商标的知名度远高于被诉侵权商标的，可以采取比较主要部分决定其近似与否。要妥善处理最大限度划清商业标识之间的边界与特殊情况下允许构成要素近似商标之间适当共存的关系。相关商标均具有较高知名度，或者相关商标的共存是特殊条件下形成时，认定商标近似还应根据两者的实际使用状况、使用历史、相关公众的认知状态、使用者的主观状态等因素综合判定，注意尊重已经客观形成的市场格局，防止简单地把商标构成要素近似等同于商标近似，实现经营者之间的包容性发展。

20. 充分考虑商标所使用商品的关联性，准确把握商品类似的认定标准。认定商品类似可以参考类似商品区分表，但更应当尊重市场实际。要以相关公众的一般认识为标准，结合商品的功能、用途、生产部门、销售渠道、消费对象等因素，正确认定商标法意义上的商品类似。主张权利的商标已实际使用并具有一定知名度的，认定商品类似要充分考虑商品之间的关联性。相关公众基于对商品的通常认知和一般交易观念认为存在特定关联性的商品，可视情纳入类似商品范围。

21. 规范驰名商标的认定和保护，切实加强驰名商标保护。驰名商标保护的目的在于适当扩张具有较高知名程度的商标的保护范围和保护强度，不是评定或者授予荣誉称号。凡当事人主张驰名商标保护且符合保护条件和确有必要的，应当依法予以认定和保护。对于一般公众广泛知晓的驰名商标，要结合众所周知的驰名事实，减轻商标权人对于商标驰名情况的举证责任。认定驰名商标并不要求具有等同划一的知名程度，但驰名商标的保护范围和强度要与其显著性和知名度相适应，对于显著性越强和知名度越高的驰名商标，要给予其更宽的跨类保护范围和更强的保护力度。要认真执行司法解释的规定，准确把握驰名商标的保护范围，加强对驰名商标事实认定的严格把关，坚持判前审核制度，防止当事人弄虚作假，为骗取驰名商标的认定而进行虚假诉讼。

22. 妥善认定商标侵权抗辩，维护正当经营者的合法权益。商标侵权行为应以在商业标识意义上使用相同或者近似商标为条件，被诉侵权人为描述或者说明其产品或者服务的特点而善意合理地使用相同或者近似标识的，可以依法认定为正当使用。注册商标权人的注册商标属于复制、摹仿或者翻译他人未在中国注册的驰名商标、抢注被代理人或者被代表人的商标或者以不正当手段抢注他人已经使用并有一定影响的商标，被诉侵权的在先商标使用人以此为由提出抗辩的，应当予以支持。

23. 妥善处理实体与程序的关系，强化商标授权确权争议的实质性解决。程序既有其独立的法律价值，又必须以实体问题的解决和实体公正的实现为取向和终极目标。实体公正既是程序运行的目标和指向，又需要以程序公正为支撑和保障。既要高度重视程序公正，防止忽视程序公正片面追求实体公正，又要以实体公正为依归，防止机械司法。当事人因行使程序权利的瑕疵而可能影响其重大实体权益，甚至可能导致其丧失救济机会且没有其他救济途径的，可以根据案件具体情况给予补救机会。要注重商标授权确权争议的实质性解决，避免陷入不必要的程序重复，搁置实体问题和回避矛盾。对于商标是否应予注册、是否应当撤销等能够做出实体性判断的，可以在裁判理由中作出明确的判断，为被诉行政机关重作决定作出明确指引。

五、依法规范竞争秩序，培育自由公平、诚信守法的竞争文化，创造公平有序、充满活力的市场环境

24. 加强不正当竞争案件的审判，维护市场公平竞争。妥善处理好知识产权专门法与反不正当竞争法的关系，在激励创新的同时，又要鼓励公平竞争。反不正当竞争法补充保护作用的发挥不得抵触知识产权专门法的立法政策，凡是知识产权专门法已作穷尽性规定的领域，反不正当竞争法原则上不再提供附加保护，允许自由利用和自由竞争，但在与知识产权专门法的立法政策相兼容的范围内，仍可以从制止不正当竞争的角度给予保护。妥善处理好反不正当竞争法的原则规定与特别规定之间的关系，既要充分利用原则规定的灵活性和适应性，有效制止各种花样翻新、层出不穷的不正当竞争行为，又要防止原则规定适用的随意性，避免妨碍市场自由公平竞争。严格把握反不正当竞争法原则规定的适用条件，凡属反不正当竞争法特别规定已作明文禁止的行为领域，只能依照特别规定规制同类不正当竞争行为，原则上不宜再适用原则规定扩张适用范围。反不正当竞争法未作特别规定予以禁止的行为，如果给其他经营者的合法权益造成损害，确属违反诚实信用原则和公认的商业道德而具有不正当性，不制止不足以维护公平竞争秩序的，可以适用原则规定予以规制。正确把握诚实信用原则和公认的商业道德的评判标准，以特定商业领域普遍认同和接受的经济人伦理标准为尺度，避免把诚实信用原则和公认的商业道德简单等同于个人道德或者社会公德。

25. 依法加强商业秘密保护，有效制止侵犯商业秘密的行为，为企业的创新和投资创造安全和可信赖的法律环境。根据案件具体情况，合理把握秘密性和不正当手段的证明标准，适度减轻商业秘密权利人的维权困难。权利人提供了证明秘密性的优势证据或者对其主张的商业秘密信息与公有领域信息的区别点作出充分合理的解释或者说明的，可以认定秘密性成立。商业秘密权利人提供证据证明被诉当事人的信息与其商业秘密相同或者实质相同且被诉当事人具有接触或者非法获取该商业秘密的条件，根据案件具体情况或者已知事实以及日常生活经验，能够认定被诉当事人具有采取不正当手段的较大可能性，可以推定被诉当事人采取不正当手段获取商业秘密的事实成立，但被诉当事人能够证明其通过合法手段获得该信息的除外。以符合法定条件的商业秘密信息为依据，准确界定商业秘密的保护范围，每个单独的商业秘密信息单元均构成独立的保护对象。完善商业秘密案件的审理和质证方式，对于涉及商业秘密的证据，要尝试采取仅向代理人展示、分阶段展示、具结保密承诺等措施限制商业秘密的知悉范围和传播渠道，防止在审理过程中二次泄密。妥善处理商业秘密民事侵权诉讼程序与刑事诉讼程序的关系，既注意两种程序的关联性，又注意其相互独立性，在依法保护商业秘密的同时，也要防止经营者恶意启动刑事诉讼程序干扰和打压竞争对手。

26. 妥善处理保护商业秘密与自由择业、涉密者竞业限制和人才合理流动的关系，维护劳动者正当就业、创业的合法权益，依法促进劳动力的合理流动。职工在工作中掌握和积累的知识、经验和技能，除属于单位的商业秘密的情形外，构成其人格的组成部分，职工离职后有自主利用的自由。在既没有违反竞业限制义务，又没有侵犯商业秘密的情况下，劳动者运用自己在原用人单位学习的知识、经验与技能为其他与原单位存在竞争关系的单位服务的，不宜简单地以反不正当竞争法的原则规定认定构成不正当竞争。妥善处理商业秘密保护和竞业限制协议的关系，竞业限制协议以可保护的商业秘密存在为前提，但两者具有不同的法律依据和行为表现，违反竞业限制义务不等于侵犯商业秘密，竞业限制的期限也不等于保密期限。原告以侵犯商业秘密为由提起侵权之诉，不受已存在竞业限制约定的限制。

27. 加强垄断案件的审理工作，及时有效制止垄断行为，增强市场活力，促进市场结构的完善和市场经济的健康发展。要强化反垄断法的效果思维，全面考虑各种相关因素，综合评估涉嫌垄断行为的反竞争和促进竞争的效果，依法认定垄断行为。注意发挥经济学专家和专业机构的作用，探索引进经济分析方法的途径和方式。要根据不同的垄断行为类型，合理分配垄断民事纠纷案件中当事人的证明责任。对于明显具有严重排除、限制竞争效果的垄断协议，可以不再要求受害人举证证明该协议具有排除、限制竞争的效果；对于公用企业以及其他具有独占经营资格的经营者滥用市场支配地位的，可以根据案件具体情况适当减轻受害人的举证责任。

六、加强知识产权诉讼制度建设，完善审判体制和工作机制

28. 深刻把握知识产权案件的特点与规律，建立健全适合知识产权案件特点的纠纷解决机制。正确把握“调解优先、调判结合”的工作原则。要根据知识产权案件专业技术性强的特点，积极引导当事人选择委托调解、专家调解、行业调解等方式解决纠纷。坚持依法自愿调解原则，不得违背当事人意愿强调硬调和以拖促调。对于当事人或者相关行业对判明是非的期待高，或者对明确规则的要求强烈，或者对判决的接受程度高的案件，尽可能选择以判决方式解决纠纷，充分发挥司法裁判的指引和导向功能。要发挥科技专家在解决纠纷中的作用，完善知识产权案件专业技术问题解决机制。

29. 继续完善知识产权审判体制机制，充分发挥知识产权司法保护的综合效能。按照国家知识产权战略的要求，积极推进由知识产权审判庭集中审理知识产权民事、行政和刑事案件的试点工作，建立知识产权民事、行政和刑事审判协调机制，提高司法效率，统一司法标准，发挥整体保护效能，努力构建资源优化、科学运行、高效权威的知识产权审判体系。要加强与公安机关、检察机关以及知识产权行政执法机关的协调配合，形成保护合力。优化知识产权案件管辖布局，适当增加管辖一般知识产权案件的基层法院，鼓励中、基层法院根据工作需要开展跨地区划片集中管辖，合理配置审判资源。

30. 维护法治统一，促进市场统一开放。完善案件管辖制度，加强监督制约，适当采取提级管辖、异地指定管辖等措施，有效遏制地方保护和部门保护现象，保障案件公正审理。决定提级管辖或者异地指定管辖的，原管辖法院要正确对待，及时移交案件。切实加强审判监督，发挥二审和再审的纠错功能，防止为顾及审判绩效考核指标而迁就错误裁判。对于指令再审的案件，有关再审法院要正确理解和认真对待再审指令，依法改正错误。对于无视再审指令，拖延再审或者无正当理由不执行再审指令的，要严肃纪律，情节严重的给予通报批评。进一步完善工作机制，适当加大知识产权关联案件的协调和指导力度，维护裁判标准的统一。

最高人民法院印发《关于当前经济形势下知识产权审判服务大局若干问题的意见》的通知

（2009年4月21日 法发〔2009〕23号）

各省、自治区、直辖市高级人民法院，解放军军事法院，新疆维吾尔自治区高级人民法院生产建设兵团分院：

现将《最高人民法院关于当前经济形势下知识产权审判服务大局若干问题的意见》印发给你们，请结合审判工作实际，认真贯彻执行。

最高人民法院关于当前经济形势下知识产权审判服务大局若干问题的意见

当前，我国国民经济继续保持平稳较快发展，改革开放深入推进，社会事业加快发展，人民生活进一步改善，但同时也面临着严重的困难和挑战。为深入贯彻全国“两会”精神，落实国家知识产权战略，使知识产权审判更好地服务于有效应对国际金融危机冲击，促进经济平稳较快发展的大局，为“保增长、保民生、保稳定”作出更加积极的贡献，现就当前经济形势下人民法院做好知识产权审判工作的若干问题，提出如下意见：

一、立足实际，突出重点，努力增强知识产权审判服务大局的针对性和有效性

1. 充分认识知识产权保护对于促进经济平稳较快发展的重要性，切实增强服务大局的使命感。知识产权是国家科技创新能力和水平的集中体现，是国家发展的战略性资源，是提高国际竞争力的核心要素。现代经济竞争归根结底也是知识产权的竞争。加强知识产权保护，提高知识产权的创造、运用和管理水平，对于加快经济结构调整、转变发展方式、推进自主创新、深化改革、提高对外开放水平，从而保持经济平稳较快发展，都具有重要意义。历史经验表明，经济危机常常伴随着科技革命，科技革命又成为推动新一轮经济增长和繁荣的重要引擎。在当前经济形势下加强知识产权保护，对于有效推动科技创新和科技革命，为催生新兴产业、创造新的市场需求、培育新的经济增长点和引领经济发展新方向，具有重大作用。

2. 高度关注国际国内经济形势变化对于知识产权审判的新需求，切实增强服务大局的针对性、有效性和主动性。当前经济形势对于知识产权审判提出了更新更高的要求和期待。知识产权司法保护只能加强和提升，不能削弱和放松。各级法院务必要增强危机意识、忧患意识、宏观意识和大局意识，更加注重拓展创新空间，促进培育自主知识产权、自主品牌和新的经济增长点，增强企业的市场竞争力，提高国家的核心竞争力；更加注重营造开放自由的贸易和投资环境，规范市场秩序，维护公平竞争，完善社会主义市场经济体制，大力推动诚信社会的建设，在应对挑战、化危为机中充分发挥知识产权审判的独特职能作用。

二、加大专利权保护力度，着力培育科技创新能力和拓展创新空间，积极推进自主创新

3. 以贯彻新修订的专利法为契机，高度重视专利审判工作，全面提高专利审判水平。以专利为核心的科技创新成果构成了企业和国家的核心竞争力，加强专利权保护对于科技进步和自主创新具有最直接、最重要的促进作用。各有关法院要以提高创新能力和建设创新型国家的责任感和使命感，高度重视专利案件的审理，把提高专利审判水平作为一项重点工作。要深刻领会和正确把握专利法立法宗旨和精神，加强调查研究，及时发现新情况，解决新问题，确保修订后的专利法的正确贯彻实施。

4. 准确把握专利司法政策，切实加强专利权保护。要从我国国情出发，根据我国科技发展阶段和产业知识产权政策，依法确定合理的专利司法保护范围和强度，既要使企业具有投资创新的动力，使个人具有创造热情，使社会富有创造活力，又不能使专利权成为阻碍技术进步、不正当打击竞争对手的工具；既能够充分调动、配置全社会的资本和技术资源，又能够加速技术信息的传播和利用。要正确适用专利侵权判定原则和方法，进一步总结审判经验，完善权利要求解释规则和侵权对比判定标准。正确解释发明和实用新型专利的权利要求，准确界定专利权保护范围，既不能简单地将专利权保护范围限于权利要求严格的字面含义，也不能将权利要求作为一种可以随意发挥的技术指导，应当从上述两种极端解释的中间立场出发，使权利要求的解释既能够为专利权人提供公平的保护，又能确保给予公众以合理的法律稳定性。凡写入独立权利要求的技术特征，均应纳入技术特征对比之列。对于权利人在专利授权确权程序中所做的实质性的放弃或者限制，在侵权诉讼中应当禁止反悔，不能将有关技术内容再纳入保护范围。严格等同侵权的适用条件，探索完善等同侵权的适用规则，防止不适当地扩张保护范围。依法认真审查各种不侵权抗辩事由和侵权责任抗辩事由，合理认定先用权，依法支持现有技术抗辩。

三、加强商业标识保护，积极推动品牌经济发展，规范市场秩序和维护公平竞争

5. 充分尊重知名品牌的市场价值，依法加强知名品牌保护。知名品牌凝聚了企业的竞争优势，是企业参与国内国际市场竞争的利器，代表着核心的经济竞争力，是企业和国家的战略性资产，也是引领市场消费方向的主要因素。人民法院要通过依法加强商标权保护和制止不正当竞争，为知名品牌的创立和发展提供和谐宽松的法律环境，促进品牌经济发展，刺激和创造消费需求，拉动经济增长，增强我国企业的国内和国际竞争力。

6. 完善商标司法政策，加强商标权保护，促进自主品牌的培育。正确把握商标权的专用权属性，合理界定权利范围，既确保合理利用商标资源，又维护公平竞争；既以核定使用的商品和核准使用的商标为基础，加强商标专用权核心领域的保护，又以市场混淆为指针，合理划定商标权的排斥范围，确保经营者之间在商标的使用上保持清晰的边界，使自主品牌的创立和发展具有足够的法律空间。未经商标注册人许可，在同一种商品上使用与其注册商标相同的商标的，除构成正当合理使用的情形外，认定侵权行为时不需要考虑混淆因素。认定商品类似和商标近似要考虑请求保护的注册商标的显著程度和市场知名度，对于显著性越强和市场知名度越高的注册商标，给予其范围越宽和强度越大的保护，以激励市场竞争的优胜者，净化市场环境，遏制不正当搭车、模仿行为。

7. 妥善处理注册商标实际使用与民事责任承担的关系，使民事责任的承担有利于鼓励商标使用，激活商标资源，防止利用注册商标不正当地投机取巧。请求保护的注册商标未实际投入商业使用的，确定民事责任时可将责令停止侵权行为作为主要方式，在确定赔偿责任时可以酌情考虑未实际使用的事实，除为维权而支出的合理费用外，如果确无实际损失和其他损害，一般不根据被控侵权人的获利确定赔偿；注册人或者受让人并无实际使用意图，仅将注册商标作为索赔工具的，可以不予赔偿；注册商标已构成商标法规定的连续三年停止使用情形的，可以不支持其损害赔偿请求。

8. 加强驰名商标司法认定的审核监督，完善驰名商标司法保护制度，确保司法保护的权威性和公信力。严格把握驰名商标的认定范围和认定条件，严禁扩张认定范围和降低认定条件。凡商标是否驰名不是认定被诉侵权行为要件的情形，均不应认定商标是否驰名。凡能够在认定类似商品的范围内给予保护的注册商标，均无需认定驰名商标。对于确实符合法律要求的驰名商标，要加大保护力度，坚决制止贬损或者淡化驰名商标的侵权行为，依法维护驰名商标的品牌价值。认真贯彻《最高人民法院关于涉及驰名商标认定的民事纠纷案件管辖问题的通知》（法〔2009〕1号），凡通知下发以后不具有管辖权的法院受理的此类案件，均需移送有管辖权的法院审理；通知下发前受理、尚未审结的此类案件，要严格执行判前审核制度。各级法院均应加强已认定驰名商标的案件的评查和审判监督，对于伪造证据骗取驰名商标认定的案件，以及其他违法认定驰名商标的案件，均需通过审判监督程序予以纠正；当事人在涉及驰名商标认定的案件中有妨碍民事诉讼行为的，依法给予制裁。有管辖权的法院均应积极接受各有关方面对于驰名商标司法认定的监督，发现问题务必及时解决。有关驰名商标司法保护的司法解释颁布施行以后，各级法院要认真贯彻落实，使驰名商标司法保护更加规范化。

9. 加强商标授权确权案件的审判工作，正确处理保护商标权与维持市场秩序的关系。既要有效遏制不正当抢注他人在先商标行为，加强对于具有一定知名度的在先商标的保护，又要准确把握商标权的相对权属性，不能轻率地给予非驰名注册商标跨类保护。正确区分撤销注册商标的公权事由和私权事由，防止不适当地扩张撤销注册商标的范围，避免撤销注册商标的随意性。对于注册使用时间较长、已建立较高市场声誉和形成自身的相关公众群体的商标，不能轻率地予以撤销，在依法保护在先权利的同时，尊重相关公众已在客观上将相关商标区别开来的市场实际。要把握商标法有关保护在先权利与维护市场秩序相协调的立法精神，注重维护已经形成和稳定了的市场秩序，防止当事人假商标争议制度不正当地投机取巧和巧取豪夺，避免因轻率撤销已注册商标给企业正常经营造成重大困难。与他人著作权、企业名称权等在先财产权利相冲突的注册商标，因超过商标法规定的争议期限而不可撤销的，在先权利人仍可在诉讼时效期间内对其提起侵权的民事诉讼，但人民法院不再判决承担停止使用该注册商标的民事责任。

10. 妥善处理注册商标、企业名称与在先权利的冲突，依法制止“傍名牌”等不正当竞争行为。除注册商标之间的权利冲突民事纠纷外，对于涉及注册商标、企业名称与在先权利冲突的民事纠纷，包括被告实际使用中改变了注册商标或者超出核定使用的商品范围使用注册商标的纠纷，只要属于民事权益争议并符合民事诉讼法规定的受理条件，人民法院应予受理。凡被诉侵权商标在人民法院受理案件时尚未获得注册的，均不妨碍人民法院依法受理和审理；被诉侵权商标虽为注册商标，但被诉侵权行为是复制、摹仿、翻译在先驰名商标的案件，人民法院应当依法受理。

按照诚实信用、维护公平竞争和保护在先权利等原则，依法审理该类权利冲突案件。有工商登记等的合法形式，但实体上构成商标侵权或者不正当竞争的，依法认定构成商标侵权或者不正当竞争，既不需要以行政处理为前置条件，也不应因行政处理而中止诉讼。在中国境外取得的企业名称等商业标识，即便其取得程序符合境外的法律规定，但在中国境内的使用行为违反我国法律和扰乱我国市场经济秩序的，按照知识产权的独立性和地域性原则，依照我国法律认定其使用行为构成商标侵权或者不正当竞争。企业名称因突出使用而侵犯在先注册商标专用权的，依法按照商标侵权行为处理；企业名称未突出使用但其使用足以产生市场混淆、违反公平竞争的，依法按照不正当竞争处理。对于因历史原因造成的注册商标与企业名称的权利冲突，当事人不具有恶意的，应当视案件具体情况，在考虑历史因素和使用现状的基础上，公平合理地解决冲突，不宜简单地认定构成商标侵权或者不正当竞争；对于权属已经清晰的老字号等商业标识纠纷，要尊重历史和维护已形成的法律秩序。对于具有一定市场知名度、为相关公众所熟知、已实际具有商号作用的企业名称中的字号、企业或者企业名称的简称，视为企业名称并给予制止不正当竞争的保护。因使用企业名称而构成侵犯商标权的，可以根据案件具体情况判令停止使用，或者对该企业名称的使用方式、使用范围作出限制。因企业名称不正当使用他人具有较高知名度的注册商标，不论是否突出使用均难以避免产生市场混淆的，应当根据当事人的请求判决停止使用或者变更该企业名称。判决停止使用而当事人拒不执行的，要加大强制执行和相应的损害赔偿救济力度。

11. 加强不正当竞争和反垄断审判，统筹兼顾自由竞争与公平竞争的关系，积极促进市场结构完善和社会主义市场经济体制的健全。妥善处理专利、商标、著作权等知识产权专门法与反不正当竞争法的关系，反不正当竞争法补充性保护不能抵触专门法的立法政策，凡专门法已作穷尽规定的，原则上不再以反不正当竞争法作扩展保护。凡反不正当竞争法已在特别规定中作穷尽性保护的行为，一般不再按照原则规定扩展其保护范围；对于其未作特别规定的竞争行为，只有按照公认的商业标准和普遍认识能够认定违反原则规定时，才可以认定构成不正当竞争行为，防止因不适当地扩大不正当竞争范围而妨碍自由、公平竞争。妥善处理保护商业秘密与自由择业、涉密者竞业限制和人才合理流动的关系，维护劳动者正当就业、创业的合法权益。高度重视反垄断法的执行，依法审理好各类垄断纠纷案件，遏制垄断行为，维护公平竞争，为企业提供自由宽松的创业和发展环境。

四、完善知识产权诉讼制度，着力改善贸易和投资环境，积极推动对外开放水平的提高

12. 加强诉权保护，畅通诉讼渠道。依法加强诉权保护，凡符合受理条件的起诉均应及时受理；凡经权利人明确授权代为提起诉讼的律师，均可以权利人的名义提起诉讼，并考虑境外当事人维权的实际，不苛求境外权利人在起诉书上签章。结合知识产权审判实际，完善各种诉讼制度，简化救济程序，积极施行各项便民利民措施，增强司法救济的有效性。

13. 完善确认不侵权诉讼制度，遏制知识产权滥用行为，为贸易和投资提供安全宽松的司法环境。继续探索和完善知识产权领域的确认不侵权诉讼制度，充分发挥其维护投资和经营活动安全的作用。除知识产权权利人针对特定主体发出侵权警告且未在合理期限内依法提起诉讼，被警告人可以提起确认不侵权诉讼以外，正在实施或者准备实施投资建厂等经营活动的当事人，受到知识产权权利人以其他方式实施的有关侵犯专利权等的警告或威胁，主动请求该权利人确认其行为不构成侵权，且以合理的方式提供了确认所需的资料和信息，该权利人在合理期限内未作答复或者拒绝确认的，也可以提起确认不侵权诉讼。探索确认不侵犯商业秘密诉讼的审理问题，既保护原告的合法权益和投资安全，又防止原告滥用诉权获取他人商业秘密。

14. 严格把握法律条件，慎用诉前停止侵权措施。采取诉前停止侵权措施既要积极又要慎重，既要合理又要有效，要妥善处理有效制止侵权与维护企业正常经营的关系。诉前停止侵权主要适用于事实比较清楚、侵权易于判断的案件，适度从严掌握认定侵权可能性的标准，应当达到基本确信的程度。在认定是否会对申请人造成难以弥补的损害时，应当重点考虑有关损害是否可以通过金钱赔偿予以弥补以及是否有可执行的合理预期。担保金额的确定既要合理又要有效，主要考虑禁令实施后对被申请人可能造成的损失，也可以参考申请人的索赔数额。严格审查被申请人的社会公共利益抗辩，一般只有在涉及公众健康、环保以及其他重大社会利益的情况下才予考虑。诉前停止侵权涉及当事人的重大经济利益和市场前景，要注意防止和规制当事人滥用有关权利。应考虑被诉企业的生存状态，防止采取措施不当使被诉企业生产经营陷入困境。特别是在专利侵权案件中，如果被申请人的行为不构成字面侵权，其行为还需要经进一步审理进行比较复杂的技术对比才能作出判定时，不宜裁定责令诉前停止侵犯专利权；在被申请人依法已经另案提出确认不侵权诉讼或者已就涉案专利提出无效宣告请求的情况下，要对被申请人主张的事实和理由进行审查，慎重裁定采取有关措施。根据案件进展情况，注意依法适时解除诉前停止侵权裁定。加强在诉前停止侵权措施申请错误时对受害人的救济，申请人未在法定期限内起诉或者已经实际构成申请错误，受害人提起损害赔偿诉讼的，应给予受害人应有的充分赔偿。对于为阻碍他人新产品上市等重大经营活动而恶意申请诉前停止侵权措施，致使他人的市场利益受到严重损害的情形，要注意给予受害人充分保护。

15. 充分发挥停止侵害的救济作用，妥善适用停止侵害责任，有效遏制侵权行为。根据当事人的诉讼请求、案件的具体情况和停止侵害的实际需要，可以明确责令当事人销毁制造侵权产品的专用材料、工具等，但采取销毁措施应当以确有必要为前提，与侵权行为的严重程度相当，且不能造成不必要的损失。如果停止有关行为会造成当事人之间的重大利益失衡，或者有悖社会公共利益，或者实际上无法执行，可以根据案件具体情况进行利益衡量，不判决停止行为，而采取更充分的赔偿或者经济补偿等替代性措施了断纠纷。权利人长期放任侵权、怠于维权，在其请求停止侵害时，倘若责令停止有关行为会在当事人之间造成较大的利益不平衡，可以审慎地考虑不再责令停止行为，但不影响依法给予合理的赔偿。

16. 增强损害赔偿的补偿、惩罚和威慑效果，降低维权成本，提高侵权代价。在确定损害赔偿时要善用证据规则，全面、客观地审核计算赔偿数额的证据，充分运用逻辑推理和日常生活经验，对有关证据的真实性、合法性和证明力进行综合审查判断，采取优势证据标准认定损害赔偿事实。积极引导当事人选用侵权受损或者侵权获利方法计算赔偿，尽可能避免简单适用法定赔偿方法。对于难以证明侵权受损或侵权获利的具体数额，但有证据证明前述数额明显超过法定赔偿最高限额的，应当综合全案的证据情况，在法定最高限额以上合理确定赔偿额。除法律另有规定外，在适用法定赔偿时，合理的维权成本应另行计赔。适用法定赔偿时要尽可能细化和具体说明各种实际考虑的酌定因素，使最终得出的赔偿结果合理可信。根据权利人的主张和被告无正当理由拒不提供所持证据的行为推定侵权获利的数额，要有合理的根据或者理由，所确定的数额要合情合理，具有充分的说服力。注意参照许可费计算赔偿时的可比性，充分考虑正常许可与侵权实施在实施方式、时间和规模等方面的区别，并体现侵权赔偿金适当高于正常许可费的精神。注意发挥审计、会计等专业人员辅助确定损害赔偿的作用，引导当事人借助专业人员帮助计算、说明和质证。积极探索知识产权损害赔偿专业评估问题，在条件成熟时适当引入由专业机构进行专门评估的损害赔偿认定机制。

17. 注意研究经济领域的知识产权新问题，积极促进科技兴贸基地和服务外包基地建设。加强科技兴贸基地和服务外包基地建设所涉及的知识产权保护问题的调查研究，有针对性地加强相关知识产权的司法保护，为促进科技兴贸基地和服务外包基地建设提供优良的司法环境。加大对信息、软件、医药、新材料、航空航天、精细化工等高新技术领域的知识产权保护力度，积极促进科技兴贸基地建设。引导高技术企业进一步增强自主创新能力，拥有自主知识产权，大力支持具有自主品牌和自主知识产权的高新技术产品出口，进一步提高出口产品国际市场竞争力。深入研究服务外包中的知识产权法律问题，促进服务外包基地建设。通过司法裁判引导服务外包企业树立知识产权保护意识，建立健全企业知识产权保护制度，提高外包服务的竞争力。

18. 完善有关加工贸易的司法政策，促进加工贸易健康发展。认真研究加工贸易中的知识产权保护问题，抓紧总结涉及加工贸易的知识产权案件的审判经验，解决其中存在的突出问题，完善司法保护政策，促进加工贸易的转型升级。妥善处理当前外贸“贴牌加工”中多发的商标侵权纠纷，对于构成商标侵权的情形，应当结合加工方是否尽到必要的审查注意义务，合理确定侵权责任的承担。

19. 坚持平等保护原则，坚决反对任何形式的保护主义。严格依法办案，平等保护本地与外地、本国与外国当事人的合法权益，坚决遏制地方保护和部门保护，促进国内市场的统一开放，完善投资环境和增强投资信心，提高国际声誉和树立良好形象，提高对外开放水平。统筹好国内国际两个大局，妥善处理与贸易有关的重大知识产权纠纷，积极服务于国内国际两个市场、两种资源的统筹利用，既确保遵循相关国际公约和国际惯例，促进国际经贸合作，又始终注意维护国家利益和经济安全，激励和促进自主创新，提升我国的知识产权综合能力和国际竞争力。正确处理对外关系与具体案件审理的关系，无论普通涉外案件还是引起国际关注的敏感性案件，都要严格依法办案，不能为盲目迎合片面的外部舆论而牺牲公正司法。

20. 加强同类案件和关联案件的协调指导，规范司法行为，维护法治统一。加强同类案件的调查研究和业务指导，加大司法解释力度，完善司法政策，积极推行典型案例指导制度，不断明确和完善法律适用标准。强化对法官行使自由裁量权的约束和规范机制，细化正当行使自由裁量权的标准。对于法律问题相同、裁判定性不一的案件，强化审级监督，充分发挥二审和再审的纠错功能。加强关联案件的协调指导力度，完善协调处理机制。对于涉及同一法律事实或者同一法律关系的关联案件，需要移送的，应当依照法律规定移送管辖和合并审理。健全关联案件审理法院之间的相互沟通制度和报请共同上级法院协调指导制度。在后受理的法院，应积极主动加强沟通并及时报请上级法院进行协调，避免作出相互矛盾的判决。

北京市知识产权保护条例

（2022年3月31日北京市第十五届人民代表大会常务委员会第三十八次会议通过 2022年3月31日北京市人民代表大会常务委员会公告〔十五届〕第72号公布 自2022年7月1日起施行）

第一章 总 则

第一条 为了加强知识产权保护，激发创新创造活力，建设知识产权首善之区，支持和促进国际科技创新中心和全国文化中心建设，服务和推动首都经济社会高质量发展，根据有关法律、行政法规，结合本市实际情况，制定本条例。

第二条 本市行政区域内知识产权保护及相关活动，适用本条例。

第三条 本市对权利人依法就下列客体享有的知识产权予以保护：

（一）作品；

（二）发明、实用新型、外观设计；

（三）商标；

（四）地理标志；

（五）商业秘密；

（六）集成电路布图设计；

（七）植物新品种；

（八）法律规定的其他客体。

第四条 本市倡导尊重知识、崇尚创新、诚信守法、公平竞争的知识产权文化理念，加强知识普及和文化宣传，增强全社会知识产权保护意识，营造有利于促进知识产权高质量发展的人文社会环境。

本市每年发布知识产权保护状况白皮书，向社会公示本市知识产权保护状况。

第五条 本市知识产权保护工作坚持全面、严格、快捷、平等的原则，构建行政监管、司法保护、行业自律、社会监督、公共服务、纠纷多元调处的知识产权保护格局，健全制度完善、运行高效、管理科学、服务优化的知识产权保护体系。

第六条 市、区人民政府应当加强对知识产权保护工作的领导，将知识产权保护工作纳入国民经济和社会发展规划和计划，制定知识产权发展战略、规划和计划，保障知识产权发展资金的投入，将知识产权保护情况纳入营商环境和高质量发展评价体系。

市、区人民政府建立健全知识产权办公会议制度，统筹推进知识产权工作中的重大事项，协调解决重点和难点问题，督促有关知识产权政策措施的落实。

第七条 知识产权部门负责知识产权工作的统筹协调，推动知识产权保护工作体系建设。

知识产权部门和市场监督管理部门按照职责分工负责专利、商标、地理标志、商业秘密等保护的相关管理工作；版权、文化和旅游部门按照职责分工负责著作权保护的相关管理工作；农业农村、园林绿化部门按照职责分工负责植物新品种保护的相关管理工作。

发展改革、科技、经济和信息化、财政、广播电视、商务、教育、人力资源社会保障、金融监督管理、公安、司法行政等部门按照各自职责做好知识产权保护相关工作。

第八条 支持企业、高等院校、科研机构等探索移动互联网、大数据、人工智能、量子科技、前沿生物技术等新技术、新产业、新业态、新模式的知识产权管理措施和保护模式。

支持在国家服务业扩大开放综合示范区、中国（北京）自由贸易试验区、中关村国家自主创新示范区等建设中，根据国家授权，进行知识产权保护体制机制、政策措施等方面的探索创新。

第九条 本市加强京津冀知识产权保护区域合作，开展案件线索移送、调查取证、协助执行、联合执法等工作，共享专家智库、服务机构等资源，推动信息互通、执法互助、监督互动、经验互鉴；强化与其他省市的知识产权保护协作。

第十条 本市扩大知识产权领域开放合作，支持境外知识产权服务机构、仲裁机构等依法在本市设立机构、开展业务，推动建立国际知识产权交易、运营平台。

第十一条 对在知识产权保护及相关活动中作出突出贡献的个人和单位，按照国家和本市有关规定予以表彰奖励。

第二章　行政保护和司法保护

第十二条 知识产权、市场监督管理、版权、文化和旅游、农业农村、园林绿化等负有知识产权保护管理职责的部门（以下统称知识产权保护管理部门）应当完善执法协作工作平台，建立知识产权侵权违法行为线上线下快速协查机制，开展远程、移动实时监测监控；对网络平台、展会、大型市场、大型文化体育活动等实施重点监督检查，及时发现、查处重复侵权、恶意侵权、群体侵权等知识产权侵权违法行为。

第十三条 知识产权保护管理部门在查处涉嫌侵权违法行为时，有权采取下列措施：

（一）询问有关当事人，调查有关情况；

（二）查阅、复制有关资料；

（三）对有关场所和物品实施现场检查；

（四）对有关场所和物品依法查封或者扣押。

知识产权保护管理部门依法行使前款规定职权时，当事人应当予以协助、配合，不得拒绝、阻挠。

第十四条 市知识产权部门或者有关区人民政府设立的知识产权保护机构，通过专利预审、维权指导、保护协作等方式，提供知识产权保护服务，为国家重点发展产业和本市战略性新兴产业等领域的专利申请获得快速审查提供支持。

第十五条 知识产权部门、市场监督管理部门应当加强商标管理，规范注册商标使用行为，对侵犯注册商标专用权、恶意申请商标注册、违法从事商标代理业务等行为依法予以查处。

第十六条 版权、文化和旅游部门应当加强对著作权侵权违法行为的监管，制定适应网络环境和数字经济形态的著作权保护措施。

市版权部门应当建立重点作品版权保护预警制度，对国家和本市版权部门确定的重点监管网站加强监管；完善作品自愿登记工作制度，支持自然人、法人和非法人组织进行作品自愿登记。

第十七条　市场监督管理等部门应当指导市场主体建立健全商业秘密保护机制，通过明确管理规则、采取技术措施、签订保密协议、开展风险排查和教育培训等方式保护商业秘密。

行政机关、司法机关以及仲裁、调解等服务机构及其工作人员对履行职责、提供服务过程中知悉的商业秘密，负有保密义务，不得泄露或者非法向他人提供。

第十八条　知识产权保护管理部门应当会同有关部门加强传统文化领域和奥林匹克标志的知识产权保护，为相关专利申请、商标注册、作品登记、商业秘密保护等提供咨询和指导。

第十九条　知识产权保护管理部门及其他有关部门应当依法保护数据收集、存储、使用、加工、传输、提供、公开等活动中形成的知识产权，引导数据处理者建立健全全流程知识产权管理制度，强化知识产权保护意识。

第二十条　市知识产权部门制定数字贸易知识产权保护指引，指导市场主体了解目标市场产业政策、贸易措施、技术标准等，对标国际通行知识产权保护规则，做好数字产品制造、销售等全产业链知识产权侵权风险甄别和应对。

第二十一条　单位或者个人向境外转移国家限制出口的技术涉及知识产权对外转让的，市商务、知识产权、科技、农业农村、园林绿化等部门应当按照规定进行审查。

外国投资者并购在京企业涉及知识产权对外转让，且该并购属于国家规定的安全审查范围的，市知识产权、版权、农业农村、园林绿化等部门应当配合国务院有关部门开展审查工作。

第二十二条　任何单位或者个人有权向知识产权保护管理部门投诉、举报知识产权侵权违法行为。

知识产权保护管理部门应当健全知识产权侵权违法行为投诉、举报处理机制，对接12345市民服务热线及其网络平台，及时处理投诉、举报线索，并按规定将处理结果反馈投诉人、举报人。

第二十三条　人民法院应当完善知识产权审判机制，依法实施知识产权侵权惩罚性赔偿、知识产权行为保全等制度，优化司法资源配置，提高知识产权案件审判质量和效率。

支持北京知识产权法院、北京互联网法院等审判机关加强知识产权审判功能建设，发挥专业化审判作用。

人民法院、人民检察院应当对知识产权案件中反映的普遍性、规律性问题，通过发布典型案例、司法保护状况以及提出司法建议、检察建议等方式，为政府部门、市场主体等健全制度、加强管理、消除隐患提供指引。

第二十四条　人民法院、人民检察院、公安机关应当依法惩治知识产权犯罪，加大对链条式、产业化知识产权犯罪的惩治力度。

第二十五条　本市健全技术调查官制度。人民法院、人民检察院、知识产权保护管理部门处理涉及专利、计算机软件、集成电路布图设计、技术秘密、植物新品种等专业技术性较强的知识产权案件，可以邀请、选聘相关专业技术人员担任技术调查官，提出技术调查意见，为认定技术事实提供参考。

第二十六条　人民法院、人民检察院、知识产权保护管理部门应当结合新技术特点，健全相关证据规则。

鼓励当事人采用时间戳、区块链等电子存证技术获取、固定知识产权保护相关证据。

第二十七条 本市建立健全知识产权行政保护和司法保护衔接机制，推动知识产权保护管理部门与人民法院、人民检察院、公安机关之间开展知识产权案件移送、线索通报、信息共享。

第三章 社会共治

第二十八条 网络服务提供者应当依法履行知识产权保护义务，并遵守下列规定：

（一）建立知识产权保护规则，明确网络用户的知识产权保护义务、知识产权治理措施、争议解决方式等内容；

（二）采取与其技术能力、经营规模以及服务类型相适应的预防侵权措施；

（三）在显著位置公示权利人提交侵权通知的主要渠道，不得采用限定渠道、限制次数等方式限制或者变相限制权利人提交通知；

（四）及时公示侵权通知、不存在侵权行为的声明及处理结果。

第二十九条 在本市举办展览会、展示会、博览会、交易会（以下统称展会）等活动的，展会主办方、承办方应当依法履行知识产权保护义务，并遵守下列规定：

（一）对参展项目的知识产权状况开展展前审查，督促参展方对参展项目进行知识产权状况检索；

（二）要求参展方作出参展项目不侵犯他人知识产权的承诺，并与参展方约定知识产权投诉处理程序和解决方式；

（三）设立展会知识产权投诉机构或者指定专人负责接受投诉、调查处理，并将投诉、调查处理的相关资料在展会结束后报送市知识产权部门。

知识产权权利人或者利害关系人认为参展项目侵犯其知识产权的，可以向展会主办方、承办方投诉，并提供知识产权权利证明；展会主办方、承办方经调查，初步判定参展项目涉嫌侵权的，应当要求相关参展方按照约定采取遮盖、撤展等处理措施。

第三十条 大型文化体育活动的主办方、承办方，应当依法加强知识产权保护，完善知识产权授权合作机制和风险管控机制，规范知识产权运用行为。

第三十一条 本市建立知识产权合规承诺制度。单位或者个人参加政府采购、申请政府资金、参评政府奖项等活动，应当以书面形式作出相关产品、服务或者项目不侵犯他人知识产权的承诺。

鼓励市场主体在交易、投资、合作等市场活动中，作出不侵犯他人知识产权的承诺，并约定违反相应承诺的责任。

第三十二条 行业协会、商会、产业知识产权联盟等组织应当制定知识产权自律公约，加强自律管理，提供知识产权政策研究、宣传培训、人才培养、国际交流、协同创造运营、监测预警、纠纷调处等服务，对实施侵犯知识产权行为的成员进行内部惩戒。

支持版权行业协会利用新技术手段，提供版权数字认证、电子存证、维护管理、交易流转等服务，为市场主体明确权利来源、降低维权成本、提高运用效率提供支持。

第三十三条 本市建立健全知识产权信用评价和失信惩戒机制，依法对知识产权领域严重违法失信行为实施相应管理和惩戒措施。知识产权保护管理部门应当依法将有关行政处罚等信息，共享到本市公共信用信息服务平台，并向社会公布。

第三十四条 企业事业单位、社会组织不依法履行知识产权保护义务，造成不良影响的，知识产权保护管理部门可以对其法定代表人或者主要负责人进行约谈，督促整改。

第四章 促进与服务

第三十五条 本市建立专利导航制度，对重点行业、领域的专利信息开展分析，为宏观决策、产业规划、企业经营和创新活动提供指引。

发展改革、科技、经济和信息化等部门应当会同知识产权部门完善专利导航机制，开展专利导航，定期发布专利导航成果，组建专利导航项目成果数据库；鼓励企业、高等院校、科研机构等自行或者委托专业服务机构开展专利导航，为研究开发、生产经营、人才管理等提供依据和支撑。

市知识产权部门应当引导、支持公益性专利导航工具类产品的开发，组织开展专利导航培训。

第三十六条 支持企业、高等院校、科研机构等成立产业知识产权联盟，构建专利池，提高专利创造、运用、保护和管理的能力。

第三十七条 支持版权产业发展，建立数字出版精品库。鼓励新闻出版广播影视等方面的企业开展版权资产管理和运营，形成全产业链的开发经营模式，提升内容生产原创活力和转化质量。

第三十八条 知识产权部门会同商务等部门组织实施商标品牌战略工程，评估商标发展状况，引导市场主体培育商标品牌。

知识产权部门会同相关主管部门指导相关组织、企业完善技术标准、检验检测和质量体系，支持其申请地理标志产品保护，并通过注册证明商标、集体商标等方式保护地理标志。

第三十九条 本市建立重大经济科技活动知识产权分析评议制度。发展改革、经济和信息化、科技、商务等部门应当会同知识产权部门，对政府投资的重大经济科技项目组织开展知识产权综合分析与评估，防范和化解知识产权风险。

第四十条 支持企业、高等院校、科研机构加强知识产权管理机构建设，建立健全覆盖全类型、全流程的知识产权管理制度，促进知识产权与科技创新、成果转化、产业发展的融合。

第四十一条 金融监督管理、知识产权等部门推动建立和完善知识产权质押融资风险分担、损失补偿和质物处置机制；支持商业银行、担保、保险等金融机构提供符合知识产权特点的金融服务，在风险可控的前提下扩大知识产权质押贷款规模，创新知识产权保险、信用担保等金融产品，为知识产权转化运用和交易运营提供金融支持。

支持评估机构、知识产权服务机构等探索符合知识产权特点的评估方法，开展知识产权价值评估服务，为知识产权质押融资等金融活动提供参考。

第四十二条 市、区人民政府推动知识产权交易、数字版权交易、国际影视动漫版权贸易等平台建设，提供知识产权权利登记、定价交易、评估评价、运营转化、金融服务等一体化服务。

第四十三条 鼓励市场主体设立股权投资基金，投资战略性新兴产业领域现有核心知识产权、具有行业前景和技术趋势的前沿技术。

第四十四条 市、区知识产权保护管理部门应当建立健全知识产权公共服务体系，依托知识产权公共服务中心、工作站等，加强宣传培训，免费提供法律咨询、维权援助、纠纷调解等服务。

市知识产权部门组织制定公共服务清单、标准和流程，并向社会公布；定期组织第三方机构对知识产权公共服务情况进行评估，提升公共服务质量。

市知识产权公共服务中心组织行业、法律、技术等方面专家成立知识产权保护志愿服务队伍，为中小企业、创新创业组织和团队等提供专业化的知识产权志愿服务。

第四十五条 本市建设知识产权公共信息服务平台，推动知识产权保护管理部门、人民法院、人民检察院、行业协会、知识产权服务机构之间信息共享，免费向社会提供知识产权公共信息查询、检索、咨询等服务。

鼓励有条件的高等院校、科研机构向社会开放知识产权信息服务资源。

第四十六条 市知识产权部门应当提供国别知识产权制度指引，及时发布风险预警提示信息，建立海外知识产权纠纷应对指导和维权援助机制，为处理海外知识产权纠纷提供专家、信息、法律等方面的支持。

鼓励企业、行业协会、商会等建立海外知识产权维权联盟，设立海外维权援助互助基金，提高海外知识产权风险防范和纠纷应对能力。

第四十七条 本市促进和规范知识产权服务业发展，指导相关行业协会开展分级分类评价；培育国际化、市场化、专业化知识产权服务机构，支持其依法开展知识产权代理、咨询、投融资等活动；鼓励发展高附加值的知识产权服务。

第四十八条 鼓励高等院校加强知识产权人才培养，开设知识产权相关专业和课程，开展知识产权学历教育，培养复合型、应用型、国际化知识产权人才。

本市将知识产权培训纳入职业技能提升计划，扩大知识产权职业培训规模；组织对从事知识产权行政管理、司法、公共服务、科技创新等工作的相关人员开展业务培训。鼓励、引导行业协会、商会等开展知识产权人才职业技能水平评价。

第五章　纠纷多元调处

第四十九条 当事人可以就专利侵权纠纷依法向知识产权部门申请行政裁决。

市知识产权部门对当事人提起专利无效宣告请求的案件，与国务院专利行政部门建立行政裁决与确权程序的联动机制，协同推进专利侵权纠纷处理。

第五十条 当事人可以就知识产权纠纷依法向知识产权保护管理部门申请调解。经调解签订调解协议且调解协议内容符合相关法律规定的，人民法院依当事人申请予以司法确认。

第五十一条 鼓励行业协会、商会等成立行业性、专业性知识产权纠纷人民调解组织，提供调解服务。知识产权、版权、司法行政等部门应当给予支持和指导。

鼓励知识产权服务机构、法律服务机构等提供便捷、高效的知识产权纠纷调解服务。

第五十二条　本市建立知识产权纠纷诉调对接机制，推广利用调解方式快速解决纠纷。人民法院可以在立案前建议当事人选择调解方式解决纠纷，也可以在立案后经当事人同意委托调解组织或者调解员进行调解；经调解签订调解协议且调解协议内容符合相关法律规定的，人民法院依当事人申请予以司法确认或者制作调解书，并按照有关规定减免诉讼费。

第五十三条　支持仲裁机构加强知识产权纠纷仲裁服务能力建设，为当事人提供专业、优质、高效的仲裁服务。政府有关部门应当为仲裁机构开展涉外知识产权仲裁业务提供相关人员工作居留及出入境、跨境收支等方面的便利。

第六章　法律责任

第五十四条　网络服务提供者违反本条例第二十八条规定的，由文化和旅游、市场监督管理等部门责令限期改正；逾期不改正的，处一万元以上五万元以下罚款；情节严重的，处五万元以上二十万元以下罚款。

第五十五条　展会主办方、承办方违反本条例第二十九条规定的，由知识产权部门责令改正，根据情节轻重，可以处警告、通报批评或者三万元以上十万元以下罚款。

第五十六条　违反本条例规定，侵犯他人知识产权的，依法承担民事责任；构成犯罪的，依法追究刑事责任。

第七章　附　　则

第五十七条　本条例自2022年7月1日起施行。

上海市知识产权保护条例

（2020年12月30日上海市第十五届人民代表大会常务委员会第二十八次会议通过　2020年12月30日上海市人民代表大会常务委员会公告第58号公布　自2021年3月1日起施行）

第一章　总　　则

第一条　为了全面加强知识产权保护，激发创新创造活力，推动上海科技创新中心建设，营造国际一流的营商环境和创新环境，根据《中华人民共和国民法典》《中华人民共和国专利法》《中华人民共和国商标法》《中华人民共和国著作权法》等法律、行政法规，结合本市实际，制定本条例。

第二条　本条例适用于本市行政区域内知识产权保护、管理及相关活动。

本条例所称知识产权，是指权利人依法就下列客体享有的专有的权利：

（一）作品；

（二）发明、实用新型、外观设计；

（三）商标；

（四）地理标志；

（五）商业秘密；

（六）集成电路布图设计；

（七）植物新品种；

（八）法律规定的其他客体。

第三条 本市开展知识产权保护工作，遵循“严保护、大保护、快保护、同保护”的原则，坚持行政保护、司法保护与社会共治相结合，深化知识产权保护工作体制机制改革，构建制度完备、体系健全、环境优越的国际知识产权保护高地。

第四条 市、区人民政府应当加强对知识产权保护工作的领导，完善知识产权保护体系，成立知识产权联席会议，组织、指导和监督本行政区域内知识产权保护工作，研究制定知识产权保护重大政策和战略规划，统筹推进知识产权保护工作中的重大事项，具体工作由同级知识产权部门承担。

知识产权保护工作应当纳入国民经济和社会发展规划，并作为政府绩效考核的内容。

第五条 市、区知识产权部门负责组织、协调、实施知识产权保护工作，依法承担专利、商标、地理标志保护职责。

市版权部门依法负责全市版权保护工作，各区主管版权的部门负责本区内的版权保护工作。

市、区农业农村和林业部门依法负责植物新品种保护工作。

国有资产监管、经济信息化、科技、商务、公安、发展改革、财政、司法行政等有关部门按照各自职责，配合做好知识产权保护工作。

市知识产权部门应当发挥组织协调作用，与负有知识产权保护管理职责的其他部门紧密协同，牵头建立信息通报、要情会商、联合发文等工作机制。

第六条 本市按照知识产权保护的要求，整合优化执法资源，推进知识产权领域综合执法。

市、区市场监管、文化旅游等部门依据职责，依法查处专利、商标、地理标志、商业秘密、版权等方面的违法行为。

第七条 本市推进长江三角洲区域知识产权保护会商和信息共享，建立区域知识产权快速维权机制，完善立案协助、调查取证、证据互认及应急联动等工作机制，实施重大知识产权违法行为联合信用惩戒，实现知识产权执法互助、监管互动、信息互通、经验互鉴。

本市强化与其他省市知识产权保护协作，配合、协助外省市有关行政机关和司法机关做好调查取证、文书送达等工作。

第八条 本市拓宽知识产权对外合作交流渠道，加强与世界知识产权组织等国际组织的合作交流，构建与国际接轨的知识产权保护体系。

鼓励和支持社会组织依法开展知识产权保护国际交流合作。

第九条 本市对在知识产权保护方面作出显著贡献的单位和个人，按照有关规定予以表彰和奖励。

第十条 市、区人大常委会应当通过听取和审议专项工作报告、开展执法检查等方式，加强对知识产权保护工作的监督。

第二章 制度建设

第十一条 知识产权、版权、农业农村、林业、市场监管等部门（以下统称“知识产权相关管理部门”）应当为市场主体知识产权的取得、转移、权益保障等活动提供指引、指导和服务。

第十二条 知识产权相关管理部门应当会同有关部门引导高等院校、科研机构、企业等建立健全知识产权管理制度，落实知识产权管理规范。

国有资产监管部门及委托监管单位应当会同知识产权相关管理部门加强对本市国有企业知识产权保护工作的指导，明确并落实企业主要负责人履行知识产权管理和保护第一责任人制度，提高国有企业知识产权管理和保护水平。

第十三条 市知识产权部门应当推动专利快速审查机制建设，按照有关规定，为国家重点发展产业和本市战略性新兴产业等提供专利申请和确权的快速通道。

第十四条 本市建立知识产权评议制度。市、区人民政府应当在重大产业规划、高技术领域政府投资项目以及其他重大经济活动立项前，对项目所涉及的与技术相关的专利等知识产权状况进行分析、评估，防范知识产权风险。

第十五条 本市建立健全知识产权保护预警机制。知识产权相关管理部门应当加强对知识产权发展现状、趋势和竞争态势的监测、研究，对于具有重大影响的知识产权事件，及时向社会公布并就可能产生的风险发出预警。

知识产权相关管理部门应当会同商务部门、相关行业组织等对具有重大影响的国际知识产权事件以及国外知识产权法律修改变化情况进行分析、研究，为本市企业开展对外经贸、投资活动做好风险预警。

第十六条 本市完善知识产权对外转让审查制度。

根据国家规定，对于技术出口中涉及的知识产权对外转让，市知识产权部门应当会同市经济信息化、商务、科技等部门，制定和完善转让审查程序和规则，规范知识产权对外转让秩序，维护国家安全和重大公共利益；对于外国投资者并购境内企业中涉及的知识产权对外转让，本市相关部门应当配合国家有关部门做好审查工作。

第十七条 各级机关应当将计算机软件购置经费纳入财政预算，对通用软件实行政府集中采购。

市版权部门应当会同市电子政务、国有资产监管、经济信息化等部门对使用正版软件情况开展日常监管、督促检查及培训工作。

第十八条 本市加快推进知识产权领域信用体系建设，建立健全知识产权领域信息归集、信用评价和失信惩戒机制。依法将自然人、法人和非法人组织因侵犯知识产权等行为被司法判决或者行政处罚等信息纳入公共信用信息予以共享，推动开展以信用为基础的分级分类监管，对失信主体依法实施惩戒措施。

第十九条 本市按照国家要求，在创新知识产权保护工作机制和纠纷处理、涉外维权等方面先行先试，支持浦东新区建设知识产权示范城区，率先探索建立知识产权统一管理和执法的体制，探索成果条件成熟时可以在全市推广。

第三章 行政保护

第二十条 本市推进建立统一的知识产权信息化综合服务平台，知识产权相关管理部门应当结合政务服务“一网通办”、城市运行“一网统管”建设，优化政务服务流程，加强信息共享，实现知识产权相关事项办理一次登录、全网通办。

各类知识产权公共服务机构应当拓展服务领域，开展知识产权快速审查、快速登记、快速确权、快速监测预警、快速维权和检索查询等相关服务。

第二十一条 市知识产权部门应当建立健全本市重点商标保护名录制度，将在本市享有较高知名度、具有较大市场影响力、容易被侵权假冒的注册商标纳入重点保护范围。

市版权部门应当根据国家有关部门发布的版权预警重点保护名单，对本市主要网络服务商发出版权预警提示，加强对侵权行为的监测。文化旅游部门应当加强对未经授权通过信息网络非法传播版权保护预警重点作品的查处。

知识产权相关管理部门应当对知识产权侵权集中领域和易发风险区域加强监督检查，必要时可以开展专项行动或者联合执法。

第二十二条 知识产权、市场监管等部门应当积极引导申请人、代理机构依法进行商标注册申请、专利申请，依法查处不以使用为目的的恶意申请商标注册和非正常专利申请行为。

第二十三条 知识产权相关管理部门在查处知识产权违法行为过程中，发现不属于其管辖的案件线索，应当移交有管辖权的部门。司法机关在案件办理过程中，发现知识产权违法行为的线索，可以移交知识产权相关管理部门。

第二十四条 知识产权相关管理部门发现知识产权违法行为涉嫌犯罪，需要采取侦查措施进一步获取证据以判断是否达到刑事立案标准的，应当向公安机关移送。公安机关依法不予立案的，应当将案件予以退回。

接受案件移送的公安机关应当依法及时查处，并将查处信息反馈给移送的部门。

第二十五条 市知识产权、农业农村、林业部门对于专利、植物新品种侵权等纠纷，可以根据双方当事人的意愿先行调解；调解达成协议的，应当制作调解书。当事人不愿调解或者调解不成的，应当依法作出处理。

本市受理专利侵权纠纷案件实行立案登记制，依托“一网通办”，推行网上立案。市知识产权部门对当事人提交的申请材料，应当予以接收，并出具书面凭证。符合法定条件的，应当当场予以登记立案；不符合受理范围的，应当予以释明；提交材料不符合要求的，应当一次性书面告知在指定期限内予以补正。

第二十六条 本市建立知识产权技术调查员制度。

知识产权相关管理部门根据需要，选聘相关领域专家担任技术调查员，协助专利、技术秘密、计算机软件等专业技术性较强的知识产权案件的处理。具体选聘条件和程序，由知识产权相关管理部门确定并向社会公布。

第二十七条　任何单位和个人对于知识产权违法行为有权向知识产权相关管理部门进行投诉、举报。

知识产权相关管理部门应当完善知识产权投诉、举报处理机制，向社会公开受理渠道和方式，并在规定的时间内，依法作出处理。

知识产权相关管理部门应当及时将处理结果告知投诉、举报人；对于举报内容和举报人信息，依法予以保密。

第四章　司法保护

第二十八条　本市建立和完善知识产权保护行政执法和司法保护衔接机制，推动行政机关和司法机关在违法线索、监测数据、典型案例等方面的信息互通共享。

人民法院应当深入推进知识产权民事、刑事、行政案件“三合一”审判机制改革，通过繁简分流、在线诉讼等方式，提高知识产权案件审判效率。

第二十九条　人民法院应当加强知识产权诉讼指引。强化举证责任分配、举证不能法律后果等释明，鼓励当事人充分利用公证、电子数据平台等第三方保全证据方式收集、固定证据。

第三十条　本市加大知识产权侵权赔偿力度，对情节严重的故意侵权行为，依法判令其承担惩罚性赔偿责任。

第三十一条　人民法院、人民检察院应当完善法律适用统一机制建设。通过发布典型案例、编撰类案办案指南等方式加强案例指导，促进法律适用的统一。

第三十二条　本市建立知识产权调解协议司法确认机制。当事人向人民法院申请确认知识产权调解协议的，人民法院应当依法予以审查，并作出是否确认的决定。

第三十三条　本市依法探索推进知识产权领域公益诉讼工作。

人民检察院可以通过诉前检察建议、督促起诉、支持起诉等方式，依法开展知识产权公益诉讼工作。

第三十四条　人民检察院应当充分发挥法律监督职能，依法有效开展对知识产权民事、刑事、行政案件等相关法律监督工作，加大侵犯知识产权犯罪打击力度，严格追究刑事责任。

第五章　社会治理

第三十五条　本市加强知识产权保护法治宣传，营造有利于创新创造的社会环境。

市知识产权部门应当会同有关部门定期编制本市知识产权保护白皮书和典型案例。

知识产权相关管理部门、司法机关应当会同宣传、司法行政等部门通过以案释法等方式，开展法治宣传，结合世界知识产权日、世界读书与版权日、中国品牌日等宣传活动，提升全社会知识产权保护意识。

第三十六条　高等院校、科研机构、企业应当建立健全知识产权内部管理和保护制度，提高保护意识，强化保护措施，增强自我保护能力。

鼓励和支持高等院校开设知识产权保护课程，培养知识产权保护专业人才；鼓励和支持高等院校、科研机构、企业通过市场化机制引进国内外高层次知识产权保护人才。

第三十七条 行业组织应当加强自律管理，建立健全知识产权维权保护规范，将知识产权保护内容纳入团体标准和示范合同文本；督促会员配合知识产权相关管理部门开展行政执法工作，对侵犯他人知识产权的会员进行规劝惩戒，并将规劝惩戒情况通报知识产权相关管理部门。

知识产权部门应当支持知识产权服务行业组织发展，推动建立行业服务标准，提升服务能级，提高服务质量。

第三十八条 本市推动建立知识产权合规性承诺制度。参加政府采购和招标投标、政府资金扶持、参评奖项等活动的，应当向有关主管部门提交不存在侵犯他人知识产权的书面承诺，并在签订协议时约定违背承诺的责任。

鼓励自然人、法人和非法人组织在合同中约定知识产权合规性承诺的内容以及相应的违约责任。

第三十九条 本市举办大型展示、展览、推广、交易等会展活动，会展举办单位应当要求参展方提交未侵犯他人知识产权的合规性书面承诺或者知识产权相关证明文件。未按照要求提交的，会展举办单位不得允许其参加会展相关活动。

会展举办单位可以根据会展规模、期限等情况，自行或者与仲裁机构、行业协会、知识产权服务机构等设立会展知识产权纠纷处理机构。

市知识产权部门应当会同市商务等部门制定会展知识产权保护规则，推动知识产权保护条款纳入会展活动相关合同示范文本。

第四十条 电子商务平台经营者应当建立知识产权内部管理机制和侵权快速反应机制，及时处理相关知识产权纠纷，维护电子商务领域知识产权权利人的合法权益。

市知识产权部门应当会同市商务等部门制定电子商务知识产权保护指引，规范电子商务平台经营者的侵权投诉处理行为，引导和督促电子商务平台经营者履行知识产权保护义务。

第四十一条 支持本市仲裁机构开展知识产权纠纷仲裁。

鼓励本市仲裁机构加强知识产权仲裁专业化建设，广泛吸纳知识产权专业人才参与仲裁工作。

支持境外知名仲裁及争议解决机构在本市依法开展知识产权仲裁业务。

第四十二条 鼓励行业协会、知识产权服务机构、国际贸易促进机构等依法成立行业性、专业性调解组织。

支持各类调解组织开展知识产权纠纷调解工作，提供便捷、高效的知识产权调解服务，引导当事人通过调解方式，解决知识产权纠纷。

知识产权相关管理部门、司法行政部门应当对调解组织开展知识产权纠纷调解提供必要的支持和指导，并加强与人民法院的协调和配合，提高调解工作的质量和水平。

第四十三条 鼓励公证机构创新公证证明和公证服务方式，依托电子签名、数据加密、区块链等技术，提供原创作品保护、知识产权维权取证等公证服务。

第四十四条 本市完善海外知识产权维权援助机制，加强对企业海外维权的行政指导与维权援助。商务、市场监管、知识产权等部门设立的海外维权机构应当为企业和其他组织在海外处理知识产权纠纷提供信息、法律等方面的支持。

支持重点行业、企业建立知识产权海外维权联盟，促进联盟成员在知识产权保护领域的交流与合作。

第四十五条　知识产权相关管理部门应当加强与电子商务平台经营者、行业组织、社会专业机构等合作，借助大数据、人工智能和区块链等数字新技术，在涉案线索和信息核查、重点商品流向追踪、重点作品网络传播、知识产权流转、侵权监测与识别、取证存证和在线纠纷解决等方面，推动知识产权治理创新。

第六章　附　　则

第四十六条　本条例自2021年3月1日起施行。

上海市反不正当竞争条例

（1995年9月28日上海市第十届人民代表大会常务委员会第二十一次会议通过　根据1997年8月13日上海市第十届人民代表大会常务委员会第三十八次会议《关于修改〈上海市反不正当竞争条例〉的决定》第一次修正　根据2011年12月22日上海市第十三届人民代表大会常务委员会第三十一次会议《关于修改本市部分地方性法规的决定》第二次修正　2020年10月27日上海市第十五届人民代表大会常务委员会第二十六次会议修订）

第一章　总　　则

第一条　为了促进社会主义市场经济健康发展，鼓励和保护公平竞争，制止不正当竞争行为，保护经营者和消费者的合法权益，优化营商环境，根据《中华人民共和国反不正当竞争法》和有关法律、行政法规的规定，结合本市实际，制定本条例。

第二条　在本市从事商品生产、经营或者提供服务（以下所称商品包括服务）的自然人、法人和非法人组织（以下统称经营者）在生产经营活动中，应当遵循自愿、平等、公平、诚信的原则，遵守法律法规和商业道德，不得实施或者帮助他人实施不正当竞争行为。

第三条　市人民政府建立反不正当竞争工作协调机制，研究决定本市反不正当竞争重大政策，协调处理本市维护市场竞争秩序的重大问题，为公平竞争创造良好的环境和条件。

各区人民政府建立本区反不正当竞争工作协调机制，协调处理本区跨部门反不正当竞争执法等工作。

第四条　市市场监督管理部门负责指导、协调本市不正当竞争行为的预防和查处工作，查处本市重大、跨区等不正当竞争行为。区市场监督管理部门负责本行政区域内不正当竞争行为的预防和查处工作。

财政、文化旅游、民政、体育、商务等部门（以下与市场监督管理部门统称为监督检查部门）根据法律、行政法规的规定，负责各自职责范围内不正当竞争行为的预防和查处工作。

公安、发展改革、地方金融监管、网信等部门按照各自职责做好反不正当竞争的相关工作。

市场监督管理等监督检查部门应当与相关部门建立反不正当竞争案件信息共享和协同工作机制，加强案件线索通报移送，开展调查取证协查协助，在重点领域、重点区域探索联合执法。

第五条 本市探索建立对不正当竞争行为的监测、分析和研究机制。

市场监督管理部门应当会同有关部门、专业院校、科研机构、行业组织等，对重点领域、重点区域以及新型业态中出现的不正当竞争行为探索开展监测、分析和研究，为本市制定反不正当竞争政策提供参考。

第六条 市场监督管理等监督检查部门应当加强线上线下监管体系建设和监管执法队伍建设，利用人工智能、大数据等现代信息技术，提高发现和查处不正当竞争行为的能力。

第七条 本市推动实施长江三角洲（以下简称长三角）区域反不正当竞争工作协作，开展跨区域协助、联动执法，实现执法信息共享、执法标准统一，促进长三角区域反不正当竞争重大政策协调和市场环境优化。在长三角生态绿色一体化发展示范区探索反不正当竞争执法一体化。

本市加强与其他省市反不正当竞争工作的交流合作，依法配合、协助其他省市有关行政机关和司法机关的调查取证、文书送达、执行等工作。

第二章 不正当竞争行为

第八条 经营者不得实施下列混淆行为，引人误认为是他人商品或者与他人存在特定联系：

（一）擅自使用与他人有一定影响的商品名称、包装、装潢等相同或者近似的标识；

（二）擅自使用他人有一定影响的企业名称（包括简称、字号等）、社会组织名称（包括简称等）、姓名（包括笔名、艺名、译名等）；

（三）擅自使用他人有一定影响的域名主体部分、网站名称、网页等；

（四）擅自使用与他人有一定影响的商品独特形状、节目栏目名称、企业标志、网店名称、自媒体名称或者标志、应用软件名称或者图标等相同或者近似的标识；

（五）其他足以引人误认为是他人商品或者与他人存在特定联系的混淆行为。

前款所称有一定影响的标识，是指一定范围内为公众所知晓，能够识别商品或者其来源的显著性标识。前款所称使用行为，包括生产、销售他人有一定影响的标识的行为。经营者在先使用他人有一定影响的标识，可以在原使用范围内继续使用。

经营者不得通过将他人有一定影响的标识与关键字搜索关联等方式，帮助其他经营者实施混淆行为。

第九条 经营者不得采用财物或者其他手段贿赂下列单位或者个人，以谋取交易机会或者竞争优势：

（一）交易相对方的工作人员；

（二）受交易相对方委托办理相关事务的单位或者个人；

（三）利用职权或者影响力影响交易的单位或者个人。

任何单位和个人不得收受、承诺收受或者通过他人收受贿赂，为经营者谋取交易机会或者竞争优势。

经营者、交易相对方、中间人支付或者接受折扣、佣金的，均应当按照相关财务制度如实入账。

第十条 经营者不得对其商品的性能、功能、质量、销售状况、用户评价、曾获荣誉等作虚假或者引人误解的商业宣传，欺骗、误导消费者或者其他相关公众。

前款所称的商业宣传行为包括：

（一）在经营场所或者展览会、展销会、博览会等其他场所，以及通过互联网等信息网络对商品进行展示、演示、说明、解释、推介或者文字标注等；

（二）通过上门推销或者举办鉴定会、宣传会、推介会等方式，对商品进行展示、演示、说明、解释、推介或者文字标注等；

（三）张贴、散发、邮寄商品的说明、图片或者其他资料等；

（四）其他不构成广告的商业宣传行为。

有下列情形之一，足以造成相关公众误解的，可以认定为引人误解的商业宣传：

（一）对商品作片面的宣传或者对比的；

（二）忽略前提条件、必要信息使用或者不完全引用第三方数据、结论等内容的；

（三）将科学上未定论的观点、现象作为定论事实的；

（四）使用歧义性语言进行宣传的；

（五）其他足以引人误解的商业宣传。

第十一条 经营者不得实施下列行为，帮助其他经营者对销售数量、用户评价、应用排名、搜索结果排名等进行虚假或者引人误解的商业宣传：

（一）组织虚假交易、虚构评价、伪造物流单据、诱导做出指定的评价；

（二）为其他经营者进行虚假或者引人误解的商业宣传提供组织、策划、制作、发布等服务以及资金、场所、工具等条件；

（三）其他帮助进行虚假或者引人误解的商业宣传的行为。

被帮助的其他经营者实施的虚假或者引人误解的商业宣传是否完成，不影响前款所列违法行为的认定。

第十二条 经营者不得实施下列侵犯商业秘密的行为：

（一）以盗窃、贿赂、欺诈、胁迫、电子侵入或者其他不正当手段获取权利人的商业秘密；

（二）披露、使用或者允许他人使用以前项手段获取的权利人的商业秘密；

（三）违反保密义务或者权利人的保密要求，披露、使用或者允许他人使用其掌握的权利人的商业秘密；

（四）教唆、引诱、帮助他人违反保密义务或者权利人的保密要求，获取、披露、使用或者允许他人使用权利人的商业秘密。

经营者以外的其他自然人、法人和非法人组织实施前款所列违法行为的，视为侵犯商业秘密。

第三人明知或者应知商业秘密权利人的员工、前员工或者其他单位、个人实施本条第一款所列违法行为，仍获取、披露、使用或者允许他人使用该商业秘密的，视为侵犯商业秘密。

本条例所称的商业秘密，是指不为公众所知悉、具有商业价值并经权利人采取相应保密措施的技术信息、经营信息等商业信息，包括：

（一）与技术有关的实验（试验）数据、配方、工艺、设计方案、技术诀窍、程序代码、算法、研发记录等信息；

（二）与经营活动有关的客户资料、货源情报、产销策略、利润模式、薪酬体系、标书内容等信息；

（三）其他商业信息。

经营者通过自行开发研制或者通过技术手段对从公开渠道取得的产品进行拆卸、测绘、分析等方式获得该产品技术信息的，不属于侵犯他人商业秘密的行为。

第十三条 商业秘密权利人应当根据商业秘密的实际情况，采取相应的保密措施，包括：

（一）限定涉密信息的知悉范围；

（二）对于涉密信息载体采取加锁、标注保密标识等措施；

（三）对于涉密信息设置密码或者代码等；

（四）与相关人员签订保密协议或者对相关人员提出保密要求；

（五）对于涉密信息所在的机器、厂房、车间等设备、场所采取限制来访者或者提出保密要求等保密管理措施；

（六）其他相应的保密措施。

第十四条 经营者为了销售商品或者获取竞争优势，采取向消费者提供奖金、物品或者其他利益的有奖销售行为，不得存在下列情形：

（一）所设奖的种类、兑奖条件、奖金金额或者奖品等有奖销售信息不明确，影响兑奖；

（二）采用谎称有奖或者故意让内定人员中奖的欺骗方式进行有奖销售；

（三）抽奖式的有奖销售，最高奖的金额超过五万元。

前款第一项所称的有奖销售信息不明确，包括：

（一）公布的奖项种类、参与条件、范围和方式、开奖时间和方式、奖金金额不明确；

（二）奖品价格、品名、种类、数量不明确；

（三）兑奖时间、条件和方式、奖品交付方式、弃奖条件、主办方及其联系方式不明确；

（四）其他有奖销售信息不明确。

本条第一款第二项所称的谎称有奖的方式进行有奖销售，包括：

（一）虚构奖项、奖品、奖金金额等；

（二）在有奖销售活动期间将带有中奖标志的商品、奖券不投放、未全部投放市场或者仅在特定区域投放；

（三）未在有奖销售前明示，将带有不同奖金金额或者奖品标志的商品、奖券按不同时间投放市场；

（四）未按照明示的信息兑奖；

（五）其他谎称有奖的方式。

本条第一款第三项规定的最高奖的金额超过五万元，包括一次性抽奖金额超过五万元，以及同一奖券或者购买一次商品具有二次或者二次以上获奖机会累计金额超过五万元的情形。

有奖销售活动开始后，经营者不得擅自变更奖项种类、参与条件、开奖方式、兑奖方式等信息，不得另行附加条件或者限制，但是有利于消费者的除外。

第十五条　经营者不得编造、传播或者指使他人编造、传播虚假信息或者误导性信息，损害竞争对手的商业信誉、商品声誉。

前款所称的传播包括：

（一）以声明、告客户书等形式将信息传递给特定或者不特定对象；

（二）利用或者组织、指使他人利用大众媒介、信息网络散布相关信息；

（三）组织、指使他人以消费者名义对竞争对手的商品进行评价并散布相关信息；

（四）其他传播行为。

经营者对竞争对手的商品，不得作出虚假或者误导性的风险提示信息，损害竞争对手的商业信誉、商品声誉。

第十六条　经营者利用网络从事生产经营活动，应当遵守法律法规和商业道德，不得利用技术手段，通过影响用户选择或者其他方式，实施下列妨碍、破坏其他经营者合法提供的网络产品或者服务正常运行的行为：

（一）未经其他经营者同意，在其合法提供的网络产品或者服务中，插入链接、强制进行目标跳转；

（二）误导、欺骗、强迫用户修改、关闭、卸载或者无法获取其他经营者合法提供的网络产品或者服务；

（三）恶意对其他经营者合法提供的网络产品或者服务实施不兼容；

（四）无正当理由对其他经营者合法提供的网络产品或者服务实施拦截、关闭等干扰行为；

（五）违背用户意愿下载、安装、运行应用程序，影响其他经营者合法提供的设备、功能或者其他程序正常运行；

（六）对非基本功能的应用程序不提供卸载功能或者对应用程序卸载设置障碍，影响其他经营者合法提供的设备、功能或者其他程序正常运行；

（七）其他妨碍、破坏其他经营者合法提供的网络产品或者服务正常运行的行为。

第三章　对涉嫌不正当竞争行为的调查

第十七条　监督检查部门对依据职权或者通过投诉、举报、其他部门移送、上级交办等途径发现的不正当竞争违法行为线索，应当在规定时限内予以核查，决定是否立案。

第十八条　监督检查部门发现所查处的案件属于其他部门管辖的，应当依法移送有关部门。发生跨部门管辖争议、不能协商解决的，提交市或者相关区反不正当竞争协调机制决定。

第十九条　监督检查部门调查涉嫌不正当竞争行为，可以采取下列措施：

（一）进入涉嫌不正当竞争行为的经营场所进行检查；

（二）询问被调查的经营者、利害关系人及其他有关单位、个人，要求其说明有关情况或者提供与被调查行为有关的其他资料；

（三）查询、复制与涉嫌不正当竞争行为有关的协议、账簿、单据、文件、记录、业务函电和其他资料；

（四）查封、扣押与涉嫌不正当竞争行为有关的财物；

（五）查询涉嫌不正当竞争行为的经营者的银行账户。

监督检查部门采取前款规定的措施，应当依法作出书面报告，并经批准。情况紧急需要当场实施前款第四项规定的措施的，应当在二十四小时内报批，并补办批准手续；未获批准的，应当立即解除。

第二十条 监督检查部门调查涉嫌不正当竞争行为，被调查的经营者、利害关系人以及其他有关单位、个人应当如实提供有关资料或者情况。

权利人请求监督检查部门查处涉嫌侵犯商业秘密行为的，应当提供商业秘密的具体内容，已采取的保密措施以及被侵权事实等初步材料。监督检查部门可以根据实际情况，要求侵权嫌疑人提供其所使用的商业信息不属于商业秘密或者系合法获得的证明材料。

第二十一条 监督检查部门及其工作人员对调查过程中知悉的商业秘密负有保密义务，不得泄露或者非法向他人提供。

第二十二条 监督检查部门发现国家机关、相关单位及其工作人员支持、包庇、参与不正当竞争行为的，可以通报该机关、单位，同时抄告该机关、单位的上级或者主管部门。相关机关、单位应当依法作出处理。

第二十三条 本市完善反不正当竞争案件行政执法与刑事司法的衔接机制。监督检查部门发现不正当竞争行为涉嫌犯罪的，应当按照有关规定移送相关司法机关。司法机关在案件办理过程中，发现不正当竞争行为线索的，可以移送相关监督检查部门。

第四章　反不正当竞争环境建设

第二十四条 经营者是反不正当竞争第一责任人，应当落实主体责任，加强反不正当竞争内部控制与合规管理，自觉抵制不正当竞争行为。鼓励经营者建立健全反商业贿赂等反不正当竞争管理制度，监督检查部门在查处商业贿赂案件中，应当对经营者落实反商业贿赂管理制度情况开展检查。

经营者不正当竞争行为情节轻微并及时纠正，没有造成危害后果的，依法不予行政处罚。

经营者不正当竞争行为情节轻微或者社会危害较小的，依法可以不予行政强制。

第二十五条 行业组织应当加强行业自律，引导、规范会员合法竞争，对会员建立健全反商业贿赂管理制度等加强指导，协调处理会员之间的竞争纠纷，维护市场竞争秩序。

行业组织应当在政府部门指导下，制定本行业竞争自律规范和竞争合规指引，配合、协助监督检查部门查处不正当竞争行为。

第二十六条 本市鼓励、支持和保护一切组织和个人对不正当竞争行为进行社会监督。监督检查部门应当为举报和协助查处不正当竞争行为的组织和个人保密。

任何组织和个人不得捏造事实诬陷他人、实施敲诈勒索，不得滥用举报权利扰乱监督检查部门正常工作秩序。

第二十七条 监督检查部门应当建立工作机制，对经营者依法依规开展商业竞争进行事前指引，公开不正当竞争案件裁量基准，并对经营者建立健全反商业贿赂等反不正当竞争管理制度加强指导。

市监督检查部门、市高级人民法院应当定期公布不正当竞争典型案例，会同宣传、司法行政等部门通过以案释法、情景互动等方式开展反不正当竞争法治宣传。

第二十八条　对于破坏竞争秩序，损害消费者合法权益的行为，法律规定的有关组织向人民法院提起公益诉讼的，监督检查部门依法给予支持。

第二十九条　市、区人民代表大会常务委员会通过听取和审议专项工作报告、开展执法检查等方式，加强对本条例实施情况的监督。

市、区人民代表大会常务委员会充分发挥人大代表作用，组织人大代表专题调研和视察等活动，汇集、反映人民群众的意见和建议，督促有关方面落实反不正当竞争的各项工作。

第五章　法律责任

第三十条　违反本条例规定的行为，法律、行政法规有处罚规定的，从其规定。

经营者违反本条例第十条规定，属于发布虚假广告的，依照《中华人民共和国广告法》的规定处罚。

经营者的行为构成垄断行为的，依照《中华人民共和国反垄断法》的规定处罚。

第三十一条　经营者违反本条例第八条规定实施混淆行为的，由监督检查部门责令停止违法行为，没收混淆的产品、标签、包装、宣传材料、模具、印版、图纸资料等违法商品。违法经营额五万元以上的，可以并处违法经营额五倍以下的罚款；没有违法经营额或者违法经营额不足五万元的，可以并处二十五万元以下的罚款。情节严重的，吊销营业执照。

经营者登记的名称构成混淆行为，监督检查部门或者人民法院作出责令停止使用名称的行政处罚决定或者裁判的，经营者应当在规定的期限内办理名称变更登记。

经营者未在规定的期限内办理名称变更登记的，监督检查部门或者人民法院可以根据当事人的申请，向原登记机关发出协助执行文书。原登记机关收到协助执行文书后，应当督促经营者及时变更名称。名称变更前，以统一社会信用代码代替其名称。

第三十二条　监督检查部门调查涉嫌不正当竞争行为，应当按照法律法规的要求，将查处结果及时向社会公开。

监督检查部门作出行政处罚决定的，应当自作出行政处罚决定之日起七个工作日内，通过本部门或者本系统门户网站等渠道依法公开行政处罚案件信息，并将该处罚信息作为公共信用信息予以归集；情况复杂的，经本部门负责人批准，可以延长七个工作日。行政机关应当在法定权限内对违法经营者采取信用惩戒措施。

第六章　附　　则

第三十三条　本条例自 2021 年 1 月 1 日起施行。

北京市高级人民法院关于加强知识产权审判促进创新发展的若干意见

（2018 年 9 月 20 日　京高法发〔2018〕601 号）

为深入贯彻习近平新时代中国特色社会主义思想、党的十九大和十九届二中、三中全会精神，抓好落实习近平总书记关于加强知识产权保护的系列重要讲话要求以及中办国办《关于加强知识产权审判领域改革创新若干问题的意见》，加快建设创新型国家，全力保障北京“四个中心”城市战略，尤其是加强知识产权审判促进北京加快全国文化中心、科技创新中心建设，充分发挥知识产权司法保护职能，激励创新，结合全市法院工作实际，提出如下意见。

一、加强知识产权审判促进创新发展的总体要求

1. 保障创新驱动发展战略。创新驱动发展战略关系国家经济社会发展全局。充分认识知识产权审判在保障创新驱动发展战略方面的重要作用。立足国家战略层面，树立保护知识产权就是保护创新的理念。强化知识产权创造、保护、运用，破解制约知识产权审判发展的体制机制障碍，充分发挥知识产权审判激励和保护创新、促进科技进步和社会发展的职能作用，优化科技创新的法治环境。

2. 加强产权保护与转化。产权制度是社会主义市场经济的基石，保护产权是坚持社会主义基本经济制度的必然要求。知识产权作为重要的产权类型，通过转化应用，可以形成先进的生产力。创业者、创新者依法获得的产权，应当受到法律的保护。加强知识产权司法保护，充分实现知识产权价值，促进创新性成果的创造和转化应用，为建设知识产权强国和世界科技强国提供司法保障。

3. 塑造良好营商环境。用足用好知识产权保护的相关法律法规和司法政策，提高知识产权案件审理质量和效率。推动新兴领域和业态知识产权保护制度建设，加大对知识产权侵权违法行为的惩治力度，让侵权者付出沉重代价。调动拥有知识产权的创新主体的积极性和主动性，自觉运用法律武器依法维权。形成依法保障社会创新、公平有序营商的法治环境。

4. 发挥司法主导作用。实行“司法主导、严格保护、分类施策、比例协调”的知识产权司法政策。发挥知识产权保护创新和维护公平竞争的主导作用，将案件审判与促进创新发展紧密结合。开拓新思路、研究新策略，发挥司法保护稳定长效、引领示范、终局权威的机制优势。充分保障创新主体的合法权利，激励其创新热情。努力将北京法院打造成当事人信赖的知识产权争端解决“优选地”。

5. 完善纠纷解决机制。加强知识产权审判领域改革创新，强化法律适用标准的与时俱进，完善与创新发展相配套的知识产权审判体制机制。研判知识产权审判领域出现的新情况、新问题，优化司法资源，调整程序设置，探索知识产权诉讼程序特殊规则，采取多元化纠纷解决机制，促进纠纷的实质性解决。

6. 加强专业化审判水平。总结北京知识产权法院可复制、可推广的建设经验，加快推进审判体系和审判能力现代化建设，建立符合知识产权审判特点的审理和管理新模式。统一知识产权裁判标准规则体系建设，为京津冀一体化发展提供司法保障。建设公正司法、司法为民的知识产权审判队伍，优质高效审理各类知识产权案件。

二、依法运用审判规则，加大对技术创新的保护力度

7. 依法加强对重点技术领域科技成果的保护。根据不同技术领域特点、具体产业政策要求和新业态发展实际，准确界定科技成果的保护范围。注重保护涉及国家重大战略需求、重大科研项目和工程、关键核心技术以及优势产业等领域的发明创造，尤其加大对进入实施和运用阶段的发明创造保护力度。加强技术类案件审理对科技创新的带动效应，依法保护对经济增长具有突破和带动作用的各类科技成果，促进产业发展。

8. 合理界定专利保护客体，使保护力度与技术贡献相匹配。研究新技术、新产业中商业方法创新和软件革新的权利保护模式，合理运用专利客体审查标准，将有利于社会经济发展的新技术纳入专利保护范围，努力实现创新与保护同步。充分考虑技术贡献，适度从宽审查有利于产业发展和国际竞争的发明创造，加大对原始创新、自主创新专利的保护。

9. 准确运用专利权利要求解释方法，从宽掌握专利文件修改标准。在专利授权和确权不同阶段准确运用权利要求解释方法，合理界定权利要求用语的含义，确保有价值的发明创造得到保护。认定专利文件修改是否超范围，以能否得到专利申请文件支持的标准进行判断。在专利确权程序中，对于修改后的权利要求缩小了保护范围、符合“以说明书为依据”且未产生新的技术方案的，通常可以接受，但不得新增在授权权利要求中没有，而仅在说明书中存在的技术特征。

10. 强化审查标准，适度提高专利创造性判断标准。专利创造性判断要充分考虑技术构思和发明目的，注重整体原则，避免对技术方案进行简单分割、拆分理解，提高专利授权质量。对于现有技术公开内容和范围的认定，应当充分释理，不宜主观推定。避免在诉讼阶段依职权改变证据组合，理性尊重行政机关的行政决定。关注专利相关市场的技术发展，强化授权条件的审查标准，充分发挥司法审查职能。

11. 宽严适度，有效遏制专利侵权行为。等同原则的适用一般应当有相应的证据支持，无证据或未能充分说理的，不宜判定为等同侵权。依照权利与技术贡献的匹配程度不同，区分发明与实用新型侵权案件的认定标准，宽严适度地适用等同原则，促使高质量的发明创造获得更强的保护。准确把握专利共同侵权的适用要件，有效遏制不完全实施专利技术方案的侵权行为。

12. 探索标准必要专利案件审理规则，促进产业协同发展。确定是否颁发禁令时，重点考虑谈判双方是否存在违背诚信原则的明显过错，不能认为权利人做出公平、合理、无歧视承诺就当然不颁发禁令。标准必要专利许可使用费计算应有充分的证据支持，考虑技术和市场变化以及专利对产品价值的贡献程度。防止出现专利许可使用费堆叠。审慎认定滥用市场支配地位，兼顾权益平衡，确保上下游各产业链条协调发展。鼓励权利人和实施人通过诚信谈判达成许可协议。既要防止专利劫持更要防止专利反向劫持。

13. 妥善处理技术成果权属及职务发明人奖励、报酬案件，充分保护技术成果创造者的权利。注意区分职务成果与非职务成果的法律界限，既要支持发明人依照约定取得技术成果权，又要防止职务成果非职务化。依法制止非法获取职务成果并以个人或第三方名义申请专利的不诚信行为。处理职务发明人奖励、报酬纠纷时，在尊重当事人约定的基础上，既要激励技术人员从事科技创新的积极性，又要鼓励企业加大研发投入，增强社会创造活力。

14. 准确认定技术合同约定的权利义务，加强对创新内容的审查。既要尊重合同的字面约定，也要注重真实意思表示。准确界定合同所涉及技术内容的权利特点和附随义务，加强对技术开发、改进、实施等过程中创新内容的保护。合理评判合同履行过程中阶段性成果在合同整体约定中的价值，不宜仅以合同整体约定未成就直接否定合同的部分履行价值。注意结合公知常识、交易习惯、常规做法等依法认定合同未约定或约定不明的事项。对于妨碍公有技术使用自由、阻碍科学技术进步的约定，依法运用法律规定的无效条款予以规制，充分保障技术的市场流通。

三、分类施策，加大对产业创新的保护

15. 强化对企业自主创新品牌的保护。鼓励正当竞争、打击恶意傍靠，解决企业创新发展中的商标权属及效力问题，着力培育创新领域知名品牌，为创新主体品牌的创立和发展提供司法保障。合理运用商标近似、商品类似、混淆可能性等弹性要件，充分考虑市场实际和产业需求，有效制止恶意注册，营造优质的品牌创新司法环境。

16. 依法保护与区域特点相关的商业标志。对于老字号、历史传承意义的标志的保护，坚持传承与创新、保护和利用并重原则。注重对在北京举办的具有代表性的科技文化交流、体育赛事、会议展览等活动的特有名称，以及场馆、所处地理位置、标志性建筑的名称及其简称等标志性权益的保护，但对于创新主体为描述、说明其技术创新内容或特点而合理地使用相关标志的，可以依法认定为正当使用。

17. 采取有效措施，依法制裁侵害商业秘密的行为。准确界定商业秘密的保护范围，探索符合商业秘密案件审理特点的举证、质证方式，尝试在诉讼中让当事人或其诉讼代理人签订保密协议，并约定违反保密协议承担民事赔偿责任。合理分配举证责任，有效采取证据保全措施，依法提高损害赔偿数额。妥善处理商业秘密民事程序与刑事程序的关系，在对商业秘密进行民事保护的同时，注意避免经营者运用刑事手段恶意干扰和打压竞争对手。

18. 正确适用反不正当竞争法原则条款，妥善处理新型商业模式下的竞争案件。对经营者在生产经营活动中，明显违背自愿、平等、公平、诚信的原则，违反商业道德，扰乱正常市场经济秩序，导致其他创新主体或者消费者合法利益受到损害的不正当竞争行为，在无具体条款规制时，可以适用反不正当竞争法原则条款予以审理。妥善处理新型商业模式下的竞争案件，区分正常的商业竞争与不正当的破坏商业模式行为。对新业态、新的商业模式保持一定的司法宽容，促进市场公平竞争与创新发展。

19. 妥善审理垄断案件，保护市场公平竞争。充分考虑垄断案件的特点，引入经济分析的方法，通过分析垄断行为的特征和表现形式，准确界定相关市场。通过科学评估经营者的行为对创新和效率的影响程度，依照竞争效果依法认定垄断行为。在分析涉案行为是否对相关市场竞争产生排除、限制影响时，需结合对相关市场竞争状况的评估，分析具体行使行为对竞争的影响以及该行为可能对促进创新和提高效率产生的影响。

20. 注重著作权新业态保护，处理好文化与科技行业的跨界融合。积极应对数字经济、人工智能等新兴产业、新兴技术对著作权保护带来的新挑战。准确运用著作权法及其他现行民事法律，加强对动漫、游戏、移动音乐、视频、体育赛事、微电影等与技术密切相关的新型业态的保护，促进以数字内容、虚拟娱乐、新媒体等为主题的文化科技融合产业的发展。

21. 准确认定网络服务者的法律责任，平衡各方主体的利益关系。密切关注信息技术迅速发展带来的新问题，妥善处理保护著作权、保障信息传播与促进信息网络产业发展的关系，合理平衡著作权人、网络服务提供者和社会公众之间的利益关系。合理分配举证责任，充分运用证据规则，通过案件审理准确认定网络服务提供者的地位，正确确定网络服务提供者的法律责任。

22. 准确界定权利边界，积极探索数据利益的司法保护模式。综合考虑数据内容以及数据生产者对数据利益形成的贡献度等因素，准确界定数据的利益归属及其权利边界，平衡数据提供者与数据生产者之间及其与公共利益之间的关系。根据不同的数据内容及其表现形式，选择适用著作权法、反不正当竞争法等规定予以保护。请求保护数据利益的一方对其所主张的数据的范围、数量、来源、采集、存储、分析、获利方式以及公认的商业道德、行业惯例等负有举证证明责任。

四、完善诉讼制度，破解知识产权案件举证难、赔偿低、周期长等问题

23. 合理运用证据规则，制裁妨碍诉讼行为。运用举证责任分配及举证妨碍规定，结合知识产权证据特点，合理分配当事人之间的证明责任。探索建立证据披露规则，明确当事人披露事实和证据的义务。依法对当事人故意逾期举证、毁损隐匿证据、妨碍证人作证和证据保全等行为予以制裁。对当事人作伪证的，依法给予罚款、拘留或者追究刑事责任，并从严审查该当事人提交的其他证据。

24. 明确证据采信标准，减轻当事人举证负担。充分考虑创新主体提交的权利有效性证据，维护创新主体权利的稳定。平等对待电子证据，从形成方式、固定方法等方面对电子证据的真实性和证明力予以审查，解决电子证据采信难问题。区分当事人在专利案件中补充实验数据证据的证明目的，合理确定补充实验数据证据的接受标准，不以补充的实验数据证据系当事人在申请日后提交为由而一概不予接受。

25. 创新调查取证方式，依法加大保全力度。当事人自行取得证据存在困难的，可以申请法院向律师颁发调查令。结合案情灵活确定担保方式，依法加大保全措施。对于具有相应资质的金融机构出具的担保函、商业保险公司出具的保险合同，可以作为担保予以接受。符合保全条件的，应及时采取有关措施，提高司法救济的及时性、便利性和有效性。对于抗拒保全的行为，要严格追究法律责任。

26. 依法提高损害赔偿数额，制止恶意、重复侵权行为。坚持损害赔偿数额与知识产权的市场价值、创新程度相匹配。发挥社会组织、中介机构在知识产权价值评估中的作用。有证据证明实际损失或侵权获利数额明显超过法定赔偿最高限额的，可以在法定赔偿最高限额之上合理确定赔偿数额。对恶意侵权或重复侵权情节严重的，依法从高认定赔偿数额或予以惩罚性赔偿。赔偿数额的认定，应综合考虑被控侵权产品的营业利润、涉案知识产权对被控侵权产品的贡献率、权利人的合理支出、因侵权行为导致的预期利益损失等多项因素。

27. 优化裁判流程，缩短维权周期。注重案件繁简分流，探索涉及创新发展的知识产权案件的快速审理和执行机制。有条件的法院可以开通科技创新类案件的立、审、执绿色通道。缩短管辖权异议二审案件的卷宗流转周期，加快审理进度。研究推进知识产权“三合一”审判，加强各审判庭之间的沟通协调，探索与公安、检察机关的协作机制。对行政、民事、刑事关联案件，对重复侵权、恶意侵权案件，应当快审、快结，降低维权成本，缩短维权周期。

28. 实质性化解纠纷，防止循环、拖延诉讼。因程序瑕疵而导致权利人的重大实体权益可能受到损害并缺乏后续救济途径的，可根据案情对权利人的维权请求依法予以考虑。通过在判决书中明确指引等方式，促进纠纷的实质性解决，避免案件程序空转。防止被诉侵权人故意启动知识产权授权确权程序拖延诉讼，不当阻滞民事侵权纠纷的审理。通过司法审判促进商标、专利授权确权审查的质量，通过优化诉讼程序，减少滥用诉权、恶意诉讼等不正当行为的出现。

五、统一司法标准，不断提升知识产权专业审判水平

29. 综合运用司法手段，保障创新发展。依法从严惩处侵犯知识产权犯罪，剥夺侵权人再犯罪的能力和条件。依法加强对知识产权行政行为的司法审查，促进知识产权行政执法标准与司法裁判标准的统一。妥善处理科技创新企业涉及竞业禁止、商业秘密、知识产权质押、抵押等民事纠纷，保障创新要素的配置和原创动力持续涌现。依法加大知识产权案件执行力度，对拒不履行生效判决的当事人要依法追究责任。

30. 创新机制，促进裁判标准统一。既要坚持依法独立办案，又要注重裁判尺度的统一协调。发挥类案参考、裁判指引和指导性案例的作用，加强“最高人民法院知识产权案例指导研究（北京）基地”建设，提升裁判尺度的统一。加强司法大数据和人工智能的研究应用，为统一法律适用、促进裁判标准统一提供数据支持和智能辅助。

31. 完善技术事实查明机制，提升案件审理水平。充分运用技术调查的各种力量资源，构建有机协调的技术事实调查认定体系。提高技术事实查明的中立性、客观性和科学性，完善技术调查报告的采信机制。对于辅助法官形成心证并与裁判结果有重要关联性的技术调查意见，可以通过释明等方式向当事人适度公开。强化法官在查明技术事实中的主导作用，规范技术调查主体提供的各种技术审查意见的法律定位。

32. 发挥专业化审判职能，推进京津冀技术类案件集中管辖。积极落实中央有关文件要求，探索推进北京知识产权法院集中管辖京津冀地区技术类知识产权案件。充分发挥知识产权专业化审判在推动京津冀创新驱动发展方面的独特作用，统一司法裁判标准，为京津冀形成协调创新共同体、实现经济转型和科学发展提供有力司法支持。

六、加强知识产权审判队伍建设，不断提升国际影响

33. 加大知识产权审判人才的培养力度。提高知识产权审判队伍的思想政治素质、职业素养和专业水平。培养一批敢于担当、精通法律、熟悉技术、勇于创新并具有国际视野的知识产权审判队伍。全面深化司法体制改革，推进审判队伍人员分类管理，不断提升中国知识产权审判的国际影响力和话语权，增强对知识产权国际治理规则的引领力。

34. 加强技术调查官队伍建设。建立技术调查官管理办法，细化技术调查官的选任条件、任职类型、职责范围、管理模式和培养机制。积极探索通过行政编制选拔、社会公开招聘、外单位交流与兼职等多种方式选任技术调查官。尝试将技术调查官参与案件审理、调研、培训、考核等工作与法院、选派单位的绩效考评相关联。积极争取相关部门支持，根据工作业绩给予兼职的技术调查官相应报酬。依托北京知识产权法院技术调查官库，设立全市三级法院技术调查官共享共用机制。

七、推进司法公开，完善调解机制与救济渠道，提升创新主体的知识产权保护意识

35. 推进司法公开，实现知识产权阳光审判。积极探索移动互联环境下司法公开的新途径，强化知识产权审判对裁判文书网、审判流程信息网等平台的广泛应用，推进知识产权司法公开的透明化、精细化。运用视频、音频等技术公开庭审过程，大力推进庭审同步录音录像和庭审网络直播，创新庭审公开形式，拓展庭审公开的范围。引入第三方专业机构分析研发司法数据，加强司法公开的成果应用，提升司法公开的智能化。做好北京法院知识产权“十大案件”以及“十大创新案件”的发布工作。

36. 加大调解力度，推进自律性组织建设。继续加强知识产权诉讼与其他纠纷解决机制的对接，引导当事人多渠道、多途径解决纠纷。充分发挥各类调解组织的作用，加大调解力度，努力将矛盾化解在诉讼形成之前。建立与首都城市定位和管理发展相适应的服务创新发展自律性组织，研究知识产权保护民间救济、行政管理与司法保护的对接，加强对北京科技创新中心建设的智力支持，为企业创新和区域经济发展提供司法保障。

37. 延伸审判职能，加强知识产权法治宣传。加强与政府、科研院所、行业组织的沟通交流，研讨知识产权司法保护方面的热点、难点问题。通过 12368 平台畅通创新主体对法院工作建议的渠道。依托自律性组织，采取多种形式以案释法，帮助创新主体明确法律红线并做好法律预警。通过案例指导明确诉讼预期、提供司法指引。依托各类媒体大力宣传知识产权法律法规和司法政策，增强社会各界的知识产权保护意识，促使全社会形成尊重知识、崇尚创新、诚信守法的法治氛围。

上海市高级人民法院关于加强知识产权司法保护的若干意见

（2018 年 7 月 20 日）

为深入贯彻习近平总书记加强知识产权保护的系列重要讲话精神、中办国办《关于加强知识产权审判领域改革创新若干问题的意见》以及上海市委《关于面向全球面向未来提升上海城市能级和核心竞争力的意见》，贯彻落实最高人民法院“司法主导、严格保护、分类施策、比例协调”的知识产权司法保护政策，完善知识产权审判机制，加大知识产权保护力度，结合上海法院知识产权审判工作实际，制定本意见。

一、增强责任感和使命感，构建有利于权利保护的知识产权司法保护新机制

1. 充分认识加强知识产权保护的重要意义，进一步增强责任感和使命感。知识产权保护是激励创新的基本手段，是创新原动力的基本保障，是国际竞争力的核心要素。加强知识产权保护是完善产权保护制度最重要的内容，也是提高中国经济竞争力最大的激励。进入新时代，上海肩负加快建设“五个中心”，建设卓越全球城市和具有世界影响力的社会主义现代化国际大都市的历史使命，在强化知识产权的创造、保护和运用方面应当发挥排头兵和先行者的重要作用。上海法院要切实增强责任感和使命感，着力提升知识产权司法保护的公信力和国际影响力，为上海推进国际科技创新中心策源能力建设，全力打响“上海服务、上海制造、上海购物、上海文化”四大品牌，打造衔接国际通行规则的制度创新高地，为我国建设知识产权强国、世界科技强国提供有力的司法保障。

2. 坚持有利于权利保护的原则，积极构建知识产权司法保护新机制。知识产权审判工作事关创新驱动发展战略实施，要进一步解放思想，实事求是，遵循审判规律，以创新的方法激励创新，以创新的方式保护创新。要坚持有利于权利保护的原则，着力在侵权事实查明、知识产权价值实现、侵权救济及时有效等方面构建知识产权司法保护新机制。

——着力构建有利于侵权事实查明的证据审查机制。要依法加强权利人取证能力，减轻权利人举证负担，加大妨碍事实查明行为的惩治力度。

——着力构建有利于知识产权价值实现的损害赔偿机制。要善用各种损害赔偿计算方式，发挥损害赔偿补偿和惩罚的双重功能，切实改变维权成本高、侵权代价低状况。

——着力构建有利于纠纷及时有效解决的案件裁判机制。要进一步完善案件裁判机制，在禁令适用、“三合一”审判、庭审方式、裁判文书等方面综合施策，切实提高知识产权司法保护成效。

二、强化诉讼证据规则运用，准确查明案件事实

3. 加强诉讼指引，引导当事人充分举证。加强对举证责任分配、举证不能法律后果等释明，引导当事人尽力举证。鼓励当事人充分利用公证、电子数据平台等第三方保全证据方式收集、固定证据；对于时间戳、区块链等新类型证据，要主动加强研究，妥善应对。

4. 丰富取证手段，强化取证的程序保障。对当事人的诉前或者诉中证据保全申请，应当积极受理、快速审查、依法裁定、立即执行。完善技术调查官等技术人员参与证据保全的程序和机制，提高证据保全执行的针对性和准确性。当事人委托律师申请调查令，经审查认定属于法院调查收集证据范围的，应当向律师签发调查令；确有必要的，人民法院可依职权及时调查收集。

5. 准确把握证明标准，减轻权利人举证负担。根据逻辑推理、商业交易习惯和日常生活经验法则，对有关证据的关联性、真实性、合法性以及证明力的有无和证明力的大小进行综合审查判断，根据高度可能性标准，认定案件事实。权利人提交的证据能够证明其主张的事实初步成立的，否认该事实的当事人应就其抗辩或者反驳主张提供反证。根据侵害商业秘密等侵权诉讼特点，妥善适用接触加实质相似等推定规则对案件事实作出认定。

6. 探索证据出示令制度，依法制裁举证妨碍行为。经审查，证据确为一方当事人控制且与案件审理具有重要关联，可以根据申请向当事人出具证据出示令，责令一方当事人提交证据。当事人无正当理由拒不提交，或者故意毁灭有关证据、提交虚假证据、作出虚假陈述妨碍诉讼活动的，可以依法采信申请人所主张的事实，并对妨碍人处以罚款、拘留等制裁措施。当事人擅自隐匿、毁损、更换已采取保全措施证据的，人民法院依法予以民事制裁，情节严重的，依法追究刑事责任。

7. 完善技术人员参与事实查明机制，增强技术事实认定的准确性。注重发挥技术调查官、专家辅助人、咨询机构、行业协会等主体在事实查明中的作用，完善由技术鉴定、技术调查、技术咨询、专家陪审构成的多元技术事实调查认定体系。充分发挥技术调查官在技术事实查明体系中的优势作用，探索完善技术听证程序，增强技术事实查明的中立性、客观性和科学性。对于通过技术调查、技术咨询、专家陪审等途径无法查明的技术事实，可以启动技术鉴定程序。探索建立知识产权鉴定、评估机构名录，规范第三方鉴定、评估活动。

三、优化赔偿计算方式适用，充分体现知识产权价值

8. 合理确定损害赔偿计算方式，让权利人得到足额充分赔偿。对于权利人选择的损害赔偿计算方式，可以根据案件实际情况予以确认。在依据权利人实际损失计算赔偿数额时，应探索覆盖商誉、价格侵蚀等间接损失的适用。对依据侵权人获利计算赔偿数额时，如果被控侵权人发生法律规定的举证妨碍情况，依法推定权利人相应事实主张成立。根据现有证据无法确定实际损失或侵权获利的准确数额，但权利人损失数额显然超出已经查明的数额时，应当根据现有证据积极运用裁量性方式酌定赔偿数额。

9. 加大侵权惩罚力度，让侵权者付出应有代价。对重复侵权、恶意侵权及其他严重侵权行为，积极适用惩罚性赔偿，加大对侵权行为的打击力度和威慑力，遏制侵权的再次发生。对于尚未规定惩罚性赔偿的侵害著作权、专利权等知识产权侵权行为，充分考虑侵权行为性质和侵权人主观恶意程度，依法加大赔偿力度。

10. 正确运用法定赔偿，充分发挥补偿和惩罚的双重功能。正确认识法定赔偿制度补偿权利人损失、惩罚侵权行为的双重功能。在确定法定赔偿数额时，应当综合考虑侵权情形、类似案例判赔金额等因素，着力确保全面补偿。对于具有重复、恶意以及其他严重侵权情节的，应充分考虑侵权人的主观过错程度，体现法定赔偿的惩罚性功能，提高法定赔偿数额。

11. 尊重法律服务市场价值，让权利人维权成本得到全面覆盖。对权利人为制止侵权支出的合理费用，应足额赔偿并在损失赔偿数额之外单独列出。权利人虽未能提交发票等证据证明其维权支出，但根据在案其他证据和已经查明的事实能够推定该项支出确已发生且系维权必要费用的，可纳入合理费用范围。充分尊重法律服务市场价值，确定与知识产权维权法律服务市场价值相适应的合理费用认定标准。

四、健全诉讼机制建设，不断提升知产审判质效

12. 深化知识产权“三合一”审判机制，加强知识产权综合保护力度。扩大知识产权刑事、行政案件管辖范围，将制售伪劣商品刑事、行政案件纳入知识产权庭集中审理，全面实现知识产权民事、行政、刑事案件跨区划片集中指定管辖；加强知识产权民事、行政、刑事交叉案件法律适用问题研究，促进法律适用统一；制定知识产权刑事案件证据认定和量刑规则，加大知识产权刑事犯罪案件打击力度。

13. 依法适用禁令措施，发挥禁令及时有效的救济功能。对于事实比较清楚、侵权易于判断的案件，当事人提出诉前或诉中禁令的，要加快受理和审查，依法裁定并立即执行；对于符合民事诉讼法及相关法律规定禁令颁发条件，但侵权可能性一时难以作出判断的，可以在颁发禁令时，明确禁令效力存续的合理期限。

14. 推进庭审和文书改革，提高纠纷解决的及时性。探索建立书状先行新型庭审模式，引导当事人庭前提交书面诉辩意见，固定争议焦点。对于案情事实复杂，部分事实和部分请求已经审理清楚且确有必要的，可以就该部分先行判决。对于当事人相同的群体性诉讼，探索案件先行示范审理裁判及后续统一适用机制。对裁判文书制作进行繁简分流，复杂案件应当强化释法说理；对事实清楚、法律关系明确的案件或者系列案件，积极探索简化制作裁判文书的方式。

15. 促进纠纷实质解决，提升司法救济的实效性。发挥行业组织、专业调解机构、技术专家的专业优势，完善覆盖知识产权纠纷诉前、诉中、判后全流程的多元化委托调解机制。对于民行交叉纠纷，要善于运用诚实信用、保护在先权利、维护公平竞争、禁止权利滥用等原则就民事侵权纠纷作出公正裁决。

16. 加大对拖延诉讼的制裁，着力提高诉讼效率。根据实际情况，引导当事人及其他诉讼参与人诚信诉讼，强化对逃避送达、迟延提交证据、无正当理由拒不到庭等恶意拖延诉讼行为的民事制裁，相关当事人应承担因恶意拖延诉讼给对方当事人造成的差旅费、误工费等经济损失。加快管辖权异议案件的审理进度，探索建立能够有效遏制管辖权滥用的诉讼机制。

五、完善相关配套制度，确保司法保护新机制发挥实效

17. 发挥制度功能，推进裁判标准统一。发挥高级法院和知识产权法院审判监督功能，加强对法律问题相同、裁判定性不一案件的纠错监督；加强同类案件的调查研究和业务指导，制定相关类型案件的法律适用意见；积极通过发布典型案件和出版案例选集等方式，加大知识产权案件的协调和指导力度，实现法律适用统一。

18. 丰富业务培训交流方式，培养符合司法需求的专业人才队伍。以推进正规化、专业化、职业化、国际化建设为方向，努力造就政治坚定、精通法律、熟悉技术并具有国际视野的专家型、复合型的知识产权审判队伍。着力提升知识产权法官的业务能力，加强技术调查官队伍的培养，选派优秀法官赴境外交流学习，强化上下级法院之间人才交流机制、加大与行政执法部门和学术机构的交流工作，选拔优秀律师和法学专家充实知识产权审判队伍，提升知识产权审判业务水平，不断满足社会对加强知识产权司法保护的新需求和新期待。

19. 加强司法宣传和国际交流，提升知识产权司法保护影响力。全面加强上海法院司法宣传和公开服务平台建设，通过举办新闻发布会、知识产权宣传周、网络庭审直播、发布典型案例等方式，增进社会公众对上海法院知识产权司法保护的了解、信任和监督，营造良好的尊重创新保护创新的社会氛围。依托中国法院知识产权司法保护国际交流（上海）基地和最高人民法院知识产权司法保障科技创新研究（上海）基地，畅通对外合作交流渠道，加大国际交流力度，讲好中国故事，展示我国知识产权司法保护优秀成果，增强上海法院乃至我国法院知识产权司法保护的国内国际影响力。

20. 及时制定配套措施，确保各项要求落地见效。高级法院要统筹规划，各法院要共同参与，对意见中涉及的法律适用、裁判标准、改革探索等问题，及时制定操作办法或者规则；知识产权法院和各相关基层法院要组织深入学习，并可结合本院实际细化贯彻方案，确保意见要求落到实处、发挥实效。要坚持问题导向和需求导向，及时研究解决知识产权司法保护新情况、新问题，不断完善体制机制，提高知识产权审判质效，切实促进上海法院知识产权审判机制和审判能力的现代化。

江苏省高级人民法院关于进一步加强涉外知识产权审判工作的纪要

（2020 年 12 月 29 日江苏省高级人民法院审判委员会第 36 次全体会议讨论通过）

知识产权保护工作关系国家对外开放大局，关系国家安全。为深入贯彻落实党的十九届五中全会精神和习近平法治思想，充分发挥涉外知识产权审判职能作用，助力关键领域核心技术攻关，促进共建“一带一路”，服务更高水平对外开放，推动全球知识产权治理体系向着更加公平合理方向发展提供坚强司法服务与保障，结合全省法院知识产权审判工作实际，形成纪要如下：

1. 充分认识涉外知识产权审判工作的重要性。涉外知识产权审判工作作为知识产权保护工作的重要组成部分，对于激励创新创造、维护公平竞争、促进文化交流、扩大对外开放，对于立足新发展阶段、贯彻新发展理念、构建新发展格局、推动高质量发展，对于参与全球知识产权治理、营造市场化法治化国际化营商环境等具有重要意义。全省法院要提高政治站位，自觉把涉外知识产权审判工作置于大局中去思考、谋划和推进。

2. 坚持依法平等保护原则。坚持把依法平等保护中外当事人合法权益贯穿于涉外知识产权审判全过程，准确适用国际公约、国际惯例和国内立法，确保中外当事人诉讼地位和诉讼权利平等、法律适用和法律责任平等，推动国际投资、贸易、技术合作、文化交流健康发展。

3. 妥善审理涉外技术类知识产权案件。依法处理涉外技术转让、许可合同纠纷，正确认定合同效力和合同责任，支持商品、资金、技术、人员自由流通，大力推动经济全球化朝着更加开放包容、平衡互惠方向发展。外商投资过程中技术合作的条件由投资各方议定，对违反法律规定的强制技术转让、许可行为和有损国家安全的知识产权对外转让许可行为依法不予支持。制止滥用知识产权保护，侵占他人核心技术，妨害企业正常研发创新的行为。

4. 加强对传统文化知识产权的保护。推动苏绣、丝绸、云锦、剪纸、紫砂等成为传递中国文化的重要载体，引导传统文化创造性转化、创新性发展，促进国际文化交流与融合。

5. 精准判定平行进口、涉外贴牌加工、国际货物转运等贸易中的商标侵权案件。依法准确认定商标使用行为，制止以贴牌加工为名实施商标侵权行为。推动商标实际使用，严厉打击恶意抢注、仿冒搭车等行为，促进品牌培育创新和企业国际竞争力提升。加强地理标志保护，促进区域特色经济发展。

6. 妥善审理涉外创新人才流动知识产权案件。妥善处理涉及涉外创新人才的成果权属、职务发明奖励报酬、竞业限制、员工跳槽侵犯商业秘密等纠纷，依法保障研发人员权益与企业投资研发收益，推动创新人才依法有序流动，为高端人才在华工作营造良好的法治环境。

7. 依法规制涉外电子商务等互联网领域的竞争秩序。依法认定电商平台和其他网络服务商的法律责任，打击网络不正当竞争和垄断行为，规制网络竞争秩序，促进平台企业创新发展、增强国际竞争力，推动“丝路电商”等跨境电子商务健康发展。

8. 积极运用行为保全措施。充分发挥行为保全作用，依法及时制止国际展会、进出口贸易中侵害中外当事人知识产权商品的生产、展览、销售与进出口，有效防止权利人因侵权行为受到难以弥补的损害。

9. 妥善审理重大涉外知识产权案件。探索适用禁诉令制度，推进我国知识产权有关法律规定域外适用，提升司法保护在知识产权国际治理领域的话语权和影响力。

10. 依法确定涉外知识产权案件管辖权。在充分尊重中外市场主体协议选择司法管辖权利和遵循国际条约、国际惯例的基础上，科学合理确定案件的连结因素，依法积极行使司法管辖权。

11. 探索拓展知识产权司法领域国际合作与交流。进一步拓展国际司法交流合作渠道，深化同世界知识产权组织及其中国办事处、“一带一路”沿线国家和地区交流合作。通过争取筹办区域国际司法论坛等方式，共同研讨解决共建“一带一路”、知识产权全球治理等问题，增强推进知识产权保护国际合作的整体合力，共同打造稳定透明、公平公正的国际法治环境。

12. 积极开展司法调研。不断研究新情况、新问题，及时关注并研究知识产权国际保护的重大典型案例，及时了解国际贸易与文化交流等领域知识产权司法保护的需求和前沿动态，提出前瞻性应对策略，提升审理重大疑难国际知识产权案件的能力。

13. 切实加强司法建议工作。针对涉外知识产权案件审理中发现的知识产权创造、管理、保护和运用中存在的问题，及时向有关单位、行业协会、企业、科研机构等发出司法建议，推动其提高知识产权涉外法律风险防范和应对能力。加强与公安、检察、以及行政机关保护机制有机衔接，促进知识产权全链条保护。

14. 强化知识产权司法宣传。通过发布中英文版《江苏法院知识产权司法保护状况》及典型案例、及时公布知识产权司法保护最新资讯等方式，讲好知识产权保护中国故事，向世界传递加强知识产权司法保护的鲜明态度，不断提升知识产权审判的国际影响力。

15. 推进知识产权法官队伍革命化、正规化、专业化、职业化建设。探索建立具有国际视野的知识产权审判人才培养机制，创造机会、鼓励法官积极参与知识产权人才培养和交流的国际项目，提高法官应对处理国际事务的能力，努力造就一支政治坚定、顾全大局、精通法律、熟悉技术，具有国际视野的知识产权审判队伍。

江苏省高级人民法院关于实行最严格知识产权司法保护为高质量发展提供司法保障的指导意见

（2019年8月6日江苏省高级人民法院审判委员会民事行政专业委员会第2次会议讨论通过）

实行最严格知识产权司法保护是我国实现创新发展的内生需求，是赢得国际竞争主动权的必须举措，是实现由知识产权大国向知识产权强国迈进的有力支撑，是有效应对知识产权审判面临挑战的必然要求。为应对国际国内形势发展对知识产权保护带来的新挑战、新要求，切实贯彻落实中办、国办《关于加强知识产权审判领域改革创新若干问题的意见》以及中央深改委审议通过的《关于强化知识产权保护的意见》，深入实施国家知识产权战略和创新驱动战略，进一步加大知识产权司法保护力度，为高质量发展提供坚强有力的司法保障，制定本意见。

一、牢固树立最严格知识产权司法保护理念，准确把握总体要求

1. 准确把握最严格知识产权司法保护理念的总体要求。最严格知识产权司法保护就是在现有立法框架下，充分考虑知识产权无形性、价值弹性等特点，以及侵权行为隐蔽、多发、成本低，权利人维权举证难等状况，通过诉讼制度设计和审判机制构建，进一步加大司法惩处力度，最大限度降低维权成本，显著提高侵权成本，有效遏制侵权行为，及时保护权利人合法权益，大力维护和激发创新活力。最严格知识产权司法保护理念的总体要求是：

更加注重创新导向。根据创新高度、知名程度、独创性高度、技术贡献度相应确定知识产权保护范围与强度，注重以是否有利于激励创新作为评判司法保护成效的标准。积极研究、探索对新类型创新权益的保护。

更加注重权利导向。坚持有利于权利保护的原则，减轻权利人维权负担，强化救济力度。在法律没有规定或规定不明确，对权利要求、合同条款等内容的解释存有争议时，司法裁量应当体现有利于保护权利人合法权益的价值导向。

更加注重惩罚导向。对于恶意侵权、重复侵权、以侵权为业者，拒不履行生效裁判者以及恶意诉讼、虚假诉讼者等，综合运用行为保全、惩罚性赔偿、强制措施、失信人黑名单等保护手段与措施，显著提高侵权成本，有效遏制侵权行为再发生。

更加注重效率导向。通过进一步精简诉讼环节、加快审理节奏、创新审判方式等措施有效提高审判效率，使权利救济更加便捷高效。

更加注重诚信导向。着力净化诉讼环境，加大对妨碍举证、恶意诉讼、虚假诉讼等增加权利人负担、浪费司法资源等行为的惩罚力度，进一步压缩恶意申请专利、商标等获取权利的生存空间。

二、有效利用诉讼保全措施，最大限度地阻却侵权行为继续

2. 及时审查保全申请。对当事人的保全申请，应当积极受理、及时审查、依法裁定。

对于知识产权权利稳定，易于作出侵权可能性判断，或者生效民事、刑事、行政裁判已就相同知识产权客体、相同事实的行为作出侵权认定，符合行为保全条件的，应当根据当事人的申请及时作出行为保全裁定并采取保全措施。

3. 紧急情况下应当立即裁定并采取行为保全措施。商业秘密即将被非法披露、作品即将被非法发表或者被热播、被控侵权产品即将被展销或出口等情况紧急的情形，符合行为保全条件的，应当依照民事诉讼法第一百条或第一百零一条的规定，立即裁定并采取保全措施。

4. 审慎审查疑难复杂案件的行为保全申请。对于知识产权的构成要件、稳定状态及侵权可能性等难以在短时间内作出判断的行为保全申请，应当通过组织听证、审查证据、咨询专家等方式审慎审查，尽快作出是否侵权的初步判断以及是否采取保全措施的决定。

5. 一审判决或者中间判决不影响采取行为保全措施。一审判决或中间判决认定侵权成立，被诉侵权人提出上诉且仍持续实施被诉侵权行为，权利人申请行为保全，符合行为保全条件的，在二审法院接到报送的案件之前，一审法院可以作出行为保全裁定，责令被诉侵权人先行停止被诉侵权行为。

6. 及时对权属争议中的知识产权采取保全措施。知识产权权属争议纠纷中，被告系专利证书、商标注册证等权利证明文书上载明的权利人，向国家有关授权部门申请或者以不交年费等方式放弃权利，原告请求对涉案知识产权进行保全以维持权利有效状态的，应当及时作出保全裁定。

7. 依法制裁妨害诉讼保全的行为。当事人或其利害关系人妨害诉讼保全，包括擅自隐匿、毁损、更换、处置已保全的证据和财产，拒不履行或者协助履行保全裁定等情形的，应当根据情节轻重依法予以罚款、拘留；情节严重，涉嫌构成犯罪的，依法移送犯罪线索。

三、完善诉讼证据规则，破解权利人“举证难”问题

8. 引导当事人积极举证。积极引导当事人就权利状况、侵权认定、损害赔偿等方面的事实进行举证。对权利人确因客观原因不能自行收集的证据，及时依申请出具调查令，必要时可以依申请调查收集。

9. 依法支持运用现代技术保全或获取的证据。当事人使用时间戳、区块链等方式保全的证据、使用实现远程登录控制的 Telnet 命令等技术取得的证据，符合证明标准的，依法予以认定。

10. 技术人员辅助调取证据。涉及复杂技术事实的案件，法院调查取证或勘验现场时，可以邀请相关技术人员参与。

11. 依法适用证据披露制度。对于涉及被诉方工艺方法、财务账册等由被诉方掌握，权利人确因客观原因难以取得的证据，可以根据权利人的申请责令被诉方向法院提供，必要时也可以依申请调查收集。

不能确认被诉侵权人是侵权产品的制造者还是销售者时，应当责令被诉侵权人提供被控侵权产品来源的证据。拒不提供的，可以认定其为制造者。

12. 依法适用举证妨碍制度。对于法院责令提供证据的要求，持有证据的当事人拒绝提供、提供虚假证据、提供证据不全面，或者毁灭证据的，应当根据案件情况作出不利于该方当事人的事实推定，并可以根据情节轻重予以罚款、拘留。

13. 有效防范商业秘密在诉讼中被不当泄露。通过下达保密令，当事人签订保密协议或承诺，不允许复印、拍照，分步骤披露当事人的商业秘密，将涉及秘密的证据交由第三方专家审查等方式，防范商业秘密在诉讼中被不适当地二次泄露。

四、推进审判方式改革，破解审理“周期长”问题

14. 充分发挥委托诉讼代理人在质证中的作用。对于证据材料较多的案件，必要时可以要求双方当事人及其诉讼代理人自行质证，向法院提供书面质证意见。

15. 通过速裁、简易程序等方式快速审结案件。对于事实清楚、法律适用简单、易于作出侵权判断的案件，通过适用简易程序或速裁等方式快速审结。

16. 推行示范性判决。对于事实基本相同、法律关系基本相同的案件，可以选择其中较为典型的个案先行审理，作出示范性裁判，为其他类似案件的审理与尽快审结提供范例。

17. 简化类案审理程序。判决后侵权人继续实施相同侵权行为，权利人再次起诉的，可以简化审理程序。基层法院一审的，可以适用简易程序；二审符合不开庭条件的，可以不开庭审理。

18. 探索中间判决。对于事实复杂、审理周期较长的案件，可以先行就权属关系、侵权认定等先决性争议作出中间判决，以尽快明确双方争议的主要事实，及时制止侵权行为。

19. 推行多元化技术事实查明机制。充分发挥技术专家、技术调查官等主体在技术事实查明中的作用，能够通过现场勘验、技术咨询、专家辅助人等方式快速、有效认定技术事实的，一般不启动技术鉴定程序。

坚持鉴定报告预先审查制度，在不影响鉴定机构独立鉴定的前提下，在正式鉴定报告出具前，可以从证据的有效性等方面先行审查，保证鉴定报告符合诉讼证据的形式要求。

20. 简化文书制作。经法院主持调解达成协议并即时履行的，经征询当事人同意，可以在法庭笔录中记录相关情况后不再出具裁判文书。对于事实清楚、法律适用简单的批量案件，可以探索采用令状式、要素式、表格式等简式裁判文书，简化说理。

21. 建立中立评估机制。建立早期中立评估机制，发挥技术检索、大数据分析等专业平台以及技术专家在纠纷处理中的作用，对双方当事人在诉讼中可能存在的优、劣势，包括权利稳定性等内容进行初步评估，引导当事人理性维权。

五、加大惩处力度，破解“赔偿低”“再侵权”问题

22. 准确理解与适用法定赔偿方式。能够通过当事人提供的证据具体计算损害赔偿数额的，一般不适用法定赔偿方式。引导当事人及其诉讼代理人尽职调查收集证据，积极提供因侵权行为而产生的损失额、获利额，或者许可费标准等相关证据，避免过度依赖和采用法定赔偿方式。

23. 努力建立与知识产权市场价值相适应的侵权损害赔偿标准。坚持损害赔偿的市场价值导向，综合考虑因侵权行为导致的价格侵蚀，许可费，权利人商品（服务）、侵权商品（服务）或者同期同类商品（服务）的价格、利润率，商誉损失，可得利益损失，技术成果的研发成本及其对商品（服务）价值的贡献度等多方面因素，并尽可能细化并阐述赔偿标准，确定与知识产权市场价值相适应的侵权损害赔偿数额。

24. 侵权人公开的经营信息可以作为确定赔偿数额的依据。侵权人已经公开的商品销售或服务经营状况、纳税记录、营业收入或获利状况，以及其他经营业绩的信息，除该信息明显不符合常理或者侵权人提供证据推翻外，可以作为证明其侵权规模、经营业绩或获利状况等确定赔偿数额的相关依据。

25. 在法定赔偿额上限以上合理裁量赔偿数额。现有证据已经证明因侵权行为导致的权利人损失额或者侵权人获利额已经超过法定赔偿额最高限额的，应当根据当事人请求及现有证据，在法定赔偿额上限以上合理确定赔偿数额。

26. 积极适用惩罚性赔偿。有证据证明侵权人故意侵害知识产权的，可以根据侵权人主观恶意程度或侵权情节，适用惩罚性赔偿，以确定的补偿性损害赔偿数额为基数，在法定倍数范围内酌定损害赔偿数额。权利人维权支出的合理开支，不纳入计算基数。

前款所称“故意”包括侵权人在权利人发出侵权警告函或通知后无正当理由继续实施侵权行为；侵权人与权利人或其被许可人之间的代理、许可、合作关系终止后未经许可继续实施相关行为；侵权人不履行行为保全裁定继续实施相关行为；侵权人在法院或行政机关对相同行为作出判决或处罚决定后继续实施相同侵权行为；侵权人以侵权为业，不断变换公司名称或新设立公司实施侵权行为；侵权人故意攀附驰名商标声誉抢注相同、近似商标或者实施其他商标侵权行为等情形。

对于尚未规定惩罚性赔偿制度的其他类型的故意侵权行为，适用法定赔偿时应当考虑惩罚性因素，根据侵权人主观恶意程度及侵权情节，提高赔偿数额。

27. 权利人可以主张诉讼期间持续侵权的损害赔偿数额。侵权行为在诉讼期间仍在持续，原告在一审法庭辩论终结前提出增加赔偿数额请求且提供相应证据的，可以根据查明的事实确定赔偿数额。

一审判决后侵权行为仍在持续，权利人上诉请求增加赔偿数额的，二审法院可以根据自愿原则予以调解。调解不成，且双方当事人同意由二审法院一并审理的，二审法院可以就增加的赔偿数额一并审理并判决。

28. 全面弥补权利人的合理费用支出。权利人的律师代理费支出，若无明显不合理因素的，应当支持。

权利人因诉讼发生的公告费、因申请保全提供担保发生的保险费，以及针对不当获得知识产权的过错方提起权属纠纷而发生的代理费等费用，可以作为合理费用主张。

权利人虽未能提交发票等证据证明其维权支出，但根据案件查明的事实，能够推定该项支出确已发生且系维权必要的，可以纳入合理费用范围。

合理费用原则上在侵权损害赔偿数额外单独考虑。

29. 民事损害赔偿优先于刑事罚金、行政罚款等。刑事没收非法所得、罚金或行政罚款等与民事损害赔偿不能兼顾时，优先保障民事案件权利人获得民事损害赔偿。

30. 加大对驰名商标的保护强度。在涉及驰名商标司法认定的案件中，涉案商标已经达到驰名商标的显著程度，尽管认定侵权成立无需以认定驰名商标为前提，但在适用损害赔偿等法律责任以及确定保护强度时可以认定涉案商标驰名的事实。

31. 实际控制人与实施侵权行为的公司承担共同侵权责任。公司实际控制人明知系侵害知识产权的行为，仍通过其实际控制的公司实施该侵权行为，符合共同侵权行为构成要件的，依法判决其与公司承担连带责任。

32. 销毁侵权材料、工具、专用设备及商品等。除判决侵权人承担停止侵权、赔偿损失等民事责任外，还可以根据权利人申请、现有证据以及现实可能性等因素责令侵权人限期销毁侵权商品（包括库存品）以及制造侵权商品的材料、工具、专用设备等，或者在特殊情况下，责令禁止前述材料、工具、专用设备等进入商业渠道；必要时可以责令限期召回已进入流通领域的侵权商品等。

33. 依法惩治拒不履行生效裁判的行为。侵权人拒不履行生效裁判确定的法律责任，持续实施相同侵权行为的，权利人可以再次提起新的诉讼，也可以要求对拒不执行裁判的行为采取强制措施。

34. 依法从重处理涉食药等商品的知识产权违法犯罪行为。对涉及食品、药品、危险品、种子等商品的知识产权侵权或犯罪行为，依法从重处理。

六、加大对恶意诉讼等行为的打击力度，强化诉讼诚信建设

35. 正确认识知识产权恶意诉讼。行为人明知其获得的知识产权不具有实质上的正当性，却以其形式上享有的知识产权为依据，以不正当竞争、妨碍对方正常经营等为目的，对他人提起知识产权诉讼，给他人造成损害的，系知识产权恶意诉讼。

36. 加强对知识产权恶意诉讼等行为的规制。对恶意诉讼、虚假诉讼者，以及恶意侵权、反复侵权、以侵权为业者、拒不履行生效裁判者，建立与公共信用服务平台对接机制，将其列入失信黑名单，向社会公开其不诚信行为；情节严重涉嫌犯罪的，应当依法移送犯罪线索。

一方当事人主张恶意利用诉讼程序方赔偿其因此而造成的直接损失、交易机会丧失等间接损失，以及增加的合理的交通、住宿、就餐、误工、证人出庭、公证、代理等必要费用的，应当支持。

福建省高级人民法院关于强化知识产权司法保护　更好服务保障创新创业创造的意见

（2020年3月13日）

为深入贯彻实施创新驱动发展战略和国家知识产权战略，营造有利于创新创业创造的良好发展环境，为高新技术企业成长建立加速机制，切实发挥知识产权司法保护主导作用，现结合我省实际，制定本意见。

一、总体要求

坚持以习近平新时代中国特色社会主义思想为指导，认真学习贯彻党的十九大和十九届二中、三中、四中全会精神，落实《中共中央国务院关于营造更好发展环境支持民营企业改革发展的意见》和中共中央办公厅、国务院办公厅《关于加强知识产权审判领域改革创新若干问题的意见》《关于强化知识产权保护的意见》，充分发挥知识产权司法保护职能作用，着力破解知识产权维权“举证难、周期长、成本高、赔偿低”问题，为保护创新创业创造，实现福建高质量发展落实赶超，保障“一带一路”建设，推进闽台融合发展、侨乡经济发展、数字经济发展、民营经济创新发展提供良好的知识产权保护环境。

二、目标任务

全省知识产权审判工作要坚持高起点推进工作、高质效执法办案、高品质服务人民、高站位深化改革、高标准规范管理、高素质建设队伍，充分发挥审判职能作用，保障福建经济社会良好发展。

（一）着力服务工作大局。要统筹国内国际两个大局，进一步发挥知识产权司法保护主导作用，推动福建省域知识产权侵权现象能够得到有效遏制，知识产权保护社会满意度达到并保持较高水平，保护能力有效提升，保护体系更加完善，尊重知识价值的营商环境更加优化，知识产权制度激励创新的基本保障作用得到更加有效发挥。

（二）着力优化营商环境。用最严格的方式保护知识产权，打造国内领先、国际一流的知识产权司法保护新高地，提高侵权成本，着力解决影响创新创业创造的突出机制问题，以创新的制度激励创新，以创新的举措保护创新，积极回应企业创新创业创造中的知识产权保护需求，服务高新技术企业加速成长，不断优化法治化国际化便利化营商环境。

（三）着力提升审判水平。打造知识产权争端解决“福建优选地”，提升知识产权司法保护“福建加速度”，办好知识产权审判领域“福建精品案”，最大限度地实现政治效果、法律效果、社会效果的有机统一。强化战略眼光和前瞻意识，树立国际视野，推动知识产权审判向更高质量、更高水平发展，不断提升司法公信力和国际影响力。

（四）着力建设人才队伍。按照“革命化、正规化、专业化、职业化、国际化”要求，始终把政治建设摆在首位，坚定正确政治方向，及时深入研究新技术、新业态、新领域、新模式的知识产权问题，大力加强专业化建设，创新人才培养方法，加大知识产权审判人才的培养力度，努力造就一支政治坚定、精通法律、熟悉技术、具有国际视野的复合型知识产权审判队伍。

三、实施项目和具体举措

（一）优化知识产权审判管辖布局

1. 优化地域管辖布局。充分发挥福州、厦门两个知识产权法庭在闽东北、闽西南协同发展区知识产权审判中的牵头作用，建立各协同发展区内知识产权司法协作机制。分别制定出台闽东北、闽西南两大协同发展区知识产权司法保护协作办法。顺应发展需要，不断优化知识产权审判组织体系。

2. 优化级别管辖布局。根据案件的增长趋势，报请最高人民法院批准，适时调整高、中、基层人民法院受理的知识产权案件类型及标的额，进一步优化符合省情的管辖布局，有效缓解案多人少矛盾。

3. 优化技术类知识产权案件的管辖布局。根据最高人民法院有关要求，结合福建实际，科学确定省法院与福州、厦门知识产权法庭技术类知识产权案件的管辖分工。推动将技术类的知识产权刑事案件一审管辖权提级到福州和厦门知识产权法庭。

（二）破解知识产权维权“举证难”困境

4. 妥善运用保全措施。对证据保全、行为保全等临时措施的申请，依法积极受理、迅速审查，符合保全条件的，及时采取有关措施，明确行为保全效力存续的合理期限。对于知识产权的构成要件、稳定状态及侵权可能性等一时难以作出判断的行为保全申请，应当通过组织听证、审查证据、咨询专家等方式审慎审查，尽快作出是否采取保全措施的决定。依法慎用强制措施和查封、扣押、冻结措施，防止因恶意保全行为给企业正常经营造成影响。

5. 强化取证程序保障。当事人委托律师申请调查令，经审查认定符合《福建省高级人民法院关于民事诉讼调查令的实施意见（试行）》的，应当向律师签发调查令。采用司法建议等方式，确保调查令制度得到有效实施。遵循知识产权诉讼规律特点，合理界定法院依申请、依职权主动调查的范围。完善证据披露规则，法院可依申请向当事人出具证据出示令，责令其提交与案件有紧密关联且为其控制的证据。通过下达保密令、将涉及秘密的证据交由第三方专家审查等方式，防范商业秘密在诉讼中被不适当地二次泄露。

6. 准确把握证据认定标准。出台规范关于涉互联网的哈希值校验、电子签名、可信时间戳、区块链等第三方电子数据取证存证采信的审判指引。根据生活经验、商业惯例和逻辑推理，对证据进行综合判断，根据高度盖然性标准，认定案件事实。证据能够初步证明权利人主张的事实成立的，否认该事实的当事人应提供反证支持其反驳或抗辩。在侵害商业秘密等纠纷中，妥善采用接触加实质相似等推定规则认定案件事实。结合商标驰名的事实，减轻商标权人对于商标驰名的举证负担。

7. 依法制裁举证妨碍行为。对抗拒保全、故意毁灭或无正当理由拒不提交有关证据、提交虚假证据等妨碍诉讼活动的行为，结合知识产权证据特点，运用证据妨碍排除规则，合理分配当事人之间的证明责任，对妨碍诉讼的行为依法予以制裁。

（三）扭转知识产权维权“周期长”局面

8. 推进案件繁简分流机制改革。实行简案快审、普案标审、繁案精审。对疑难复杂案件应加强说理。对事实清楚、法律适用简单的案件，简化流程和说理，可以采用要素式、表格式等形式，简化裁判文书制作，结合各地实际，采用电子送达、集中送达等方式，创新送达机制，缩短送达周期。省法院加强对类型化知识产权案件的指导，确保类型化案件快立、快审、快结，实现法律适用统一。

9. 提高电商平台上侵权纠纷解决效率。协调各大电商平台，推动建立将商户在平台上的注册地址作为送达地址的机制。通过司法手段引导电商平台建立有效运用专利权评价报告快速处置实用新型和外观设计专利侵权投诉制度。推动建立电子商务领域侵犯知识产权快速反应机制，督促电子商务平台落实相关责任。

10. 创新案件审理模式。建立书状先行新型庭审模式，对于证据材料较多的案件，可引导当事人庭前提交书面诉辩材料和举证、质证意见，固定争议焦点，庭审围绕有争议的证据进行审查。试行部分案件中间判决机制，对事实复杂、审理周期较长的案件，就权属关系、是否侵权等问题可以先行作出中间判决，及时制止侵权行为。针对事实和法律关系基本相同的案件试行示范性判决机制，并建立相应工作规则，对示范性判决案件的选取、审理的流程、案例的发布和应用以及效果的评估等事项作出规定。

11. 遏制拖延诉讼行为。优化诉讼程序，强化审限管理，严格审限延长、扣除等情形的审批。严格审查中止申请，防止因知识产权授权确权程序拖延诉讼，不当阻滞民事侵权纠纷的审理。引导诚信诉讼，强化对恶意拖延诉讼行为的民事制裁，相关当事人应承担因恶意拖延诉讼给对方当事人造成的经济损失。加快管辖权异议案件的审理进度，建立能够有效遏制管辖权异议滥用的诉讼机制。

（四）克服知识产权维权“成本高”难点

12. 强化知识产权纠纷诉源治理。推动建立中立评估机制，对当事人在知识产权诉讼中的权属关系、是否侵权等问题作出早期评估，引导权利人理性维权。协调“知创福建”以及知识产权密集型产业的行业协会组建和完善知识产权纠纷调解委员会。在案件多发地区建立调解优先推荐机制。积极推动人民调解、行政调解、行业调解、商会调解等参与纠纷化解。吸纳行业专家担任特邀调解员，加强特邀调解队伍建设。拓展司法确认程序适用范围，衔接人民调解、行政调解、行业调解、商会调解等非诉解纷渠道。量化评估诉源治理质效。

13. 完善知识产权纠纷多元化解决机制。在纠纷多元化解决中，发挥统一法律适用、填补法律空白和创制规则的作用，指导诉讼外纠纷解决机制的顺利开展。积极推广应用在线矛盾纠纷多元化解平台，实现线上化解与线下化解的有效衔接与优势互补。推动建立知识产权保护联席会议制度。以“知创福建”为依托，参与知识产权保护中心和“一站式”知识产权纠纷解决平台建设。在软件园、文创园、高新区等知识产权密集的区域适时设立巡回审判法庭、法官工作室等。

14. 优化知识产权跨域诉讼服务体系。由省法院、福州和厦门知识产权法庭牵头，完善技术类知识产权案件跨域立案诉讼服务，拓展跨域知识产权诉讼指引、便民服务、诉讼辅助、纠纷解决、审判事务等功能，实现知识产权案件立案、调解、保全、送达等跨域诉讼全程服务。

15. 主动融入知识产权大保护格局。及时回应人大代表、政协委员以及全社会各界的监督和建议。对知识产权行政执法机关在法律适用、审判信息和数据共享等方面提供支持，以更好发挥行政执法简便、高效的优势。统一司法、行政执法、仲裁、调解等不同渠道的证据标准。建立与仲裁机构、调解组织和公证机构的工作衔接机制。引导行业自律自治和知识产权保护志愿者机制建设。为企业诚信体系建设提供知识产权诉讼方面的信息，完善国家企业信用信息公示系统。

（五）解决知识产权维权“赔偿低”问题

16. 坚持知识产权侵权损害赔偿的市场价值导向。侵权行为在诉讼期间仍在持续，原告在一审法庭辩论终结前提出增加赔偿数额请求且提供相应证据的，可以根据查明的事实确定赔偿数额。综合考虑多方面因素，充分发挥行业组织、第三方机构在知识产权价值评估中的作用，合理运用证据规则、经济分析方法等手段，建立与知识产权市场价值相适应的损害赔偿规范化制度。制定出台《福建省高级人民法院关于确定知识产权侵权损害赔偿数额若干问题的指引》。

17. 有效执行惩罚性赔偿制度。深入研究知识产权惩罚性赔偿问题，细化惩罚性赔偿适用条件。对源头侵权、重复侵权、恶意侵权和规模侵权行为，依法从高认定赔偿数额，切实提高违法成本。建立重复侵权、故意侵权企业名录社会公布制度，健全失信联合惩戒机制。强化知名品牌保护，严厉打击商标攀附、仿冒等不诚信行为，进一步净化市场竞争环境。

18. 提高法定赔偿数额。细化知识产权侵权损害法定赔偿考量因素，确定创新适用法定赔偿方式的新思路，提高法定赔偿额上限。有证据证明实际损失或侵权获利数额明显超过法定赔偿最高限额的，可以在法定赔偿最高限额之上合理确定赔偿数额。

19. 完善维权合理费用的赔偿。权利人的律师代理费支出，若无明显不合理因素的，应当支持。权利人因诉讼发生的公告费、因申请保全提供担保发生的保险费，以及针对不当获得知识产权的过错方提起权属纠纷而发生的代理费等费用，可以作为合理费用主张。权利人虽未能提交发票等证据证明其维权支出，但根据案件查明的事实，能够推定该项支出确已发生且系维权必要的，可以纳入合理费用范围。

20. 加大刑事惩罚力度。提高量刑处罚力度，推动解决涉案侵权物品处置等问题。推动知识产权刑事案件量刑规范化，由省法院定期发布知识产权刑事典型案例，着力推进裁判标准统一。对涉及食品、药品、危险品、种子等商品的知识产权侵权或犯罪行为，依法从重处理。侵权人拒不履行生效裁判确定的法律责任，持续实施相同侵权行为，权利人就新的损害后果提起新的诉讼的，应予支持。权利人要求对拒不执行裁判的行为追究刑事责任，符合条件的，移送公安机关处理。在侵犯商业秘密犯罪案件审理中，“重大损失”可由补救成本充分证明。

（六）完善知识产权民事、刑事、行政协调保护机制

21. 推进刑事审判与民事审判及行政执法相衔接。完善法院与公安机关、检察机关以及知识产权行政执法机关的沟通联络机制，积极推动建立由公安机关、检察机关、法院等相关部门共同参与的知识产权刑事司法保护协调机制。畅通行政执法和刑事司法衔接，推进知识产权行政执法和刑事司法立案标准相协调，完善案件移送要求和证据标准，制定证据指引。制定出台《福建省高级人民法院知识产权刑事案件审判指引》。侵权人被追究刑事责任的同时，被侵权人依法提起民事诉讼，要求侵权人承担民事责任的，应予支持。

22. 深入推进知识产权民事、刑事、行政案件“三合一”审判机制改革。知识产权民事、行

政案件依照级别管辖规定统一由知识产权庭审理；知识产权刑事案件根据地区知识产权案件数量及诉讼便利等因素，分别实行指定基层人民法院集中管辖、片区集中管辖或中级人民法院统一管辖一审刑事案件三种模式。

23. 促进知识产权民事、刑事和行政审判程序相协调。注意运用不同诉讼程序证明标准的差异和证据规则的优势，依法慎重对待在先不同诉讼程序关联案件裁判的既判力，对已为相关案件的生效裁判所确认的事实，当事人无须举证，妥善处理知识产权刑民交叉案件。

（七）健全知识产权案件技术事实调查认定体系

24. 着力构建技术调查、技术鉴定、技术咨询、专家陪审、专家证人“五位一体”相互协调的技术事实调查认定体系。充分利用国家知识产权局专利局专利审查协作北京中心福建分中心的资源，扩大技术调查官选任来源，灵活采用在编制、聘用制、交流制、兼职制的技术调查官任用制度。扩大技术鉴定机构的名录和技术鉴定的技术领域。开展全省知识产权技术咨询专家选任工作，进一步细化技术领域、增加技术咨询专家数量。与省知识产权局、“知创福建”等机构合作，做好人民陪审员的推荐工作，定期对技术专家人民陪审员进行法律业务培训。完善专家证人制度。根据案件具体情况，综合运用技术事实调查认定方式，快速有效认定技术事实。

25. 建立技术调查官工作机制。省法院牵头，联合福州和厦门知识产权法庭，根据最高人民法院关于技术调查官的相关规定，出台《技术调查官工作规则》和《技术调查官管理办法》。规范技术调查官的指派、调派、回避工作，建立全省法院共享的技术调查人才库和技术调查官全省调派机制，积极与“全国法院技术调查人才库”协作，建立与最高人民法院技术调查官调派的衔接机制。明确技术调查官参与询问、听证、庭前会议、开庭审理的各项流程和注意事项。制定技术调查意见撰写指引。建立技术调查官的考核制度。确立技术调查官在“五位一体”技术事实调查认定体系中的工作方式，充分发挥技术调查官的特有作用。

26. 规范专家证人制度。建立法庭专家证人制度，确立专家证人的选任条件和资格审查方式，制定专家证人参与庭审的规则，明确专家证人的权利与义务，确立专家证人意见的采信标准。为专家证人参与诉讼活动提供必要的条件。

（八）提升知识产权审判便利化智能化水平

27. 推动智慧法院建设与知识产权审判深度融合，以智能化促进诉讼便利化。充分借鉴互联网法院的审理方式，逐步实行涉网知识产权案件通过网络审理。建设福建省知识产权司法保护网，推进“互联网+诉讼”，强化移动互联网等科技的运用，建成涵盖远程立案、远程调解、远程庭审等环节全流程在线的知识产权诉讼服务平台。

28. 推动审判大数据与企业关切精准对接，以智能化审判服务创新创业创造。通过对类型化案件要素的分析提取，实现人工智能辅助办案系统对同类案件大数据的深度学习，在裁判结果预测、裁判文书自动生成上发挥作用。将审判大数据及时梳理，对创新主体在知识产权保护中存在的典型问题、多发问题、类型化问题及时总结，形成并发布风险提示、典型案例等，精细化契合企业知识产权保护需求。

（九）延伸知识产权审判职能

29. 充分发挥司法引领保障作用。注重对我省互联网、大数据、人工智能、区块链、集成电路等核心技术和前沿领域技术成果的保护以及反垄断法律法规适用。加强对福建传统文化、中医药、传统知识等领域的知识产权保护。针对以不正当手段抢先注册他人已经使用并有一定影响的商标、恶意囤积商标、非正常专利申请、恶意诉讼以及利用版权诉讼进行投机性牟利等行为，通过司法手段予以规制。通过公正裁判激励科技创新，促进制造业企业通过技术进步和科技创新实现产业升级。

30. 积极回应企业需求。针对企业特点，实现“精准滴灌”服务，定制专属知识产权保护方案，并针对企业提出的疑点、难点问题开展调研。向企业发布知识产权风险提示，引导企业规避知识产权风险。搭建面向全省企业特别是高新技术企业、中小微企业的知识产权法律服务平台。建立信息通报、典型案例发布等机制，编制企业知识产权保护指南，制定合同范本、维权流程等操作指引，促进创新主体知识产权创造、管理、运用、保护水平和抗风险能力的提高。

（十）促进知识产权司法保护闽台交流

31. 逐步扩大台胞参与司法渠道。接收台湾青年学生和司法实务人士到福建法院见习实习知识产权审判工作。完善选任台胞担任人民陪审员工作机制，推广聘请符合条件的台胞担任知识产权审判技术咨询专家、鉴定专家、调解员、联络员等，邀请台胞台企列席旁听人民法院知识产权审判案件的庭审。

32. 不断深化闽台司法协作机制。在办理知识产权案件中向台胞当事人送达司法文书，应以确保台胞当事人实际知悉送达内容、及时行使诉讼权利为原则，采取直接送达、通过海峡两岸司法互助途径送达方式，规范适用公告送达。对涉台知识产权案件当事人及其诉讼代理人因客观原因不能自行收集的证据，应当依申请或者主动依职权调查收集；相关证据在台湾地区的，可以通过海峡两岸司法互助途径收集。

（十一）提高福建知识产权审判国际影响力

33. 拓宽宣传交流渠道。做好每年“4.26世界知识产权日”系列宣传活动，发布中英文版年度福建法院知识产权司法保护白皮书和司法保护典型案件。拓展与境内外机构的合作途径，以新闻发布、现场开庭、专题讲座、主题座谈、集中采访等多种方式，全面、生动地展示福建知识产权司法保护创新举措和工作成效。充分利用福建省“多区叠加”的优势，以及“数字中国”峰会、“中国国际投资贸易洽谈会”等重大活动的契机，积极与境外有关知识产权实务部门或研究机构建立长期合作交流机制。

34. 打造福建审判样本。坚持依法平等保护中外知识产权权利人的合法利益，努力打造亮点品牌和精品案例，确立具有前瞻性和国际示范作用的审理思路或裁判规则。选取具有典型意义或重大影响的案件，面向全球，利用多种社交媒体渠道进行公开庭审。促进知识产权法学研究的国际交流和知识产权法律法规以及司法政策的国际宣传。积极参与构建国际知识产权保护规则。

（十二）全面建设高素质过硬队伍和卓越人才

35. 加强队伍整体建设。始终把政治建设摆在首位，坚定不移推进纪律作风建设，大力加强专业化建设，着力造就政治过硬、本领高强并具有国际视野的高学历高素质知识产权审判队伍。注重新法律、新领域、新技术的学习培训，选配具有理工科专业背景或精通外语的人才。保持审判队伍业务骨干的适度稳定。

36. 促进人才广泛交流。积极建立上下级法院之间、同级法院之间知识产权审判人员的常态交流机制，共同分享审判经验，提升裁判水平。建立与法院外机关交流机制，积极有计划地推动选派综合素质高、专业能力强、有培养潜力的人员到其他相关机构挂职交流，进一步拓展视野，丰富阅历，增强知识产权专业素养。

四、组织保障

（一）加强组织领导。全省各级法院要更新理念思路，充分认识全面加强知识产权司法保护的重大意义，把该项工作列入党组重要议事日程，专门研究和部署。建立健全考核评价制度，将知识产权司法保护工作纳入年度绩效考核内容，督促各有关部门和人员落实到位。省法院要加强对下级法院的监督指导，明确相关责任主体，力促每项工作抓细抓实。各级法院工作中遇有重大问题，要及时向上级法院请示报告。

（二）加强沟通协作。全省各级法院要紧紧依靠党的领导，积极争取政府相关部门、科研单位、行业协会以及社会组织的大力支持，加强与公安机关、检察机关、市场监管、版权、海关等部门的沟通协调与密切协作，建立健全信息沟通和共享机制，针对在案件审理中发现的政府、企业、科研机构等在知识产权保护工作中存在的薄弱环节和管理漏洞，及时提出司法建议，推动形成知识产权保护的整体合力。

（三）加强宣传引导。充分利用融媒体平台，提升宣传的实效性、时效性和多维性，大力宣传党和国家保护知识产权的方针政策和法律法规，定期向社会公布有影响力的典型案件，让强化知识产权保护的观念深入人心。开展送法进企业、进单位、进社区、进学校、进网络等活动，提高全社会知识产权保护意识。总结宣传各地在保护知识产权方面的好经验、好做法，营造依法保护知识产权的良好社会氛围。

海南自由贸易港知识产权保护条例

（2021年12月1日海南省第六届人民代表大会常务委员会第三十一次会议通过 2021年12月1日海南省人民代表大会常务委员会第102号公告公布 自2022年1月1日起施行）

第一章 总 则

第一条 为了加强知识产权保护，激发创新活力，优化营商环境，打造国际一流的知识产权保护高地，根据《中华人民共和国海南自由贸易港法》的规定，遵循有关法律、行政法规的基本原则，结合海南自由贸易港实际，制定本条例。

第二条 本条例所称知识产权，是指权利人依法就下列客体享有的专有的权利：

（一）作品；

（二）发明、实用新型、外观设计；

（三）商标；

（四）地理标志；

（五）商业秘密；

（六）集成电路布图设计；

（七）植物新品种；

（八）法律规定的其他客体。

第三条 海南自由贸易港开展知识产权保护工作应当遵循全面保护、严格保护、平等保护、依法保护、快速保护、协同保护的原则，对标国际先进标准，创新体制机制，建立制度完备、运转高效的知识产权保护体系。

第四条 县级以上人民政府应当加强知识产权保护工作的组织领导，将知识产权保护工作纳入国民经济和社会发展规划，建立健全知识产权保护考核评价制度。

县级以上人民政府应当建立健全知识产权工作协调机制，研究制定知识产权重大政策，协调解决知识产权工作中的重大问题。

第五条 县级以上人民政府知识产权行政主管部门（以下简称知识产权主管部门）负责组织实施与统筹协调本区域知识产权保护工作。

作品、发明、实用新型、外观设计、商标、地理标志、商业秘密、集成电路布图设计、植物新品种等知识产权具体管理部门（以下简称知识产权具体管理部门），依法履行各自职责范围内的知识产权保护工作。

发展和改革、工业和信息化、商务、科学技术、财政、公安、司法行政、金融管理、海关等部门，按照各自职责配合做好知识产权保护相关工作。

第六条 县级以上人民政府及有关部门应当加强知识产权法律、法规和知识产权知识宣传教育普及工作，促进全社会尊重和保护知识产权意识的提升。

鼓励新闻媒体和社会公众开展知识产权保护公益宣传，对知识产权违法行为进行舆论监督。

第七条 县级以上人民政府应当综合运用财政、税收、金融、产业、科技、文化、贸易、人才等政策，激励知识产权创造，完善企业为主体、市场为导向的高质量创造机制。

第八条 支持海南自由贸易港三亚崖州湾科技城建立与国际通行规则相衔接的知识产权制度体系，促进南繁育种和深海科技等领域国际合作，建设具有海南特色、国际认同度较高、知识产权营商环境一流的海南自由贸易港知识产权保护与运用先行区。

第二章 行政保护

第九条 知识产权具体管理部门应当利用互联网、大数据、区块链、云计算和人工智能等现代信息技术，建立知识产权纠纷网上处理机制，运用源头追溯、实时监测、在线识别、网络存证、统计分析、跟踪预警等技术手段，严厉打击知识产权侵权行为。

第十条 鼓励自然人、法人和非法人组织进行作品自愿登记。

版权部门应当加强互联网著作权保护，依法查处网络侵权盗版行为。

第十一条 省知识产权主管部门应当按照国家有关规定，为新一代信息技术、石油化工新材料、现代生物医药、南繁育种、深海科技、航天科技等重点发展产业和战略性新兴产业提供专利优先审查通道。

省知识产权主管部门推动在优势产业集聚区建立知识产权保护中心，开展快速审查、快速确权、快速维权服务，降低知识产权权利人及相关权利人的维权成本。

第十二条　知识产权主管部门应当强化知识产权质量导向，引导自然人、法人和非法人组织依法进行商标注册申请、专利申请，依法查处不以使用为目的的恶意申请商标注册和不以保护创新为目的的非正常专利申请行为。

知识产权代理机构知道或者应当知道委托人存在前款规定的恶意申请商标注册和非正常专利申请行为的，不得接受其委托。

第十三条　在查处侵犯商业秘密行政案件中，商业秘密权利人提供初步证据，证明其已经对所主张的商业秘密采取保密措施，且合理表明商业秘密被侵犯的，知识产权具体管理部门可以要求涉嫌侵权人证明权利人所主张的不属于商业秘密或者其不存在侵犯商业秘密的行为。

第十四条　知识产权具体管理部门应当扩大植物新品种权保护范围和保护环节，加强对实质性派生品种的保护，激励育种创新，提升植物新品种保护水平。

第十五条　知识产权具体管理部门应当会同有关部门为中医药、老字号、非物质文化遗产、传统知识、民间文艺和少数民族文化等知识产权的创造和保护提供指导、咨询等服务，引导知识产权相关权利人利用著作权登记、专利申请、商标注册、商业秘密保护等方式和保护规则，维护知识产权权利人合法权益。

第十六条　知识产权具体管理部门应当会同有关部门建立健全新技术、新产业、新业态、新模式知识产权保护规则，提供必要的培训与指导，加强创新成果的知识产权保护。

第十七条　海南自由贸易港依法保护数据收集、存储、加工、使用等活动中形成的知识产权。知识产权具体管理部门建立健全与数据相关的知识产权交易规范，指导市场主体做好数字产品的制造、销售等全产业链知识产权合规经营和侵权风险防范。

第十八条　知识产权具体管理部门、商务部门应当会同贸易促进机构和相关行业组织等，建立健全知识产权涉外风险防控体系和跨境维权援助机制，加大对市场主体境外知识产权维权援助的指导，为市场主体开展贸易、投资等活动及时提供预警和应对服务。

第十九条　省知识产权主管部门应当会同有关部门建立技术调查官制度，配备技术调查官，为专利、植物新品种、集成电路布图设计、技术秘密、计算机软件等行政裁决、行政执法、调解、仲裁、诉讼和维权援助提供专业技术支持。技术调查官受指派或委托参与知识产权案件办理活动，就案件所涉技术问题提出的技术调查意见，作为认定技术事实的参考。

第二十条　海关依照法律、行政法规的规定，加强边境执法与境内执法衔接，在境外与海南自由贸易港进出境环节、全岛封关运作后由海南自由贸易港进入内地环节及其他海关负责监管区域，对与货物有关的专利权、商标专用权、著作权和与著作权有关的权利等知识产权实施保护。

第三章　司法保护

第二十一条　知识产权具体管理部门与公安机关、人民检察院、人民法院应当加强知识产权行政执法与刑事司法衔接，建立健全行政机关和司法机关信息共享、案件移送、协调配合、监督制约、责任追究等工作机制，保障涉嫌知识产权犯罪案件依法及时进入司法程序。

人民法院、人民检察院、公安机关应当依法履行知识产权保护职责，加大知识产权犯罪行为打击力度，重点打击链条式、产业化知识产权犯罪。

人民法院、人民检察院、公安机关应当依照有关规定统一知识产权刑事案件的立案、追诉和裁判标准，并向社会公开。

人民法院、人民检察院加强对知识产权纠纷特点和趋势分析，通过发布典型案例、编撰类案办案指南、提出司法建议、检察建议等方式，为市场主体、行政部门、行业协会、科研机构等提供指引。

第二十二条 公安机关应当依法办理知识产权犯罪案件，支持知识产权具体管理部门开展相关行政执法工作，可以根据需要按照有关规定提前介入涉嫌重大犯罪的知识产权行政案件。

第二十三条 人民检察院应当加强知识产权民事、行政、刑事案件法律监督，依法开展知识产权公益诉讼工作。

第二十四条 人民法院应当推进知识产权民事、行政、刑事案件审判“三合一”改革，构建技术调查官、专家陪审员、专家辅助人、技术咨询和鉴定等知识产权多元化技术事实查明机制，健全知识产权纠纷特邀调解制度。

人民法院应当推进知识产权案件诉讼程序繁简分流，强化举证责任分配，鼓励当事人充分利用区块链、电子数据平台等第三方保全证据方式收集、固定证据，提高知识产权案件审判质量和效率。

人民法院应当加大知识产权民事、行政、刑事案件的执行力度，探索知识产权财产性权益的新型执行方法。

第二十五条 人民法院应当完善知识产权侵权损害赔偿制度，综合考虑知识产权市场价值、侵权人主观过错以及侵权行为的持续时间、影响范围、后果严重程度等因素，合理确定赔偿数额；正确适用知识产权惩罚性赔偿制度，加大对重复侵权、故意侵权和规模侵权的惩罚性赔偿，依法惩处严重侵害知识产权行为。

第二十六条 人民法院依法公正审理涉外知识产权案件，平等保护中外权利人合法权益，妥善处理与国际贸易有关的重大知识产权纠纷，依法妥善处理国际平行诉讼，确保案件裁判符合相关国际公约和国际惯例，促进国际贸易合作。

人民法院应当推进国际司法协助和交流合作，简化跨境文书送达、调查取证等程序，探索在互惠基础上相互承认与执行外国法院民商事判决的途径和方式。

第二十七条 海南自由贸易港知识产权法院应当建立与海南自由贸易港知识产权保护相适应的案件管辖制度和协调机制，加强对植物新品种、关键核心技术、重点领域、新兴产业等知识产权司法保护。

第二十八条 省知识产权主管部门应当会同人民法院、仲裁机构，加强知识产权确权与知识产权侵权纠纷处理程序的协调，建立健全知识产权无效宣告程序与知识产权侵权纠纷行政裁决、民事侵权诉讼、仲裁程序的衔接机制。

第四章　社会共治

第二十九条 就不相同或者不相类似商品或服务使用的未注册商标是复制、摹仿或者翻译他人未在国内注册的驰名商标，误导公众，致使该驰名商标持有人的利益可能受到损害的，在海南自由贸易港内禁止使用。

第三十条 使用注册商标的商品，经商标注册人或者其许可使用注册商标的单位、个人售出后，除该商品使用有关注册商标会对该注册商标的显著特征或者声誉造成损害的以外，任何单位或者个人可以在海南自由贸易港内进口、销售、使用该商品。

允许境外注册商标商品在海南自由贸易港内加工并直接出口，但因此容易导致商品来源混淆或者误导公众的除外。

第三十一条 禁止下列侵犯地理标志的行为：

（一）通过使用地理标志或者产品描述，使公众误认为产品来自获得保护的地理标志产地范围的；

（二）在产地范围之外的相同或者类似产品上使用获得保护的地理标志或其意译、音译、字译，或者同时使用“类”“型”“式”“仿”等表述的；

（三）未经批准擅自在产品上使用地理标志专用标志的；

（四）在产品上使用与地理标志专用标志相似的标志，使公众误以为是地理标志专用标志的；

（五）销售本条第（一）项至第（四）项侵犯地理标志的产品的；

（六）法律、法规规定的其他行为。

第三十二条 海南自由贸易港举办展览、交易等展会活动，展会举办单位应当要求参展方提交未侵犯他人知识产权的合规性书面承诺或者知识产权相关证明文件。未按照要求提交的，展会举办单位不得允许其参加展会相关活动。

展会举办单位可以根据展会规模、期限等情况，自行或者与仲裁机构、行业组织、知识产权服务机构等设立展会知识产权纠纷处理机构。

参展项目被权利人递交书面材料投诉侵权的，展会举办单位应当立即要求参展方在限定时间内提供未侵权证明。参展方未提供的，展会举办单位应当责令参展方撤出该参展项目；不能撤出项目的，应当采取遮盖等方式处理。

知识产权具体管理部门认定参展方侵权行为成立的，应当通知展会举办单位责令参展方立即停止侵权行为，依法予以处理。

第三十三条 电子商务平台经营者应当建立知识产权保护内部管理制度和侵权投诉快速处理机制，配合知识产权具体管理部门处理知识产权纠纷和查处违法行为，及时采取删除、屏蔽、断开链接、终止交易和服务等必要措施，制止平台内经营者的侵权行为或者违法行为，维护知识产权权利人合法权益。

第三十四条 自然人、法人和非法人组织参加政府投资项目、政府采购和招标投标等活动，应当向有关主管部门提交不存在侵犯他人知识产权的书面承诺，并明确违背承诺的责任。

鼓励自然人、法人和非法人组织在书面合同中约定知识产权合规性承诺的内容以及相应的违约责任。

第三十五条 知识产权具体管理部门对知识产权纠纷作出行政裁决前，可以根据当事人自愿的原则，先行调解。

支持人民调解、商事调解或者其他具有调解职能的组织依法调解知识产权侵权纠纷。

知识产权侵权纠纷经调解组织调解达成协议的，双方当事人可以向有管辖权的人民法院申请司法确认。

第三十六条 鼓励当事人运用仲裁方式解决知识产权纠纷。对可能进入中国市场的过境货物涉嫌侵犯知识产权的，争议相关当事人可以约定临时仲裁。

海南自由贸易港仲裁机构应当加强知识产权纠纷仲裁专业化建设，广泛吸纳知识产权专业人才参与仲裁工作。

支持境外知名仲裁机构及争议解决机构在海南自由贸易港依法开展知识产权纠纷仲裁业务。支持海南自由贸易港仲裁机构与境外知名仲裁机构及争议解决机构开展知识产权纠纷仲裁业务合作。

第三十七条 鼓励和支持公证机构创新公证证明和公证服务方式，依托电子签名、数据加密、区块链等技术，提供知识产权创新创造、运用流转、融资增信、证据保全、权利救济等公证服务。

在海南自由贸易港设立的可以办理涉外公证业务的公证机构，在海南自由贸易港范围内办理知识产权涉外公证业务，不受执业区域限制。

鼓励公证机构开展异地协作，为跨区域知识产权保护提供公证服务。

第三十八条 鼓励知识产权相关服务机构和人员，运用专业知识或者大数据分析技术，对知识产权纠纷事实认定、法律依据、处理结果和损害赔偿额计算等进行中立预判或者评估，为当事人快速解决纠纷提供指引和参考。

第三十九条 知识产权相关行业组织应当加强自律，建立健全知识产权行业服务标准和维权保护机制，配合知识产权具体管理部门开展行政执法工作，协助处理和调解知识产权纠纷，维护会员合法权益。

第五章　运用与服务

第四十条 省知识产权主管部门应当建立知识产权综合服务平台，加强知识产权信息化、智能化建设。

知识产权具体管理部门应当依托知识产权综合服务平台，健全知识产权服务体系，为市场主体和社会公众提供知识产权政策指导、检索查询、维权援助等公共服务。

第四十一条 省知识产权主管部门应当建立专利导航制度。发展和改革、科学技术、工业和信息化、商务等相关部门应当对区域发展规划、重大产业规划、政府投资的重大经济科技项目组织开展专利导航，防范知识产权风险。

鼓励市场主体运用专利导航，提高创新发展决策的精准度和科学性。

第四十二条 单位可以依法处置其职务创新成果的知识产权，促进相关成果的实施和运用。被授予知识产权的单位可以采取股权、期权、分红等产权激励方式，使创新成果完成人合理分享创新收益。

规范和完善高等院校、科研机构等单位的知识产权项目管理制度，建立健全知识产权转移转化机制，鼓励建立专业化知识产权转移转化机构，促进知识产权成果实施和运用。

第四十三条 鼓励和支持高等院校、科研机构、知识产权服务机构、行业组织和企业事业单位等建立知识产权联盟，开展知识产权研究、交流合作、联合维权和协作运用，实施知识产权资源共享，推进知识产权与产业发展深度融合。

第四十四条 支持金融机构创新知识产权质押融资、融资租赁、信托等金融服务模式，完善知识产权融资风险控制和质押财产处置机制，构建知识产权多元化融资模式。

鼓励和支持保险机构开展知识产权境外侵权责任险、专利执行险、专利被侵权损失险等保险业务。

外汇管理部门应当会同知识产权具体管理部门推行跨境知识产权贸易、投融资业务的外汇自由化、便利化政策。

第四十五条 在海南自由贸易港内转让、许可使用知识产权，从事技术开发及相关技术咨询、技术服务等取得的收入，依法享受税收优惠。

第四十六条 推动建设海南国际知识产权交易所，在知识产权转让、运用和税收政策等方面开展制度创新，规范探索知识产权证券化，完善知识产权信用担保机制。

第四十七条 支持知识产权服务业集聚发展，引进知识产权高端服务机构。支持有条件的海南自由贸易港重点园区根据需要建设综合性知识产权运营服务平台，培育国际化、市场化、专业化的知识产权服务机构。

鼓励知识产权评估服务机构开发针对不同应用场景的知识产权评估工具，围绕创新主体、市场主体的转让许可、投资融资等需求，提供规范、便捷的知识产权评估服务。

第四十八条 海南自由贸易港应当拓宽知识产权对外合作交流渠道，加强与世界知识产权组织、国际植物新品种保护联盟等国际组织的合作交流，推动“一带一路”知识产权经济协作发展，构建与国际接轨的知识产权保护体系。

鼓励和支持社会组织依法开展知识产权保护国际交流合作。

第六章 监督管理

第四十九条 县级以上人民政府应当根据法律、法规规定并结合相关部门职责范围，建立由知识产权具体管理部门牵头，旅游和文化、公安、海关、综合执法等相关部门参与的联合执法机制，健全跨部门、跨区域知识产权行政执法联动响应与协作制度，实现违法线索互联、监管标准互通、处理结果互认。

第五十条 权利人或者利害关系人投诉知识产权侵权行为，知识产权具体管理部门对有证据证明存在侵权事实，如不及时制止将使权利人或者利害关系人合法权益受到难以弥补的损害的，经权利人或者利害关系人申请，可以先行发布禁令，责令涉嫌侵权人立即停止涉嫌侵权行为，并依法处理。

发布禁令前，可以要求权利人或者利害关系人提供适当担保。经调查，侵权行为不成立的，应当及时解除禁令。权利人或者利害关系人申请有错误的，应当赔偿被申请人因停止有关行为所遭受的损失。

涉嫌侵权人对禁令不服的，可以依法申请行政复议或者提请行政诉讼。

第五十一条 知识产权具体管理部门或者人民法院作出知识产权侵权行为成立的决定或者判决生效后，同一侵权行为人就同一知识产权再次实施相同类型侵权行为，经权利人或者利害关系人请求，知识产权具体管理部门调查属实的，可以直接责令侵权人立即停止侵权行为，并依法处理。

第五十二条 知识产权具体管理部门应当归集自然人、法人和非法人组织的知识产权失信行为信息，依法纳入信用档案，根据信用风险分类结果实施差异化监管措施。

自然人、法人和非法人组织有下列失信行为之一的，应当将其列入严重失信主体名单：

（一）故意侵犯他人知识产权，构成犯罪的；

（二）故意侵犯他人知识产权或者提交非正常专利申请、恶意商标注册申请损害公共利益，性质恶劣、情节严重、社会危害较大，受到主管部门较重行政处罚的；

（三）在人民法院或者行政机关作出知识产权侵权行为成立的判决或者决定后，有履行能力但拒不履行、逃避执行的；

（四）法律、法规和国家规定应当列入知识产权严重失信主体名单的其他行为。

第五十三条 对列入知识产权严重失信主体名单的失信主体，应当实施下列惩戒措施：

（一）禁止或者限制其承接政府投资项目、参加政府招标投标；

（二）禁止或者限制其享受有关费用减免、政府资金扶持等优惠政策；

（三）取消其进入知识产权专利优先审查、快速授权、快速维权通道资格；

（四）取消其参加政府知识产权表彰评比资格；

（五）法律、法规和国家规定的其他惩戒措施。

第七章 法律责任

第五十四条 侵权人因侵犯知识产权受到罚款处罚后，自行政处罚决定书生效之日起五年内再次实施同类违法行为的，知识产权具体管理部门可以按照有关法律、法规规定的相应罚款数额予以双倍处罚。

第五十五条 申请人恶意申请商标注册的，由申请人所在地或者违法行为发生地县级以上知识产权具体管理部门给予警告，有违法所得的，可以处违法所得五倍最高不超过五万元的罚款；没有违法所得的，可以处三万元以下的罚款。

第五十六条 对侵犯商业秘密的行为，除依据《中华人民共和国反不正当竞争法》的规定处理外，知识产权具体管理部门应当责令侵权人返还或者销毁载有商业秘密的图纸、软件或者其他有关载体，不得继续披露、使用或者允许他人使用商业秘密。

对侵权人利用权利人的商业秘密生产的产品，尚未销售的，知识产权具体管理部门应当监督侵权人销毁，但是权利人同意收购或者同意侵权人继续销售的除外。

第五十七条 违反本条例第三十一条规定，由违法行为发生地县级以上知识产权具体管理部门责令立即停止侵权行为，没收、销毁侵权产品和伪造地理标志专用标志的工具，违法经营额五万元以上的，可以处违法经营额五倍以下的罚款；没有违法经营额或者违法经营额不足五万元的，可以处二十五万元以下的罚款。

销售不知道是侵犯地理标志的产品，能证明该产品是自己合法取得并说明提供者的，由知识产权具体管理部门责令停止销售。

第五十八条　展会举办单位违反本条例第三十二条第一款、第三款规定，不履行管理义务的，由违法行为发生地县级以上知识产权主管部门责令改正，可以处三万元以上十万元以下的罚款。

第五十九条　涉嫌侵权人违反本条例第五十条第一款规定，拒不执行禁令停止涉嫌侵权行为，经认定构成侵权的，由发布禁令的知识产权具体管理部门按照有关法律、法规规定的相应罚款数额予以双倍处罚。

第六十条　除法律、法规另有规定外，知识产权侵权行为违法经营额按照下列方法计算：

（一）侵权产品已经销售的，按照实际销售价格计算；

（二）侵权产品尚未销售的，按照已经销售的同类产品的实际销售价格或者标示价格从高计算；

（三）没有实际销售价格或者标示价格的，或者标示价格明显与产品价值不符的，按照与侵权产品相同或者相似的同类产品的市场中间价格计算；

（四）侵权产品只在境外销售的，按照离岸价格计算。无法查明离岸价格的，可以参考同类合格产品的国际市场中间价格或者国内市场中间价格计算；

（五）多次实施侵权行为且未经行政处理的，其违法经营额应当累计计算；

（六）违法经营额应当扣除已经依法缴纳的税费，但不扣除实施该侵权行为过程中实际支出的合法成本；

（七）法律、法规规定的其他能够合理计算侵权产品价格的方法。

第六十一条　违反本条例规定，本条例未设定处罚而法律、法规另有处罚规定的，从其规定。

违反本条例规定的行为，依法决定由市、县、自治县综合行政执法机构实施处罚的，从其规定。

省负责专利执法的部门可以根据需要，委托具有专利执法条件的市、县、自治县综合行政执法机构实施专利行政处罚。

第八章　附　　则

第六十二条　本条例自 2022 年 1 月 1 日起施行。

海南省高级人民法院关于审理反不正当竞争纠纷案件的裁判指引（试行）及典型案例（节录）[①]

（2021 年 12 月 24 日）

为帮助正确审理反不正当竞争纠纷案件，更好地统一裁判尺度和办案标准，根据《中华人民共和国反不正当竞争法》《中华人民共和国商标法》及相关司法解释，结合审判工作实际，制定

① 本文件典型案例部分仅节录“关键词”“裁判要点”“裁判理由”，“基本案情”“裁判结果”未予收录。——编者注

本指引。

1. **【非典型不正当竞争行为的审查】**被诉行为不符合反不正当竞争法第二章“不正当竞争行为”规定的情形，可通过以下因素审查被诉行为：

（1）法律、司法解释对该种竞争行为是否属于不正当竞争行为没有明确规定；

（2）其他经营者的合法权益确因该竞争行为受到了实际损害；

（3）该竞争行为违反了诚实信用原则和公认的商业道德。

2. **【合法生产与不正当竞争行为的区分】**经营者是否具有违反行政许可法律法规的行为，不是判断其是否构成不正当竞争行为的考虑因素。

3. **【双重保护】**同一侵权行为侵害多种法益的，当事人可主张知识产权以及反不正当竞争法的双重保护。

4. **【重复起诉识别】**重复起诉识别的关键要素是当事人是否相同、诉讼请求及其所依据的侵权事实和理由是否相同。

5. **【销售者认定】**在认定销售者身份时，可考虑以下因素：

以营利为目的专门从事商业销售活动的商业组织和个人可以认定为一般销售者。

市场管理者存在以自己的名义为销售者的销售行为提供发票服务或者对销售者销售的每件商品进行提成等直接参与销售行为的，可以认定为共同销售者。

商业赠与者、以旧换新的商家可以视同销售者。

偶发性转让产品、供电、水、气、热等公共用品的提供者一般不认定为销售者。

6. **【混淆可能性的判断】**对是否构成反不正当竞争法第六条规定的混淆行为，可以从商品类似和商业标识近似程度、诉请保护标识的显著性和知名度、被诉标识使用方式和使用者意图、现有市场格局对消费者消费认识和消费习惯的影响等方面审查。

7. **【商品具有一定影响的认定】**认定商品是否具有一定影响，可以综合考虑该商品的销售时间、销售区域、销售额和销售对象，进行任何宣传的持续时间、程度和地域范围，作为知名商品受保护的情况等因素进行判断。

8. **【企业名称简称保护】**对于企业长期、广泛对外使用，具有一定市场知名度、为相关公众所知悉，已实际具有商号作用的企业名称简称，可以视为企业名称予以保护。

擅自将他人已具有商号作用的企业名称简称作为商业活动中互联网竞价排名关键词，使相关公众产生混淆误认的，属于不正当竞争行为。

9. **【在先权利抗辩】**对自愿登记的图案作品一般认为不能对抗具备识别商品来源的包装图案的在先使用权。

10. **【商业秘密侵权认定中不正当手段的事实推定】**当事人基于其工作职责完全具备掌握商业秘密信息的可能和条件，为他人生产与该商业秘密信息有关的产品，且不能举证证明该产品系独立研发，根据案件具体情况及日常生活经验，可以推定该当事人非法披露了其掌握的商业秘密。

11. **【离职员工运用个人技能的行为正当性判断】**职工在工作中掌握和积累的知识、经验和技能，构成其人格的组成部分，职工离职后有自主利用的自由；在既没有违反竞业限制义务，又没有侵犯商业秘密的情况下，劳动者运用自己在原用人单位学习的知识、经验与技能为其他与原单位存在竞争关系的单位服务的，不宜以反不正当竞争法第二条的原则规定认定构成不正当竞争。

12. 【**竞业限制纠纷与侵犯商业秘密纠纷的区分**】劳动者与用人单位之间因竞业限制约定引发纠纷，当事人如果以违约为由主张权利，应当按照劳动争议程序处理。

当事人如果以侵犯商业秘密为由主张权利，应当按照反不正当竞争法有关规定处理。

典型案例一

儋州某食品饮料厂诉深圳市某食品饮料有限公司、深圳市某食品有限责任公司侵犯商标权及不正当竞争纠纷案

关键词

知名商品　共同侵权　生产行为合法

裁判要点

是否持有合法生产证照不影响对生产者是否构成商标侵权及不正当竞争行为的判断。生产者与销售者构成共同侵权的，二者之间是否存在生产行为的内部分工及对外承担责任的约定，不影响对共同侵害行为及构成不正当竞争的事实认定，也不具有对抗第三人的法律效力。

基本案情

……

裁判结果

……

裁判理由

海南省高级人民法院认为：案件争议焦点主要有两点，分别是：1. 某食品公司、某饮料厂的行为是否构成商标侵权及不正当竞争；2. 某饮料厂是否应承担民事责任以及一审判决赔偿数额是否过高。

（一）关于某食品公司、某饮料厂的行为是否构成商标侵权及不正当竞争的问题。

关于某食品公司、某饮料厂的行为是否构成商标侵权。商标法第五十七条第二项规定：未经商标注册人的许可，在同一种商品上使用与其注册商标近似的商标，或者在类似商品上使用与其注册商标相同或者近似的商标，容易导致混淆的，属于侵犯注册商标专用权的行为。商标案件法律解释第九条第二款规定：商标近似，是指被控侵权的商标与原告的注册商标相比较，其文字的字形、读音、含义或者图形的构图及颜色，或者其各要素组合后的整体结构相似，或者其立体形状、颜色组合近似，易使相关公众对商品的来源产生误认或者认为其来源与原告注册商标的商品有特定的联系；第十一条第一款规定：类似商品，是指在功能、用途、生产部门、销售渠道、消费对象等方面相同，或者相关公众一般认为其存在特定联系、容易造成混淆的商品。本案被控侵权的“鸣泉百岁山”饮用纯净水与某食品饮料公司第 3407468 号“百岁山”注册商标核定使用的商品为同一种商品。“百岁山”注册商标在某食品饮料公司使用过程中，已享有较高的市场知名度。某食品公司、某饮料厂将“鸣泉百岁山”商标使用在与某食品饮料公司注册商标核定的高度类似商品上，容易使相关公众对商品的来源产生误认，或者认为被控侵权商品与某食品饮料公司存在特定的

联系，某食品公司、某饮料厂的行为已构成对某食品饮料公司“百岁山”注册商标专用权的侵害。由于被控侵权产品上使用该标识的情况并不属于注册商标的规范使用，且容易导致混淆，故某食品公司、某饮料厂主张其使用的是注册商标，没有构成商标侵权的理由不成立，应不予采纳。

关于某食品公司、某饮料厂的行为是否构成不正当竞争。某食品饮料公司和某食品公司、某饮料厂生产、销售的商品均为饮品，具有同业竞争关系。某食品饮料公司生产、销售的“百岁山”饮用天然矿泉水属于我国反不正当竞争法第五条第二项所规定的“知名商品”，上述商品所使用的包装属于知名商品的特有包装，某食品饮料公司对其享有的权益应受法律保护。某食品公司和某饮料厂在其生产的饮品上使用与某食品饮料公司商品极其近似的瓶型包装和瓶贴装潢，主观上具有攀附某食品饮料公司商品声誉的故意，客观上会造成消费者对商品的误认和误购，已构成不正当竞争。虽然被控侵权产品“鸣泉百岁山”饮用纯净水的包装已取得外观设计专利，但该外观设计专利权属于在后取得的民事权利，不得与他人在申请日以前已经取得的合法权利相冲突，不得侵害在先权利。故某饮料厂主张其生产“鸣泉百岁山”饮用纯净水不构成侵犯某食品饮料公司知名商品特有包装、装潢的不正当竞争行为的理由不能成立，应不予支持。

（二）关于某饮料厂是否应承担民事责任以及一审判决赔偿数额是否过高的问题。《中华人民共和国侵权责任法》第八条规定：二人以上共同实施侵权行为，造成他人损害的，应当承担连带责任。在整个被控侵权商品的生产过程中，某食品公司的委托行为与某饮料厂的具体实施行为，已构成一个有机整体，起着同等重要的作用，缺少任何一方的行为，被控侵权商品的生产都无法独立完成。因此，某食品公司与某饮料厂之间构成共同生产行为。从主观过错来看，某饮料厂作为饮用水生产商，应当知晓侵权产品的包装与某食品饮料公司知名商品的包装高度近似，在此情形下，某饮料厂依然生产侵权产品，存在主观过错。即便某食品公司向某饮料厂提供其持有的第 11069319 号“鸣泉百岁山”注册商标和外观设计专利证书（ZL201530012883.3），也只能证明某饮料厂认可某食品公司的相关权利，不能因此认定某饮料厂的生产行为合法。某饮料厂上诉还认为其持有该类产品的《生产许可证》《营业执照》等合法证照，以及该厂与某食品公司约定知识产权侵权责任由某食品公司承担，其生产行为不存在过错。某饮料厂是否持有合法生产证照不影响本案对是否构成商标侵权及不正当竞争行为的判断。至于某食品公司与某饮料厂之间是否存在生产行为的内部分工及对外承担责任的约定，不影响共同侵害某食品饮料公司的商标专用权及构成不正当竞争的事实认定，也不具有对抗第三人的法律效力。综上，某食品公司与某饮料厂构成共同侵权，应当承担相应的连带赔偿责任。

典型案例二

海南某实业有限公司诉海南某商贸有限公司、佛山市某食品有限公司及三亚某食品贸易有限公司不正当竞争纠纷案

关键词

一定影响　商品名称　包装装潢

裁判要点

企业名称和商品名称是否具有一定影响，由企业对此负举证责任。从销售时间、销售区域、销售额和进行宣传的情况来看企业名称和商品名称在相关公众中是否具有一定影响。根据《最高人民法院关于审理不正当竞争民事案件应用法律若干问题的解释》第二条的规定，仅仅直接表示商品的质量、主要原料等特点的商品名称不能认定为特有的名称；知名商品特有的名称中直接表示商品的质量、主要原料等特点，他人因客观叙述商品而正当使用的，不构成不正当竞争行为。

基本案情

……

裁判结果

……

裁判理由

海南省高级人民法院认为：案件的争议焦点为：某商贸公司的行为是否构成不正当竞争以及责任如何承担的问题。

某实业有限公司主张某商贸公司使用了其具有一定影响的字号及商品名称“酸豆王”，足以引人误认为被诉侵权产品“品味黎家酸豆王”与其生产的“酸豆王”之间存在特定联系，构成不正当竞争。根据《中华人民共和国反不正当竞争法》第二条、第六条的规定，根据上述法律规定，本案中认定某商贸公司是否构成不正当竞争行为，应当考虑以下几个要素：1. 某商贸公司是否属于正当使用；2. 某实业有限公司的企业名称和商品名称“酸豆王”是否具有一定影响；3. 是否存在引人误认或者特定联系的混淆行为。

一、关于某商贸公司是否属于正当使用的问题。本案中，涉案商品为酸豆汁饮料，酸豆是该饮料的最重要成分，可见，作为生产酸豆汁饮料的某商贸公司使用“酸豆王”字样是对其生产、销售的酸豆汁饮料产品的特点做出恰当的说明和描述，是正常的商业运作。某实业有限公司认为，“酸豆”加上“王”字即“酸豆王”的文字组合使其企业名称和商品名称具有独创性。“酸豆王”的识别度和显著性较低。某实业有限公司向国家知识产权局商标局申请“酸豆王”商标，也因“酸豆王”仅仅直接表示商品的原料、味道等特点，难以起到区分服务来源的作用而被驳回。而且市场上有多个生产酸豆汁的生产商、提供者，仅依靠“酸豆王”的商品名称不能识别和对应特定生产商，与其他经营者的同类商品相区别。因此，应认定某商贸公司系将“酸豆王”字样作为突出其产品原料的描述性使用，是正当使用行为，不具有主观上的恶意。

二、关于某实业有限公司的企业名称和商品名称是否具有一定影响的问题。某实业有限公司应当对此负举证责任。根据查明的事实，某实业有限公司从 2015 年开始销售，销售时间较短。销售额不大且并非呈每年递增趋势。进行宣传的资金为 10 万余元，投入资金较少、宣传持续时间短、地域范围不大。因此，从销售时间、销售区域、销售额和进行宣传的情况来看，某实业有限公司在一、二审中提供的证据不能充分证明其企业名称和商品名称在相关公众中已具有一定影响。另外，根据《最高人民法院关于审理不正当竞争民事案件应用法律若干问题的解释》第二条的规定，仅仅直接表示商品的质量、主要原料等特点的商品名称不能认定为特有的名称；知名商品特有的名称中直接表示商品的质量、主要原料等特点，他人因客观叙述商品而正当使用的，不构成不正当竞争行为。退一步讲，即使某实业有限公司的商品具有一定影响或者属于知名商品，但被诉侵权产品名称中的“酸豆王”，仅体现产品的主要原料，根据该法律规定，某商贸公司是客观叙述商品的正当使用行为，不构成不正当竞争行为。

三、关于是否存在引人误认或者特定联系的问题。根据查明的事实，被控侵权产品与某实业有限公司主张的权利产品所使用罐体的色彩、构图、字体、字号、商品名称、宣传标语等整体存在显著的差异，不构成近似，并不会使一般公众对被诉侵权产品的来源产生误认或者认为其来源与某实业有限公司的商品有特定的联系。

因此，某商贸公司并未存在扰乱市场竞争秩序，损害某实业有限公司合法权益的行为。某实业有限公司关于某商贸公司构成不正当竞争行为的主张没有事实和法律依据，本院不予支持。因某商贸公司的行为不构成不正当竞争，故某实业有限公司要求某商贸公司在海南日报广告版刊登公告向其公开道歉并赔偿某实业有限公司律师费5万元的上诉主张，不予支持。

典型案例三

北京某科技有限公司诉三亚市某国家公园开发有限公司擅自使用他人企业名称纠纷案

关键词

企业名称　企业简称　擅自使用

裁判要点

企业名称简称在互联网媒体具有的较大影响力，公众既可将企业简称识别为知名视频网站品牌，亦可被作为商标注册人企业名称、简称或字号。在未经权利人许可的情况下，对企业名称简称使用属于擅自使用他人有一定影响的企业名称，引人误认为是他人商品或者与他人存在特定联系的行为，应承担相应不正当竞争行为法律责任。

基本案情

……

裁判结果

……

裁判理由

三亚市中级人民法院认为，本案争议的焦点为：1. 侵权行为归责；2. 责任承担方式。围绕焦点问题，分析评判如下：

一、侵权行为归责

1. 对他人企业名称的使用行为

在公园公司对其公司为“三亚遇见你”新闻发布会提供举办场地的事实并无异议的前提下，其微信公众号登载的《爱奇艺独播〈三亚遇见你〉节目三亚水稻国家公园开机》一文印证了该新闻发布会中使用“爱奇艺”企业名称的事实，文中还对“三亚遇见你”节目将利用“爱奇艺”企业名称开展传播作了诸如“爱奇艺独播节目”“《三亚遇见你》是爱奇艺一档针对全国2亿单身男女旅行交友的情感类节目”“欢迎爱奇艺走进三亚”“通过爱奇艺和众多网络媒体的传播优势”“爱奇艺和水稻国家公园共同交换了联合打造《三亚遇见你》大型文旅秀的战略合作协议”等内容的表述，证明新闻发布会及其后续宣传过程均使用文字“爱奇艺”，也充分表达利用“爱奇艺”视频网站品牌在互联网媒体同行业中的优势地位为“三亚遇见你”节目进行宣传、扩大影响范围的意图。公园公司对“三亚遇见你”新闻发布会的积极参与作了报道，载明“由三亚水稻国家公园倾情助力的爱奇艺独播节目”“《三亚遇见你》是爱奇艺一档针对全国2亿单身男女旅行交友的情感类节目”“欢迎爱奇艺走进三亚”“通过爱奇艺和众多网络媒体的传播优势”“爱奇艺和水稻国家公园共同交换了联合打造《三亚遇见你》大型文旅秀的战略合作协议”等内容，文本中多处使用文字“爱奇艺”。由此，公园公司客观上积极参与对文字“爱奇艺”使用行为的实施，亦具有利用“爱奇艺”品牌优势的主观上意愿，是否获利并不构成对公园公司直接参与实施使用行为的否定。

至于科技公司在南海网、凤凰网、“今日头条”、人民网等网站检索到“三亚遇见你”新闻发布会所作报道，均非公园公司微信公众号登载的《爱奇艺独播〈三亚遇见你〉节目三亚水稻国家公园开机》一文的链接，也未载明相关报道系对所作转载，不能认定为公园公司实施或授权的宣传行为，不应归责于公园公司。

2. 文字“爱奇艺”与企业名称的关系

如科技公司所述，“爱奇艺”系列的二个商标由案外人北京某世纪科技有限公司授权科技公司使用，基于“爱奇艺”品牌在互联网媒体具有的较大影响力，公众既可将文字“爱奇艺”识别为知名视频网站品牌，亦可被作为商标注册人企业名称、简称或字号。科技公司企业名称中文字“爱奇艺”的使用与前述网站品牌存在竞合，科技公司使用前述两个商标亦对其企业带来积极的评价后果，“爱奇艺”也可被作为科技公司的企业简称或字号。由此，第三方使用文字“爱奇艺”牵连案外人北京奇艺世纪科技有限公司及授权科技公司企业名称相关合法权益。

在未经权利人许可的情况下，公园公司对文字“爱奇艺”的使用属于擅自使用他人有一定影响的企业名称，引人误认为是他人商品或者与他人存在特定联系的行为，公园公司应承担相应不正当竞争行为法律责任。公园公司主张其公司并非节目制作人且未从中获利因而不应归责于其公司的抗辩理由，没有事实根据和法律依据，本院不予采纳。

二、责任承担方式

公园公司擅自使用他人企业名称有悖于诚实信用原则，应立即停止使用他人企业名称的不正当竞争行为、消除影响并承担相应赔偿责任。

1. 侵害停止及影响消除

新闻发布会召开结束后，公园公司未再实施现场、实时使用“爱奇艺”企业名称行为；在开庭审理过程中经双方共同检视，其公司微信公众号登载文章《爱奇艺独播〈三亚遇见你〉节目三亚水稻国家公园开机》业已删除。科技公司未举证证明公园公司向其他网站媒体提供“三亚遇见你”新闻发布会召开的报道信息、文章或链接，相关网站也未对各自报道文章的来源作出是否转载的特别说明，应认定为各网站独立的信息登载行为，公园公司对此不承担停止侵害的责任。至此，公园公司所实施使用他人企业名称的不正当竞争行为已经停止，科技公司诉求停止侵害虽正当但已不必要，公园公司应在其官方微信公众号网络页面中显要位置登载致歉声明，承担侵害停止后消除影响的责任，致歉声明内容须经本院审核通过。

2. 赔偿金额

科技公司诉求明确其公司主张的经济损失赔偿金额以“反不正当竞争法”第十七条第四款为根据，即“由人民法院根据侵权行为的情节判决给予权利人五百万元以下的赔偿”，科技公司有义务对侵权情节进行举证。如前所述，公园公司侵权行为具体表现形式限于召开新闻发布会及登载报道文章且均已处于终结状态，文章登载介质仅限于公园公司公众微信号网络页面，并无证据证明公园公司实施扩大传播的其他行为，科技公司亦未对其公司诸如经营规模、业绩、市场占有率、融资规模及范围等基本状况进行举证，不能反映出文字“爱奇艺”被使用后导致负面评价或实际损失状况。“爱奇艺”网站品牌确为大众所熟悉，但“爱奇艺”网站品牌所涉财产性权利并非科技公司在本案中的诉求利益，科技公司因企业名称被他人使用的不正当竞争行为导致损失之于“爱奇艺”网站品牌影响范围并无因果关联。科技公司对公园公司不正当竞争行为造成的实际损失或因侵权所获得的利益数额举证不能，应承担举证不能的不利后果。

根据我国社会经济高品质发展的需要，塑造良好营商环境是建设海南自由贸易试验区的重要保障手段，综合考量公园公司侵权行为的情节，对科技公司主张的经济损失及合理支出酌情确定为 200, 000 元，对其诉求过高部分不予支持。

综上所述，科技公司诉求消除影响并赔偿经济损失的诉讼请求成立，公园公司承担相应民事责任。鉴于侵权行为均已停止，科技公司诉求公园公司立即停止使用其公司企业名称的不正当竞争行为已客观上不具有必要性和可能性，对科技公司诉求中的该部分不予支持。

典型案例四

某盐业总公司诉江苏某制盐有限公司、海口某物流有限公司、海南某盐业有限公司、李某不正当竞争纠纷案

关键词

不正当竞争　包装装潢　图案　在先使用权

裁判要点

1. 商品包装的图案经过长时间持续使用和宣传推广，在相关消费者中具有了较高的知名度，具有独特性和显著性，具备识别商品来源的功能的，该商品包装应受法律保护。

2. 自愿登记的图案作品不得对抗具备识别商品来源的包装图案的在先使用权。

基本案情

……

裁判结果

……

裁判理由

海口市中级人民法院认为：某盐业总公司与江苏某制盐有限公司均是从事食用盐的生产、销

售企业，某盐业总公司从1990年成立，至今已有30年的历史，某盐业总公司从2006年就开始使用大厨师的包装在海南各市县销售加碘食用盐，且从2006年起相关网站就曾对某盐业总公司使用的包装袋进行过宣传，某盐业总公司生产的碘盐包装经过大量宣传和长期、持续使用，在海南已经具有一定的影响力，也产生了区别商品来源的作用，某盐业总公司生产的碘盐包装中“加碘食用日晒盐”这几个文字虽然属于商品的通用名称，不能被独占使用，但该文字与其他图案、商标、色彩经过排列组合，已经形成自己的特有包装，江苏某制盐有限公司生产的被控侵权产品的包装与某盐业总公司的碘盐包装相比，除了右上角的白蓝色商标、名称，大厨师所系丝带上的文字以及包装袋最下方的黑体字有所不同外，江苏某制盐有限公司生产的被控侵权产品的包装所选用的文字大小、字形、排布，图形的构图、颜色以及各要素组合后的整体结构与某盐业总公司的包装相似，容易使普通消费者对二者产品产生混淆和误认。江苏某制盐有限公司称其系从文某处取得大厨师图案的作品使用权，因此其并未侵权，海口市中级人民法院认为虽然某盐业总公司取得作品登记证书时间晚于文某取得的作品登记证书时间，但早在2006年某盐业总公司就已经将大厨师的图案用于碘盐包装袋上，即早在文某进行作品登记之前，某盐业总公司已经在使用该大厨师的图案，因此，文某所自愿登记的作品证书并不能对抗某盐业总公司对其碘盐包装上大厨师图案的在先使用权。且文某仅是登记了大厨师的图案，江苏某制盐有限公司即使使用大厨师的图案，也应当自由设计与某盐业总公司在先使用的包装所不同的包装。江苏某制盐有限公司作为大型的食盐生产、销售商，其在进驻海南市场后，应当了解海南市场的食盐销售情况，也应当知晓某盐业总公司的食盐包装，但江苏某制盐有限公司仍然使用与某盐业总公司相近似的包装，其行为已经构成不正当竞争，应承担相应的法律责任。由于现有证据不能证明江苏某制盐有限公司侵权获利情况，某盐业总公司所举证据也不能证明其因侵权所受的损失，故综合考虑江苏某制盐有限公司出售产品的单价、其进驻海南市场的时间、过错程度、某盐业总公司销售利润存在下降的情况以及为制止侵权行为支出的合理费用等因素，海口市中级人民法院酌情确定江苏某制盐有限公司赔偿经济损失及合理费用70万元给某盐业总公司。因某盐业总公司以及李某经营的诚得利商行销售的被控侵权产品系江苏某制盐有限公司生产，即其所销售的产品有合法来源，故在本案中某盐业总公司、李某只需承担停止侵权的责任，不承担赔偿责任。某物流公司仅是运输单位，并不存在不正当竞争行为，无需承担侵权责任。因某盐业总公司并未举证证明因江苏某制盐有限公司的行为导致其商誉受到损失，故对某盐业总公司所提江苏某制盐有限公司、某物流公司、某盐业总公司、李某在相关网站、报纸发表致歉声明的诉请，不予支持。

典型案例五

某科技物业（广东）有限公司诉三亚某物业管理有限公司、向某侵害经营秘密纠纷案

关键词

商业秘密　保密措施　合法来源

裁判要点

员工在用人单位任职期间掌握的医疗机构物业管理服务相关知识、积累的经验和提升的技能构成其自身劳动能力的组成部分，劳动能力又构成其自身重要的市场竞争力。员工离职后，有自主利用其劳动能力的自由。员工以其成立的公司与原单位开展同类业务，原单位无充分证据证明员工侵害了其经营秘密从而导致不正当竞争的情况下，应认定员工设立公司的行为属于正常的商业竞争行为，否则将剥夺员工自主择业、自主创业的权利，有悖于反不正当竞争法的立法初衷，不利于保护公平竞争的社会主义市场经济的发展。

基本案情

……

裁判结果

……

裁判理由

海口市中级人民法院认为：本案的争议焦点是某科技物业公司主张的某医院物业管理服务合同以及某医院后勤服务方案是否属于经营秘密，向某和某物业管理公司是否侵犯了上述经营秘密以及应承担何种侵权责任。

某科技物业公司在一审、二审中均明确表示，其在本案中主张的经营秘密的范围为其与某医院签订的《三亚某大学某医院物业管理服务合同》和《某大学某医院后勤服务方案》的全部内容。根据《最高人民法院关于审理侵犯商业秘密民事案件适用法律若干问题的规定》第四条的规定，上述内容对于从事医疗机构物业服务领域的单位或人员而言，属于一般常识和行业惯例以及常规操作，为相关公众所知悉，不构成秘密信息。双方的权利义务以及违约责任条款是双方对彼此权利和义务以及违约责任的约定，不属于经营性质的信息，不构成经营信息。服务费用是某科技物业公司与某医院磋商的结果，构成秘密点，但某物业管理公司和某医院在合同中关于服务费用的约定亦是双方自由磋商的结果，向某和某物业管理公司并未利用某科技物业公司的服务费用这一信息进行不当商业行为。故某科技物业公司主张的物业管理服务合同不构成经营秘密。某科技物业公司在某医院物业服务项目上的后勤服务方案并未采取在该方案上标注涉密标志等保密措施，亦不能构成经营秘密。

某科技物业公司主张的物业服务合同和后勤服务方案均不构成经营秘密。向某作为某科技物业公司的前员工，其在该公司任职期间掌握的医疗机构物业管理服务相关知识、积累的经验和提升的技能构成其自身劳动能力的组成部分，劳动能力又构成其自身重要的市场竞争力。向某离职后，有自主利用其劳动能力的自由。向某以其成立的某物业管理公司与某医院签订同类合同，开展同类业务，某医院自愿选择与某物业管理公司进行合作，在某科技物业公司无充分证据证明其主张系经营秘密且向某及某物业管理公司侵害了其经营秘密从而导致不正当竞争的情况下，应认定为属于正常的商业竞争行为，否则将剥夺向某自主择业、自主创业的权利，也限制了某医院自由、自愿选择合作者的权利，有悖于反不正当竞争法的立法初衷，不利于保护公平竞争的社会主义市场经济的发展。向某因违反竞业限制而导致的法律后果与本案是否侵害经营秘密无实质关联，两者受不同法律调整。综上，向某和某物业管理公司未侵害某科技物业公司的经营秘密，不应承担侵权赔偿责任。

安徽省知识产权保护办法

（2021 年 10 月 20 日安徽省人民政府第 157 次常务会议通过　2021 年 10 月 26 日安徽省人民政府令第 303 号公布　自 2021 年 10 月 26 日起施行）

第一章　总　　则

第一条　为了加强知识产权保护，激发创新创造活力，推动高质量发展，优化公平竞争的营商环境，根据有关法律、法规规定，结合本省实际，制定本办法。

第二条　本办法适用于本省行政区域内知识产权保护及其相关活动。

本办法所称知识产权，是指权利人依法就作品、发明、实用新型、外观设计、商标、地理标志、商业秘密、集成电路布图设计、植物新品种和法律规定的其他客体享有的专有的权利。

第三条　县级以上人民政府应当加强对知识产权保护工作的领导，推动知识产权战略实施，将知识产权保护工作纳入国民经济和社会发展规划，完善知识产权保护体系，加强知识产权保护经费保障，落实知识产权保护属地责任。

第四条　县级以上人民政府市场监督管理（知识产权）部门负责组织、协调、实施本行政区域内知识产权保护工作，依法负责发明、实用新型、外观设计、商标、地理标志、商业秘密、集成电路布图设计的知识产权保护及相关工作。

县级以上地方著作权主管部门依法负责本行政区域的著作权保护及相关工作。

县级以上人民政府农业农村、林业主管部门依法负责植物新品种权保护及相关工作。

发展改革、教育、科技、经济和信息化、公安、司法行政、财政、商务、文化和旅游、网信、金融等有关部门按照各自职责，做好知识产权保护相关工作。

本条第一款、第二款、第三款规定的部门，以下统称知识产权管理部门。

第二章　保护机制

第五条　县级以上人民政府应当建立知识产权保护工作协调机制，统筹推进知识产权保护工作，协调解决知识产权保护工作中的重大问题。

第六条　县级以上人民政府应当建立知识产权保护工作考核评价制度，将知识产权保护绩效作为政府绩效考核和营商环境评价体系的内容。

第七条　县级以上人民政府应当设立知识产权保护专项资金，用于知识产权保护及其相关活动。

知识产权保护专项资金使用管理办法，由县级以上财政部门会同同级知识产权管理部门制定。

第八条　县级以上人民政府推动建立知识产权领域金融创新工作机制，建立健全政府资金引导、社会资本参与、市场化运作的知识产权投融资体系。

鼓励和引导金融机构开展知识产权金融产品和服务创新。

第九条 省知识产权管理部门应当制定知识产权分析评议工作指南，加强对知识产权分析评议工作的指导。

发展改革、科技、经济和信息化等部门在重大经济、科技活动中，对可能存在知识产权风险的重大产业规划、重大政府投资项目、重大科技创新项目，按照国家和本省的有关规定，会同知识产权管理部门进行知识产权分析评议，防范知识产权风险。

第十条 省和设区的市知识产权管理部门应当加强对知识产权发展现状、趋势和竞争态势的监测、研究，会同商务部门、相关行业组织等对具有重大影响的海外知识产权事件以及知识产权法律修改变化情况进行分析、研究，为市场主体开展对外经贸、投资活动提供风险预警。

第十一条 知识产权管理部门以及其他相关部门应当建立健全知识产权领域突发事件预防控制体系，加强知识产权突发事件监测，建立突发事件应急预案，完善并落实重大事件报告、应急处置、信息发布等机制。

第十二条 省知识产权管理部门应当会同省商务、科技、经济和信息化等部门完善技术出口中涉及知识产权对外转让的审查程序和规则，规范知识产权对外转让秩序。

第十三条 鼓励中国（安徽）自由贸易试验区、合芜蚌国家自主创新示范区等创新知识产权保护体制机制和相关措施，探索建设国家知识产权保护示范区，建立完备、便捷、高效的知识产权保护联动体系。

第十四条 建立健全区域知识产权保护合作机制，加强区域知识产权快速维权工作，完善案件受理移送、联合调查、证据互认等工作机制，实现知识产权执法互助、监管互动、信息互通、经验互鉴。

第三章　行政保护

第十五条 知识产权管理部门应当引导自然人、法人和非法人组织通过著作权登记、专利申请、商标注册、地理标志申请、植物新品种申请等方式，维护自身合法权益。

知识产权管理部门应当依法处理非正常专利申请、商标恶意注册和其他知识产权违法行为。

第十六条 省市场监督管理（知识产权）部门应当建立健全商标保护名录制度，将本省享有较高知名度、具有较大市场影响力、容易被侵权假冒的注册商标，纳入重点保护范围。

第十七条 省著作权主管部门应当根据国家有关部门发布的重点作品著作权保护预警名单，对本省主要网络服务商发出预警提示，加强对侵权行为的监测。

第十八条 县级以上人民政府市场监督管理（知识产权）部门应当加强商业秘密保护的普法宣传，引导经营者以及其他自然人、法人和非法人组织增强商业秘密管理意识，合理选择保护方式，防止商业秘密泄露。

第十九条 县级以上人民政府农业农村、林业主管部门应当加强植物新品种保护力度，依法查处假冒授权品种和侵犯植物新品种权违法行为，依申请调解侵权纠纷。

第二十条 县级以上人民政府应当加强对地理标志的保护，建立健全地理标志特色质量体系、技术标准体系、检验检测体系，规范地理标志的使用、管理和保护，强化地理标志公共品牌建设，发挥地理标志品牌效应。

第二十一条　知识产权管理部门应当会同其他相关部门为中医药、老字号、非物质文化遗产、遗传资源、传统知识、民间文艺等领域的知识产权保护提供指导、咨询、信息等服务。

第二十二条　知识产权管理部门应当根据知识产权保护工作的需要，采取有力措施，加大大数据、人工智能、基因技术等新领域新业态知识产权保护力度。

第二十三条　知识产权管理部门应当与公安机关建立执法协作机制，健全跨部门、跨区域知识产权案件的信息通报、源头追溯、数据交换和案件移送等制度，提高案件线索发现和处置能力。

知识产权管理部门应当与公安机关联合开展视听作品、电商平台、在线教育、网络游戏、邮递等领域的知识产权保护专项行动。

第二十四条　建立和完善知识产权保护行政执法和司法保护衔接机制，推动行政机关和司法机关在违法线索、监测数据、典型案例等方面的信息互通共享，加强处理知识产权违法案件的分工负责、案件移送及互相配合。

第二十五条　县级以上人民政府可以在有条件的重点产业、优势产业集聚区，建立知识产权保护中心和知识产权快速维权中心，开展快速审查、快速确权、快速维权相联动的协同保护工作。

第二十六条　知识产权管理部门应当加强与电子商务平台经营者、行业组织、社会专业机构等合作，借助大数据、人工智能等新技术，在涉案线索和信息核查、重点商品流向追踪、重点作品网络传播、知识产权权利转移、侵权监测与识别、取证与存证、专业化纠纷解决等方面，推动知识产权治理创新。

第二十七条　县级以上市场监督管理（知识产权）等部门应当公开知识产权纠纷行政裁决受理范围、办理程序，根据当事人请求依法作出行政裁决。

县级以上市场监督管理（知识产权）等部门对知识产权纠纷作出行政裁决前，可以根据当事人自愿的原则，先行调解，调解不成的，应当及时作出行政裁决。

第二十八条　县级以上人民政府及有关部门应当建立和完善知识产权维权援助机制，制定维权援助服务规范和工作指南，加大对高等院校、科研机构、企业等重点对象的维权援助，加强企业海外知识产权维权援助工作。

第二十九条　县级以上人民政府应当依法建立知识产权信用评价、诚信公示和失信联合惩戒机制。

县级以上人民政府及有关部门在开展与知识产权相关的政府投资项目审批、政府采购和招标投标、政府资金扶持、表彰奖励等行政管理活动时，应当查询相关自然人、法人和非法人组织的知识产权公共信用状况，并依法处置。

第三十条　探索建立知识产权技术调查官制度。知识产权管理部门可按照国家规定，根据需要选聘相关领域专家担任技术调查官，为知识产权行政执法活动提供专业技术支持，履行下列职责：

（一）对技术事实调查范围、顺序、方法等提出意见；

（二）参与调查取证，并对其方法、步骤和注意事项等提出意见；

（三）出具技术调查意见；

（四）完成其他相关工作。

技术调查官选聘管理的具体办法，由省人民政府另行制定。

第四章　社会共治

第三十一条　知识产权管理部门应当加强对行业组织、高等院校、科研机构、企业等单位的知识产权管理指引，提升全社会知识产权保护意识。

行业组织应当加强行业自律自治，建立健全知识产权维权保护规范，开展知识产权纠纷调解工作，对侵犯他人知识产权的会员进行规劝惩戒。支持行业组织依法提起知识产权公益诉讼。

高等院校、科研机构、企业等单位应当建立健全知识产权管理和保护制度，提高保护意识，强化保护措施，增强自我保护能力。

鼓励新闻媒体开展知识产权保护的公益宣传和舆论监督。

第三十二条　知识产权服务机构应当加强规范化管理，提升服务能级，提高服务质量，发挥桥梁纽带作用，增强服务对象的知识产权保护能力。

第三十三条　鼓励和支持具备专业知识、技能的志愿者、志愿服务组织依法提供知识产权志愿服务。

第三十四条　展会主办单位或者承办单位应当在展会举办期间依法保护知识产权。

展会举办时间三天以上的，展会主办单位或者承办单位可以自行或者与仲裁机构、行业组织、知识产权服务机构等设立展会知识产权纠纷处理机构，在展会显著位置以及有关宣传资料上公布纠纷处理机构的联系方式、纠纷处理规则等信息。

第三十五条　电子商务平台经营者应当建立知识产权保护内部管理机制和侵权投诉快速处理机制，及时处理相关知识产权纠纷，配合知识产权管理部门处理知识产权纠纷和查处违法行为，维护知识产权权利人的合法权益。

电子商务平台经营者应当履行知识产权保护义务，知道或者应当知道平台内经营者侵犯知识产权的，应当依法采取删除、屏蔽、断开链接、终止交易和服务等必要措施。

第三十六条　鼓励经营者建立健全商业秘密管理制度，采取与涉密人员或合同相对方约定保密义务、签订竞业禁止协议以及对载有商业秘密的载体加密、加锁、反编译、标注保密标志等合理措施，保护商业秘密。

第三十七条　建立和完善知识产权纠纷多元化解机制，促进知识产权行政裁决、调解、仲裁、诉讼等纠纷解决途径的有效衔接，保护当事人合法权益，维护公平竞争的市场秩序。

第三十八条　支持仲裁机构依法开展知识产权纠纷仲裁。

鼓励仲裁机构加强知识产权仲裁专业化建设，广泛吸纳知识产权专业人才参与仲裁工作。

支持境外知名仲裁及争议解决机构在本省依法开展知识产权仲裁业务。

第三十九条　鼓励行业组织、知识产权服务机构、国际贸易促进机构等依法成立行业性、专业性调解组织。

支持各类调解组织开展知识产权纠纷调解工作，提供便捷、高效的知识产权调解服务，引导当事人通过调解方式，解决知识产权纠纷。

知识产权管理部门、司法行政部门应当对调解组织开展知识产权纠纷调解提供必要的指导和支持，并加强与人民法院的协调和配合，提高调解工作的质量和效率。

第四十条　鼓励公证机构创新公证证明和公证服务方式，依托电子签名、数据加密等技术，提供原创作品保护、知识产权维权取证等公证服务。

鼓励公证机构跨区域异地协作，依法为跨区域知识产权保护提供公证服务。

第四十一条　推动建立知识产权合规性承诺制度。参加政府采购和招标投标、政府资金扶持、政府投资项目、表彰奖励评选等活动的，应当向有关主管部门提交未侵犯他人知识产权的书面承诺，并在签订协议时约定违背承诺的责任。

鼓励自然人、法人和非法人组织在合同中约定知识产权合规性承诺的内容以及相应的违约责任。

第五章　促进服务

第四十二条　知识产权管理部门应当采取有效措施，推进知识产权市场化运营，促进科研成果转化，强化知识产权示范引领，推动高质量发展。

第四十三条　县级以上人民政府应当把知识产权人才纳入人才引进、培养计划。

鼓励和支持高等院校将知识产权知识纳入课程教育体系。鼓励有条件的高等院校设立知识产权专业、开设知识产权课程，设立知识产权教育和科研平台，培养知识产权专业人才。

鼓励和支持高等院校、科研机构、企业通过市场化机制引进国内外高层次知识产权人才。

第四十四条　鼓励银行业金融机构创新知识产权质押融资服务模式。

支持保险机构开展知识产权质押融资保证保险、知识产权侵权责任险、专利执行险、专利被侵权损失险及其组合险等保险业务，为化解知识产权领域创造创新、转化运用、交易运营、保护维权等风险提供保障。

鼓励发行知识产权资产证券化产品，支持企业将其拥有的知识产权或者其衍生债权通过证券交易所发行可流通证券进行融资。

鼓励和支持创业投资、担保机构、中介服务机构对自主知识产权产业化项目进行风险投资、提供融资担保、融资推荐、价值评估。

第四十五条　鼓励设立知识产权投资运营等基金，用于支持知识产权转化运用，加速知识产权产业化进程。

鼓励企业加大资金投入，并通过市场化方式设立知识产权保护维权互助基金，提升自我维权能力和水平。

基金的设立及其资金使用，依照国家有关规定执行。

第四十六条　县级以上人民政府及有关部门结合地方实际，培育和发展知识产权服务业，引导建立专业化、社会化和网络化的知识产权服务体系，推动知识产权信息公共服务和市场化服务协调发展。

倡导市场化服务机构向社会免费或者低成本提供知识产权公益性信息服务。

第四十七条 县级以上人民政府应当对知识产权保护和促进作出突出贡献的单位和个人，给予褒扬。

倡导自然人、法人和非法人组织按照国家有关规定设立知识产权奖项，对知识产权保护和促进作出突出贡献的单位和个人给予奖励。

第六章 附 则

第四十八条 本办法自发布之日起施行。

深圳经济特区知识产权保护条例

（2018 年 12 月 27 日深圳市第六届人民代表大会常务委员会第二十九次会议通过 根据 2020 年 6 月 30 日深圳市第六届人民代表大会常务委员会第四十二次会议《关于修改〈深圳经济特区知识产权保护条例〉的决定》修正）

第一章 总 则

第一条 为了加强知识产权保护工作，激发创新活力，建设现代化国际化创新型城市，打造具有世界影响力的创新创意之都，根据法律、行政法规的基本原则，结合深圳经济特区（以下简称特区）实际，制定本条例。

第二条 特区知识产权保护工作机制、行政执法、司法保护、公共服务、自律管理、信用监管等适用本条例。

本条例所称知识产权，是指权利人依法就下列客体享有的专有的权利：

（一）作品；

（二）发明、实用新型、外观设计；

（三）商标；

（四）地理标志；

（五）商业秘密；

（六）集成电路布图设计；

（七）植物新品种；

（八）法律规定的其他客体。

第三条 深圳市人民政府（以下简称市人民政府）以及各区人民政府应当将知识产权保护工作纳入国民经济和社会发展规划，加强知识产权保护的教育、培训、宣传、行政执法和经费保障，完善知识产权保护工作机制，营造崇尚创新、诚信守法的知识产权保护环境。

第四条 市人民政府知识产权主管部门（以下简称市主管部门）负责知识产权保护工作的统筹协调与组织实施，依法履行知识产权保护工作职责。

发展改革、工业和信息化、科技创新、财政、文化广电旅游体育、公安、司法行政、海关等依法负有知识产权保护工作职责的管理部门，根据有关法律、法规以及本条例的规定，履行知识产权保护工作职责。

第五条　市主管部门应当每年发布知识产权保护工作情况报告。

第六条　建立和完善多元化知识产权纠纷处理机制，实现知识产权行政执法、司法审判、仲裁、调解等工作的有效衔接。

第七条　中国（广东）自由贸易试验区深圳前海蛇口片区和深港科技创新合作区可以在创新知识产权保护工作机制和纠纷处理、涉外维权、综合执法等方面先行先试，提供便捷高效服务，建设知识产权保护工作示范区，其探索成果条件成熟时可以在全市推广。

第八条　市人民代表大会常务委员会应当加强对知识产权保护工作的监督，听取市人民政府有关知识产权保护工作的专项报告。

第二章　工作机制

第九条　市人民政府应当加强与粤港澳大湾区其他城市的知识产权保护交流与合作，推动知识产权保护跨境协作、纠纷解决、信息共享、学术研究、人才培养等工作。

第十条　市人民政府设立市知识产权联席会议，建立知识产权保护工作协调机制，推动解决知识产权保护工作中的重大问题。

联席会议由市人民政府负责人召集，每年至少召开一次。联席会议的日常工作由市主管部门承担。

第十一条　完善知识产权工作情况通报制度。联席会议成员单位发现属于其他部门管辖的知识产权案件线索时，应当及时书面通报有管辖权的部门。

有管辖权的部门接到通报后，应当依法及时查处。

第十二条　市、区人民政府应当建立知识产权评议制度，对重大产业规划、重大政府投资项目以及重大经济科技活动进行知识产权评议，提高创新效率，防范知识产权风险。

第十三条　市人民政府应当建立知识产权保护工作考核机制，对区人民政府、市主管部门以及其他管理部门依法履行知识产权保护工作职责的情况进行考核。

市、区人民政府应当按照有关规定对在知识产权保护工作中作出突出贡献的集体和个人给予表彰。

第十四条　市主管部门以及其他管理部门应当根据知识产权保护工作的需要，开展知识产权保护专项行动，加大宽带移动互联网、云计算、物联网、大数据、高性能计算、移动智能终端等新领域新业态知识产权保护力度。

第十五条　公安机关应当依法履行知识产权保护工作职责，加大对知识产权犯罪行为打击力度，并协同市主管部门以及其他管理部门开展相关行政执法工作。

第十六条　公安机关对于移送的涉嫌知识产权犯罪案件，应当在规定时限内决定是否受理，并书面告知移送案件的部门。经审查不属于其管辖的，应当转送有管辖权的部门，并书面告知移送案件的部门。

公安机关受理的涉嫌知识产权犯罪案件，涉案物品在提取证据依法封存后，具备条件的可以交市公物仓保管。

第十七条 公证机构对符合法律、法规规定的知识产权证据保全公证申请，应当自受理公证申请之日起五个工作日内向当事人出具公证书。但是，因不可抗力、需要补充证明材料或者核实有关情况的，所需时间不计算在期限内。

公证机构违反前款规定的，由市司法行政部门予以警告；情节严重的，处以二万元以上五万元以下罚款。

第十八条 除涉嫌知识产权犯罪的案件外，市主管部门以及其他管理部门在知识产权案件立案前或者立案后，可以自行或者委托相关组织进行调解。权利人提出给予损失数额五倍以内赔偿的，可以予以支持。立案前达成调解协议并履行完毕的，可以不予立案。立案后达成调解协议并履行完毕的，可以依法从轻、减轻处罚；没有损害第三人合法权益和公共利益的，可以免除处罚。

第十九条 市人民政府设立的知识产权保护中心履行下列职责：

（一）承担国家知识产权主管部门委托的知识产权申请受理、快速审查和快速确权工作；

（二）宣传推广知识产权相关知识，促进企业知识产权自主创新；

（三）提供知识产权保护业务咨询、分析预警、维权指引、快速维权、政策研究等公益性服务；

（四）建立行政机关、司法机关、仲裁机构、调解组织和公证机构等共同参与的知识产权一站式协同保护平台，加强知识产权行政执法、纠纷调解、司法确认、鉴定评估、存证固证、仲裁、公证、法律服务等工作的衔接和联动；

（五）对知识产权保护工作提出意见和建议；

（六）市人民政府规定的其他职责。

区人民政府可以根据知识产权保护工作的实际需要，设立区知识产权保护公共服务机构。

第二十条 市人民政府应当建立技术调查官制度，配备技术调查官，为知识产权行政执法活动提供专业技术支持，履行下列职责：

（一）对技术事实调查范围、顺序、方法等提出意见；

（二）参与调查取证，并对其方法、步骤和注意事项等提出意见；

（三）提出技术调查意见；

（四）完成其他相关工作。

为知识产权行政执法配备技术调查官的具体办法由市人民政府另行制定。

第二十一条 市中级人民法院可以配备技术调查官，为知识产权案件审理活动提供专业技术支持，履行下列职责：

（一）对技术事实调查范围、顺序、方法等提出意见；

（二）参与调查取证、勘验、保全，并对其方法、步骤和注意事项等提出意见；

（三）参与询问、听证、庭前会议、开庭审理；

（四）提出技术调查意见；

（五）协助法官组织鉴定人、相关技术领域的专业人员提出意见；

（六）根据需要列席合议庭评议等有关会议；

（七）完成其他相关工作。

为知识产权案件审理配备技术调查官的具体办法由市中级人民法院另行制定。

第三章　行政执法

第二十二条　市主管部门以及其他管理部门查处知识产权案件时，可以采取下列措施：

（一）现场检查；

（二）查阅、复制、暂扣或者封存当事人的经营记录、网络销售记录、票据、财务账册、合同等资料；

（三）要求当事人在规定期限内对案件事实进行说明并提交相应材料；

（四）查封、扣押、登记、保存涉嫌侵权的产品、物品；

（五）采用测量、拍照、摄像等方式进行现场勘查；

（六）涉嫌侵犯他人方法专利权的，要求当事人进行现场演示，但是应当采取保护措施，防止泄密，并固定相关证据。

第二十三条　市主管部门以及其他管理部门在知识产权行政执法过程中，需要技术支持的，可以邀请行业协会、知识产权服务机构等派员协助现场调查取证。

邀请协助现场调查取证的，市主管部门以及其他管理部门应当对涉案信息采取保护措施，防止泄密。协助调查取证人员与案件有利害关系的，应当回避。

第二十四条　知识产权侵权行为违法经营额按照下列方法计算：

（一）侵权产品已全部销售的，价值按照实际销售价格计算；

（二）侵权产品已部分销售、部分未销售（含制造、储存、运输中）的，已销售的侵权产品价值按照实际销售价格计算，未销售的侵权产品价值按照已销售的侵权产品的实际销售平均价格计算；

（三）侵权产品未销售（含制造、储存、运输中）的，价值按照标价计算；没有标价或者标价明显与产品价值不符的，按照被侵权产品的市场中间价格计算；

（四）侵权产品无实际销售价格或者无法查清实际销售价格的，按照被侵权产品的市场中间价格计算。

前款所称违法经营额是指侵权人在实施侵犯他人知识产权行为过程中，制造、储存、运输、销售侵权产品的价值；前款第三项所称标价包含已经签订的供货合同、销售合同中确定的供货价格和销售价格，但是单纯收取加工费的来料加工合同中的合同价格除外。

第二十五条　被侵权产品属于不进行市场单独销售的配件或者产品组成部分的，可以按照权利人生产、制造、加工的成本价格计算违法经营额；无法确定成本价格的，可以按照更换、维修价格计算违法经营额。

被侵权产品只在境外销售的，按照离岸价格计算违法经营额；无法查明离岸价格的，可以参考同类合格产品的国际市场中间价格或者国内市场中间价格计算违法经营额。

侵权人在不同时间多次实施侵权行为，未经行政处理的，其违法经营额应当累计计算。

第二十六条　被侵权产品的市场中间价格按照被侵权人已公布的同种产品官方指导零售价格

确定，没有公布官方指导零售价格的，按照下列方法确定：

（一）同一市场有多个商家销售同种被侵权产品的，抽样调取其中若干商家的零售价，取其平均值确定市场中间价格；只有一个商家销售的，按该商家的零售价确定市场中间价格；

（二）市场没有同种被侵权产品销售的，按照此前市场同种被侵权产品销售的中间价格确定，或者按照市场有销售的与侵权产品在功能、用途、主要用料、设计、配置等方面相同或相似的同类被侵权产品的市场中间价格确定；

（三）以许可方式分销的，按照许可费确定；分销给多个被许可人的，按照许可费的平均值确定。取得许可的权利人未再许可他人使用的，按照其取得许可的许可费确定，或者参照其他权利人的同一或者同类分销产品的许可费平均值确定。

按照前款规定难以确定市场中间价格的，可以由价格鉴定机构鉴定后确定，也可以由市主管部门或者其他管理部门结合前款规定，按照有利于权利人的原则予以确定。

第二十七条 市主管部门以及其他管理部门在查处知识产权侵权案件时，涉嫌侵权人无正当理由拒不提供或者逾期未提供相关证明材料的，根据查明的事实认定构成侵权后，可以对侵权人从重处罚。

第二十八条 权利人或者利害关系人投诉知识产权侵权行为，市主管部门或者其他管理部门对有证据证明存在侵权事实的，可以先行发布禁令，责令涉嫌侵权人立即停止涉嫌侵权行为，并依法处理。发布禁令前，可以要求权利人或者利害关系人提供适当担保。经调查，侵权行为不成立的，应当及时解除禁令。

涉嫌侵权人对禁令不服的，可以依法申请行政复议或者提请行政诉讼。

涉嫌侵权人拒不执行禁令停止涉嫌侵权行为，经认定构成侵权的，按照自禁令发布之日起的违法经营额的两倍处以罚款。违法经营额无法计算或者违法经营额五万元以下的，处以三万元以上十万元以下罚款。

第二十九条 市主管部门或者其他管理部门依照本条例第二十八条规定发布禁令之后，可以根据需要通知电子商务平台经营者在规定期限内采取删除、屏蔽、断开链接、终止交易和服务等必要措施协助执行禁令，接到通知的电子商务平台经营者应当及时予以配合。

接到通知的电子商务平台经营者无正当理由拖延、拒绝配合执行禁令的，由市主管部门或者其他管理部门依照《中华人民共和国电子商务法》的相关规定予以处罚。

第三十条 侵权人因侵犯他人知识产权受到罚款处罚后，自行政处罚决定书生效之日起五年内再次侵犯同一知识产权，或者五年内三次以上侵犯他人知识产权的，市主管部门以及其他管理部门可以按照有关法律、法规规定的相应罚款数额予以双倍处罚。

第四章 司法保护

第三十一条 人民法院、人民检察院、公安机关应当依法履行知识产权保护职责，在办理知识产权案件中分工负责，互相配合，强化知识产权司法保护。

加强知识产权行政执法与刑事司法衔接，建立行政机关和司法机关信息共享、案件移送、协调配合、监督制约、责任追究等工作机制，保证涉嫌知识产权犯罪案件依法及时进入司法程序。

第三十二条　人民法院、人民检察院、公安机关应当依照有关规定协商统一知识产权刑事案件的立案、追诉和裁判标准，并向社会公开。

第三十三条　人民法院应当深入推进知识产权民事、刑事、行政案件“三合一”审判机制改革。

人民法院可以对外观设计类以及部分实用新型类案件实行集中快速审理，提高专利侵权纠纷案件审判效率。

人民法院应当建立健全全领域知识产权保护案例指导机制和重大案件公开审理机制。

第三十四条　人民法院审理知识产权民事案件，主张权利的一方已经尽力举证，且提供了另一方持有相关证据的初步证据时，人民法院可以责令另一方提供其所掌握的相关证据；另一方无正当理由拒不提供或者提供虚假证据的，人民法院可以推定主张权利的一方关于该证据的主张成立。

第三十五条　在知识产权民事诉讼中，当事人及其代理诉讼的律师因客观原因不能自行收集证据时，代理诉讼的律师可以申请人民法院签发调查令，由代理诉讼的律师持调查令向接受调查的单位、组织或者个人调查收集相关证据。有关单位、组织或者个人应当予以配合。

接受调查的单位、组织或者个人无正当理由拖延、拒绝调查的，人民法院可以根据情节轻重，依照《中华人民共和国民事诉讼法》有关妨害民事诉讼的规定予以处罚。

第三十六条　故意侵犯知识产权情节严重的，由人民法院依照国家法律的规定决定适用惩罚性赔偿。有下列情形之一的，可以在国家法律规定的幅度内，从重确定惩罚性赔偿数额：

（一）与权利人之间的代理、许可关系终止后未经权利人同意继续实施代理、许可行为构成侵权并给权利人造成重大损失；

（二）拒不履行人民法院行为保全裁定继续实施相关侵权行为；

（三）在人民法院作出认定侵权行为成立的裁决后再次实施相同侵权行为；

（四）拒不执行本条例第二十八条规定的禁令，导致权利人损失扩大；

（五）在行政机关作出认定侵权行为成立的行政处理决定后再次实施相同侵权行为；

（六）其他需要从重确定惩罚性赔偿数额的情形。

第五章　公共服务

第三十七条　市主管部门应当加强知识产权信息化建设，建立知识产权保护综合信息库，实现行政机关、司法机关、行业协会、知识产权服务机构之间信息共享，为知识产权保护提供政策指导、技术咨询、信息情报等公共服务。

市主管部门应当建立知识产权纠纷网上处理机制。

第三十八条　市主管部门以及其他管理部门应当建立健全知识产权预警和引导机制，加强知识产权发展现状、趋势和竞争态势的监测、研究，为相关产业和企业及时提供预警和引导服务。

对于具有重大影响的知识产权事件，市主管部门以及其他管理部门应当及时向社会公布并就可能产生的风险发出预警。

第三十九条　市主管部门应当会同相关部门制定知识产权服务业发展规划，鼓励和支持知识产权咨询、培训、代理、鉴定、评估、运营、大数据运用等知识产权服务业发展。

第四十条 市主管部门应当组织开展公益性知识产权专业培训，加强知识产权人才培养。

培训可以委托高等院校、科研机构、相关行业协会和知识产权服务机构等承办。

第四十一条 市主管部门以及其他管理部门应当加强知识产权法律、法规的宣传教育，普及知识产权相关知识，增强全社会知识产权保护意识。

第四十二条 市主管部门会同司法行政部门提供知识产权保护相关法律咨询、代理、法律援助、公证、司法鉴定、法律专业培训等公共法律服务。

公共法律服务可以通过购买服务的方式提供。

第四十三条 市主管部门会同有关部门加强对高等院校、科研机构、行业协会、知识产权服务机构以及高新技术企业等相关单位的知识产权管理指引，引导其建立和完善内部保护机制。

市主管部门应当会同有关部门编制发布企业知识产权保护指南，制定合同范本、维权流程等操作指引，鼓励企业加强风险防范机制建设。

第四十四条 支持仲裁机构、人民调解组织以及商事调解、行业调解组织开展知识产权纠纷仲裁、调解，公平、高效处理知识产权纠纷。

鼓励行业协会、知识产权服务机构等建立知识产权纠纷解决机制，为当事人提供便捷、高效的知识产权纠纷处理服务。

市主管部门、司法行政部门应当对行业协会、知识产权服务机构等建立知识产权纠纷处理机制提供必要的支持和指导。

第四十五条 市人民政府应当加强境外知识产权保护协助工作，建立境外维权援助服务平台，发挥国家知识产权海外维权应对指导中心深圳分中心作用，提供境外知识产权纠纷应对指导，健全境外知识产权纠纷预警防范机制，跟踪境外知识产权法律修改变化动态，及时发布风险预警提示信息，为企业和其他组织在境外处理知识产权纠纷提供专家、信息、法律等方面的支持。

支持重点行业、企业建立知识产权境外维权联盟，促进联盟成员在知识产权保护领域的交流与合作。

鼓励保险机构开展知识产权境外侵权责任险、专利执行险、专利被侵权损失险等保险业务。

第四十六条 支持行业协会、知识产权服务机构等建立知识产权保护服务平台，提供对外投资、参加展会、招商引资、产品或者技术进出口业务的知识产权状况检索、查询等服务。

支持行业协会、知识产权服务机构等开展知识产权托管业务。

第四十七条 支持志愿者组织以及志愿者参与知识产权保护相关活动，调动社会力量参与知识产权保护治理。

第六章　自律管理

第四十八条 企业事业单位应当提高知识产权保护意识，建立健全知识产权保护制度，强化合规管理，增强自我保护能力。

第四十九条 企业可以与员工签订商业秘密保密协议，约定双方在保守本企业和第三人商业秘密方面的权利义务。

第五十条　企业事业单位在开展对外投资、参加展会、招商引资、产品或者技术进出口业务时，应当及时检索、查询有关国家或者地区的相关知识产权情况。

第五十一条　鼓励建立知识产权相关行业协会和产业联盟。

行业协会、产业联盟应当指导和帮助会员、联盟成员提高知识产权保护意识，建立和完善知识产权保护制度，为会员、联盟成员提供知识产权保护业务培训、信息咨询、预警、维权援助等服务。

第五十二条　鼓励和支持知识产权相关行业协会、产业联盟制定知识产权保护公约，规范会员、联盟成员的行为，尊重和保护知识产权。

知识产权相关行业协会、产业联盟可以根据章程或者公约对侵犯他人知识产权的会员、联盟成员进行规劝惩戒，并将规劝惩戒情况通报市主管部门。

第五十三条　推动建立知识产权合规性承诺制度。

参加政府投资项目、政府采购和招标投标、政府资金扶持、表彰奖励等活动的，应当向有关主管部门提交未侵犯他人知识产权的书面承诺，并在签订协议时约定违背承诺的责任。

鼓励自然人、法人和非法人组织在合同中约定知识产权合规性承诺的内容以及相应的违约责任。

第五十四条　电子商务平台经营者应当建立知识产权侵权投诉处理机制，加强知识产权保护。

电子商务平台经营者处理实用新型和外观设计专利侵权投诉时，可以运用国家知识产权主管部门出具的专利权评价报告快速处理。

第五十五条　展会主办单位和承办单位应当依法维护知识产权权利人的合法权益。

展会主办单位或者承办单位应当要求参展方提交未侵犯他人知识产权的合规性书面承诺，必要时可以要求参展方提供知识产权相关证明文件，对参展项目的知识产权状况进行合规性审查。

参展方未提交书面合规性承诺或者未按照要求提供知识产权相关证明文件的，展会主办单位或者承办单位不得允许其参加展会特定活动或者可以取消其参展资格；参展方提供虚假书面合规性承诺或者违背合规性承诺的，展会主办单位或者承办单位应当取消其参展资格并清理出场。

第五十六条　展会举办时间三天以上的，展会主办单位或者承办单位应当自行或者与仲裁机构、行业协会、知识产权服务机构等设立展会知识产权纠纷处理机构，并在展会显著位置予以公示。

展会主办单位、承办单位或者其设立的展会知识产权纠纷处理机构认为参展产品构成侵权，参展方无法在限定时间内证明未侵权的，展会主办单位或者承办单位应当立即责令参展方撤下参展的侵权产品，并移送市主管部门或者其他管理部门依法处理。

第五十七条　参展方在同一展会主办单位举办或者承办单位承办的展会活动上再次侵犯他人知识产权，或者在展会期间两次以上侵犯他人知识产权的，展会主办单位或者承办单位应当在两年内禁止该参展方参加其举办或者承办的展会活动。

第五十八条　展会主办单位或者承办单位违反本条例第五十五条至第五十七条规定的，由市主管部门或者其他管理部门责令改正；拒不改正或者情节严重的，责令停办展会。

第七章 信用监管

第五十九条 市主管部门应当建立健全知识产权信用评价、诚信公示和失信联合惩戒机制，将自然人、法人和非法人组织的下列知识产权失信违法信息纳入公共信用信息系统：

（一）知识产权司法裁判和行政处罚；

（二）涉嫌侵犯他人知识产权，隐匿证据、拒不接受调查，妨碍行政执法；

（三）在政府投资项目、政府采购和招标投标、政府资金扶持、表彰奖励等活动中被认定侵犯他人知识产权；

（四）在政府投资项目、政府采购和招标投标、政府资金扶持、表彰奖励等活动中提供虚假知识产权申请材料或者违背知识产权合规性承诺；

（五）其他应当纳入的侵犯他人知识产权的信息。

第六十条 市、区人民政府及其职能部门在开展与知识产权相关的政府投资项目审批、政府采购和招标投标、政府资金扶持、表彰奖励等行政管理活动时，应当查询相关自然人、法人和非法人组织的知识产权公共信用状况。

自然人、法人和非法人组织有下列情形之一的，五年内不得承接政府投资项目、参加政府采购和招标投标、申请政府相关扶持资金和表彰奖励：

（一）提供虚假知识产权申请材料的；

（二）拒不执行生效的知识产权行政处理决定或者司法裁判的；

（三）侵犯他人知识产权构成犯罪的；

（四）有其他侵犯他人知识产权的行为造成重大社会影响的。

有前款规定情形且情节特别严重的，可以永久性禁止其承接政府投资项目、参加政府采购和招标投标、申请政府相关扶持资金和表彰奖励。

第六十一条 建立知识产权失信违法重点监管名单制度。

市主管部门可以根据自然人、法人和非法人组织知识产权失信违法严重程度，确定重点监管名单，并向社会公布。

第六十二条 权利人或者利害关系人对公共信用信息系统披露的知识产权相关信息有异议的，可以提出异议申请，并提交相关证据，由有关部门按照公共信用信息管理的相关规定处理。

第八章 附 则

第六十三条 本条例自2019年3月1日起施行，2008年4月1日市人民代表大会常务委员会通过的《深圳经济特区加强知识产权保护工作若干规定》同时废止。

深圳经济特区实施《中华人民共和国反不正当竞争法》规定

（1994年11月2日深圳市第一届人民代表大会常务委员会第二十六次会议通过　根据1997年12月17日深圳市第二届人民代表大会常务委员会第十九次会议《关于修改〈深圳经济特区实施《中华人民共和国反不正当竞争法》规定〉第十五条、第十八条的决定》第一次修正　根据2019年10月31日深圳市第六届人民代表大会常务委员会第三十六次会议《关于修改〈深圳经济特区人体器官捐献移植条例〉等四十五项法规的决定》第二次修正）

第一条　为了维护深圳经济特区（以下简称特区）市场秩序，鼓励和保护公平竞争，制止不正当竞争行为，保护经营者和消费者的合法权益，保障社会主义市场经济健康发展，根据《中华人民共和国反不正当竞争法》（以下简称《反不正当竞争法》）的基本原则，结合特区实际，制定本规定。

第二条　在特区从事经营活动的经营者，应当遵守《反不正当竞争法》和本规定。

第三条　深圳市各级人民政府应当采取措施，加强市场管理，制止不正当竞争行为，为建立特区公平竞争机制创造良好的环境和条件。

市市场监管部门是特区不正当竞争行为的监督检查部门（以下简称监督检查部门）；法律、法规规定由其他部门监督检查的，依照其规定。

市其他部门应当在各自职权范围内，支持、配合监督检查部门依法履行监督检查职能。

第四条　鼓励、支持和保护一切组织和个人对不正当竞争行为进行社会监督。一切组织和个人都有权向监督检查部门举报不正当竞争行为，监督检查部门应当为举报人保密，并对举报有功人员进行表彰或者奖励。

具体奖励、表彰办法和标准由监督检查部门另行规定。

第五条　经营者在经营活动中不得采用下列不正当手段：

（一）片面地宣传其商品，以贬低其他经营者的商品，误导消费者购买；

（二）以租赁他人专门柜台、场地或者设备等方式冒充他人名义进行销售活动。

第六条　经营者不得在未取得专利权的物品上或者在与该物品有关的广告中使用“专利”或者其他任何含有该物品已取得专利权之意的字样、语言或者号码，作引人误解的虚假表示。

第七条　公用企业或者其他依法具有独占地位的经营者，不得采取下列限制竞争的行为：

（一）限定购买者只能购买和使用其附带提供的或者其指定的经营者提供的相关商品；

（二）强制购买者购买其提供的或者其指定的经营者提供的不必要的商品及配件；

（三）对抵制其限制竞争行为的购买者采取拒绝、中断、削减供应相关商品或者滥收费用等手段进行刁难；

（四）其他限制竞争的行为。

第八条　具有行政职能的事业单位不得滥用权力，限定他人购买其指定的经营者的商品，以排挤其他经营者。

第九条 经营者不得利用现场演示、文字标注、新闻媒介等方法，对商品价格、名称、质量、规格、制造方法等作引人误解的虚假宣传。

第十条 经营者不得以排挤竞争对手为目的，采取下列不正当竞争行为：

（一）不正当地阻碍他人与竞争对手建立正常的交易关系，或者非法迫使他人断绝与竞争对手之间的正常交易关系；

（二）干扰竞争对手的经营管理人员、技术人员或者其他人员的正常工作，扰乱或者妨碍竞争对手的正常经营活动。

第十一条 经营者不得采用胁迫、欺诈或者其他不正当方法使竞争对手削弱或者丧失竞争能力，或者促使竞争对手回避或者放弃正常竞争。

第十二条 监督检查部门在监督检查不正当竞争行为时，有权行使下列职权：

（一）《反不正当竞争法》第十三条规定的职权；

（二）检查与不正当竞争行为有关的财物，必要时经区以上监督检查部门负责人批准，按照规定的程序可以对该财物采取封存、扣留、暂停支付等行政强制措施，并在规定的期间内作出处理；

（三）定期向社会公布有严重不正当竞争行为的经营者及其不正当竞争行为的主要事实等需要公布的事项。

第十三条 监督检查部门工作人员监督检查不正当竞争行为时，应当出示检查证件。对不出示检查证件的，被检查的经营者有权拒绝检查。

第十四条 经营者违反本规定，给被侵害的经营者造成损害的，应当承担损害赔偿责任。被侵害的经营者的损失难以计算的，赔偿额为侵权人在侵权期间因侵权所获得的利润，并应当承担被侵害的经营者因调查该侵权人侵害其合法权益的不正当竞争行为所支付的合理费用。

被侵害的经营者的合法权益受到不正当竞争行为损害的，可以向监督检查部门投诉，也可以向人民法院起诉。

因侵权人的不正当竞争行为而使被侵害的经营者信誉遭受损害时，被侵害的经营者可以请求人民法院采取必要措施，恢复其名誉。

第十五条 经营者违反本规定，有下列行为之一的，监督检查部门应当责令停止违法行为、消除影响，没收违法所得和非法财物，并处违法经营额一倍罚款：

（一）违反本规定第五条第二项规定的；

（二）违反本规定第六条规定的；

（三）违反本规定第八条规定的；

（四）违反本规定第十条规定的；

（五）违反本规定第十一条规定的。

第十六条 经营者违反本规定，有下列行为之一的，监督检查部门应当责令停止违法行为，没收违法所得，并可以根据情节处五万元以上二十万元以下罚款：

（一）违反本规定第七条规定的；

（二）违反本规定第九条规定的。

第十七条　经营者违反本规定第五条第一项规定的，监督检查部门应当责令停止违法行为、消除影响，并可以根据情节处一万元以上十万元以下罚款。

第十八条　广告经营者违反《反不正当竞争法》第九条规定，在知道或者应当知道的情况下，代理、设计、制作、发布虚假广告的，监督检查部门应当责令停止违法行为，公开更正，没收违法所得，并可以根据情节处一万元以上二十万元以下罚款；情节严重的，可以吊销其广告经营许可证。

第十九条　经营者违反《反不正当竞争法》第十二条规定，违背购买者的意愿搭售商品或者附加其他不合理条件的，监督检查部门应当责令停止违法行为，并处违法经营额一倍罚款。

第二十条　经营者违反本规定，对社会造成重大影响，情节严重，构成犯罪的，依法追究刑事责任。

第二十一条　经营者进行不正当竞争行为而给其他经营者造成损害的，其法定代表人应当承担与经营者相应的责任。

第二十二条　监督检查部门在监督检查不正当行为时，应当依法行使职权；因滥用职权而给经营者的合法财产造成损害的，依法承担行政赔偿责任。

第二十三条　对不正当竞争行为的诉讼时效为两年，自侵权行为终止之日起计算。

第二十四条　本规定自1995年1月1日起施行。

二、保全、调解与简易程序

最高人民法院关于审查知识产权纠纷行为保全案件适用法律若干问题的规定

（2018 年 11 月 26 日最高人民法院审判委员会第 1755 次会议通过　2018 年 12 月 12 日最高人民法院公告公布　自 2019 年 1 月 1 日起施行　法释〔2018〕21 号）

为正确审查知识产权纠纷行为保全案件，及时有效保护当事人的合法权益，根据《中华人民共和国民事诉讼法》《中华人民共和国专利法》《中华人民共和国商标法》《中华人民共和国著作权法》等有关法律规定，结合审判、执行工作实际，制定本规定。

第一条　本规定中的知识产权纠纷是指《民事案件案由规定》中的知识产权与竞争纠纷。

第二条　知识产权纠纷的当事人在判决、裁定或者仲裁裁决生效前，依据民事诉讼法第一百条、第一百零一条规定申请行为保全的，人民法院应当受理。

知识产权许可合同的被许可人申请诉前责令停止侵害知识产权行为的，独占许可合同的被许可人可以单独向人民法院提出申请；排他许可合同的被许可人在权利人不申请的情况下，可以单独提出申请；普通许可合同的被许可人经权利人明确授权以自己的名义起诉的，可以单独提出申请。

第三条　申请诉前行为保全，应当向被申请人住所地具有相应知识产权纠纷管辖权的人民法院或者对案件具有管辖权的人民法院提出。

当事人约定仲裁的，应当向前款规定的人民法院申请行为保全。

第四条　向人民法院申请行为保全，应当递交申请书和相应证据。申请书应当载明下列事项：

（一）申请人与被申请人的身份、送达地址、联系方式；

（二）申请采取行为保全措施的内容和期限；

（三）申请所依据的事实、理由，包括被申请人的行为将会使申请人的合法权益受到难以弥补的损害或者造成案件裁决难以执行等损害的具体说明；

（四）为行为保全提供担保的财产信息或资信证明，或者不需要提供担保的理由；

（五）其他需要载明的事项。

第五条　人民法院裁定采取行为保全措施前，应当询问申请人和被申请人，但因情况紧急或者询问可能影响保全措施执行等情形除外。

人民法院裁定采取行为保全措施或者裁定驳回申请的，应当向申请人、被申请人送达裁定书。向被申请人送达裁定书可能影响采取保全措施的，人民法院可以在采取保全措施后及时向被申请人送达裁定书，至迟不得超过五日。

当事人在仲裁过程中申请行为保全的，应当通过仲裁机构向人民法院提交申请书、仲裁案件受理通知书等相关材料。人民法院裁定采取行为保全措施或者裁定驳回申请的，应当将裁定书送达当事人，并通知仲裁机构。

第六条　有下列情况之一，不立即采取行为保全措施即足以损害申请人利益的，应当认定属于民事诉讼法第一百条、第一百零一条规定的“情况紧急”：

（一）申请人的商业秘密即将被非法披露；

（二）申请人的发表权、隐私权等人身权利即将受到侵害；

（三）诉争的知识产权即将被非法处分；

（四）申请人的知识产权在展销会等时效性较强的场合正在或者即将受到侵害；

（五）时效性较强的热播节目正在或者即将受到侵害；

（六）其他需要立即采取行为保全措施的情况。

第七条　人民法院审查行为保全申请，应当综合考量下列因素：

（一）申请人的请求是否具有事实基础和法律依据，包括请求保护的知识产权效力是否稳定；

（二）不采取行为保全措施是否会使申请人的合法权益受到难以弥补的损害或者造成案件裁决难以执行等损害；

（三）不采取行为保全措施对申请人造成的损害是否超过采取行为保全措施对被申请人造成的损害；

（四）采取行为保全措施是否损害社会公共利益；

（五）其他应当考量的因素。

第八条　人民法院审查判断申请人请求保护的知识产权效力是否稳定，应当综合考量下列因素：

（一）所涉权利的类型或者属性；

（二）所涉权利是否经过实质审查；

（三）所涉权利是否处于宣告无效或者撤销程序中以及被宣告无效或者撤销的可能性；

（四）所涉权利是否存在权属争议；

（五）其他可能导致所涉权利效力不稳定的因素。

第九条　申请人以实用新型或者外观设计专利权为依据申请行为保全的，应当提交由国务院专利行政部门作出的检索报告、专利权评价报告或者专利复审委员会维持该专利权有效的决定。申请人无正当理由拒不提交的，人民法院应当裁定驳回其申请。

第十条　在知识产权与不正当竞争纠纷行为保全案件中，有下列情形之一的，应当认定属于民事诉讼法第一百零一条规定的“难以弥补的损害”：

（一）被申请人的行为将会侵害申请人享有的商誉或者发表权、隐私权等人身性质的权利且造成无法挽回的损害；

（二）被申请人的行为将会导致侵权行为难以控制且显著增加申请人损害；

（三）被申请人的侵害行为将会导致申请人的相关市场份额明显减少；

（四）对申请人造成其他难以弥补的损害。

第十一条　申请人申请行为保全的，应当依法提供担保。

申请人提供的担保数额，应当相当于被申请人可能因执行行为保全措施所遭受的损失，包括责令停止侵权行为所涉产品的销售收益、保管费用等合理损失。

在执行行为保全措施过程中，被申请人可能因此遭受的损失超过申请人担保数额的，人民法院可以责令申请人追加相应的担保。申请人拒不追加的，可以裁定解除或者部分解除保全措施。

第十二条 人民法院采取的行为保全措施，一般不因被申请人提供担保而解除，但是申请人同意的除外。

第十三条 人民法院裁定采取行为保全措施的，应当根据申请人的请求或者案件具体情况等因素合理确定保全措施的期限。

裁定停止侵害知识产权行为的效力，一般应当维持至案件裁判生效时止。

人民法院根据申请人的请求、追加担保等情况，可以裁定继续采取保全措施。申请人请求续行保全措施的，应当在期限届满前七日内提出。

第十四条 当事人不服行为保全裁定申请复议的，人民法院应当在收到复议申请后十日内审查并作出裁定。

第十五条 人民法院采取行为保全的方法和措施，依照执行程序相关规定处理。

第十六条 有下列情形之一的，应当认定属于民事诉讼法第一百零五条规定的“申请有错误”：

（一）申请人在采取行为保全措施后三十日内不依法提起诉讼或者申请仲裁；

（二）行为保全措施因请求保护的知识产权被宣告无效等原因自始不当；

（三）申请责令被申请人停止侵害知识产权或者不正当竞争，但生效裁判认定不构成侵权或者不正当竞争；

（四）其他属于申请有错误的情形。

第十七条 当事人申请解除行为保全措施，人民法院收到申请后经审查符合《最高人民法院关于适用〈中华人民共和国民事诉讼法〉的解释》第一百六十六条规定的情形的，应当在五日内裁定解除。

申请人撤回行为保全申请或者申请解除行为保全措施的，不因此免除民事诉讼法第一百零五条规定的赔偿责任。

第十八条 被申请人依据民事诉讼法第一百零五条规定提起赔偿诉讼，申请人申请诉前行为保全后没有起诉或者当事人约定仲裁的，由采取保全措施的人民法院管辖；申请人已经起诉的，由受理起诉的人民法院管辖。

第十九条 申请人同时申请行为保全、财产保全或者证据保全的，人民法院应当依法分别审查不同类型保全申请是否符合条件，并作出裁定。

为避免被申请人实施转移财产、毁灭证据等行为致使保全目的无法实现，人民法院可以根据案件具体情况决定不同类型保全措施的执行顺序。

第二十条 申请人申请行为保全，应当依照《诉讼费用交纳办法》关于申请采取行为保全措施的规定交纳申请费。

第二十一条 本规定自2019年1月1日起施行。最高人民法院以前发布的相关司法解释与本规定不一致的，以本规定为准。

上海市高级人民法院、上海市知识产权局印发《关于在本市开展知识产权纠纷行政调解协议司法确认程序试点工作的实施办法》的通知

（2021 年 4 月 14 日）

第三中级人民法院（知识产权法院）、各区人民法院，各区知识产权局：

现将《关于在本市开展知识产权纠纷行政调解协议司法确认程序试点工作的实施办法》印发给你们，请遵照执行。

特此通知。

关于在本市开展知识产权纠纷行政调解协议司法确认程序试点工作的实施办法

为贯彻国家《关于强化知识产权保护的意见》和上海市《关于强化知识产权保护的实施方案》中“建立健全知识产权纠纷调解协议司法确认机制”精神，落实《长三角区域人民法院和知识产权局关于推进长三角一体化科技创新知识产权保护备忘录》要求，促进知识产权民事诉讼程序繁简分流，拓展知识产权纠纷多元化解渠道，强化知识产权行政保护和司法保护的有机衔接，根据《中华人民共和国民事诉讼法》《最高人民法院关于适用〈中华人民共和国民事诉讼法〉的解释》，结合上海工作实际，制定本试点实施办法。

第一条 知识产权纠纷行政调解是指知识产权行政机关或法律法规授权的具有知识产权管理职能的组织（以下统称“行政机关”）根据当事人申请，通过协调、劝导、调停等方式，依法化解与本部门履职有关的知识产权民事纠纷的活动。

知识产权纠纷行政调解协议的内容应当符合法律、法规、规章的规定，不得损害国家利益、公共利益以及其他组织和个人的合法权益。

第二条 申请司法确认的知识产权纠纷行政调解协议，其内容应当为法律、法规、规章规定的可以由行政机关裁决或调解的知识产权民事纠纷，具体包括：

1. 专利侵权纠纷行政调解协议；
2. 侵犯专利权、商标权赔偿纠纷行政调解协议；
3. 职务发明创造的发明人、设计人奖励和报酬纠纷行政调解协议；
4. 在发明专利申请公布后专利权授予前使用发明而未支付适当费用的纠纷行政调解协议。

调解协议内容涉及知识产权确权的，不予司法确认。

第三条 经知识产权行政机关调解达成的行政调解协议，双方当事人可以自行政调解协议生效之日起三十日内共同向人民法院申请司法确认。人民法院收到司法确认申请后，应当在三个工

作日内决定是否受理，但当事人提供材料不符合要求的除外。

第四条 知识产权纠纷行政调解协议司法确认案件由主持调解的行政机关所在地有知识产权案件管辖权的人民法院审查。

第五条 当事人申请司法确认行政调解协议，应当向人民法院提交行政调解协议、与行政调解协议相关的知识产权权属证明，以及行政机关主持调解的证明材料，并提供双方当事人的身份、住所、联系方式等基本信息，并签署承诺书。

承诺书应当载明以下内容：1. 双方当事人出于解决纠纷的目的在行政机关的主持下自愿达成协议；2. 没有恶意串通、规避法律；3. 没有损害国家利益、社会公共利益及他人合法权益；4. 若因行政调解协议内容给他人造成损害的，愿意承担相应的法律责任。

第六条 人民法院经审查认为行政调解协议符合司法确认条件的，应当作出确认行政调解协议有效的民事裁定书。

行政调解协议存在瑕疵或歧义，足以导致实质性更改协议内容的，人民法院应当裁定驳回申请，当事人可以重新申请调解或者提起诉讼；但由笔误等情形造成的瑕疵或歧义除外。

行政调解协议存在其他违反相关法律规定或存在不能进行司法确认的情形的，人民法院应当裁定驳回申请。

第七条 人民法院作出司法确认裁定后，应当将裁定文书及时抄送主持调解的行政机关。行政机关应当督促当事人及时履行经人民法院裁定确认有效的行政调解协议。

第八条 人民法院依法作出确认裁定后，一方当事人拒绝履行或者未全部履行的，对方当事人可以向作出确认裁定的人民法院申请强制执行。

当事人向作出确认裁定的人民法院申请强制执行的，应当提交强制执行申请书、身份证明材料、人民法院民事裁定书及履行情况等材料。

第九条 上海市高级人民法院和上海市知识产权局共同建立知识产权纠纷行政调解协议司法确认工作对接机制，建立人民法院、行政机关联络员制度，定期开展工作交流和问题研讨。

第十条 本试点实施办法由上海市高级人民法院和上海市知识产权局负责解释。

南京法院关于知识产权民事诉讼程序繁简分流综合试点方案司法确认实施细则

（2021 年 1 月 6 日）

一、司法确认适用范围

第一条 双方当事人在人民调解委员会、特邀调解组织或者特邀调解员主持调解下达成知识产权民事调解协议的，可以共同向人民法院申请司法确认。

二、司法确认立案管辖

第二条　知识产权民事纠纷司法确认案件，人民法院委派调解的，由作出委派的人民法院管辖。

第三条　知识产权民事纠纷在人民法院立案前，当事人自行选择人民调解委员会或者特邀调解组织调解的，相应司法确认案件由调解组织所在地基层人民法院管辖；当事人自行选择特邀调解员调解的，由调解协议签订地基层人民法院管辖。

标的额50万元以下的专利、技术秘密、计算机软件、植物新品种等纠纷，调解组织所在地或调解协议签订地在南京市、镇江市、扬州市、泰州市、盐城市、淮安市、宿迁市、徐州市、连云港市辖区内的，由南京市中级人民法院管辖。

标的额200万元（含本数）以上的商标权、著作权、不正当竞争、技术合同纠纷，调解组织所在地或调解协议签订地在南京市辖区内的；标的额300万元（含本数）以上的商标、著作权、不正当竞争、技术合同纠纷，调解组织所在地或调解协议签订地在镇江市、扬州市、泰州市、盐城市、淮安市、宿迁市、徐州市、连云港市辖区内的，由南京市中级人民法院管辖。

标的额200万元以下的商标权、著作权、不正当竞争、技术合同纠纷，调解组织所在地或调解协议签订地在南京市鼓楼区、浦口区、六合区辖区内的，由江北新区法院人民法院管辖；在玄武区、栖霞区辖区内的，由玄武区人民法院管辖；在建邺区、秦淮区辖区内的，由建邺区人民法院管辖；在雨花台区辖区内的由雨花台区人民法院管辖；在江宁区辖区内的，由江宁区人民法院管辖；在江宁经济技术开发区、溧水区、高淳区辖区内的，由江宁经济技术开发区人民法院管辖。

第四条　知识产权民事纠纷立案前，人民法院受理该纠纷司法确认案件的，立“民特字”案号。基层法院受理的知识产权民事纠纷司法确认案件，由速裁团队审理；南京市中级人民法院受理的知识产权民事纠纷司法确认案件，由南京知识产权法庭审理。

第五条　知识产权民事纠纷立案后，人民法院经双方当事人同意，委派人民调解委员会、特邀调解组织、特邀调解员调解的，不另立案号。

三、调解期间及司法确认的申请

第六条　人民法院经双方当事人同意，委派人民调解委员会、特邀调解组织或者特邀调解员主持调解的，调解期间不计入该知识产权民事纠纷案件审理期限。

第七条　知识产权民事纠纷在人民法院立案后，人民法院委派人民调解委员会、特邀调解组织、特邀调解员主持调解的，调解期间一般不超过六十日，经人民法院批准，可延长三十日。

第八条　人民调解委员会、特邀调解组织或特邀调解员主持的调解，出现下列情形之一的，调解程序终止：

（一）双方当事人达成调解协议；

（二）一方当事人书面申请终止调解程序；

（三）调解人员认为双方当事人已无达成调解协议的可能；

（四）调解期限届满；

（五）其他应当终止调解的情形。

第九条 人民法院委派调解的案件，接受委派的调解组织或调解员应及时将案件调解结果反馈人民法院。

第十条 当事人申请知识产权民事纠纷司法确认的，应当自调解协议生效之日起三十日内提出。

第十一条 当事人在提起诉讼前申请知识产权民事纠纷司法确认的，应当向人民法院提交司法确认申请书、调解协议、双方当事人出具的承诺书、调解组织主持调解的证明，以及与调解协议相关的财产权利证明等材料，并提供双方当事人的身份、住所、联系方式等基本信息。

四、司法确认的审查

第十二条 人民法院收到当事人共同提出的知识产权民事纠纷司法确认申请，应当在三个工作日内决定是否受理。

决定受理的，应及时向双方当事人送达受理通知书。

第十三条 当事人申请知识产权民事纠纷司法确认，调解协议内容涉及知识产权确权的，人民法院应裁定不予受理。

人民法院受理申请后，发现有不予受理情形的，应当裁定驳回当事人的申请。

第十四条 知识产权民事纠纷司法确认案件，人民法院一般采用书面形式审查，必要时可以通知双方当事人共同到场对案件情况进行核实。

第十五条 审查知识产权民事纠纷司法确认申请，应重点审查调解协议内容是否具有违反法律强制性规定，损害国家利益、社会公共利益、他人合法权益，缺乏可执行性等不符合司法确认条件的情形。

第十六条 知识产权司法确认案件中，存在以下情形的，应加强实质审查：

（一）存在恶意串通、虚假调解嫌疑的；

（二）涉及重点、敏感科技领域纠纷的；

（三）标的额特别巨大、法律关系复杂、社会影响面较广的；

（四）其他应加强实质审查的情形。

第十七条 经审查，调解协议符合法律规定的，人民法院应裁定调解协议有效。

调解协议内容虽有瑕疵但不影响协议效力的，经双方当事人补正后，人民法院应当裁定调解协议有效。

第十八条 知识产权司法确认案件原则上适用独任制审理，新类型或疑难复杂的案件可以组成合议庭审理。

第十九条 人民法院审理知识产权民事纠纷司法确认案件，应当自立案之日起三十日内审结。因特殊情况需要延长的，由本院院长批准，可延长十日。

确认调解协议的裁定作出前，当事人撤回申请的，人民法院可以裁定准许。

五、司法确认的异议

第二十条 适用司法确认程序作出的裁定，当事人、利害关系人认为有错误的，可以向作出裁定的人民法院提出异议。当事人有异议的，应当自收到裁定书之日起十五日内提出；利害关系人有异议的，应当自知道或者应当知道其民事权益受到侵害之日起六个月内提出。人民法院经审查，异议成立或者部分成立的，作出新的裁定撤销原裁定；异议不成立的，裁定驳回。

当事人、利害关系人未在法定期限内提出异议，但人民法院发现适用司法确认程序作出的裁定确有错误应予纠正的，应当由作出原裁定的人民法院参照《中华人民共和国民事诉讼法》审判监督程序有关内容，作出新的裁定撤销原裁定。

天津市高级人民法院关于适用简易程序审理部分知识产权民事纠纷案件的审判委员会纪要

（2018 年）

为提高知识产权案件审判质量和效率，优化审判资源配置，方便当事人诉讼，2018 年 12 月 21 日召开的天津市高级人民法院 2018 年第 32 次审判委员会会议，专题研究了关于简易程序审理部分知识产权纷案件审理中的若干问题。现形成纪要如下：

一、诉讼标的额在 10 万元以下，且案件事实清楚、权利义务关系明确、争议不大的著作权、商标权纠纷案件可以适用简易程序审理。

二、适用简易程序审理的案件，可以采取电话、短信、微信、传真、电子邮件等简便方式传唤双方当事人。

采取电话通知当事人的，在条件允许的情况下，与当事人通话时可以将通话过程录音储存，存卷备查。

采取短信通知当事人的，应通过法院信息平台向当事人发送短信，并将发送情况，包括收发手机号码、发送时间、送达诉讼文书名称、短信内容拍摄照片，存卷备查。

采取微信通知当事人的，应通过法院官方微信号向当事人发送微信，并将发送情况，包括收发微信号、发送时间、送达诉讼文书名称、微信内容拍摄照片，存卷备查。

采取电子邮件通知当事人的，应通过法院官方电子邮箱向当事人发送电子邮件，并将发送情况，包括收发电子信箱地址、发送时间、送达诉讼文书名称、邮件内容拍摄照片，存卷备查。

三、适用简易程序审理的案件，经当事人双方同意，可以采用视听传输技术等方式开庭。

四、适用简易程序审理的案件，可以视案件实际情况制作相应的简式裁判文书。简式裁判文书可以采用令状式裁判文书的格式编写，具体要求参考《关于推进民商事案件裁判文书简化工作的实施意见》（津高法〔2018〕62 号）的规定。

五、在审理过程中，发现不宜适用简易程序审理的，应于五日内裁定转为普通程序。转为普通程序后，应告知当事人补足的举证期限或者经征得当事人同意重新指定的举证期限，还应告知当事人补缴案件受理费。

侵害作品信息网络传播权纠纷案件令状式民事判决书样式

天津××法院
民事判决书

（××××）津……民初……号

原告：×××……。

被告：×××……。

……

（以上写明当事人和其他诉讼参加人的姓名或者名称等基本信息）

原告×××与被告×××（写明当事人）侵害作品信息网络传播权纠纷一案，本院于××××年××月××日立案后，依法适用简易程序，公开开庭进行了审理。原告×××、被告×××（写明当事人和其他诉讼参加人的诉讼地位和姓名或者名称）到庭参加诉讼。本案现已审理终结。

×××向本院提出诉讼请求：1. ……；2. ……（明确原告的诉讼请求）。事实和理由：……（概述原告主张的事实和理由，可以非常简略）。

×××辩称，……（概述被告答辩意见，可以非常简略）。

本院对于当事人双方没有争议的事实予以确认。对当事人有争议的事实认定如下：

一、原告权属事实

原告所主张涉案图片编号为……，标题为……，登载于……中，发表时间为……（此部分描述涉案作品权属登记证书记载的相关内容）。

二、被告侵权事实

被告在……（时间）……（载体）使用了被诉侵权作品，被诉侵权作品与涉案作品构成相同（实质相似）等（此部分包含被告主观过错，传播范围，使用涉案作品的方式、目的、后果等情节）。

三、法律责任承担事实

被告接到通知后是否及时删除，使用被诉侵权作品的持续时间、被诉侵权作品的来源、原告为制止侵权行为所支付的合理开支等情况。

本院认为，原告是涉案作品著作权人，被告未经授权，在其……上使用涉案作品，侵害了被告的信息网络传播权，依法应当承担停止侵权、赔偿损失的法律责任。关于赔偿数额问题，依照《中华人民共和国著作权法》第四十九条第二款的规定，权利人的实际损失或者侵权人的违法所得不能确定的，由人民法院根据侵权行为的情节，判决给予五十万元以下的赔偿。在本案中，原告未能举证证明其实际损失或者被告的违法所得，综合考虑被告的主观过错，涉案作品类型、传播范围、使用方式、目的，原告的损害结果等情节，以及原告为制止侵权行为所支付的合理开支，酌情确定被告应当赔偿的数额为……元（包含/不包含合理开支）。

综上所述，……。依照《中华人民共和国著作权法》第××条、第四十九条第二款，《中华人民共和国……法》第××条规定，判决如下：

……（写明判决结果）。

如果未按本判决指定的期间履行给付金钱义务，应当依照《中华人民共和国民事诉讼法》第二百五十三条规定，加倍支付迟延履行期间的债务利息。

案件受理费……元，由……负担（写明当事人姓名或者名称、负担金额）。

如不服本判决，可以在判决书送达之日起十五日内，向本院递交上诉状，并按对方当事人的人数提出副本，上诉于天津市××中级人民法院。

审 判 员 ×××

××××年×月×日

（院印）

书 记 员 ×××

三、证据规定

最高人民法院关于知识产权民事诉讼证据的若干规定

（2020年11月9日最高人民法院审判委员会第1815次会议通过　2020年11月16日最高人民法院公告公布　自2020年11月18日起施行　法释〔2020〕12号）

为保障和便利当事人依法行使诉讼权利，保证人民法院公正、及时审理知识产权民事案件，根据《中华人民共和国民事诉讼法》等有关法律规定，结合知识产权民事审判实际，制定本规定。

第一条　知识产权民事诉讼当事人应当遵循诚信原则，依照法律及司法解释的规定，积极、全面、正确、诚实地提供证据。

第二条　当事人对自己提出的主张，应当提供证据加以证明。根据案件审理情况，人民法院可以适用民事诉讼法第六十五条第二款的规定，根据当事人的主张及待证事实、当事人的证据持有情况、举证能力等，要求当事人提供有关证据。

第三条　专利方法制造的产品不属于新产品的，侵害专利权纠纷的原告应当举证证明下列事实：

（一）被告制造的产品与使用专利方法制造的产品属于相同产品；

（二）被告制造的产品经由专利方法制造的可能性较大；

（三）原告为证明被告使用了专利方法尽到合理努力。

原告完成前款举证后，人民法院可以要求被告举证证明其产品制造方法不同于专利方法。

第四条　被告依法主张合法来源抗辩的，应当举证证明合法取得被诉侵权产品、复制品的事实，包括合法的购货渠道、合理的价格和直接的供货方等。

被告提供的被诉侵权产品、复制品来源证据与其合理注意义务程度相当的，可以认定其完成前款所称举证，并推定其不知道被诉侵权产品、复制品侵害知识产权。被告的经营规模、专业程度、市场交易习惯等，可以作为确定其合理注意义务的证据。

第五条　提起确认不侵害知识产权之诉的原告应当举证证明下列事实：

（一）被告向原告发出侵权警告或者对原告进行侵权投诉；

（二）原告向被告发出诉权行使催告及催告时间、送达时间；

（三）被告未在合理期限内提起诉讼。

第六条　对于未在法定期限内提起行政诉讼的行政行为所认定的基本事实，或者行政行为认定的基本事实已为生效裁判所确认的部分，当事人在知识产权民事诉讼中无须再证明，但有相反证据足以推翻的除外。

第七条　权利人为发现或者证明知识产权侵权行为，自行或者委托他人以普通购买者的名义向被诉侵权人购买侵权物品所取得的实物、票据等可以作为起诉被诉侵权人侵权的证据。

被诉侵权人基于他人行为而实施侵害知识产权行为所形成的证据，可以作为权利人起诉其侵权的证据，但被诉侵权人仅基于权利人的取证行为而实施侵害知识产权行为的除外。

第八条 中华人民共和国领域外形成的下列证据，当事人仅以该证据未办理公证、认证等证明手续为由提出异议的，人民法院不予支持：

（一）已为发生法律效力的人民法院裁判所确认的；

（二）已为仲裁机构生效裁决所确认的；

（三）能够从官方或者公开渠道获得的公开出版物、专利文献等；

（四）有其他证据能够证明真实性的。

第九条 中华人民共和国领域外形成的证据，存在下列情形之一的，当事人仅以该证据未办理认证手续为由提出异议的，人民法院不予支持：

（一）提出异议的当事人对证据的真实性明确认可的；

（二）对方当事人提供证人证言对证据的真实性予以确认，且证人明确表示如作伪证愿意接受处罚的。

前款第二项所称证人作伪证，构成民事诉讼法第一百一十一条规定情形的，人民法院依法处理。

第十条 在一审程序中已经根据民事诉讼法第五十九条、第二百六十四条的规定办理授权委托书公证、认证或者其他证明手续的，在后续诉讼程序中，人民法院可以不再要求办理该授权委托书的上述证明手续。

第十一条 人民法院对于当事人或者利害关系人的证据保全申请，应当结合下列因素进行审查：

（一）申请人是否已就其主张提供初步证据；

（二）证据是否可以由申请人自行收集；

（三）证据灭失或者以后难以取得的可能性及其对证明待证事实的影响；

（四）可能采取的保全措施对证据持有人的影响。

第十二条 人民法院进行证据保全，应当以有效固定证据为限，尽量减少对保全标的物价值的损害和对证据持有人正常生产经营的影响。

证据保全涉及技术方案的，可以采取制作现场勘验笔录、绘图、拍照、录音、录像、复制设计和生产图纸等保全措施。

第十三条 当事人无正当理由拒不配合或者妨害证据保全，致使无法保全证据的，人民法院可以确定由其承担不利后果。构成民事诉讼法第一百一十一条规定情形的，人民法院依法处理。

第十四条 对于人民法院已经采取保全措施的证据，当事人擅自拆装证据实物、篡改证据材料或者实施其他破坏证据的行为，致使证据不能使用的，人民法院可以确定由其承担不利后果。构成民事诉讼法第一百一十一条规定情形的，人民法院依法处理。

第十五条 人民法院进行证据保全，可以要求当事人或者诉讼代理人到场，必要时可以根据当事人的申请通知有专门知识的人到场，也可以指派技术调查官参与证据保全。

证据为案外人持有的，人民法院可以对其持有的证据采取保全措施。

第十六条 人民法院进行证据保全，应当制作笔录、保全证据清单，记录保全时间、地点、实施人、在场人、保全经过、保全标的物状态，由实施人、在场人签名或者盖章。有关人员拒绝签名或者盖章的，不影响保全的效力，人民法院可以在笔录上记明并拍照、录像。

第十七条 被申请人对证据保全的范围、措施、必要性等提出异议并提供相关证据，人民法院经审查认为异议理由成立的，可以变更、终止、解除证据保全。

第十八条 申请人放弃使用被保全证据，但被保全证据涉及案件基本事实查明或者其他当事人主张使用的，人民法院可以对该证据进行审查认定。

第十九条 人民法院可以对下列待证事实的专门性问题委托鉴定：

（一）被诉侵权技术方案与专利技术方案、现有技术的对应技术特征在手段、功能、效果等方面的异同；

（二）被诉侵权作品与主张权利的作品的异同；

（三）当事人主张的商业秘密与所属领域已为公众所知悉的信息的异同、被诉侵权的信息与商业秘密的异同；

（四）被诉侵权物与授权品种在特征、特性方面的异同，其不同是否因非遗传变异所致；

（五）被诉侵权集成电路布图设计与请求保护的集成电路布图设计的异同；

（六）合同涉及的技术是否存在缺陷；

（七）电子数据的真实性、完整性；

（八）其他需要委托鉴定的专门性问题。

第二十条 经人民法院准许或者双方当事人同意，鉴定人可以将鉴定所涉部分检测事项委托其他检测机构进行检测，鉴定人对根据检测结果出具的鉴定意见承担法律责任。

第二十一条 鉴定业务领域未实行鉴定人和鉴定机构统一登记管理制度的，人民法院可以依照《最高人民法院关于民事诉讼证据的若干规定》第三十二条规定的鉴定人选任程序，确定具有相应技术水平的专业机构、专业人员鉴定。

第二十二条 人民法院应当听取各方当事人意见，并结合当事人提出的证据确定鉴定范围。鉴定过程中，一方当事人申请变更鉴定范围，对方当事人无异议的，人民法院可以准许。

第二十三条 人民法院应当结合下列因素对鉴定意见进行审查：

（一）鉴定人是否具备相应资格；

（二）鉴定人是否具备解决相关专门性问题应有的知识、经验及技能；

（三）鉴定方法和鉴定程序是否规范，技术手段是否可靠；

（四）送检材料是否经过当事人质证且符合鉴定条件；

（五）鉴定意见的依据是否充分；

（六）鉴定人有无应当回避的法定事由；

（七）鉴定人在鉴定过程中有无徇私舞弊或者其他影响公正鉴定的情形。

第二十四条 承担举证责任的当事人书面申请人民法院责令控制证据的对方当事人提交证据，申请理由成立的，人民法院应当作出裁定，责令其提交。

第二十五条 人民法院依法要求当事人提交有关证据，其无正当理由拒不提交、提交虚假证据、毁灭证据或者实施其他致使证据不能使用行为的，人民法院可以推定对方当事人就该证据所涉证明事项的主张成立。

当事人实施前款所列行为，构成民事诉讼法第一百一十一条规定情形的，人民法院依法处理。

第二十六条 证据涉及商业秘密或者其他需要保密的商业信息的，人民法院应当在相关诉讼参与人接触该证据前，要求其签订保密协议、作出保密承诺，或者以裁定等法律文书责令其不得出于本案诉讼之外的任何目的披露、使用、允许他人使用在诉讼程序中接触到的秘密信息。

当事人申请对接触前款所称证据的人员范围作出限制，人民法院经审查认为确有必要的，应当准许。

第二十七条 证人应当出庭作证，接受审判人员及当事人的询问。

双方当事人同意并经人民法院准许，证人不出庭的，人民法院应当组织当事人对该证人证言进行质证。

第二十八条 当事人可以申请有专门知识的人出庭，就专业问题提出意见。经法庭准许，当事人可以对有专门知识的人进行询问。

第二十九条 人民法院指派技术调查官参与庭前会议、开庭审理的，技术调查官可以就案件所涉技术问题询问当事人、诉讼代理人、有专门知识的人、证人、鉴定人、勘验人等。

第三十条 当事人对公证文书提出异议，并提供相反证据足以推翻的，人民法院对该公证文书不予采纳。

当事人对公证文书提出异议的理由成立的，人民法院可以要求公证机构出具说明或者补正，并结合其他相关证据对该公证文书进行审核认定。

第三十一条 当事人提供的财务账簿、会计凭证、销售合同、进出货单据、上市公司年报、招股说明书、网站或者宣传册等有关记载，设备系统存储的交易数据，第三方平台统计的商品流通数据，评估报告，知识产权许可使用合同以及市场监管、税务、金融部门的记录等，可以作为证据，用以证明当事人主张的侵害知识产权赔偿数额。

第三十二条 当事人主张参照知识产权许可使用费的合理倍数确定赔偿数额的，人民法院可以考量下列因素对许可使用费证据进行审核认定：

（一）许可使用费是否实际支付及支付方式，许可使用合同是否实际履行或者备案；

（二）许可使用的权利内容、方式、范围、期限；

（三）被许可人与许可人是否存在利害关系；

（四）行业许可的通常标准。

第三十三条 本规定自2020年11月18日起施行。本院以前发布的相关司法解释与本规定不一致的，以本规定为准。

北京市高级人民法院知识产权民事诉讼证据规则指引

（2021 年 4 月 22 日）

为进一步统一裁判标准，促进当事人遵循诚信原则，积极、全面、诚实地提供证据，根据《中华人民共和国民事诉讼法》《最高人民法院关于适用〈中华人民共和国民事诉讼法〉的解释》《最高人民法院关于民事诉讼证据的若干规定》《最高人民法院关于知识产权民事诉讼证据的若干规定》等法律及司法解释的规定，结合知识产权案件的特点，制定本指引。

第一部分　总　　则

1.1　证据在对方当事人控制之下，承担举证责任的当事人可以直接依据《最高人民法院关于知识产权民事诉讼证据的若干规定》第二十四条的规定，书面申请责令对方当事人提供，也可以先通过告知或协商的方式，向对方当事人提出提供证据的要求。

对于前款所述提供证据的要求，对方当事人予以配合的，视为对方当事人对相应证据的主动提供。对方当事人拒绝配合且无法协商解决的，承担举证责任的当事人可以依据《最高人民法院关于知识产权民事诉讼证据的若干规定》第二十四条的规定，书面申请责令对方当事人提供。

对通过告知或协商方式提出的证据提供要求拒不配合，且无正当理由的，可以作为认定侵权情节的考虑因素。

1.2　当事人提供的证据不足以反映市场事实或技术事实的真实情况，可能致使事实认定与公众的一般认知相悖，且有公共信息涉及相关事实的，必要时可以依职权调查收集该公共信息。

前款所述公共信息是指能够从公开渠道检索或查询的信息，如生效裁判文书、技术词典等。

1.3　存在以下情形时，对责令对方当事人提供证据的申请不予准许：

（一）现有证据不能证明存在较大侵权可能性；

（二）对方当事人提供证据的负担或成本过高，超过合理限度；

（三）承担举证责任的当事人可以通过更容易或者更经济的方式证明待证事实；

（四）其他不宜责令对方当事人提供证据的情形。

1.4　承担举证责任的当事人申请责令对方当事人提供证据，可能造成对方当事人损失的，可以依对方当事人的请求，责令申请人提供担保。

申请责令对方当事人提供证据错误的，申请人应赔偿对方当事人因提供该证据所遭受的损失。

1.5　当事人依据《最高人民法院关于适用〈中华人民共和国民事诉讼法〉的解释》第九十四条第二款的规定申请调查收集证据，满足准予调查收集证据申请应具备条件，且同时符合以下条件的，可以向当事人的诉讼代理人签发调查令：

（一）当事人的诉讼代理人为执业律师；

（二）调查令足以克服当事人及其诉讼代理人不能自行收集证据的客观原因；

（三）被调查收集的证据不涉及国家秘密、商业秘密、个人隐私等且不存在其他不宜由诉讼代理人持调查令收集的情形。

1.6　调查令应列明以下内容：

（一）持有调查令的律师的姓名、性别、律师执业证编号、律师事务所名称；

（二）被调查人姓名或单位名称；

（三）调查收集证据的名称或范围；

（四）调查令的有效期；

（五）法院印章及签发日期。

1.7　持有调查令的律师应于调查令有效期内，按照调查令载明的证据名称或范围向被调查人调查收集证据。

持有调查令的律师向被调查人调查收集证据时，应同时出示其律师执业证书原件供被调查人核对。

1.8　被调查人对调查令和相关律师身份核对无异后，应按照调查令载明的名称或范围提供证据。

被调查人提供的证据应在持有调查令的律师和被调查人的共同见证下封存，由持有调查令的律师及时、完整的提交法院或由被调查人在合理期间内采用邮寄等方式提交法院。

被调查人因故不能提供证据的，应说明原因。被调查人无正当理由拒不协助调查的，可根据案件情形，对其采取《中华人民共和国民事诉讼法》第一百一十四条、第一百一十五条有关妨害民事诉讼的强制措施。

1.9　调查令原件由持有调查令的律师于调查令有效期届满后三日内交回法院，留卷备查。被调查人因故未能提供证据或者拒不协助调查的，持有调查令的律师应于交回调查令的同时，一并书面说明相关情况。

被调查人可以要求留存调查令复印件。

1.10　当事人通过使用调查令未能达到取证目的的，法院可以根据案件具体情况决定是否通过其他方式调查收集相关证据。

1.11　基于新技术形成的反映案件事实的信息载体，如第三方存证、基于区块链技术形成的证据等，当事人均可以作为证据提供。

对于前款所述证据，应根据证据的形成过程、表现形式、具体内容等，结合新技术的特点，综合判断其所载信息的真实性、可靠性以及与案件的关联性等因素以确定其证据效力。

1.12　形成或者获取证据的方法虽存在一定瑕疵，但同时满足以下条件的，可以根据案件具体情况对相关证据予以确认：

（一）取证方法不影响证据本身真实性；

（二）当事人缺乏其他取证渠道；

（三）不属于《最高人民法院关于适用〈中华人民共和国民事诉讼法〉的解释》第一百零六条规定的“严重侵害他人合法权益、违反法律禁止性规定或者严重违背公序良俗”情形。

1.13　一方当事人对于仅涉及自身利益的于己不利的事实明确表示承认的，另一方当事人无需就该事实再行提供证据。

涉及知识产权权利归属、权利有效性、权利保护范围等事实，对方当事人的承认不能免除原告的举证责任。

1.14 当事人自认的事实存在以下情形的，不予确认：

（一）与查明的事实不符；

（二）与相关公众的一般认知不符；

（三）与一般消费者的惯常认知不符；

（四）与本领域技术人员的惯常认知不符。

1.15 在证据审查认定中，应考虑证据的审查及采信标准对相关商业习惯的指引作用。

对于在合理成本下明显易于完善其形式而未加完善的证据，可以根据案情提高证据的采信标准。

1.16 仅从信息载体本身无法直观审查其所载信息真实性的，当事人应一并提供生成该信息载体的技术过程说明。必要时，可以责令当事人提供该技术过程说明所涉及的具体技术资料或文件等证据。

1.17 当事人提供电子数据证据时，应一并提供生成、存储、传输、提取该电子数据证据的技术过程说明。必要时，可以责令当事人提供该技术过程说明所涉及的具体技术资料或文件。

1.18 当事人提供电子数据证据，可以采用截图、拍照、录音、录像等方式固定证据内容，并提供记载、存储有证据内容的打印件、照片等传统载体，或光盘、U 盘等电子数据载体。

经公证程序取得电子数据证据的，当事人应一并提供相应公证文书。

电子数据证据的取得未经公证程序，或虽经公证程序但确有必要时，可以要求当事人通过当庭出示原始存储载体、实时登录相关网站或者应用程序等进行勘验。

1.19 第三方电子数据存证平台收集、固定的电子数据，应结合以下因素综合判断其真实性：

（一）第三方电子数据存证平台经营者的资质和信用状况；

（二）电子数据的数据来源、生成方式、储存方法；

（三）第三方电子数据存证平台采用的技术手段、保全方法对电子数据完整性的影响，授时和守时检测等方面的可信程度；

（四）电子数据的提供形式；

（五）影响电子数据完整性和可靠性的其他因素。

1.20 对当事人提供的即时通讯软件聊天记录的截图打印件，可以结合以下因素判断其真实性：

（一）截图与收发信息的手机或电脑等终端所载原始信息是否一致；

（二）信息收发主体与提供该证据当事人的关联关系。

1.21 原告以涉案权利客体的电子数据作为其具有权利主体身份证明的，应对电子数据的形成时间、涉案权利客体的发表或完成时间、修改或编辑的可能性等情况予以审查。

1.22 对信息网络环境下的电子数据进行公证保全或区块链存证保全的，应从公证文书的制作过程、区块链存证记录的生成过程、网页及其发布时间的形成过程、管理该网页的网站资质和信用状况、公证采用的技术手段、区块链存证的技术环境等方面予以审查。

1.23 经过公证的当事人书面陈述、证人书面证言、其他单位或个人出具的证明文件等文书，公证证明仅涉及上述文书的出具人身份及签章真实或原件与复印件一致，而不涉及文书所载实体内容的，上述文书的证据效力应按照对当事人陈述、证人证言、其他单位或个人出具的证明文件等证据的一般规定予以审查。

1.24 取得证据的公证程序虽有瑕疵，但不影响所取得证据本身真实性，且公证文书未被撤销的，可以根据案件具体情况确认上述公证证据的证明力。

当事人仅以公证机构跨区域办理公证业务或者申请人与公证事项无利害关系为由主张对公证证据不予采信的，不予支持。

1.25 无法与原件、原物核对的复制件、复制品一般不能作为认定案件事实的依据，但能够与其他证据相互印证，或通过其他方式足以确认其真实性的除外。

审查复制件、复制品的真实性，应考虑所使用复制技术的保真性，复制技术的保真性足以排除伪造、变造合理怀疑的，则该复制件、复制品可以作为认定案件事实的依据。

1.26 当事人提供外文书证或者外文说明资料，应附有中文译本。

外文书证仅部分内容与待证事实有关的，可以仅附与该有关部分对应的中文译本；仅附图部分与待证事实有关，无中文译本不影响相关事实查明的，可以不附中文译本。对方当事人能够证明未翻译部分对翻译部分或附图部分的内容有影响的，需提供全文的中文译本。

1.27 当事人提供的由中立第三方完成的市场调查报告，一般不能单独作为认定案件事实的依据，应结合在案其他证据综合认定其证明力。

对前款所述市场调查报告可以从调查者资质、调查动机、调查对象、调查地域、样本规模、样本分布、抽样方法、问题设计、程序运作、调查形成的时间等方面予以审查。

1.28 因逾期提供证据，依据《最高人民法院关于适用〈中华人民共和国民事诉讼法〉的解释》第一百零二条的规定对诉讼代理律师予以训诫、罚款的，可以将上述情况向对该律师具有监督指导职能的司法行政部门通报。对于多次因逾期提供证据受到训诫、罚款的，可以建议司法行政部门依据《中华人民共和国律师法》第四十九条第一款第六项的规定予以处罚。

1.29 当事人申请鉴定的事项能够通过现场勘验等其他方法查明的，可以不予准许。

1.30 鉴定机构应仅就查明事实的专门性问题出具鉴定意见，被诉技术方案是否落入涉案专利的保护范围、被诉作品是否与涉案作品构成实质性近似等法律评价问题不属鉴定范围。鉴定意见中包含前述不属鉴定范围内容的，相应内容不具有证据效力。

1.31 原告主张被诉侵权的应用程序由被告经营，可以提供应用程序中标示的著作权归属等信息、应用程序运营者与应用程序所在网络平台签订的协议、应用程序所在网络平台出具的证明等证据。

在无相反证据的情况下，可以推定应用程序的著作权人为运营主体。

1.32 被告依据知识产权部门法的相关规定主张侵权产品或侵权复制品具有合法来源的，应对其合法获取侵权产品或侵权复制品的事实承担举证责任。

证明合法来源的证据应结合被告的经营规模、购买途径、支付对价、举证能力、相关交易习惯及主观注意义务等因素综合审查。

被告能够提供证据证明侵权产品或侵权复制品具有合法来源的，推定其在主观上无过错，但有证据证明被告知道或应当知道侵权事实的除外。

已查明侵权产品或侵权复制品制造者的，提出合法来源抗辩的被告仍应提供其合法获取侵权产品或侵权复制品的证据。

1.33 被告收到著作权权利人、商标权权利人等知识产权权利人发出的侵权警告函，且该警告函中明确记载有相关知识产权、被诉侵权产品或被诉侵权复制品、侵权信息的基本情况、侵权比对结果及联系人等内容的，可以推定被告自收到侵权警告函之日起明知侵权行为存在。但被告提供证据证明其已就侵权警告函中所涉知识产权的权利归属、侵权比对的结论等，在合理期限内明确、详细地向知识产权权利人通过回函等方式提出异议的除外。

1.34 超市、小商品市场等经营场所以其尽到管理责任为由提出免责抗辩的，可以围绕以下事实提供证据：

（一）租赁合同中有不得侵害知识产权或不得销售侵权产品或侵权复制品的约定；

（二）建立了相关防范知识产权侵权风险的管理制度；

（三）接到投诉后及时进行了有效处理；

（四）对商户的日常经营尽到了防范知识产权侵权的管理责任；

（五）尽到管理责任的其他事实。

1.35 电子商务平台经营者以其尽到合理注意义务提出免责抗辩的，可以围绕以下事实提供证据：

（一）网络店铺注册协议中有不得实施侵权行为或不得销售侵权产品或侵权复制品的约定；

（二）网站相应页面有不得实施侵权行为或不得销售侵权产品或侵权复制品的提示；

（三）建立了相关防范知识产权侵权风险的管理制度；

（四）接到投诉后及时进行了有效处理；

（五）尽到合理注意义务的其他事实。

1.36 原告主张被告承担损害赔偿责任的，除提供被告主观存在明知或应知的证据外，还应提供与确定权利人的实际损失、侵权人的违法所得或侵权获利相关的计算方法、计算模型、计算基础因素等证据，并就相关计算方法、计算模型、计算基础因素的合理性等作出详细说明。

当事人可以提供相关权利的可比许可协议作为确定赔偿数额的证据。

当事人主张在法定赔偿最高限额以上或最低限额以下确定赔偿数额的，应根据前述第一款、第二款的规定提供证据证明相关数额明显超过法定赔偿最高限额或者明显低于法定赔偿最低限额。

1.37 原告主张参照权利使用费确定赔偿数额的，应提供证据证明许可使用合同已经实际履行，且该权利使用费与被诉侵权行为具有可比性。

许可使用合同的备案证明、纳税凭证、转账记录、发票等财务凭证等可用以证明合同已经实际履行。

许可使用合同涉及的权利类型、被许可人情况、许可使用的范围、许可使用的时间、是否存在交叉许可等可用以证明权利使用费的可比性。

1.38 原告主张适用法定赔偿计算赔偿数额的，应提供反映权利人实际损失状况、侵权人的违法所得或侵权获利状况、许可使用费状况、侵权行为类型、持续时间及所涉范围、主观过错等方面的证据。

1.39　原告主张适用惩罚性赔偿的，应提供权利人实际损失、侵权人的违法所得或侵权获利、权利使用费、主观故意、侵权情节严重等方面的证据。

1.40　原告主张销毁侵权产品或侵权复制品、主要用于制造侵权产品或侵权复制品的材料、工具、设备等，被告否认上述销毁对象存在的，原告应提供证据证明上述销毁对象的存放地址、数量等事实。

原告因客观原因不能自行收集上述证据的，可以依据《最高人民法院关于适用〈中华人民共和国民事诉讼法〉的解释》第九十四条第二款的规定申请调查取证。

1.41　原告因客观原因仅提供部分证据证明其为制止侵权行为所支付的合理开支的，可以在该部分证据的基础上结合生活经验和逻辑确定合理开支的具体数额。

第二部分　侵害专利权纠纷

2.1　审理侵害专利权的案件，应围绕以下事实审查原告提供的相应证据：

（一）涉案专利是否处于有效状态；

（二）原告是否系涉案专利的专利权人或利害关系人；

（三）被诉侵权行为是否属于《中华人民共和国专利法》第十一条规定的侵害专利权行为；

（四）被诉侵权行为使用的技术方案是否落入涉案专利相关权利要求的保护范围，或者使用的外观设计是否落入涉案专利的保护范围。

2.2　原告可以提供专利登记簿副本、专利权著录事项变更记录及当年交纳专利年费的收据等证据证明涉案专利处于有效状态。

2.3　原告可以提供以下证据证明存在被诉侵权行为：

（一）获取被诉侵权产品过程的公证书及被诉侵权产品；

（二）获取被诉侵权产品的购货合同、与合同对应的发票及流转票据等证据及被诉侵权产品；

（三）获取被诉侵权产品的网络订购信息、网络物流信息等证据及被诉侵权产品；

（四）能够完整显示被诉侵权产品所利用技术方案的照片、视频、网页截图等其他证据。

原告难以通过前款所述方式获取相关证据的，可以根据本指引第一部分的规定申请出具调查令，或申请证据保全、进行现场勘验等。

2.4　原告主张的涉案专利为涉及产品、设备等技术主题的技术方案的，虽其提供的被诉侵权产品照片、视频、网页截图等证据不能完整显示被告利用的技术方案，但同时满足以下条件的，可以推定被告实施了涉案专利的相关技术方案：

（一）被诉侵权产品的照片、视频、网页截图等证据可以证明存在较大侵权可能性；

（二）原告客观上难以通过其他替代方式取得被诉侵权行为存在的证据；

（三）被告提供相应证据并无客观困难但无正当理由拒不提供。

2.5　被诉侵权产品外包装上标明的制造商、销售商、进口商等可以作为认定被诉侵权产品提供主体的初步证据。

被诉侵权产品上未标明制造商，所标注的注册商标权利人有制造能力，且无证据证明被诉侵权产品另有制造者的，可以推定该注册商标权利人是被诉侵权产品的制造者，但有相反证据的除外。

被告承认被诉侵权产品由其制造、许诺销售、销售或进口的，原告可以免除相关举证责任。

被告可以提供行政机关处罚决定等作为反证，证明被诉侵权行为系他人假冒其名义实施。

2.6　原告主张被告制造被诉侵权产品构成侵害专利权的，应提供证据证明涉案发明或者实用新型专利权利要求中所记载的产品技术方案已被被告实现。

2.7　原告主张被告使用发明或者实用新型专利产品构成侵害专利权的，应提供证据证明被诉侵权产品实际应用了涉案专利技术方案的技术功能或者实现了其技术效果。

2.8　原告主张被告销售被诉侵权产品侵害专利权的，可以围绕以下事实提供证据：

（一）销售被诉侵权产品的买卖合同已依法成立；

（二）被告采用搭售、赠送或以其他方式转让被诉侵权产品的所有权变相获取商业利益；

（三）被告将侵害发明或者实用新型专利权的产品作为零部件或中间产品制造另一产品后，销售该另一产品；

被告存在前款第（三）项情形，但主张不构成销售行为的，应提供证据证明该中间产品在制造过程中物理化学性能发生了实质性变化。

2.9　原告主张被告实施许诺销售行为的，应提供证据证明被告以广告、在商店橱窗中陈列、在网络或展销会上展出等方式作出销售被诉侵权产品的意思表示。

2.10　原告主张被告进口专利产品的，应提供证据证明被告存在将落入涉案专利权利要求保护范围的产品、依照涉案专利方法直接获得的产品或者含有涉案外观设计专利的产品在空间上从境外越过边界运进境内的行为。

2.11　原告主张被告使用专利方法构成侵害专利权的，应提供证据证明涉案专利权利要求记载的专利方法每一个步骤均被实现。

被告主张其采用的技术方案的步骤顺序与涉案专利不同而未落入涉案专利权利要求保护范围的，可以提供证据证明涉案专利所涉步骤必须以特定的顺序实施，且这种顺序改变会导致技术功能或者技术效果的实质性差异。

2.12　原告以涉案专利系新产品制造方法发明专利为由，主张适用举证责任倒置规则的，应提供以下初步证据：

（一）依照该专利方法直接获得的产品为国内外第一次生产出的产品，其与专利申请日之前已有的同类产品相比，在产品的组份、结构或者其质量、性能、功能方面有明显区别；

（二）被诉侵权产品与依照该专利方法直接获得的产品在形状、结构或成份等方面无实质性差异。

2.13　侵害专利权纠纷涉及不属于新产品制造方法发明专利的，原告围绕以下事实提供证据后，可以推定被告使用了涉案专利方法：

（一）被诉侵权产品与依照该专利方法直接获得的产品在形状、结构或成份等方面无实质性差异；

（二）结合已知事实及本领域技术人员的惯常认知，被告经由涉案专利方法制造被诉侵权产品的可能性较大；

（三）原告为证明被告使用了专利方法已尽合理努力。

被告可以提供其实际使用的产品制造方法不同于涉案专利方法的证据，作为前款推定的相反证据。

2.14 原告主张被告为生产经营目的使用、许诺销售、销售、进口的产品侵害涉案方法专利权的，应提供该产品为将原材料等按照涉案方法专利权利要求记载的全部步骤特征进行处理加工所获得的原始产品的证据。

原告提供的被告存在将上述原始产品作为中间部件或原材料，加工、处理成为其他后续产品的证据，可以作为认定被诉侵权产品属于使用涉案专利方法直接获得的产品的证据。

2.15 侵害药品制备方法专利权纠纷中，被诉侵权药品在药品监督管理机关备案的工艺可以作为推定其实际制备工艺的初步证据，有相反证据的除外。

被告主张被诉侵权药品备案的工艺不真实的，应提供被诉侵权药品技术来源、生产规程、生产记录、备案文件等证据。

对于被诉侵权药品制备工艺等复杂的技术事实，当事人可以通过专家辅助人、司法鉴定以及技术专家咨询等多种方式提供证据。

2.16 原告未提供被诉侵权产品实物，仅提供被诉侵权产品部分视图的，在无相反证据的情况下，可以基于该类产品的特点，合理推定被诉侵权产品其他视图中的设计特征。

2.17 原告主张被告将侵害外观设计专利权的产品作为零部件使用构成销售外观设计专利产品行为的，应提供证据证明被告将该被诉侵权产品用于制造另一产品并存在销售该另一产品的行为。

被告主张其不应就前款情形承担侵权责任的，可以提供证据证明侵害外观设计专利产品在另一产品中仅具有技术功能。

2.18 原告主张被告构成帮助侵害专利权的，应围绕以下事实提供证据：

（一）明知有关产品系专门用于实施涉案专利技术方案的原材料、中间产品、零部件或设备等专用产品；

（二）未经专利权人许可，为生产经营目的向他人提供前项专用产品；

（三）他人实施了直接侵害专利权行为。

原告提供证据证明他人直接实施专利权的行为属于非生产经营目的、为科研目的或行政审批目的的实施行为，或者属于临时过境行为的，视原告完成了前款第（三）项的举证责任。

2.19 原告主张被诉侵权产品系专用产品的，应围绕以下事实提供证据：

（一）被诉侵权产品为实现涉案专利技术方案所不可或缺的原料或零部件等；

（二）被诉侵权产品除用于涉案专利技术方案外无其他实质性非侵权用途。

原告提供上述初步证据后，被告主张被诉侵权产品不是专用产品的，应提供该产品具有其他实质性非侵权用途的证据。

2.20 原告主张被告构成教唆侵害专利权的，应围绕以下事实提供证据：

（一）未经原告许可，为生产经营目的，以提供图纸、产品说明书或传授技术方案、进行产品演示等方式积极诱导他人实施直接侵害专利权的行为；

（二）他人实施了直接侵害专利权行为。

原告提供证据证明他人直接实施专利权的行为属于非生产经营目的、为科研目的或行政审批目的的实施行为，或者属于临时过境行为的，视原告完成了前款第（二）项的举证责任。

2.21 原告应根据其主张的权利要求，在划分技术特征的基础上，提供被诉侵权行为使用的技术方案涵盖了涉案专利权利要求全部技术特征的比对表。

2.22 原告主张相关技术特征具有特定含义的，应结合涉案专利说明书、附图及其他权利要求的记载作出详细说明；必要时，可以提供与涉案专利存在分案申请关系的其他专利以及上述专利的专利审查档案、生效的专利授权确权裁判文书所记载的内容，以及工具书、教科书、相关领域期刊论文等公知文献。

2.23 当事人主张本领域普通技术人员知晓某项普通技术知识以及具备运用某种常规实验手段能力的，应对该事实作出详细说明；必要时，应提供工具书、教科书、相关领域期刊论文等公知文献。

2.24 原告主张涉案专利中仅通过功能限定或者效果限定的技术特征不属于功能性特征的，应详细说明该特征属于本领域普通技术人员普遍知晓的技术术语，或仅通过阅读权利要求和说明书即可直接、明确地确定实现上述功能或者效果具体实施方式的技术特征；必要时，原告应提供工具书、教科书、相关领域期刊论文等公知文献。

2.25 原告主张构成等同侵权的，应对被诉侵权技术方案中相关技术特征与涉案专利权利要求记载的对应技术特征采用的技术手段、实现的功能或达到的效果基本相同，且本领域普通技术人员无需经过创造性劳动就能够想到该特征的事实，进行必要的说明；必要时，应提供相应的证据。

2.26 被告否认等同侵权成立的，可以围绕以下事实提供证据：

（一）被诉侵权技术方案不能解决涉案专利的技术问题或实现涉案专利的技术效果；

（二）被诉侵权技术方案属于涉案专利仅在说明书或者附图中描述而未被概括到权利要求中的技术方案；

（三）属于本领域普通技术人员阅读权利要求书、说明书后，认为专利申请人或者专利权人在权利要求中特意强调某一特征的用语含义而有意排除的特定技术方案；

（四）专利申请人或专利权人在专利授权或者确权程序中为克服获得授权的实质性缺陷，对权利要求、说明书进行了限缩性修改或意见陈述，使得被诉侵权技术方案未落入涉案专利权利要求保护范围。

原告主张前款第（四）项不能成立的，应提供证据证明前述相关限缩性修改或者陈述已被明确否定。

2.27 原告主张被诉侵权产品与涉案外观设计专利所涉产品种类相同或相近的，可以围绕以下事实提供证据：

（一）《国际外观设计分类表》；

（二）相关产品被作为关联商品采购的合同、收发货单据、票据等；

（三）相关产品被置于相同品类货架销售、宣传展示的照片等；

（四）用于比较分析、汇总统计的行业报告、统计报告等；

（五）相关行业协会或主管机关出具的证明；

（六）反映产品功能、用途或使用环境的相关市场报告等。

2.28　原告主张被诉侵权设计落入涉案外观设计专利权保护范围的，应对涉案外观设计、被诉侵权设计可视部分的全部设计特征进行逐个分析比对并明确说明二者的相同点及不同点。

2.29　当事人主张一般消费者具备相关知识水平和认知能力的，应对该事实作出详细说明；必要时，应提供现有设计状况的证据。

2.30　原告主张相关特征为涉案专利区别设计特征的，可以围绕以下事实提供证据：

（一）涉案专利简要说明；

（二）相同或相近产品上现有设计的整体状况。

2.31　为准确确定设计空间，当事人可以围绕以下事实提供证据：

（一）产品或其中零部件所涉的技术功能；

（二）采用该类产品常见特征的必要性；

（三）现有设计的拥挤程度；

（四）其他如降低成本等经济因素可能对设计空间产生的影响。

2.32　在被诉侵权产品与涉案外观设计专利图片或者照片的比对中，当事人认为相关特征属于功能性设计特征、惯常设计特征的，应进行详细说明或提供证据。

2.33　当事人主张相关设计特征为产品功能决定的，可以围绕以下事实提供证据：

（一）该设计特征为推荐性标准或强制性标准明确规定的；

（二）该设计特征系为实现机械上的配合关系必须采用的不可选择的设计特征或者选择较为有限的设计特征。

2.34　在侵害外观设计专利权纠纷中，原告请求保护色彩的，应提供由国务院专利行政部门认可色彩属于涉案外观设计专利权保护范围的证据；必要时，应与国务院专利行政部门专利审查档案中的色彩进行核对。

2.35　原告请求被告支付临时保护期使用费的，应提供证据证明被告实施了涉案专利，且被诉侵权技术方案同时落入涉案专利申请公布时申请人请求保护的范围以及该专利公告授权的保护范围。

被告主张其使用、许诺销售、销售的产品系他人在临时保护期内制造、销售、进口的产品而不承担侵权责任的，应围绕以下事实提供证据：

（一）产品的制造、销售、进口行为发生在临时保护期内；

（二）该他人已支付或者书面承诺支付《中华人民共和国专利法》第十三条规定的适当费用。

2.36　与被告提出的先用权抗辩、现有技术抗辩或现有设计抗辩等抗辩理由相关的证据，一般应在一审辩论终结前提出。

被告在一、二审程序中均未提出先用权抗辩、现有技术抗辩或现有设计抗辩，在申请再审时提供与该抗辩有关证据的，一般不予采信。

2.37　被告以涉案专利效力不稳定为由请求法院裁定驳回原告起诉的，可以提供涉案专利审查档案、撤销公告、无效审查决定书或者行政判决书作为证据。

2.38 被告以涉案专利为专利权人恶意取得为由请求法院判决驳回原告诉讼请求的，可以围绕以下取得方式提供证据：

（一）将申请日前的国家标准、行业标准等技术标准中的技术方案申请专利；

（二）国家标准、行业标准等技术标准的制定参与人，将其在参与标准起草、制定过程中知悉的他人技术方案申请专利；

（三）明知为某一地区广为制造或使用的产品采用的技术方案而将其申请专利；

（四）采用编造实验数据、虚构技术效果等手段使涉案专利满足授权条件；

（五）将域外公开的专利申请文件所披露的技术方案在中国申请专利。

2.39 被告主张其为非生产经营目的实施涉案专利的，应提供证据证明其利用涉案专利仅为私人目的或存在其他非生产经营目的。

2.40 被告提出权利用尽抗辩的，可以围绕以下事实提供证据：

（一）涉案专利权人或者被许可人在中国境内售出其专利产品或者依照专利方法直接获得的产品后，购买者在中国境内使用、许诺销售、销售该产品；

（二）涉案专利权人或者被许可人在中国境外售出其专利产品或者依照专利方法直接获得的产品后，购买者将该产品进口到中国境内以及随后在中国境内使用、许诺销售、销售该产品；

（三）涉案专利权人或者被许可人售出其专利产品的专用部件后，使用、许诺销售、销售该部件或用其组装制造专利产品；

（四）涉案方法专利的专利权人或者被许可人售出专门用于实施其专利方法的设备后，使用该设备实施涉案方法专利。

2.41 被告提出先用权抗辩的，应围绕以下事实提供证据：

（一）已经完成实施发明创造所必需的主要技术图纸或者工艺文件，或者已经制造或者购买实施发明创造所必需的主要设备或者原材料；

（二）仅在专利申请日前已有的生产规模内，以及利用已有的生产设备或者根据已有的生产准备可以达到的生产规模内继续制造、使用；

（三）在先制造的产品、在先使用的方法或设计，是被告独立研究完成或者以其他合法手段取得。

原告主张先用权抗辩不成立的，可以提供证据证明被告援引的在先技术或设计系在专利申请日前抄袭、窃取或者以其他不正当手段获取。

2.42 被告提出临时过境抗辩的，应提供证据证明被诉侵权行为仅涉及临时通过中国领陆、领水、领空的外国运输工具，依照其所属国同中国签订的协议，或者共同参加的国际条约，或者依照互惠原则，为运输工具自身需要而在其装置和设备中使用涉案专利。

2.43 被告提出科研目的抗辩的，应提供证据证明被诉侵权行为系专门针对涉案专利技术方案本身进行的科学研究和实验，其目的是研究、验证、改进他人专利技术，在已有专利技术的基础上产生新的技术成果。

2.44 被告提出行政审批例外抗辩的，应提供证据证明被诉侵权行为系为提供《中华人民共和国药品管理法》《中华人民共和国药品管理法实施条例》《药品注册管理办法》等相关药品管理法律法规、部门规章等规定的实验资料、研究报告、科技文献等相关材料，而制造、使用、进口专利药品或者专利医疗器械，以及专门为其制造、进口专利药品或者专利医疗器械。

2.45 被告提出现有技术抗辩的，应提供证据证明被诉落入专利权保护范围的技术方案的全部技术特征与一项现有技术方案中的相应技术特征相同或者等同，或者所属技术领域的普通技术人员认为被诉侵权技术方案是一项现有技术与所属领域公知常识的简单组合。

被告可以提供以下证据以证明现有技术的状况：

（一）涉案专利申请日前进入公有领域、公众可以自由使用的技术；

（二）尚处于他人专利权保护范围内、涉案专利申请日前的非公有技术；

（三）涉案专利权人拥有的其他在先专利技术。

依据《中华人民共和国专利法》第二十四条的规定享受新颖性宽限期的技术不得作为前款现有技术予以援引。

2.46 被告提出现有设计抗辩的，应提供证据证明被诉侵权产品的外观与一项现有设计相同或者相近似，或者被诉侵权产品的外观设计是一项现有外观设计与该产品的惯常设计的简单组合。

被告可以提供以下证据证明现有设计的状况：

（一）申请日前国内外以出版物形式公开的设计；

（二）申请日前通过使用、销售、进口、交换、馈赠、演示、展出等使用方式公开的设计；

（三）申请日前通过报告会或讨论会发言材料、广播、电视、电影等其他方式公开的设计。

2.47 被告作为使用者主张不停止使用的，应围绕以下事实提供证据：

（一）其使用的产品满足关于合法来源抗辩的要件；

（二）其已支付该产品的合理对价。

2.48 被告提出基于国家利益、公共利益的考量不停止侵权抗辩的，应围绕判令停止侵权可能导致以下情形提供证据：

（一）有损于我国政治、经济、军事等安全；

（二）导致公共安全事件发生；

（三）危及公共卫生；

（四）造成重大环境保护事件；

（五）影响行业正常发展；

（六）导致社会资源严重浪费等利益严重失衡的其他情形。

2.49 被告提出不停止实施标准必要专利抗辩的，应围绕以下事实提供证据：

（一）涉案专利属于推荐性国家标准、行业标准或者地方标准，或虽非推荐性国家标准、行业标准或者地方标准，但属于国际标准组织或其他标准制定组织制定的标准，且专利权人按照该标准组织的章程明示且做出了公平、合理、无歧视的许可义务承诺的标准必要专利；

（二）涉案专利权人故意违反其在标准制定中承诺的公平、合理、无歧视的许可义务；

（三）被告在协商中无明显过错。

2.50 涉案专利权人就其在标准制定中承诺的公平、合理、无歧视许可义务的具体内容，可以提供以下证据：

（一）专利权人向相关标准化组织提交的许可声明文件和专利信息披露文件；

（二）相关标准化组织的专利政策文件；

（三）涉案专利权人作出并公开的许可承诺。

2.51 被告可以提供以下证据证明原告故意违反公平、合理、无歧视的许可义务：

（一）未以书面形式通知被告侵害专利权，且未列明侵害专利权的范围和具体侵权方式；

（二）在被告明确表示接受专利许可协商的意愿后，未按商业惯例和交易习惯以书面形式向被告提供专利信息或提供具体许可条件；

（三）未向被告提出符合商业惯例和交易习惯的答复期限；

（四）在协商实施许可条件过程中，无合理理由而阻碍或中断许可协商；

（五）在协商实施许可过程中提出明显不合理的条件，导致无法达成实施许可合同；

（六）原告在许可协商中有其他明显过错行为。

2.52 原告可以提供以下证据证明被告在标准必要专利许可协商过程中存在明显过错：

（一）收到原告的书面侵权通知后，未在合理时间内积极答复；

（二）收到原告的书面许可条件后，未在合理时间内积极回复是否接受该许可条件，或在拒绝接受原告提出的许可条件时未提出新的许可条件建议；

（三）无合理理由而阻碍、拖延或拒绝参与许可协商；

（四）在协商实施许可条件过程中提出明显不合理的条件，导致无法达成实施许可合同；

（五）被告在许可协商中有其他明显过错行为。

第三部分　侵害著作权纠纷

3.1 审理侵害著作权的案件，应围绕以下事实审查原告提供的相应证据：

（一）原告是否对涉案作品享有著作权；

（二）被诉侵权作品与权利作品是否相同或者实质性相似；

（三）被告是否具有接触权利作品的可能，或者被诉侵权作品与权利作品是否存在相同的错误、瑕疵、暗记等独特部分，或者被诉侵权作品与权利作品是否完全相同或高度相似足以排除创作巧合。

3.2 原告提供的作品、录音录像制品上的署名以及涉及著作权的底稿、原件、合法出版物、著作权登记证书、认证机构的证明、取得权利的合同、符合行业惯例的权利人声明等可以作为证明著作权归属的初步证据。

被告提供的与作品上署名不一致的其他署名、认证机构出具的相互矛盾的证明、作品登记机构出具的相互矛盾的著作权登记证书、权利人出具的相互矛盾的声明等可以作为推翻前款初步证据的反证。

3.3 电影、电视剧上明确标示的权利归属信息可以作为认定权属的初步证据，但有相反证据的除外。

电影、电视剧上未明确标示权利归属信息，也未标示制作者的，电影、电视剧片头、片尾等位置标示的出品单位署名，可以作为认定权属的初步证据；无出品单位署名的，片头、片尾等位置标示的摄制单位署名，可以作为认定权属的初步证据。出品单位、摄制单位之间的合同可以作为推翻前述认定的反证。

原告提供的制作许可证、拍摄许可证、发行许可证、公映许可证等行政机关颁发的证照，一般不能单独作为认定著作权归属的证据。

原告主张电影、电视剧之外的其他视听作品著作权的，根据视听作品的类型、时长、内容等围绕以下事实提供证据：

（一）时间较长、拍摄复杂的视听作品，应提供相关合同；

（二）短视频等时间短、拍摄简单的视听作品，可以提供相关合同，也可以提供原始文件；

（三）除前两项以外的其他视听作品，一般应提供相关合同。

3.4　职务作品中，利用物质技术条件的证据包括资金、设备、图纸、资料、技术、拍摄场所等；工作职责的证据包括营业执照、事业单位法人证书、相关行政审批手续、劳动合同、人事关系证明、纳税证明等。

3.5　原告主张涉案作品为委托作品的，应提供委托创作合同，作为确定著作权归属的证据。

3.6　原告主张著作权的作品为网络发表作品的，可以提供网页截屏，被告不予认可的，可以请求进行现场勘验；无法勘验的，原告可以提供公证书或者通过区块链、时间戳等电子存证技术固定的网页等证据。

3.7　原告主张专有出版权的，应提供取得专有出版权的合同。

3.8　原告主张非职务表演的表演者权的，可以提供体现其声音、形象等能够确定其表演者身份的证据，也可以提供歌单、节目单、演出海报、剧照、视频节目字幕、片头或片尾演职人员表、主持人播报等能够体现其表演者署名的证据，或者与演出组织者签订的合同等证据。

演员主张职务表演的表演者权的，应提供证明其表演者身份的证据及其与演出单位签订的有关表演者权归属合同等证据。

演出单位主张职务表演的表演者权的，应提供证明该表演是职务表演的证据及其与演员签订的劳动合同、约定表演者权归属的合同等证据。

3.9　原告主张录音制作者权的，应提供署名其为制作者、录制者或者其名称前加注有版权标识的录音制品出版物、录音制品出版物的封面、封底、歌单，或者提供其取得录音制作者权的合同。

在无其他证据佐证的情况下，原告提供的仅标注有“提供版权”信息的录音制品，不能单独作为认定录音制作者权归属的初步证据。

3.10　在无相反证据的情况下，广播、电视中显示的台标、名称、主持人播报的电台、电视台名称等可以作为认定广播组织权归属的初步证据。

3.11　原告主张被告侵害其发表权的，无需就作品未发表进行举证。被告如主张涉案作品已经发表的，应提供涉案作品已经发表的出版物、网页、宣传册等证据。

原告主张被诉展览行为侵害其发表权的，可以提供显示公开陈列涉案美术作品、摄影作品的原件或复制件的宣传广告、展会资料、门票、照片等证据；被告可以提供其受让取得涉案美术作品、摄影作品原件的合同、书面声明、著作权登记证书等作为反证。

3.12　原告主张被告的署名方式不符合约定或通常署名方式的，应提供约定署名方式的合同、往来邮件或体现原告署名的公开发行的作品载体、规定署名方式的行业规范性文件等证据。

3.13 原告主张被告侵害其保护作品完整权的，应提供双方作品的比对，并指明歪曲、篡改之处，同时可以提供报刊、杂志、电台、电视台、互联网等媒体发布的相关评论性文章，相关行业评价组织发布的评分意见、用户评价留言等证据，证明前述歪曲、篡改损害了原告声誉。

3.14 原告主张被告侵害其复制权的，可以提供载有涉案作品的图书、音像制品等出版物、电子文件载体等证据。

3.15 原告主张被告侵害其发行权的，可以提供被告销售、赠与他人载有涉案作品的出版物、电子文件载体，以及销售单据、交易凭证、赠与说明等证据。

3.16 原告主张被告侵害其展览权的，可以提供被告主办或参加展览涉案美术作品、摄影作品展会的邀请函、宣传材料、展会报道，或者被告将涉案美术作品、摄影作品悬挂于公共场所的照片、宣传图文等证据。

3.17 原告主张被告侵害其摄制权的，应提供证据证明被告实施了摄制行为。

原告将署名的出品单位和摄制单位列为共同被告时，出品单位、摄制单位否认共同摄制的，应提供相关合同等证据。

3.18 原告主张被告侵害其改编权的，应具体说明被诉侵权作品中存在权利作品的基本表达，必要时应提供比对表等证据。双方当事人对比对事实有争议的，可以申请鉴定。

3.19 原告主张被告实施了直接侵害其信息网络传播权行为的，应提供证据证明被告实施了提供行为。

原告提供证据证明被告网站能够播放、下载或者以其他方式使公众在其选定的时间、地点获得涉案作品、表演、录音录像制品、广播电视，被告仍主张其未实施提供行为的，被告应提供证据证明其仅提供自动接入、自动传输、信息存储空间、搜索、链接或文件分享技术等技术服务。

被告提供的证据能够证明其未实施提供作品、表演、录音录像制品、广播电视的行为，而仅提供技术服务的，原告可以就此提供相反证据或据此变更诉讼主张，并就变更后的诉讼主张补充提供证据。原告申请补充提供证据的，举证期限可以另行指定。

3.20 原告主张各被告共同实施了提供行为的，应提供证据证明各被告之间具有共同提供涉案作品、表演、录音录像制品、广播电视的主观意思联络，且为实现前述主观意思联络客观上实施了相应行为。

原告提供的各被告之间存在体现合作意愿的合同邮件等，可以作为认定各方具有主观意思联络的证据，但被告能够证明其根据技术或者商业模式的客观需求，仅提供技术服务的除外。

3.21 被告主张其提供信息存储空间服务的，可以围绕以下事实提供证据：

（一）被告网站具备为服务对象提供信息存储空间服务的功能；

（二）被告网站中的相关内容明确标示了为服务对象提供信息存储空间服务；

（三）上传者的用户名、注册 IP 地址、注册时间、上传 IP 地址、联系方式以及上传时间、上传信息等；

（四）其他事实。

3.22 被告能够提供证据证明存在以下情形之一的，可以初步认定其提供的是链接服务：

（一）涉案作品、表演、录音录像制品、广播电视在播放时自被告网站跳转至第三方网站；

（二）涉案作品、表演、录音录像制品、广播电视在播放时虽未发生网站跳转，但地址栏显示的是第三方的网址，或者有其他证据足以证明涉案作品、表演、录音录像制品、广播电视置于第三方网站的；

（三）其他情形。

被告仅提供播放画面的水印或者影片介绍中载明的播放来源图标、文字的，一般不能认定被告完成了举证责任。

3.23　原告主张被告作为自动接入、自动传输、信息存储空间、搜索、链接或文件分享技术等网络服务提供者构成帮助侵害信息网络传播权的，可以围绕以下事实提供证据：

（一）被告提供了自动接入、自动传输、信息存储空间、搜索、链接或文件分享技术等网络服务；

（二）网络用户利用被告提供的网络服务提供了涉案作品、表演、录音录像制品、广播电视的行为；

（三）被告明知或应知网络用户利用其提供的网络服务提供涉案作品、表演、录音录像制品、广播电视。

3.24　原告主张被告作为自动接入、自动传输、信息存储空间、搜索、链接或文件分享技术等网络服务提供者构成教唆侵害信息网络传播权的，可以围绕以下事实提供证据：

（一）被告提供了自动接入、自动传输、信息存储空间、搜索、链接或文件分享技术等网络服务；

（二）被告以积分奖励、增加访问权限、赠与虚拟货币或者现金等方式诱导网络用户利用其网络服务提供涉案作品、表演、录音录像制品、广播电视。

3.25　原告主张提供信息存储空间服务的被告应知其信息系统中存在涉案作品、表演、录音录像制品、广播电视的，可以围绕以下事实提供证据：

（一）涉案作品、表演、录音录像制品、广播电视或者与其相关的信息位于首页、各栏目首页或者其他主要页面等可被明显感知的位置；

（二）对涉案作品、表演、录音录像制品、广播电视的主题或者内容主动进行选择、编辑、修改、整理、推荐或者为其设立专门排行榜；

（三）信息存储空间服务提供者从涉案作品、表演、录音录像制品、广播电视中直接获利；

（四）网络用户提供的是专业制作且内容完整的影视作品、音乐作品、表演、录音录像制品、广播电视，或者处于热播、热映期间的影视作品、知名度较高的其他作品以及相关的表演、录音录像制品、广播电视；

（五）网络用户提供的是正在制作过程中且按照常理制作者不可能准许他人传播的影视作品、音乐作品、表演、录音录像制品、广播电视；

（六）其他明显的侵权事实。

3.26　提供信息存储空间服务的被告主张其不承担赔偿责任的，可以围绕以下事实提供证据：

（一）明确标示涉案作品、表演、录音录像制品、广播电视是服务对象所提供，并公开信息存储空间服务者的名称、联系人、网络地址；

（二）在接到权利人的通知书后，及时删除涉案作品、表演、录音录像制品、广播电视；

（三）已采取合理过滤措施。

3.27　原告主张链接服务提供者构成帮助侵害信息网络传播权的，可以围绕以下事实提供证据：

（一）被链接网站提供了侵害他人信息网络传播权的作品、表演、录音录像制品、广播电视；

（二）链接服务提供者在接到权利人的通知后，未及时采取删除、屏蔽、断开链接等必要措施。

3.28　原告主张链接服务提供者存在过错的，可以围绕以下事实提供证据：

（一）链接服务提供者接到权利人通知后，未及时采取断开链接等必要措施；

（二）链接服务提供者与被链接网站之间存在相关的合作；

（三）链接服务提供者设置指向特定作品、表演、录音录像制品、广播电视的定向链接，且被链接网站侵权行为明显；

（四）链接服务提供者对其链接的涉案作品、表演、录音录像制品、广播电视进行了主动的选择、编辑、推荐，使公众在设链网站上可以直接下载、浏览或者以其他方式获得；

（五）其他情形。

3.29　提供搜索、链接服务的网络服务提供者主张免除赔偿责任的，可以围绕以下事实提供证据：

（一）对被链接的作品、表演、录音录像制品、广播电视是否侵权不属于明知或者应知；

（二）接到权利人的通知后，及时采取必要措施；

（三）已采取合理过滤措施。

3.30　原告主张被告接到权利人通知未采取必要措施的，应提供证据证明其向被告发出了合格的通知、被告收到了该通知、被告在合理期限内未采取必要措施。

3.31　原告主张网络服务提供者收到权利人通知的，可以围绕以下事实提供证据，但网络服务提供者提供相反证据的除外：

（一）原告根据网络服务提供者公示的途径及方式发送通知；

（二）原告虽然未按照网络服务提供者公示的途径及方式发送通知，但其向网络服务提供者发送通知的途径和方式足以使网络服务提供者收到该通知；

（三）网络服务提供者自认收到了该通知；

（四）网络服务提供者通过邮件等方式向原告作出回复；

（五）其他情形。

3.32　网络服务提供者提出完成通知删除的抗辩，应提供证据证明其接到原告提供的符合条件的通知后，及时删除了涉案作品、表演、录音录像制品、广播电视，或及时断开了与涉案作品、表演、录音录像制品、广播电视链接，或采取了其他必要措施。

3.33　原告主张被告故意避开或者破坏技术措施的，可以围绕以下事实提供证据：

（一）原告采取了技术措施；

（二）一般用户通常无法避开或者破解该技术措施；

（三）被告实施了破坏或避开技术措施的行为。

3.34　原告主张被诉侵权网站由被告经营的，应提供指向被告是被诉侵权网站经营者的网站登记备案信息、网站中相关标示信息等证据。

经营性网站登记备案信息可以作为证明网站经营者身份的初步证据，但有相反证据的除外。

被诉网站上仅有被告名称，其他标示信息与被告相关信息不一致的，一般不能将标示的名称作为证明网站经营者身份的初步证据。

3.35　侵权出版物上标注的出版者、书号的所有者等可作为认定侵权出版物出版者的初步证据，但有相反证据的除外。

3.36　原告主张出版者未尽到合理注意义务的，可以围绕以下事实提供证据：

（一）被告提供的出版合同中的著作权人与出版物上署名作者不一致；

（二）出版者没有审查演绎作品或者汇编作品著作权人是否得到原作品著作权人的授权；

（三）被诉侵权出版物包含与在先发表的出版物相同的内容；

（四）被诉侵权出版物的出版虽经过曾出版该书的出版者同意，但没有得到著作权人许可；

（五）其他情形。

3.37　出版者主张其尽到了合理注意义务，可以围绕以下事实提供证据：

（一）虽然作者在授权其出版前已经授权他人出版或已转让著作权，但因作品尚未发表，出版者对此并不知情；

（二）演绎作品的作者事前未告知出版者是演绎作品，且原作品从未发表，出版者无法判断出版物是否属于演绎作品；

（三）职务作品作者所在单位或合作作者主张出版者侵权时，该作品的作者事前未将创作过程如实告知出版者，出版者无其他途径知晓创作过程，也无法判断该出版物是否属于职务作品或合作作品；

（四）被诉侵权出版物的授权链条完整，原始授权者的身份及授权文件无明显疑点；

（五）其他情形。

3.38　原告主张被告侵犯其版式设计权的，应提供证据证明双方出版的系同一作品，并说明双方出版同一作品的版心、排式、字体字形、行距、标点等版面布局因素整体安排相同或基本相同，必要时需提供比对表。

3.39　原告应提供证据证明权利录音制品与被诉侵权录音制品音源相同。

原告提供的证据能够证明双方录音制品中的表演者、词曲、编曲等因素相同，且在听觉上无明显差异的，通常认为其完成了音源相同的初步举证责任。被告否认的，应提供音源鉴定报告等反证。

3.40　被告主张被诉侵权作品由其独立创作的，可以围绕以下事实提供证据：

（一）没有接触权利作品的可能性；

（二）涉案作品的具体情形足以存在创作巧合；

（三）原始创作手稿；

（四）在先作品著作权登记证书；

（五）发表在先的作品；

（六）其他独立创作的事实。

3.41　被告主张被诉侵权作品与权利作品相同或实质性相似的部分来自于在先其他作品的，

应提供该在先其他作品，并就被诉侵权作品与该在先作品的相同或实质性相似进行说明。

3.42　被告主张被诉侵权作品与权利作品相同或实质相似的部分来源于公有领域的，应提供该公有领域的相关作品，并就被诉侵权作品与该公有领域的相关作品相同或实质性相似进行说明。

3.43　被告提出有限表达抗辩的，应提供证据证明或者说明被诉侵权作品与权利作品表达相同或实质性相似是因表达方式极为有限或执行共同标准等造成的。

3.44　被告提出必要场景抗辩的，应提供证据证明被诉侵权作品与权利作品相同或者实质性相似的表达是表达某一主题必须描述的场景或者必须使用的场景设计。

3.45　被告主张合理使用抗辩的，应围绕以下事实提供证据：

（一）被诉行为属于《中华人民共和国著作权法》列举的合理使用情形；

（二）指明了作者姓名或者名称、作品名称；

（三）被诉行为未影响原告作品的正常使用；

（四）被诉行为并未替代原告的作品，也未不合理损害原告的合法权益。

3.46　原告主张被告侵害其计算机软件著作权的，可以提交关于被告接触了主张权利的软件且被诉侵权软件与主张权利的软件实质性近似的证据，也可以提交双方软件的目标程序和权利软件的源程序。

3.47　被诉侵权软件的源程序一般由被告提供。被告拒不提供源程序或者提供的源程序无法采信的，原告可以主张将权利软件的目标程序与被诉侵权软件的目标程序进行对比。

3.48　原告主张最终用户侵害其计算机软件著作权的，可以提供以下初步证据：

（一）行政处罚决定；

（二）被告单位职工的证言，或者接触过被告计算机系统的证人证言；

（三）被告制作的载明其使用涉案软件的广告；

（四）被告发布的含有要求应聘人员熟练掌握权利软件的招聘信息；

（五）被告制作的载明其使用权利软件的产品说明书或产品；

（六）被告使用的计算机中运行权利软件的照片或视频等；

（七）其他初步证据。

原告在提供了上述初步证据的情况下，可以申请对被告使用权利软件的事实进行调查取证或证据保全。

在调查取证时，如果需要检查的计算机数量过多，可以在征得双方当事人同意的情况下进行抽查，并由双方当事人书面确认抽查结果适用于全部检查范围。根据具体情况，也可以采取远程取证的方式。

第四部分　侵害商标权纠纷

4.1　原告主张其享有注册商标专用权的，可以提供商标注册证、核准注册公告、续展注册商标公告、由国家知识产权局依据《商标国际注册马德里协定》作出的该国际注册在中国有效的证明文件、商标转让证明、注册商标转让公告、商标承继关系证明等证据。

原告主张其经许可取得商标使用权的，可以提供商标使用许可合同、商标许可使用授权书、商标许可使用备案信息以及其他能体现商标许可使用关系的证据。

4.2 取得排他许可的被许可人提起侵权之诉，除应提供第4.1条列举的商标权属证据外，还应提供商标权人放弃诉讼或不起诉的证据。

取得普通许可的被许可人提起侵权之诉，除应提供第4.1条列举的商标权属证据外，还应提供商标权人明确授权被许可人提起诉讼的证据。

4.3 原告主张被告侵害其商标权的，应提供证据证明被诉侵权标志的使用构成商标法意义上的使用。

为证明前款事项，原告可以提供以下证据：

（一）以直接贴附、刻印、烙印或者编织等方式标示有被诉侵权标志的商品、商品包装、容器、标签、商品附加标牌、产品说明书、介绍手册、价目表；

（二）标示有被诉侵权标志的与商品销售有关的合同、发票、收据、商品进出口检验检疫证明、报关单据；

（三）标示有被诉侵权标志的计算机软件安装、运行界面的图片或视频；

（四）标示有被诉侵权标志的服务场所使用的宣传资料、工作人员服饰、招贴、菜单、价目表、名片、奖券、办公文具、信笺，店堂招牌、内外装饰装潢的照片或视频；

（五）标示有被诉侵权标志的与服务有关的宣传资料、财务账册、发票、收据、收汇款单据、服务协议、维修维护证明；

（六）标示有被诉侵权标志的电影、广播、电视、网页、即时通讯工具、应用程序、出版物、广告牌、邮寄广告或者其他广告载体；

（七）展览会、博览会等公开集会上使用的标示有被诉侵权标志的印刷品、展台照片、参展证明、委托布展合同、发票及其他资料；

（八）与商标使用相关的其他证据。

4.4 原告主张被诉侵权商品与其商标核定使用的商品属于同一种或类似商品的，可以围绕以下事实提供证据：

（一）《类似商品和服务区分表》；

（二）相关商品被作为关联商品采购的合同、收发货单据、交易票据；

（三）相关商品被置于相同品类货架销售、宣传展示的照片；

（四）进行比较分析、汇总统计、归纳趋势特点的行业情况报告、统计报告；

（五）反映消费群体、销售渠道相关联、相重合的市场报告、行业调查报告；

（六）其他事实。

4.5 被诉侵权标志与原告的注册商标属于使用在同一种商品上的近似商标的，或者属于使用在类似商品上的相同或近似商标的，原告可以提供用户评价、用户留言、投诉信函、市场调查报告等证据证明存在混淆可能性。

原告主张被告在同一种商品上使用与其注册商标相同商标的，推定已造成混淆。

4.6 原告主张被告销售侵害注册商标专用权的商品或销售伪造、擅自制造注册商标标志的，可以提供侵权商品、侵权商标标志、销售合同、发票、付款凭证、宣传材料、电商平台销售记录、用户留言评价以及销售其他商品或商标标志时附赠的侵权商品、商标标志等证据。

4.7 原告主张被告伪造、擅自制造其注册商标标志的，应提供证据证明被告实际制造或委托他人制造了与原告注册商标相同或近似的标志，且该标志所示商品与原告注册商标核定使用的商品构成同一种或类似商品。

4.8 原告主张被告为实施侵害商标权行为提供帮助的，可以提供被告作为市场主办方、展会主办方、柜台出租人、电子商务平台经营者，为他人实施侵权行为提供仓储、运输、邮寄、印制、隐匿、经营场所、网络商品交易平台等便利的证据。

4.9 原告主张被告故意为侵害他人商标权行为提供便利条件的，可以提供原告发出的侵权警告函被签收、相关执法部门通知、行政裁决书、裁判文书等证据。

4.10 原告主张被告将与他人注册商标相同或近似的文字作为企业字号使用构成侵害商标权的，除按第4.1条提供其享有注册商标专用权的证据外，还应提供被告在与原告注册商标同一种或类似商品上单独或突出使用企业字号的证据。

4.11 原告主张商标达到驰名程度，应依据《中华人民共和国商标法》第十四条的规定围绕以下事实提供证据：

（一）反映使用该商标的商品的市场份额、销售区域、纳税情况等因素的销售合同、各类票据、参加展会证明、广告宣传；

（二）体现商标持续使用时间、地域范围的相关证据；

（三）该商标曾被作为驰名商标受保护的记录；

（四）使用该商标的商品在行业内排名列表、市场价值评估报告、市场分析报告、市场调查报告、荣誉证书；

（五）使用该商标商品的用户数量、交易金额、用户互动数据；

（六）其他事实。

4.12 原告主张被告侵害其未注册驰名商标权益的，应围绕以下事实提供证据：

（一）涉案商标经过长期宣传、使用已达驰名程度；

（二）被告实际使用的商品与涉案商标据以驰名的商品构成同一种或类似商品；

（三）被告使用的商标构成对涉案商标的复制、摹仿或者翻译；

（四）被告的使用行为容易导致相关公众的混淆。

4.13 原告主张被告侵害其注册驰名商标专用权的，应围绕以下事实提供证据：

（一）涉案商标经过长期宣传、使用已达驰名程度；

（二）被告使用的商标构成对涉案商标的复制、摹仿或者翻译；

（三）被告的使用行为容易误导公众，致使原告的利益受损。

4.14 原告主张被告将与其注册商标相同或近似的文字注册为域名侵害其商标权的，除按第4.1条提供其享有注册商标专用权的证据外，还应提供域名查询信息、域名证书、被告在同一种或类似商品上使用该域名进行电子商务交易的网页、交易记录等证据。

4.15 被告主张原告注册商标或其中部分文字属于通用名称的，可以提供字典、辞典、工具书、国家标准、行业标准、地方志、行业权威刊物等文献资料，或者属于全国范围内相关公众普遍认为能够指代一类商品约定俗成的通用名称的证据。

4.16　被告依据《中华人民共和国商标法》第五十九条第三款提出在先使用抗辩的，可以提供原告注册商标申请日前的合同、履行合同证明、宣传推广协议、市场调查报告、用户评价记录、购买记录、销售订单等使用被诉侵权标志的证据。

第五部分　不正当竞争纠纷

5.1　原告主张其被仿冒的相关标识有一定影响，可以提供以下证据：

（一）销售合同、发票、转账记录；

（二）参加展会、产品发布会等宣传材料；

（三）门店、分支机构、关联公司情况；

（四）网络推广协议、宣传网页、订单及交易记录；

（五）财务、审计报告；

（六）该标识受司法保护的生效裁判文书；

（七）荣誉证书、奖杯、奖牌；

（八）资质证明、质量证书；

（九）其他可以证明相关标识的影响已及于被告的证据。

5.2　原告主张被告实施了仿冒行为的，可以提供从公开市场上取得的被告商品或者获得被告服务的交易凭证、宣传材料、应用软件、相关网页等证据。

5.3　被告主张其使用的相关标识有合法来源的，可以提供其持有或经许可使用的在先外观设计专利证书、商标注册证、权利受让证明、许可使用合同、授权书等证据。

5.4　原告主张被告实施了虚假宣传行为的，可以提供以下证据：

（一）宣传材料、产品说明书、报刊杂志广告、网页介绍；

（二）相关网页、网络沟通记录；

（三）针对被告实施的虚假或引人误解宣传所涉事实的相反证据；

（四）其他证据。

5.5　被告否认实施虚假宣传行为的，可以提供以下证据：

（一）反映宣传内容的产品、服务及其说明书、宣传材料；

（二）与宣传内容相符的荣誉证明、资质证明；

（三）与宣传内容相符的合同、订单；

（四）客户就宣传内容所作的说明、评论；

（五）未被误解的用户评价、留言；

（六）其他证据。

5.6　原告主张其享有商业秘密的，应说明其商业秘密的具体内容，同时可以提供载有商业秘密的合同、文档、计算机软件、产品、招投标文件、数据库文件，原告与披露、使用或允许他人使用商业秘密的人存在约定保密义务的合同、员工证明、社保证明、离职手续、企业规章制度，密钥、限制访问系统或物理保密装置等证据。

5.7　原告主张被告实施侵害商业秘密行为的，可以提供以下证据：

（一）被告生产的含有原告商业秘密的产品、产品手册、宣传材料、计算机软件、文档；
（二）被告与第三方订立的含有原告商业秘密的合同；
（三）被告所用信息与原告商业秘密相同或存在相似程度的鉴定报告、评估意见、勘验结论；
（四）被告与披露、使用或允许他人使用商业秘密的主体存在合同关系或其他关系的合同；
（五）针对原告商业秘密的密钥、限制访问系统或物理保密装置等被破解、规避的记录；
（六）能反映原告商业秘密被窃取、披露、使用的证人证言；
（七）体现原告商业秘密存在的产品说明书、宣传介绍资料；
（八）被告明知或应知他人侵犯商业秘密仍提供帮助的宣传网页、销售或展览展示场所；
（九）被告教唆、引诱、帮助他人侵犯商业秘密的录音录像、聊天记录、邮件；
（十）其他证据。

5.8 原告主张被诉信息与原告主张的商业秘密构成实质性相同，可以提供以下证据：
（一）有资质的鉴定机关、评估机构出具的鉴定意见、评估意见，相关专家辅助人意见；
（二）能体现与原告主张的商业秘密实质性相同的信息的产品、合同、意向书；
（三）前述证据来自于与被告有关的第三方；
（四）其他证据。

必要时，原告可以申请对含有原告商业秘密与被诉信息的产品、文档等载体进行现场勘验或鉴定。

5.9 被告否认侵犯商业秘密的，可以提供以下证据：
（一）已公开原告商业秘密的文献资料、宣传材料、网页、相关产品；
（二）原告保密措施无效的鉴定意见、评估报告；
（三）被告所用信息与原告商业秘密不同的鉴定意见、评估报告、勘验结论；
（四）被告获取、披露、使用或者允许他人使用的商业秘密经过合法授权的授权书、合同；
（五）被告自行开发研制或者反向工程等的开发文件、研发记录、音视频文件；
（六）客户基于对离职员工个人的信赖而自愿与该个人或者其新单位进行市场交易的说明、证人证言；
（七）其他证据。

5.10 被告抗辩被诉信息与原告商业秘密存在实质性区别的，可列明二者之间存在的区别点，并对相关区别点导致二者构成实质性区别予以说明，必要时可以提供专家辅助人意见、鉴定意见等；或者提供被诉信息与原告商业秘密中构成实质性相同部分的信息属于他人信息或公有领域信息的文档、专家辅助人意见、鉴定意见、评估意见等证据。

必要时，被告可以申请对原告商业秘密与被诉信息的产品、文档等载体进行现场勘验或鉴定。

5.11 被告抗辩被诉信息系通过反向工程获取的，可以提供以下证据：
（一）通过公开渠道取得产品的购买合同、接受赠予的凭证、票据；
（二）通过拆卸、测绘、分析等相关技术手段从公开渠道取得的产品中获得有关技术信息的工作记录、视频、文档数据；
（三）委托他人通过拆卸、测绘、分析等技术手段从公开渠道取得的产品中获得有关技术信息的合同、往来邮件；

（四）其他证据。

5.12　被告提出个人信赖抗辩的，可以提供以下证据：

（一）所涉行业领域强调个人技能的行业特点说明；

（二）客户明确其系基于对员工个人的信赖自愿选择交易的声明、说明或者聊天记录、往来邮件；

（三）与相关客户的交易未利用原告所提供的物质条件、交易平台的文件、沟通记录；

（四）其他证据。

5.13　原告主张被告实施商业诋毁行为的，可以提供被告编造、传播虚假信息或误导性信息的声明、评价、宣传报道等图文、视频，原告因被告行为造成客户解约的解除合同通知、用户评价降低等证据。

5.14　被告否认实施商业诋毁的，可以提供以下证据：

（一）被告发布的信息符合客观事实的产品或服务的说明书、宣传材料；

（二）原告产品、服务或经营活动受到相关处罚的决定书、原告作出的公开声明、原告客户作出的相关评价；

（三）被告发布的信息并非针对原告的宣传材料、声明；

（四）未被误导的用户评价、留言；

（五）其他证据。

5.15　原告主张与被诉网络不正当竞争行为存在利害关系的，可以提供以下证据：

（一）网站的登记备案信息、域名注册信息、网站用户协议、公示有经营者信息的网页；

（二）应用软件的开发者信息、软件数字签名、计算机软件著作权登记证书等；

（三）产品使用协议、用户服务协议、会员服务协议、技术保护措施声明、第三方网站对原告产品或服务的介绍；

（四）其他证据。

5.16　原告主张被诉行为发生在网络中，可以提供固定被诉行为的网页、公证书、第三方电子存证机构出具的电子证据等。

原告主张被诉行为属于利用技术手段实施的，可以提供以下证据：

（一）体现被诉行为利用技术手段的文档、视频、公证书等说明文件；

（二）未利用技术手段与利用技术手段的效果比对文件、公证书、鉴定意见、专家辅助人意见；

（三）被告对其技术手段的宣传报道、自我介绍；

（四）其他证据。

必要时，原告可以申请对被告所采取的技术手段进行现场勘验。

5.17　原告主张被告实施其他妨碍、破坏原告正常经营行为的，可以提供以下证据：

（一）体现原告网络产品或服务正常运行的音视频文件、公证书、第三方电子存证机构保存的数据信息；

（二）原告网络产品或服务所使用的密钥、专门软件等技术措施、专家辅助人意见；

（三）被告不正当地获得原告网络产品或服务涉及的用户信息、经营数据、虚拟财产；

（四）被告使用的特定插件、网络爬虫软件、破解软件；

（五）原告网络产品或服务无法正常运行、设置、升级的音视频文件、公证书、第三方电子存证机构保存的证据、专家辅助人意见、经济学分析报告；

（六）其他证据。

5.18　被告否认实施妨碍、破坏原告正常经营行为的，可以提供以下证据：

（一）存在造成原告产品或服务无法正常运行的第三方干扰程序或技术措施；

（二）被诉行为未违反行业惯例、行业自律公约的专家辅助人意见；

（三）未造成原告合法权益受损的经济学分析报告；

（四）其他证据。

5.19　当事人主张存在相关行业商业道德的，可以提供相关行业惯例、行业协会或者自律组织制定的从业规范或者自律公约、相关行业标准或技术规范等证据。

5.20　原告主张被告存在主观故意的，可以围绕以下事实提供证据：

（一）被告通过相关媒体公开宣传介绍被诉行为与原告产品或服务有关；

（二）基于与原告存在合作、洽谈等关系而明知被诉行为可能对原告的合法权益造成损害后，仍实施被诉行为；

（三）被告的相关人员曾任职于原告，明知被诉行为可能对原告的合法权益造成损害，仍实施被诉行为；

（四）收到原告的警告后未及时停止被诉行为；

（五）其他事实。

第六部分　附　　则

本指引自下发之日起执行，北京市高级人民法院以前发布的有关文件与本指引不一致的，以本指引为准。

四、涉网知识产权

最高人民法院关于涉网络知识产权侵权纠纷几个法律适用问题的批复

（2020 年 8 月 24 日最高人民法院审判委员会第 1810 次会议通过 2020 年 9 月 12 日最高人民法院公告公布 自 2020 年 9 月 14 日起施行 法释〔2020〕9 号）

各省、自治区、直辖市高级人民法院，解放军军事法院，新疆维吾尔自治区高级人民法院生产建设兵团分院：

近来，有关方面就涉网络知识产权侵权纠纷法律适用的一些问题提出建议，部分高级人民法院也向本院提出了请示。经研究，批复如下。

一、知识产权权利人主张其权利受到侵害并提出保全申请，要求网络服务提供者、电子商务平台经营者迅速采取删除、屏蔽、断开链接等下架措施的，人民法院应当依法审查并作出裁定。

二、网络服务提供者、电子商务平台经营者收到知识产权权利人依法发出的通知后，应当及时将权利人的通知转送相关网络用户、平台内经营者，并根据构成侵权的初步证据和服务类型采取必要措施；未依法采取必要措施，权利人主张网络服务提供者、电子商务平台经营者对损害的扩大部分与网络用户、平台内经营者承担连带责任的，人民法院可以依法予以支持。

三、在依法转送的不存在侵权行为的声明到达知识产权权利人后的合理期限内，网络服务提供者、电子商务平台经营者未收到权利人已经投诉或者提起诉讼通知的，应当及时终止所采取的删除、屏蔽、断开链接等下架措施。因办理公证、认证手续等权利人无法控制的特殊情况导致的延迟，不计入上述期限，但该期限最长不超过 20 个工作日。

四、因恶意提交声明导致电子商务平台经营者终止必要措施并造成知识产权权利人损害，权利人依照有关法律规定请求相应惩罚性赔偿的，人民法院可以依法予以支持。

五、知识产权权利人发出的通知内容与客观事实不符，但其在诉讼中主张该通知系善意提交并请求免责，且能够举证证明的，人民法院依法审查属实后应当予以支持。

六、本批复作出时尚未终审的案件，适用本批复；本批复作出时已经终审，当事人申请再审或者按照审判监督程序决定再审的案件，不适用本批复。

最高人民法院关于审理涉电子商务平台知识产权民事案件的指导意见

（2020年9月10日　法发〔2020〕32号）

为公正审理涉电子商务平台知识产权民事案件，依法保护电子商务领域各方主体的合法权益，促进电子商务平台经营活动规范、有序、健康发展，结合知识产权审判实际，制定本指导意见。

一、人民法院审理涉电子商务平台知识产权纠纷案件，应当坚持严格保护知识产权的原则，依法惩治通过电子商务平台提供假冒、盗版等侵权商品或者服务的行为，积极引导当事人遵循诚实信用原则，依法正当行使权利，并妥善处理好知识产权权利人、电子商务平台经营者、平台内经营者等各方主体之间的关系。

二、人民法院审理涉电子商务平台知识产权纠纷案件，应当依照《中华人民共和国电子商务法》（以下简称电子商务法）第九条的规定，认定有关当事人是否属于电子商务平台经营者或者平台内经营者。

人民法院认定电子商务平台经营者的行为是否属于开展自营业务，可以考量下列因素：商品销售页面上标注的“自营”信息；商品实物上标注的销售主体信息；发票等交易单据上标注的销售主体信息等。

三、电子商务平台经营者知道或者应当知道平台内经营者侵害知识产权的，应当根据权利的性质、侵权的具体情形和技术条件，以及构成侵权的初步证据、服务类型，及时采取必要措施。采取的必要措施应当遵循合理审慎的原则，包括但不限于删除、屏蔽、断开链接等下架措施。平台内经营者多次、故意侵害知识产权的，电子商务平台经营者有权采取终止交易和服务的措施。

四、依据电子商务法第四十一条、第四十二条、第四十三条的规定，电子商务平台经营者可以根据知识产权权利类型、商品或者服务的特点等，制定平台内通知与声明机制的具体执行措施。但是，有关措施不能对当事人依法维护权利的行为设置不合理的条件或者障碍。

五、知识产权权利人依据电子商务法第四十二条的规定，向电子商务平台经营者发出的通知一般包括：知识产权权利证明及权利人的真实身份信息；能够实现准确定位的被诉侵权商品或者服务信息；构成侵权的初步证据；通知真实性的书面保证等。通知应当采取书面形式。

通知涉及专利权的，电子商务平台经营者可以要求知识产权权利人提交技术特征或者设计特征对比的说明、实用新型或者外观设计专利权评价报告等材料。

六、人民法院认定通知人是否具有电子商务法第四十二条第三款所称的“恶意”，可以考量下列因素：提交伪造、变造的权利证明；提交虚假侵权对比的鉴定意见、专家意见；明知权利状态不稳定仍发出通知；明知通知错误仍不及时撤回或者更正；反复提交错误通知等。

电子商务平台经营者、平台内经营者以错误通知、恶意发出错误通知造成其损害为由，向人民法院提起诉讼的，可以与涉电子商务平台知识产权纠纷案件一并审理。

七、平台内经营者依据电子商务法第四十三条的规定，向电子商务平台经营者提交的不存在侵权行为的声明一般包括：平台内经营者的真实身份信息；能够实现准确定位、要求终止必要措施的商品或者服务信息；权属证明、授权证明等不存在侵权行为的初步证据；声明真实性的书面保证等。声明应当采取书面形式。

声明涉及专利权的，电子商务平台经营者可以要求平台内经营者提交技术特征或者设计特征对比的说明等材料。

八、人民法院认定平台内经营者发出声明是否具有恶意，可以考量下列因素：提供伪造或者无效的权利证明、授权证明；声明包含虚假信息或者具有明显误导性；通知已经附有认定侵权的生效裁判或者行政处理决定，仍发出声明；明知声明内容错误，仍不及时撤回或者更正等。

九、因情况紧急，电子商务平台经营者不立即采取商品下架等措施将会使其合法利益受到难以弥补的损害的，知识产权权利人可以依据《中华人民共和国民事诉讼法》第一百条、第一百零一条的规定，向人民法院申请采取保全措施。

因情况紧急，电子商务平台经营者不立即恢复商品链接、通知人不立即撤回通知或者停止发送通知等行为将会使其合法利益受到难以弥补的损害的，平台内经营者可以依据前款所述法律规定，向人民法院申请采取保全措施。

知识产权权利人、平台内经营者的申请符合法律规定的，人民法院应当依法予以支持。

十、人民法院判断电子商务平台经营者是否采取了合理的措施，可以考量下列因素：构成侵权的初步证据；侵权成立的可能性；侵权行为的影响范围；侵权行为的具体情节，包括是否存在恶意侵权、重复侵权情形；防止损害扩大的有效性；对平台内经营者利益可能的影响；电子商务平台的服务类型和技术条件等。

平台内经营者有证据证明通知所涉专利权已经被国家知识产权局宣告无效，电子商务平台经营者据此暂缓采取必要措施，知识产权权利人请求认定电子商务平台经营者未及时采取必要措施的，人民法院不予支持。

十一、电子商务平台经营者存在下列情形之一的，人民法院可以认定其“应当知道”侵权行为的存在：

（一）未履行制定知识产权保护规则、审核平台内经营者经营资质等法定义务；

（二）未审核平台内店铺类型标注为“旗舰店”“品牌店”等字样的经营者的权利证明；

（三）未采取有效技术手段，过滤和拦截包含“高仿”“假货”等字样的侵权商品链接、被投诉成立后再次上架的侵权商品链接；

（四）其他未履行合理审查和注意义务的情形。

北京市高级人民法院关于涉及网络知识产权案件的审理指南

（2016年4月13日）

一、涉及网络著作权部分

1. 原告主张被告单独或者与他人共同实施了提供涉案作品、表演、录音录像制品行为的，应承担举证证明责任。

原告举证证明通过被告网站能够播放、下载或者以其他方式获得涉案作品、表演、录音录像制品，被告仍主张其未实施提供行为的，由被告承担相应的举证证明责任。

2. 原告可以采取公证等方式举证证明被告网站内容，但应保证其取证步骤及相关网页的完整性。

3. 对网络服务提供者实施具体行为性质的认定，可以通过现场勘验的方式，并结合原告、被告双方的证据，依照法律规定，运用逻辑推理和经验法则，综合进行判断。

4. 原告在起诉时未明确主张被告行为是构成信息网络传播行为，还是构成为他人的信息网络传播行为提供教唆、帮助，且在法庭辩论终结前仍未明确的，应结合原告、被告双方诉辩意见、在案证据等，对被告实施的行为性质进行全面审查。

5. 被告主张其仅提供信息存储空间、搜索、链接等网络技术服务的，应承担举证证明责任。

被告应当就涉案作品、表演、录音录像制品的提供主体或者其与提供主体之间的关系提供相应证据，否则可以认定其并非仅提供网络技术服务。

被告未提供证据或者提供的证据不足以证明其系仅提供信息存储空间、搜索、链接等网络技术服务的，可以认定被告实施了提供作品、表演、录音录像制品的行为。

6. 被告主张提供信息存储空间服务的，可以综合下列因素予以认定：

（1）被告提供的证据可以证明其网站具备为服务对象提供信息存储空间服务的功能；

（2）被告网站中的相关内容明确标示了为服务对象提供信息存储空间服务；

（3）被告能够提供上传者的用户名、注册 IP 地址、注册时间、上传 IP 地址、联系方式以及上传时间、上传信息等证据；

（4）其他能够证明被告提供信息存储空间服务的因素。

7. 被告能够举证证明存在以下情形之一的，可以认定其提供的是链接服务：

（1）涉案作品、表演、录音录像制品的播放是自被告网站跳转至第三方网站进行的；

（2）涉案作品、表演、录音录像制品的播放虽在被告网站进行，但其提供的证据足以证明涉案作品、表演、录音录像制品置于第三方网站的；

（3）可以认定被告提供的是链接服务的其他情形。

8. 未经许可以分工合作方式共同提供作品、表演、录音录像制品的行为，属于直接侵害信息网络传播权的行为。

各被告之间或者被告与他人之间具有共同提供涉案作品、表演、录音录像制品的主观意思联络，且为实现前述主观意思联络客观上实施了相应行为的，可以认定构成前款所规定情形。

9. 各被告之间或者被告与他人之间存在体现合作意愿的协议等证据，或者基于在案证据能够证明各方在内容合作、利益分享等方面紧密相联的，可以认定各方具有共同提供涉案作品、表演、录音录像制品的主观意思联络，但被告能够证明其根据技术或者商业模式的客观需求，仅系提供技术服务的除外。

10. 单独或者以分工合作等方式共同提供作品、表演、录音录像制品的行为，不适用有关网络服务提供者的免责条款。

11. 侵权责任法第三十六条属于侵权责任构成要件条款。

信息网络传播权保护条例第二十条、第二十一条、第二十二条、第二十三条属于网络服务提供者侵权损害赔偿责任免责条款。

不符合前述免责条件的，应根据侵权责任法第三十六条判断网络服务提供者是否应当承担损害赔偿责任。

12. 网页“快照”服务提供者以搜索、链接或者系统缓存为由提出不侵权抗辩的，不予支持。

13. 网页“快照”服务提供行为侵权的认定，与“快照”来源网页内容是否侵权无关。

14. 判断网页“快照”提供行为是否属于不影响相关作品的正常使用，且未不合理损害权利人对该作品合法权益情形的，可以综合考虑以下因素：

（1）提供网页“快照”的主要用途；

（2）原告是否能够通过通知删除等方法，最大限度地缩小损害范围；

（3）原告是否已明确通知被告删除网页“快照”；

（4）被告是否在知道涉嫌侵权的情况下，仍未及时采取任何措施；

（5）被告是否从网页“快照”提供行为中直接获取利益；

（6）其他相关因素。

15. 被告未经许可实施网络实时转播行为，原告依据著作权法第十条第一款第（十七）项主张追究被告侵权责任的，应予支持。

16. 利用手机、平板电脑等移动终端，通过信息网络侵害他人著作权的行为，适用本部分的规定。

二、涉及网络商标权部分

17. 平台服务商是指为交易信息和交易行为提供网络平台服务的主体。

18. 在认定平台服务商是否应承担侵害商标权的法律责任时，要兼顾权利人、平台服务商、网络卖家、社会公众的利益。

19. 平台服务商通常情况下不具有事先审查网络交易信息或者交易行为合法性的义务，但应根据其所属行业提供服务的性质、方式、内容以及通常应具备的信息管理能力和经营能力等，采取必要的、合理的、适当的措施防止侵害商标权行为的发生。

20. 原告有初步证据证明平台服务商提供被控侵权交易信息或者实施交易行为侵害其商标权，但平台服务商能够证明该交易信息或者交易行为系由网络卖家提供或者实施，平台服务商无过错的，不应认定平台服务商承担侵权责任。

平台服务商提供能够确定网络卖家的主体身份、联系方式、网络地址等证据的，可以初步认定被控侵权交易信息或者交易行为系由网络卖家提供或者实施。

平台服务商不提供证据或者无法举证证明，被控侵权交易信息或者交易行为系由网络卖家提供或者实施的，可以认定其直接提供了被控侵权交易信息或者实施了交易行为。

21. 平台服务商在提供网络服务时，教唆或者帮助网络卖家实施侵害商标权行为的，应当与网络卖家承担连带责任。

平台服务商故意以言语、推介技术支持、奖励积分、提供优惠服务等方式诱导、鼓励网络卖家实施侵害商标权行为的，可以认定其构成教唆网络卖家实施侵权行为。

平台服务商知道网络卖家利用网络服务侵害他人商标权，未采取删除、屏蔽、断开链接等必要措施，或者仍提供技术、服务支持等帮助行为的，可以认定其构成帮助网络卖家实施侵权行为。

22. 权利人通知平台服务商采取删除、屏蔽、断开链接等必要措施阻止网络卖家侵害其商标权的，应以书面形式或者平台服务商公示的方式向平台服务商发出通知。

前款通知的内容应当能够使平台服务商确定被控侵权的具体情况且有理由相信存在侵害商标权的可能性较大。通知应包含以下内容：

（1）权利人的姓名、有效联系方式等具体情况；

（2）能够准确定位被控侵权内容的相关信息；

（3）商标权权属证明及所主张的侵权事实；

（4）权利人对通知内容真实性负责的声明。

23. 平台服务商根据权利人发送的通知，知道网络卖家利用其网络服务实施侵害商标权行为的，应当及时采取删除、屏蔽、断开链接等必要措施。

必要措施是否及时、合理、适当，应当根据网络服务的性质、通知的形式和内容、侵害商标权的情节、技术条件等因素综合判断。

24. 平台服务商在采取必要措施后，应当在合理期限内将采取措施的情况明确告知网络卖家。超过合理期限，且平台服务商存在过错，导致网络卖家产生损失的，应当承担赔偿责任。

25. 因权利人错误通知导致平台服务商采取删除、屏蔽、断开链接等必要措施，致使网络卖家发生损失的，网络卖家有权要求权利人承担赔偿责任。

26. 平台服务商“知道”网络卖家利用其网络服务实施侵害商标权行为，包括“明知”和“应知”。

认定平台服务商知道网络卖家利用网络服务侵害他人商标权，可以综合考虑以下因素：

（1）被控侵权交易信息位于网站首页、栏目首页或者其他明显可见位置；

（2）平台服务商主动对被控侵权交易信息进行了编辑、选择、整理、排名、推荐或者修改等；

（3）权利人的通知足以使平台服务商知道被控侵权交易信息或者交易行为通过其网络服务进行传播或者实施；

（4）平台服务商针对相同网络卖家就同一权利的重复侵权行为未采取相应的合理措施；

（5）被控侵权交易信息中存在网络卖家的侵权自认；

（6）以明显不合理的价格出售或者提供知名商品或者服务；

（7）平台服务商从被控侵权交易信息的网络传播或者被控侵权交易行为中直接获得经济利益；

（8）平台服务商知道被控侵权交易信息或者交易行为侵害他人商标权的其他因素。

27. 平台服务商从被控侵权交易信息的网络传播或者被控侵权交易行为中直接获得经济利益，是指平台服务商针对该特定交易信息或者交易行为投放广告，提取相应比例收入，或者获取与该特定交易信息或者交易行为存在其他直接联系的经济利益。

平台服务商因提供网络服务而收取一般性广告费、行业内通常标准的技术服务费、行业内惯有商业模式的服务费、管理费等，不属于前款规定的情形。

28. 认定利用信息网络通过应用软件提供的商品或者服务，与他人注册商标核定使用的商品或者服务是否构成相同或者类似，应结合应用软件具体提供服务的目的、内容、方式、对象等方面综合进行确定，不应当然认定其与计算机软件商品或者互联网服务构成类似商品或者服务。

三、涉及网络不正当竞争部分

29. 涉及网络不正当竞争纠纷，是指经营者直接或者间接通过信息网络实施不正当竞争行为而引起的纠纷。

30. 审理涉及网络不正当竞争纠纷，应依法行使裁量权，兼顾经营者、消费者、社会公众的利益，鼓励商业模式创新，确保市场公平和自由竞争。

经营者的被控行为系仅属于侵害他人著作权、商标权、专利权等法律明文规定的权利情形的，不应再适用反不正当竞争法进行调整。

31. 经营者之间具有下列关系之一，可能损害原告合法权益，造成交易机会和竞争优势变化的，可以认定具有竞争关系：

（1）经营的商品或者服务具有直接或者间接的替代关系；

（2）经营活动存在相互交叉、依存或者其他关联的关系。

32. 被告通过信息网络实施的被控不正当竞争行为，属于反不正当竞争法第二章所规定的具体情形的，则不应再适用该法第二条的规定进行调整。

33. 在涉及网络不正当竞争纠纷中，公认的商业道德是指特定行业的经营者普遍认同的、符合消费者利益和社会公共利益的经营规范和道德准则。

在对公认的商业道德进行认定时，应当以特定行业普遍认同和接受的经济人伦理标准为尺度，且应当符合反不正当竞争法第一条所规定的立法目的。

34. 对公认的商业道德进行认定时，可以综合参考下列内容：

（1）信息网络行业的特定行业惯例；

（2）行业协会或者自律组织根据行业特点、竞争需求所制定的从业规范或者自律公约；

（3）信息网络行业的技术规范；

（4）对公认的商业道德进行认定时可以参考的其他内容。

35. 被告通过信息网络实施下列行为之一，足以损害原告合法权益、扰乱正常的市场经营秩序、违背公平竞争原则、且违反诚实信用原则和公认的商业道德的，可以认定为反不正当竞争法第二条规定的不正当竞争行为：

（1）未经许可且无正当理由，使用能够为原告增加交易机会和竞争优势的网站内容，并足以替代消费者访问内容来源网站的；

（2）未经许可且无正当理由，使用反不正当竞争法第五条所规定之外的原告商业标识，导致消费者误认的；

（3）未经许可且无正当理由，修改原告搜索栏中的下拉提示词，直接影响原告交易机会的；

（4）未经许可且无正当理由，利用原告网站的访问量，在其界面插入广告的；

（5）无正当理由，中断、阻止或者以其他方式破坏原告经营活动的；

（6）其他构成反不正当竞争法第二条规定的情形。

36. 被告通过信息网络实施下列行为之一，足以造成相关公众误解的，可以认定为反不正当竞争法第九条第一款规定的引人误解的虚假宣传行为：

（1）在宣传自身及其相关产品或者服务时，明显违背客观事实的；

（2）在宣传自身及其相关产品或者服务时，使用“国家级”、“最高级”、“最佳”等用语的；

（3）将自身及其产品或者服务与原告及其相关产品或者服务进行对比介绍，使用片面、虚假描述的；

（4）在宣传、介绍自身及其产品或者服务时，所引述的相关内容系由他人提供，但该内容明显缺乏依据的；

（5）其他构成虚假宣传的情形。

37. 被告通过信息网络实施下列行为之一，足以损害原告商业信誉、商品声誉的，可以认定为反不正当竞争法第十四条规定的商业诋毁行为：

（1）披露原告负面信息时，存在虚构、歪曲、夸大等情形，误导相关公众对原告作出负面评价的；

（2）披露原告负面信息时，虽能举证证明该信息属客观、真实，但披露方式显属不当，且足以误导相关公众从而产生错误评价的；

（3）以言语、奖励积分、提供奖品或者优惠服务等方式，鼓励、诱导网络用户对原告作出负面评价的；

（4）其他构成商业诋毁的情形。

38. 认定被告购买、使用竞价排名服务的行为是否构成不正当竞争行为时，可以综合考虑以下因素：

（1）是否未经许可使用了原告或者其利害关系人的能够标示商品或者服务品质、来源的商业标识，作为竞价排名关键词；

（2）使用他人商业标识作为竞价排名关键词是否具有正当理由；

（3）在搜索结果列表中所显示的标题、网页内容介绍中是否包含该关键词；

（4）通过搜索结果进入的被告网页是否包含该关键词；

（5）是否足以导致归属于原告的交易机会或者竞争优势变化，致使原告合法权益受到损害。

39. 搜索引擎服务提供者提供的竞价排名服务，属信息检索服务。

40. 在提供竞价排名服务的过程中，搜索引擎服务提供者未实施选择、整理、推荐、编辑关键词等行为的，其对竞价排名服务中所使用的关键词等不负有全面、主动审查的义务，但明显违背法律、法规规定的除外。

对于利用竞价排名服务实施的不正当竞争行为，原告有权通知搜索引擎服务提供者采取删除、屏蔽、断开链接等必要措施。搜索引擎服务提供者接到通知后未及时采取必要措施的，对损害的扩大部分与实施不正当竞争行为的经营者承担连带责任。

搜索引擎服务提供者知道他人利用竞价排名服务实施不正当竞争行为，未采取必要措施的，应当与其承担连带责任。

41. 根据反不正当竞争法第二条确定被告承担损害赔偿责任的，应按照原告的实际损失确定赔偿数额；实际损失难以确定的，可以按照被告所获得的利润确定。

依据前款规定，原告因不正当竞争行为所受到的实际损失难以确定的，应当要求其对被告所获得的利润进行举证；在原告已经提供被告所获得利润的初步证据，而与不正当竞争行为相关的账簿、资料、后台数据主要由被告掌握的情况下，可以责令被告提供与不正当竞争行为相关的账簿、资料、后台数据；被告无正当理由拒不提供或者提供虚假的账簿、资料、后台数据的，可以根据原告的主张和提供的证据认定被告所获得的利润。

被告所获得的利润可以依据不正当竞争行为持续时间、范围、用户访问量、相关广告或者其他形式的收益等综合予以确定。

42. 被告通过信息网络实施的不正当竞争行为给原告商业信誉、商品声誉造成负面影响的，可以责令被告消除影响。

消除影响的责任承担方式，应当与不正当竞争行为的情节和方式、持续时间、危害后果的影响范围等相适应。

广东省高级人民法院关于网络游戏知识产权民事纠纷案件的审判指引（试行）

（2020年4月12日　粤高法发〔2020〕3号）

为妥善审理涉及网络游戏的知识产权民事纠纷案件，根据法律、法规和司法解释有关规定，结合审判实践，制定本指引。

一、指导原则

第一条　【审判价值导向】审理网络游戏知识产权案件，应加强创新成果保护，规范市场竞争秩序，促进网络游戏产业健康发展，推动社会主义文化繁荣兴盛，维护公序良俗和公共利益。

第二条　【保护创造和运用】审理网络游戏知识产权案件，应保护和促进网络游戏知识产权的创造和运用，依法保护从事网络游戏开发、运营、服务等活动的主体的合法权益。

从事网络游戏衍生产业经营活动的，应尊重他人知识产权和其他在先权益，诚信经营。衍生产业经营者再创造的知识产权，依法予以保护。

游戏用户依法取得的知识产权等合法权益，应予以保护。

第三条　【公平原则】审理网络游戏知识产权案件，应遵循公平原则，合理确定各方当事人的权利和义务，平衡游戏创作者、运营者、服务者、衍生产业经营者之间的利益，同时注意保护游戏用户利益和社会公共利益。

第四条　【参考行业规范和商业惯例】审理网络游戏知识产权案件，应尊重行业特点和发展规律，参考行业自律规范和商业惯例。

第五条　【厘清法律关系、确定权益类型】审理网络游戏知识产权案件，应根据原告的主张和案件事实厘清民事法律关系。

原告在案件中明确其主张保护的权益类型和具体范围的，按照其主张，结合游戏类别、形式、内容、运行方式等进行全面客观的审查，最终依法确定具体权益性质、基础、范围以及保护规则，不得仅因其他当事人无异议即予以确认。

第六条　【保护模式】原告可以主张他人侵害网络游戏整体内容的相关权益，也可以主张他人侵害网络游戏特定部分或游戏元素的相关权益。

对网络游戏进行整体保护足以制止侵权行为的，可不再单独对网络游戏特定部分或游戏元素作出处理。

二、行为保全

第七条　【行为保全与管辖权异议】在当事人申请行为保全的案件中，被申请人提出管辖权异议的，一般不影响行为保全的审查和执行。

第八条　【听证程序】在裁定采取行为保全措施前，依照相关规定组织听证的，着重围绕申请人的请求，对是否符合行为保全的条件、担保数额、可替代的其他保全方式等方面，听取双方当事人意见。

第九条　【全面审查事实基础和法律依据】在审查行为保全申请人的请求是否具有事实基础和法律依据时，除了审查请求保护的知识产权效力是否稳定外，还应审查被申请人在构成侵权方面是否具有较大可能性。

第十条　【紧急性以及相关损害的审查】在审查是否属于《最高人民法院关于审查知识产权纠纷行为保全案件适用法律若干问题的规定》第六条规定的“情况紧急”和第七条第二项规定的“申请人的合法权益受到难以弥补的损害”时，可综合考虑以下因素：

（1）网络游戏的类型；

（2）网络游戏或游戏直播、短视频等内容的上线时间；

（3）网络游戏或游戏直播、短视频等内容的传播速度和传播范围，包括日/周/月活跃用户数量及其发展情况等；

（4）网络游戏或游戏直播、短视频等平台的营利能力、市场份额及其发展情况；

（5）被诉侵权行为是否仍在持续；

（6）其他紧急情况或导致难以弥补损害的因素。

在审查《最高人民法院关于审查知识产权纠纷行为保全案件适用法律若干问题的规定》第七条第三项规定的“采取行为保全措施对被申请人造成的损害”时，除考虑上述因素外，还可综合考虑被诉侵权行为与被申请人的其他经营活动之间的关系等因素。

第十一条　【损害审查的比例原则】审查行为保全申请应遵循比例原则，合理平衡申请人利益和被申请人利益。存在以下情形的，一般不宜裁定采取行为保全措施：

（1）采取行为保全措施对被申请人造成的损害明显超过其在案件中可能承担的民事责任的；

（2）采取行为保全措施对被申请人造成的损害明显超过不采取行为保全措施对申请人造成的损害的；

（3）其他导致利益明显失衡的情形。

第十二条　【担保数额的确定】申请人申请行为保全的，应当依法提供担保。担保数额可以由双方当事人协商确定。协商不成的，由法院根据案件具体情况依法确定。

担保数额应相当于被申请人可能因执行行为保全措施所遭受的损失。在确定担保数额时，应综合考虑以下因素：

（1）申请人诉请的赔偿数额；

（2）本指引第十条第一款第一项至第四项；

（3）其他可能造成损害的因素。

第十三条　【行为保全措施】采取的行为保全措施，应当与请求保护的权利范围相适应。

对于主张网络游戏整体内容侵权的案件，可采取的行为保全措施包括裁定被申请人立即停止提供下载、停止直播、停止运营等；对于主张特定部分或游戏元素构成侵权的案件，可采取的行为保全措施包括裁定被申请人立即删除或实质性修改被诉侵权元素等。

采取的行为保全措施，不应影响被申请人为用户提供退费、查询等相关服务。

第十四条　【行为保全的执行】被申请人应及时、全面履行行为保全裁定所确定的全部义务。行为保全的执行情况可作为相关诉讼案件判断被申请人侵权主观恶意的考虑因素。

第十五条　【可替代的其他保全方式】对于暂不具备行为保全条件或对被申请人不适宜采取行为保全措施的，可依当事人申请对被诉侵权行为的相关收入采取冻结等财产保全措施，而不停止被申请人的经营活动。

三、著作权纠纷

第十六条　【游戏元素构成作品的审查】审理涉及网络游戏的著作权纠纷案件，原告对其游戏组成元素分别主张权利的，应分别审查相关元素是否符合相应作品的构成要件。

原告主张游戏名称、背景介绍、技能说明、人物对话等游戏元素构成文字作品的，应重点审查相关元素的表达是否体现了作者个性化的取舍、选择、安排、设计，以及能否相对完整地表达一定的信息。

原告主张游戏标识、界面、地图、场景、角色形象等游戏元素构成美术作品的，应重点审查其是否具有审美意义。

原告主张游戏背景音乐、插曲、音效、动画等游戏元素构成音乐作品或者以类似摄制电影的方法创作的作品的，应依照相应作品的构成要件予以审查。

第十七条　【游戏画面构成作品的审查】本指引所称游戏画面，是指网络游戏运行时呈现在终端设备的由文字、声音、图像、动画等游戏元素构成的综合视听表达。

运行网络游戏某一时刻所形成的静态画面，符合美术作品构成要件的，应予保护。

运行网络游戏某一时段所形成的连续动态画面，符合以类似摄制电影的方法创作的作品构成要件的，应予保护。

第十八条　【游戏连续动态画面构成作品的审查】判断游戏画面是否符合以类似摄制电影的方法创作的作品构成要件，一般综合考虑以下因素：

（1）是否具有独创性；

（2）是否可借助技术设备复制；

（3）是否由有伴音或无伴音的连续动态画面构成；

（4）因人机互动而呈现在游戏画面中的视听表达是否属于游戏预设范围。

判断游戏连续动态画面是否具备独创性，主要考虑其是否由作者独立完成，以及是否体现了作者个性化的取舍、选择、安排和设计。

第十九条　【游戏直播画面构成作品的审查】直播电子竞技赛事活动所形成的游戏直播画面，符合以类似摄制电影的方法创作的作品构成要件的，应予保护。

游戏主播个人进行的，以自己或他人运行游戏所形成的游戏连续动态画面为基础，伴随主播口头解说及其他文字、声音、图像、动画等元素的直播画面，符合以类似摄制电影的方法创作的作品构成要件的，应予保护。若直播画面伴随的主播口头解说及其他元素仅系对相关游戏过程的简单描述、评论，不宜认定该直播画面独立于游戏连续动态画面构成新的作品。

第二十条　【游戏用户对游戏画面定性的影响】若游戏画面系游戏程序根据游戏用户操作指令、按既定规则调用游戏开发商预先设置的游戏元素自动生成，该用户操作行为不属于创作行为，不影响对游戏画面的定性判断。

若游戏为游戏用户预留创作空间并提供创作工具，游戏用户在游戏预设的视听表达范围以外创作了其他表达元素，相关创作成果符合作品构成要件，该游戏用户作为相关创作成果的作者享有相应著作权。

第二十一条　【著作权权属认定】在无相反证据的情况下，在网络游戏中署名的自然人、法人或其他组织，一般可推定为作者。

网络游戏计算机软件著作权登记证书、研发文档、设计底稿、取得权利的合同、符合行业惯例的权利人声明等可以作为证明著作权权属的初步证据。

发行许可证等行政机关颁发的证照、平台关于软件开发商的标注、游戏软件上传记录等可以作为认定著作权权属的参考，但在无其他证据佐证的情况下，不宜单独作为认定权属的依据。

第二十二条　【侵权比对对象的确定】进行侵权比对时，应由原告明确请求保护作品的内容、被诉侵权作品的内容以及二者之间的对应关系。同时涉及多个游戏版本或者涉及文学作品、影视作品与网络游戏等多个作品的，还应说明上述作品之间的关系。

第二十三条　【游戏连续动态画面实质性相似的判断】对于构成以类似摄制电影的方法创作的作品的游戏连续动态画面，判断被诉侵权作品是否与其构成实质性相似，一般采用综合判断的方法，可着重从以下方面进行审查：

（1）游戏连续动态画面整体视听效果；

（2）游戏故事情节的具体编排；

（3）游戏角色、技能、装备等特定体系架构或特殊的画面细节设计；

（4）相同部分在原告主张权利的作品内容中的比例和重要程度；

（5）产生相同表达效果是否具有合理原因。

第二十四条　【在先作品抗辩】被告能够举证证明被诉侵权作品先于原告完成创作，或来源于其他在先作品的，可认定其不侵权抗辩成立。

审查判断相关游戏内容是否在先完成创作，可综合考虑以下因素：

（1）计算机软件著作权登记证书载明的创作完成时间；

(2) 网络游戏的版本更新记录;

(3) 网络游戏客户端安装文件的电子签名时间;

(4) 来源于公开信息网络或媒体报道的相关网络游戏介绍视频、图文等的发布时间。

第二十五条 【合理使用抗辩】 被告主张其被诉行为构成合理使用的，应审查该行为是否符合著作权法第二十二条相关规定的情形。

对于不属于著作权法明文规定的行为是否属于合理使用的问题，应在促进技术创新和商业发展确有必要的特殊情形下进行个案判断。可参考以下因素，综合判断该行为是否影响该作品的正常使用以及是否不合理地损害著作权人的合法利益:

(1) 使用作品的目的和性质;

(2) 被使用作品的性质;

(3) 被使用部分的数量和质量;

(4) 对作品潜在市场或价值的影响。

四、商标权与不正当竞争纠纷

第二十六条 【类似商品或服务的认定】 审理涉及网络游戏的侵害商标权纠纷案件，判断是否构成类似商品或服务，可重点考察消费人群、服务方式以及产业上下游关系等因素。

被告以游戏类型、风格、运行平台等不同为由，主张被诉游戏与原告注册商标核定使用的商品或服务不属于相同或类似类别的，一般不予支持。

原告注册商标仅核定使用在《类似商品和服务区分表》第 9 类或第 41 类的情形，一般不影响对被诉游戏与涉案注册商标核定使用的商品或服务是否属于相同或类似类别的判断。

第二十七条 【商标不侵权抗辩】 被告能证明以下情况之一的，可认定不构成侵害商标权:

(1) 被诉标识属于通用名称;

(2) 被诉标识系出于描述、说明游戏内容目的而进行的合理、善意使用;

(3) 被诉标识在原告注册商标申请日前已先于原告使用在被诉游戏上并产生一定影响;

(4) 原告不以使用为目的恶意注册涉案商标;

(5) 其他不构成侵害商标权的情形。

第二十八条 【反不正当竞争法一般条款的适用规则】 审理涉及网络游戏的不正当竞争纠纷案件，原告主张被告行为违反反不正当竞争法第二条规定的，应重点审查被诉行为是否违反自愿、平等、公平、诚信原则和商业道德，扰乱网络游戏市场竞争秩序，使原告的合法权益受到损害。

审查是否违反商业道德，应以网络游戏及衍生产业的经营者普遍认同和接受的商业伦理为标准，并符合反不正当竞争法第一条规定的立法目的。确定商业道德可参考以下因素:

(1) 网络游戏及衍生产业的行业惯例;

(2) 行业协会或自律组织制定的从业规范或自律公约;

(3) 网络游戏及衍生产业的技术规范;

(4) 其他有参考价值的行业惯例、从业规范或自律公约。

第二十九条　【游戏元素作为商业标识的审查】原告主张被诉行为属于反不正当竞争法第六条规定的不正当竞争行为的，应依照相关构成要件进行审查。

原告主张其网络游戏的名称属于有一定影响的商品名称的，应重点审查该游戏名称是否具有一定知名度，能否起到识别商品来源的作用。

原告主张游戏图标、界面构成有一定影响的包装、装潢的，除审查相关游戏图标、界面是否具有一定知名度外，还应审查其是否作为包装、装潢使用，以及能否起到识别商品来源的作用。

游戏角色、装备、场景等游戏元素虽不属于有一定影响的商品名称、包装、装潢，但其单独或者组合使用已具备一定知名度并起到识别商品来源作用的，如被告擅自使用与之相同或近似的标识，足以引人误认为是原告网络游戏或者与原告存在特定联系的，可认定属于反不正当竞争法第六条第四项规定的“其他混淆行为”。

原告提交其网络游戏的运营时间、运营规模、下载数量、获奖情况或者广告宣传等证据，证明相关游戏元素为一定范围的相关公众所知晓并实际起到商业标识作用的，可认定为“有一定影响”。

第三十条　【涉及游戏直播或录播的不正当竞争行为】被告未经许可且无正当理由，实施下列网络游戏直播或录播行为之一，损害原告合法权益、扰乱正常的竞争秩序、违背公平竞争原则和诚信原则、违反商业道德的，可认定为反不正当竞争法第二条规定的不正当竞争行为：

（1）基于商业盈利目的，组织或提供网络游戏直播或录播，不当攫取原告的竞争优势，影响原告交易机会和市场份额的；

（2）对原告组织的电子竞技赛事进行直播或录播，或者对原告提供的直播节目进行盗取转播，侵占原告市场份额，造成原告应得经济利益损失的；

（3）中断、中止或以其他不当方式妨碍、破坏原告游戏直播、录播经营活动的。

第三十一条　【游戏主播违约跳槽行为的审查】原告主张被告通过不正当手段引诱游戏主播违约跳槽，不当抢夺相关市场和利益，违反反不正当竞争法第二条规定的，应审查相关行为是否违背了商业道德，是否具备不正当性与可责性。

游戏主播以自身知识和技能优势为其他平台获取市场竞争优势，未违背商业道德，未扰乱市场竞争秩序的，一般不构成不正当竞争行为。主播违反竞业禁止协议或相关独家、排他直播协议的，依照协议约定承担相应违约责任。

五、民 事 责 任

第三十二条　【侵权责任的认定】在审查认定被告的侵权责任时，应结合被告在涉案游戏的开发、运营、推广等环节的具体行为，判断其是否直接实施侵权行为。

被告未直接实施被诉侵权行为的，应审查被告对被诉侵权行为是否具有主观过错，综合认定被告应否承担相应侵权责任。

第三十三条　【网络服务提供者的民事责任】被告仅提供被诉侵权信息的存储、搜索或者链接等网络技术服务，未从服务对象侵权行为中直接获得经济利益，且接到权利人通知后及时采取删除、屏蔽、断开链接等必要措施的，一般不承担侵权损害赔偿责任；网络服务提供者接到权利人通知后未及时采取必要措施的，应就损害的扩大部分承担连带赔偿责任。

侵权责任法第三十六条第二款规定的网络服务提供者接到通知后应采取的措施包括但不限于删除、屏蔽、断开链接。审查认定被告是否采取了必要措施时，应遵循审慎、合理的原则，结合权利的性质、侵权的具体情形、被告提供的网络技术服务的特点综合判断。

第三十四条　【网络服务提供者"明知"或"应知"审查】对于网络服务提供者明知或应知被诉侵权信息侵犯他人权利的，可根据案件情况认定其应否承担相应侵权责任。

对于前款规定的"明知或应知"情形，可结合当前技术条件，综合考虑以下因素审查判断：

（1）侵权事实是否明显；

（2）被告是否对被诉侵权信息进行选择、编辑、修改和推荐；

（3）被告是否从服务对象侵权行为中直接获得经济利益；

（4）被告管理信息的能力以及是否采取了预防侵权的合理措施；

（5）原告是否发出了准确表述侵权行为或足以定位侵权信息的合格通知；

（6）其他相关因素。

第三十五条　【停止侵权的具体方式】认定被告应承担的民事责任时，应遵循民事责任与损害后果相适应原则。

被告构成知识产权侵权或不正当竞争，原告请求停止运营被诉侵权游戏，被告抗辩可采取整改等其他停止侵权方式的，可综合考虑以下因素确定停止侵权的具体方式：

（1）被诉游戏与原告游戏在题材、内容、目标人群等方面的可替代程度；

（2）被诉游戏的整改难度和效果；

（3）其他相关因素。

第三十六条　【先行判决】对案情较为复杂、案件标的额较高、审理周期可能较长的网络游戏知识产权案件，可对侵权事实是否成立先行作出判决。

第三十七条　【证据披露与举证妨碍】原告有证据证明网络游戏开发商、运营商、平台商等被告或支付平台、第三方服务平台等案外人持有确定赔偿数额的关键性证据的，可以请求法院责令证据持有人提交该证据。

证据披露申请人应明确前款规定的主体掌握的相关证据的形式和范围。法院经审查认为该申请符合相关性、必要性的，可责令前款规定的主体在合理期限内提交相应证据。相关主体不得以涉及商业秘密为由拒绝提交。

被告掌握与案件损害赔偿相关的证据，经法院责令提交而无正当理由拒不提交相应证据，构成举证妨碍的，可根据原告的主张和提交的证据确定赔偿数额。

第三十八条　【确定损害赔偿数额的参考因素】原告请求保护的权利客体的知名度及影响力、原告游戏的下载数量、充值流水、玩家人数、市场份额的减少情况、利润的损失情况、侵权行为持续时间、同类型游戏的平均利润率、游戏软件的开发成本等，可作为确定原告因被侵权所受到的实际损失的参考因素。

被诉游戏的下载数量、充值流水、玩家人数、实际退费情况、侵权行为持续时间、同类型游戏的平均利润率、被诉侵权元素对被诉游戏获取利润的贡献程度等，可作为确定被告因侵权所获得的利益的参考因素。

游戏开发、运营、直播等领域的相关权利转让费用或者授权许可使用费用等，可以作为确定赔偿数额的参考因素。

第三十九条　【直播侵权案件赔偿的参考因素】未经许可直播游戏构成侵权的，直播规模及获利、直播持续时间、被直播游戏的类型及知名度，以及相同类型、相近知名度的其他在先游戏直播授权许可费用等，可作为确定赔偿数额的参考因素。

确定游戏直播侵权案件的赔偿数额时，应根据游戏类型、直播行为特点综合考虑原告涉案权益以外的因素在被告获利中的贡献，不宜直接按照全部直播获利确定赔偿数额。

第四十条　【惩罚性赔偿】在确定涉及网络游戏的侵权损害赔偿数额时，以补偿权利人损失为原则，但对于恶意侵犯他人知识产权且情节严重的，可以考虑根据实际损失、侵权获利、权利交易费用计算所得数额的合理倍数等方式确定赔偿数额。

五、民事责任

国家知识产权局关于"故意侵犯知识产权"认定标准有关事宜的批复

（2021 年 10 月 11 日　国知发保函字〔2021〕161 号）

黑龙江省知识产权局：

《黑龙江省知识产权局关于"故意侵犯知识产权"标准认定有关事宜的请示》（黑知呈〔2021〕13 号）收悉。经研究，现批复如下：

一、关于"故意侵犯知识产权"行为的认定标准

知识产权是受法律保护的合法权利，侵犯知识产权需要承担相应的责任。近年来，我国已在知识产权领域全面建立并实施侵权惩罚性赔偿制度，加大对故意侵权行为的损害赔偿力度。《民法典》第一千一百八十五条规定，"故意侵害他人知识产权，情节严重的，被侵权人有权请求相应的惩罚性赔偿"，明确了知识产权侵权惩罚性赔偿的总原则。《专利法》《商标法》等主要知识产权单行法也都有侵权惩罚性赔偿相关规定。《最高人民法院关于审理侵害知识产权民事案件适用惩罚性赔偿的解释》（法释〔2021〕4 号）统一和细化了侵害知识产权案件适用惩罚性赔偿的规定。

在知识产权惩罚性赔偿规定中，"故意"是知识产权惩罚性赔偿条款适用的主观要件，惩罚性赔偿作为对侵权人的加重处罚，对侵权行为的主观过错程度要求更高。"情节严重"是惩罚性赔偿条款的另一构成要件，主要是针对行为人实施侵权行为的手段方式及其造成的后果等客观方面作出的评价，一般不直接涉及对行为人主观状态的判断。因此，在细化"故意侵犯知识产权"认定标准时，应注意依法加强知识产权保护，把"故意"和"情节严重"进行科学区分，避免对两个构成要件进行不适当的交叉或者重复评价。

基于上述考虑，来函标准中的第六项和第七项建议列入客观情节的判断为宜。

二、关于"故意侵犯知识产权"行为是否列入严重违法失信名单的判断

《市场监督管理严重违法失信名单管理办法》（总局令第 44 号）（以下简称《办法》）第九条明确，实施故意侵犯知识产权等破坏公平竞争秩序和扰乱市场秩序的违法行为且属于本办法第二条规定情形的，列入严重违法失信名单。《办法》第二条指出，当事人违反法律、行政法规，性质恶劣、情节严重、社会危害较大，受到较重行政处罚的，列入严重违法失信名单。所称较重行政处罚包括：（一）依照行政处罚裁量基准，按照从重处罚原则处以罚款；（二）降低资质等级，吊销许可证件、营业执照；（三）限制开展生产经营活动、责令停产停业、责令关闭、限制从业；（四）法律、行政法规和部门规章规定的其他较重行政处罚。同时，《办法》第十二条指出，判断违法行为是否属于性质恶劣、情节严重、社会危害较大的情形，应当综合考虑主观恶意、违法频次、持续时间、处罚类型、罚没款数额、产品货值金额、对人民群众生命健康的危害、财产损失和社会影响等因素。

基于上述规定和要求，在根据《办法》第九条判断是否将“故意侵犯知识产权”行为列入严重违法失信名单，应同时根据《办法》第二条判断该行为是否受到较重行政处罚，根据《办法》第十二条判断该行为是否属于性质恶劣、情节严重、社会危害较大的情形。

特此批复。

最高人民法院关于审理侵害知识产权民事案件适用惩罚性赔偿的解释

（2021年2月7日最高人民法院审判委员会第1831次会议通过　2021年3月2日最高人民法院公告公布　自2021年3月3日起施行　法释〔2021〕4号）

为正确实施知识产权惩罚性赔偿制度，依法惩处严重侵害知识产权行为，全面加强知识产权保护，根据《中华人民共和国民法典》《中华人民共和国著作权法》《中华人民共和国商标法》《中华人民共和国专利法》《中华人民共和国反不正当竞争法》《中华人民共和国种子法》《中华人民共和国民事诉讼法》等有关法律规定，结合审判实践，制定本解释。

第一条　原告主张被告故意侵害其依法享有的知识产权且情节严重，请求判令被告承担惩罚性赔偿责任的，人民法院应当依法审查处理。

本解释所称故意，包括商标法第六十三条第一款和反不正当竞争法第十七条第三款规定的恶意。

第二条　原告请求惩罚性赔偿的，应当在起诉时明确赔偿数额、计算方式以及所依据的事实和理由。

原告在一审法庭辩论终结前增加惩罚性赔偿请求的，人民法院应当准许；在二审中增加惩罚性赔偿请求的，人民法院可以根据当事人自愿的原则进行调解，调解不成的，告知当事人另行起诉。

第三条　对于侵害知识产权的故意的认定，人民法院应当综合考虑被侵害知识产权客体类型、权利状态和相关产品知名度、被告与原告或者利害关系人之间的关系等因素。

对于下列情形，人民法院可以初步认定被告具有侵害知识产权的故意：

（一）被告经原告或者利害关系人通知、警告后，仍继续实施侵权行为的；

（二）被告或其法定代表人、管理人是原告或者利害关系人的法定代表人、管理人、实际控制人的；

（三）被告与原告或者利害关系人之间存在劳动、劳务、合作、许可、经销、代理、代表等关系，且接触过被侵害的知识产权的；

（四）被告与原告或者利害关系人之间有业务往来或者为达成合同等进行过磋商，且接触过被侵害的知识产权的；

（五）被告实施盗版、假冒注册商标行为的；

（六）其他可以认定为故意的情形。

第四条　对于侵害知识产权情节严重的认定，人民法院应当综合考虑侵权手段、次数，侵权行为的持续时间、地域范围、规模、后果，侵权人在诉讼中的行为等因素。

被告有下列情形的，人民法院可以认定为情节严重：

（一）因侵权被行政处罚或者法院裁判承担责任后，再次实施相同或者类似侵权行为；

（二）以侵害知识产权为业；

（三）伪造、毁坏或者隐匿侵权证据；

（四）拒不履行保全裁定；

（五）侵权获利或者权利人受损巨大；

（六）侵权行为可能危害国家安全、公共利益或者人身健康；

（七）其他可以认定为情节严重的情形。

第五条　人民法院确定惩罚性赔偿数额时，应当分别依照相关法律，以原告实际损失数额、被告违法所得数额或者因侵权所获得的利益作为计算基数。该基数不包括原告为制止侵权所支付的合理开支；法律另有规定的，依照其规定。

前款所称实际损失数额、违法所得数额、因侵权所获得的利益均难以计算的，人民法院依法参照该权利许可使用费的倍数合理确定，并以此作为惩罚性赔偿数额的计算基数。

人民法院依法责令被告提供其掌握的与侵权行为相关的账簿、资料，被告无正当理由拒不提供或者提供虚假账簿、资料的，人民法院可以参考原告的主张和证据确定惩罚性赔偿数额的计算基数。构成民事诉讼法第一百一十一条规定情形的，依法追究法律责任。

第六条　人民法院依法确定惩罚性赔偿的倍数时，应当综合考虑被告主观过错程度、侵权行为的情节严重程度等因素。

因同一侵权行为已经被处以行政罚款或者刑事罚金且执行完毕，被告主张减免惩罚性赔偿责任的，人民法院不予支持，但在确定前款所称倍数时可以综合考虑。

第七条　本解释自2021年3月3日起施行。最高人民法院以前发布的相关司法解释与本解释不一致的，以本解释为准。

参考资料

《关于审理侵害知识产权民事案件适用惩罚性赔偿的解释》的理解和适用（节录）[①]

（2021年3月）

……

① 参见林广海、李剑、秦元明：《〈关于审理侵害知识产权民事案件适用惩罚性赔偿的解释〉的理解和适用》，载《人民司法》2021年第10期。

四、关于故意、恶意的认定

从惩罚性赔偿制度的历史来看，由于惩罚性赔偿具有加重责任的性质，侵权故意是惩罚的正当性基础。为实现惩罚性赔偿的惩罚和预防的社会控制功能，同时为了防止被滥用，行为人的主观过错程度是决定惩罚性赔偿的重要考量。

民法典规定惩罚性赔偿的主观要件为故意，商标法第六十三条第一款、反不正当竞争法第十七条第三款规定为恶意。经征求各方意见和反复研究，我们认为，对故意和恶意的含义应当作一致性理解。首先，民法典是上位法，商标法和反不正当竞争法虽然修改在前，但对其所规定的恶意的解释也应当与民法典保持一致。而且，在民法典颁布后修改的专利法和著作权法均规定惩罚性赔偿的主观要件为故意。其次，在知识产权司法实践中，故意与恶意常常难以精准地区分，作一致性解释有利于增强实践操作性，也有利于避免造成这样的误解：恶意适用于商标、不正当竞争领域，而故意适用于其他知识产权领域。

行为人的故意是一种内在的主观状态，在民事诉讼中查明难度较大，往往只能通过客观证据加以认定。通常情况下，侵权人与权利人的关系越密切，侵权人知道诉争知识产权的可能性就越大。例如，商标法第十五条、《关于审理商标授权确权行政案件若干问题的规定》第15条和第16条就如何认定具有明知他人商标的特定关系作了规定。

五、关于情节严重的认定

情节严重主要针对侵权手段、方式及其造成的后果等，一般不涉及侵权人的主观状态。《解释》第4条列举的情形，主要源自司法实践中的典型案例。

为了正确实施惩罚性赔偿制度，最高人民法院于2021年3月15日发布了6件侵害知识产权民事案件适用惩罚性赔偿典型案例，均涉及情节严重认定问题。如五粮液公司与徐中华等侵害商标权纠纷案，五粮液公司经商标注册人许可，独占使用“”注册商标。徐中华实际控制的店铺曾因销售假冒五粮液白酒及擅自使用“五粮液”字样的店招被行政处罚。徐中华等人因销售假冒的五粮液等白酒，构成销售假冒注册商标的商品罪，被判处有期徒刑等刑罚。在徐中华等人曾因销售假冒五粮液商品被行政处罚和刑事处罚的情形下，一审、二审法院考量被诉侵权行为模式、持续时间等因素，认定其基本以侵权为业，判令承担两倍的惩罚性赔偿责任。该案的典型意义就在于准确界定了以侵害知识产权为业等情节严重情形，具有示范意义。

六、关于基数的确定

关于惩罚性赔偿基数的计算方式，专利法第七十一条第一款、著作权法第五十四条第一款、商标法第六十三条第一款、反不正当竞争法第十七条第三款、种子法第七十三条第三款均有明确规定。司法实践中，因损害赔偿数额难以精确计算，导致惩罚性赔偿适用时常面临困境。为发挥惩罚性赔偿制度遏制侵权的重要作用，立足知识产权审判实际，《解释》第5条第3款将参考原告主张和提供的证据所确定的赔偿数额作为基数的一种。此外，制止侵权的合理开支在实际维权过程中才能发生，与侵权赔偿的指向不同，而且著作权法、商标法、专利法、反不正当竞争法均把合理开支排除在计算基数之外，因此第5条第1款规定，基数不包括原告为制止侵权所支付的合理开支。同时，考虑到种子法规定合理开支包含在计算基数之内，该款增加但书：“法律另有规定的，依照其规定。”

关于基数计算方式，著作权法规定赔偿数额计算基数为实际损失或者侵权人违法所得，专利法、商标法、反不正当竞争法、种子法规定的计算基数为实际损失或者因侵权所获得的利益。商标法、反不正当竞争法和种子法规定的计算基数是先按照实际损失确定，难以确定的按照因侵权所获得利益确定，即规定了先后次序，而著作权法和专利法未规定计算基数的先后次序。为解决与各部门法衔接的问题，《解释》第5条第1款规定，应当分别依照相关法律。

需要指出的是，填平性赔偿数额即基数和惩罚性赔偿数额应当分别单独计算。也就是说，如果惩罚性赔偿的倍数确定为1倍，那么被诉侵权人承担的赔偿总额应当为填平性赔偿数额加上惩罚性赔偿数额之和，即为基数的两倍。

七、关于倍数的确定

倍数是决定惩罚性赔偿数额的另一关键因素，人民法院综合案件整体情况在法律规定的倍数幅度范围内依法确定。在确定倍数时，不仅要考虑到侵权人过错程度、情节严重程度、赔偿数额的证据支持情况等，还需要考虑知识产权惩罚性赔偿与行政处罚和刑事罚金的关系。此外，倍数可以不是整数。

关于知识产权惩罚性赔偿与行政罚款、刑事罚金的关系问题，三者在价值取向上不完全一致，民法典第一百八十七条也已有明确规定，因此，为加大侵权制裁力度，《解释》第6条规定，不能因已经被处以行政罚款或者刑事罚金而减免民事诉讼中的惩罚性赔偿责任。但是，为避免当事人利益严重失衡，《解释》第6条第2款同时规定，人民法院在确定倍数时可以综合考虑已执行完毕的行政罚款或者刑事罚金情况。

八、关于生效时间

《解释》自2021年3月3日起施行，但著作权法、专利法2021年6月1日才生效，那么2021年1月1日至6月1日受理的侵害著作权、专利权案件，如果当事人请求惩罚性赔偿，能否依据2021年1月1日生效的民法典确定惩罚性赔偿？鉴于民法典作为专利法、著作权法等部门法的上位法已明确规定了惩罚性赔偿制度，依据民法典确定惩罚性赔偿，并无法律上的障碍。至于倍数的幅度范围，可以参照适用著作权法、专利法的具体规定。

九、关于防止惩罚性赔偿滥用

提高侵权赔偿数额是加大侵权惩处力度的手段之一，但是不能简单地认为赔偿数额越高则知识产权保护力度越大、效果越好，惩罚性赔偿数额必须根据在案证据依法合理确定。为确保正确实施知识产权惩罚性赔偿制度，避免实践中滥用，一是准确把握惩罚性赔偿的构成要件。《解释》对适用惩罚性赔偿的范围、请求内容和时间、主观要件、客观要件、基数计算、倍数确定等作了明确规定，涵盖了惩罚性赔偿适用的全部要件，提供了明确的操作指引，也给当事人以稳定的预期，确保惩罚性赔偿制度在司法实践中用好、用到位，从裁判规则上为防止惩罚性赔偿被滥用提供了保障。二是通过典型案例加强指导。最高人民法院于2020年3月15日专题发布了6个知识产权惩罚性赔偿典型案例，以便进一步准确把握《解释》条文的含义。今后，最高人民法院将不断总结审判经验，进一步推动完善惩罚性赔偿制度，切实阻遏严重侵害知识产权的行为。

最高人民法院关于知识产权侵权诉讼中被告以原告滥用权利为由请求赔偿合理开支问题的批复

（2021年5月31日最高人民法院审判委员会第1840次会议通过　2021年6月3日最高人民法院公告公布　自2021年6月3日起施行　法释〔2021〕11号）

上海市高级人民法院：

你院《关于知识产权侵权诉讼中被告以原告滥用权利为由请求赔偿合理开支问题的请示》（沪高法〔2021〕215号）收悉。经研究，批复如下：

在知识产权侵权诉讼中，被告提交证据证明原告的起诉构成法律规定的滥用权利损害其合法权益，依法请求原告赔偿其因该诉讼所支付的合理的律师费、交通费、食宿费等开支的，人民法院依法予以支持。被告也可以另行起诉请求原告赔偿上述合理开支。

参考资料

《关于知识产权侵权诉讼中被告以原告滥用权利为由请求赔偿合理开支问题的批复》的理解与适用（节录）[①]

（2022年5月）

……

二、总体起草思路

《批复》的起草始终坚持问题导向和目标导向，聚焦规制知识产权滥诉问题，主要有以下考虑：

一是坚持依法解释。2021年修正的民事诉讼法第十三条规定，民事诉讼应当遵循诚信原则。民法典第一百三十二条规定，民事主体不得滥用民事权利损害国家利益、社会公共利益或者他人合法权益。第一千一百六十五条规定，行为人因过错侵害他人民事权益造成损害的，应当承担侵权责任。2020年修正的专利法第二十条规定，申请专利和行使专利应当遵循诚实信用原则，不得滥用专利权损害公共利益或者他人合法权益。第四十七条规定，但是因专利权人的恶意给他人造成的损失，应当给予赔偿。2019年修正的商标法第七条规定，申请注册和使用商标，应当遵循诚

① 参见林广海、李剑、张玲玲：《〈关于知识产权侵权诉讼中被告以原告滥用权利为由请求赔偿合理开支问题的批复〉的理解与适用》，载《人民司法》2022年第16期。

实信用原则。第四十七条规定，但是因商标注册人的恶意给他人造成的损失，应当给予赔偿。第六十八条规定，对恶意提起商标诉讼的，由人民法院依法给予处罚。2020年修正的著作权法第四条规定，著作权人和与著作权有关的权利人行使权利，不得违反宪法和法律，不得损害公共利益。上述规定为本《批复》提供了法律依据。

二是坚持问题导向。个别原告滥用知识产权提起诉讼的行为不仅损害了被告的合法利益，也严重浪费了司法资源，损害了司法权威。目前，我国专利法、商标法、著作权法及其司法解释均仅规定，赔偿数额应当包括权利人为制止侵权行为所支付的合理开支。也就是说，现行法律和司法实践中只有败诉的被告承担胜诉的原告律师费等合理开支的单向赔付，胜诉的被告若要主张败诉的原告赔偿其因诉讼所支付的律师费等合理开支，只能另行起诉。这样，不仅增加了当事人的诉累，还消耗了大量的司法资源。因此，为更好地规制滥用知识产权诉讼行为，《批复》在明确被告可以另行起诉的基础上，在制度上并不阻断被告可以在同一个诉讼程序中一并依法请求滥用诉权的原告赔偿其因诉讼所支付的合理开支。

三是对标国际条约。RCEP协定规定败诉方向胜诉方支付合理的律师费等费用，未将败诉方、胜诉方与原、被告对应。如前所述，我国目前在知识产权侵权诉讼中只规定败诉的被告向胜诉的原告承担律师费等合理开支的单向赔付，RCEP协定的该项规定如何落地需要进行制度的对接和完善。本《批复》规定了在知识产权侵权案件中滥用知识产权败诉的原告承担胜诉的被告合理开支的程序性问题，与RCEP协定关于败诉方无论是被告还是原告在适当情况下承担胜诉方律师费等合理开支的规定相契合。

三、《批复》的适用条件

对于《批复》中规定的“被告提交证据证明原告的起诉构成法律规定的滥用权利损害其合法权益，依法请求原告赔偿其因该诉讼所支付的合理的律师费、交通费、食宿费等开支的……”，可以从以下3个方面进行把握：

一是被告承担举证责任。民事诉讼法第十七条规定，当事人对自己提出的主张，有责任提供证据。因此，《批复》规定，被告主张原告的起诉构成法律规定的滥用权利并损害其合法权益的，应提交证据证明。被告不仅需要提交证据证明原告的起诉属于滥用权利，还需要证明原告不正当提起诉讼损害了其合法权益。如果被告没有提交证据或者提交的证据不足以证明原告的起诉构成滥用权利，或者其合法权益因原告起诉而受到损害，则即便最终原告没有胜诉，也不需要赔偿被告因诉讼所支出的合理开支。这样，有利于保障原告正常行使诉权，引导被告依法承担举证责任。

二是原告的起诉构成法律规定的滥用权利。民事诉讼法第十三条规定，民事诉讼应当遵循诚信原则。民法典第一百三十二条规定，民事主体不得滥用民事权利损害国家利益、社会公共利益或者他人合法权益。同时，专利法、商标法和著作权法等知识产权部门法也规定权利人行使权利应遵循诚信原则，不得滥用权利，恶意损害他人利益。《批复》在起草过程中曾使用“恶意起诉”的表述，在征求意见过程中，有意见认为，虽然“恶意起诉”的表述与《民事案件案由规定》规定的“因恶意提起知识产权诉讼损害责任纠纷”表述一致，但与民法典等法律表述不同。因此，根据现有法律规定，为遏制知识产权滥诉行为，本《批复》采用“滥用权利”的表述。

需要注意的是，本《批复》属于程序性规定，未规定判断原告的起诉是否构成法律规定的滥用权利的构成要件。实践中，根据最高人民法院《关于适用〈中华人民共和国民法典〉总则编若干问题的解释》第3条的规定，应该按照滥用权利的实体审查标准进行判断。

三是原告赔偿被告因诉讼所支付的合理开支。在原告的起诉构成法律规定的滥用权利损害被告合法权益的情况下，胜诉的被告在同一个诉讼程序中可以依法请求败诉的原告赔偿其因该诉讼所支付的合理的律师费、交通费、食宿费等开支。合理开支包括但不限于律师费、交通费、食宿费。关于合理开支的判断，可参照目前关于被告赔偿原告合理开支的相关规定。例如，最高人民法院《关于审理商标民事纠纷案件适用法律若干问题的解释》第17条、《关于审理著作权民事纠纷案件适用法律若干问题的解释》第26条、《关于审理专利纠纷案件适用法律问题的若干规定》第16条等。

需要指出的是，本《批复》规定的是，在同一程序中解决被告因原告滥用知识产权提起诉讼所支出的合理开支，不包括当事人因滥诉所受的其他经济损失，比如因原告滥诉给被告所造成的无法如期上市、与第三方的合同履行被延迟等经济损失。其他经济损失应当通过其他途径寻求解决，不纳入本《批复》解决的事项。

四、《批复》的适用方式

对于《批复》中"依法请求""依法予以支持""被告也可以另行起诉请求"的表述，可以从以下3个方面进行把握：

一是通过反诉方式依法提出请求。民事诉讼法第五十四条规定："原告可以放弃或者变更诉讼请求。被告可以承认或者反驳诉讼请求，有权提起反诉。"2022年修正的最高人民法院《关于适用〈中华人民共和国民事诉讼法〉的解释》第233条规定："反诉的当事人应当限于本诉的当事人的范围。反诉与本诉的诉讼请求基于相同法律关系、诉讼请求之间具有因果关系，或者反诉与本诉的诉讼请求基于相同事实的，人民法院应当合并审理。"胜诉的被告主张滥用权利的原告承担其因诉讼所支出的合理开支的诉讼请求与原告起诉被告侵权之间具有因果关系，人民法院应当合并审理。例如，在湖北省武汉市中级人民法院（2018）鄂01民初4684号侵害商标权及不正当竞争纠纷案中，被告在一审时明确提出反诉请求，主张原告起诉属于滥用知识产权，应赔偿其因诉讼所支出的合理开支。一审法院经审理认定原告的起诉属于滥用知识产权，遂判决原告承担被告因诉讼支出的合理开支31771元。

二是通过另行起诉方式提出请求。《批复》规定的"被告也可以另行起诉请求原告赔偿上述合理开支"，是指被告可以另案提起因恶意提起知识产权诉讼损害责任纠纷诉讼，主张本案败诉的原告承担其在本案中支出的律师费等合理开支。例如，在山东比特智能科技股份有限公司与江苏中讯数码电子有限公司恶意提起知识产权诉讼损害责任纠纷案中，一审原告江苏中讯数码电子有限公司以山东比特智能科技股份有限公司对其提出的知识产权诉讼缺乏事实与法律依据为由，主张山东比特智能科技股份有限公司赔偿其经济损失612万元和合理支出10万元。江苏省无锡市中级人民法院在（2016）苏02民初71号一审判决中认定，山东比特智能科技股份有限公司向江苏中讯数码电子有限公司另案提起商标侵权行为系恶意诉讼行为，判决其赔偿江苏中讯数码电子有限公司经济损失及合理开支共计100万元。江苏省高级人民法院作出（2017）苏民终1874号二审判决，驳回上诉，维持原判。山东比特智能科技股份有限公司向最高人民法院申请再审，最高人民法院作出（2019）最高法民申366号民事裁定认为，山东比特智能科技股份有限公司另案提起的商标侵权之诉属于恶意诉讼，驳回山东比特智能科技股份有限公司的再审申请。

三是为其他方式预留适用空间。《批复》使用了“依法请求”的表述，为反诉、另诉之外其他方式的适用预留了探索空间。

在征求意见过程中，有意见认为，原告滥用诉权导致被告因诉讼所支付的合理开支不同于原告直接实施的侵害被告合法权益所造成的损失，也并非二者之间基于平等民事主体之间的直接民事活动所致。这种合理开支的本质是原告不正当通过司法机关挑起诉讼活动而产生的费用，与原告的不正当诉讼行为具有直接因果关系，可以比照因诉讼而产生的鉴定费、公证费等情形进行把握。1989 年最高人民法院发布的《人民法院诉讼收费办法》第 25 条曾规定：“由于当事人不正当的诉讼行为所支出的费用，由该当事人负担。”上述费用，可以理解为涵盖了被告因原告滥用权利不正当提起诉讼而支出的费用。前述规定虽然未规定在 2007 年 4 月 1 日施行的《诉讼费用交纳办法》中，但也代表了司法实践中对该问题的认识，并有着近 20 年的司法实践。从国际条约看，RCEP 协定第 61 条规定“其司法机关在适当的情况下有权责令败诉方向胜诉方支付诉讼成本或费用和合理的律师费，或该缔约方法律规定的任何其他费用。”《与贸易有关的知识产权协定》第 48 条对被告的赔偿部分也规定，司法机关还应当有权责令申请人给付被告费用，可以包括适当的律师费。从域外立法看，德国民事诉讼法第 91 条、法国民事诉讼法典第 695 条和第 700 条均有法院责令败诉当事人承担胜诉当事人因诉讼所支出的包括律师费在内的合理开支的相关规定。英国民事诉讼规则也规定，败诉方应赔偿的费用不仅包括诉讼费用，还包括胜诉方的律师费等其他费用。胜诉方需于判决作出后向法院提交费用清单，列明费用的范围及原因，由法院评定具体数额。法院有权责令有过错的当事人承担其他任何当事人因其过错行为而产生的诉讼费用。

在本《批复》起草过程中，我们对上述意见及情况进行了反复研究，认为在民事诉讼程序中法院根据在案证据确定滥用权利的原告承担胜诉的被告因诉讼所支出的合理开支是必要的和可行的，《批复》在这个问题上预留接口是有现实意义的。这不仅为解决滥用诉权导致的合理开支负担提供更多的路径选择，减少不必要的诉累，也能够在案件审理的各个程序包括一审、二审以及再审程序及时有效遏制原告滥用权利，充分彰显公平正义。

需要注意的是，无论采用何种方式，人民法院均应依法保障双方当事人对合理开支的举证质证以及发表意见的权利，同时，应结合在案证据合理确定滥用权利原告承担被告合理开支的具体数额。

北京市高级人民法院关于侵害知识产权及不正当竞争案件确定损害赔偿的指导意见及法定赔偿的裁判标准

（2020 年 4 月 21 日）

为妥善审理侵害知识产权及不正当竞争案件，提高知识产权保护水平，统一裁判标准，建立与知识产权市场价值相协调的损害赔偿机制，根据《中华人民共和国著作权法》《中华人民共和国商标法》《中华人民共和国专利法》《中华人民共和国反不正当竞争法》等有关法律及最高人民法院有关司法解释的规定，结合我市审判工作实践，对侵害知识产权及不正当竞争案件中损害赔偿的确定，以及侵害著作权、商标权及不正当竞争案件中适用法定赔偿的考量因素及裁判标准，制定如下意见。

第一章 基本规定

1.1 **【损害赔偿的确定原则】**

确定损害赔偿坚持知识产权市场价值导向，遵循填平原则，体现补偿为主、惩罚为辅的损害赔偿司法认定机制。

被告因过错侵害他人知识产权或实施不正当竞争行为，且造成损害的，应当承担损害赔偿责任。

1.2 **【赔偿计算方法及顺序】**

当事人应当按照权利人的实际损失、侵权人的获利、许可使用费、法定赔偿的顺序，提出具体的赔偿计算方法。

当事人选择后序赔偿计算方法的，可以推定前序赔偿计算方法难以确定赔偿数额，但有相反证据的除外。

当事人还可以依据协商一致的其他合理方式提出具体的赔偿计算方法。

1.3 **【赔偿计算方法的举证】**

原告除明确具体赔偿数额、赔偿计算方法外，还应当按照提出的赔偿计算方法进行举证。被告对原告主张的赔偿数额和赔偿计算方法不予认可的，也可以提出具体的赔偿计算方法并进行相应举证。

当事人可以证明赔偿的具体数额，也可以证明赔偿数额的合理区间；既可以精确计算，也可以概括估算。

1.4 **【赔偿计算方法的种类】**

同一案件中，当事人针对同一被诉行为可以同时提出多种赔偿计算方法，针对不同被诉行为也可以分别提出赔偿计算方法。

1.5 **【未明确赔偿计算方法的后果】**

原告仅提出赔偿数额，经释明后仍未提出具体赔偿计算方法且未提供相应证据的，对于其举证责任转移的主张，一般不予支持。

上述原告不服一审判决赔偿数额提起上诉的，在无充分理由和证据时，二审法院对一审判决确定的赔偿数额一般不予调整。

1.6 **【赔偿数额的阐述】**

当事人已提出具体赔偿计算方法和相应的证据，判决书中应当评述计算方法的合理性和证据的可信度，细化阐述判决采用的赔偿计算方法，并在此基础上确定赔偿数额。

1.7 **【实际损失和侵权获利的确定】**

确定权利人的实际损失和侵权人的获利，应当运用证据规则，采取优势证据标准，考虑知识产权的市场价值、贡献率等合理因素。

确定侵权人的获利，一般以营业利润为准；被告完全以侵权为业的，可以销售利润为准。

原告确有必要自行修复商誉的，为修复商誉已实际支出的合理广告费可以作为确定实际损失的考量因素。

1.8　【裁量性赔偿的适用】

裁量性赔偿不是法定赔偿，属于对权利人的实际损失或侵权人的获利的概括计算。

有证据证明权利人的实际损失或侵权人的获利明显在法定赔偿限额以外，综合全案证据情况，可以在法定限额以外合理确定赔偿数额。

1.9　【合理的许可使用费】

参照许可使用费确定赔偿数额的，一般不低于可比较的合理许可使用费。

认定合理的许可使用费，可以综合考虑下列因素：

（1）许可使用合同是否实际履行，有无发票、付款凭证等相应证据；

（2）许可使用合同是否备案；

（3）许可使用的权项、方式、范围、期限等因素与被诉行为之间有无可比性；

（4）许可使用费是否为正常的商业许可费用而未受到诉讼、并购、破产、清算等外在因素的影响；

（5）许可人与被许可人之间是否存在亲属关系、投资或关联公司等利害关系；

（6）其他因素。

1.10　【法定赔偿的适用】

在案证据难以确定权利人的实际损失、侵权人的获利、许可使用费，也难以采用其他合理方式确定赔偿数额的，可以适用法定赔偿。

原告明确请求适用法定赔偿，被告对此不予认可且提供一定证据证明权利人的实际损失、侵权人的获利、许可使用费等，被告提供的证据可以作为确定赔偿数额的参考。

1.11　【法定赔偿的说明】

原告直接依据法定赔偿方法请求损害赔偿的，应当说明适用法定赔偿的理由及主张赔偿数额的相关因素。

1.12　【法定赔偿数额的确定】

法定赔偿数额的确定，应当遵循裁判标准一致性原则，综合考虑权利、行为、过错、后果、因果关系等因素，体现案件之间的相同点和不同点，合理确定赔偿数额。

1.13　【惩罚性赔偿的适用条件】

惩罚性赔偿的适用，应当依照法律的规定。

恶意实施侵害商标权或者侵犯商业秘密等行为，且情节严重的，适用惩罚性赔偿。

“恶意”一般为直接故意。“情节严重”一般是指被诉行为造成了严重损害后果。

1.14　【惩罚性赔偿的适用方法】

惩罚性赔偿的适用，应当依据当事人的主张，但一般情况下当事人应当在一审法庭辩论终结前提出该主张。

1.15　【惩罚性赔偿“恶意”的认定】

具有下列情形之一的，可以认定为被告具有恶意：

（1）被告或者其控股股东、法定代表人等在生效判决作出后，重复或变相重复实施相同侵权行为或不正当竞争行为；

(2) 被告或者其控股股东、法定代表人等经权利人多次警告或受到行政机关处罚后，仍继续实施侵权行为或不正当竞争行为；

(3) 假冒原告注册商标；

(4) 攀附原告驰名商标声誉、抢注原告驰名商标；

(5) 被告在相同或类似商品上使用原告驰名商标；

(6) 原告与被告之间存在劳动、劳务关系，或者具有代理、许可、经销、合作等关系，或者进行过磋商，被告明知他人知识产权存在；

(7) 被告存在掩盖被诉行为、伪造或毁灭侵权证据等行为；

(8) 被告拒不履行行为保全裁定；

(9) 其他情形。

1.16 **【侵害商标权“情节严重”的认定】**

具有下列情形之一的，可以认定为侵害商标权的情节严重：

(1) 完全以侵权为业；

(2) 被诉行为持续时间长；

(3) 被诉行为涉及区域范围广；

(4) 侵权获利数额巨大；

(5) 被诉行为同时违反了食品、药品、医疗、卫生、环境保护等法律法规，可能危害人身安全、破坏环境资源或者严重损害公共利益；

(6) 其他情形。

1.17 **【侵犯商业秘密“情节严重”的认定】**

具有下列情形之一的，可以认定为侵犯商业秘密的情节严重：

(1) 完全以侵权为业；

(2) 被诉行为持续时间长；

(3) 被诉行为导致商业秘密为公众所知悉；

(4) 侵权获利数额巨大；

(5) 被告多次侵犯他人商业秘密或侵犯他人多项商业秘密；

(6) 被诉行为同时违反了食品、药品、医疗、卫生、环境保护等法律法规，可能危害人身安全、破坏环境资源或者严重损害公共利益；

(7) 其他情形。

1.18 **【惩罚性赔偿的“基数”】**

惩罚性赔偿的“基数”包括权利人的实际损失、侵权人的获利以及许可使用费。

原告维权支出的合理开支，一般不纳入计算基数。

1.19 **【惩罚性赔偿的“倍数”】**

惩罚性赔偿的数额，以前款确定的赔偿数额作为计算基数，在法定倍数范围内酌情确定。

惩罚性赔偿的“倍数”，可以不是整数。

1.20 **【惩罚性赔偿与行政罚款、刑事罚金的关系】**

被告以其同一被诉行为已受到行政罚款或者刑事罚金处罚为由，请求抵销惩罚性赔偿相应数额的，一般不予支持。

1.21 【约定赔偿的适用】

当事人依法约定赔偿数额或者赔偿计算方法，并在诉讼中主张依据该约定确定赔偿数额的，应当予以支持。

1.22 【合理开支的确定原则】

确定合理开支的数额，应当综合考虑合同、发票、支付凭证等证据的真实性、关联性，以及相应开支的合理性、必要性。

被告应当赔偿原告为制止被诉行为支出的合理开支，该项内容单独列出。

1.23 【合理开支中律师费的确定】

对于案情简单，诉讼标的不大，权利义务清楚的案件，原告主张较高数额律师费的，不宜全额支持。

对于专业性强、案情复杂、工作量大的案件，原告以计时收费方式主张律师费的，可以予以支持。

对于尚未实际支出但根据合同约定必然发生的律师费，且律师确已付出相应劳动并符合付款条件的，可以予以支持。

1.24 【关联案件的合理开支】

在关联案件中，对于原告为制止被诉行为而共同支付的合理开支，已在其他案件中获得赔偿的，不再重复计算。

1.25 【精神损害赔偿的适用】

侵害著作人身权及表演者人身权情节严重，且适用停止侵权、消除影响、赔礼道歉仍不足以抚慰原告所受精神损害的，应当判令支付精神损害抚慰金。精神损害抚慰金一般不低于5000元，不高于10万元。

1.26 【举证妨碍的适用范围】

在侵害知识产权及不正当竞争案件中，均可以适用举证妨碍的有关规定分配举证责任、确定赔偿数额。

1.27 【举证妨碍的适用条件】

权利人的损失难以确定，原告就侵权人的获利提供了初步证据，在与被诉行为相关的账簿、资料主要由被告掌握的情况下，可以责令被告提供与被诉行为相关的账簿、资料；被告无正当理由拒不提供的，可以根据原告的主张和提供的证据认定赔偿数额。

1.28 【举证妨碍的释明及后果】

责令被告提供账簿、资料的，应当向其释明拒不提供或者提供虚假账簿、资料的法律后果。

被告在一审诉讼中无正当理由拒不提供或提供虚假账簿、资料，在二审诉讼中提交相应证据，用以推翻一审判决依法认定的事实的，不予采信。

1.29 【赔偿证据的保全】

与赔偿数额有关的证据可能灭失或者以后难以取得的，当事人可以依法提出证据保全申请。

具有相应资质的金融机构以担保书或独立保函形式为证据保全提供担保的，一般应予准许。

1.30 【赔偿证据的保密】

当事人提交的与赔偿数额有关的证据涉及国家秘密、商业秘密或者法律规定应当保密的情形的，可以请求责令对方当事人及其诉讼代理人保密。

经审查需要保密的，可以责令对方当事人及其诉讼代理人签署保密承诺书，并采取适当措施限定质证的范围和方式。

第二章　文字作品法定赔偿的裁判标准

2.1　**【一般考量因素】**

适用法定赔偿确定文字作品的赔偿数额时，通常可以考虑涉案文字作品的独创性、创作成本、作品或作者的知名度、作品的潜在市场价值、取得相关权利付出的合理成本、许可使用费、侵权情节、被告主观过错等因素。

适用法定赔偿确定其他类型作品赔偿数额的一般考量因素，可以参照上述条款。

2.2　**【特别考量因素】**

除一般考量因素外，文字作品的法定赔偿可以考虑的特别因素包括国家行政主管部门规定的稿酬标准、版税率、作品的类型、作品的创作难度、作品的篇幅等。

2.3　**【参考许可使用费的基本赔偿标准】**

能够查明涉案文字作品通过相同或者类似方式取得许可使用费的，可以将许可使用费作为基础，根据作品许可使用的权利种类、地域范围、期限、方式等因素，按照可比性原则参考确定赔偿数额。

涉案文字作品未许可他人使用的，与涉案文字作品类型相同、发表时间相近、题材相似、市场知名度相当的其他作品的许可使用费，可以作为计算赔偿数额的参考。

其他类型作品可以参照上述方法，确定赔偿数额。

2.4　**【参考行业利润率的基本赔偿标准之一】**

被告未经许可通过图书、音像制品等形式复制、发行涉案文字作品的，可以参考正版图书、音像制品的定价、相关行业的平均利润率、侵权内容在涉案文字作品中所占比例与复制发行量的乘积，确定赔偿数额。

2.5　**【参考行业利润率的基本赔偿标准之二】**

被告未经许可通过图书、音像制品等形式复制、发行涉案文字作品的，可以参考被诉侵权作品的定价、相关行业的平均利润率、侵权内容在被诉侵权作品中所占比例与复制发行量的乘积，确定赔偿数额。

2.6　**【最低侵权复制品数量的参考标准】**

图书和音像制品的出版商、复制商、发行商等应当能够提供侵权复制品的具体数量而拒不提供，或所提供的证据不能采信的，可以参考下列数量确定侵权复制品的数量：

（1）图书不低于3000册；

（2）音像制品不低于2万盘。

其他类型作品可以参照上述标准，确定赔偿数额。

2.7　**【参考在线传播数量的基本赔偿标准】**

被告未经许可通过信息网络传播涉案文字作品，能够查明被诉侵权作品的下载量或者阅读量，且被诉侵权作品是付费下载或者付费阅读的，可以参考下载量或者阅读量确定赔偿数额。

被诉侵权作品是免费下载或者免费阅读的，因下载量、阅读量等数据形成情况比较复杂，下载量、阅读量等数据仅作为计算权利人的实际损失或者侵权人的获利的参考因素，对下载量、阅读量等数据运用逻辑推理和日常生活经验法则合理酌定。

2.8 **【参考稿酬的基本赔偿标准】**

被告未经许可通过发行图书、报刊等或者通过信息网络传播涉案文字作品，无法查明许可使用费，也无法查明出版发行数量或者下载量、阅读量的，可以参考国家行政主管部门规定的基本稿酬标准确定赔偿数额。

其中，原创作品按照 80 元至 300 元/千字计算，翻译作品按照 50 元至 200 元/千字计算，汇编作品按照 10 元至 20 元/千字计算。不足千字部分按千字计算。

2.9 **【其他基本赔偿标准】**

涉案文字作品虽系原创，但内容陈旧、临近保护期限、知名度低或被告侵权情节轻微的，可以按照 40 元至 80 元/千字酌情确定赔偿数额。

涉案文字作品虽系原创，但发表于信息网络，篇幅巨大、独创性低且知名度低，按照字数计算的赔偿数额明显畸高的，可以按照每部作品 5 万元以下酌情确定赔偿数额。

2.10 **【同时提供下载或在线收听的酌加标准】**

被告提供涉案文字作品在线阅读的同时提供下载或在线收听的，可以比照前述 2.8 条规定的基本赔偿标准，酌情提高 1-2 倍确定赔偿数额。

2.11 **【广告使用的酌加标准】**

被告未经许可以广告方式使用涉案文字作品，包括用于报刊广告、户外广告、网络广告、店面广告或者宣传片等，综合考虑广告主的广告投入、制作者收取的制作费以及作品知名度、涉案文字作品在广告中的作用、被告的经营规模及侵权方式和范围等，可以比照前述除 2.9 条规定外的基本赔偿标准，酌情提高 1-10 倍确定赔偿数额。

2.12 **【影视性使用的酌加标准】**

被告未经许可将涉案文字作品改编并拍摄、制作为电影、电视剧、网络游戏、短视频的，可以比照前述除 2.9 条规定外的基本赔偿标准，酌情提高 1-20 倍确定赔偿数额。

2.13 **【知名度的酌加标准】**

涉案文字作品具有获得国际或国内知名奖项、进入国际或国内阅读、销售排行榜前列、作者知名度较高等情节的，可以比照前述除 2.9 条规定外的基本赔偿标准，酌情提高 1-5 倍确定赔偿数额。

2.14 **【侵权情节严重的酌加标准】**

有下列情形之一的，属于侵权情节严重，可以比照前述除 2.9 条规定外的基本赔偿标准，酌情提高 1-5 倍确定赔偿数额：

（1）被诉行为持续时间较长；

（2）被诉行为影响较大；

（3）权利人发出侵权警告或通知后被诉行为仍持续；

（4）重复侵权或变相重复实施相同被诉行为；

（5）侵权获利数额较大；

（6）其他情形。

其他类型作品可以参照上述规定。

2.15　**【酌加情形的累计计算】**

本章所列酌加情形可以累计计算，但累计后的总额不应超过著作权法规定的法定赔偿限额。

其他类型作品可以参照上述规定。

2.16　**【酌减情形】**

有下列情形之一的，可以比照前述基本赔偿标准，酌情降低赔偿数额：

（1）涉案文字作品独创性低；

（2）难以与权利人取得联系且已向相关单位提存使用费；

（3）原告大量购入低价值文字作品，批量提起诉讼；

（4）被诉行为系执行国家政策或者具有公益性；

（5）按照前述标准计算的赔偿数额，明显不合理的高于涉案文字作品市场价值，或者明显不合理的高于同类作品市场价值；

（6）其他情形。

其他类型作品可以参照上述规定。

第三章　音乐作品法定赔偿的裁判标准

3.1　**【特别考量因素】**

除一般考量因素外，音乐作品的法定赔偿可以考虑的特别因素包括音乐作品的类型、音乐作品的曲长、音乐作品是否已由著作权集体管理组织管理等。

3.2　**【复制、发行、在线播放的基本赔偿标准】**

被告未经许可以音像制品的形式复制、发行涉案音乐作品或者在线播放涉案音乐作品，无其他参考因素时，原告为词、曲著作权人的，每首音乐作品的赔偿数额一般不少于600元，其中词、曲著作权人赔偿占比为40%、60%；原告为录音制作者的，每首音乐作品的赔偿数额一般不少于2000元；原告为表演者的，每首音乐作品的赔偿数额一般不少于400元。

被告未经许可以图书、杂志等载体复制、发行涉案音乐作品，可以参照文字作品的规定确定赔偿数额。

3.3　**【同时提供播放和下载的酌加标准】**

被告未经许可同时提供在线播放和下载涉案音乐作品的，可以比照前述在线播放的基本赔偿标准，酌情提高1-2倍确定赔偿数额。

3.4　**【公开现场表演的基本赔偿标准】**

被告未经许可将涉案音乐作品非免费现场表演的，现场表演的门票收入能够确定的，可以门票收入除以现场表演的歌曲数量为基数，以该基数的5%至10%酌情确定赔偿数额，每首音乐作品的赔偿数额不少于3000元，其中词、曲著作权人赔偿占比为40%、60%。

无法以上述方法确定赔偿数额的，可以综合考虑演出现场规模、演出性质、演出场次等因素，按照每首音乐作品不少于3000元确定赔偿数额，其中词、曲著作权人赔偿占比为40%、60%。

3.5　**【经营场所播放背景音乐的基本赔偿标准】**

被告未经许可在经营场所将涉案音乐作品作为背景音乐播放的，原告为词、曲著作权人的，每首音乐作品的赔偿数额一般不少于600元，其中词、曲著作权人赔偿占比为40%、60%。

3.6　**【广播音乐作品的基本赔偿标准】**

被告未经许可广播涉案音乐作品侵害广播权的，可以比照前述3.5条规定的基本赔偿标准，酌情确定赔偿数额。

3.7　**【直播的基本赔偿标准】**

主播人员未经许可在网络直播中播放或演唱涉案音乐作品，根据主播人员的知名度、直播间在线观看人数、直播间点赞及打赏量、平台知名度等因素，可以比照前述在线播放、现场表演的基本赔偿标准，酌情确定赔偿数额。

3.8　**【广告使用的酌加标准】**

被告未经许可将涉案音乐作品用于电视广告、网络广告、宣传片、商业促销活动现场等，可以比照前述基本赔偿标准，酌情提高1-10倍确定赔偿数额。

3.9　**【知名度的酌加标准】**

涉案音乐作品具有获得国际或国内知名奖项、进入国际或国内音乐排行榜前列、专辑销量在国际或国内销量排行榜前列、成为国际或国内知名影视剧主题曲等情节的，可以比照前述基本赔偿标准，酌情提高1-5倍确定赔偿数额。

3.10　**【侵权情节严重的酌加标准】**

有下列情形之一的，属于侵权情节严重，可以比照前述基本赔偿标准，酌情提高1-5倍确定赔偿数额：

（1）擅自将涉案音乐作品作为主题曲；

（2）擅自在热门综艺节目中使用涉案音乐作品；

（3）被诉侵权作品位列排行榜前列；

（4）其他情形。

3.11　**【酌减情形】**

有下列情形之一的，可以比照前述基本赔偿标准，酌情降低赔偿数额：

（1）涉案音乐作品被使用的曲谱小节、歌词较少；

（2）其他情形。

第四章　美术作品法定赔偿的裁判标准

4.1　**【特别考量因素】**

除一般考量因素外，美术作品的法定赔偿可以考虑的特别因素包括美术作品的类型、侵权商品中美术作品的贡献率等。

4.2　**【参考复制、发行量的基本赔偿标准】**

被告未经许可复制、发行涉案美术作品，可以参照涉案美术作品的正版定价乘以侵权复制品的数量，再乘以根据涉案美术作品所占篇幅、所处位置、使用次数、贡献率等因素酌定的合适比率，确定赔偿数额。

4.3 【复制、发行、放映、在线传播的基本赔偿标准】

被告未经许可复制、发行、放映、通过信息网络传播涉案美术作品的，无其他参考因素时，每幅美术作品的赔偿数额一般为800元至3000元。

4.4 【展览的基本赔偿标准】

被告未经许可将涉案美术作品原件或者复制件公开陈列的，根据陈列场所的规模、陈列场所的性质、是否收取门票及门票价格、具体展览方式和时间等因素，可以比照前述4.3条规定的基本赔偿标准，酌情确定赔偿数额。

4.5 【影视性使用的酌加标准】

被告未经许可使用涉案美术作品制作动画片或者将涉案美术作品用作影视剧的主要道具、网络游戏中的元素等，可以比照前述4.3条规定的基本赔偿标准，酌情提高1-20倍确定赔偿数额。

4.6 【广告使用的酌加标准】

被告未经许可将涉案美术作品用于报刊广告、平面印刷的广告宣传品、户外广告、店面广告、电视广告、宣传片、网络广告等，可以比照前述4.3条规定的基本赔偿标准，酌情提高1-5倍确定赔偿数额。

4.7 【其他商业化使用的酌加标准】

有下列情形之一的，属于未经许可将涉案美术作品进行商业化使用，可以比照前述4.3条规定的基本赔偿标准，酌情提高1-10倍确定赔偿数额：

（1）将涉案美术作品制作为商品；

（2）将涉案美术作品作为企业标识进行使用；

（3）将涉案美术作品作为商品的包装、装潢；

（4）其他情形。

4.8 【知名度的酌加标准】

涉案美术作品具有获得国际或国内知名奖项、在拍卖过程中成交价格较高、被公众知晓程度较高等情形的，可以比照前述4.3条规定的基本赔偿标准，酌情提高1-5倍确定赔偿数额。

4.9 【侵权情节严重的酌加标准】

有下列情形之一的，属于侵权情节严重，可以比照前述4.3条规定的基本赔偿标准，酌情提高1-5倍确定赔偿数额：

（1）通过专门图片类网站、客户端软件或公众号等，大量登载侵权美术作品供公众下载；

（2）突出使用涉案美术作品；

（3）侵权商品销售量大；

（4）被诉侵权作品影响大；

（5）其他情形。

4.10 【酌减情形】

有下列情形之一的，可以比照前述4.3条规定的基本赔偿标准，酌情降低赔偿数额：

（1）涉案美术作品为系列作品，每幅作品之间仅细节部分存在差异；

（2）其他情形。

第五章 摄影作品法定赔偿的裁判标准

5.1 **【特别考量因素】**

除一般考量因素外，摄影作品的法定赔偿可以考虑的特别因素包括摄影作品的拍摄难度、摄影作品清晰度（格式、尺寸）、后期制作成本、被诉侵权作品清晰度、侵权商品中摄影作品的贡献率等。

5.2 **【参考复制、发行量的基本赔偿标准】**

被告未经许可复制、发行涉案摄影作品的，可以参照美术作品4.2条的规定，确定赔偿数额。

5.3 **【复制、发行、放映、在线传播的基本赔偿标准】**

被告未经许可复制、发行、放映、通过信息网络传播涉案摄影作品的，无其他参考因素时，每幅摄影作品的赔偿数额一般为500元至2000元。

5.4 **【VR全景摄影作品的酌加标准】**

被告未经许可使用VR全景摄影作品的，根据VR全景摄影作品的单一视角图拍摄数量、作品展现场景的效果、拍摄成本、制作难度等因素，可以比照前述摄影作品的基本赔偿标准，每幅VR全景摄影作品酌情提高1-5倍确定赔偿数额。

5.5 **【体育赛事等大型活动现场摄影作品的酌加标准】**

被告未经许可使用体育赛事等大型活动现场摄影作品的，根据赛事级别、拍摄对象的知名度、拍摄角度、拍摄难度、呈现画面稀有程度、作品的时效性等因素，可以比照前述摄影作品的基本赔偿标准，酌情提高1-5倍确定赔偿数额。

5.6 **【酌减情形】**

有下列情形之一的，可以比照前述基本赔偿标准，酌情降低赔偿数额：

（1）被诉侵权作品像素低、尺寸小；

（2）涉案摄影作品为系列作品，每幅作品之间仅细节部分存在差异；

（3）其他情形。

5.7 **【参照适用】**

摄影作品展览的基本赔偿标准，影视性使用、广告使用、其他商业化使用、知名度、侵权情节严重的酌加标准，参照适用美术作品的相关规定。

第六章 视频类作品、制品法定赔偿的裁判标准

6.1 **【视频的范围】**

本章规定的视频类作品及制品，包括电影（微电影）、电视剧、动画片、纪录片、短视频、MTV、综艺节目视频、体育赛事节目视频、连续的游戏画面等。

6.2 **【特别考量因素】**

除一般考量因素外，视频类作品、制品的法定赔偿可以考虑的特别因素包括：

（1）视频的具体情况，如视频的类型、时长、票房收入、收视率、点击率、档期、是否属于

国家行政主管部门发布的预警名单中的作品等；

（2）原告获得授权的具体范围及类型，如传播渠道、传播平台、是否可以转授权等；

（3）原告提供涉案视频的商业模式、收费标准等；

（4）被诉行为是否发生在热播期或热映期、被诉侵权视频的清晰程度、被诉侵权视频的影响力等；

（5）其他因素。

6.3　**【广播、放映的基本赔偿标准】**

被告未经许可将涉案视频类作品进行广播或放映的，无其他参考因素时，电影、电视剧、纪录片、动画片类作品每部赔偿数额一般不少于2万元；微电影类作品每部赔偿数额一般不少于1万元；综艺节目视频类作品每期赔偿数额一般不少于3000元；其他短视频类作品每条赔偿数额一般不少于2000元。

6.4　**【参考在线播放收费的基本赔偿标准】**

被告未经许可在线播放涉案视频类作品、制品，需付费观看的，可以参考单部计费标准、会员收费标准等不同收费方式以及收费标准，确定每部作品或制品的赔偿数额。

6.5　**【在线播放的基本赔偿标准】**

被告未经许可在线播放涉案视频类作品、制品，无其他参考因素时，电影、电视剧、纪录片、动画片类作品每部赔偿数额一般不少于3万元；微电影类作品每部赔偿数额一般不少于1.5万元；综艺节目视频类作品每期赔偿数额一般不少于4000元；其他短视频类作品每条赔偿数额一般不少于2500元；录像制品每部赔偿数额一般不少于500元。

6.6　**【同时提供播放和下载的酌加标准】**

被告未经许可在线播放涉案视频类作品、制品并提供下载的，可以比照前述在线播放的基本赔偿标准，酌情提高1-2倍确定赔偿数额。

6.7　**【网吧播放的基本赔偿标准】**

被告未经许可将涉案影视作品上传至网吧局域网，或从第三方购买置有影视作品的软件安装到网吧局域网及接受网络更新服务，具有过错的，每部作品的赔偿数额一般为3000元至8000元。

6.8　**【VOD播放的基本赔偿标准】**

被告未经许可在酒店、宾馆等场所通过VOD点播系统播放涉案影视作品的，每部作品的赔偿数额一般为1万元至3万元。

6.9　**【卡拉OK经营者的考量因素】**

卡拉OK经营者未经许可使用涉案MTV的，可以综合考虑涉案歌曲的知名度、创作时间、点播次数、全行业点播报告、经营场所的规模、所处地理位置及各方主体的利益平衡等因素，确定赔偿数额。

6.10　**【卡拉OK经营者的基本赔偿标准】**

卡拉OK经营者未经权利人许可，也未与著作权集体管理组织签订许可使用合同并支付费用的，每首歌曲赔偿数额一般为200元至800元。

卡拉OK经营者与著作权集体管理组织签订许可使用合同并支付费用，但著作权集体管理组织未获得涉案歌曲授权的，卡拉OK经营者仍应承担赔偿责任，每首歌曲赔偿数额一般不高于200元。

6.11　**【分割片段的基本赔偿标准】**

被告未经许可将涉案电影、电视剧、综艺节目视频、体育赛事节目视频、连续的游戏画面等分割成若干片段，通过信息网络传播，能够替代或基本替代被分割视频的，可以按照前述在线播放的基本赔偿标准，确定赔偿数额。被诉侵权片段不能替代被分割视频的，每一片段的赔偿数额一般不少于 500 元，但赔偿总额不应超过整部作品的基本赔偿标准。

6.12　**【知名度的酌加标准】**

涉案视频具有获得国际或国内知名奖项、票房收入较高、收视率或点击率较高等情形的，可以比照前述基本赔偿标准，酌情提高 1-5 倍确定赔偿数额。

6.13　**【侵权情节严重的酌加标准】**

有下列情形之一的，属于侵权情节严重，可以比照前述基本赔偿标准，酌情提高 1-5 倍确定赔偿数额：

（1）被诉行为发生在首次播映日之前或热播期、热映期；

（2）将涉案视频推荐至首页、热门栏目等用户关注度较高的页面；

（3）将涉案视频用于广告或截取画面制作成广告；

（4）其他情形。

6.14　**【酌减情形】**

有下列情形之一的，可以比照前述基本赔偿标准，酌情降低赔偿数额：

（1）涉案视频的著作权保护期即将届满；

（2）涉案视频未获得审批许可即在我国境内公开传播；

（3）其他情形。

第七章　侵害商标权法定赔偿的裁判标准

7.1　**【考量因素】**

适用法定赔偿确定侵害商标权行为的赔偿数额时，可以综合考虑涉案商标的显著性、知名度、声誉，商标权人的商品单价及利润，被诉侵权商品的单价及利润，被告的类型、经营方式、经营规模、侵权情节、主观恶意等因素。

7.2　**【考量证据】**

原告主张法定赔偿时提交的下列证据，除明显不符合常理或者有相反证据外，可以予以采信：

（1）被告以公开方式宣称的销售数量、销售额、利润等；

（2）第三方平台显示的被诉侵权商品销售数量、销售额、利润等；

（3）国家行政主管部门、行业协会、中立机构发布的统计报告或者行业报告显示的行业平均销售数量、销售额、利润等；

（4）与被告具有可比性的第三方销售数量、销售额、成交价格、利润等；

（5）符合行业惯例的平均价格；

（6）其他证据。

对于前述第（1）（2）项证据，被告仅以夸大宣传或者刷单、刷量等为由否认的，一般不予支持。

7.3 **【生产商的基本赔偿标准】**

以被诉侵权商品的生产商作为被告的，可以根据侵权商品的销售价格、被告的生产规模、商标许可使用费、商品利润率等因素，酌情确定赔偿数额，赔偿数额一般不低于20万元。

7.4 **【线下销售直接侵权的基本赔偿标准】**

以被诉侵权商品的线下销售商为被告的，无其他参考因素时，赔偿数额一般为2000元至3万元。

7.5 **【线上销售直接侵权的基本赔偿标准】**

以被诉侵权商品的线上销售商为被告的，可以参照7.4条的规定，酌情确定赔偿数额。

7.6 **【销售商直接侵权的酌加标准】**

具有下列情形之一的，可以比照上述销售商的基本赔偿标准，酌情提高1-5倍确定赔偿数额：

（1）被诉侵权商品的销售数量、用户评论数量较大；

（2）线下经营规模较大；

（3）经营场所处于繁华地段；

（4）线上店铺的关注量、收藏量、店铺会员量较大；

（5）使用涉案商标的商品价格较高；

（6）其他情形。

7.7 **【帮助侵权的赔偿标准】**

被告仅系超市、商场、市场或者电商平台等经营者，且上述主体经查明构成帮助侵权的，可以比照前述赔偿标准，视其主观过错程度，酌情确定赔偿数额。

7.8 **【知名度的酌加标准】**

涉案商标知名度较高或者商标权人知名度较高的，可以比照前述基本赔偿标准，酌情提高1-5倍确定赔偿数额。

涉案商标在被诉行为发生及持续期间为驰名商标的，可以比照前述基本赔偿标准，酌情提高5-10倍确定赔偿数额。

7.9 **【侵权情节严重的酌加标准】**

有下列情形之一的，属于侵权情节严重，可以比照前述基本赔偿标准，酌情提高1-5倍确定赔偿数额：

（1）被诉行为持续时间较长；

（2）被诉行为涉及区域范围较广；

（3）侵权获利数额较大；

（4）其他情形。

7.10 **【批量维权的酌减情形】**

原告基于同一商标，针对不同销售商分别提起诉讼，案件数量较多且累计赔偿数额明显不合理的；或者具有明知生产商而不予起诉等不合理情形的，按照上述基本赔偿标准下限的60%至

70%确定赔偿数额。

7.11 **【其他酌减情形】**

按照前述规定计算的赔偿数额，具有明显不合理的高于涉案商标市场价值等情形的，可以根据案件具体情况，比照前述基本赔偿标准，酌情降低赔偿数额。

第八章 不正当竞争行为法定赔偿的裁判标准

8.1 **【适用范围】**

对于反不正当竞争法规定的具体不正当竞争行为及违反原则性条款的不正当竞争行为确定赔偿数额时，经营者的实际损失、侵权人获得的利益均难以确定的，均可适用法定赔偿。

8.2 **【考量因素】**

适用法定赔偿确定不正当竞争行为的赔偿数额时，可以综合考虑下列因素：

（1）不正当竞争行为对原告实际损失的影响；

（2）原告因不正当竞争行为造成的投资回报及交易机会的减少或丧失、竞争优势的降低、客户的流失、市场份额的下降及商业信誉的贬损；

（3）被告可能获得的利润或者其他潜在利益；

（4）行业特点、商业模式；

（5）其他因素。

8.3 **【“仿冒”行为的基本赔偿标准】**

被告实施反不正当竞争法第六条规定的行为，赔偿数额一般不低于10万元。

8.4 **【多项“仿冒”行为的计算】**

同一案件中，被告实施多项“仿冒”行为，造成不同损害后果的，赔偿数额应当分别计算。

8.5 **【销售“仿冒”商品的赔偿参考】**

被诉行为违反反不正当竞争法第六条规定，被告为销售商的，可以参考第七章有关销售商的规定，酌情确定赔偿数额。

上述被告可以提出合法来源抗辩，抗辩成立的，不承担损害赔偿责任。

8.6 **【侵犯商业秘密赔偿的考量因素】**

适用法定赔偿确定侵犯商业秘密的赔偿数额时，可以综合考虑商业秘密市场价值，即商业秘密的种类、研究开发成本、创新程度高低、可保持竞争优势的时间，转让费、许可使用费等实际收益或预期收益，被诉行为的性质、持续时间、范围及后果等因素。

8.7 **【侵犯多项商业秘密的计算】**

同一案件中，被告侵犯原告多项商业秘密的，赔偿数额应当分别计算。

8.8 **【销售侵犯商业秘密商品的免责】**

被告销售不知道是侵犯商业秘密商品，能够证明该商品是自己合法取得并说明提供者的，一般仅承担停止销售的责任，不承担损害赔偿责任。

8.9 **【商业诋毁的基本赔偿标准】**

被告实施商业诋毁行为的，赔偿数额一般不低于1万元。

8.10 **【网络不正当竞争行为赔偿的考量因素】**

被告主要利用技术手段，通过网络实施被诉行为的，可以参考流量损失酌情确定赔偿数额。流量损失可以根据原告因流量减少导致的利润损失、因广告点击量减少导致的利润损失、会员费损失、流量基础数据和数据产品的销售许可损失、流量变现能力的降低等因素确定。

附　　则

本意见自下发之日起执行，《北京市高级人民法院关于确定著作权侵权损害赔偿责任的指导意见》（京高法发〔2005〕12 号）同时废止，北京市高级人民法院以前发布的其他有关规定与本意见不一致的，以本意见为准。

天津市高级人民法院关于知识产权侵权案件惩罚性赔偿适用问题的审判委员会纪要

（2020 年 10 月 23 日　津高法〔2020〕226 号）

为进一步加大知识产权司法保护力度，依法规范适用知识产权侵权惩罚性赔偿制度，依照相关法律规定，结合知识产权审判实际，2020 年 10 月 20 日，高院审判委员会第 16 次会议专题研究了知识产权惩罚性赔偿适用若干问题，现纪要如下：

一、惩罚性赔偿的适用条件

故意实施侵害知识产权行为，情节严重的，根据权利人的请求，可以依法适用惩罚性赔偿。

二、“故意”的认定

具有下列情形之一的，可以认定为“故意”：

（一）权利人与被诉侵权人之间曾经存在合作关系、劳动关系或者通过磋商等，被诉侵权人知道或者应当知道权利人对涉案客体享有知识产权的；

（二）被诉侵权人收到行政处罚决定或者人民法院行为保全裁定后，仍不停止相关侵权行为的；

（三）被诉侵权人或者其实际控制人因侵害知识产权行为承担过民事、行政或者刑事责任后，再次实施侵害同一权利客体行为的；

（四）被诉侵权人为掩盖侵权行为，实施毁灭证据、提供虚假证据等行为的；

（五）根据被诉侵权行为能够认定被诉侵权人具有明显模仿、抄袭涉案权利客体的主观意图的；

（六）其他可以认定被诉侵权人具有侵权故意的情形。

三、“情节严重”的认定

具有下列情形之一的，可以认定为“情节严重”：

（一）被诉侵权人多次实施侵害知识产权行为或者以侵权为业的；

（二）被诉侵权行为持续时间长；

（三）被诉侵权行为生产规模大；

（四）被诉侵权行为涉及区域广；

（五）侵权获利数额巨大；

（六）被诉侵权行为涉及健康、安全、环境等领域，可能危害人身安全或者损害社会公共利益的；

（七）被诉侵权行为造成权利人严重经济损失或者对权利人商誉造成严重损害的；

（八）其他可以认定侵权情节严重的情形。

四、惩罚性赔偿的主张

权利人主张适用惩罚性赔偿的，应当在一审法庭辩论终结前提出，并明确惩罚性赔偿的数额和计算方式。

五、惩罚性赔偿的计算基数

确定惩罚性赔偿的数额应当以权利人因被侵权所受到的实际损失、侵权人因侵权所获得的利益或者许可使用费赔偿金为计算基数。

惩罚性赔偿的计算基数不包括权利人为制止侵权行为所支付的合理开支。

六、惩罚性赔偿的倍数

惩罚性赔偿的倍数应当在法律规定的倍数范围内，根据被诉侵权人的主观过错程度及侵权情节等综合确定，可以不是整数。

七、惩罚性赔偿与行政罚款、刑事罚金的关系

被诉侵权人因同一侵害知识产权行为已被处以行政罚款或者刑事罚金的，一般不影响惩罚性赔偿的适用，但在确定惩罚性赔偿数额时，可以酌情考虑相关罚款或罚金的情况。

八、适用法定赔偿的案件中对惩罚性情节的考量

适用法定赔偿确定赔偿数额的案件，被诉侵权人故意侵害权利人知识产权且情节严重的，在确定法定赔偿数额时应当对上述情节予以考量，酌情提高赔偿数额。

浙江省温州市中级人民法院关于推进对严重侵害知识产权相关主体实施信用惩戒的工作指引（试行）

（2021年3月22日　温中法〔2021〕13号）

为进一步贯彻落实中共中央办公厅、国务院办公厅《关于强化知识产权保护的意见》、最高人民法院《关于全面加强知识产权司法保护的意见》及浙江省高级人民法院《关于全面加强知识产权司法保护工作的实施意见》，有效遏制、惩罚严重侵害知识产权的行为，全面提升知识产权司法保护水平，助推打造稳定公平透明可预期的法治化营商环境，服务温州“五城五高地”建设，结合我市知识产权司法保护工作实际，制定本工作指引。

一、总体要求

1. 指导思想

坚持以习近平法治思想和习近平总书记关于加强知识产权保护工作的重要讲话精神为指导，深刻认识创新是引领发展的第一动力，保护知识产权就是保护创新，切实发挥知识产权审判激励创新、维护公平竞争、促进文化繁荣的重要作用，坚持服务创新驱动发展，为贯彻新发展理念、构建新发展格局、推动高质量发展提供有力司法保障。

2. 工作原则

（1）常态化、规范化、制度化推进原则。为确保对严重侵害知识产权相关主体实施信用惩戒工作的有效推进，必须坚持常态化、规范化、制度化原则，统筹安排、同步落实，并将其纳入日常工作考核指标，避免工作的随意性、临时性和应付性。

（2）标准统一和措施适当原则。在推进对严重侵害知识产权相关主体实施信用惩戒的工作中，必须坚持认定标准、适用程序以及措施种类的统一，避免选择性、任意性认定和执行。不仅要避免不同法院、不同合议庭、不同法官分别适用不同程序和工作机制各自开展工作的情形，更要避免对同类、同程度侵权行为区别对待和不同处置的情形。

（3）个案惩戒和警示教育相结合原则。全市法院在开展推进对严重侵害知识产权相关主体实施信用惩戒的工作中，除通过个案处置推进信用惩戒外，还应积极提升个案处置所产生的警示教育效应，努力营造市场主体不敢侵犯知识产权和破坏正当竞争秩序的良好氛围。

（4）法院主导与协同推进相结合原则。推进对严重侵害知识产权相关主体实施信用惩戒工作是一项除法院主导推进外，还需其他国家机关、社会组织、人民团体等协同配合才能最终落地生效的系统性工程。全市法院在主导推进的同时，应积极探索开展多部门联合信用惩戒的新机制和新平台，成熟一项推进一项落地一项，逐步推动形成对严重侵害知识产权相关主体实施联合信用惩戒的整体合力。

3. 工作目标

推动形成对实施知识产权严重侵权行为以及严重扰乱市场竞争秩序，损害其他经营者或者消费者合法权益的不正当竞争行为相关主体采取常态化信用惩戒措施的工作机制，维护公平有序、统一开放的市场竞争秩序，营造激励创新、诚实守信的营商环境，为我市“五城五高地”建设提供有力司法保障。

二、工作形式

1. 以侵权名单为依托，多措并举常态化推动对严重侵害知识产权相关主体实施信用惩戒的工作。市中院民三庭根据全市两级法院相关案件中涉知识产权严重侵权的实际情况统一编制《温州法院知识产权严重侵权名单》（以下简称侵权名单），并以该侵权名单为依托，采取向社会公布、通报相关单位、诉讼运用以及推动相关单位将侵权名单纳入社会信用监管体系等方式，逐步加大对严重侵害知识产权相关主体的不良信用影响，完善知识产权信用体系建设，为知识产权重点领域、重点主体、重点环节主要风险点的精准监测提供有力支撑。

2. 以市中院统一审核为基础，上下联动共同构建侵权名单。市中院民三庭和全市有一般知识产权纠纷管辖权的基层法院知识产权审判庭负责各自审理的知识产权案件所涉严重侵权相关主体的审核认定工作，基层法院知识产权审判庭认定严重侵权相关主体后及时上报市中院民三庭，由市中院民三庭审核后纳入侵权名单统一发布和管理。

3. 以知识产权保护联席会议为平台，积极推进联合信用惩戒。全市法院应将推进对严重侵害知识产权相关主体实施信用惩戒的工作统一到助推打造一流法治化营商环境、服务温州“五城五高地”建设的认识高度，全力支持侵权名单编制工作，确保相关具体措施有效落实并真正发挥效用。市中院通过温州市知识产权保护联席会议平台，积极对接公安、检察、司法、市监等相关职能部门，逐步推动联合信用惩戒工作。

三、侵权名单的编制

1. 编入侵权名单的行为类型

编入侵权名单的严重侵害知识产权的行为类型及侵权事实必须以全市两级法院审结并生效或经上级法院审结并生效的知识产权民事、行政及刑事判决所认定的事实及裁判结果为依据，具体包括但不限于以下行为类型：

(1) 侵权人因商标、著作权或不正当竞争侵权行为被单案判赔 50 万元以上且合议庭认为有必要编入侵权名单的；

(2) 侵权人曾被生效裁判、行政决定认定构成侵权，又故意继续实施或者变相重复实施新的同类侵权行为的；

(3) 侵权人因涉嫌侵权与权利人达成和解协议或者调解协议并向权利人作出不再侵权的承诺后，又故意继续实施或者变相重复实施新的同类侵权行为的；

(4) 侵权人以侵害知识产权为业的；

(5) 侵权人因对他人注册商标有异议且经商标授权确权程序未能获得支持，仍故意继续实施侵权行为的；

(6) 侵权人实施盗版、假冒注册商标行为的；

(7) 侵权人生产不符合安全标准的食品、药品等民生安全领域侵权商品或销售明知是不符合安全标准的上述侵权商品的；

(8) 侵权人销售明知是假冒与抢险救灾、疫情防控有关的物资注册商标的商品的；

(9) 侵权人存在向电商平台提交伪造变造的权利证明、提交虚假侵权比对的鉴定意见、专家意见、明知权利状态不稳定仍发出通知、明知通知错误仍不及时撤回或者更正、反复提交错误通知等恶意行为的；

(10) 侵权人存在向电商平台提供伪造或无效的权利证明、授权证明、提供包含虚假信息或者具有明显误导性内容的声明、对已附有认定侵权生效裁判或者行政处理决定的通知仍发出声明以及明知声明内容错误仍不及时撤回或者更正等恶意行为的；

(11) 被全市两级法院审结并生效的刑事判决认定构成犯罪的侵害相关知识产权的行为；

(12) 侵权人有拒不履行行为保全裁定、拒不执行文书提交令、伪造、变造、毁灭证据、恶意诉讼或不自动履行涉知识产权生效法律文书所确定的义务等行为的；

(13) 被全市两级法院的生效裁判文书认定的涉知识产权虚假诉讼行为；

(14) 有必要编入侵权名单的其他行为类型。

2. 编入侵权名单的主体范围

根据“谁侵权，谁受惩”的原则，编入侵权名单的主体应以侵权行为的直接行为人或主要行为人为限，具体包括自然人（个体工商户、农村承包经营户）、法人和非法人组织（个人独资企业、合伙企业等）。在共同侵权中起次要作用的侵权人（如帮助、协助侵权行为人以及同一销售链条中远离侵权源头的销售者等）和基于其他法律规定对侵权责任承担连带责任的主体（如合伙企业的合伙人、一人有限公司的股东等）不编入侵权名单。

3. 侵权名单的具体内容

统一编制的侵权名单一般包含下列信息：

（1）侵权行为人的基本身份信息。侵权行为人是自然人的，包括姓名、性别、出生年月、政治面貌、是否人大代表或者政协委员、职业或者工作单位；侵权行为人是法人或者非法人组织的，包括法人或者非法人组织的名称、统一社会信用代码、注册登记地址、法定代表人或负责人的姓名、职务；

（2）侵权行为的种类、发生及持续时间、严重程度及实施地域或实施平台；

（3）主要判项及自动履行或强制执行情况；

（4）有必要公布的其他信息。

4. 侵权名单的管理

全市两级法院可根据各自掌握的知识产权严重侵权行为信息依职权将相关主体编入侵权名单，被侵权的知识产权权利人或者相关权益人也可申请将其编入侵权名单。

（1）依职权编入

基层法院作出的一审判决因当事人未上诉直接生效或经市中院二审后生效的，由作出该一审判决的基层法院启动审核；市中院作出的一审判决因当事人未上诉直接生效或经省高院二审后生效以及市中院二审、再审改判生效、被省高院二审、再审改判生效的，由市中院民三庭启动审核。

基层法院应将拟编入侵权名单的相关主体的信息和拟采取的处置措施及时上报市中院民三庭，由市中院民三庭统一审核后确定是否编入侵权名单。

审核意见自判决生效后1个月内由相关法院审理该案件的合议庭提出并提交专业法官会议讨论确定。市中院对基层法院上报的拟编入侵权名单的事项应指定专人审核及时提出意见并提交专业法官会议讨论确定。审核及评议、讨论意见应记入相应笔录入卷备查。

两级法院之间就侵权名单的依申请编入和申请复核的职责分工等，参照上述侵权名单依职权编入的工作机制执行。

（2）依申请编入

知识产权权利人或者相关权益人在温州两级法院作出的涉知识产权严重侵权的判决生效后2个月内可按上述分工安排向相关法院提出将侵权主体编入侵权名单的申请。

（3）申请复核

相关主体如对其被编入侵权名单有异议的，可向相关法院提出复核申请。相关法院应自收到申请之日起30日内予以复核。复核后认为异议成立的，及时将相关主体移出侵权名单；异议不成立的，书面回复申请人。

（4）管理单位

市中院民三庭负责侵权名单的统一编制、管理及与基层法院知识产权审判庭的对接等日常工作，基层法院不再另行编制各自辖区范围内的侵权名单。基层法院知识产权审判庭应指定专人负责搜集、整理拟编入侵权名单的相关侵权主体信息，登记成册后于每月 15 日前上报市中院民三庭。市中院民三庭根据全市范围内知识产权严重侵权相关主体的变动情况及时更新侵权名单，并通知权利人及相关主体。

四、侵权名单的移出

1. 移出侵权名单的期限

（1）主动移出

有下列情形之一的，市中院应及时将相关主体移出侵权名单并予以公布：

①据以编入侵权名单的生效判决被再审改判且原编入侵权名单的事由或侵权行为被否定的；

②自被编入侵权名单之日起满 3 年的。

（2）申请移出

有下列情形之一的，相关主体可参照侵权名单依职权编入的工作机制向相关法院提出将其移出侵权名单并向社会公布的申请：

①据以编入侵权名单的生效判决被再审改判且原编入侵权名单的事由或侵权行为被否定的；

②相关主体被编入侵权名单满 1 年未出现因知识产权侵权被法院生效判决认定构成侵权并被判令承担赔偿责任（仅被判令承担维权合理费用的情形除外）或因知识产权侵权被行政处罚、刑事惩罚的情形的；

③相关主体被编入侵权名单后能积极主动履行赔偿义务，消除不良影响，并取得知识产权权利人或者相关权益人同意的。

2. 移出侵权名单的审核

相关主体申请移出侵权名单的，可参照侵权名单依职权编入的工作机制直接提出，并由审理该案件的合议庭具体审核。基层法院知识产权审判庭拟将相关主体移出侵权名单的，应及时上报市中院民三庭，由市中院民三庭审核后及时移出并更新侵权名单。

3. 移出侵权名单的效果

市中院民三庭将相关主体移出侵权名单后应及时通知原作出生效判决的法院，由该法院通报相关组织或单位。

五、推进信用惩戒工作的举措

全市法院应以侵权名单为抓手，通过向社会公布、通报相关单位或组织等多种举措积极推进对严重侵害知识产权相关主体实施信用惩戒工作。侵权名单由市中院民三庭统一公布，通报相关单位或组织等由作出生效判决的法院具体负责。基层法院应于每年 6 月底和 12 月底将具体实施情况汇总并上报市中院民三庭。

1. 侵权名单公布

市中院于侵权名单发布或更新后及时通过两级法院的官网、微信公众号、微博、知识产权保护联席会议等平台统一向社会公布和曝光，并于每年“4.26 知产宣传周”通过新闻发布会的形式向社会公布一年以来对编入侵权名单相关主体采取信用惩戒措施的具体情况和取得的成效，增进社会各界就推进对严重侵犯知识产权相关主体实施信用惩戒工作的了解、认同和支持。

2. 向诉讼当事人送达

全市两级法院在受理知识产权纠纷案件后，可将《关于开展推进对严重侵害知识产权相关主体实施信用惩戒工作的告知书》及最近更新的侵权名单作为诉讼材料向案件当事人送达，将相关工作分工、流程、侵权名单内容、编入及移出的适用条件和推进信用惩戒的具体举措等以书面形式事先告知当事人。

3. 通报相关组织或单位

（1）通报相关组织

被编入侵权名单的主体如果是党员、人大代表、政协委员的，向其所在党组织、人大、政协的相关工作部门通报严重侵权相关事实和信息。

（2）通报基层群众自治组织

被编入侵权名单的主体是自然人的，向该自然人住所地的居民委员会或村民委员会通报严重侵权相关事实和信息；被编入侵权名单的主体是法人或非法人组织的，向该法人住所地的街道办事处、法定代表人或负责人住所地的居民委员会或村民委员会通报严重侵权相关事实和信息；

（3）通报市监局、业务主管部门等相关单位或行业协会

被编入侵权名单的主体是经营主体的，根据案件事实选择向该经营主体登记所属的市监局、业务主管部门、电商平台、行业协会、企业家协会以及主要贷款银行等通报严重侵权相关事实和信息，情节严重的可同时向市监局、业务主管部门等发出司法建议，加大对相关市场主体的日常监管和查处力度。

4. 作为之后侵权认定的考量因素

在对被编入侵权名单的相关主体及其直系亲属或由他们实际控制的法人、非法人组织之后涉及的知识产权严重侵权行为进行判定时，侵权名单及所涉事实可以作为重复侵权、故意侵权成立、适用惩罚性赔偿以及合法来源抗辩不成立的考量因素之一。

5. 推进联合信用惩戒

全市法院在编制侵权名单的基础上将进一步争取信用办、公安、检察、司法、市监、人行、文广新旅等相关政府职能部门的支持和协作，逐步推进联合信用惩戒，并争取将严重侵犯知识产权行为和相关主体纳入《温州市信用信息目录》和《温州市信用联合奖惩对象清单和措施清单》，为构建全链条知识产权信用体系贡献温州法院力量。

附件 1：《温州法院知识产权严重侵权名单》样式；

附件 2：《关于开展推进对严重侵害知识产权相关主体实施信用惩戒工作的告知书》样式；

附件 3：《通报》样式。

附件 1：

温州法院知识产权严重侵权名单
（　　年第　期）

1. 经营主体名称：
统一社会信用代码：
注册登记地址：
法定代表人（负责人、投资人）及职务：
严重侵权行为事实：
判决结果：
履行或强制执行情况：
2. 姓名：
性别：
出生年月：
政治面貌：
是否系人大代表或政协委员：
工作单位及职务：
严重侵权行为事实：
判决结果：
履行或强制执行情况：

知识产权权利人或者相关权益人以及被编入侵权名单的相关主体如对侵权名单有异议的，可联系以下单位：

温州市中级人民法院民事审判第三庭　　联系电话：
温州市瓯海区人民法院知识产权审判庭　联系电话：
瑞安市人民法院知识产权审判庭　　　　联系电话：
乐清市人民法院知识产权审判庭　　　　联系电话：

附件 2：

关于开展推进对严重侵害知识产权相关主体实施信用惩戒工作的告知书

一、温州市中级人民法院（以下简称市中院）将根据知识产权严重侵权生效判决编制《温州法院知识产权严重侵权名单》（以下简称侵权名单），并以该侵权名单为依托，通过向社会公布、通报相关单位、诉讼运用等方法，开展推进对严重侵害知识产权相关主体实施信用惩戒的工作。

二、相关主体被生效知识产权民事、行政及刑事判决认定存在下列行为或事实之一的，可能被编入侵权名单：

1. 侵权人因商标、著作权或不正当竞争侵权行为被单案判赔 50 万元以上且审理该案的合议庭认为有必要编入侵权名单的；

2. 侵权人曾被生效裁判、行政决定认定构成侵权，又故意继续实施或者变相重复实施新的同类侵权行为的；

3. 侵权人因涉嫌侵权与权利人达成和解协议或者调解协议并向权利人作出不再侵权的承诺后，又故意继续实施或者变相重复实施新的同类侵权行为的；

4. 侵权人以侵害知识产权为业的；

5. 侵权人因对他人注册商标有异议且经商标授权确权程序未能获得支持，仍故意继续实施侵权行为的；

6. 侵权人实施盗版、假冒注册商标行为的；

7. 侵权人生产不符合安全标准的食品、药品等民生安全领域侵权商品或销售明知是不符合安全标准的上述侵权商品的；

8. 侵权人销售明知是假冒与抢险救灾、疫情防控有关的物资注册商标的商品的；

9. 侵权人存在向电商平台提交伪造变造的权利证明、提交虚假侵权比对的鉴定意见、专家意见、明知权利状态不稳定仍发出通知、明知通知错误仍不及时撤回或者更正、反复提交错误通知等恶意行为的；

10. 侵权人存在向电商平台提供伪造或无效的权利证明、授权证明、提供包含虚假信息或者具有明显误导性内容的声明、对已附有认定侵权生效裁判或者行政处理决定的通知仍发出声明以及明知声明内容错误仍不及时撤回或者更正等恶意行为的；

11. 被全市两级法院审结并生效的刑事判决认定构成犯罪的侵害相关知识产权的行为；

12. 侵权人有拒不履行行为保全裁定、拒不执行文书提交令、伪造、变造、毁灭证据、恶意诉讼或不自动履行涉知识产权生效法律文书所确定的义务等行为的；

13. 被全市两级法院的生效裁判文书认定的涉知识产权虚假诉讼行为；

14. 有必要编入侵权名单的其他行为类型。

三、编入侵权名单的主体以侵权行为的直接行为人或主要行为人为限，具体包括自然人、法人和非法人组织。

四、统一编制的侵权名单一般包括下列信息：侵权行为人基本信息、侵权行为的种类、发生及持续时间、严重程度、实施地域或实施平台、主要判项及自动履行、强制执行情况等信息。

五、相关严重侵权主体由法院依职权编入侵权名单，被侵权的知识产权权利人或者相关权益人也可申请将其编入侵权名单。

基层法院作出的一审判决因当事人未上诉直接生效或经市中院二审后生效的，由该基层法院启动审核；市中院作出的一审判决因当事人未上诉直接生效或经省高院二审后生效以及市中院二审、再审改判生效、被省高院二审、再审改判生效的，由市中院启动审核。权利人或者相关权益人也可以在判决生效后 2 个月内向上述启动审核的法院申请将侵权主体编入侵权名单。

六、被编入侵权名单的主体如有异议的，可向启动审核的法院提出复核申请。法院应自收到异议申请之日起 30 日内予以复核。复核后认为异议成立的，将相关主体移出侵权名单；异议不成立的，书面回复相关主体。

七、据以编入侵权名单的生效判决被再审改判且原编入侵权名单的事由或侵权行为被否定，或被编入侵权名单之日起满 3 年，市中院将相关主体移出侵权名单并及时公布。

有下列情形之一的，相关主体也可向启动审核的法院提出将其移出侵权名单的申请：

（一）据以编入侵权名单的生效判决被再审改判且原编入侵权名单的事由或侵权行为被否定的；

（二）相关主体被编入侵权名单满 1 年未出现因知识产权侵权被法院生效判决认定构成侵权并被判令承担赔偿责任（仅被判令承担维权合理费用的情形除外）或因知识产权侵权被行政处罚、刑事惩罚的情形的；

（三）相关主体被编入侵权名单后能积极主动履行赔偿义务，消除不良影响，并取得被侵权人谅解的。

移除名单后，由该法院通报相关组织或单位。

八、推进信用惩戒工作的具体方法包括，向社会公布侵权名单、向诉讼当事人送达侵权名单、向党组织、人大、政协、基层群众自治组织、行政部门等相关组织通报侵权信息、作为再次侵权认定、惩罚性赔偿适用的考量因素以及推进联合信用惩戒等。

附件 3：《通报》模板。

××××人民法院

告知函

（××××）×××字第×××号

××××：

我院审理的××××××（当事人名称及案由）纠纷一案，已审结并生效。根据（××××）×××号生效判决认定，被告××的存在严重侵害知识产权的侵权行为，根据《关于推进对严重侵害知识产权相关主体实施信用惩戒的工作指引（试行）》规定，我院将被告××（及法定代表人××/负责人××/经营者××）编入《温州法院知识产权严重侵权名单》。因被告××（及法定代表人××/负责人××/经营者××）属于单位职工（党组织关系在你支部/属于你协会成员/户籍在你组织/属人大代表/属政协委员），特将相关情况函告你单位（支部/协会）。

附：相关主体信息表格

××××年××月××日

（院印）

联系人：　　　　　联系电话：

表格（单位）：

经营主体名称		统一社会信用代码	
注册登记地址			
法定代表人 （负责人、投资人）		职务	
严重侵权行为事实			
判决结果			
履行或强制执行情况			

表格（个人）：

经营主体名称		性别		身份证号码	
政治面貌		民族		是否系人大代表 或政协委员	
工作单位 及职务					
严重侵权 行为事实					
判决结果					
履行或强制 执行情况					

浙江省高级人民法院民三庭关于印发《关于市场开办者知识产权侵权责任的纪要》的通知

（2016年6月30日 浙高法民三〔2016〕4号）

本省各中级人民法院及具有一般知识产权案件管辖权的基层人民法院：

为明晰市场开办者知识产权侵权责任，促进商品交易市场健康有序发展，我庭在对市场开办者知识产权侵权责任问题进行充分调研的基础上，形成本纪要。现予以印发，请参照执行。执行中如有问题，请及时报告我庭。

浙江省高级人民法院民三庭关于市场开办者知识产权侵权责任的纪要

为加强知识产权保护，明晰市场开办者知识产权侵权责任，促进商品交易市场健康有序发展，根据相关法律法规、司法解释的规定，结合我省审判工作实际，形成以下纪要：

一、商品交易市场及市场开办者的界定

1. 本纪要所称商品交易市场，是指由商品交易市场开办者提供固定商位和相应设施，提供物业服务，实施经营管理，并收取一定租金等收益，有多个商户入场独立从事商品交易活动的实体经营场所。

2. 根据不同的产权模式，商品交易市场主要分为以下三类：

（1）所有权人出租模式，即场地所有权人将商铺出租给商户经营，所有权人一般同时也是市场的开办者和管理者。

（2）开发商返租模式，即商业地块的开发商将商铺出售给业主后，再统一从业主处租回商铺，然后出租给商户经营。开发商一般会委托专业的经营管理公司对市场进行招商和经营，本身并不实施经营管理行为。

（3）开发商出售模式，即商业地块的开发商将商铺出售给业主后，由业主自己经营或出租给其他商户经营。开发商一般不参与商铺出售之后的经营事务，而由另外的经营管理公司负责经营管理。

3. 本纪要所称商品交易市场开办者，是指依法登记并领取营业执照，从事市场经营管理的企业法人、其他经济组织或者个体工商户。

4. 对于已根据《浙江省商品交易市场名称登记管理办法》进行名称登记的商品交易市场，登记中所载的“市场举办者”属于本纪要所称的市场开办者，负有知识产权管理义务。

5. 对于未进行上述名称登记的商品交易市场，由进行日常经营管理的主体承担知识产权管理义务。

场地所有权人或开发商委托他人对市场进行经营管理的，由受托进行经营管理的企业承担知识产权管理义务。

6. 对于既未进行上述名称登记，也没有明确主体进行实际经营管理的商品交易市场，应根据不同情况认定负有知识产权管理义务的主体：

（1）在所有权人出租模式中，应由所有权人承担知识产权管理义务；

（2）在开发商返租模式中，应由开发商承担知识产权管理义务；

较为特殊的是，在开发商出售模式中，如果开发商在出售商铺后未参与经营管理，也无其他主体对该商业地产进行后续经营管理，则该商业地产中不存在本纪要所称的市场开办者，开发商亦无需承担知识产权管理义务。

7. 对于仅为市场提供物业服务，没有证据表明其有义务承担其他经营管理职责的主体，不属于本纪要所称的市场开办者，不需要承担知识产权管理义务。

二、市场开办者的直接侵权行为

8. 市场开办者在经营管理行为之外，如果还实施了销售侵权产品的行为，则应对该行为造成的损害后果承担直接侵权责任。

9. 判断市场开办者是否系销售主体，应结合销售合同的签订主体、发票收据等结算凭证记载的开具主体以及商户是否有独立营业执照等情节进行综合判断。

10. 场内商户没有独立营业执照，系挂靠市场开办者开展经营活动的，市场开办者可视为销售主体。

11. 发票的开具主体虽系市场开办者，但如果其系根据税务机关要求，统一为场内商户代开发票、代缴税款的，不能仅据此认定其为销售主体。

三、市场开办者的共同侵权行为

12. 市场开办者在经营管理市场时，教唆或者帮助商户实施知识产权侵权行为的，构成《侵权责任法》第九条规定的共同侵权行为。

13. 市场开办者明知或者应知商户实施知识产权侵权行为，却仍为其提供场地、设施、服务等便利条件的，构成帮助侵权行为。

14. 市场开办者收到权利人的侵权通知之后，应及时采取必要措施，阻止侵权行为的继续和侵害后果的扩大。

15. 权利人的侵权通知应包含证明其享有相关知识产权的凭证，且通知指向的涉嫌侵权商户及商品应当明确。

16. 认定是否构成“必要措施”，应结合商户侵权行为的明显程度和严重程度、是否系重复侵权以及市场开办者对商户的制约能力等进行综合判断。

在上述通知指向的商品明显侵害他人知识产权的情况下，市场开办者应根据法律法规或依据其与商户之间的合同约定采取收取违约金、停业整顿、收回商铺等有效措施。仅向商户进行告知、警示或要求其出具保证书的，一般不能认定为“必要措施”。

在商户行为是否构成侵权确难判断的情况下，市场开办者将权利人通知转送商户并告知权利人向公权力机关寻求救济的，可以视为其已采取必要措施。

市场开办者应对其已采取必要措施的事实承担举证证明责任。

17. 市场开办者对商户销售的商品不具有事先审查知识产权合法性的义务，但应根据其产权模式、服务内容、管理能力等，合理地履行知识产权管理义务或采取防范措施防止侵权行为的发生。

市场开办者违反上述注意义务，导致场内商户明显侵权的行为长期大规模存在的，即使其未收到权利人通知，也应认定构成帮助侵权行为。

18. 知识产权管理义务及防范措施主要包括：

（1）在商户入场前审查营业执照、经营许可证等经营主体资格情况，建立商户档案并定期核实更新；

（2）与商户签订规范的经营合同，明确约定侵害他人知识产权应承担的责任；

（3）建立场内经营活动的日常巡查监控机制，及时提示侵权风险、制止侵权行为；

（4）对于有条件的市场开办者，应鼓励其建立市场交易商品的备案制度。

四、共同侵权责任

19. 市场开办者教唆或者帮助商户实施知识产权侵权行为的，与商户承担连带责任。

20. 权利人仅对市场开办者提起诉讼，市场开办者申请追加实施销售行为的商户为被告的，如原告同意追加，则应予以追加；如原告不同意追加，则不予追加，但法院应向原告释明，对于因不追加商户导致案件相关事实不明的，应由其承担举证不能的不利后果。

21. 市场开办者接到权利人通知后未及时采取必要措施的，对损害的扩大部分与商户承担连带责任。

22. 市场开办者对扩大部分的责任中因商户直接侵权导致的赔偿部分可以向商户追偿，对市场开办者本身的责任部分，不能向商户追偿。

23. 在适用法定赔偿方式认定损害赔偿数额时，应根据个案具体情况细化考量因素，包括但不限于：

（1）不同知识产权的权利类型及其创新程度、市场价值；

（2）侵权行为的性质、持续时间、范围及后果；

（3）商品交易市场的规模、客流量及管理模式；

（4）市场开办者的主观过错，包括其管理能力、侵权行为的明显程度、是否系重复侵权、收到通知后有无采取措施等；

（5）维权的合理开支。

郑州市中级人民法院印发《关于建立知识产权侵权惩罚性赔偿机制的意见》的通知

（2020年7月15日　郑中法〔2020〕169号）

全市各基层法院、本院各部门：

现将《关于建立知识产权侵权惩罚性赔偿机制的意见》印发给你们，请认真遵照执行。

关于建立知识产权侵权惩罚性赔偿机制的意见

强化知识产权保护，是建设更高水平开放型经济新体制、营造优质营商环境的客观要求。严格、充分、及时保护知识产权，是全面加强知识产权司法保护的重要方面。十八大以来，知识产权保护受到前所未有的重视，知识产权侵权多发易发、权利人维权困难等问题得到进一步解决，但仍有一些问题较为突出。为了强化适用知识产权侵权惩罚性赔偿制度以及从高适用法定赔偿从重处罚知识产权刑事犯罪，以阻遏未来窃取或侵犯知识产权行为，推动营造不敢侵权、不愿侵权的良好法治环境、良好营商环境，结合知识产权审判实际，根据相关法律以及上级法院相关政策，制定如下意见。

一、加强适用保全措施

1. 对于侵害或者即将侵害涉及核心技术、知名品牌、热播节目等知识产权以及在展会上侵害或者即将侵害知识产权等行为，人民法院应当依法加大行为保全适用力度。

2. 知识产权权利人在知识产权侵权诉讼中同时申请停止侵权的先行判决和行为保全的，人民法院可以依法一并审查。

3. 采取财产保全措施后需要续保的，应当向正在审理知识产权纠纷案件的人民法院提出申请。

4. 知识产权权利人有初步证据证明存在侵害知识产权行为且证据可能灭失或者难以取得的情形，申请证据保全的，人民法院应当及时审查，依法采取保全措施。涉及较强专业技术问题的证据保全，可以由技术调查官或者相关领域的技术专家参与。

5. 被诉侵权人擅自毁损、转移已采取保全措施的被诉侵权产品，致使侵权事实无法查明的，人民法院可以推定权利人就该证据所涉证明事项的主张成立。属于法律规定的妨害诉讼情形的，依法采取强制措施。

二、依法判决停止侵权

6. 对于制造、销售侵权产品等侵害知识产权行为，人民法院一般应当依法判决停止侵权。因涉及公共健康、环境资源保护等依法不判令停止侵权的，应当采取经济补偿等替代性措施。

7. 对于侵权事实已经清楚、能够认定侵权成立的，人民法院可以先行判决停止侵权，及时制止侵权行为。

8. 对于假冒、盗版商品及主要用于生产或者制造假冒、盗版商品的材料和工具，权利人在民事诉讼中举证证明上述物品存在并请求立即销毁的，除特殊情况外，人民法院应当支持。在特殊情况下，可以在商业渠道之外处置主要用于生产或者制造假冒、盗版商品的材料和工具。侵权人请求补偿的，人民法院不予支持。

三、依法加大赔偿力度

9. 充分运用举证妨碍、调查取证、证据保全、专业评估等制度，引导当事人积极、全面、正确、诚实举证，提高损害赔偿数额计算的科学性和合理性，充分弥补知识产权权利人损失。

10. 积极运用工商税务部门、第三方商业平台、侵权人网站或者公司依法披露文件显示的相关数据以及行业平均利润率等，依法确定侵权获利情况。

11. 人民法院责令被诉侵权人提供所持有的侵权获利证据，其无正当理由拒不提供的，人民法院可以根据知识产权权利人的主张和在案证据确定赔偿数额。

12. 正确把握惩罚性赔偿认定标准，依法支持知识产权权利人的惩罚性赔偿请求，充分发挥惩罚性赔偿对于侵权行为的威慑作用。

13. 综合考虑请求保护的知识产权类型、创新高度和市场价值、侵权人主观过错、侵权行为性质和规模、损害后果严重程度等因素，合理确定法定赔偿数额。侵权人故意侵权且情节严重的，以接近或者达到最高限额确定法定赔偿数额。

14. 具有下列情形之一的，可以认定为侵害知识产权的“情节严重”：多次侵权，主要以侵权为业，侵权行为持续时间长，侵权行为涉及区域范围广，侵权人获利数额巨大，侵权行为造成知识产权权利人重大经济损失，侵权行为可能危害人身安全或者严重损害公共利益等。

15. 知识产权权利人在后续诉讼中请求将新增的为制止侵权行为所支付的合理开支纳入赔偿数额的，人民法院可以一并予以审查。

16. 综合考虑侵权人的主观故意以及案情复杂程度、工作专业性和强度、实际支付金额、行业惯例、当地政府指导价等因素，根据知识产权权利人提供的证据，合理确定权利人请求赔偿的律师费用。

17. 公司实施侵害知识产权行为，权利人请求股东、实际控制人、关联公司与该公司承担连带责任的，人民法院应当综合考虑股东、实际控制人是否明知他人知识产权的存在，是否以其个人账户收取公司侵权产品货款，被诉侵权标识、技术方案等是否由股东、实际控制人提供，以及财产、员工、住所、联系方式等方面的关联情况，依法确定法律责任。

18. 明知或者应知请求保护的知识产权系不正当获得或者不具备行使权利的实质基础，仍然依据该权利提起侵权诉讼或者申请保全措施等，构成恶意诉讼的，对方当事人可以反诉请求赔偿其为应诉而支付的律师费、差旅费、调查取证费等合理费用和因此遭受的经济损失。

四、加大刑事打击力度

19. 对于主要以侵犯知识产权为业、在特定期间假冒抢险救灾、防疫物资等商品的注册商标以及为境外的机构、组织、人员侵犯商业秘密的情形，依法从重处罚，一般不得适用缓刑。

20. 依法严格追缴违法所得，加强罚金刑的适用，加大从业禁止、禁止令的适用，剥夺犯罪分子再次侵犯知识产权的能力和条件。

北京市高级人民法院关于侵害知识产权民事案件适用惩罚性赔偿审理指南①

（2022年4月25日）

为有效执行知识产权侵权惩罚性赔偿制度，依法惩处严重侵害知识产权行为，加大知识产权司法保护力度，充分发挥惩罚性赔偿制度的震慑作用，坚决遏制严重侵害知识产权行为的发生，严格统一惩罚性赔偿制度的适用标准，根据《中华人民共和国民法典》《中华人民共和国专利法》《中华人民共和国商标法》《中华人民共和国著作权法》《中华人民共和国反不正当竞争法》《中华人民共和国种子法》《中华人民共和国民事诉讼法》以及《最高人民法院关于审理侵害知识产权民事案件适用惩罚性赔偿的解释》等法律及司法解释的规定，结合北京法院知识产权审判工作实践，制定本指南。

第一部分　一般规定

1.1　**【适用原则】**

在侵害知识产权民事案件中，适用惩罚性赔偿应坚持依法适用、积极审慎的原则，在充分尊重和体现知识产权价值基础上，实现惩罚性赔偿对故意严重侵害知识产权行为的遏制作用。

1.2　**【请求适用】**

惩罚性赔偿的适用应以权利人请求为前提。权利人未依法请求惩罚性赔偿的，不得主动适用惩罚性赔偿。

1.3　**【请求内容】**

权利人请求惩罚性赔偿，应明确惩罚性赔偿的基数、基数确定方法及计算方式、倍数及赔偿总额，并提供相应证据。

权利人请求惩罚性赔偿，但无正当理由拒不明确请求惩罚性赔偿的基数、基数确定方法、倍数或者赔偿总额导致惩罚性赔偿无法适用的，一般不予支持。

1.4　**【赔偿仲裁后不宜再行请求】**

当事人就侵害知识产权损害赔偿纠纷的解决达成仲裁协议并经仲裁机关作出仲裁裁决后，权利人一般不宜就同一侵权行为再行提起惩罚性赔偿诉讼，但该仲裁裁决被依法撤销或者裁定不予执行的除外。

---

① 本文件为中英双语版，本书仅收录中文版，英文版可参见北京市高级人民法院微信公众号“京法网事”2022年4月25日文章：《全文（中英版）| 北京高院发布知识产权民事案件适用惩罚性赔偿审理指南》，https://mp.weixin.qq.com/s/jj-Zp50kIkCLAmbbvC0INQ。——编者注

1.5　【与行政罚款、刑事罚金的关系】

侵权人因同一侵权行为被判决承担惩罚性赔偿的民事责任，并被处以行政罚款或者刑事罚金，应优先承担惩罚性赔偿的民事责任。

第二部分　法定要件

2.1　【法定适用要件】

惩罚性赔偿适用于故意侵权且情节严重的侵害知识产权案件。恶意侵权属于故意侵权的情形。

2.2　【侵权故意的认定】

综合考虑案件具体情况，下列情形一般可以认定故意侵害知识产权：

（1）恶意抢注并使用他人驰名商标；

（2）在同一种或者类似商品上使用他人已注册驰名商标；

（3）在宣传或者提供侵权商品或者服务时遮挡、清除权利标识；

（4）在商标授权程序中知悉他人商标权，仍然实施侵害该商标权的行为；

（5）不当取得的知识产权被依法撤销、宣告无效后，仍然实施或者使用该知识产权且被认定构成侵权；

（6）知识产权行政主管部门发出侵权通知后，仍然继续实施侵权行为。

2.3　【情节严重的考量因素】

判断侵权情节是否严重，可以综合考虑侵权手段、次数、规模，侵权持续时间、地域范围，以及侵权人在侵权诉讼或者行政查处过程中的行为表现等因素。侵权行为造成严重后果的，可以推定为情节严重。

2.4　【情节严重的认定】

综合考虑案件具体情况，下列情形一般可以认定为侵害知识产权情节严重：

（1）侵害知名度较高的体育赛事节目、展会知识产权；

（2）同一侵权人多渠道传播侵权视频；

（3）针对同一权利人或者同一知识产权多次实施侵权行为；

（4）侵权规模较大且侵权行为持续时间较长；

（5）权利人商业信誉遭受重大损失；

（6）无正当理由拒不履行行为保全裁定；

（7）侵权人采取暴力、胁迫等违法或者不当手段阻碍国家工作人员依法调查取证。

2.5　【侵权故意且情节严重的认定】

综合考虑案件具体情况，下列情形一般可以认定为故意侵害知识产权且情节严重：

（1）主要以侵害知识产权为业；

（2）在电影、电视剧、综艺节目、体育赛事节目或者网络游戏公开传播前或者公开传播初期擅自传播侵权作品；

（3）经合法授权提供权利商品或者服务的同时，擅自提供侵害同一知识产权的商品或者服务；

（4）在广告宣传、合作磋商、签订合同、样品展示及体验服务等过程中提供权利商品或者服务，但实际交易时仅提供或者主要提供侵害同一知识产权的商品或者服务；

（5）行政处罚或者行政裁决认定侵权后，同一侵权人再次或者继续实施同样的侵权行为；

（6）当事人在自愿达成的和解协议中确认侵权后，同一侵权人再次或者继续实施同样的侵权行为；

（7）生效判决、调解书、仲裁裁决认定侵权后，同一侵权人再次或者继续实施同样的侵权行为；

（8）采取增设企业、变更企业名称、变更法定代表人、利用关联企业等方式再次或者继续实施同样的侵权行为。

第三部分　惩罚性赔偿的计算

3.1　**【赔偿总额】**

适用惩罚性赔偿确定的赔偿总额为基数及基数与倍数乘积之和。权利人为制止侵权行为所支付的合理开支另行计算。

3.2　**【基数的确定方法】**

权利人请求惩罚性赔偿的，可以选择按照下列方法确定赔偿基数：

（1）权利人因侵权行为所受到的实际损失；

（2）侵权人因侵权行为所获得的利益；

（3）许可使用费的合理倍数或者权利使用费。

法定赔偿数额不得作为计算惩罚性赔偿的基数。

侵权人因侵权行为所获得的利益，是指侵权人因侵害知识产权所获得的财产性收益，通常是指侵权人因侵权所获得的营业利润，但对于主要以侵权为业的侵权人可以计算其销售利润。

3.3　**【基数确定方法的适用顺序】**

依照商标法、种子法适用惩罚性赔偿时，一般先按照权利人的实际损失确定赔偿基数，权利人的实际损失难以计算时按照侵权人的侵权获利确定赔偿基数，权利人的实际损失及侵权人的侵权获利均难以计算的，可以参照许可使用费的合理倍数确定赔偿基数。

依照专利法、著作权法适用惩罚性赔偿时，一般先按照权利人的实际损失或者侵权人的侵权获利确定赔偿基数，权利人的实际损失或者侵权人的侵权获利均难以计算的，可以参照许可使用费的合理倍数或者权利使用费确定赔偿基数。

依照反不正当竞争法对侵犯商业秘密行为适用惩罚性赔偿时，一般先按照权利人的实际损失确定赔偿基数，权利人的实际损失难以计算的，可以按照侵权人的侵权获利确定赔偿基数。

3.4　**【基数确定方法的选择适用】**

法律规定各基数确定方法存在适用顺序的，一般优先适用在先方法确定惩罚性赔偿基数；在先方法难以确定惩罚性赔偿基数的，权利人可以选择在后方法确定惩罚性赔偿基数。

3.5　**【实际损失的计算】**

计算权利人因侵权行为所受到的实际损失，可以根据案件具体情况，综合考虑以下因素：

（1）权利人商品销售减少情况；

（2）权利人商品价格下降情况；
（3）权利人商品利润下降情况；
（4）权利人客户或者用户减少情况；
（5）权利人广告收益减少情况；
（6）权利人为恢复商誉所支付的合理费用；
（7）权利人为其权利客体支出的创作、研发成本情况；
（8）权利人网站中相关内容的点击、下载、浏览量情况；
（9）权利许可使用合同或者转让合同因侵权导致不能履行或者难以正常履行产生的预期利益损失。

3.6　**【侵权获利的计算】**

计算侵权人因侵权行为所获得的利益，可以根据案件具体情况，综合考虑以下因素：
（1）侵权商品销售数量及单位利润情况；
（2）侵权商品利润占侵权人整体利润的比重；
（3）侵权人自认的侵权商品销售数量、价格、利润等情况；
（4）网络平台显示的侵权商品销售数量、价格、评价及收益等情况；
（5）被行政执法机关查处或者司法机关查封、扣押的侵权商品数量及价格情况；
（6）侵权人相关账户资金流动或者纳税情况；
（7）侵权人网站、宣传资料、财务报告等公开披露的相关数据；
（8）因侵权行为带来的广告收益情况；
（9）侵权内容在相关网站的点击、下载、浏览量情况；
（10）侵权人因实施侵权行为而减少支出的许可使用费情况；
（11）侵权人主要因实施侵权行为获取的投融资、技术转移、政府资金或者土地支持、高新资质等收益情况。

3.7　**【商品单位利润的计算】**

计算权利人商品或者侵权商品的单位利润，可以根据案件具体情况，综合考虑以下因素：
（1）当事人公开宣传、披露的利润情况；
（2）主管部门、行业协会、第三方平台等发布的统计报告或者行业报告显示的利润情况；
（3）相同或者可替代商品的利润情况；
（4）当事人自认的商品单位利润情况；
（5）当事人在行政审批、投融资过程中披露的利润情况。

3.8　**【举证妨碍规则的适用】**

权利人已经尽了必要举证责任，但侵权获利的证据主要由侵权人掌握，且侵权人无正当理由拒不提供相关证据、仅提供明显少于其实际获利的部分证据，或者故意提供虚假证据，妨碍惩罚性赔偿基数认定的，可以根据案件具体情况，参考权利人的主张及相关证据确定惩罚性赔偿的基数。

3.9　**【许可使用费或者权利使用费的考量因素】**

参照许可使用费的合理倍数或者权利使用费确定惩罚性赔偿的基数时，可以根据案件具体情况，综合考虑以下因素：

（1）许可使用合同的实际履行及相应证据情况；

（2）许可使用与侵权使用的可比性；

（3）许可使用费是否受到诉讼、并购、破产、清算等因素的影响；

（4）许可人与被许可人之间是否存在亲属关系、投资关系或者实际控制关系等关联关系；

（5）同行业或者相关行业通常的许可使用费或者权利使用费标准；

（6）许可使用合同的备案情况。

3.10 **【许可使用费倍数的考量因素】**

以许可使用费的合理倍数计算惩罚性赔偿基数的，可以根据案件具体情况，综合考虑权利客体的性质，商业价值，研发成本，创新高度，可能带来的竞争优势，侵权行为与被许可行为所涉及的权利性质、许可期限、范围的异同等因素确定该倍数。

3.11 **【知识产权的贡献度】**

按照侵权获利方法确定惩罚性赔偿基数时，应根据案件具体情况，适当考量权利人知识产权对于商业价值的贡献程度或者比例，合理确定知识产权贡献度。

3.12 **【知识产权贡献度的考量因素】**

确定知识产权对商业价值的贡献度，可以根据案件具体情况，综合考虑以下因素：

（1）权利客体的创造性、独创性、显著性或者价值性；

（2）权利客体的创作研发成本及市场价格情况；

（3）权利人商品与同类商品的市场价格、销售数量、利润比较情况；

（4）侵权商品的生产经营成本、市场价格、单位利润等情况；

（5）侵权内容分别占权利客体、侵权客体的数量比例或者重要程度情况。

3.13 **【倍数的确定】**

惩罚性赔偿的倍数应与侵权人的侵权故意及情节严重程度相适应。惩罚性赔偿的倍数应在法定范围内酌情确定，但当事人另有约定的除外。

3.14 **【倍数的考量因素】**

确定惩罚性赔偿的倍数，除综合考虑本指南第2.2条、第2.3条、第2.4条、第2.5条规定的情形外，还可以根据案件具体情况，综合考虑以下因素：

（1）侵权故意程度；

（2）侵权持续时间；

（3）侵害知识产权的数量；

（4）侵权行为对行业造成的危害；

（5）侵权人是否多次侵害知识产权；

（6）侵权人是否如实提交侵权获利证据。

3.15 **【侵害专利权倍数的考量因素】**

在侵害专利权案件中确定惩罚性赔偿的倍数，除考虑本指南第3.14条规定的因素外，还可以根据案件具体情况，综合考虑以下因素：

（1）专利类型；

（2）专利创新高度；

（3）专利是否属于国务院专利行政部门认定的高价值发明专利；

（4）专利技术是否属于关键核心技术、重点领域或者新兴产业的技术、国家重点支持的高新技术；

（5）专利权剩余有效期；

（6）侵权产品中侵害专利权的数量；

（7）侵权人是否因侵害同一专利权承担过损害赔偿责任及承担损害赔偿责任的具体情况。

3.16　**【侵害商标权倍数的考量因素】**

在侵害商标权案件中确定惩罚性赔偿的倍数，除考虑本指南第 3.14 条规定的因素外，还可以根据案件具体情况，综合考虑以下因素：

（1）权利人的商誉和市场地位；

（2）权利商标的知名度情况；

（3）权利商标与侵权标识相同或者近似程度；

（4）侵权人抢注、攀附商标的情况；

（5）侵权人与权利人的同业竞争情况；

（6）侵权人是否在伪劣商品上使用侵权标识；

（7）侵权人对权利商标提出异议、撤销或者无效宣告请求及其审查情况。

3.17　**【侵害著作权倍数的考量因素】**

在侵害著作权或者与著作权有关的权利的案件中确定惩罚性赔偿的倍数，除考虑本指南第 3.14 条规定的因素外，还可以根据案件具体情况，综合考虑以下因素：

（1）权利人或者权利客体的知名度和影响力；

（2）权利客体涉及的商业模式、收费标准等；

（3）侵害同一著作权或者与著作权有关的权利的权项数量；

（4）侵权人实施侵权行为的手段、方式；

（5）侵权人从侵权内容中的获利情况；

（6）侵权行为是否发生在权利客体的热播期、热映期或者集中宣传推广期间；

（7）侵权平台的规模，侵权持续传播时间，侵权内容的数量及点击、下载、浏览量情况；

（8）侵权人被其他权利人追究侵权的情况。

3.18　**【侵犯商业秘密倍数的考量因素】**

在侵犯商业秘密案件中确定惩罚性赔偿的倍数，除考虑本指南第 3.14 条规定的因素外，还可以根据案件具体情况，综合考虑以下因素：

（1）商业秘密的类型及市场价值；

（2）技术信息的创新程度；

（3）商业秘密的成本投入情况；

（4）权利人采取保密措施的情况；

（5）商业秘密可保持竞争优势的时间；

（6）侵权获取商业秘密手段的恶劣程度；

（7）侵权行为是否导致商业秘密被公开。

3.19 【侵害植物新品种权倍数的考量因素】

在侵害植物新品种权案件中确定惩罚性赔偿的倍数，除考虑本指南第3.14条规定的因素外，还可以根据案件具体情况，综合考虑以下因素：

（1）授权品种是否属于禁止进出口的种子；

（2）授权品种的市场规模；

（3）侵权品种的生产、繁殖规模；

（4）侵权品种的销售价格及数量；

（5）侵权品种是否以次充好、以假乱真；

（6）侵权品种售出后的种植规模；

（7）是否危及国家粮食安全。

3.20 【约定惩罚性赔偿的适用】

权利人请求适用其与侵权人约定的惩罚性赔偿的，一般予以支持。

权利人请求适用的惩罚性赔偿不同于其与侵权人约定的，侵权人主张应在该约定范围内适用惩罚性赔偿的，可以支持侵权人的主张，但权利人提出异议并提供有效证据证明该约定明显不合理的除外。

3.21 【惩罚性赔偿的约定内容】

当事人可以约定适用惩罚性赔偿的基数、基数确定方法、倍数及赔偿总额。

当事人约定惩罚性赔偿的倍数不在法定范围内，并请求适用约定的惩罚性赔偿倍数的，一般予以支持，但对方当事人提出异议并提供有效证据证明该约定明显不合理的除外。

3.22 【以许可使用费作为基数的约定】

当事人可以约定以许可使用费或者其合理倍数确定惩罚性赔偿基数，但对方当事人提出异议并提供有效证据证明该约定明显不合理的除外。

3.23 【法定赔偿中的惩罚性考量因素】

对于故意侵权且情节严重的侵害知识产权案件，权利人请求适用惩罚性赔偿，但赔偿基数难以确定需要适用法定赔偿的，酌情从高确定赔偿数额。

第四部分　惩罚性赔偿对网络服务提供者的适用

4.1 【一般规则】

网络服务提供者明知网络用户利用其网络服务实施侵权行为，无正当理由不采取或者延迟采取删除、屏蔽、断开链接等必要措施，致使发生严重侵害知识产权行为，权利人请求对网络服务提供者适用惩罚性赔偿的，一般予以支持。

网络服务提供者教唆网络用户利用其网络服务实施侵权行为，网络用户经教唆严重侵害他人知识产权的，权利人请求对网络服务提供者适用惩罚性赔偿的，一般予以支持。

4.2 【明知的认定】

综合考虑案件具体情况，下列情形一般可以认定网络服务提供者明知网络用户利用其网络服务实施侵权行为：

（1）接到权利人发出的侵权通知；

（2）接到知识产权行政主管部门发出的侵权通知；

（3）因网络用户利用其网络服务实施同样的侵权行为而参加相关诉讼、仲裁等程序；

（4）与网络用户以分工合作方式提供侵权客体。

4.3 **【情节严重的认定】**

综合考虑案件具体情况，网络服务提供者实施的下列行为，一般可以认定为情节严重的情形：

（1）网络用户的行为被依法认定侵权后，仍然教唆或者继续教唆该网络用户实施同样或者类似的侵权行为，网络用户经教唆实施相关侵权行为的；

（2）网络服务提供者因网络用户利用其网络服务实施侵权行为被依法认定侵权后，仍然教唆或者继续教唆网络用户实施同样或者类似的侵权行为，网络用户经教唆实施相关侵权行为的；

（3）网络用户拒不履行认定其侵权的生效判决、裁定，仍然为该网络用户继续实施同样的侵权行为提供网络服务；

（4）网络用户被依法认定侵权后，该网络用户再次实施同样的侵权行为，经权利人通知后，无正当理由不采取或者延迟采取删除、屏蔽、断开链接等必要措施；

（5）网络服务提供者因网络用户利用其网络服务实施侵权行为被依法认定侵权后，仍然为该网络用户继续实施或者再次实施同样的侵权行为提供网络服务；

（6）主要以教唆、帮助他人侵害知识产权为业。

4.4 **【未履行转通知义务】**

网络服务提供者无正当理由故意不履行或者迟延履行转通知义务，致使权利人或者网络用户的知识产权受到严重侵害，权利人或者网络用户请求网络服务提供者与他人共同承担惩罚性赔偿责任的，可以依法予以支持。

4.5 **【未及时终止措施】**

网络服务提供者针对他人恶意投诉行为应当依法终止所采取的措施，无正当理由故意不终止或者迟延终止措施，致使被投诉人的知识产权受到严重侵害，被投诉人请求网络服务提供者与他人共同承担惩罚性赔偿责任的，可以依法予以支持。

前款中的恶意投诉，一般是指以非法获利或者排挤竞争对手为目的，利用网络投诉机制进行无正当理由的投诉，严重影响被投诉人合法权益的行为。

4.6 **【直接实施侵权行为的法律责任】**

网络服务提供者直接实施故意侵害知识产权行为且情节严重，权利人请求适用惩罚性赔偿的，依法予以支持。

4.7 **【网络直播带货的侵权责任】**

网络直播带货的行为人明知其直播带货的商品或者服务侵害他人知识产权，仍然从事直播带货行为并造成严重后果，权利人请求适用惩罚性赔偿的，一般予以支持。

网络服务提供者明知网络直播带货的行为人利用其网络服务从事前款规定的侵害知识产权行为，无正当理由不采取合理有效措施予以制止，依法与网络直播带货的行为人共同承担惩罚性赔偿责任。

4.8 **【代购的侵权责任】**

代购人明知其代购的商品或者服务侵害他人知识产权，仍然代购该商品或者服务并造成严重后果，权利人请求适用惩罚性赔偿的，一般予以支持。

网络服务提供者明知代购人利用其网络服务从事前款规定的侵害知识产权行为，无正当理由不采取合理有效措施予以制止，依法与代购人共同承担惩罚性赔偿责任。

第五部分　程 序 规 定

5.1　**【请求的提出或者变更】**

权利人提出或者变更惩罚性赔偿的基数、基数确定方法及计算方式、倍数及赔偿总额的，一般在一审法庭辩论终结前提出或者变更。

权利人在一审中请求惩罚性赔偿并在其上诉后变更惩罚性赔偿的基数、基数确定方法及计算方式、倍数或者赔偿总额，一般予以支持，但变更后的索赔数额超出诉讼请求且调解不成的，对超出部分不予支持。

5.2　**【一审不提交计算证据的后果】**

权利人在一审中请求惩罚性赔偿，且持有其主张的惩罚性赔偿基数确定方法的计算方式及相应证据，无正当理由拒不提交证据，致使其惩罚性赔偿请求未获支持的，二审一般亦不予支持。

5.3　**【部分权利人请求】**

在侵害同一知识产权的同一案件中，部分共有人请求惩罚性赔偿的，一般及于全部共有人。但是，未明确请求惩罚性赔偿的可依法单独行使权利的权利人，以及明确不同意适用惩罚性赔偿的共有人，一般不宜适用惩罚性赔偿确定其应获得的赔偿数额。

5.4　**【对权利共有人的一致适用】**

同一知识产权的共有人在同一案件中针对同一侵权人请求适用不同基数、倍数的惩罚性赔偿，可告知其明确一致的基数和倍数，亦可在共有人请求范围内根据案件具体情况合理确定惩罚性赔偿的基数和倍数。

5.5　**【针对同一侵权人的分别适用】**

权利人起诉同一侵权人侵害其多项知识产权或者同一著作权及与著作权有关的权利的多个权项时，分别请求适用不同基数、倍数的惩罚性赔偿，或者仅对部分侵权行为请求惩罚性赔偿的，一般予以支持。

5.6　**【对部分侵权人适用】**

权利人仅请求对同一案件的部分侵权人适用惩罚性赔偿的，可以对部分侵权人依法适用惩罚性赔偿，对其他侵权人不宜适用惩罚性赔偿。

5.7　**【针对不同侵权人的分别适用】**

权利人在同一案件中针对不同侵权人请求适用不同基数、倍数的惩罚性赔偿，不同侵权人分别实施侵权行为的，可以根据权利人的请求分别适用惩罚性赔偿；不同侵权人共同实施侵权行为的，可以根据案件具体情况确定惩罚性赔偿的基数和倍数。

5.8　**【部分适用】**

同一侵权行为造成的损害后果中，如果部分损害后果能够确定的，可以依权利人请求对该部分损害后果适用惩罚性赔偿，对难以确定损害后果的部分另行依法确定赔偿责任。

5.9 【分阶段适用】

侵权人持续实施侵害知识产权行为，对不符合惩罚性赔偿法定适用要件的持续侵权行为，不宜适用惩罚性赔偿；但侵权人在持续实施侵害知识产权行为过程中满足惩罚性赔偿法定适用要件的，可以自满足惩罚性赔偿法定适用要件时适用惩罚性赔偿。

第六部分 适 用 范 围

6.1 【适用范围】

本指南自下发之日起执行，北京市高级人民法院已经发布文件的相关规定与本指南不一致的，以本指南为准。

山东省高级人民法院关于审理侵害知识产权民事案件适用惩罚性赔偿的裁判指引

（2022年4月21日）

为深入贯彻实施创新驱动发展战略，服务保障新时代社会主义现代化强省建设，全面加强知识产权司法保护，贯彻落实省委、省政府《贯彻落实〈关于加强知识产权审判领域改革创新若干问题意见〉的实施意见》和全省知识产权保护大会会议精神，进一步落实知识产权惩罚性赔偿制度，细化知识产权惩罚性赔偿适用标准，确保全省法院准确适用《最高人民法院关于审理侵害知识产权民事案件适用惩罚性赔偿的解释》，结合全省知识产权审判工作实际，制定本指引。

一、关于惩罚性赔偿的适用条件

原告请求判令被告承担惩罚性赔偿责任的，人民法院应当从被告主观是否为故意侵权和侵权情节是否严重两个方面进行审查。在原告未提出明确请求的情况下，人民法院不得主动适用惩罚性赔偿。

二、关于惩罚性赔偿的请求

原告最迟应当在一审法庭辩论终结前提出惩罚性赔偿请求，并明确赔偿数额、计算方式以及所依据的事实和理由。

原告在二审中增加惩罚性赔偿请求的，人民法院可以根据当事人自愿的原则进行调解，调解不成的，告知当事人另行起诉。各方当事人同意由二审法院一并审理的，二审法院向当事人充分释明相关诉讼权利义务后，可以一并裁判。

三、关于适用惩罚性赔偿的举证责任

原告请求惩罚性赔偿的，应当提交证据证明以下内容：

（一）被告行为构成侵权；

（二）被告具有侵权故意；

（三）被告侵权情节严重；

（四）原告实际损失、被告侵权获利或可参照的权利许可使用费。

四、关于侵权故意的认定

对于被告是否具有侵权故意，人民法院应当审查被告主观上是否明知其行为会导致侵权结果的发生，并希望或者放任这种结果发生。审查时应当综合考虑知识产权客体类型、权利状态稳定性、相关产品知名程度、被告与原告或者利害关系人之间的关系密切程度等因素。

故意包括商标法第六十三条第一款和反不正当竞争法第十七条第三款规定的恶意。

五、关于初步认定侵权故意

原告举证证明被告具有下列情形之一的，人民法院可以初步认定被告具有侵害知识产权的故意：

（一）被告经原告或者利害关系人通知、警告后，仍继续实施侵权行为。通知、警告应当为有效通知、警告，即权利人以书信、传真、电子邮件等方式提交的通知、警告中表明了原告或者利害关系人的权利人身份及被告行为构成侵权的初步证据，且内容应当能使被告对其行为是否构成侵权作出合理判断；

（二）被告或其法定代表人、管理人是原告或者利害关系人的法定代表人、管理人、实际控制人。其中，被告是高级管理人员的，参照法定代表人或者实际控制人的情况来认定；被告是普通管理人员的，结合是否接触过被侵害的知识产权综合判断；

（三）被告与原告或者利害关系人之间存在劳动、劳务、合作、许可、经销、代理、代表等关系，且接触过被侵害的知识产权；

（四）被告与原告或者利害关系人之间有业务往来或者为达成合同等进行过磋商，且接触过被侵害的知识产权；

（五）被告实施盗版、假冒注册商标行为；

（六）被告商标或者注册申请因与原告主张保护的在先商标近似被商标局宣告无效或决定驳回、不予注册，仍然进行使用；

（七）被告因侵权被行政处罚、法院裁判承担责任或者与原告达成和解、调解后，再次实施相同或者类似侵权行为；

（八）其他可以初步认定为故意的情形。

上述第一、二、三、四项中的利害关系人包括知识产权许可合同的被许可人、知识产权财产权利的合法继承人等。

六、关于不宜适用惩罚性赔偿的情形

人民法院在审查被告是否具有侵权故意时，应当综合考虑原告主张的权利状态稳定性或者是否存在阻碍创新等因素。具有下列情形之一的，不宜适用惩罚性赔偿：

（一）原告主张的商标权处于撤销审查程序或者商标权、专利权、植物新品种权处于无效宣告审查程序；

（二）被告技术方案中的技术特征与原告专利技术构成等同；

（三）其他不宜适用惩罚性赔偿的情形。

七、关于侵权情节严重的认定

对于侵权行为是否构成情节严重，人民法院在审查时应当综合考虑侵权手段、次数，侵权行为的持续时间、地域范围、规模、后果，侵权人在诉讼中的行为等因素。

八、关于侵权情节严重的情形

原告举证证明被告具有下列情形之一的，人民法院可以认定被告侵害知识产权情节严重：

（一）被告因侵权被行政处罚、法院裁判承担责任或者与原告达成和解、调解后，再次实施相同或者类似侵权行为；

（二）被告以侵害知识产权为业，即被告实施的知识产权侵权行为系其主营业务、构成主要利润来源。主营业务不应当以被告营业执照登记的经营范围为准，而应当着重考虑其实际经营业务；

（三）被告伪造、毁坏或者隐匿侵权证据。侵权证据既包括是否构成侵权的证据，也包括能够证明侵权损害的证据；

（四）被告拒不履行保全裁定，主要包括行为保全和证据保全；

（五）被告侵权获利或者权利人受损巨大。实践中认定侵权获利或者权利人受损，应当考量侵权行为的持续时间、地域范围、规模、后果、被侵害知识产权的种类、数量等因素。权利人受损既包括经济损失，也包括给权利人造成商誉等合法权益的严重损害；

（六）被告侵权行为可能危害国家安全、公共利益或者人身健康。公共利益指社会公众的共同利益，包括公共安全、生态环境、公共秩序等；

（七）被告侵权行为导致商业秘密为公众所知悉；

（八）被告因侵权行为受到刑事处罚；

（九）其他可以认定为情节严重的情形。

九、关于惩罚性赔偿计算方式与赔偿总额

惩罚性赔偿数额为惩罚性赔偿计算基数与倍数的乘积。除维权合理开支外的赔偿总额应当为惩罚性赔偿计算基数与惩罚性赔偿数额之和，即赔偿总额为惩罚性赔偿计算基数乘以（1+倍数）。

十、关于惩罚性赔偿计算基数

人民法院确定惩罚性赔偿数额时，应当分别依照相关法律，以原告实际损失数额、被告违法所得数额或者因侵权所获得的利益作为计算基数。实际损失数额、违法所得数额、因侵权所获得的利益均难以计算的，人民法院依法参照该权利许可使用费的倍数合理确定，并以此作为惩罚性赔偿数额的计算基数。为制止侵权行为支付的合理开支应当在确定惩罚性赔偿在内的赔偿数额后另行确定。

十一、关于惩罚性赔偿计算基数的确定

人民法院依法责令被告提供其掌握的与侵权行为相关的账簿、资料，被告无正当理由拒不提供或者提供虚假账簿、资料的，人民法院可以参考原告的主张和证据确定惩罚性赔偿数额的计算基数。被告构成民事诉讼法第一百一十四条规定情形的，人民法院依法追究其法律责任。

当事人对原告实际损失数额、被告违法所得数额或者因侵权所获得的利益争议较大，在案证据不足以证明原告主张或者被告抗辩，且被告不属于本条第一款情形的，人民法院可以根据当事人申请，对相关的账簿、资料进行鉴定。

原告提交的证据可以证明损害赔偿大概数额，但损害赔偿的具体数额仍难以确定的，人民法院在计算赔偿所需的部分数据确有证据支持的基础上，可以根据案情运用裁量权确定计算赔偿所需的其他数据，概括地确定惩罚性赔偿数额的计算基数。

十二、关于惩罚性赔偿计算基数的除外情形

适用法定赔偿确定的数额不作为惩罚性赔偿的计算基数。

十三、关于原告实际损失的计算

人民法院在审查原告实际损失数额时，可以依据以下方法确定：

（一）原告产品销售减少量或者侵权产品销售量与原告产品单位利润的乘积，单位利润是指每件产品的平均利润。原告主张以侵权产品销售量与原告产品单位利润的乘积为其实际损失数额时，人民法院应当考量侵权产品销售量是否等同于原告产品减少量；

（二）因侵权行为导致商业秘密已为公众所知悉的，实际损失为商业秘密的商业价值。该商业价值可以根据商业秘密研究开发成本、实施该项商业秘密的收益、可得利益、可保持竞争优势的时间等因素确定；

（三）其他可以确定原告实际损失的方法。

十四、关于被告违法所得或者侵权获利的计算

人民法院在审查被告违法所得数额或者因侵权所获得的利益时，可以依据以下方法确定：

（一）侵权产品销售量与该产品单位利润的乘积。侵权产品单位利润无法查明的，按照原告产品的单位利润计算；

（二）被告因侵权所获得的利益一般按照被告的营业利润计算。营业利润是指产品销售利润减去管理、财务等费用后的利润；

（三）对于完全以侵权为业的被告，可以按照销售利润计算。销售利润是指产品销售收入减去相应的成本；

（四）其他可以确定被告违法所得或者侵权获利的方法。

十五、关于知识产权贡献率的问题

人民法院在审查原告实际损失数额、被告违法所得数额或者因侵权所获得的利益时，应当考虑不同知识产权对产品的整体利润的贡献率。

同一侵权产品同时侵犯数个知识产权的，人民法院应当区分涉案知识产权对产品的整体利润的贡献率，合理扣减其他权利以及生产要素等产生的利润。知识产权的贡献率应当根据其在侵权产品中所起作用进行确定。

被告具有本指引第十一条第一款情形，导致侵权获利无法精确计算的，人民法院对其提出考虑知识产权贡献率的抗辩不予支持。

十六、关于销售量与利润的确定

人民法院在审查产品销售量与利润时，可以综合考虑以下因素确定：

（一）被告自认的产品销售量及利润；

（二）被告网站、宣传资料、年度报告等公开披露的相关数据；

（三）被告纳税情况所依据的销售量数据；

（四）生效刑事判决认定的产品销售量及利润；

（五）行政管理部门查处的产品销售量；

（六）国家行政主管部门、行业协会、第三方商业平台等发布的统计报告或者行业报告、同行业上市公司年报显示的行业利润平均数；

（七）其他可以确定产品销售量与利润的因素。

十七、关于许可使用费合理倍数的确定

人民法院在确定权利许可使用费合理倍数时，可以参考以下因素：

（一）权利人与被许可人是否签订许可合同，许可合同是否实际履行；

（二）权利人与被许可人是否存在亲属关系、关联关系等利害关系或者交叉许可等特殊商业关系；

（三）许可的权利类型、许可方式、许可范围等与权利人权利的关联关系；

（四）其他确定许可使用费合理倍数的因素。

权利许可使用费的倍数是权利人损失的一种计算方式，其本身不具有惩罚性。

十八、关于举证妨碍的考量因素

人民法院在审查被告是否符合本指引第十一条第一款情形时，可以综合考虑以下因素认定：

（一）原告是否已经初步举证，是否已经提供被告对侵权获利乃至其整体营利的宣传资料、网站介绍、公司年报等；

（二）被告无正当理由拒不提供，包括无理由、编造理由拒不提供，拒不完全提供等；

（三）被告财务管理是否规范；

（四）其他认定本指引第十一条第一款情形的因素。

十九、关于裁量性方式确定计算基数的因素

人民法院按照本指引第十一条第三款确定惩罚性赔偿数额的计算基数时，可以参照本指引第十三条、第十四条、第十五条、第十六条。

二十、关于惩罚性赔偿倍数的确定

人民法院在确定惩罚性赔偿倍数时，应当综合考虑被告主观故意及侵权情节严重程度等因素。

被告属于帮助、教唆侵权的，确定惩罚性赔偿倍数时可以综合考虑适当降低。确定惩罚性赔偿倍数时还应当考虑知识产权客体的创新程度及相关产品的知名度等因素。涉及技术秘密、发明专利权的，惩罚性赔偿倍数可以适当提高；涉及实用新型专利权、外观设计专利权的，惩罚性赔偿倍数可以适当降低。涉及个案中认定驰名商标的、作品处于热播期或者热卖期的，惩罚性赔偿倍数可以适当提高。

被告以其同一侵权行为已经被处以行政罚款或者刑事罚金且执行完毕为由，主张减免惩罚性赔偿责任的，人民法院不予支持，但确定惩罚性赔偿倍数时可以综合考虑适当降低。

惩罚性赔偿的倍数应当在法定倍数范围内，可以不是整数。

二十一、关于惩罚性赔偿与法定赔偿的问题

原告一审主张适用法定赔偿确定赔偿数额，在二审中增加惩罚性赔偿请求或者另行起诉主张适用惩罚性赔偿的，人民法院不予支持。

在多个被告分别构成侵权的情况下，人民法院对符合惩罚性赔偿要件的被告可以单独适用惩罚性赔偿。

在被告侵权行为存在多个事实的情况下，人民法院对能够确定计算基数的部分可以适用惩罚性赔偿，对不能确定计算基数的部分可以适用法定赔偿。

二十二、关于先行判决与行为保全的问题

人民法院审理侵害知识产权民事案件适用惩罚性赔偿时，对于侵权事实已经查清，能够认定侵权行为成立，但案件标的额较高，赔偿数额计算较为复杂的，可以先行判决停止侵权。

原告在一审中提出停止侵权的行为保全申请的，如果情况紧急或者可能造成其他损害，人民法院应当对行为保全申请单独处理，依法及时作出裁定；符合行为保全条件的，人民法院应当及时采取保全措施；无论是否采取保全措施，均不影响先行判决停止侵权。

原告在二审中提出停止侵权的行为保全申请的，一般应当按上述规则处理，但人民法院能够在行为保全申请处理期限内作出终审判决的，可以及时作出终审判决并驳回行为保全申请。

参考资料

知识产权判决执行工作指南

（2020年12月10日　最高人民法院）

为全面加强知识产权司法保护，服务创新发展，方便当事人向人民法院申请强制执行，确保知识产权案件生效裁判得到依法迅速执行，根据《中华人民共和国民事诉讼法》《中华人民共和国行政诉讼法》《中华人民共和国刑事诉讼法》等规定，制定本指南。

一、知识产权案件的具体范围

1. 知识产权案件的具体范围。知识产权案件包括：（1）知识产权民事案件，涉及著作权、商标权、专利权、技术合同、商业秘密、植物新品种和集成电路布图设计等知识产权以及不正当竞争、垄断、特许经营合同的民事纠纷案件；（2）知识产权行政案件，当事人对行政机关就著作权、商标权、专利权、商业秘密、植物新品种和集成电路布图设计等知识产权以及不正当竞争等所作出的行政行为不服，向人民法院提起的行政纠纷案件；（3）知识产权刑事案件，《中华人民共和国刑法》第三章第七节规定的侵犯知识产权犯罪案件等。

（依据：《最高人民法院关于在全国法院推进知识产权民事、行政和刑事案件审判“三合一”工作的意见》第7条）

二、知识产权民事案件的执行

（一）当事人可以在诉讼之前或者诉讼阶段申请保全

2. 诉讼保全申请、担保及其数额。可能因一方当事人的行为或者其他原因，使判决难以执行或者造成当事人其他损害的案件，对方当事人可以申请对其财产进行保全、责令其作出一定行为或者禁止其作出一定行为；当事人没有提出申请的，人民法院在必要时也可以裁定采取保全措施。

人民法院采取保全措施，可以责令申请人提供担保，申请人不提供担保的，裁定驳回申请。

责令申请人提供财产保全担保的数额，不超过请求保全数额的百分之三十；申请保全的财产系争议标的的，担保数额不超过争议标的的价值的百分之三十。责令申请人提供行为保全担保的数额，应当相当于被申请人可能因执行行为保全措施所遭受的损失，包括责令停止侵权行为所涉产品的销售收益、保管费用等合理损失。

（依据：《中华人民共和国民事诉讼法》第一百条、《最高人民法院关于办理财产保全案件若干问题的规定》第五条、《最高人民法院关于审查知识产权纠纷行为保全案件适用法律若干问题的规定》第十一条）

3. 诉前保全申请、担保及其数额。利害关系人因情况紧急，不立即申请保全将会使其合法权益受到难以弥补的损害的，可以在提起诉讼前向被保全财产所在地、被申请人住所地或者对案件有管辖权的人民法院申请采取保全措施。申请人应当提供担保，不提供担保的，裁定驳回申请。

申请诉前财产保全，提供担保的数额应当相当于请求保全的数额；情况特殊的，人民法院可以酌情处理。申请诉前行为保全，提供担保的数额应当相当于被申请人可能因执行行为保全措施所遭受的损失。

（依据：《中华人民共和国民事诉讼法》第一百零一条、《最高人民法院关于办理财产保全案件若干问题的规定》第五条、《最高人民法院关于审查知识产权纠纷行为保全案件适用法律若干问题的规定》第十一条）

4. 法院接受保全申请后如何采取措施。人民法院接受申请后，在法定期限内作出裁定；裁定采取保全措施的，立即开始执行。

人民法院采取保全的方法和措施，依照执行程序相关规定处理。

（依据：《中华人民共和国民事诉讼法》第一百条、第一百零一条、《最高人民法院关于适用〈中华人民共和国民事诉讼法〉的解释》第一百五十六条、《最高人民法院关于审查知识产权纠纷行为保全案件适用法律若干问题的规定》第十五条）

（二）一方当事人不履行义务，对方当事人如何启动强制执行程序

5. 知识产权民事案件的强制执行主体。发生法律效力的法律文书，当事人必须履行。一方当事人未履行的，对方当事人可以依法向有管辖权的人民法院申请执行。

发生法律效力的民事判决、裁定、调解书，由第一审人民法院或者与第一审人民法院同级的被执行的财产所在地人民法院执行。知识产权法院审理的第一审案件，知识产权法院所在地的高级人民法院可指定辖区内其他中级人民法院执行。

外国法院作出的发生法律效力的判决、裁定，需要中华人民共和国人民法院承认和执行的，可以由当事人直接向中华人民共和国有管辖权的中级人民法院申请承认和执行，也可以由外国法院依照该国与中华人民共和国缔结或者参加的国际条约的规定，或者按照互惠原则，请求人民法院承认和执行。

（依据：《中华人民共和国民事诉讼法》第二百二十四条、第二百三十六条、第二百八十一条、《最高人民法院关于知识产权法院案件管辖等有关问题的通知》第六条）

6. 申请强制执行的期限。申请执行的期间为二年。申请执行时效的中止、中断，适用法律有关诉讼时效中止、中断的规定。

申请执行的期间，从法律文书规定履行期间的最后一日起计算；法律文书规定分期履行的，从规定的每次履行期间的最后一日起计算；法律文书未规定履行期间的，从法律文书生效之日起计算。

（依据：《中华人民共和国民事诉讼法》第二百三十九条）

7. 申请强制执行需要提交的材料、交纳的费用。当事人申请执行，应向人民法院提交下列文件和证件，并填写送达地址确认书：

（1）申请执行书。申请执行书中应当写明申请执行的理由、事项、执行标的，以及申请执行人所了解的被执行人的财产状况。

外国一方当事人申请执行的，应当提交中文申请执行书。当事人所在国与我国缔结或共同参加的司法协助条约有特别规定的，按照条约规定办理。

（2）生效法律文书副本。

（3）申请执行人的身份证明。公民个人申请的，应当出示居民身份证；法人申请的，应当提交法人营业执照副本和法定代表人身份证明；其他组织申请的，应当提交营业执照副本和主要负责人身份证明。外国人申请的，应当提交护照等用以证明自己身份的证件；外国企业或者组织申请的，提交的身份证明文件，应当经所在国公证机关公证，并经中华人民共和国驻该国使领馆认证，或者履行中华人民共和国与该所在国订立的有关条约中规定的证明手续；代表外国企业或者组织申请执行的人，应当向人民法院提交其有权作为代表人申请执行的证明，该证明应当经所在国公证机关公证，并经中华人民共和国驻该国使领馆认证，或者履行中华人民共和国与该所在国订立的有关条约中规定的证明手续。

（4）继承人或权利承受人申请执行的，应当提交继承或承受权利的证明文件。

（5）其他应当提交的文件或证件。

申请执行不预交执行申请费，执行申请费由人民法院在执行生效法律文书确定的内容之外直接向被执行人收取。

（依据：《诉讼费用交纳办法》第20条、《最高人民法院关于适用〈中华人民共和国民事诉讼法〉的解释》第五百二十三条、《最高人民法院关于民事诉讼证据的若干规定》第十六条、《最高人民法院关于人民法院执行工作若干问题的规定（试行）》第20条）

8. 人民法院立案受理的条件。人民法院受理执行案件应当符合下列条件：

（1）申请执行的法律文书已经生效；

（2）申请执行人是生效法律文书确定的权利人或其继承人、权利承受人；

（3）申请执行人在法定期限内提出申请；

（4）申请执行的法律文书有给付内容，且执行标的和被执行人明确；

（5）义务人在生效法律文书确定的期限内未履行义务；

（6）属于受申请执行的人民法院管辖。

人民法院对符合上述条件的申请，应当在七日内予以立案；不符合上述条件之一的，应当在七日内裁定不予受理。

（依据：《最高人民法院关于人民法院执行工作若干问题的规定（试行）》第18条）

（三）如何查找发现被执行人的财产

9. 查找发现被执行人财产的方式。执行过程中，申请执行人有责任提供被执行人的财产线索供人民法院核实与执行。申请执行人也可以申请人民法院责令被执行人报告当前财产情况以及收到执行通知之日前一年内的财产变动情况，或者申请人民法院通过网络执行查控系统对被执行人的资金、动产、不动产等财产情况进行调查。

（依据：《中华人民共和国民事诉讼法》第二百四十一条、《最高人民法院关于民事执行中财产调查若干问题的规定》第一条、第五条、第六条）

10. 被执行人违反报告财产义务的处罚。被执行人拒绝报告、虚假报告或者无正当理由逾期报告财产情况的，人民法院依照相关规定将其纳入失信被执行人名单，并可以根据情节轻重对被执行人或者其法定代理人、有关单位的主要负责人或者直接责任人员予以罚款、拘留；构成犯罪的，依法追究刑事责任。

（依据：《中华人民共和国民事诉讼法》第二百四十一条、《最高人民法院关于民事执行中财产调查若干问题的规定》第九条、第十条）

11. 执行人员的保密义务。执行人员不得调查与执行案件无关的信息，对调查过程中知悉的国家秘密、商业秘密和个人隐私应当保密。

（依据：《最高人民法院关于民事执行中财产调查若干问题的规定》第二十五条）

（四）人民法院可以采取哪些执行措施

12. 人民法院发现财产后可以采取哪些措施。发现被执行人财产后，人民法院可以根据不同情形，采取查封、扣押、冻结、划拨、变价、通知第三人履行到期债务等措施。

查封、扣押、冻结被执行人的财产，以其价额足以清偿法律文书确定的债权额及执行费用为限，不得明显超标的额查封、扣押、冻结。

（依据：《中华人民共和国民事诉讼法》第二百四十二条、《最高人民法院关于人民法院执行工作若干问题的规定（试行）》第61条、《最高人民法院关于人民法院民事执行中查封、扣押、冻结财产的规定》第二十一条）

13. 人民法院查封、冻结、扣押财产的期限以及如何续期。人民法院冻结被执行人的银行存款和支付宝、财付通等网络资金的期限不得超过一年，查封、扣押动产的期限不得超过两年，查封不动产、冻结股权、知识产权等其他财产权的期限不得超过三年。

申请执行人申请延长期限的，人民法院应当在查封、扣押、冻结期限届满前办理续行查封、扣押、冻结手续，续行期限不得超过上述规定的期限。人民法院也可以依职权办理续行查封、扣押、冻结手续。

（依据：《最高人民法院关于适用〈中华人民共和国民事诉讼法〉的解释》第四百八十七条）

14. 人民法院控制住财产后如何确定财产的参考价。人民法院查封、扣押、冻结财产后，对需要拍卖、变卖的财产，一般在三十日内启动确定财产处置参考价程序。参考价将作为确定财产拍卖起拍价或变卖价的参考。

（依据：《最高人民法院关于人民法院确定财产处置参考价若干问题的规定》第一条）

15. 人民法院确定财产价值后如何变价。人民法院一般在参考价确定后十日内启动财产变价程序。变价原则上应首先采取网络司法拍卖的方式。

（依据：《最高人民法院关于人民法院确定财产处置参考价若干问题的规定》第三十条、《最高人民法院关于人民法院民事执行中拍卖、变卖财产的规定》第二条、《最高人民法院关于人民

法院网络司法拍卖若干问题的规定》第二条）

16. 转移财产权证照的案件如何执行。人民法院在执行中需要办理专利证书、商标证书等有关财产权证照转移手续的，可以向有关单位发出协助执行通知书要求其协助办理。

（依据：《中华人民共和国民事诉讼法》第二百五十一条、《最高人民法院关于适用〈中华人民共和国民事诉讼法〉的解释》第五百零二条）

17. 对可替代或不可替代的行为如何执行。对判决、裁定和其他法律文书指定的赔礼道歉、消除影响等行为，被执行人未按执行通知履行的，人民法院可以强制执行或者委托有关单位或者其他人完成，费用由被执行人承担。

被执行人不履行法律文书指定的行为，且该项行为只能由被执行人完成的，人民法院可以依法予以罚款、拘留；构成犯罪的，依法追究刑事责任。

（依据：《中华人民共和国民事诉讼法》第二百五十二条、《最高人民法院关于适用〈中华人民共和国民事诉讼法〉的解释》第五百零五条）

18. 除了针对财产采取措施外，还可以采取哪些主要措施。被执行人未履行生效法律文书确定的给付义务，申请执行人可以申请对被执行人采取限制消费措施，限制其高消费及非生活或者经营必需的有关消费；可以申请对被执行人采取限制出境措施；符合法定情形的，也可以申请将其纳入失信被执行人名单。

被执行人拒不履行人民法院已经发生法律效力的判决、裁定的，人民法院可以根据情节轻重予以罚款、拘留；构成犯罪的，依法追究刑事责任。

（依据：《中华人民共和国民事诉讼法》第一百一十一条、第二百五十五条、《最高人民法院关于限制被执行人高消费及有关消费的若干规定》第一条、《最高人民法院关于公布失信被执行人名单信息的若干规定》第一条）

（五）案款什么时候发放

19. 案款到法院账后一般多长时间发放。执行款交付或划拨至人民法院指定执行款专户或案款专户的，人民法院一般在收到执行款之日起三十日内，完成执行款的发放工作。

（依据：《最高人民法院关于执行款物管理工作的规定》第十条）

（六）执行中的救济

20. 当事人、利害关系人认为执行行为违法的救济。执行过程中，当事人、利害关系人认为执行行为存在超标的查封等违反法律规定的，可以向负责执行的人民法院提出书面异议。当事人、利害关系人提出书面异议的，人民法院应当自收到书面异议之日起十五日内审查，理由成立的，裁定撤销或者改正；理由不成立的，裁定驳回。当事人、利害关系人对裁定不服的，可以自裁定送达之日起十日内向上一级人民法院申请复议。

上一级人民法院应当自收到复议申请之日起三十日内审查完毕，并作出裁定。有特殊情况需要延长的，经本院院长批准，可以延长，延长的期限不得超过三十日。

（依据：《中华人民共和国民事诉讼法》第二百二十五条、《最高人民法院关于适用〈中华人民共和国民事诉讼法〉执行程序若干问题的解释》第五条、第九条）

21. 案外人以享有实体权利为由主张阻止执行的救济。执行过程中，案外人对执行标的以主张所有权或者有其他足以阻止执行标的转让、交付的实体权利为由提出书面异议的，人民法院应当自收到书面异议之日起十五日内审查，理由成立的，裁定中止对该标的的执行；理由不成立的，裁定驳回。案外人、当事人对裁定不服，认为原判决、裁定错误的，依照审判监督程序办理；与原判决、裁定无关的，可以自裁定送达之日起十五日内向人民法院提起诉讼。

（依据：《中华人民共和国民事诉讼法》第二百二十七条、《最高人民法院关于适用〈中华人民共和国民事诉讼法〉执行程序若干问题的解释》第十五条）

（七）强制执行程序如何结束

22. 强制执行程序多长时间会结束。知识产权民事执行案件，被执行人有财产可供执行的，一般在立案之日起6个月内执结；有特殊情况需要延长执行期限的，应当报请人民法院院长或副院长批准。

（依据：《最高人民法院关于严格执行案件审理期限制度的若干规定》第五条、《最高人民法院关于人民法院办理执行案件若干期限的规定》第一条）

23. 强制执行程序什么情况下结束。申请执行人申请执行的事项全部依法执行完毕或者出现申请执行人撤销强制执行申请、生效裁判被撤销等法定情形的，强制执行程序结束。

（依据：《中华人民共和国民事诉讼法》第二百五十七条）

三、知识产权行政案件的执行

24. 知识产权行政案件的强制执行主体。对发生法律效力的行政判决书、行政裁定书等，负有义务的一方当事人拒绝履行的，对方当事人可以依法申请人民法院强制执行。

人民法院判决行政机关履行给付义务，行政机关拒不履行的，对方当事人可以依法向法院申请强制执行。

发生法律效力的行政判决书、行政裁定书等，由第一审人民法院执行。第一审人民法院认为情况特殊，需要由第二审人民法院执行的，可以报请第二审人民法院执行；第二审人民法院可以决定由其执行，也可以决定由第一审人民法院执行。

（依据：《最高人民法院关于适用〈中华人民共和国行政诉讼法〉的解释》第一百五十二条、第一百五十四条）

25. 知识产权行政案件申请强制执行的期限。申请执行的期限为二年。申请执行时效的中止、中断，适用法律有关规定。

申请执行的期限从法律文书规定的履行期间最后一日起计算；法律文书规定分期履行的，从规定的每次履行期间的最后一日起计算；法律文书中没有规定履行期限的，从该法律文书送达当事人之日起计算。

逾期申请的，除有正当理由外，人民法院不予受理。

（依据：《最高人民法院关于适用〈中华人民共和国行政诉讼法〉的解释》第一百五十三条）

26. 知识产权行政案件的执行程序。人民法院办理行政执行案件，适用行政法、行政诉讼法及有关司法解释的规定；没有相应规定的，参照适用民事执行的有关规定。

（依据：《中华人民共和国行政诉讼法》第一百零一条）

四、知识产权刑事案件涉财产部分事项的执行

27. 知识产权刑事案件涉财产部分事项的强制执行主体。发生法律效力的刑事裁判主文确定的下列涉财产部分事项，由第一审人民法院执行：

（1）罚金、没收财产；

（2）责令退赔；

（3）处置随案移送的赃款赃物；

（4）没收随案移送的供犯罪所用本人财物；

（5）其他应当由人民法院执行的相关事项。

（依据：《最高人民法院关于刑事裁判涉财产部分执行的若干规定》第一条、第二条）

28. 知识产权刑事案件涉财产部分事项的执行程序。人民法院办理刑事裁判涉财产部分的执行案件，适用刑法、刑事诉讼法及有关司法解释的规定；没有相应规定的，参照适用民事执行的有关规定。

（依据：《最高人民法院关于刑事裁判涉财产部分执行的若干规定》第十六条）

29. 知识产权刑事案件涉财产部分事项的强制执行程序多长时间会结束。人民法院办理刑事裁判涉财产部分执行案件的期限为六个月。有特殊情况需要延长的，经本院院长批准，可以延长。

（依据：《最高人民法院关于刑事裁判涉财产部分执行的若干规定》第三条、第十六条）

知识产权判决执行工作实施计划

（2020年12月10日　最高人民法院）

为全面加强知识产权司法保护，服务创新发展，保障知识产权判决得到及时有效执行，维护各方当事人合法权益，结合人民法院执行工作实际，制定本工作实施计划。

一、工作目标

在人民法院执行工作总体框架内，准确把握知识产权判决执行工作特点，落实好现行相关法律法规和司法解释规定，改革完善相关工作机制，充分发挥信息化等多种执行手段作用，加强知识产权判决执行力量配备，提高知识产权判决执行的效率及规范性，确保知识产权判决得到及时有效执行，全面加强知识产权保护法律效果，提高知识产权执行工作透明度，进一步巩固人民法院近年来形成的以现代信息科技为支撑的执行查控模式、执行财产变现模式、执行监督管理模式。

二、实施措施

（一）严格落实相关规定

1. 严格依照民事诉讼法关于执行立案的规定以及《最高人民法院关于人民法院登记立案若干问题的规定》，继续落实好立案登记制，确保符合法定申请执行条件的知识产权判决，在规定期限内及时得到立案执行。

2. 严格依照民事诉讼法有关诉讼保全、诉前保全的相关规定，以及《最高人民法院关于审查知识产权纠纷行为保全案件适用法律若干问题的规定》，继续做好知识产权案件的查封、冻结、扣押财产和责令停止侵权行为等裁定的执行工作，按照立案登记制及时立案执行。

严格规范财产保全、证据保全和行为保全。保全措施应以保障申请人合法权益实现为限，严禁乱查封、超标的查封、超范围查封；保全措施作出时要充分考虑其必要性、合理性和时限性，对符合解除保全条件的案件要依法及时解除保全，防止保全措施被滥用。

（二）进一步提升判决执行质效

3. 依法快速查找、控制被执行人财产，是提升判决执行效率的关键。在知识产权判决执行中，要继续严格依据《最高人民法院关于民事执行中财产调查若干问题的规定》，规范采用责令被执行人报告财产以及财产转移情况、执行查控系统查询、发布财产线索悬赏公告等财产调查方式，及时有效地查控被执行人财产。

4. 网络执行查控系统能够以信息化方式，对被执行人的财产进行查询或控制，快速便捷，在知识产权判决执行中要依法进一步强化应用，切实提高财产查找效率。同时，要根据包括知识产权判决执行在内的各类执行案件的需求，继续完善网络执行查控系统，严格规范查控行为，确保信息安全，确保有关当事人的合法权益不受侵害。

5. 知识产权判决执行中涉及被执行财产评估问题的，要严格依照民事诉讼法关于财产评估的相关规定以及《最高人民法院关于人民法院确定财产处置参考价若干问题的规定》进行，发挥信息化评估方式的快捷优势，充分利用全国法院询价评估系统，提高评估程序效率，确保评估结果客观公正。

6. 知识产权判决执行中涉及被执行财产处置问题的，要严格依照民事诉讼法关于财产处置的规定以及《最高人民法院关于人民法院网络司法拍卖若干问题的规定》进行，继续发挥网络司法拍卖公开透明度高、处置速度快、处置成本低的优势，确保财产处置程序的效率与公正。

7. 为有效督促被执行人履行生效判决确定的义务，民事诉讼法以及《最高人民法院关于限制被执行人高消费及有关消费的若干规定》《最高人民法院关于公布失信被执行人名单信息的若干规定》等规定了罚款、拘留、限制非生产生活必需的消费、信用惩戒等强制措施与间接执行措施。被执行人构成拒不执行人民法院判决、裁定罪的，还应依照刑法及有关司法解释的规定追究其刑事责任。知识产权判决执行中采取前述措施的，要严格依照法律规定进行，在督促被执行人及时履行义务的同时，兼顾各方当事人合法权益的保护，并应依据现行法律、司法解释规定，保障各方当事人提出异议、复议的权利，依法对各方当事人给予程序救济。

8. 针对知识产权判决执行中涉及的行为义务相对较多的特点，民事诉讼法及《最高人民法院关于适用〈中华人民共和国民事诉讼法〉的解释》规定了替代履行方式，即被执行人不履行的行为义务可由他人代为履行的，人民法院可以依法委托有关单位或者其他人履行，履行费用由被执行人承担。在知识产权判决执行中，人民法院要进一步把握替代履行法律规定，结合行为义务的具体特点，积累更多替代履行的司法经验，提高行为义务执行效率。

9. 根据人民法院推进案件繁简分流的改革精神，遵循知识产权判决执行的规律特点，综合考虑案件财产查找、行为义务履行、变现处置、公告送达等环节的难易程度，推进知识产权判决执行案件的繁简分流办理，合理配置执行资源，提高执行办案效率。

10. 知识产权判决执行中需要赴异地办理的具体执行事项，根据《最高人民法院关于严格规范执行事项委托工作的管理办法（试行）》可以委托异地法院代为办理的，应按规定通过执行办案系统发起委托，办理相关事宜，充分发挥该系统的信息化功能优势，节约司法成本，提高工作效率。

11. 依法推进执行协助工作，进一步完善知识产权判决执行的部门间协作，加强与市场监管、海关、知识产权等部门的沟通协调，依法更加及时有效地查控侵权产品、销毁侵权货物及工具，以及时实现判决判令的停止侵权行为等义务，并推进其他相关执行工作。

（三）依法推进知识产权判决执行公开

12. 严格依照民事诉讼法关于司法公开的规定以及《最高人民法院关于人民法院执行公开的若干规定》《最高人民法院关于推进司法公开三大平台建设的若干意见》《最高人民法院关于人民法院执行流程公开的若干意见》《最高人民法院关于人民法院在互联网公布裁判文书的规定》等，继续深入推进知识产权判决执行公开工作。同时，对执行过程中知悉的国家秘密、商业秘密和个人隐私等严格保密，依法不予公开。

13. 中国执行信息公开网是面向社会公众提供“一站式”执行信息公开服务的官方网站，下一步，将继续完善包括知识产权判决执行信息在内的各类执行信息公开功能，包括在该网站开设专门的“知识产权判决执行公开”板块，集中公开知识产权判决执行相关情况，便于社会公众了解和监督等。

14. 向当事人定向公开执行案件进度、关键执行措施、重要节点信息等，是执行公开的重要内容。下一步，将继续做好包括知识产权判决执行在内的各类执行案件向当事人的定向公开，方便当事人通过电脑、移动端查询上述执行信息，切实满足其知情权和监督权。

15. 建立按季度公开发布知识产权判决执行结果报告制度。从2020年开始，在每季度结束后的两个月内，就该季度内全国法院受理知识产权判决执行的案件数量、种类、总体办理情况等，在中国执行信息公开网上予以发布。

三、强化监督

依照民事诉讼法、人民法院组织法及有关司法解释的规定，在接受有关机关和社会公众对知识产权判决执行监督的同时，强化最高人民法院对地方各级人民法院和专门人民法院、上级人民法院对下级人民法院的知识产权判决执行工作的监督和指导，及时发现和解决判决执行中存在的问题，不断完善相关制度机制，推进包括知识产权判决执行在内的各类执行案件均能得到依法及时有效执行。

六、刑事责任

最高人民法院、最高人民检察院关于办理侵犯知识产权刑事案件具体应用法律若干问题的解释（三）

（2020年8月31日最高人民法院审判委员会第1811次会议、2020年8月21日最高人民检察院第十三届检察委员会第四十八次会议通过　2020年9月12日最高人民法院、最高人民检察院公告公布　自2020年9月14日起施行　法释〔2020〕10号）

为依法惩治侵犯知识产权犯罪，维护社会主义市场经济秩序，根据《中华人民共和国刑法》《中华人民共和国刑事诉讼法》等有关规定，现就办理侵犯知识产权刑事案件具体应用法律的若干问题解释如下：

第一条　具有下列情形之一的，可以认定为刑法第二百一十三条规定的“与其注册商标相同的商标”：

（一）改变注册商标的字体、字母大小写或者文字横竖排列，与注册商标之间基本无差别的；

（二）改变注册商标的文字、字母、数字等之间的间距，与注册商标之间基本无差别的；

（三）改变注册商标颜色，不影响体现注册商标显著特征的；

（四）在注册商标上仅增加商品通用名称、型号等缺乏显著特征要素，不影响体现注册商标显著特征的；

（五）与立体注册商标的三维标志及平面要素基本无差别的；

（六）其他与注册商标基本无差别、足以对公众产生误导的商标。

第二条　在刑法第二百一十七条规定的作品、录音制品上以通常方式署名的自然人、法人或者非法人组织，应当推定为著作权人或者录音制作者，且该作品、录音制品上存在着相应权利，但有相反证明的除外。

在涉案作品、录音制品种类众多且权利人分散的案件中，有证据证明涉案复制品系非法出版、复制发行，且出版者、复制发行者不能提供获得著作权人、录音制作者许可的相关证据材料的，可以认定为刑法第二百一十七条规定的“未经著作权人许可”“未经录音制作者许可”。但是，有证据证明权利人放弃权利、涉案作品的著作权或者录音制品的有关权利不受我国著作权法保护、权利保护期限已经届满的除外。

第三条　采取非法复制、未经授权或者超越授权使用计算机信息系统等方式窃取商业秘密的，应当认定为刑法第二百一十九条第一款第一项规定的“盗窃”。

以贿赂、欺诈、电子侵入等方式获取权利人的商业秘密的，应当认定为刑法第二百一十九条第一款第一项规定的“其他不正当手段”。

第四条　实施刑法第二百一十九条规定的行为，具有下列情形之一的，应当认定为“给商业秘密的权利人造成重大损失”：

（一）给商业秘密的权利人造成损失数额或者因侵犯商业秘密违法所得数额在三十万元以上的；

（二）直接导致商业秘密的权利人因重大经营困难而破产、倒闭的；

（三）造成商业秘密的权利人其他重大损失的。

给商业秘密的权利人造成损失数额或者因侵犯商业秘密违法所得数额在二百五十万元以上的，应当认定为刑法第二百一十九条规定的“造成特别严重后果”。

第五条 实施刑法第二百一十九条规定的行为造成的损失数额或者违法所得数额，可以按照下列方式认定：

（一）以不正当手段获取权利人的商业秘密，尚未披露、使用或者允许他人使用的，损失数额可以根据该项商业秘密的合理许可使用费确定；

（二）以不正当手段获取权利人的商业秘密后，披露、使用或者允许他人使用的，损失数额可以根据权利人因被侵权造成销售利润的损失确定，但该损失数额低于商业秘密合理许可使用费的，根据合理许可使用费确定；

（三）违反约定、权利人有关保守商业秘密的要求，披露、使用或者允许他人使用其所掌握的商业秘密的，损失数额可以根据权利人因被侵权造成销售利润的损失确定；

（四）明知商业秘密是不正当手段获取或者是违反约定、权利人有关保守商业秘密的要求披露、使用、允许使用，仍获取、使用或者披露的，损失数额可以根据权利人因被侵权造成销售利润的损失确定；

（五）因侵犯商业秘密行为导致商业秘密已为公众所知悉或者灭失的，损失数额可以根据该项商业秘密的商业价值确定。商业秘密的商业价值，可以根据该项商业秘密的研究开发成本、实施该项商业秘密的收益综合确定；

（六）因披露或者允许他人使用商业秘密而获得的财物或者其他财产性利益，应当认定为违法所得。

前款第二项、第三项、第四项规定的权利人因被侵权造成销售利润的损失，可以根据权利人因被侵权造成销售量减少的总数乘以权利人每件产品的合理利润确定；销售量减少的总数无法确定的，可以根据侵权产品销售量乘以权利人每件产品的合理利润确定；权利人因被侵权造成销售量减少的总数和每件产品的合理利润均无法确定的，可以根据侵权产品销售量乘以每件侵权产品的合理利润确定。商业秘密系用于服务等其他经营活动的，损失数额可以根据权利人因被侵权而减少的合理利润确定。

商业秘密的权利人为减轻对商业运营、商业计划的损失或者重新恢复计算机信息系统安全、其他系统安全而支出的补救费用，应当计入给商业秘密的权利人造成的损失。

第六条 在刑事诉讼程序中，当事人、辩护人、诉讼代理人或者案外人书面申请对有关商业秘密或者其他需要保密的商业信息的证据、材料采取保密措施的，应当根据案件情况采取组织诉讼参与人签署保密承诺书等必要的保密措施。

违反前款有关保密措施的要求或者法律法规规定的保密义务的，依法承担相应责任。擅自披露、使用或者允许他人使用在刑事诉讼程序中接触、获取的商业秘密，符合刑法第二百一十九条规定的，依法追究刑事责任。

第七条　除特殊情况外，假冒注册商标的商品、非法制造的注册商标标识、侵犯著作权的复制品、主要用于制造假冒注册商标的商品、注册商标标识或者侵权复制品的材料和工具，应当依法予以没收和销毁。

上述物品需要作为民事、行政案件的证据使用的，经权利人申请，可以在民事、行政案件终结后或者采取取样、拍照等方式对证据固定后予以销毁。

第八条　具有下列情形之一的，可以酌情从重处罚，一般不适用缓刑：

（一）主要以侵犯知识产权为业的；

（二）因侵犯知识产权被行政处罚后再次侵犯知识产权构成犯罪的；

（三）在重大自然灾害、事故灾难、公共卫生事件期间，假冒抢险救灾、防疫物资等商品的注册商标的；

（四）拒不交出违法所得的。

第九条　具有下列情形之一的，可以酌情从轻处罚：

（一）认罪认罚的；

（二）取得权利人谅解的；

（三）具有悔罪表现的；

（四）以不正当手段获取权利人的商业秘密后尚未披露、使用或者允许他人使用的。

第十条　对于侵犯知识产权犯罪的，应当综合考虑犯罪违法所得数额、非法经营数额、给权利人造成的损失数额、侵权假冒物品数量及社会危害性等情节，依法判处罚金。

罚金数额一般在违法所得数额的一倍以上五倍以下确定。违法所得数额无法查清的，罚金数额一般按照非法经营数额的百分之五十以上一倍以下确定。违法所得数额和非法经营数额均无法查清，判处三年以下有期徒刑、拘役、管制或者单处罚金的，一般在三万元以上一百万元以下确定罚金数额；判处三年以上有期徒刑的，一般在十五万元以上五百万元以下确定罚金数额。

第十一条　本解释发布施行后，之前发布的司法解释和规范性文件与本解释不一致的，以本解释为准。

第十二条　本解释自2020年9月14日起施行。

最高人民法院、最高人民检察院关于办理侵犯知识产权刑事案件具体应用法律若干问题的解释（二）

（2007年4月4日最高人民法院审判委员会第1422次会议、最高人民检察院第十届检察委员会第75次会议通过　2007年4月5日最高人民法院、最高人民检察院公告公布　自2007年4月5日起施行　法释〔2007〕6号）

为维护社会主义市场经济秩序，依法惩治侵犯知识产权犯罪活动，根据刑法、刑事诉讼法有关规定，现就办理侵犯知识产权刑事案件具体应用法律的若干问题解释如下：

第一条 以营利为目的，未经著作权人许可，复制发行其文字作品、音乐、电影、电视、录像作品、计算机软件及其他作品，复制品数量合计在五百张（份）以上的，属于刑法第二百一十七条规定的“有其他严重情节”；复制品数量在二千五百张（份）以上的，属于刑法第二百一十七条规定的“有其他特别严重情节”。

第二条 刑法第二百一十七条侵犯著作权罪中的“复制发行”，包括复制、发行或者既复制又发行的行为。

侵权产品的持有人通过广告、征订等方式推销侵权产品的，属于刑法第二百一十七条规定的“发行”。

非法出版、复制、发行他人作品，侵犯著作权构成犯罪的，按照侵犯著作权罪定罪处罚。

第三条 侵犯知识产权犯罪，符合刑法规定的缓刑条件的，依法适用缓刑。有下列情形之一的，一般不适用缓刑：

（一）因侵犯知识产权被刑事处罚或者行政处罚后，再次侵犯知识产权构成犯罪的；

（二）不具有悔罪表现的；

（三）拒不交出违法所得的；

（四）其他不宜适用缓刑的情形。

第四条 对于侵犯知识产权犯罪的，人民法院应当综合考虑犯罪的违法所得、非法经营数额、给权利人造成的损失、社会危害性等情节，依法判处罚金。罚金数额一般在违法所得的一倍以上五倍以下，或者按照非法经营数额的50%以上一倍以下确定。

第五条 被害人有证据证明的侵犯知识产权刑事案件，直接向人民法院起诉的，人民法院应当依法受理；严重危害社会秩序和国家利益的侵犯知识产权刑事案件，由人民检察院依法提起公诉。

第六条 单位实施刑法第二百一十三条至第二百一十九条规定的行为，按照《最高人民法院、最高人民检察院关于办理侵犯知识产权刑事案件具体应用法律若干问题的解释》和本解释规定的相应个人犯罪的定罪量刑标准定罪处罚。

第七条 以前发布的司法解释与本解释不一致的，以本解释为准。

最高人民法院、最高人民检察院关于办理侵犯知识产权刑事案件具体应用法律若干问题的解释

（2004年11月2日最高人民法院审判委员会第1331次会议、2004年11月11日最高人民检察院第十届检察委员会第28次会议通过　2004年12月8日最高人民法院、最高人民检察院公告公布　自2004年12月22日起施行　法释〔2004〕19号）

为依法惩治侵犯知识产权犯罪活动，维护社会主义市场经济秩序，根据刑法有关规定，现就办理侵犯知识产权刑事案件具体应用法律的若干问题解释如下：

第一条 未经注册商标所有人许可，在同一种商品上使用与其注册商标相同的商标，具有下

列情形之一的，属于刑法第二百一十三条规定的“情节严重”，应当以假冒注册商标罪判处三年以下有期徒刑或者拘役，并处或者单处罚金：

（一）非法经营数额在五万元以上或者违法所得数额在三万元以上的；

（二）假冒两种以上注册商标，非法经营数额在三万元以上或者违法所得数额在二万元以上的；

（三）其他情节严重的情形。

具有下列情形之一的，属于刑法第二百一十三条规定的“情节特别严重”，应当以假冒注册商标罪判处三年以上七年以下有期徒刑，并处罚金：

（一）非法经营数额在二十五万元以上或者违法所得数额在十五万元以上的；

（二）假冒两种以上注册商标，非法经营数额在十五万元以上或者违法所得数额在十万元以上的；

（三）其他情节特别严重的情形。

第二条　销售明知是假冒注册商标的商品，销售金额在五万元以上的，属于刑法第二百一十四条规定的“数额较大”，应当以销售假冒注册商标的商品罪判处三年以下有期徒刑或者拘役，并处或者单处罚金。

销售金额在二十五万元以上的，属于刑法第二百一十四条规定的“数额巨大”，应当以销售假冒注册商标的商品罪判处三年以上七年以下有期徒刑，并处罚金。

第三条　伪造、擅自制造他人注册商标标识或者销售伪造、擅自制造的注册商标标识，具有下列情形之一的，属于刑法第二百一十五条规定的“情节严重”，应当以非法制造、销售非法制造的注册商标标识罪判处三年以下有期徒刑、拘役或者管制，并处或者单处罚金：

（一）伪造、擅自制造或者销售伪造、擅自制造的注册商标标识数量在二万件以上，或者非法经营数额在五万元以上，或者违法所得数额在三万元以上的；

（二）伪造、擅自制造或者销售伪造、擅自制造两种以上注册商标标识数量在一万件以上，或者非法经营数额在三万元以上，或者违法所得数额在二万元以上的；

（三）其他情节严重的情形。

具有下列情形之一的，属于刑法第二百一十五条规定的“情节特别严重”，应当以非法制造、销售非法制造的注册商标标识罪判处三年以上七年以下有期徒刑，并处罚金：

（一）伪造、擅自制造或者销售伪造、擅自制造的注册商标标识数量在十万件以上，或者非法经营数额在二十五万元以上，或者违法所得数额在十五万元以上的；

（二）伪造、擅自制造或者销售伪造、擅自制造两种以上注册商标标识数量在五万件以上，或者非法经营数额在十五万元以上，或者违法所得数额在十万元以上的；

（三）其他情节特别严重的情形。

第四条　假冒他人专利，具有下列情形之一的，属于刑法第二百一十六条规定的“情节严重”，应当以假冒专利罪判处三年以下有期徒刑或者拘役，并处或者单处罚金：

（一）非法经营数额在二十万元以上或者违法所得数额在十万元以上的；

（二）给专利权人造成直接经济损失五十万元以上的；

（三）假冒两项以上他人专利，非法经营数额在十万元以上或者违法所得数额在五万元以上的；

（四）其他情节严重的情形。

第五条 以营利为目的，实施刑法第二百一十七条所列侵犯著作权行为之一，违法所得数额在三万元以上的，属于“违法所得数额较大”；具有下列情形之一的，属于“有其他严重情节”，应当以侵犯著作权罪判处三年以下有期徒刑或者拘役，并处或者单处罚金：

（一）非法经营数额在五万元以上的；

（二）未经著作权人许可，复制发行其文字作品、音乐、电影、电视、录像作品、计算机软件及其他作品，复制品数量合计在一千张（份）以上的；

（三）其他严重情节的情形。

以营利为目的，实施刑法第二百一十七条所列侵犯著作权行为之一，违法所得数额在十五万元以上的，属于“违法所得数额巨大”；具有下列情形之一的，属于“有其他特别严重情节”，应当以侵犯著作权罪判处三年以上七年以下有期徒刑，并处罚金：

（一）非法经营数额在二十五万元以上的；

（二）未经著作权人许可，复制发行其文字作品、音乐、电影、电视、录像作品、计算机软件及其他作品，复制品数量合计在五千张（份）以上的；

（三）其他特别严重情节的情形。

第六条 以营利为目的，实施刑法第二百一十八条规定的行为，违法所得数额在十万元以上的，属于“违法所得数额巨大”，应当以销售侵权复制品罪判处三年以下有期徒刑或者拘役，并处或者单处罚金。

第七条 实施刑法第二百一十九条规定的行为之一，给商业秘密的权利人造成损失数额在五十万元以上的，属于“给商业秘密的权利人造成重大损失”，应当以侵犯商业秘密罪判处三年以下有期徒刑或者拘役，并处或者单处罚金。

给商业秘密的权利人造成损失数额在二百五十万元以上的，属于刑法第二百一十九条规定的“造成特别严重后果”，应当以侵犯商业秘密罪判处三年以上七年以下有期徒刑，并处罚金。

第八条 刑法第二百一十三条规定的“相同的商标”，是指与被假冒的注册商标完全相同，或者与被假冒的注册商标在视觉上基本无差别、足以对公众产生误导的商标。

刑法第二百一十三条规定的“使用”，是指将注册商标或者假冒的注册商标用于商品、商品包装或者容器以及产品说明书、商品交易文书，或者将注册商标或者假冒的注册商标用于广告宣传、展览以及其他商业活动等行为。

第九条 刑法第二百一十四条规定的“销售金额”，是指销售假冒注册商标的商品后所得和应得的全部违法收入。

具有下列情形之一的，应当认定为属于刑法第二百一十四条规定的“明知”：

（一）知道自己销售的商品上的注册商标被涂改、调换或者覆盖的；

（二）因销售假冒注册商标的商品受到过行政处罚或者承担过民事责任、又销售同一种假冒注册商标的商品的；

（三）伪造、涂改商标注册人授权文件或者知道该文件被伪造、涂改的；

（四）其他知道或者应当知道是假冒注册商标的商品的情形。

第十条 实施下列行为之一的，属于刑法第二百一十六条规定的“假冒他人专利”的行为：

（一）未经许可，在其制造或者销售的产品、产品的包装上标注他人专利号的；

（二）未经许可，在广告或者其他宣传材料中使用他人的专利号，使人将所涉及的技术误认为是他人专利技术的；

（三）未经许可，在合同中使用他人的专利号，使人将合同涉及的技术误认为是他人专利技术的；

（四）伪造或者变造他人的专利证书、专利文件或者专利申请文件的。

第十一条 以刊登收费广告等方式直接或者间接收取费用的情形，属于刑法第二百一十七条规定的“以营利为目的”。

刑法第二百一十七条规定的“未经著作权人许可”，是指没有得到著作权人授权或者伪造、涂改著作权人授权许可文件或者超出授权许可范围的情形。

通过信息网络向公众传播他人文字作品、音乐、电影、电视、录像作品、计算机软件及其他作品的行为，应当视为刑法第二百一十七条规定的“复制发行”。

第十二条 本解释所称“非法经营数额”，是指行为人在实施侵犯知识产权行为过程中，制造、储存、运输、销售侵权产品的价值。已销售的侵权产品的价值，按照实际销售的价格计算。制造、储存、运输和未销售的侵权产品的价值，按照标价或者已经查清的侵权产品的实际销售平均价格计算。侵权产品没有标价或者无法查清其实际销售价格的，按照被侵权产品的市场中间价格计算。

多次实施侵犯知识产权行为，未经行政处理或者刑事处罚的，非法经营数额、违法所得数额或者销售金额累计计算。

本解释第三条所规定的“件”，是指标有完整商标图样的一份标识。

第十三条 实施刑法第二百一十三条规定的假冒注册商标犯罪，又销售该假冒注册商标的商品，构成犯罪的，应当依照刑法第二百一十三条的规定，以假冒注册商标罪定罪处罚。

实施刑法第二百一十三条规定的假冒注册商标犯罪，又销售明知是他人的假冒注册商标的商品，构成犯罪的，应当实行数罪并罚。

第十四条 实施刑法第二百一十七条规定的侵犯著作权犯罪，又销售该侵权复制品，构成犯罪的，应当依照刑法第二百一十七条的规定，以侵犯著作权罪定罪处罚。

实施刑法第二百一十七条规定的侵犯著作权犯罪，又销售明知是他人的侵权复制品，构成犯罪的，应当实行数罪并罚。

第十五条 单位实施刑法第二百一十三条至第二百一十九条规定的行为，按照本解释规定的相应个人犯罪的定罪量刑标准的三倍定罪量刑。

第十六条 明知他人实施侵犯知识产权犯罪，而为其提供贷款、资金、账号、发票、证明、许可证件，或者提供生产、经营场所或者运输、储存、代理进出口等便利条件、帮助的，以侵犯知识产权犯罪的共犯论处。

第十七条 以前发布的有关侵犯知识产权犯罪的司法解释，与本解释相抵触的，自本解释施行后不再适用。

最高人民法院、最高人民检察院、公安部关于办理侵犯知识产权刑事案件适用法律若干问题的意见

（2011年1月10日　法发〔2011〕3号）

为解决近年来公安机关、人民检察院、人民法院在办理侵犯知识产权刑事案件中遇到的新情况、新问题，依法惩治侵犯知识产权犯罪活动，维护社会主义市场经济秩序，根据刑法、刑事诉讼法及有关司法解释的规定，结合侦查、起诉、审判实践，制定本意见。

一、关于侵犯知识产权犯罪案件的管辖问题

侵犯知识产权犯罪案件由犯罪地公安机关立案侦查。必要时，可以由犯罪嫌疑人居住地公安机关立案侦查。侵犯知识产权犯罪案件的犯罪地，包括侵权产品制造地、储存地、运输地、销售地，传播侵权作品、销售侵权产品的网站服务器所在地、网络接入地、网站建立者或者管理者所在地，侵权作品上传者所在地，权利人受到实际侵害的犯罪结果发生地。对有多个侵犯知识产权犯罪地的，由最初受理的公安机关或者主要犯罪地公安机关管辖。多个侵犯知识产权犯罪地的公安机关对管辖有争议的，由共同的上级公安机关指定管辖，需要提请批准逮捕、移送审查起诉、提起公诉的，由该公安机关所在地的同级人民检察院、人民法院受理。

对于不同犯罪嫌疑人、犯罪团伙跨地区实施的涉及同一批侵权产品的制造、储存、运输、销售等侵犯知识产权犯罪行为，符合并案处理要求的，有关公安机关可以一并立案侦查，需要提请批准逮捕、移送审查起诉、提起公诉的，由该公安机关所在地的同级人民检察院、人民法院受理。

二、关于办理侵犯知识产权刑事案件中行政执法部门收集、调取证据的效力问题

行政执法部门依法收集、调取、制作的物证、书证、视听资料、检验报告、鉴定结论、勘验笔录、现场笔录，经公安机关、人民检察院审查，人民法院庭审质证确认，可以作为刑事证据使用。

行政执法部门制作的证人证言、当事人陈述等调查笔录，公安机关认为有必要作为刑事证据使用的，应当依法重新收集、制作。

三、关于办理侵犯知识产权刑事案件的抽样取证问题和委托鉴定问题

公安机关在办理侵犯知识产权刑事案件时，可以根据工作需要抽样取证，或者商请同级行政执法部门、有关检验机构协助抽样取证。法律、法规对抽样机构或者抽样方法有规定的，应当委托规定的机构并按照规定方法抽取样品。

公安机关、人民检察院、人民法院在办理侵犯知识产权刑事案件时，对于需要鉴定的事项，应当委托国家认可的有鉴定资质的鉴定机构进行鉴定。

公安机关、人民检察院、人民法院应当对鉴定结论进行审查，听取权利人、犯罪嫌疑人、被告人对鉴定结论的意见，可以要求鉴定机构作出相应说明。

四、关于侵犯知识产权犯罪自诉案件的证据收集问题

人民法院依法受理侵犯知识产权刑事自诉案件，对于当事人因客观原因不能取得的证据，在

提起自诉时能够提供有关线索，申请人民法院调取的，人民法院应当依法调取。

五、关于刑法第二百一十三条规定的“同一种商品”的认定问题

名称相同的商品以及名称不同但指同一事物的商品，可以认定为“同一种商品”。“名称”是指国家工商行政管理总局商标局在商标注册工作中对商品使用的名称，通常即《商标注册用商品和服务国际分类》中规定的商品名称。“名称不同但指同一事物的商品”是指在功能、用途、主要原料、消费对象、销售渠道等方面相同或者基本相同，相关公众一般认为是同一种事物的商品。

认定“同一种商品”，应当在权利人注册商标核定使用的商品和行为人实际生产销售的商品之间进行比较。

六、关于刑法第二百一十三条规定的“与其注册商标相同的商标”的认定问题

具有下列情形之一，可以认定为“与其注册商标相同的商标”：

（一）改变注册商标的字体、字母大小写或者文字横竖排列，与注册商标之间仅有细微差别的；

（二）改变注册商标的文字、字母、数字等之间的间距，不影响体现注册商标显著特征的；

（三）改变注册商标颜色的；

（四）其他与注册商标在视觉上基本无差别、足以对公众产生误导的商标。

七、关于尚未附着或者尚未全部附着假冒注册商标标识的侵权产品价值是否计入非法经营数额的问题

在计算制造、储存、运输和未销售的假冒注册商标侵权产品价值时，对于已经制作完成但尚未附着（含加贴）或者尚未全部附着（含加贴）假冒注册商标标识的产品，如果有确实、充分证据证明该产品将假冒他人注册商标，其价值计入非法经营数额。

八、关于销售假冒注册商标的商品犯罪案件中尚未销售或者部分销售情形的定罪量刑问题

销售明知是假冒注册商标的商品，具有下列情形之一的，依照刑法第二百一十四条的规定，以销售假冒注册商标的商品罪（未遂）定罪处罚：

（一）假冒注册商标的商品尚未销售，货值金额在十五万元以上的；

（二）假冒注册商标的商品部分销售，已销售金额不满五万元，但与尚未销售的假冒注册商标的商品的货值金额合计在十五万元以上的。

假冒注册商标的商品尚未销售，货值金额分别达到十五万元以上不满二十五万元、二十五万元以上的，分别依照刑法第二百一十四条规定的各法定刑幅度定罪处罚。

销售金额和未销售货值金额分别达到不同的法定刑幅度或者均达到同一法定刑幅度的，在处罚较重的法定刑或者同一法定刑幅度内酌情从重处罚。

九、关于销售他人非法制造的注册商标标识犯罪案件中尚未销售或者部分销售情形的定罪问题

销售他人伪造、擅自制造的注册商标标识，具有下列情形之一的，依照刑法第二百一十五条的规定，以销售非法制造的注册商标标识罪（未遂）定罪处罚：

（一）尚未销售他人伪造、擅自制造的注册商标标识数量在六万件以上的；

（二）尚未销售他人伪造、擅自制造的两种以上注册商标标识数量在三万件以上的；

（三）部分销售他人伪造、擅自制造的注册商标标识，已销售标识数量不满二万件，但与尚未销售标识数量合计在六万件以上的；

（四）部分销售他人伪造、擅自制造的两种以上注册商标标识，已销售标识数量不满一万件，但与尚未销售标识数量合计在三万件以上的。

十、关于侵犯著作权犯罪案件“以营利为目的”的认定问题

除销售外，具有下列情形之一的，可以认定为“以营利为目的”：

（一）以在他人作品中刊登收费广告、捆绑第三方作品等方式直接或者间接收取费用的；

（二）通过信息网络传播他人作品，或者利用他人上传的侵权作品，在网站或者网页上提供刊登收费广告服务，直接或者间接收取费用的；

（三）以会员制方式通过信息网络传播他人作品，收取会员注册费或者其他费用的；

（四）其他利用他人作品牟利的情形。

十一、关于侵犯著作权犯罪案件“未经著作权人许可”的认定问题

“未经著作权人许可”一般应当依据著作权人或者其授权的代理人、著作权集体管理组织、国家著作权行政管理部门指定的著作权认证机构出具的涉案作品版权认证文书，或者证明出版者、复制发行者伪造、涂改授权许可文件或者超出授权许可范围的证据，结合其他证据综合予以认定。

在涉案作品种类众多且权利人分散的案件中，上述证据确实难以一一取得，但有证据证明涉案复制品系非法出版、复制发行的，且出版者、复制发行者不能提供获得著作权人许可的相关证明材料的，可以认定为“未经著作权人许可”。但是，有证据证明权利人放弃权利、涉案作品的著作权不受我国著作权法保护，或者著作权保护期限已经届满的除外。

十二、关于刑法第二百一十七条规定的“发行”的认定及相关问题

“发行”，包括总发行、批发、零售、通过信息网络传播以及出租、展销等活动。

非法出版、复制、发行他人作品，侵犯著作权构成犯罪的，按照侵犯著作权罪定罪处罚，不认定为非法经营罪等其他犯罪。

十三、关于通过信息网络传播侵权作品行为的定罪处罚标准问题

以营利为目的，未经著作权人许可，通过信息网络向公众传播他人文字作品、音乐、电影、电视、美术、摄影、录像作品、录音录像制品、计算机软件及其他作品，具有下列情形之一的，属于刑法第二百一十七条规定的“其他严重情节”：

（一）非法经营数额在五万元以上的；

（二）传播他人作品的数量合计在五百件（部）以上的；

（三）传播他人作品的实际被点击数达到五万次以上的；

（四）以会员制方式传播他人作品，注册会员达到一千人以上的；

（五）数额或者数量虽未达到第（一）项至第（四）项规定标准，但分别达到其中两项以上标准一半以上的；

（六）其他严重情节的情形。

实施前款规定的行为，数额或者数量达到前款第（一）项至第（五）项规定标准五倍以上的，属于刑法第二百一十七条规定的“其他特别严重情节”。

十四、关于多次实施侵犯知识产权行为累计计算数额问题

依照《最高人民法院、最高人民检察院关于办理侵犯知识产权刑事案件具体应用法律若干问题的解释》第十二条第二款的规定，多次实施侵犯知识产权行为，未经行政处理或者刑事处罚的，非法经营数额、违法所得数额或者销售金额累计计算。

二年内多次实施侵犯知识产权违法行为，未经行政处理，累计数额构成犯罪的，应当依法定罪处罚。实施侵犯知识产权犯罪行为的追诉期限，适用刑法的有关规定，不受前述二年的限制。

十五、关于为他人实施侵犯知识产权犯罪提供原材料、机械设备等行为的定性问题

明知他人实施侵犯知识产权犯罪，而为其提供生产、制造侵权产品的主要原材料、辅助材料、半成品、包装材料、机械设备、标签标识、生产技术、配方等帮助，或者提供互联网接入、服务器托管、网络存储空间、通讯传输通道、代收费、费用结算等服务的，以侵犯知识产权犯罪的共犯论处。

十六、关于侵犯知识产权犯罪竞合的处理问题

行为人实施侵犯知识产权犯罪，同时构成生产、销售伪劣商品犯罪的，依照侵犯知识产权犯罪与生产、销售伪劣商品犯罪中处罚较重的规定定罪处罚。

上海市高级人民法院知识产权庭
关于常见知识产权犯罪的量刑指引

（2019 年 6 月 28 日）

为统一知识产权刑事审判标准，规范量刑尺度，切实提高知识产权刑事审判质量，加大知识产权刑事司法保护力度，根据刑法、刑事司法解释的相关规定，结合本市知识产权刑事审判工作实际，兼顾本市经济社会发展水平，制定本指引。

一、总则

知识产权犯罪的量刑，应当遵循我国刑法以及最高人民法院《关于常见犯罪的量刑指导意见》、上海市高级人民法院《〈关于常见犯罪的量刑指导意见〉的实施细则》关于总则的相关规定，结合知识产权刑事司法政策和知识产权犯罪本身的特点，确定量刑的指导原则和基本方法。

（一）量刑指导原则

1. 量刑应当遵循严格保护知识产权原则，服务国家创新驱动发展战略和上海具有全球影响力的科技创新中心建设，适应知识产权刑事司法保护的实际需求。

2. 量刑应当遵循罪责刑相适应原则，做到惩罚与预防并重，宽严相济、罚当其罪，确保裁判法律效果和社会效果的统一。

3. 量刑应当客观、全面把握不同时期经济社会发展和国际、国内知识产权司法保护形势的变化，确保刑法任务的实现；对于同一时期内案情相似的案件，所判处的刑罚应当基本相当。

（二）量刑适用方法

1. 缓刑的适用

（1）对拟宣告刑为三年以下有期徒刑、拘役且符合刑法总则规定的缓刑适用条件的犯罪分子，可以依法宣告缓刑；对符合前述情形且不满十八周岁的人、怀孕的妇女和已满七十五周岁的人，应当宣告缓刑。

（2）对于法定刑在三年以上有期徒刑、具有减轻处罚情节，认罪悔罪并退出全部违法所得的，可以适用缓刑。

（3）有下列情形之一的，一般不适用缓刑：①因侵犯知识产权被刑事处罚或者行政处罚后，再次侵犯知识产权构成犯罪的；②拒不交出违法所得的；③不具有悔罪表现的；④共同犯罪中情节严重的主犯；⑤犯罪金额特别巨大或者社会影响特别大的；⑥犯罪对象系食品、药品、母婴幼儿专用品以及其他危害人身安全产品的（但经鉴定假冒产品与正品质量相当的除外）；⑦被数罪并罚的；⑧其他不宜适用缓刑的情形。

2. 罚金刑的适用

（1）罚金刑在知识产权犯罪刑罚体系中具有重要地位，通过加大对犯罪分子罚金刑的适用力度，提高其犯罪的经济成本，剥夺其再犯的能力。

（2）确定罚金数额应当综合考虑犯罪的违法所得、非法经营数额、给权利人造成的损失、社会危害性等情节，罚金数额一般在违法所得的一倍以上五倍以下，或者按照非法经营数额的50%以上一倍以下确定。根据犯罪对象件（份、张、部）数确定量刑幅度的案件，可以参考同一量刑幅度内依据非法经营数额、违法所得数额所对应的罚金刑进行综合考虑，确定该案的具体罚金刑。

（3）同一案件中，针对同一犯罪行为，如果按照违法所得数额倍数确定的罚金数额与按照非法经营数额比例确定的罚金数额存在差距较大的，在符合罪责刑相适应原则的前提下，宜从重确定罚金数额。

（4）对于未销售的侵权产品案件，可按照标价或者已经查清的侵权产品的实际销售平均价格计算非法经营数额，从而确定罚金数额。对于无法查清实际销售价格、标价和售价平均价的案件，按照被侵权产品市场中间价计算非法经营额并确定罚金数额；若据此确定的罚金数额畸高、不符合罪责刑相适应原则的，应区分是否系奢侈品、并充分考虑犯罪未遂情节，从轻或者减轻确定相应的罚金刑。

3. 禁止令、从业禁止的适用

（1）对于依法宣告缓刑或者判处管制的犯罪分子，可以根据情况同时禁止犯罪分子在缓刑考验期内或者管制执行期间从事与知识产权有关的特定活动，或禁止其进入特定区域、场所，接触特定的人。

（2）假冒注册商标商品或者销售假冒注册商标商品系食品、药品、母婴幼儿专用品、农药、兽药、化肥、种子以及其他危害人身安全等产品的，依法宣告缓刑时，一般应同时宣告禁止令。

（3）对于利用职业便利或者违背职业要求实施侵犯知识产权犯罪的犯罪分子，如果犯罪情节特别严重或者社会影响特别恶劣的，根据犯罪情况和预防犯罪的需要，在确定宣告刑时也可以禁止其在刑罚执行完毕之日或者假释之日起三年至五年内从事相关职业活动。

4. 认罪认罚案件的量刑

（1）适用认罪认罚从宽制度的案件，应根据最高人民法院、最高人民检察院、公安部、国家安全部、司法部《关于在部分地区开展刑事案件认罪认罚从宽制度试点工作的办法》、上海市高级人民法院、上海市人民检察院《刑事案件认罪认罚从宽制度试点工作实施细则（试行）》的规定，综合案件情况，在分则规定的量刑起点和基准刑基础上，统筹把握量刑从宽幅度。

（2）根据犯罪分子认罪认罚的阶段，在分则规定的基准刑基础上可以减少相应的刑罚量：在侦查阶段认罪认罚的，减少基准刑的30%；在审查起诉阶段认罪认罚的，减少基准刑的20%；在审判阶段认罪认罚的，减少基准刑的10%。

（3）在满足缓刑适用基本条件的前提下，对适用认罪认罚从宽制度并积极退赃退赔的犯罪分子，依法宣告缓刑。

二、分则

（一）假冒注册商标罪

1. 法定刑在三年以下有期徒刑、拘役、并处或者单处罚金幅度内的量刑起点和基准刑

未经注册商标所有人许可，在同一种商品上使用与其注册商标相同的商标，非法经营数额达到五万元或者违法所得数额达到三万元；假冒两种以上注册商标，非法经营数额达到三万元或者违法所得数额达到二万元，可以在有期徒刑六个月、拘役三个月幅度内确定量刑起点。

假冒一种注册商标的，在量刑起点的基础上，非法经营数额每增加六千元，增加一个月刑期，从而确定基准刑；违法所得数额每增加四千元，增加一个月刑期，从而确定基准刑。

假冒两种以上注册商标的，在量刑起点的基础上，非法经营数额每增加四千元，增加一个月刑期，从而确定基准刑；违法所得数额每增加三千元，增加一个月刑期，从而确定基准刑。

2. 法定刑在三年以上七年以下有期徒刑幅度内的量刑起点和基准刑

未经注册商标所有人许可，在同一种商品上使用与其注册商标相同的商标，非法经营数额超过二十五万元或者违法所得数额超过十五万元，假冒两种以上注册商标、非法经营数额超过十五万元或者违法所得数额超过十万元，以有期徒刑三年确定量刑起点。

假冒一种注册商标的，在量刑起点的基础上，非法经营数额每增加十万元，增加一个月刑期，从而确定基准刑；违法所得数额每增加六万元，增加一个月刑期，从而确定基准刑。

假冒两种以上注册商标的，在量刑起点的基础上，非法经营数额每增加六万元，增加一个月刑期，从而确定基准刑；违法所得数额每增加四万元，增加一个月刑期，从而确定基准刑。

3. 假冒注册商标并有下列情形的，可以相应确定量刑情节调节比例

（1）假冒注册商标又销售假冒注册商标的商品的，可以增加基准刑的10%以下。

（2）假冒五种以上注册商标的，可以增加基准刑的10%以下。

（3）假冒注册商标商品或者销售假冒注册商标商品系食品、药品、母婴幼儿专用品、农药、兽药、化肥、种子以及其他危害人身安全等产品的，可以增加基准刑的10%以下，但经鉴定假冒产品与正品质量相当的除外。

（二）销售假冒注册商标的商品罪

1. 既遂案件

（1）法定刑在三年以下有期徒刑、拘役、并处或者单处罚金幅度内的量刑起点和基准刑

①销售明知是假冒注册商标的商品，销售金额达五万元的，可以在有期徒刑六个月、拘役三个月幅度内确定量刑起点。

②在量刑起点的基础上，可以根据销售金额等其他影响量刑的犯罪事实增加刑罚量，确定基准刑。有下列情形之一的，增加相应的刑罚量：销售金额每增加六千元，增加一个月刑期；其他可以增加刑罚量的情形。

（2）法定刑在三年以上七年以下有期徒刑幅度内的量刑起点和基准刑

①销售明知是假冒注册商标的商品，销售金额达二十五万元的，以三年有期徒刑确定量刑起点。

②在量刑起点的基础上，可以根据销售金额等其他影响犯罪构成的犯罪事实增加刑罚量，确定基准刑。有下列情形之一的，增加相应的刑罚量：销售金额每增加十万元，增加一个月刑期；其他可以增加刑罚量的情形。

2. 未遂案件，按照实际销售价格或标价认定未销售商品货值金额的

（1）法定刑在三年以下有期徒刑、拘役、并处或者单处罚金幅度内的量刑起点和基准刑

①销售明知是假冒注册商标的商品，未销售货值金额达十五万元的；销售金额不满五万元，但已销售金额与尚未销售的假冒注册商标的商品的货值金额合计在十五万元以上的，可以在有期徒刑六个月、拘役三个月幅度内确定量刑起点。

②在量刑起点的基础上，可以根据货值金额等其他影响量刑的犯罪事实增加刑罚量，确定基准刑。有下列情形之一的，增加相应的刑罚量：货值金额每增加三千元，增加一个月刑期；其他可以增加刑罚量的情形。

（2）法定刑在三年以上七年以下有期徒刑幅度内的量刑起点和基准刑

①销售明知是假冒注册商标的商品，未销售货值金额达二十五万元的，以三年有期徒刑确定量刑起点。

②在量刑起点的基础上，可以根据货值金额等其他影响犯罪构成的犯罪事实增加刑罚量，确定基准刑。有下列情形之一的，增加相应的刑罚量：货值金额每增加十万元，增加一个月刑期；其他可以增加刑罚量的情形。

3. 未遂案件，按照被侵权产品的市场中间价格认定未销售普通商品货值金额的

（1）法定刑在三年以下有期徒刑、拘役、并处或者单处罚金幅度内的量刑起点和基准刑

①销售明知是假冒注册商标的商品，未销售普通商品货值金额达十五万元的；销售金额不满五万元，但已销售金额与尚未销售的假冒注册商标商品的货值金额合计在十五万元以上的，可以在有期徒刑六个月、拘役三个月幅度内确定量刑起点。

②在量刑起点的基础上，可以根据货值金额等其他影响犯罪构成的犯罪事实增加刑罚量，确定基准刑。有下列情形之一的，增加相应的刑罚量：货值金额每增加三千元，增加一个月刑期；其他可以增加刑罚量的情形。

（2）法定刑在三年以上七年以下有期徒刑幅度内的量刑起点和基准刑

①销售明知是假冒注册商标的商品，未销售普通商品货值金额达二十五万元的，以三年有期徒刑确定量刑起点。

②在量刑起点的基础上，可以根据货值金额等其他影响犯罪构成的犯罪事实增加刑罚量，确

定基准刑。有下列情形之一的，增加相应的刑罚量：货值金额每增加十五万元，增加一个月刑期；其他可以增加刑罚量的情形。

4. 未遂案件，按照被侵权产品的市场中间价格认定未销售奢侈品货值金额的

（1）法定刑在三年以下有期徒刑、拘役、并处或者单处罚金幅度内的量刑起点和基准刑

①销售明知是假冒注册商标的商品，未销售奢侈品货值金额达十五万元的；销售金额不满五万元，但已销售金额与尚未销售的假冒注册商标的商品的货值金额合计在十五万元以上的，可以在有期徒刑六个月、拘役三个月幅度内确定量刑起点。

②在量刑起点的基础上，可以根据货值金额等其他影响犯罪构成的犯罪事实增加刑罚量，确定基准刑。有下列情形之一的，增加相应的刑罚量：货值金额每增加三千元，增加一个月刑期；其他可以增加刑罚量的情形。

（2）法定刑在三年以上七年以下有期徒刑幅度内的量刑起点和基准刑

①销售明知是假冒注册商标的商品，未销售奢侈品货值金额达二十五万元的，以三年有期徒刑确定量刑起点。

②在量刑起点的基础上，可以根据货值金额等其他影响犯罪构成的犯罪事实增加刑罚量，确定基准刑。有下列情形之一的，增加相应的刑罚量：货值金额每增加一百万元，增加一个月刑期；其他可以增加刑罚量的情形。

5. 销售假冒注册商标的商品犯罪案件中其他应当考虑的情节

（1）对于销售假冒注册商标的商品罪未遂案件，司法解释规定以十五万元为入罪金额、以二十五万元为三年以上有期徒刑调档金额，具体量刑时，可以根据刑法总则关于犯罪未遂的相关规定予以适用。

（2）销售金额和未销售货值金额分别达到不同的法定刑幅度，或者均达到同一法定刑幅度的，在处罚较重的法定刑或者同一法定刑幅度内酌情从重处罚。

（3）销售假冒注册商标商品系食品、药品、母婴幼儿专用品、农药、兽药、化肥、种子以及其他危害人身安全等产品的，可以增加基准刑的10%以下（但经鉴定假冒产品与正品质量相当的除外）。

（三）非法制造、销售非法制造的注册商标标识罪

1. 既遂案件，法定刑在三年以下有期徒刑、拘役、管制、并处或者单处罚金幅度内的量刑起点和基准刑

伪造、擅自制造或者销售伪造、擅自制造一种商标标识的，商标标识数量达二万件，或者非法经营数额达五万元，或者违法所得数额达三万元的，可以在有期徒刑六个月、拘役三个月幅度内确定量刑起点。

伪造、擅自制造或者销售伪造、擅自制造两种以上商标标识的，商标标识数量达一万件，或者非法经营数额达三万元，或者违法所得数额达二万元的，可以在有期徒刑六个月、拘役三个月幅度内确定量刑起点。

伪造、擅自制造或者销售伪造、擅自制造一种商标标识的，商标标识数量二万件以上不满十万件、或者非法经营数额五万元以上不满二十五万元、或者违法所得数额三万元以上不满十五万元的，在量刑起点的基础上，商标标识数量每增加两千五百件、或者非法经营数额每增加六千

元、或者违法所得数额三万元以上不满十五万元的，刑期增加一个月。

伪造、擅自制造或者销售伪造、擅自制造两种以上商标标识的，商标标识数量一万件以上不满五万件、或者非法经营数额三万元以上不满十五万元、或者违法所得数额二万元以上不满十万元的，在量刑起点的基础上，商标标识数量每增加一千二百件、或者非法经营数额每增加三千五百元、或者违法所得数额每增加两千五百元，刑期增加一个月。

2. 既遂案件，法定刑在三年以上七年以下有期徒刑幅度内的量刑起点和基准刑

伪造、擅自制造或者销售伪造、擅自制造一种商标标识，商标标识达十万件，或者非法经营数额达二十五万元，或者违法所得数额达十五万元的，以有期徒刑三年确定量刑起点。

伪造、擅自制造或者销售伪造、擅自制造两种以上商标标识，商标标识达五万件，或者非法经营数额达十五万元，或者违法所得数额达十万元的，以有期徒刑三年确定量刑起点。

伪造、擅自制造或者销售伪造、擅自制造一种商标标识，在量刑起点的基础上，商标标识数量每增加四万件，刑期增加一个月。伪造、擅自制造或者销售伪造、擅自制造两种以上商标标识，在量刑起点的基础上，商标标识数量每增加三万件，刑期增加一个月。

伪造、擅自制造或者销售伪造、擅自制造一种商标标识非法经营数额在二十五万元以上、或者违法所得数额在十五万元以上的；伪造、擅自制造或者销售伪造、擅自制造两种以上商标标识，非法经营数额在十五万元以上、或者违法所得数额在十万元以上的，参照本指引关于假冒注册商标罪的量刑规定处罚。

3. 未遂案件，法定刑在三年以下有期徒刑、拘役、管制、并处或者单处罚金幅度内的量刑起点和基准刑

销售他人伪造、擅自制造的一种商标标识，尚未销售的商标标识数量在六万件以上的；部分销售他人伪造、擅自制造的一种商标标识，已销售标识数量不满二万件、但与尚未销售标识数量合计在六万件以上的，可以在有期徒刑六个月、拘役三个月幅度内确定量刑起点。

销售他人伪造、擅自制造的两种以上商标标识，尚未销售的商标标识数量在三万件以上的；部分销售他人伪造、擅自制造的两种以上商标标识，已销售标识数量不满一万件、但与尚未销售标识数量合计在三万件以上的，可以在有期徒刑六个月、拘役三个月幅度内确定量刑起点。

销售他人伪造、擅自制造的一种商标标识，尚未销售的商标标识数量在六万件以上不满十万件的；部分销售他人伪造、擅自制造的一种商标标识，已销售标识数量不满二万件，但与尚未销售标识数量合计在六万件以上不满十万件的，在量刑起点的基础上，数量每增加一千五百件，刑期增加一个月。

销售他人伪造、擅自制造的两种以上商标标识，尚未销售的商标标识数量在三万件以上不满五万件的；部分销售他人伪造、擅自制造的两种以上商标标识，已销售标识数量不满一万件，但与尚未销售标识数量合计在三万件以上不满五万件的，在量刑起点的基础上，数量每增加一千件，刑期增加一个月。

4. 未遂案件，法定刑在三年以上七年以下有期徒刑幅度内的量刑起点和基准刑

销售他人伪造、擅自制造的一种商标标识，尚未销售的商标标识数量在十万件以上的，或者销售他人伪造、擅自制造的两种以上商标标识，尚未销售的商标标识数量在五万件以上的，以有期徒刑三年确定量刑起点。

销售他人伪造、擅自制造的一种商标标识，尚未销售的商标标识数量在十万件以上的，在量刑起点的基础上，数量每增加六万件，刑期增加一个月。

销售他人伪造、擅自制造的两种以上商标标识，尚未销售的商标标识数量在五万件以上的，在量刑起点的基础上，数量每增加四万件，刑期增加一个月。

5. 其他情形的，可以相应确定量刑情节调节比例

（1）既有非法制造注册商标标识、又有销售同种非法制造的注册商标标识的，以非法制造、销售非法制造的注册商标标识罪定罪，在法定刑幅度内酌情从重处罚。对于非法制造注册商标标识、又销售不同种非法制造的注册商标标识的，对件数或者犯罪金额累计计算，并在相应量刑幅度进行量刑；既有件数又有犯罪金额的，在处罚较重的法定刑或者同一法定刑幅度内酌情从重处罚。

（2）对于既符合伪造、擅自制造或者销售伪造、擅自制造商标标识件数定罪量刑标准，又具备可按照非法经营数额或者违法所得数额定罪量刑情形的，按照从重的量刑情形进行处罚。

（四）侵犯著作权罪

1. 法定刑在三年以下有期徒刑、拘役、并处或者单处罚金幅度内的量刑起点和基准刑

侵犯著作权违法所得数额达三万元，或者非法经营数额达五万元，或者复制品数量达五百张（份），或者信息网络传播他人作品数量达五百件（部），或者信息网络传播他人作品实际被点击数达五万次，或者以会员制方式信息网络传播他人作品注册会员数达一千人的，可以在有期徒刑六个月、拘役三个月幅度内确定量刑起点。

在量刑起点的基础上，根据侵犯著作权的金额、数额、侵权客体情况、犯罪手法等影响犯罪构成的犯罪事实，确定基准刑。违法所得数额每增加三千五百元、非法经营数额每增加六千元、复制品数量每增加六十张（份）、信息网络传播他人作品数量每增加六十件（部）、作品实际被点击数每增加六千次、注册会员数每增加一百二十人，增加一个月刑期。

2. 法定刑在三年以上七年以下有期徒刑幅度内的量刑起点和基准刑

侵犯著作权违法所得数额达十五万元，或者非法经营数额达二十五万元，或者复制品数量达二千五百张（份），或者信息网络传播他人作品数量达二千五百件（部），或者信息网络传播他人作品实际被点击数达二十五万次，或者以会员制方式信息网络传播他人作品注册会员数达五千人的，以有期徒刑三年确定量刑起点。

在量刑起点的基础上，根据侵犯著作权的金额、数额、侵权客体情况、犯罪手法等影响犯罪构成的犯罪事实，确定基准刑。违法所得数额每增加二万五千元、非法经营数额每增加四万元、复制品数量每增加四百张（份）、信息网络传播他人作品数量每增加四百件（部）、作品实际被点击数每增加四万次、注册会员数每增加八百人，增加一个月刑期。

3. 通过信息网络传播侵权作品行为的特殊规定

通过信息网络向公众传播他人作品，同时符合非法经营数额二万五千元以上不满五万元、或者传播他人作品数量二百五十件（部）以上不满五百件（部）、或者传播他人作品实际被点击数达二万五千次以上不满五万次、或者注册会员数五百人以上不满一千人等两项或两项以上情形的，可以在有期徒刑六个月、拘役三个月幅度内确定量刑起点。

4. 行为人犯侵犯著作权罪，其行为符合一项或者数项量刑标准的，按照较重的量刑幅度从重

处罚。

5. 权利人损失得到完全赔偿的，数额较大的可以相对不起诉，数额巨大的可以从轻处罚。

（五）侵犯商业秘密罪

1. 法定刑在三年以下有期徒刑或拘役，并处或单处罚金幅度内的量刑起点和基准刑

给商业秘密的权利人造成损失数额达五十万元的，可以在有期徒刑六个月、拘役三个月幅度内确定量刑起点。

给商业秘密的权利人造成损失数额达五十万元以上不满二百五十万元，在量刑起点的基础上，损失数额每增加六万元的，增加一个月刑期。

2. 法定刑在三年以上七年以下有期徒刑幅度内的量刑起点和基准刑

给商业秘密的权利人造成损失数额达二百五十万元的，以有期徒刑三年确定量刑起点。

给权利人造成损失数额二百五十万元以上不满一千万元的，在量刑起点的基础上，给权利人造成损失数额每增加二十万元的，增加刑期一个月。

给权利人造成损失数额或者非法获利金额达一千万元以上的，根据具体案情处理。

3. 侵犯商业秘密犯罪案件中其他应当考虑的情节

（1）公开披露商业秘密并给权利人造成重大损失的，可以酌情从重处罚。

（2）单位员工违反与权利人保守商业秘密的要求，侵犯原单位商业秘密的，可以酌情从重处罚。

（3）给权利人造成的重大损失得到完全赔偿的，可以相对不起诉，给权利人造成特别严重后果得到完全赔偿的，可以从轻处罚。

浙江省高级人民法院、浙江省人民检察院、浙江省公安厅关于办理涉外定牌加工等侵犯知识产权刑事案件有关法律适用问题的会议纪要

（2016年6月28日）

为准确认定涉外定牌加工等涉知识产权刑事案件的行为性质，统一司法尺度，防止出现执法偏差，切实发挥刑法的保护和保障功能，保障经济持续健康发展，浙江省高级人民法院、浙江省人民检察院、浙江省公安厅于近期召开座谈会，对办理涉外定牌加工等侵犯知识产权刑事案件有关法律适用问题进行了研讨，并达成共识。现纪要如下：

一、办理侵犯知识产权刑事案件中应坚持宽严相济的刑事政策

知识产权刑事司法保护是知识产权保护的最后一道防线，各级公、检、法机关应贯彻落实知识产权国家战略，依法制止、制裁和打击各类侵犯知识产权犯罪行为，切实维护相关权利人的合法权利和公平、有序的社会主义市场经济秩序。依法从严惩处严重侵犯知识产权的犯罪分子，严格缓、免刑的适用条件。在依法适用主刑的同时，加大罚金刑的适用与执行力度，并注意通过采

取追缴违法所得、收缴犯罪工具、销毁侵权产品等措施，从经济上剥夺犯罪分子再次犯罪的能力和条件。同时，在办理侵犯知识产权刑事案件过程中，要注重推动综合运用刑事、民事、行政等多种途径强化知识产权的司法保护，充分考虑我国经济发展的阶段性特征和知识产权的私权属性，坚持刑法谦抑性原则和刑事证明标准，强化事实证据的收集和审查，防止刑事司法手段的过度介入，合理控制打击面，以实现法律效果和社会效果的有机统一。

二、关于涉外定牌加工行为的性质认定

合法授权范围内的涉外定牌加工，是指境内生产厂家受境外注册商标权利人的委托生产使用该注册商标的商品，该商品全部销往境外而不在境内销售的一种加工生产方式。由于商品均销往境外，相关商标并未在境内市场发挥识别商品来源的功能，境内相关公众对该商品来源不会产生混淆或误认，境内商标注册权人在境内的市场份额和竞争地位未受到影响，其相关权利并未受到实际侵害。行为人是受境外注册商标权利人委托生产使用该注册商标的商品，没有假冒注册商标的主观故意，也没有假冒注册商标的行为，因此对合法授权范围内的涉外定牌加工行为不宜以假冒注册商标犯罪论处。

对境内受托方超出涉外订单范围生产该注册商标的商品，且确有充足证据证实已在或将在境内销售的部分，由于已侵犯或势必会侵犯境内相关权利人的商标专用权，如符合入罪标准，则可以假冒注册商标罪定罪处罚。司法实践中，应当注重收集和审查行为人对超出订单范围的辩解是否合理、有无在境内销售或意图在境内销售等事实、证据，把好案件事实关和证据关，确保案件质量。

涉外定牌加工中，行为人未经涉外委托方授权或同意，将加工业务转委托给他人加工，由于涉案商品均在境外销售，故仍属合法授权范围的涉外定牌加工，对转委托人和实际加工人的行为一般仍不宜以假冒注册商标罪论处。至于未经涉外委托方授权或同意的转委托是否有效，属于相关当事人是否应当承担其他责任的问题，不属刑法调整的范畴。

三、关于假冒注册商标犯罪的数额、数量等情节标准

根据《刑法》第 213 条规定，假冒注册商标罪是指未经注册商标所有人许可，在同一种商品上使用与其注册商标相同的商标，情节严重的行为。具有下列情形之一的，属于“情节严重”，处三年以下有期徒刑或者拘役，并处或者单处罚金：

（1）非法经营数额在 5 万元以上不满 25 万元或者违法所得数额在 3 万元以上不满 15 万元的；

（2）假冒两种以上注册商标，非法经营数额在 3 万元以上不满 15 万元或者违法所得数额在 2 万元以上不满 10 万元的；

（3）假冒注册商标的商品数量在 1000 件以上，且非法经营数额在 3 万元以上不满 15 万元或者违法所得数额在 2 万元以上不满 10 万元的；

（4）造成恶劣社会影响、国际影响的；

（5）情节严重的其他情形。

具有下列情形之一的，属于“情节特别严重”，处三年以上七年以下有期徒刑，并处罚金：

（1）非法经营数额在 25 万元以上或者违法所得数额在 15 万元以上的；

（2）假冒两种以上注册商标，非法经营数额在 15 万元以上或者违法所得数额在 10 万元以上的；

（3）假冒注册商标的商品数量在5000件以上，且非法经营数额在15万元以上或者违法所得数额在10万元以上的；

（4）造成特别恶劣社会影响、国际影响的；

（5）情节特别严重的其他情形。

天津市高级人民法院、天津市人民检察院、天津市公安局关于办理侵犯知识产权刑事案件若干问题的意见

（2018年4月11日　津高法〔2018〕65号）

第一条　为加强知识产权保护，加快知识产权强市建设，推进知识产权民事、行政和刑事案件审判“三合一”工作，根据《中华人民共和国刑事诉讼法》、《最高人民法院关于适用〈中华人民共和国刑事诉讼法〉的解释》及最高人民法院、最高人民检察院、公安部关于办理侵犯知识产权刑事案件的有关规定，结合本市实际，制定本意见。

第二条　本意见所称知识产权刑事案件是指《中华人民共和国刑法》分则第三章“破坏社会主义市场经济秩序罪”第七节规定的侵犯知识产权犯罪公诉、自诉案件，但数罪中涉及侵犯知识产权犯罪的案件除外。

第三条　和平区人民法院管辖和平区、南开区、红桥区第一审知识产权刑事案件。

滨海新区人民法院管辖滨海新区第一审知识产权刑事案件。

发生在其他区的第一审知识产权刑事案件，由辖区所在的中级人民法院管辖。

第四条　知识产权刑事案件由犯罪地公安机关侦查。如果由犯罪嫌疑人居住地的公安机关侦查更为适宜的，可以由犯罪嫌疑人居住地的公安机关侦查。

需要提请批准逮捕犯罪嫌疑人的，由侦查机关移送当地检察机关审查批准。

对于依法应当追究刑事责任的知识产权刑事案件，公安机关应当将《起诉意见书》连同案卷材料、证据一并移送检察机关。

第五条　侦查机关所在地在和平区、滨海新区的知识产权刑事案件，分别由和平区人民检察院、滨海新区人民检察院向和平区人民法院、滨海新区人民法院提起公诉。

侦查机关所在地在南开区、红桥区的知识产权刑事案件，由侦查机关直接移送和平区人民检察院，由和平区人民检察院向和平区人民法院提起公诉。

侦查机关所在地在西青区、武清区、宝坻区、蓟州区的知识产权刑事案件，由侦查机关直接移送天津市人民检察院第一分院，由天津市人民检察院第一分院向天津市第一中级人民法院提起公诉。

侦查机关所在地在河东区、河西区、河北区、津南区、北辰区、静海区的知识产权刑事案件，由侦查机关直接移送天津市人民检察院第二分院，由天津市人民检察院第二分院向天津市第二中级人民法院提起公诉。

侦查机关所在地在东丽区、宁河区的知识产权刑事案件，由侦查机关直接移送天津市人民检察院第三分院，由天津市人民检察院第三分院向天津市第三中级人民法院提起公诉。

第六条　各相关人民法院、人民检察院和公安机关应选派业务骨干相对固定地从事知识产权刑事案件的侦查、批捕、提起公诉和审判工作，以确保知识产权刑事案件的执法水平。

第七条　天津市高级人民法院、天津市人民检察院、天津市公安局建立知识产权刑事司法保护沟通协调机制，积极推进知识产权民事、行政和刑事案件审判“三合一”工作。

参考资料

深圳中院关于侵犯商标权犯罪案件非法经营数额认定的问答[①]

（2021年4月22日）

侵犯知识产权刑事案件中的“非法经营数额”，是指行为人在实施侵犯知识产权行为过程中，制造、储存、运输、销售侵权产品的价值。已销售的侵权产品的价值，按照实际销售的价格计算。制造、储存、运输和未销售的侵权产品的价值，按照标价或者已经查清的侵权产品的实际销售平均价格计算。侵权产品没有标价或者无法查清其实际销售价格的，按照被侵权产品的市场中间价格计算。

1. 如何根据现场缴获的账本、销售单据等书证认定已销售金额和实际销售价格？

侦查机关从现场缴获的账本、销售单据等书证，应由知道相应书证情况的被告人或者证人予以辨认。缴获的账本、销售单据等书证上记载的是代号、简称等简易内容的，应要求被告人或证人对记载的产品名称、型号等具体内容作进一步的解释说明，并结合被告人供述、证人证言、物证等证据，审查认定侵权产品的已销售金额和实际销售价格。

在审查认定侵权产品的已销售金额和实际销售价格时，应严格把握证据标准和证明要求，一般要求书证、物证与被告人供述、证人证言等其他在案证据相互印证，且相关证据在侦查阶段已收集固定。

2. 如何根据“淘宝”等第三方平台的销售记录认定已销售金额和实际销售价格？

根据“淘宝”等第三方平台的销售记录认定侵权产品的已销售金额和实际销售价格时，一般要求结合被告人供述、证人证言、物证等在案证据，足以证明行为人已销售的产品均是侵权产品。

被告人在侦查阶段多次供述已销售的产品均是侵权产品，且已销售产品的价格明显低于被侵权产品的市场中间价格，结合现场缴获有相同或类似的侵权产品、造假工具等其他证据，可以认

① 载深圳市中级人民法院微信公众号，2021年4月22日发布，https://mp.weixin.qq.com/s/K3pAEtfHsx1zhLSxJ4aLyg。

定“淘宝”等第三方平台的销售记录为已销售金额和实际销售价格。

被告人辩称已销售的产品为真假掺卖或者部分产品是二手产品时，在没有缴获侵权产品实物的情况下，不宜直接将被告人在“淘宝”等第三方平台上的已销售金额认定为销售侵权产品的销售金额。

3. 如何认定被告人提出的“刷单”辩解？

被告人辩解“淘宝”等第三方平台的销售记录存在“刷单”行为时，侦查机关应调取后台数据由被告人辨认，对于明显低于侵权产品标价的交易数据，被告提供合理辩解的，相关数据可不计入非法经营数额；对于被告人辩称“刷单”后通过其他方式将交易款项回转、或者通过专业公司、专业软件进行“刷单”的，应要求被告人明确辨认相关交易记录、供述具体实施刷单行为的对象或提供可查证的具体线索，由侦查机关予以调查核实，被告人不提供具体线索或未调查核实的，相关辩解不予采纳。

4. 如何认定被告人在审理阶段提交微信聊天记录、支付宝转账记录、QQ聊天记录等电子数据的真实性？

对于被告人在审理阶段提交微信聊天记录、支付宝转账记录、QQ聊天记录等第三方平台的电子数据，能与侦查机关现场缴获的手机、电脑提取的相关数据相互印证的，可以作为证据使用。对于被告人抓获之后，由其家属、辩护人提交的前述电子数据，应由侦查机关进一步核实，无法核实真实性的，不能作为证据使用。

5. 被告人在审理阶段提交自行购买商品的价格能否认定为被侵权产品市场中间价格？

被告人以价格认证中心评估的被侵权产品市场中间价格过高，提交自行在市场上购买相同商品及购买凭证，该购买经查实如系在官方指定商城或具有授权的销售商处购买，该价格可以认定为被侵权产品的市场中间价格。如系从其他渠道自行购买的商品，无法辨别商品的真伪，该商品价格不能作为被侵权产品的市场中间价格。

6. 如何认定被侵权商标没有对应相同规格型号商品时的非法经营数额？

被侵权商标没有相同规格型号的产品，按被侵权商标类似产品市场中间价格计算；明显高于侵权产品实际销售价格，导致处罚过重的，应委托价格认证中心按照同种合格产品市场中间价格计算。

市场中没有同种合格产品销售的，按照此前市场中同种合格产品销售的中间价格计算，或者按照市场中在售的与被侵权产品在功能、用途、主要原料、设计、配置等方面相同或相似的同类合格产品的市场中间价格计算。

7. 如何认定尚未制造完成的侵权产品的零配件的非法经营数额？

对于现场缴获的零配件，如果有确实、充分的证据证明准备用于制造侵权产品的，相关零配件的价值应当计入非法经营数额；但是，如果缴获的零配件采取独立包装，配件及包装上均未标示被侵权商标的，在案证据不足以证明准备用于制造侵权产品的，相关的零配件的价值可不计入非法经营数额。

对于零配件的价值，有证据证明实际销售价格的，按照该价格认定非法经营数额。如果属于不在市场上单独销售的零配件或产品组成部分的，可以按照权利人生产、制造、加工的成本价格计算认定非法经营数额，无法确定成本价格的，可以参照更换、维修价格确定。

8. 如何认定已下架退市的被侵权产品的市场中间价？

被侵犯注册商标产品已下架退市，涉案的侵权产品无法查清实际销售价格情况下，可以委托价格认证中心进行市场调查，并根据被侵权产品下架退市前的市场中间价格来计算认定。

9. 如何认定未销售侵权产品的非法经营数额？

侵权产品全部尚未销售（含制造、储存、运输中的），按照标价认定非法经营数额；没有标价的，按照被侵权产品的市场中间价格计算；已签订的供货合同、销售合同中确定的供货价格或销售价格可认定为“标价”，但单纯收取加工费用的来料加工合同中确定的加工价格除外。

被告人在审理阶段提交其在朋友圈、微信聊天记录中的询价作为侵权产品的实际销售价格的，应核实证据的真实性，确为犯罪行为发生时的询价且该询价对应的是涉案侵权产品的，该询价可以作为侵权产品的标价，但实际销售价格与询价不一致的，以实际销售价格认定非法经营数额。

10. 如何认定专供外销的被侵犯注册商标产品市场中间价格？

被侵犯注册商标产品专供外销而不在国内销售的，按照侵权产品的离岸价格认定为市场中间价格；无法查明离岸价格的，可参考国际市场价格或国内同类合格产品的市场中间价格认定。

11. 如何认定非法制造、销售非法制造的注册商标标识罪中商标标识的“件”数？

注册商标标识的“件”，应当以标有完整注册商标图样的标识且标识的最小物质载体不可分割使用作为认定标准。对于在同一物质载体上印制数个注册商标标识图样，物质载体不可分割使用的，一般应当视为一件商标标识。

第三编

综合实体与程序

◎导　读

本部分收录了与知识产权法领域密切相关的法律、司法解释及地方司法文件，供读者在处理知识产权案件中及时关联所需的实体法与程序法。

实体上涉及民事、刑事等方面，程序上涉及繁简分流、委托鉴定、证据规定、财产保全、再审程序、检察监督、庭审笔录、律师调查令等方面。

一、法律

中华人民共和国民法典（节录）

（2020年5月28日第十三届全国人民代表大会第三次会议通过　2020年5月28日中华人民共和国主席令第45号公布　自2021年1月1日起施行）

第一编　总　　则

第一章　基本规定

第一条　为了保护民事主体的合法权益，调整民事关系，维护社会和经济秩序，适应中国特色社会主义发展要求，弘扬社会主义核心价值观，根据宪法，制定本法。

第二条　民法调整平等主体的自然人、法人和非法人组织之间的人身关系和财产关系。

第三条　民事主体的人身权利、财产权利以及其他合法权益受法律保护，任何组织或者个人不得侵犯。

第四条　民事主体在民事活动中的法律地位一律平等。

第五条　民事主体从事民事活动，应当遵循自愿原则，按照自己的意思设立、变更、终止民事法律关系。

第六条　民事主体从事民事活动，应当遵循公平原则，合理确定各方的权利和义务。

第七条　民事主体从事民事活动，应当遵循诚信原则，秉持诚实，恪守承诺。

第八条　民事主体从事民事活动，不得违反法律，不得违背公序良俗。

第九条　民事主体从事民事活动，应当有利于节约资源、保护生态环境。

第十条　处理民事纠纷，应当依照法律；法律没有规定的，可以适用习惯，但是不得违背公序良俗。

第十一条　其他法律对民事关系有特别规定的，依照其规定。

第十二条　中华人民共和国领域内的民事活动，适用中华人民共和国法律。法律另有规定的，依照其规定。

第二章　自　然　人

……

第五十四条　自然人从事工商业经营，经依法登记，为个体工商户。个体工商户可以起字号。

……

第五十六条 个体工商户的债务，个人经营的，以个人财产承担；家庭经营的，以家庭财产承担；无法区分的，以家庭财产承担。

农村承包经营户的债务，以从事农村土地承包经营的农户财产承担；事实上由农户部分成员经营的，以该部分成员的财产承担。

……

第五章 民事权利

……

第一百一十条 自然人享有生命权、身体权、健康权、姓名权、肖像权、名誉权、荣誉权、隐私权、婚姻自主权等权利。

法人、非法人组织享有名称权、名誉权和荣誉权。

第一百一十一条 自然人的个人信息受法律保护。任何组织或者个人需要获取他人个人信息的，应当依法取得并确保信息安全，不得非法收集、使用、加工、传输他人个人信息，不得非法买卖、提供或者公开他人个人信息。

第一百一十二条 自然人因婚姻家庭关系等产生的人身权利受法律保护。

第一百一十三条 民事主体的财产权利受法律平等保护。

第一百一十四条 民事主体依法享有物权。

物权是权利人依法对特定的物享有直接支配和排他的权利，包括所有权、用益物权和担保物权。

第一百一十五条 物包括不动产和动产。法律规定权利作为物权客体的，依照其规定。

第一百一十六条 物权的种类和内容，由法律规定。

第一百一十七条 为了公共利益的需要，依照法律规定的权限和程序征收、征用不动产或者动产的，应当给予公平、合理的补偿。

第一百一十八条 民事主体依法享有债权。

债权是因合同、侵权行为、无因管理、不当得利以及法律的其他规定，权利人请求特定义务人为或者不为一定行为的权利。

第一百一十九条 依法成立的合同，对当事人具有法律约束力。

第一百二十条 民事权益受到侵害的，被侵权人有权请求侵权人承担侵权责任。

第一百二十一条 没有法定的或者约定的义务，为避免他人利益受损失而进行管理的人，有权请求受益人偿还由此支出的必要费用。

第一百二十二条 因他人没有法律根据，取得不当利益，受损失的人有权请求其返还不当利益。

第一百二十三条 民事主体依法享有知识产权。

知识产权是权利人依法就下列客体享有的专有的权利：

（一）作品；

（二）发明、实用新型、外观设计；

（三）商标；

（四）地理标志；

（五）商业秘密；

（六）集成电路布图设计；

（七）植物新品种；

（八）法律规定的其他客体。

第一百二十四条　自然人依法享有继承权。

自然人合法的私有财产，可以依法继承。

第一百二十五条　民事主体依法享有股权和其他投资性权利。

第一百二十六条　民事主体享有法律规定的其他民事权利和利益。

第一百二十七条　法律对数据、网络虚拟财产的保护有规定的，依照其规定。

第一百二十八条　法律对未成年人、老年人、残疾人、妇女、消费者等的民事权利保护有特别规定的，依照其规定。

第一百二十九条　民事权利可以依据民事法律行为、事实行为、法律规定的事件或者法律规定的其他方式取得。

第一百三十条　民事主体按照自己的意愿依法行使民事权利，不受干涉。

第一百三十一条　民事主体行使权利时，应当履行法律规定的和当事人约定的义务。

第一百三十二条　民事主体不得滥用民事权利损害国家利益、社会公共利益或者他人合法权益。

……

第八章　民 事 责 任

第一百七十六条　民事主体依照法律规定或者按照当事人约定，履行民事义务，承担民事责任。

第一百七十七条　二人以上依法承担按份责任，能够确定责任大小的，各自承担相应的责任；难以确定责任大小的，平均承担责任。

第一百七十八条　二人以上依法承担连带责任的，权利人有权请求部分或者全部连带责任人承担责任。

连带责任人的责任份额根据各自责任大小确定；难以确定责任大小的，平均承担责任。实际承担责任超过自己责任份额的连带责任人，有权向其他连带责任人追偿。

连带责任，由法律规定或者当事人约定。

第一百七十九条　承担民事责任的方式主要有：

（一）停止侵害；

（二）排除妨碍；

（三）消除危险；
（四）返还财产；
（五）恢复原状；
（六）修理、重作、更换；
（七）继续履行；
（八）赔偿损失；
（九）支付违约金；
（十）消除影响、恢复名誉；
（十一）赔礼道歉。

法律规定惩罚性赔偿的，依照其规定。

本条规定的承担民事责任的方式，可以单独适用，也可以合并适用。

第一百八十条 因不可抗力不能履行民事义务的，不承担民事责任。法律另有规定的，依照其规定。

不可抗力是不能预见、不能避免且不能克服的客观情况。

第一百八十一条 因正当防卫造成损害的，不承担民事责任。

正当防卫超过必要的限度，造成不应有的损害的，正当防卫人应当承担适当的民事责任。

第一百八十二条 因紧急避险造成损害的，由引起险情发生的人承担民事责任。

危险由自然原因引起的，紧急避险人不承担民事责任，可以给予适当补偿。

紧急避险采取措施不当或者超过必要的限度，造成不应有的损害的，紧急避险人应当承担适当的民事责任。

第一百八十三条 因保护他人民事权益使自己受到损害的，由侵权人承担民事责任，受益人可以给予适当补偿。没有侵权人、侵权人逃逸或者无力承担民事责任，受害人请求补偿的，受益人应当给予适当补偿。

第一百八十四条 因自愿实施紧急救助行为造成受助人损害的，救助人不承担民事责任。

第一百八十五条 侵害英雄烈士等的姓名、肖像、名誉、荣誉，损害社会公共利益的，应当承担民事责任。

第一百八十六条 因当事人一方的违约行为，损害对方人身权益、财产权益的，受损害方有权选择请求其承担违约责任或者侵权责任。

第一百八十七条 民事主体因同一行为应当承担民事责任、行政责任和刑事责任的，承担行政责任或者刑事责任不影响承担民事责任；民事主体的财产不足以支付的，优先用于承担民事责任。

第九章 诉讼时效

第一百八十八条 向人民法院请求保护民事权利的诉讼时效期间为三年。法律另有规定的，依照其规定。

诉讼时效期间自权利人知道或者应当知道权利受到损害以及义务人之日起计算。法律另有规定的，依照其规定。但是，自权利受到损害之日起超过二十年的，人民法院不予保护，有特殊情况的，人民法院可以根据权利人的申请决定延长。

第一百八十九条　当事人约定同一债务分期履行的，诉讼时效期间自最后一期履行期限届满之日起计算。

第一百九十条　无民事行为能力人或者限制民事行为能力人对其法定代理人的请求权的诉讼时效期间，自该法定代理终止之日起计算。

第一百九十一条　未成年人遭受性侵害的损害赔偿请求权的诉讼时效期间，自受害人年满十八周岁之日起计算。

第一百九十二条　诉讼时效期间届满的，义务人可以提出不履行义务的抗辩。

诉讼时效期间届满后，义务人同意履行的，不得以诉讼时效期间届满为由抗辩；义务人已经自愿履行的，不得请求返还。

第一百九十三条　人民法院不得主动适用诉讼时效的规定。

第一百九十四条　在诉讼时效期间的最后六个月内，因下列障碍，不能行使请求权的，诉讼时效中止：

（一）不可抗力；

（二）无民事行为能力人或者限制民事行为能力人没有法定代理人，或者法定代理人死亡、丧失民事行为能力、丧失代理权；

（三）继承开始后未确定继承人或者遗产管理人；

（四）权利人被义务人或者其他人控制；

（五）其他导致权利人不能行使请求权的障碍。

自中止时效的原因消除之日起满六个月，诉讼时效期间届满。

第一百九十五条　有下列情形之一的，诉讼时效中断，从中断、有关程序终结时起，诉讼时效期间重新计算：

（一）权利人向义务人提出履行请求；

（二）义务人同意履行义务；

（三）权利人提起诉讼或者申请仲裁；

（四）与提起诉讼或者申请仲裁具有同等效力的其他情形。

第一百九十六条　下列请求权不适用诉讼时效的规定：

（一）请求停止侵害、排除妨碍、消除危险；

（二）不动产物权和登记的动产物权的权利人请求返还财产；

（三）请求支付抚养费、赡养费或者扶养费；

（四）依法不适用诉讼时效的其他请求权。

第一百九十七条　诉讼时效的期间、计算方法以及中止、中断的事由由法律规定，当事人约定无效。

当事人对诉讼时效利益的预先放弃无效。

第一百九十八条　法律对仲裁时效有规定的，依照其规定；没有规定的，适用诉讼时效的规定。

第一百九十九条 法律规定或者当事人约定的撤销权、解除权等权利的存续期间，除法律另有规定外，自权利人知道或者应当知道权利产生之日起计算，不适用有关诉讼时效中止、中断和延长的规定。存续期间届满，撤销权、解除权等权利消灭。

第十章 期间计算

第二百条 民法所称的期间按照公历年、月、日、小时计算。

第二百零一条 按照年、月、日计算期间的，开始的当日不计入，自下一日开始计算。

按照小时计算期间的，自法律规定或者当事人约定的时间开始计算。

第二百零二条 按照年、月计算期间的，到期月的对应日为期间的最后一日；没有对应日的，月末日为期间的最后一日。

第二百零三条 期间的最后一日是法定休假日的，以法定休假日结束的次日为期间的最后一日。

期间的最后一日的截止时间为二十四时；有业务时间的，停止业务活动的时间为截止时间。

第二百零四条 期间的计算方法依照本法的规定，但是法律另有规定或者当事人另有约定的除外。

第二编 物 权

……

第十八章 质 权

第一节 动产质权

第四百二十五条 为担保债务的履行，债务人或者第三人将其动产出质给债权人占有的，债务人不履行到期债务或者发生当事人约定的实现质权的情形，债权人有权就该动产优先受偿。

前款规定的债务人或者第三人为出质人，债权人为质权人，交付的动产为质押财产。

第四百二十六条 法律、行政法规禁止转让的动产不得出质。

第四百二十七条 设立质权，当事人应当采用书面形式订立质押合同。

质押合同一般包括下列条款：

（一）被担保债权的种类和数额；

（二）债务人履行债务的期限；

（三）质押财产的名称、数量等情况；

（四）担保的范围；

（五）质押财产交付的时间、方式。

第四百二十八条 质权人在债务履行期限届满前，与出质人约定债务人不履行到期债务时质押财产归债权人所有的，只能依法就质押财产优先受偿。

第四百二十九条 质权自出质人交付质押财产时设立。

第四百三十条 质权人有权收取质押财产的孳息，但是合同另有约定的除外。

前款规定的孳息应当先充抵收取孳息的费用。

第四百三十一条 质权人在质权存续期间，未经出质人同意，擅自使用、处分质押财产，造成出质人损害的，应当承担赔偿责任。

第四百三十二条 质权人负有妥善保管质押财产的义务；因保管不善致使质押财产毁损、灭失的，应当承担赔偿责任。

质权人的行为可能使质押财产毁损、灭失的，出质人可以请求质权人将质押财产提存，或者请求提前清偿债务并返还质押财产。

第四百三十三条 因不可归责于质权人的事由可能使质押财产毁损或者价值明显减少，足以危害质权人权利的，质权人有权请求出质人提供相应的担保；出质人不提供的，质权人可以拍卖、变卖质押财产，并与出质人协议将拍卖、变卖所得的价款提前清偿债务或者提存。

第四百三十四条 质权人在质权存续期间，未经出质人同意转质，造成质押财产毁损、灭失的，应当承担赔偿责任。

第四百三十五条 质权人可以放弃质权。债务人以自己的财产出质，质权人放弃该质权的，其他担保人在质权人丧失优先受偿权益的范围内免除担保责任，但是其他担保人承诺仍然提供担保的除外。

第四百三十六条 债务人履行债务或者出质人提前清偿所担保的债权的，质权人应当返还质押财产。

债务人不履行到期债务或者发生当事人约定的实现质权的情形，质权人可以与出质人协议以质押财产折价，也可以就拍卖、变卖质押财产所得的价款优先受偿。

质押财产折价或者变卖的，应当参照市场价格。

第四百三十七条 出质人可以请求质权人在债务履行期限届满后及时行使质权；质权人不行使的，出质人可以请求人民法院拍卖、变卖质押财产。

出质人请求质权人及时行使质权，因质权人怠于行使权利造成出质人损害的，由质权人承担赔偿责任。

第四百三十八条 质押财产折价或者拍卖、变卖后，其价款超过债权数额的部分归出质人所有，不足部分由债务人清偿。

第四百三十九条 出质人与质权人可以协议设立最高额质权。

最高额质权除适用本节有关规定外，参照适用本编第十七章第二节的有关规定。

第二节 权利质权

第四百四十条 债务人或者第三人有权处分的下列权利可以出质：

（一）汇票、本票、支票；

（二）债券、存款单；

（三）仓单、提单；

（四）可以转让的基金份额、股权；

（五）可以转让的注册商标专用权、专利权、著作权等知识产权中的财产权；

（六）现有的以及将有的应收账款；

（七）法律、行政法规规定可以出质的其他财产权利。

……

第四百四十四条　以注册商标专用权、专利权、著作权等知识产权中的财产权出质的，质权自办理出质登记时设立。

知识产权中的财产权出质后，出质人不得转让或者许可他人使用，但是出质人与质权人协商同意的除外。出质人转让或者许可他人使用出质的知识产权中的财产权所得的价款，应当向质权人提前清偿债务或者提存。

第四百四十五条　以应收账款出质的，质权自办理出质登记时设立。

应收账款出质后，不得转让，但是出质人与质权人协商同意的除外。出质人转让应收账款所得的价款，应当向质权人提前清偿债务或者提存。

第四百四十六条　权利质权除适用本节规定外，适用本章第一节的有关规定。

……

第三编　合　　同

……

第二章　合同的订立

……

第五百零一条　当事人在订立合同过程中知悉的商业秘密或者其他应当保密的信息，无论合同是否成立，不得泄露或者不正当地使用；泄露、不正当地使用该商业秘密或者信息，造成对方损失的，应当承担赔偿责任。

……

第九章　买卖合同

……

第六百条　出卖具有知识产权的标的物的，除法律另有规定或者当事人另有约定外，该标的物的知识产权不属于买受人。

……

第二十章　技 术 合 同

第一节　一 般 规 定

第八百四十三条　技术合同是当事人就技术开发、转让、许可、咨询或者服务订立的确立相互之间权利和义务的合同。

第八百四十四条　订立技术合同，应当有利于知识产权的保护和科学技术的进步，促进科学技术成果的研发、转化、应用和推广。

第八百四十五条　技术合同的内容一般包括项目的名称，标的的内容、范围和要求，履行的计划、地点和方式，技术信息和资料的保密，技术成果的归属和收益的分配办法，验收标准和方法，名词和术语的解释等条款。

与履行合同有关的技术背景资料、可行性论证和技术评价报告、项目任务书和计划书、技术标准、技术规范、原始设计和工艺文件，以及其他技术文档，按照当事人的约定可以作为合同的组成部分。

技术合同涉及专利的，应当注明发明创造的名称、专利申请人和专利权人、申请日期、申请号、专利号以及专利权的有效期限。

第八百四十六条　技术合同价款、报酬或者使用费的支付方式由当事人约定，可以采取一次总算、一次总付或者一次总算、分期支付，也可以采取提成支付或者提成支付附加预付入门费的方式。

约定提成支付的，可以按照产品价格、实施专利和使用技术秘密后新增的产值、利润或者产品销售额的一定比例提成，也可以按照约定的其他方式计算。提成支付的比例可以采取固定比例、逐年递增比例或者逐年递减比例。

约定提成支付的，当事人可以约定查阅有关会计账目的办法。

第八百四十七条　职务技术成果的使用权、转让权属于法人或者非法人组织的，法人或者非法人组织可以就该项职务技术成果订立技术合同。法人或者非法人组织订立技术合同转让职务技术成果时，职务技术成果的完成人享有以同等条件优先受让的权利。

职务技术成果是执行法人或者非法人组织的工作任务，或者主要是利用法人或者非法人组织的物质技术条件所完成的技术成果。

第八百四十八条　非职务技术成果的使用权、转让权属于完成技术成果的个人，完成技术成果的个人可以就该项非职务技术成果订立技术合同。

第八百四十九条　完成技术成果的个人享有在有关技术成果文件上写明自己是技术成果完成者的权利和取得荣誉证书、奖励的权利。

第八百五十条　非法垄断技术或者侵害他人技术成果的技术合同无效。

第二节　技术开发合同

第八百五十一条　技术开发合同是当事人之间就新技术、新产品、新工艺、新品种或者新材料及其系统的研究开发所订立的合同。

技术开发合同包括委托开发合同和合作开发合同。

技术开发合同应当采用书面形式。

当事人之间就具有实用价值的科技成果实施转化订立的合同，参照适用技术开发合同的有关规定。

第八百五十二条 委托开发合同的委托人应当按照约定支付研究开发经费和报酬，提供技术资料，提出研究开发要求，完成协作事项，接受研究开发成果。

第八百五十三条 委托开发合同的研究开发人应当按照约定制定和实施研究开发计划，合理使用研究开发经费，按期完成研究开发工作，交付研究开发成果，提供有关的技术资料和必要的技术指导，帮助委托人掌握研究开发成果。

第八百五十四条 委托开发合同的当事人违反约定造成研究开发工作停滞、延误或者失败的，应当承担违约责任。

第八百五十五条 合作开发合同的当事人应当按照约定进行投资，包括以技术进行投资，分工参与研究开发工作，协作配合研究开发工作。

第八百五十六条 合作开发合同的当事人违反约定造成研究开发工作停滞、延误或者失败的，应当承担违约责任。

第八百五十七条 作为技术开发合同标的的技术已经由他人公开，致使技术开发合同的履行没有意义的，当事人可以解除合同。

第八百五十八条 技术开发合同履行过程中，因出现无法克服的技术困难，致使研究开发失败或者部分失败的，该风险由当事人约定；没有约定或者约定不明确，依据本法第五百一十条的规定仍不能确定的，风险由当事人合理分担。

当事人一方发现前款规定的可能致使研究开发失败或者部分失败的情形时，应当及时通知另一方并采取适当措施减少损失；没有及时通知并采取适当措施，致使损失扩大的，应当就扩大的损失承担责任。

第八百五十九条 委托开发完成的发明创造，除法律另有规定或者当事人另有约定外，申请专利的权利属于研究开发人。研究开发人取得专利权的，委托人可以依法实施该专利。

研究开发人转让专利申请权的，委托人享有以同等条件优先受让的权利。

第八百六十条 合作开发完成的发明创造，申请专利的权利属于合作开发的当事人共有；当事人一方转让其共有的专利申请权的，其他各方享有以同等条件优先受让的权利。但是，当事人另有约定的除外。

合作开发的当事人一方声明放弃其共有的专利申请权的，除当事人另有约定外，可以由另一方单独申请或者由其他各方共同申请。申请人取得专利权的，放弃专利申请权的一方可以免费实施该专利。

合作开发的当事人一方不同意申请专利的，另一方或者其他各方不得申请专利。

第八百六十一条 委托开发或者合作开发完成的技术秘密成果的使用权、转让权以及收益的分配办法，由当事人约定；没有约定或者约定不明确，依据本法第五百一十条的规定仍不能确定的，在没有相同技术方案被授予专利权前，当事人均有使用和转让的权利。但是，委托开发的研究开发人不得在向委托人交付研究开发成果之前，将研究开发成果转让给第三人。

第三节　技术转让合同和技术许可合同

第八百六十二条　技术转让合同是合法拥有技术的权利人，将现有特定的专利、专利申请、技术秘密的相关权利让与他人所订立的合同。

技术许可合同是合法拥有技术的权利人，将现有特定的专利、技术秘密的相关权利许可他人实施、使用所订立的合同。

技术转让合同和技术许可合同中关于提供实施技术的专用设备、原材料或者提供有关的技术咨询、技术服务的约定，属于合同的组成部分。

第八百六十三条　技术转让合同包括专利权转让、专利申请权转让、技术秘密转让等合同。

技术许可合同包括专利实施许可、技术秘密使用许可等合同。

技术转让合同和技术许可合同应当采用书面形式。

第八百六十四条　技术转让合同和技术许可合同可以约定实施专利或者使用技术秘密的范围，但是不得限制技术竞争和技术发展。

第八百六十五条　专利实施许可合同仅在该专利权的存续期限内有效。专利权有效期限届满或者专利权被宣告无效的，专利权人不得就该专利与他人订立专利实施许可合同。

第八百六十六条　专利实施许可合同的许可人应当按照约定许可被许可人实施专利，交付实施专利有关的技术资料，提供必要的技术指导。

第八百六十七条　专利实施许可合同的被许可人应当按照约定实施专利，不得许可约定以外的第三人实施该专利，并按照约定支付使用费。

第八百六十八条　技术秘密转让合同的让与人和技术秘密使用许可合同的许可人应当按照约定提供技术资料，进行技术指导，保证技术的实用性、可靠性，承担保密义务。

前款规定的保密义务，不限制许可人申请专利，但是当事人另有约定的除外。

第八百六十九条　技术秘密转让合同的受让人和技术秘密使用许可合同的被许可人应当按照约定使用技术，支付转让费、使用费，承担保密义务。

第八百七十条　技术转让合同的让与人和技术许可合同的许可人应当保证自己是所提供的技术的合法拥有者，并保证所提供的技术完整、无误、有效，能够达到约定的目标。

第八百七十一条　技术转让合同的受让人和技术许可合同的被许可人应当按照约定的范围和期限，对让与人、许可人提供的技术中尚未公开的秘密部分，承担保密义务。

第八百七十二条　许可人未按照约定许可技术的，应当返还部分或者全部使用费，并应当承担违约责任；实施专利或者使用技术秘密超越约定的范围的，违反约定擅自许可第三人实施该项专利或者使用该项技术秘密的，应当停止违约行为，承担违约责任；违反约定的保密义务的，应当承担违约责任。

让与人承担违约责任，参照适用前款规定。

第八百七十三条　被许可人未按照约定支付使用费的，应当补交使用费并按照约定支付违约金；不补交使用费或者支付违约金的，应当停止实施专利或者使用技术秘密，交还技术资料，承担违约责任；实施专利或者使用技术秘密超越约定的范围的，未经许可人同意擅自许可第三人实施该专利或者使用该技术秘密的，应当停止违约行为，承担违约责任；违反约定的保密义务的，应当承担违约责任。

受让人承担违约责任，参照适用前款规定。

第八百七十四条 受让人或者被许可人按照约定实施专利、使用技术秘密侵害他人合法权益的，由让与人或者许可人承担责任，但是当事人另有约定的除外。

第八百七十五条 当事人可以按照互利的原则，在合同中约定实施专利、使用技术秘密后续改进的技术成果的分享办法；没有约定或者约定不明确，依据本法第五百一十条的规定仍不能确定的，一方后续改进的技术成果，其他各方无权分享。

第八百七十六条 集成电路布图设计专有权、植物新品种权、计算机软件著作权等其他知识产权的转让和许可，参照适用本节的有关规定。

第八百七十七条 法律、行政法规对技术进出口合同或者专利、专利申请合同另有规定的，依照其规定。

第四节 技术咨询合同和技术服务合同

第八百七十八条 技术咨询合同是当事人一方以技术知识为对方就特定技术项目提供可行性论证、技术预测、专题技术调查、分析评价报告等所订立的合同。

技术服务合同是当事人一方以技术知识为对方解决特定技术问题所订立的合同，不包括承揽合同和建设工程合同。

第八百七十九条 技术咨询合同的委托人应当按照约定阐明咨询的问题，提供技术背景材料及有关技术资料，接受受托人的工作成果，支付报酬。

第八百八十条 技术咨询合同的受托人应当按照约定的期限完成咨询报告或者解答问题，提出的咨询报告应当达到约定的要求。

第八百八十一条 技术咨询合同的委托人未按照约定提供必要的资料，影响工作进度和质量，不接受或者逾期接受工作成果的，支付的报酬不得追回，未支付的报酬应当支付。

技术咨询合同的受托人未按期提出咨询报告或者提出的咨询报告不符合约定的，应当承担减收或者免收报酬等违约责任。

技术咨询合同的委托人按照受托人符合约定要求的咨询报告和意见作出决策所造成的损失，由委托人承担，但是当事人另有约定的除外。

第八百八十二条 技术服务合同的委托人应当按照约定提供工作条件，完成配合事项，接受工作成果并支付报酬。

第八百八十三条 技术服务合同的受托人应当按照约定完成服务项目，解决技术问题，保证工作质量，并传授解决技术问题的知识。

第八百八十四条 技术服务合同的委托人不履行合同义务或者履行合同义务不符合约定，影响工作进度和质量，不接受或者逾期接受工作成果的，支付的报酬不得追回，未支付的报酬应当支付。

技术服务合同的受托人未按照约定完成服务工作的，应当承担免收报酬等违约责任。

第八百八十五条 技术咨询合同、技术服务合同履行过程中，受托人利用委托人提供的技术资料和工作条件完成的新的技术成果，属于受托人。委托人利用受托人的工作成果完成的新的技术成果，属于委托人。当事人另有约定的，按照其约定。

第八百八十六条　技术咨询合同和技术服务合同对受托人正常开展工作所需费用的负担没有约定或者约定不明确的，由受托人负担。

第八百八十七条　法律、行政法规对技术中介合同、技术培训合同另有规定的，依照其规定。

……

第四编　人　格　权

第一章　一般规定

第九百八十九条　本编调整因人格权的享有和保护产生的民事关系。

第九百九十条　人格权是民事主体享有的生命权、身体权、健康权、姓名权、名称权、肖像权、名誉权、荣誉权、隐私权等权利。

除前款规定的人格权外，自然人享有基于人身自由、人格尊严产生的其他人格权益。

第九百九十一条　民事主体的人格权受法律保护，任何组织或者个人不得侵害。

第九百九十二条　人格权不得放弃、转让或者继承。

第九百九十三条　民事主体可以将自己的姓名、名称、肖像等许可他人使用，但是依照法律规定或者根据其性质不得许可的除外。

第九百九十四条　死者的姓名、肖像、名誉、荣誉、隐私、遗体等受到侵害的，其配偶、子女、父母有权依法请求行为人承担民事责任；死者没有配偶、子女且父母已经死亡的，其他近亲属有权依法请求行为人承担民事责任。

第九百九十五条　人格权受到侵害的，受害人有权依照本法和其他法律的规定请求行为人承担民事责任。受害人的停止侵害、排除妨碍、消除危险、消除影响、恢复名誉、赔礼道歉请求权，不适用诉讼时效的规定。

第九百九十六条　因当事人一方的违约行为，损害对方人格权并造成严重精神损害，受损害方选择请求其承担违约责任的，不影响受损害方请求精神损害赔偿。

第九百九十七条　民事主体有证据证明行为人正在实施或者即将实施侵害其人格权的违法行为，不及时制止将使其合法权益受到难以弥补的损害的，有权依法向人民法院申请采取责令行为人停止有关行为的措施。

第九百九十八条　认定行为人承担侵害除生命权、身体权和健康权外的人格权的民事责任，应当考虑行为人和受害人的职业、影响范围、过错程度，以及行为的目的、方式、后果等因素。

第九百九十九条　为公共利益实施新闻报道、舆论监督等行为的，可以合理使用民事主体的姓名、名称、肖像、个人信息等；使用不合理侵害民事主体人格权的，应当依法承担民事责任。

第一千条　行为人因侵害人格权承担消除影响、恢复名誉、赔礼道歉等民事责任的，应当与行为的具体方式和造成的影响范围相当。

行为人拒不承担前款规定的民事责任的，人民法院可以采取在报刊、网络等媒体上发布公告或者公布生效裁判文书等方式执行，产生的费用由行为人负担。

第一千零一条 对自然人因婚姻家庭关系等产生的身份权利的保护，适用本法第一编、第五编和其他法律的相关规定；没有规定的，可以根据其性质参照适用本编人格权保护的有关规定。

……

第三章 姓名权和名称权

第一千零一十二条 自然人享有姓名权，有权依法决定、使用、变更或者许可他人使用自己的姓名，但是不得违背公序良俗。

第一千零一十三条 法人、非法人组织享有名称权，有权依法决定、使用、变更、转让或者许可他人使用自己的名称。

第一千零一十四条 任何组织或者个人不得以干涉、盗用、假冒等方式侵害他人的姓名权或者名称权。

第一千零一十五条 自然人应当随父姓或者母姓，但是有下列情形之一的，可以在父姓和母姓之外选取姓氏：

（一）选取其他直系长辈血亲的姓氏；

（二）因由法定扶养人以外的人扶养而选取扶养人姓氏；

（三）有不违背公序良俗的其他正当理由。

少数民族自然人的姓氏可以遵从本民族的文化传统和风俗习惯。

第一千零一十六条 自然人决定、变更姓名，或者法人、非法人组织决定、变更、转让名称的，应当依法向有关机关办理登记手续，但是法律另有规定的除外。

民事主体变更姓名、名称的，变更前实施的民事法律行为对其具有法律约束力。

第一千零一十七条 具有一定社会知名度，被他人使用足以造成公众混淆的笔名、艺名、网名、译名、字号、姓名和名称的简称等，参照适用姓名权和名称权保护的有关规定。

第四章 肖 像 权

第一千零一十八条 自然人享有肖像权，有权依法制作、使用、公开或者许可他人使用自己的肖像。

肖像是通过影像、雕塑、绘画等方式在一定载体上所反映的特定自然人可以被识别的外部形象。

第一千零一十九条 任何组织或者个人不得以丑化、污损，或者利用信息技术手段伪造等方式侵害他人的肖像权。未经肖像权人同意，不得制作、使用、公开肖像权人的肖像，但是法律另有规定的除外。

未经肖像权人同意，肖像作品权利人不得以发表、复制、发行、出租、展览等方式使用或者公开肖像权人的肖像。

第一千零二十条　合理实施下列行为的，可以不经肖像权人同意：

（一）为个人学习、艺术欣赏、课堂教学或者科学研究，在必要范围内使用肖像权人已经公开的肖像；

（二）为实施新闻报道，不可避免地制作、使用、公开肖像权人的肖像；

（三）为依法履行职责，国家机关在必要范围内制作、使用、公开肖像权人的肖像；

（四）为展示特定公共环境，不可避免地制作、使用、公开肖像权人的肖像；

（五）为维护公共利益或者肖像权人合法权益，制作、使用、公开肖像权人的肖像的其他行为。

第一千零二十一条　当事人对肖像许可使用合同中关于肖像使用条款的理解有争议的，应当作出有利于肖像权人的解释。

第一千零二十二条　当事人对肖像许可使用期限没有约定或者约定不明确的，任何一方当事人可以随时解除肖像许可使用合同，但是应当在合理期限之前通知对方。

当事人对肖像许可使用期限有明确约定，肖像权人有正当理由的，可以解除肖像许可使用合同，但是应当在合理期限之前通知对方。因解除合同造成对方损失的，除不可归责于肖像权人的事由外，应当赔偿损失。

第一千零二十三条　对姓名等的许可使用，参照适用肖像许可使用的有关规定。

对自然人声音的保护，参照适用肖像权保护的有关规定。

第五章　名誉权和荣誉权

第一千零二十四条　民事主体享有名誉权。任何组织或者个人不得以侮辱、诽谤等方式侵害他人的名誉权。

名誉是对民事主体的品德、声望、才能、信用等的社会评价。

第一千零二十五条　行为人为公共利益实施新闻报道、舆论监督等行为，影响他人名誉的，不承担民事责任，但是有下列情形之一的除外：

（一）捏造、歪曲事实；

（二）对他人提供的严重失实内容未尽到合理核实义务；

（三）使用侮辱性言辞等贬损他人名誉。

第一千零二十六条　认定行为人是否尽到前条第二项规定的合理核实义务，应当考虑下列因素：

（一）内容来源的可信度；

（二）对明显可能引发争议的内容是否进行了必要的调查；

（三）内容的时限性；

（四）内容与公序良俗的关联性；

（五）受害人名誉受贬损的可能性；

（六）核实能力和核实成本。

第一千零二十七条　行为人发表的文学、艺术作品以真人真事或者特定人为描述对象，含有侮辱、诽谤内容，侵害他人名誉权的，受害人有权依法请求该行为人承担民事责任。

行为人发表的文学、艺术作品不以特定人为描述对象，仅其中的情节与该特定人的情况相似的，不承担民事责任。

第一千零二十八条 民事主体有证据证明报刊、网络等媒体报道的内容失实，侵害其名誉权的，有权请求该媒体及时采取更正或者删除等必要措施。

第一千零二十九条 民事主体可以依法查询自己的信用评价；发现信用评价不当的，有权提出异议并请求采取更正、删除等必要措施。信用评价人应当及时核查，经核查属实的，应当及时采取必要措施。

第一千零三十条 民事主体与征信机构等信用信息处理者之间的关系，适用本编有关个人信息保护的规定和其他法律、行政法规的有关规定。

第一千零三十一条 民事主体享有荣誉权。任何组织或者个人不得非法剥夺他人的荣誉称号，不得诋毁、贬损他人的荣誉。

获得的荣誉称号应当记载而没有记载的，民事主体可以请求记载；获得的荣誉称号记载错误的，民事主体可以请求更正。

第六章 隐私权和个人信息保护

第一千零三十二条 自然人享有隐私权。任何组织或者个人不得以刺探、侵扰、泄露、公开等方式侵害他人的隐私权。

隐私是自然人的私人生活安宁和不愿为他人知晓的私密空间、私密活动、私密信息。

第一千零三十三条 除法律另有规定或者权利人明确同意外，任何组织或者个人不得实施下列行为：

（一）以电话、短信、即时通讯工具、电子邮件、传单等方式侵扰他人的私人生活安宁；

（二）进入、拍摄、窥视他人的住宅、宾馆房间等私密空间；

（三）拍摄、窥视、窃听、公开他人的私密活动；

（四）拍摄、窥视他人身体的私密部位；

（五）处理他人的私密信息；

（六）以其他方式侵害他人的隐私权。

第一千零三十四条 自然人的个人信息受法律保护。

个人信息是以电子或者其他方式记录的能够单独或者与其他信息结合识别特定自然人的各种信息，包括自然人的姓名、出生日期、身份证件号码、生物识别信息、住址、电话号码、电子邮箱、健康信息、行踪信息等。

个人信息中的私密信息，适用有关隐私权的规定；没有规定的，适用有关个人信息保护的规定。

第一千零三十五条 处理个人信息的，应当遵循合法、正当、必要原则，不得过度处理，并符合下列条件：

（一）征得该自然人或者其监护人同意，但是法律、行政法规另有规定的除外；

（二）公开处理信息的规则；

（三）明示处理信息的目的、方式和范围；

（四）不违反法律、行政法规的规定和双方的约定。

个人信息的处理包括个人信息的收集、存储、使用、加工、传输、提供、公开等。

第一千零三十六条　处理个人信息，有下列情形之一的，行为人不承担民事责任：

（一）在该自然人或者其监护人同意的范围内合理实施的行为；

（二）合理处理该自然人自行公开的或者其他已经合法公开的信息，但是该自然人明确拒绝或者处理该信息侵害其重大利益的除外；

（三）为维护公共利益或者该自然人合法权益，合理实施的其他行为。

第一千零三十七条　自然人可以依法向信息处理者查阅或者复制其个人信息；发现信息有错误的，有权提出异议并请求及时采取更正等必要措施。

自然人发现信息处理者违反法律、行政法规的规定或者双方的约定处理其个人信息的，有权请求信息处理者及时删除。

第一千零三十八条　信息处理者不得泄露或者篡改其收集、存储的个人信息；未经自然人同意，不得向他人非法提供其个人信息，但是经过加工无法识别特定个人且不能复原的除外。

信息处理者应当采取技术措施和其他必要措施，确保其收集、存储的个人信息安全，防止信息泄露、篡改、丢失；发生或者可能发生个人信息泄露、篡改、丢失的，应当及时采取补救措施，按照规定告知自然人并向有关主管部门报告。

第一千零三十九条　国家机关、承担行政职能的法定机构及其工作人员对于履行职责过程中知悉的自然人的隐私和个人信息，应当予以保密，不得泄露或者向他人非法提供。

第五编　婚姻家庭

……

第三章　家庭关系

……

第一千零六十二条　夫妻在婚姻关系存续期间所得的下列财产，为夫妻的共同财产，归夫妻共同所有：

（一）工资、奖金、劳务报酬；

（二）生产、经营、投资的收益；

（三）知识产权的收益；

（四）继承或者受赠的财产，但是本法第一千零六十三条第三项规定的除外；

（五）其他应当归共同所有的财产。

夫妻对共同财产，有平等的处理权。

……

第七编　侵权责任

第一章　一般规定

第一千一百六十四条　本编调整因侵害民事权益产生的民事关系。

第一千一百六十五条　行为人因过错侵害他人民事权益造成损害的，应当承担侵权责任。

依照法律规定推定行为人有过错，其不能证明自己没有过错的，应当承担侵权责任。

第一千一百六十六条　行为人造成他人民事权益损害，不论行为人有无过错，法律规定应当承担侵权责任的，依照其规定。

第一千一百六十七条　侵权行为危及他人人身、财产安全的，被侵权人有权请求侵权人承担停止侵害、排除妨碍、消除危险等侵权责任。

第一千一百六十八条　二人以上共同实施侵权行为，造成他人损害的，应当承担连带责任。

第一千一百六十九条　教唆、帮助他人实施侵权行为的，应当与行为人承担连带责任。

教唆、帮助无民事行为能力人、限制民事行为能力人实施侵权行为的，应当承担侵权责任；该无民事行为能力人、限制民事行为能力人的监护人未尽到监护职责的，应当承担相应的责任。

第一千一百七十条　二人以上实施危及他人人身、财产安全的行为，其中一人或者数人的行为造成他人损害，能够确定具体侵权人的，由侵权人承担责任；不能确定具体侵权人的，行为人承担连带责任。

第一千一百七十一条　二人以上分别实施侵权行为造成同一损害，每个人的侵权行为都足以造成全部损害的，行为人承担连带责任。

第一千一百七十二条　二人以上分别实施侵权行为造成同一损害，能够确定责任大小的，各自承担相应的责任；难以确定责任大小的，平均承担责任。

第一千一百七十三条　被侵权人对同一损害的发生或者扩大有过错的，可以减轻侵权人的责任。

第一千一百七十四条　损害是因受害人故意造成的，行为人不承担责任。

第一千一百七十五条　损害是因第三人造成的，第三人应当承担侵权责任。

第一千一百七十六条　自愿参加具有一定风险的文体活动，因其他参加者的行为受到损害的，受害人不得请求其他参加者承担侵权责任；但是，其他参加者对损害的发生有故意或者重大过失的除外。

活动组织者的责任适用本法第一千一百九十八条至第一千二百零一条的规定。

第一千一百七十七条　合法权益受到侵害，情况紧迫且不能及时获得国家机关保护，不立即采取措施将使其合法权益受到难以弥补的损害的，受害人可以在保护自己合法权益的必要范围内采取扣留侵权人的财物等合理措施；但是，应当立即请求有关国家机关处理。

受害人采取的措施不当造成他人损害的，应当承担侵权责任。

第一千一百七十八条　本法和其他法律对不承担责任或者减轻责任的情形另有规定的，依照其规定。

第二章　损害赔偿

第一千一百七十九条　侵害他人造成人身损害的，应当赔偿医疗费、护理费、交通费、营养费、住院伙食补助费等为治疗和康复支出的合理费用，以及因误工减少的收入。造成残疾的，还应当赔偿辅助器具费和残疾赔偿金；造成死亡的，还应当赔偿丧葬费和死亡赔偿金。

第一千一百八十条　因同一侵权行为造成多人死亡的，可以以相同数额确定死亡赔偿金。

第一千一百八十一条　被侵权人死亡的，其近亲属有权请求侵权人承担侵权责任。被侵权人为组织，该组织分立、合并的，承继权利的组织有权请求侵权人承担侵权责任。

被侵权人死亡的，支付被侵权人医疗费、丧葬费等合理费用的人有权请求侵权人赔偿费用，但是侵权人已经支付该费用的除外。

第一千一百八十二条　侵害他人人身权益造成财产损失的，按照被侵权人因此受到的损失或者侵权人因此获得的利益赔偿；被侵权人因此受到的损失以及侵权人因此获得的利益难以确定，被侵权人和侵权人就赔偿数额协商不一致，向人民法院提起诉讼的，由人民法院根据实际情况确定赔偿数额。

第一千一百八十三条　侵害自然人人身权益造成严重精神损害的，被侵权人有权请求精神损害赔偿。

因故意或者重大过失侵害自然人具有人身意义的特定物造成严重精神损害的，被侵权人有权请求精神损害赔偿。

第一千一百八十四条　侵害他人财产的，财产损失按照损失发生时的市场价格或者其他合理方式计算。

第一千一百八十五条　故意侵害他人知识产权，情节严重的，被侵权人有权请求相应的惩罚性赔偿。

第一千一百八十六条　受害人和行为人对损害的发生都没有过错的，依照法律的规定由双方分担损失。

第一千一百八十七条　损害发生后，当事人可以协商赔偿费用的支付方式。协商不一致的，赔偿费用应当一次性支付；一次性支付确有困难的，可以分期支付，但是被侵权人有权请求提供相应的担保。

第三章　责任主体的特殊规定

……

第一千一百九十三条　承揽人在完成工作过程中造成第三人损害或者自己损害的，定作人不承担侵权责任。但是，定作人对定作、指示或者选任有过错的，应当承担相应的责任。

第一千一百九十四条　网络用户、网络服务提供者利用网络侵害他人民事权益的，应当承担侵权责任。法律另有规定的，依照其规定。

第一千一百九十五条　网络用户利用网络服务实施侵权行为的，权利人有权通知网络服务提供者采取删除、屏蔽、断开链接等必要措施。通知应当包括构成侵权的初步证据及权利人的真实身份信息。

网络服务提供者接到通知后，应当及时将该通知转送相关网络用户，并根据构成侵权的初步证据和服务类型采取必要措施；未及时采取必要措施的，对损害的扩大部分与该网络用户承担连带责任。

权利人因错误通知造成网络用户或者网络服务提供者损害的，应当承担侵权责任。法律另有规定的，依照其规定。

第一千一百九十六条　网络用户接到转送的通知后，可以向网络服务提供者提交不存在侵权行为的声明。声明应当包括不存在侵权行为的初步证据及网络用户的真实身份信息。

网络服务提供者接到声明后，应当将该声明转送发出通知的权利人，并告知其可以向有关部门投诉或者向人民法院提起诉讼。网络服务提供者在转送声明到达权利人后的合理期限内，未收到权利人已经投诉或者提起诉讼通知的，应当及时终止所采取的措施。

第一千一百九十七条　网络服务提供者知道或者应当知道网络用户利用其网络服务侵害他人民事权益，未采取必要措施的，与该网络用户承担连带责任。

……

第四章　产 品 责 任

第一千二百零二条　因产品存在缺陷造成他人损害的，生产者应当承担侵权责任。

第一千二百零三条　因产品存在缺陷造成他人损害的，被侵权人可以向产品的生产者请求赔偿，也可以向产品的销售者请求赔偿。

产品缺陷由生产者造成的，销售者赔偿后，有权向生产者追偿。因销售者的过错使产品存在缺陷的，生产者赔偿后，有权向销售者追偿。

第一千二百零四条　因运输者、仓储者等第三人的过错使产品存在缺陷，造成他人损害的，产品的生产者、销售者赔偿后，有权向第三人追偿。

第一千二百零五条　因产品缺陷危及他人人身、财产安全的，被侵权人有权请求生产者、销售者承担停止侵害、排除妨碍、消除危险等侵权责任。

第一千二百零六条　产品投入流通后发现存在缺陷的，生产者、销售者应当及时采取停止销售、警示、召回等补救措施；未及时采取补救措施或者补救措施不力造成损害扩大的，对扩大的损害也应当承担侵权责任。

依据前款规定采取召回措施的，生产者、销售者应当负担被侵权人因此支出的必要费用。

第一千二百零七条　明知产品存在缺陷仍然生产、销售，或者没有依据前条规定采取有效补救措施，造成他人死亡或者健康严重损害的，被侵权人有权请求相应的惩罚性赔偿。

……

中华人民共和国刑法（节录）

（1979年7月1日第五届全国人民代表大会第二次会议通过　1997年3月14日第八届全国人民代表大会第五次会议修订　根据1998年12月29日第九届全国人民代表大会常务委员会第六次会议通过的《全国人民代表大会常务委员会关于惩治骗购外汇、逃汇和非法买卖外汇犯罪的决定》、1999年12月25日第九届全国人民代表大会常务委员会第十三次会议通过的《中华人民共和国刑法修正案》、2001年8月31日第九届全国人民代表大会常务委员会第二十三次会议通过的《中华人民共和国刑法修正案（二）》、2001年12月29日第九届全国人民代表大会常务委员会第二十五次会议通过的《中华人民共和国刑法修正案（三）》、2002年12月28日第九届全国人民代表大会常务委员会第三十一次会议通过的《中华人民共和国刑法修正案（四）》、2005年2月28日第十届全国人民代表大会常务委员会第十四次会议通过的《中华人民共和国刑法修正案（五）》、2006年6月29日第十届全国人民代表大会常务委员会第二十二次会议通过的《中华人民共和国刑法修正案（六）》、2009年2月28日第十一届全国人民代表大会常务委员会第七次会议通过的《中华人民共和国刑法修正案（七）》、2009年8月27日第十一届全国人民代表大会常务委员会第十次会议通过的《全国人民代表大会常务委员会关于修改部分法律的决定》、2011年2月25日第十一届全国人民代表大会常务委员会第十九次会议通过的《中华人民共和国刑法修正案（八）》、2015年8月29日第十二届全国人民代表大会常务委员会第十六次会议通过的《中华人民共和国刑法修正案（九）》、2017年11月4日第十二届全国人民代表大会常务委员会第三十次会议通过的《中华人民共和国刑法修正案（十）》和2020年12月26日第十三届全国人民代表大会常务委员会第二十四次会议通过的《中华人民共和国刑法修正案（十一）》修正）①

……

第二编　分　　则

……

第三章　破坏社会主义市场经济秩序罪

……

① 刑法、历次刑法修正案、涉及修改刑法的决定的施行日期，分别依据各法律所规定的施行日期确定。

第七节　侵犯知识产权罪

第二百一十三条　未经注册商标所有人许可，在同一种商品、服务上使用与其注册商标相同的商标，情节严重的，处三年以下有期徒刑，并处或者单处罚金；情节特别严重的，处三年以上十年以下有期徒刑，并处罚金。

第二百一十四条　销售明知是假冒注册商标的商品，违法所得数额较大或者有其他严重情节的，处三年以下有期徒刑，并处或者单处罚金；违法所得数额巨大或者有其他特别严重情节的，处三年以上十年以下有期徒刑，并处罚金。

第二百一十五条　伪造、擅自制造他人注册商标标识或者销售伪造、擅自制造的注册商标标识，情节严重的，处三年以下有期徒刑，并处或者单处罚金；情节特别严重的，处三年以上十年以下有期徒刑，并处罚金。

第二百一十六条　假冒他人专利，情节严重的，处三年以下有期徒刑或者拘役，并处或者单处罚金。

第二百一十七条　以营利为目的，有下列侵犯著作权或者与著作权有关的权利的情形之一，违法所得数额较大或者有其他严重情节的，处三年以下有期徒刑，并处或者单处罚金；违法所得数额巨大或者有其他特别严重情节的，处三年以上十年以下有期徒刑，并处罚金：

（一）未经著作权人许可，复制发行、通过信息网络向公众传播其文字作品、音乐、美术、视听作品、计算机软件及法律、行政法规规定的其他作品的；

（二）出版他人享有专有出版权的图书的；

（三）未经录音录像制作者许可，复制发行、通过信息网络向公众传播其制作的录音录像的；

（四）未经表演者许可，复制发行录有其表演的录音录像制品，或者通过信息网络向公众传播其表演的；

（五）制作、出售假冒他人署名的美术作品的；

（六）未经著作权人或者与著作权有关的权利人许可，故意避开或者破坏权利人为其作品、录音录像制品等采取的保护著作权或者与著作权有关的权利的技术措施的。

第二百一十八条　以营利为目的，销售明知是本法第二百一十七条规定的侵权复制品，违法所得数额巨大或者有其他严重情节的，处五年以下有期徒刑，并处或者单处罚金。

第二百一十九条　有下列侵犯商业秘密行为之一，情节严重的，处三年以下有期徒刑，并处或者单处罚金；情节特别严重的，处三年以上十年以下有期徒刑，并处罚金：

（一）以盗窃、贿赂、欺诈、胁迫、电子侵入或者其他不正当手段获取权利人的商业秘密的；

（二）披露、使用或者允许他人使用以前项手段获取的权利人的商业秘密的；

（三）违反保密义务或者违反权利人有关保守商业秘密的要求，披露、使用或者允许他人使用其所掌握的商业秘密的。

明知前款所列行为，获取、披露、使用或者允许他人使用该商业秘密的，以侵犯商业秘密论。

本条所称权利人，是指商业秘密的所有人和经商业秘密所有人许可的商业秘密使用人。

第二百一十九条之一　为境外的机构、组织、人员窃取、刺探、收买、非法提供商业秘密的，处五年以下有期徒刑，并处或者单处罚金；情节严重的，处五年以上有期徒刑，并处罚金。

第二百二十条　单位犯本节第二百一十三条至第二百一十九条之一规定之罪的，对单位判处罚金，并对其直接负责的主管人员和其他直接责任人员，依照本节各该条的规定处罚。

……

中华人民共和国电子商务法（节录）

（2018年8月31日第十三届全国人民代表大会常务委员会第五次会议通过　2018年8月31日中华人民共和国主席令第7号公布　自2019年1月1日起施行）

第一章　总　　则

第一条　为了保障电子商务各方主体的合法权益，规范电子商务行为，维护市场秩序，促进电子商务持续健康发展，制定本法。

第二条　中华人民共和国境内的电子商务活动，适用本法。

本法所称电子商务，是指通过互联网等信息网络销售商品或者提供服务的经营活动。

法律、行政法规对销售商品或者提供服务有规定的，适用其规定。金融类产品和服务，利用信息网络提供新闻信息、音视频节目、出版以及文化产品等内容方面的服务，不适用本法。

第三条　国家鼓励发展电子商务新业态，创新商业模式，促进电子商务技术研发和推广应用，推进电子商务诚信体系建设，营造有利于电子商务创新发展的市场环境，充分发挥电子商务在推动高质量发展、满足人民日益增长的美好生活需要、构建开放型经济方面的重要作用。

第四条　国家平等对待线上线下商务活动，促进线上线下融合发展，各级人民政府和有关部门不得采取歧视性的政策措施，不得滥用行政权力排除、限制市场竞争。

第五条　电子商务经营者从事经营活动，应当遵循自愿、平等、公平、诚信的原则，遵守法律和商业道德，公平参与市场竞争，履行消费者权益保护、环境保护、知识产权保护、网络安全与个人信息保护等方面的义务，承担产品和服务质量责任，接受政府和社会的监督。

第六条　国务院有关部门按照职责分工负责电子商务发展促进、监督管理等工作。县级以上地方各级人民政府可以根据本行政区域的实际情况，确定本行政区域内电子商务的部门职责划分。

第七条　国家建立符合电子商务特点的协同管理体系，推动形成有关部门、电子商务行业组织、电子商务经营者、消费者等共同参与的电子商务市场治理体系。

第八条　电子商务行业组织按照本组织章程开展行业自律，建立健全行业规范，推动行业诚信建设，监督、引导本行业经营者公平参与市场竞争。

第二章　电子商务经营者

……

第四十一条　电子商务平台经营者应当建立知识产权保护规则，与知识产权权利人加强合作，依法保护知识产权。

第四十二条 知识产权权利人认为其知识产权受到侵害的，有权通知电子商务平台经营者采取删除、屏蔽、断开链接、终止交易和服务等必要措施。通知应当包括构成侵权的初步证据。

电子商务平台经营者接到通知后，应当及时采取必要措施，并将该通知转送平台内经营者；未及时采取必要措施的，对损害的扩大部分与平台内经营者承担连带责任。

因通知错误造成平台内经营者损害的，依法承担民事责任。恶意发出错误通知，造成平台内经营者损失的，加倍承担赔偿责任。

……

中华人民共和国海关法（节录）

（1987年1月22日第六届全国人民代表大会常务委员会第十九次会议通过　根据2000年7月8日第九届全国人民代表大会常务委员会第十六次会议《关于修改〈中华人民共和国海关法〉的决定》第一次修正　根据2013年6月29日第十二届全国人民代表大会常务委员会第三次会议《关于修改〈中华人民共和国文物保护法〉等十二部法律的决定》第二次修正　根据2013年12月28日第十二届全国人民代表大会常务委员会第六次会议《关于修改〈中华人民共和国海洋环境保护法〉等七部法律的决定》第三次修正　根据2016年11月7日第十二届全国人民代表大会常务委员会第二十四次会议《关于修改〈中华人民共和国对外贸易法〉等十二部法律的决定》第四次修正　根据2017年11月4日第十二届全国人民代表大会常务委员会第三十次会议《关于修改〈中华人民共和国会计法〉等十一部法律的决定》第五次修正　根据2021年4月29日第十三届全国人民代表大会常务委员会第二十八次会议《关于修改〈中华人民共和国道路交通安全法〉等八部法律的决定》第六次修正）

……

第三章　进出境货物

……

第四十四条 海关依照法律、行政法规的规定，对与进出境货物有关的知识产权实施保护。

需要向海关申报知识产权状况的，进出口货物收发货人及其代理人应当按照国家规定向海关如实申报有关知识产权状况，并提交合法使用有关知识产权的证明文件。

……

第八章　法律责任

……

第九十一条　违反本法规定进出口侵犯中华人民共和国法律、行政法规保护的知识产权的货物的，由海关依法没收侵权货物，并处以罚款；构成犯罪的，依法追究刑事责任。

……

中华人民共和国民事诉讼法

（1991年4月9日第七届全国人民代表大会第四次会议通过　根据2007年10月28日第十届全国人民代表大会常务委员会第三十次会议《关于修改〈中华人民共和国民事诉讼法〉的决定》第一次修正　根据2012年8月31日第十一届全国人民代表大会常务委员会第二十八次会议《关于修改〈中华人民共和国民事诉讼法〉的决定》第二次修正　根据2017年6月27日第十二届全国人民代表大会常务委员会第二十八次会议《关于修改〈中华人民共和国民事诉讼法〉和〈中华人民共和国行政诉讼法〉的决定》第三次修正　根据2021年12月24日第十三届全国人民代表大会常务委员会第三十二次会议《关于修改〈中华人民共和国民事诉讼法〉的决定》第四次修正）

第一编　总　　则

第一章　任务、适用范围和基本原则

第一条　中华人民共和国民事诉讼法以宪法为根据，结合我国民事审判工作的经验和实际情况制定。

第二条　中华人民共和国民事诉讼法的任务，是保护当事人行使诉讼权利，保证人民法院查明事实，分清是非，正确适用法律，及时审理民事案件，确认民事权利义务关系，制裁民事违法行为，保护当事人的合法权益，教育公民自觉遵守法律，维护社会秩序、经济秩序，保障社会主义建设事业顺利进行。

第三条　人民法院受理公民之间、法人之间、其他组织之间以及他们相互之间因财产关系和人身关系提起的民事诉讼，适用本法的规定。

第四条　凡在中华人民共和国领域内进行民事诉讼，必须遵守本法。

第五条　外国人、无国籍人、外国企业和组织在人民法院起诉、应诉，同中华人民共和国公民、法人和其他组织有同等的诉讼权利义务。

外国法院对中华人民共和国公民、法人和其他组织的民事诉讼权利加以限制的，中华人民共和国人民法院对该国公民、企业和组织的民事诉讼权利，实行对等原则。

第六条　民事案件的审判权由人民法院行使。

人民法院依照法律规定对民事案件独立进行审判，不受行政机关、社会团体和个人的干涉。

第七条　人民法院审理民事案件，必须以事实为根据，以法律为准绳。

第八条 民事诉讼当事人有平等的诉讼权利。人民法院审理民事案件，应当保障和便利当事人行使诉讼权利，对当事人在适用法律上一律平等。

第九条 人民法院审理民事案件，应当根据自愿和合法的原则进行调解；调解不成的，应当及时判决。

第十条 人民法院审理民事案件，依照法律规定实行合议、回避、公开审判和两审终审制度。

第十一条 各民族公民都有用本民族语言、文字进行民事诉讼的权利。

在少数民族聚居或者多民族共同居住的地区，人民法院应当用当地民族通用的语言、文字进行审理和发布法律文书。

人民法院应当对不通晓当地民族通用的语言、文字的诉讼参与人提供翻译。

第十二条 人民法院审理民事案件时，当事人有权进行辩论。

第十三条 民事诉讼应当遵循诚信原则。

当事人有权在法律规定的范围内处分自己的民事权利和诉讼权利。

第十四条 人民检察院有权对民事诉讼实行法律监督。

第十五条 机关、社会团体、企业事业单位对损害国家、集体或者个人民事权益的行为，可以支持受损害的单位或者个人向人民法院起诉。

第十六条 经当事人同意，民事诉讼活动可以通过信息网络平台在线进行。

民事诉讼活动通过信息网络平台在线进行的，与线下诉讼活动具有同等法律效力。

第十七条 民族自治地方的人民代表大会根据宪法和本法的原则，结合当地民族的具体情况，可以制定变通或者补充的规定。自治区的规定，报全国人民代表大会常务委员会批准。自治州、自治县的规定，报省或者自治区的人民代表大会常务委员会批准，并报全国人民代表大会常务委员会备案。

第二章 管 辖

第一节 级别管辖

第十八条 基层人民法院管辖第一审民事案件，但本法另有规定的除外。

第十九条 中级人民法院管辖下列第一审民事案件：

（一）重大涉外案件；

（二）在本辖区有重大影响的案件；

（三）最高人民法院确定由中级人民法院管辖的案件。

第二十条 高级人民法院管辖在本辖区有重大影响的第一审民事案件。

第二十一条 最高人民法院管辖下列第一审民事案件：

（一）在全国有重大影响的案件；

（二）认为应当由本院审理的案件。

第二节 地域管辖

第二十二条 对公民提起的民事诉讼，由被告住所地人民法院管辖；被告住所地与经常居住地不一致的，由经常居住地人民法院管辖。

对法人或者其他组织提起的民事诉讼，由被告住所地人民法院管辖。

同一诉讼的几个被告住所地、经常居住地在两个以上人民法院辖区的，各该人民法院都有管辖权。

第二十三条 下列民事诉讼，由原告住所地人民法院管辖；原告住所地与经常居住地不一致的，由原告经常居住地人民法院管辖：

（一）对不在中华人民共和国领域内居住的人提起的有关身份关系的诉讼；

（二）对下落不明或者宣告失踪的人提起的有关身份关系的诉讼；

（三）对被采取强制性教育措施的人提起的诉讼；

（四）对被监禁的人提起的诉讼。

第二十四条 因合同纠纷提起的诉讼，由被告住所地或者合同履行地人民法院管辖。

第二十五条 因保险合同纠纷提起的诉讼，由被告住所地或者保险标的物所在地人民法院管辖。

第二十六条 因票据纠纷提起的诉讼，由票据支付地或者被告住所地人民法院管辖。

第二十七条 因公司设立、确认股东资格、分配利润、解散等纠纷提起的诉讼，由公司住所地人民法院管辖。

第二十八条 因铁路、公路、水上、航空运输和联合运输合同纠纷提起的诉讼，由运输始发地、目的地或者被告住所地人民法院管辖。

第二十九条 因侵权行为提起的诉讼，由侵权行为地或者被告住所地人民法院管辖。

第三十条 因铁路、公路、水上和航空事故请求损害赔偿提起的诉讼，由事故发生地或者车辆、船舶最先到达地、航空器最先降落地或者被告住所地人民法院管辖。

第三十一条 因船舶碰撞或者其他海事损害事故请求损害赔偿提起的诉讼，由碰撞发生地、碰撞船舶最先到达地、加害船舶被扣留地或者被告住所地人民法院管辖。

第三十二条 因海难救助费用提起的诉讼，由救助地或者被救助船舶最先到达地人民法院管辖。

第三十三条 因共同海损提起的诉讼，由船舶最先到达地、共同海损理算地或者航程终止地的人民法院管辖。

第三十四条 下列案件，由本条规定的人民法院专属管辖：

（一）因不动产纠纷提起的诉讼，由不动产所在地人民法院管辖；

（二）因港口作业中发生纠纷提起的诉讼，由港口所在地人民法院管辖；

（三）因继承遗产纠纷提起的诉讼，由被继承人死亡时住所地或者主要遗产所在地人民法院管辖。

第三十五条 合同或者其他财产权益纠纷的当事人可以书面协议选择被告住所地、合同履行地、合同签订地、原告住所地、标的物所在地等与争议有实际联系的地点的人民法院管辖，但不得违反本法对级别管辖和专属管辖的规定。

第三十六条 两个以上人民法院都有管辖权的诉讼，原告可以向其中一个人民法院起诉；原告向两个以上有管辖权的人民法院起诉的，由最先立案的人民法院管辖。

第三节 移送管辖和指定管辖

第三十七条 人民法院发现受理的案件不属于本院管辖的，应当移送有管辖权的人民法院，受移送的人民法院应当受理。受移送的人民法院认为受移送的案件依照规定不属于本院管辖的，应当报请上级人民法院指定管辖，不得再自行移送。

第三十八条 有管辖权的人民法院由于特殊原因，不能行使管辖权的，由上级人民法院指定管辖。

人民法院之间因管辖权发生争议，由争议双方协商解决；协商解决不了的，报请它们的共同上级人民法院指定管辖。

第三十九条 上级人民法院有权审理下级人民法院管辖的第一审民事案件；确有必要将本院管辖的第一审民事案件交下级人民法院审理的，应当报请其上级人民法院批准。

下级人民法院对它所管辖的第一审民事案件，认为需要由上级人民法院审理的，可以报请上级人民法院审理。

第三章 审判组织

第四十条 人民法院审理第一审民事案件，由审判员、陪审员共同组成合议庭或者由审判员组成合议庭。合议庭的成员人数，必须是单数。

适用简易程序审理的民事案件，由审判员一人独任审理。基层人民法院审理的基本事实清楚、权利义务关系明确的第一审民事案件，可以由审判员一人适用普通程序独任审理。

陪审员在执行陪审职务时，与审判员有同等的权利义务。

第四十一条 人民法院审理第二审民事案件，由审判员组成合议庭。合议庭的成员人数，必须是单数。

中级人民法院对第一审适用简易程序审结或者不服裁定提起上诉的第二审民事案件，事实清楚、权利义务关系明确的，经双方当事人同意，可以由审判员一人独任审理。

发回重审的案件，原审人民法院应当按照第一审程序另行组成合议庭。

审理再审案件，原来是第一审的，按照第一审程序另行组成合议庭；原来是第二审的或者是上级人民法院提审的，按照第二审程序另行组成合议庭。

第四十二条 人民法院审理下列民事案件，不得由审判员一人独任审理：

（一）涉及国家利益、社会公共利益的案件；

（二）涉及群体性纠纷，可能影响社会稳定的案件；

（三）人民群众广泛关注或者其他社会影响较大的案件；

（四）属于新类型或者疑难复杂的案件；

（五）法律规定应当组成合议庭审理的案件；

（六）其他不宜由审判员一人独任审理的案件。

第四十三条 人民法院在审理过程中，发现案件不宜由审判员一人独任审理的，应当裁定转由合议庭审理。

当事人认为案件由审判员一人独任审理违反法律规定的，可以向人民法院提出异议。人民法院对当事人提出的异议应当审查，异议成立的，裁定转由合议庭审理；异议不成立的，裁定驳回。

第四十四条 合议庭的审判长由院长或者庭长指定审判员一人担任；院长或者庭长参加审判的，由院长或者庭长担任。

第四十五条 合议庭评议案件，实行少数服从多数的原则。评议应当制作笔录，由合议庭成员签名。评议中的不同意见，必须如实记入笔录。

第四十六条 审判人员应当依法秉公办案。

审判人员不得接受当事人及其诉讼代理人请客送礼。

审判人员有贪污受贿，徇私舞弊，枉法裁判行为的，应当追究法律责任；构成犯罪的，依法追究刑事责任。

第四章 回 避

第四十七条 审判人员有下列情形之一的，应当自行回避，当事人有权用口头或者书面方式申请他们回避：

（一）是本案当事人或者当事人、诉讼代理人近亲属的；

（二）与本案有利害关系的；

（三）与本案当事人、诉讼代理人有其他关系，可能影响对案件公正审理的。

审判人员接受当事人、诉讼代理人请客送礼，或者违反规定会见当事人、诉讼代理人的，当事人有权要求他们回避。

审判人员有前款规定的行为的，应当依法追究法律责任。

前三款规定，适用于书记员、翻译人员、鉴定人、勘验人。

第四十八条 当事人提出回避申请，应当说明理由，在案件开始审理时提出；回避事由在案件开始审理后知道的，也可以在法庭辩论终结前提出。

被申请回避的人员在人民法院作出是否回避的决定前，应当暂停参与本案的工作，但案件需要采取紧急措施的除外。

第四十九条 院长担任审判长或者独任审判员时的回避，由审判委员会决定；审判人员的回避，由院长决定；其他人员的回避，由审判长或者独任审判员决定。

第五十条 人民法院对当事人提出的回避申请，应当在申请提出的三日内，以口头或者书面形式作出决定。申请人对决定不服的，可以在接到决定时申请复议一次。复议期间，被申请回避的人员，不停止参与本案的工作。人民法院对复议申请，应当在三日内作出复议决定，并通知复议申请人。

第五章　诉讼参加人

第一节　当　事　人

第五十一条　公民、法人和其他组织可以作为民事诉讼的当事人。

法人由其法定代表人进行诉讼。其他组织由其主要负责人进行诉讼。

第五十二条　当事人有权委托代理人，提出回避申请，收集、提供证据，进行辩论，请求调解，提起上诉，申请执行。

当事人可以查阅本案有关材料，并可以复制本案有关材料和法律文书。查阅、复制本案有关材料的范围和办法由最高人民法院规定。

当事人必须依法行使诉讼权利，遵守诉讼秩序，履行发生法律效力的判决书、裁定书和调解书。

第五十三条　双方当事人可以自行和解。

第五十四条　原告可以放弃或者变更诉讼请求。被告可以承认或者反驳诉讼请求，有权提起反诉。

第五十五条　当事人一方或者双方为二人以上，其诉讼标的是共同的，或者诉讼标的是同一种类、人民法院认为可以合并审理并经当事人同意的，为共同诉讼。

共同诉讼的一方当事人对诉讼标的有共同权利义务的，其中一人的诉讼行为经其他共同诉讼人承认，对其他共同诉讼人发生效力；对诉讼标的没有共同权利义务的，其中一人的诉讼行为对其他共同诉讼人不发生效力。

第五十六条　当事人一方人数众多的共同诉讼，可以由当事人推选代表人进行诉讼。代表人的诉讼行为对其所代表的当事人发生效力，但代表人变更、放弃诉讼请求或者承认对方当事人的诉讼请求，进行和解，必须经被代表的当事人同意。

第五十七条　诉讼标的是同一种类、当事人一方人数众多在起诉时人数尚未确定的，人民法院可以发出公告，说明案件情况和诉讼请求，通知权利人在一定期间向人民法院登记。

向人民法院登记的权利人可以推选代表人进行诉讼；推选不出代表人的，人民法院可以与参加登记的权利人商定代表人。

代表人的诉讼行为对其所代表的当事人发生效力，但代表人变更、放弃诉讼请求或者承认对方当事人的诉讼请求，进行和解，必须经被代表的当事人同意。

人民法院作出的判决、裁定，对参加登记的全体权利人发生效力。未参加登记的权利人在诉讼时效期间提起诉讼的，适用该判决、裁定。

第五十八条　对污染环境、侵害众多消费者合法权益等损害社会公共利益的行为，法律规定的机关和有关组织可以向人民法院提起诉讼。

人民检察院在履行职责中发现破坏生态环境和资源保护、食品药品安全领域侵害众多消费者合法权益等损害社会公共利益的行为，在没有前款规定的机关和组织或者前款规定的机关和组织不提起诉讼的情况下，可以向人民法院提起诉讼。前款规定的机关或者组织提起诉讼的，人民检察院可以支持起诉。

第五十九条　对当事人双方的诉讼标的，第三人认为有独立请求权的，有权提起诉讼。

对当事人双方的诉讼标的，第三人虽然没有独立请求权，但案件处理结果同他有法律上的利害关系的，可以申请参加诉讼，或者由人民法院通知他参加诉讼。人民法院判决承担民事责任的第三人，有当事人的诉讼权利义务。

前两款规定的第三人，因不能归责于本人的事由未参加诉讼，但有证据证明发生法律效力的判决、裁定、调解书的部分或者全部内容错误，损害其民事权益的，可以自知道或者应当知道其民事权益受到损害之日起六个月内，向作出该判决、裁定、调解书的人民法院提起诉讼。人民法院经审理，诉讼请求成立的，应当改变或者撤销原判决、裁定、调解书；诉讼请求不成立的，驳回诉讼请求。

第二节　诉讼代理人

第六十条　无诉讼行为能力人由他的监护人作为法定代理人代为诉讼。法定代理人之间互相推诿代理责任的，由人民法院指定其中一人代为诉讼。

第六十一条　当事人、法定代理人可以委托一至二人作为诉讼代理人。

下列人员可以被委托为诉讼代理人：

（一）律师、基层法律服务工作者；

（二）当事人的近亲属或者工作人员；

（三）当事人所在社区、单位以及有关社会团体推荐的公民。

第六十二条　委托他人代为诉讼，必须向人民法院提交由委托人签名或者盖章的授权委托书。

授权委托书必须记明委托事项和权限。诉讼代理人代为承认、放弃、变更诉讼请求，进行和解，提起反诉或者上诉，必须有委托人的特别授权。

侨居在国外的中华人民共和国公民从国外寄交或者托交的授权委托书，必须经中华人民共和国驻该国的使领馆证明；没有使领馆的，由与中华人民共和国有外交关系的第三国驻该国的使领馆证明，再转由中华人民共和国驻该第三国使领馆证明，或者由当地的爱国华侨团体证明。

第六十三条　诉讼代理人的权限如果变更或者解除，当事人应当书面告知人民法院，并由人民法院通知对方当事人。

第六十四条　代理诉讼的律师和其他诉讼代理人有权调查收集证据，可以查阅本案有关材料。查阅本案有关材料的范围和办法由最高人民法院规定。

第六十五条　离婚案件有诉讼代理人的，本人除不能表达意思的以外，仍应出庭；确因特殊情况无法出庭的，必须向人民法院提交书面意见。

第六章　证　　据

第六十六条　证据包括：

（一）当事人的陈述；

（二）书证；

（三）物证；

（四）视听资料；

（五）电子数据；

（六）证人证言；

（七）鉴定意见；

（八）勘验笔录。

证据必须查证属实，才能作为认定事实的根据。

第六十七条 当事人对自己提出的主张，有责任提供证据。

当事人及其诉讼代理人因客观原因不能自行收集的证据，或者人民法院认为审理案件需要的证据，人民法院应当调查收集。

人民法院应当按照法定程序，全面地、客观地审查核实证据。

第六十八条 当事人对自己提出的主张应当及时提供证据。

人民法院根据当事人的主张和案件审理情况，确定当事人应当提供的证据及其期限。当事人在该期限内提供证据确有困难的，可以向人民法院申请延长期限，人民法院根据当事人的申请适当延长。当事人逾期提供证据的，人民法院应当责令其说明理由；拒不说明理由或者理由不成立的，人民法院根据不同情形可以不予采纳该证据，或者采纳该证据但予以训诫、罚款。

第六十九条 人民法院收到当事人提交的证据材料，应当出具收据，写明证据名称、页数、份数、原件或者复印件以及收到时间等，并由经办人员签名或者盖章。

第七十条 人民法院有权向有关单位和个人调查取证，有关单位和个人不得拒绝。

人民法院对有关单位和个人提出的证明文书，应当辨别真伪，审查确定其效力。

第七十一条 证据应当在法庭上出示，并由当事人互相质证。对涉及国家秘密、商业秘密和个人隐私的证据应当保密，需要在法庭出示的，不得在公开开庭时出示。

第七十二条 经过法定程序公证证明的法律事实和文书，人民法院应当作为认定事实的根据，但有相反证据足以推翻公证证明的除外。

第七十三条 书证应当提交原件。物证应当提交原物。提交原件或者原物确有困难的，可以提交复制品、照片、副本、节录本。

提交外文书证，必须附有中文译本。

第七十四条 人民法院对视听资料，应当辨别真伪，并结合本案的其他证据，审查确定能否作为认定事实的根据。

第七十五条 凡是知道案件情况的单位和个人，都有义务出庭作证。有关单位的负责人应当支持证人作证。

不能正确表达意思的人，不能作证。

第七十六条 经人民法院通知，证人应当出庭作证。有下列情形之一的，经人民法院许可，可以通过书面证言、视听传输技术或者视听资料等方式作证：

（一）因健康原因不能出庭的；

（二）因路途遥远，交通不便不能出庭的；

（三）因自然灾害等不可抗力不能出庭的；

（四）其他有正当理由不能出庭的。

第七十七条 证人因履行出庭作证义务而支出的交通、住宿、就餐等必要费用以及误工损失，由败诉一方当事人负担。当事人申请证人作证的，由该当事人先行垫付；当事人没有申请，人民法院通知证人作证的，由人民法院先行垫付。

第七十八条 人民法院对当事人的陈述，应当结合本案的其他证据，审查确定能否作为认定事实的根据。

当事人拒绝陈述的，不影响人民法院根据证据认定案件事实。

第七十九条 当事人可以就查明事实的专门性问题向人民法院申请鉴定。当事人申请鉴定的，由双方当事人协商确定具备资格的鉴定人；协商不成的，由人民法院指定。

当事人未申请鉴定，人民法院对专门性问题认为需要鉴定的，应当委托具备资格的鉴定人进行鉴定。

第八十条 鉴定人有权了解进行鉴定所需要的案件材料，必要时可以询问当事人、证人。

鉴定人应当提出书面鉴定意见，在鉴定书上签名或者盖章。

第八十一条 当事人对鉴定意见有异议或者人民法院认为鉴定人有必要出庭的，鉴定人应当出庭作证。经人民法院通知，鉴定人拒不出庭作证的，鉴定意见不得作为认定事实的根据；支付鉴定费用的当事人可以要求返还鉴定费用。

第八十二条 当事人可以申请人民法院通知有专门知识的人出庭，就鉴定人作出的鉴定意见或者专业问题提出意见。

第八十三条 勘验物证或者现场，勘验人必须出示人民法院的证件，并邀请当地基层组织或者当事人所在单位派人参加。当事人或者当事人的成年家属应当到场，拒不到场的，不影响勘验的进行。

有关单位和个人根据人民法院的通知，有义务保护现场，协助勘验工作。

勘验人应当将勘验情况和结果制作笔录，由勘验人、当事人和被邀参加人签名或者盖章。

第八十四条 在证据可能灭失或者以后难以取得的情况下，当事人可以在诉讼过程中向人民法院申请保全证据，人民法院也可以主动采取保全措施。

因情况紧急，在证据可能灭失或者以后难以取得的情况下，利害关系人可以在提起诉讼或者申请仲裁前向证据所在地、被申请人住所地或者对案件有管辖权的人民法院申请保全证据。

证据保全的其他程序，参照适用本法第九章保全的有关规定。

第七章 期间、送达

第一节 期 间

第八十五条 期间包括法定期间和人民法院指定的期间。

期间以时、日、月、年计算。期间开始的时和日，不计算在期间内。

期间届满的最后一日是法定休假日的，以法定休假日后的第一日为期间届满的日期。

期间不包括在途时间，诉讼文书在期满前交邮的，不算过期。

第八十六条 当事人因不可抗拒的事由或者其他正当理由耽误期限的，在障碍消除后的十日内，可以申请顺延期限，是否准许，由人民法院决定。

第二节 送 达

第八十七条 送达诉讼文书必须有送达回证，由受送达人在送达回证上记明收到日期，签名或者盖章。

受送达人在送达回证上的签收日期为送达日期。

第八十八条 送达诉讼文书，应当直接送交受送达人。受送达人是公民的，本人不在交他的同住成年家属签收；受送达人是法人或者其他组织的，应当由法人的法定代表人、其他组织的主要负责人或者该法人、组织负责收件的人签收；受送达人有诉讼代理人的，可以送交其代理人签收；受送达人已向人民法院指定代收人的，送交代收人签收。

受送达人的同住成年家属，法人或者其他组织的负责收件的人，诉讼代理人或者代收人在送达回证上签收的日期为送达日期。

第八十九条 受送达人或者他的同住成年家属拒绝接收诉讼文书的，送达人可以邀请有关基层组织或者所在单位的代表到场，说明情况，在送达回证上记明拒收事由和日期，由送达人、见证人签名或者盖章，把诉讼文书留在受送达人的住所；也可以把诉讼文书留在受送达人的住所，并采用拍照、录像等方式记录送达过程，即视为送达。

第九十条 经受送达人同意，人民法院可以采用能够确认其收悉的电子方式送达诉讼文书。通过电子方式送达的判决书、裁定书、调解书，受送达人提出需要纸质文书的，人民法院应当提供。

采用前款方式送达的，以送达信息到达受送达人特定系统的日期为送达日期。

第九十一条 直接送达诉讼文书有困难的，可以委托其他人民法院代为送达，或者邮寄送达。邮寄送达的，以回执上注明的收件日期为送达日期。

第九十二条 受送达人是军人的，通过其所在部队团以上单位的政治机关转交。

第九十三条 受送达人被监禁的，通过其所在监所转交。

受送达人被采取强制性教育措施的，通过其所在强制性教育机构转交。

第九十四条 代为转交的机关、单位收到诉讼文书后，必须立即交受送达人签收，以在送达回证上的签收日期，为送达日期。

第九十五条 受送达人下落不明，或者用本节规定的其他方式无法送达的，公告送达。自发出公告之日起，经过三十日，即视为送达。

公告送达，应当在案卷中记明原因和经过。

第八章 调 解

第九十六条 人民法院审理民事案件，根据当事人自愿的原则，在事实清楚的基础上，分清是非，进行调解。

第九十七条　人民法院进行调解，可以由审判员一人主持，也可以由合议庭主持，并尽可能就地进行。

人民法院进行调解，可以用简便方式通知当事人、证人到庭。

第九十八条　人民法院进行调解，可以邀请有关单位和个人协助。被邀请的单位和个人，应当协助人民法院进行调解。

第九十九条　调解达成协议，必须双方自愿，不得强迫。调解协议的内容不得违反法律规定。

第一百条　调解达成协议，人民法院应当制作调解书。调解书应当写明诉讼请求、案件的事实和调解结果。

调解书由审判人员、书记员署名，加盖人民法院印章，送达双方当事人。

调解书经双方当事人签收后，即具有法律效力。

第一百零一条　下列案件调解达成协议，人民法院可以不制作调解书：

（一）调解和好的离婚案件；

（二）调解维持收养关系的案件；

（三）能够即时履行的案件；

（四）其他不需要制作调解书的案件。

对不需要制作调解书的协议，应当记入笔录，由双方当事人、审判人员、书记员签名或者盖章后，即具有法律效力。

第一百零二条　调解未达成协议或者调解书送达前一方反悔的，人民法院应当及时判决。

第九章　保全和先予执行

第一百零三条　人民法院对于可能因当事人一方的行为或者其他原因，使判决难以执行或者造成当事人其他损害的案件，根据对方当事人的申请，可以裁定对其财产进行保全、责令其作出一定行为或者禁止其作出一定行为；当事人没有提出申请的，人民法院在必要时也可以裁定采取保全措施。

人民法院采取保全措施，可以责令申请人提供担保，申请人不提供担保的，裁定驳回申请。

人民法院接受申请后，对情况紧急的，必须在四十八小时内作出裁定；裁定采取保全措施的，应当立即开始执行。

第一百零四条　利害关系人因情况紧急，不立即申请保全将会使其合法权益受到难以弥补的损害的，可以在提起诉讼或者申请仲裁前向被保全财产所在地、被申请人住所地或者对案件有管辖权的人民法院申请采取保全措施。申请人应当提供担保，不提供担保的，裁定驳回申请。

人民法院接受申请后，必须在四十八小时内作出裁定；裁定采取保全措施的，应当立即开始执行。

申请人在人民法院采取保全措施后三十日内不依法提起诉讼或者申请仲裁的，人民法院应当解除保全。

第一百零五条　保全限于请求的范围，或者与本案有关的财物。

第一百零六条 财产保全采取查封、扣押、冻结或者法律规定的其他方法。人民法院保全财产后，应当立即通知被保全财产的人。

财产已被查封、冻结的，不得重复查封、冻结。

第一百零七条 财产纠纷案件，被申请人提供担保的，人民法院应当裁定解除保全。

第一百零八条 申请有错误的，申请人应当赔偿被申请人因保全所遭受的损失。

第一百零九条 人民法院对下列案件，根据当事人的申请，可以裁定先予执行：

（一）追索赡养费、扶养费、抚养费、抚恤金、医疗费用的；

（二）追索劳动报酬的；

（三）因情况紧急需要先予执行的。

第一百一十条 人民法院裁定先予执行的，应当符合下列条件：

（一）当事人之间权利义务关系明确，不先予执行将严重影响申请人的生活或者生产经营的；

（二）被申请人有履行能力。

人民法院可以责令申请人提供担保，申请人不提供担保的，驳回申请。申请人败诉的，应当赔偿被申请人因先予执行遭受的财产损失。

第一百一十一条 当事人对保全或者先予执行的裁定不服的，可以申请复议一次。复议期间不停止裁定的执行。

第十章 对妨害民事诉讼的强制措施

第一百一十二条 人民法院对必须到庭的被告，经两次传票传唤，无正当理由拒不到庭的，可以拘传。

第一百一十三条 诉讼参与人和其他人应当遵守法庭规则。

人民法院对违反法庭规则的人，可以予以训诫，责令退出法庭或者予以罚款、拘留。

人民法院对哄闹、冲击法庭，侮辱、诽谤、威胁、殴打审判人员，严重扰乱法庭秩序的人，依法追究刑事责任；情节较轻的，予以罚款、拘留。

第一百一十四条 诉讼参与人或者其他人有下列行为之一的，人民法院可以根据情节轻重予以罚款、拘留；构成犯罪的，依法追究刑事责任：

（一）伪造、毁灭重要证据，妨碍人民法院审理案件的；

（二）以暴力、威胁、贿买方法阻止证人作证或者指使、贿买、胁迫他人作伪证的；

（三）隐藏、转移、变卖、毁损已被查封、扣押的财产，或者已被清点并责令其保管的财产，转移已被冻结的财产的；

（四）对司法工作人员、诉讼参加人、证人、翻译人员、鉴定人、勘验人、协助执行的人，进行侮辱、诽谤、诬陷、殴打或者打击报复的；

（五）以暴力、威胁或者其他方法阻碍司法工作人员执行职务的；

（六）拒不履行人民法院已经发生法律效力的判决、裁定的。

人民法院对有前款规定的行为之一的单位，可以对其主要负责人或者直接责任人员予以罚款、拘留；构成犯罪的，依法追究刑事责任。

第一百一十五条 当事人之间恶意串通，企图通过诉讼、调解等方式侵害他人合法权益的，人民法院应当驳回其请求，并根据情节轻重予以罚款、拘留；构成犯罪的，依法追究刑事责任。

第一百一十六条 被执行人与他人恶意串通，通过诉讼、仲裁、调解等方式逃避履行法律文书确定的义务的，人民法院应当根据情节轻重予以罚款、拘留；构成犯罪的，依法追究刑事责任。

第一百一十七条 有义务协助调查、执行的单位有下列行为之一的，人民法院除责令其履行协助义务外，并可以予以罚款：

（一）有关单位拒绝或者妨碍人民法院调查取证的；

（二）有关单位接到人民法院协助执行通知书后，拒不协助查询、扣押、冻结、划拨、变价财产的；

（三）有关单位接到人民法院协助执行通知书后，拒不协助扣留被执行人的收入、办理有关财产权证照转移手续、转交有关票证、证照或者其他财产的；

（四）其他拒绝协助执行的。

人民法院对有前款规定的行为之一的单位，可以对其主要负责人或者直接责任人员予以罚款；对仍不履行协助义务的，可以予以拘留；并可以向监察机关或者有关机关提出予以纪律处分的司法建议。

第一百一十八条 对个人的罚款金额，为人民币十万元以下。对单位的罚款金额，为人民币五万元以上一百万元以下。

拘留的期限，为十五日以下。

被拘留的人，由人民法院交公安机关看管。在拘留期间，被拘留人承认并改正错误的，人民法院可以决定提前解除拘留。

第一百一十九条 拘传、罚款、拘留必须经院长批准。

拘传应当发拘传票。

罚款、拘留应当用决定书。对决定不服的，可以向上一级人民法院申请复议一次。复议期间不停止执行。

第一百二十条 采取对妨害民事诉讼的强制措施必须由人民法院决定。任何单位和个人采取非法拘禁他人或者非法私自扣押他人财产追索债务的，应当依法追究刑事责任，或者予以拘留、罚款。

第十一章 诉讼费用

第一百二十一条 当事人进行民事诉讼，应当按照规定交纳案件受理费。财产案件除交纳案件受理费外，并按照规定交纳其他诉讼费用。

当事人交纳诉讼费用确有困难的，可以按照规定向人民法院申请缓交、减交或者免交。

收取诉讼费用的办法另行制定。

第二编 审判程序

第十二章 第一审普通程序

第一节 起诉和受理

第一百二十二条 起诉必须符合下列条件：

（一）原告是与本案有直接利害关系的公民、法人和其他组织；

（二）有明确的被告；

（三）有具体的诉讼请求和事实、理由；

（四）属于人民法院受理民事诉讼的范围和受诉人民法院管辖。

第一百二十三条 起诉应当向人民法院递交起诉状，并按照被告人数提出副本。

书写起诉状确有困难的，可以口头起诉，由人民法院记入笔录，并告知对方当事人。

第一百二十四条 起诉状应当记明下列事项：

（一）原告的姓名、性别、年龄、民族、职业、工作单位、住所、联系方式，法人或者其他组织的名称、住所和法定代表人或者主要负责人的姓名、职务、联系方式；

（二）被告的姓名、性别、工作单位、住所等信息，法人或者其他组织的名称、住所等信息；

（三）诉讼请求和所根据的事实与理由；

（四）证据和证据来源，证人姓名和住所。

第一百二十五条 当事人起诉到人民法院的民事纠纷，适宜调解的，先行调解，但当事人拒绝调解的除外。

第一百二十六条 人民法院应当保障当事人依照法律规定享有的起诉权利。对符合本法第一百二十二条的起诉，必须受理。符合起诉条件的，应当在七日内立案，并通知当事人；不符合起诉条件的，应当在七日内作出裁定书，不予受理；原告对裁定不服的，可以提起上诉。

第一百二十七条 人民法院对下列起诉，分别情形，予以处理：

（一）依照行政诉讼法的规定，属于行政诉讼受案范围的，告知原告提起行政诉讼；

（二）依照法律规定，双方当事人达成书面仲裁协议申请仲裁、不得向人民法院起诉的，告知原告向仲裁机构申请仲裁；

（三）依照法律规定，应当由其他机关处理的争议，告知原告向有关机关申请解决；

（四）对不属于本院管辖的案件，告知原告向有管辖权的人民法院起诉；

（五）对判决、裁定、调解书已经发生法律效力的案件，当事人又起诉的，告知原告申请再审，但人民法院准许撤诉的裁定除外；

（六）依照法律规定，在一定期限内不得起诉的案件，在不得起诉的期限内起诉的，不予受理；

（七）判决不准离婚和调解和好的离婚案件，判决、调解维持收养关系的案件，没有新情况、新理由，原告在六个月内又起诉的，不予受理。

第二节　审理前的准备

第一百二十八条　人民法院应当在立案之日起五日内将起诉状副本发送被告，被告应当在收到之日起十五日内提出答辩状。答辩状应当记明被告的姓名、性别、年龄、民族、职业、工作单位、住所、联系方式；法人或者其他组织的名称、住所和法定代表人或者主要负责人的姓名、职务、联系方式。人民法院应当在收到答辩状之日起五日内将答辩状副本发送原告。

被告不提出答辩状的，不影响人民法院审理。

第一百二十九条　人民法院对决定受理的案件，应当在受理案件通知书和应诉通知书中向当事人告知有关的诉讼权利义务，或者口头告知。

第一百三十条　人民法院受理案件后，当事人对管辖权有异议的，应当在提交答辩状期间提出。人民法院对当事人提出的异议，应当审查。异议成立的，裁定将案件移送有管辖权的人民法院；异议不成立的，裁定驳回。

当事人未提出管辖异议，并应诉答辩的，视为受诉人民法院有管辖权，但违反级别管辖和专属管辖规定的除外。

第一百三十一条　审判人员确定后，应当在三日内告知当事人。

第一百三十二条　审判人员必须认真审核诉讼材料，调查收集必要的证据。

第一百三十三条　人民法院派出人员进行调查时，应当向被调查人出示证件。

调查笔录经被调查人校阅后，由被调查人、调查人签名或者盖章。

第一百三十四条　人民法院在必要时可以委托外地人民法院调查。

委托调查，必须提出明确的项目和要求。受委托人民法院可以主动补充调查。

受委托人民法院收到委托书后，应当在三十日内完成调查。因故不能完成的，应当在上述期限内函告委托人民法院。

第一百三十五条　必须共同进行诉讼的当事人没有参加诉讼的，人民法院应当通知其参加诉讼。

第一百三十六条　人民法院对受理的案件，分别情形，予以处理：

（一）当事人没有争议，符合督促程序规定条件的，可以转入督促程序；

（二）开庭前可以调解的，采取调解方式及时解决纠纷；

（三）根据案件情况，确定适用简易程序或者普通程序；

（四）需要开庭审理的，通过要求当事人交换证据等方式，明确争议焦点。

第三节　开庭审理

第一百三十七条　人民法院审理民事案件，除涉及国家秘密、个人隐私或者法律另有规定的以外，应当公开进行。

离婚案件，涉及商业秘密的案件，当事人申请不公开审理的，可以不公开审理。

第一百三十八条　人民法院审理民事案件，根据需要进行巡回审理，就地办案。

第一百三十九条　人民法院审理民事案件，应当在开庭三日前通知当事人和其他诉讼参与人。公开审理的，应当公告当事人姓名、案由和开庭的时间、地点。

第一百四十条 开庭审理前，书记员应当查明当事人和其他诉讼参与人是否到庭，宣布法庭纪律。

开庭审理时，由审判长或者独任审判员核对当事人，宣布案由，宣布审判人员、书记员名单，告知当事人有关的诉讼权利义务，询问当事人是否提出回避申请。

第一百四十一条 法庭调查按照下列顺序进行：

（一）当事人陈述；

（二）告知证人的权利义务，证人作证，宣读未到庭的证人证言；

（三）出示书证、物证、视听资料和电子数据；

（四）宣读鉴定意见；

（五）宣读勘验笔录。

第一百四十二条 当事人在法庭上可以提出新的证据。

当事人经法庭许可，可以向证人、鉴定人、勘验人发问。

当事人要求重新进行调查、鉴定或者勘验的，是否准许，由人民法院决定。

第一百四十三条 原告增加诉讼请求，被告提出反诉，第三人提出与本案有关的诉讼请求，可以合并审理。

第一百四十四条 法庭辩论按照下列顺序进行：

（一）原告及其诉讼代理人发言；

（二）被告及其诉讼代理人答辩；

（三）第三人及其诉讼代理人发言或者答辩；

（四）互相辩论。

法庭辩论终结，由审判长或者独任审判员按照原告、被告、第三人的先后顺序征询各方最后意见。

第一百四十五条 法庭辩论终结，应当依法作出判决。判决前能够调解的，还可以进行调解，调解不成的，应当及时判决。

第一百四十六条 原告经传票传唤，无正当理由拒不到庭的，或者未经法庭许可中途退庭的，可以按撤诉处理；被告反诉的，可以缺席判决。

第一百四十七条 被告经传票传唤，无正当理由拒不到庭的，或者未经法庭许可中途退庭的，可以缺席判决。

第一百四十八条 宣判前，原告申请撤诉的，是否准许，由人民法院裁定。

人民法院裁定不准许撤诉的，原告经传票传唤，无正当理由拒不到庭的，可以缺席判决。

第一百四十九条 有下列情形之一的，可以延期开庭审理：

（一）必须到庭的当事人和其他诉讼参与人有正当理由没有到庭的；

（二）当事人临时提出回避申请的；

（三）需要通知新的证人到庭，调取新的证据，重新鉴定、勘验，或者需要补充调查的；

（四）其他应当延期的情形。

第一百五十条 书记员应当将法庭审理的全部活动记入笔录，由审判人员和书记员签名。

法庭笔录应当当庭宣读，也可以告知当事人和其他诉讼参与人当庭或者在五日内阅读。当事人和其他诉讼参与人认为对自己的陈述记录有遗漏或者差错的，有权申请补正。如果不予补正，应当将申请记录在案。

法庭笔录由当事人和其他诉讼参与人签名或者盖章。拒绝签名盖章的，记明情况附卷。

第一百五十一条 人民法院对公开审理或者不公开审理的案件，一律公开宣告判决。

当庭宣判的，应当在十日内发送判决书；定期宣判的，宣判后立即发给判决书。

宣告判决时，必须告知当事人上诉权利、上诉期限和上诉的法院。

宣告离婚判决，必须告知当事人在判决发生法律效力前不得另行结婚。

第一百五十二条 人民法院适用普通程序审理的案件，应当在立案之日起六个月内审结。有特殊情况需要延长的，经本院院长批准，可以延长六个月；还需要延长的，报请上级人民法院批准。

第四节 诉讼中止和终结

第一百五十三条 有下列情形之一的，中止诉讼：

（一）一方当事人死亡，需要等待继承人表明是否参加诉讼的；

（二）一方当事人丧失诉讼行为能力，尚未确定法定代理人的；

（三）作为一方当事人的法人或者其他组织终止，尚未确定权利义务承受人的；

（四）一方当事人因不可抗拒的事由，不能参加诉讼的；

（五）本案必须以另一案的审理结果为依据，而另一案尚未审结的；

（六）其他应当中止诉讼的情形。

中止诉讼的原因消除后，恢复诉讼。

第一百五十四条 有下列情形之一的，终结诉讼：

（一）原告死亡，没有继承人，或者继承人放弃诉讼权利的；

（二）被告死亡，没有遗产，也没有应当承担义务的人的；

（三）离婚案件一方当事人死亡的；

（四）追索赡养费、扶养费、抚养费以及解除收养关系案件的一方当事人死亡的。

第五节 判决和裁定

第一百五十五条 判决书应当写明判决结果和作出该判决的理由。判决书内容包括：

（一）案由、诉讼请求、争议的事实和理由；

（二）判决认定的事实和理由、适用的法律和理由；

（三）判决结果和诉讼费用的负担；

（四）上诉期间和上诉的法院。

判决书由审判人员、书记员署名，加盖人民法院印章。

第一百五十六条 人民法院审理案件，其中一部分事实已经清楚，可以就该部分先行判决。

第一百五十七条 裁定适用于下列范围：

（一）不予受理；

（二）对管辖权有异议的；

（三）驳回起诉；

（四）保全和先予执行；

（五）准许或者不准许撤诉；

（六）中止或者终结诉讼；

（七）补正判决书中的笔误；

（八）中止或者终结执行；

（九）撤销或者不予执行仲裁裁决；

（十）不予执行公证机关赋予强制执行效力的债权文书；

（十一）其他需要裁定解决的事项。

对前款第一项至第三项裁定，可以上诉。

裁定书应当写明裁定结果和作出该裁定的理由。裁定书由审判人员、书记员署名，加盖人民法院印章。口头裁定的，记入笔录。

第一百五十八条 最高人民法院的判决、裁定，以及依法不准上诉或者超过上诉期没有上诉的判决、裁定，是发生法律效力的判决、裁定。

第一百五十九条 公众可以查阅发生法律效力的判决书、裁定书，但涉及国家秘密、商业秘密和个人隐私的内容除外。

第十三章　简易程序

第一百六十条 基层人民法院和它派出的法庭审理事实清楚、权利义务关系明确、争议不大的简单的民事案件，适用本章规定。

基层人民法院和它派出的法庭审理前款规定以外的民事案件，当事人双方也可以约定适用简易程序。

第一百六十一条 对简单的民事案件，原告可以口头起诉。

当事人双方可以同时到基层人民法院或者它派出的法庭，请求解决纠纷。基层人民法院或者它派出的法庭可以当即审理，也可以另定日期审理。

第一百六十二条 基层人民法院和它派出的法庭审理简单的民事案件，可以用简便方式传唤当事人和证人、送达诉讼文书、审理案件，但应当保障当事人陈述意见的权利。

第一百六十三条 简单的民事案件由审判员一人独任审理，并不受本法第一百三十九条、第一百四十一条、第一百四十四条规定的限制。

第一百六十四条 人民法院适用简易程序审理案件，应当在立案之日起三个月内审结。有特殊情况需要延长的，经本院院长批准，可以延长一个月。

第一百六十五条 基层人民法院和它派出的法庭审理事实清楚、权利义务关系明确、争议不大的简单金钱给付民事案件，标的额为各省、自治区、直辖市上年度就业人员年平均工资百分之五十以下的，适用小额诉讼的程序审理，实行一审终审。

基层人民法院和它派出的法庭审理前款规定的民事案件，标的额超过各省、自治区、直辖市上年度就业人员年平均工资百分之五十但在二倍以下的，当事人双方也可以约定适用小额诉讼的程序。

第一百六十六条　人民法院审理下列民事案件，不适用小额诉讼的程序：

（一）人身关系、财产确权案件；

（二）涉外案件；

（三）需要评估、鉴定或者对诉前评估、鉴定结果有异议的案件；

（四）一方当事人下落不明的案件；

（五）当事人提出反诉的案件；

（六）其他不宜适用小额诉讼的程序审理的案件。

第一百六十七条　人民法院适用小额诉讼的程序审理案件，可以一次开庭审结并且当庭宣判。

第一百六十八条　人民法院适用小额诉讼的程序审理案件，应当在立案之日起两个月内审结。有特殊情况需要延长的，经本院院长批准，可以延长一个月。

第一百六十九条　人民法院在审理过程中，发现案件不宜适用小额诉讼的程序的，应当适用简易程序的其他规定审理或者裁定转为普通程序。

当事人认为案件适用小额诉讼的程序审理违反法律规定的，可以向人民法院提出异议。人民法院对当事人提出的异议应当审查，异议成立的，应当适用简易程序的其他规定审理或者裁定转为普通程序；异议不成立的，裁定驳回。

第一百七十条　人民法院在审理过程中，发现案件不宜适用简易程序的，裁定转为普通程序。

第十四章　第二审程序

第一百七十一条　当事人不服地方人民法院第一审判决的，有权在判决书送达之日起十五日内向上一级人民法院提起上诉。

当事人不服地方人民法院第一审裁定的，有权在裁定书送达之日起十日内向上一级人民法院提起上诉。

第一百七十二条　上诉应当递交上诉状。上诉状的内容，应当包括当事人的姓名，法人的名称及其法定代表人的姓名或者其他组织的名称及其主要负责人的姓名；原审人民法院名称、案件的编号和案由；上诉的请求和理由。

第一百七十三条　上诉状应当通过原审人民法院提出，并按照对方当事人或者代表人的人数提出副本。

当事人直接向第二审人民法院上诉的，第二审人民法院应当在五日内将上诉状移交原审人民法院。

第一百七十四条　原审人民法院收到上诉状，应当在五日内将上诉状副本送达对方当事人，对方当事人在收到之日起十五日内提出答辩状。人民法院应当在收到答辩状之日起五日内将副本送达上诉人。对方当事人不提出答辩状的，不影响人民法院审理。

原审人民法院收到上诉状、答辩状，应当在五日内连同全部案卷和证据，报送第二审人民法院。

第一百七十五条 第二审人民法院应当对上诉请求的有关事实和适用法律进行审查。

第一百七十六条 第二审人民法院对上诉案件应当开庭审理。经过阅卷、调查和询问当事人，对没有提出新的事实、证据或者理由，人民法院认为不需要开庭审理的，可以不开庭审理。

第二审人民法院审理上诉案件，可以在本院进行，也可以到案件发生地或者原审人民法院所在地进行。

第一百七十七条 第二审人民法院对上诉案件，经过审理，按照下列情形，分别处理：

（一）原判决、裁定认定事实清楚，适用法律正确的，以判决、裁定方式驳回上诉，维持原判决、裁定；

（二）原判决、裁定认定事实错误或者适用法律错误的，以判决、裁定方式依法改判、撤销或者变更；

（三）原判决认定基本事实不清的，裁定撤销原判决，发回原审人民法院重审，或者查清事实后改判；

（四）原判决遗漏当事人或者违法缺席判决等严重违反法定程序的，裁定撤销原判决，发回原审人民法院重审。

原审人民法院对发回重审的案件作出判决后，当事人提起上诉的，第二审人民法院不得再次发回重审。

第一百七十八条 第二审人民法院对不服第一审人民法院裁定的上诉案件的处理，一律使用裁定。

第一百七十九条 第二审人民法院审理上诉案件，可以进行调解。调解达成协议，应当制作调解书，由审判人员、书记员署名，加盖人民法院印章。调解书送达后，原审人民法院的判决即视为撤销。

第一百八十条 第二审人民法院判决宣告前，上诉人申请撤回上诉的，是否准许，由第二审人民法院裁定。

第一百八十一条 第二审人民法院审理上诉案件，除依照本章规定外，适用第一审普通程序。

第一百八十二条 第二审人民法院的判决、裁定，是终审的判决、裁定。

第一百八十三条 人民法院审理对判决的上诉案件，应当在第二审立案之日起三个月内审结。有特殊情况需要延长的，由本院院长批准。

人民法院审理对裁定的上诉案件，应当在第二审立案之日起三十日内作出终审裁定。

第十五章 特别程序

第一节 一般规定

第一百八十四条 人民法院审理选民资格案件、宣告失踪或者宣告死亡案件、认定公民无民事行为能力或者限制民事行为能力案件、认定财产无主案件、确认调解协议案件和实现担保物权案件，适用本章规定。本章没有规定的，适用本法和其他法律的有关规定。

第一百八十五条　依照本章程序审理的案件，实行一审终审。选民资格案件或者重大、疑难的案件，由审判员组成合议庭审理；其他案件由审判员一人独任审理。

第一百八十六条　人民法院在依照本章程序审理案件的过程中，发现本案属于民事权益争议的，应当裁定终结特别程序，并告知利害关系人可以另行起诉。

第一百八十七条　人民法院适用特别程序审理的案件，应当在立案之日起三十日内或者公告期满后三十日内审结。有特殊情况需要延长的，由本院院长批准。但审理选民资格的案件除外。

第二节　选民资格案件

第一百八十八条　公民不服选举委员会对选民资格的申诉所作的处理决定，可以在选举日的五日以前向选区所在地基层人民法院起诉。

第一百八十九条　人民法院受理选民资格案件后，必须在选举日前审结。

审理时，起诉人、选举委员会的代表和有关公民必须参加。

人民法院的判决书，应当在选举日前送达选举委员会和起诉人，并通知有关公民。

第三节　宣告失踪、宣告死亡案件

第一百九十条　公民下落不明满二年，利害关系人申请宣告其失踪的，向下落不明人住所地基层人民法院提出。

申请书应当写明失踪的事实、时间和请求，并附有公安机关或者其他有关机关关于该公民下落不明的书面证明。

第一百九十一条　公民下落不明满四年，或者因意外事件下落不明满二年，或者因意外事件下落不明，经有关机关证明该公民不可能生存，利害关系人申请宣告其死亡的，向下落不明人住所地基层人民法院提出。

申请书应当写明下落不明的事实、时间和请求，并附有公安机关或者其他有关机关关于该公民下落不明的书面证明。

第一百九十二条　人民法院受理宣告失踪、宣告死亡案件后，应当发出寻找下落不明人的公告。宣告失踪的公告期间为三个月，宣告死亡的公告期间为一年。因意外事件下落不明，经有关机关证明该公民不可能生存的，宣告死亡的公告期间为三个月。

公告期间届满，人民法院应当根据被宣告失踪、宣告死亡的事实是否得到确认，作出宣告失踪、宣告死亡的判决或者驳回申请的判决。

第一百九十三条　被宣告失踪、宣告死亡的公民重新出现，经本人或者利害关系人申请，人民法院应当作出新判决，撤销原判决。

第四节　认定公民无民事行为能力、限制民事行为能力案件

第一百九十四条　申请认定公民无民事行为能力或者限制民事行为能力，由利害关系人或者有关组织向该公民住所地基层人民法院提出。

申请书应当写明该公民无民事行为能力或者限制民事行为能力的事实和根据。

第一百九十五条 人民法院受理申请后，必要时应当对被请求认定为无民事行为能力或者限制民事行为能力的公民进行鉴定。申请人已提供鉴定意见的，应当对鉴定意见进行审查。

第一百九十六条 人民法院审理认定公民无民事行为能力或者限制民事行为能力的案件，应当由该公民的近亲属为代理人，但申请人除外。近亲属互相推诿的，由人民法院指定其中一人为代理人。该公民健康情况许可的，还应当询问本人的意见。

人民法院经审理认定申请有事实根据的，判决该公民为无民事行为能力或者限制民事行为能力人；认定申请没有事实根据的，应当判决予以驳回。

第一百九十七条 人民法院根据被认定为无民事行为能力人、限制民事行为能力人本人、利害关系人或者有关组织的申请，证实该公民无民事行为能力或者限制民事行为能力的原因已经消除的，应当作出新判决，撤销原判决。

第五节 认定财产无主案件

第一百九十八条 申请认定财产无主，由公民、法人或者其他组织向财产所在地基层人民法院提出。

申请书应当写明财产的种类、数量以及要求认定财产无主的根据。

第一百九十九条 人民法院受理申请后，经审查核实，应当发出财产认领公告。公告满一年无人认领的，判决认定财产无主，收归国家或者集体所有。

第二百条 判决认定财产无主后，原财产所有人或者继承人出现，在民法典规定的诉讼时效期间可以对财产提出请求，人民法院审查属实后，应当作出新判决，撤销原判决。

第六节 确认调解协议案件

第二百零一条 经依法设立的调解组织调解达成调解协议，申请司法确认的，由双方当事人自调解协议生效之日起三十日内，共同向下列人民法院提出：

（一）人民法院邀请调解组织开展先行调解的，向作出邀请的人民法院提出；

（二）调解组织自行开展调解的，向当事人住所地、标的物所在地、调解组织所在地的基层人民法院提出；调解协议所涉纠纷应当由中级人民法院管辖的，向相应的中级人民法院提出。

第二百零二条 人民法院受理申请后，经审查，符合法律规定的，裁定调解协议有效，一方当事人拒绝履行或者未全部履行的，对方当事人可以向人民法院申请执行；不符合法律规定的，裁定驳回申请，当事人可以通过调解方式变更原调解协议或者达成新的调解协议，也可以向人民法院提起诉讼。

第七节 实现担保物权案件

第二百零三条 申请实现担保物权，由担保物权人以及其他有权请求实现担保物权的人依照民法典等法律，向担保财产所在地或者担保物权登记地基层人民法院提出。

第二百零四条 人民法院受理申请后，经审查，符合法律规定的，裁定拍卖、变卖担保财产，当事人依据该裁定可以向人民法院申请执行；不符合法律规定的，裁定驳回申请，当事人可以向人民法院提起诉讼。

第十六章　审判监督程序

第二百零五条　各级人民法院院长对本院已经发生法律效力的判决、裁定、调解书，发现确有错误，认为需要再审的，应当提交审判委员会讨论决定。

最高人民法院对地方各级人民法院已经发生法律效力的判决、裁定、调解书，上级人民法院对下级人民法院已经发生法律效力的判决、裁定、调解书，发现确有错误的，有权提审或者指令下级人民法院再审。

第二百零六条　当事人对已经发生法律效力的判决、裁定，认为有错误的，可以向上一级人民法院申请再审；当事人一方人数众多或者当事人双方为公民的案件，也可以向原审人民法院申请再审。当事人申请再审的，不停止判决、裁定的执行。

第二百零七条　当事人的申请符合下列情形之一的，人民法院应当再审：

（一）有新的证据，足以推翻原判决、裁定的；

（二）原判决、裁定认定的基本事实缺乏证据证明的；

（三）原判决、裁定认定事实的主要证据是伪造的；

（四）原判决、裁定认定事实的主要证据未经质证的；

（五）对审理案件需要的主要证据，当事人因客观原因不能自行收集，书面申请人民法院调查收集，人民法院未调查收集的；

（六）原判决、裁定适用法律确有错误的；

（七）审判组织的组成不合法或者依法应当回避的审判人员没有回避的；

（八）无诉讼行为能力人未经法定代理人代为诉讼或者应当参加诉讼的当事人，因不能归责于本人或者其诉讼代理人的事由，未参加诉讼的；

（九）违反法律规定，剥夺当事人辩论权利的；

（十）未经传票传唤，缺席判决的；

（十一）原判决、裁定遗漏或者超出诉讼请求的；

（十二）据以作出原判决、裁定的法律文书被撤销或者变更的；

（十三）审判人员审理该案件时有贪污受贿，徇私舞弊，枉法裁判行为的。

第二百零八条　当事人对已经发生法律效力的调解书，提出证据证明调解违反自愿原则或者调解协议的内容违反法律的，可以申请再审。经人民法院审查属实的，应当再审。

第二百零九条　当事人对已经发生法律效力的解除婚姻关系的判决、调解书，不得申请再审。

第二百一十条　当事人申请再审的，应当提交再审申请书等材料。人民法院应当自收到再审申请书之日起五日内将再审申请书副本发送对方当事人。对方当事人应当自收到再审申请书副本之日起十五日内提交书面意见；不提交书面意见的，不影响人民法院审查。人民法院可以要求申请人和对方当事人补充有关材料，询问有关事项。

第二百一十一条　人民法院应当自收到再审申请书之日起三个月内审查，符合本法规定的，裁定再审；不符合本法规定的，裁定驳回申请。有特殊情况需要延长的，由本院院长批准。

因当事人申请裁定再审的案件由中级人民法院以上的人民法院审理，但当事人依照本法第二百零六条的规定选择向基层人民法院申请再审的除外。最高人民法院、高级人民法院裁定再审的案件，由本院再审或者交其他人民法院再审，也可以交原审人民法院再审。

第二百一十二条 当事人申请再审，应当在判决、裁定发生法律效力后六个月内提出；有本法第二百零七条第一项、第三项、第十二项、第十三项规定情形的，自知道或者应当知道之日起六个月内提出。

第二百一十三条 按照审判监督程序决定再审的案件，裁定中止原判决、裁定、调解书的执行，但追索赡养费、扶养费、抚养费、抚恤金、医疗费用、劳动报酬等案件，可以不中止执行。

第二百一十四条 人民法院按照审判监督程序再审的案件，发生法律效力的判决、裁定是由第一审法院作出的，按照第一审程序审理，所作的判决、裁定，当事人可以上诉；发生法律效力的判决、裁定是由第二审法院作出的，按照第二审程序审理，所作的判决、裁定，是发生法律效力的判决、裁定；上级人民法院按照审判监督程序提审的，按照第二审程序审理，所作的判决、裁定是发生法律效力的判决、裁定。

人民法院审理再审案件，应当另行组成合议庭。

第二百一十五条 最高人民检察院对各级人民法院已经发生法律效力的判决、裁定，上级人民检察院对下级人民法院已经发生法律效力的判决、裁定，发现有本法第二百零七条规定情形之一的，或者发现调解书损害国家利益、社会公共利益的，应当提出抗诉。

地方各级人民检察院对同级人民法院已经发生法律效力的判决、裁定，发现有本法第二百零七条规定情形之一的，或者发现调解书损害国家利益、社会公共利益的，可以向同级人民法院提出检察建议，并报上级人民检察院备案；也可以提请上级人民检察院向同级人民法院提出抗诉。

各级人民检察院对审判监督程序以外的其他审判程序中审判人员的违法行为，有权向同级人民法院提出检察建议。

第二百一十六条 有下列情形之一的，当事人可以向人民检察院申请检察建议或者抗诉：

（一）人民法院驳回再审申请的；

（二）人民法院逾期未对再审申请作出裁定的；

（三）再审判决、裁定有明显错误的。

人民检察院对当事人的申请应当在三个月内进行审查，作出提出或者不予提出检察建议或者抗诉的决定。当事人不得再次向人民检察院申请检察建议或者抗诉。

第二百一十七条 人民检察院因履行法律监督职责提出检察建议或者抗诉的需要，可以向当事人或者案外人调查核实有关情况。

第二百一十八条 人民检察院提出抗诉的案件，接受抗诉的人民法院应当自收到抗诉书之日起三十日内作出再审的裁定；有本法第二百零七条第一项至第五项规定情形之一的，可以交下一级人民法院再审，但经该下一级人民法院再审的除外。

第二百一十九条 人民检察院决定对人民法院的判决、裁定、调解书提出抗诉的，应当制作抗诉书。

第二百二十条 人民检察院提出抗诉的案件，人民法院再审时，应当通知人民检察院派员出席法庭。

第十七章　督促程序

第二百二十一条　债权人请求债务人给付金钱、有价证券，符合下列条件的，可以向有管辖权的基层人民法院申请支付令：

（一）债权人与债务人没有其他债务纠纷的；

（二）支付令能够送达债务人的。

申请书应当写明请求给付金钱或者有价证券的数量和所根据的事实、证据。

第二百二十二条　债权人提出申请后，人民法院应当在五日内通知债权人是否受理。

第二百二十三条　人民法院受理申请后，经审查债权人提供的事实、证据，对债权债务关系明确、合法的，应当在受理之日起十五日内向债务人发出支付令；申请不成立的，裁定予以驳回。

债务人应当自收到支付令之日起十五日内清偿债务，或者向人民法院提出书面异议。

债务人在前款规定的期间不提出异议又不履行支付令的，债权人可以向人民法院申请执行。

第二百二十四条　人民法院收到债务人提出的书面异议后，经审查，异议成立的，应当裁定终结督促程序，支付令自行失效。

支付令失效的，转入诉讼程序，但申请支付令的一方当事人不同意提起诉讼的除外。

第十八章　公示催告程序

第二百二十五条　按照规定可以背书转让的票据持有人，因票据被盗、遗失或者灭失，可以向票据支付地的基层人民法院申请公示催告。依照法律规定可以申请公示催告的其他事项，适用本章规定。

申请人应当向人民法院递交申请书，写明票面金额、发票人、持票人、背书人等票据主要内容和申请的理由、事实。

第二百二十六条　人民法院决定受理申请，应当同时通知支付人停止支付，并在三日内发出公告，催促利害关系人申报权利。公示催告的期间，由人民法院根据情况决定，但不得少于六十日。

第二百二十七条　支付人收到人民法院停止支付的通知，应当停止支付，至公示催告程序终结。

公示催告期间，转让票据权利的行为无效。

第二百二十八条　利害关系人应当在公示催告期间向人民法院申报。

人民法院收到利害关系人的申报后，应当裁定终结公示催告程序，并通知申请人和支付人。

申请人或者申报人可以向人民法院起诉。

第二百二十九条　没有人申报的，人民法院应当根据申请人的申请，作出判决，宣告票据无效。判决应当公告，并通知支付人。自判决公告之日起，申请人有权向支付人请求支付。

第二百三十条　利害关系人因正当理由不能在判决前向人民法院申报的，自知道或者应当知道判决公告之日起一年内，可以向作出判决的人民法院起诉。

第三编 执行程序

第十九章 一般规定

第二百三十一条 发生法律效力的民事判决、裁定，以及刑事判决、裁定中的财产部分，由第一审人民法院或者与第一审人民法院同级的被执行的财产所在地人民法院执行。

法律规定由人民法院执行的其他法律文书，由被执行人住所地或者被执行的财产所在地人民法院执行。

第二百三十二条 当事人、利害关系人认为执行行为违反法律规定的，可以向负责执行的人民法院提出书面异议。当事人、利害关系人提出书面异议的，人民法院应当自收到书面异议之日起十五日内审查，理由成立的，裁定撤销或者改正；理由不成立的，裁定驳回。当事人、利害关系人对裁定不服的，可以自裁定送达之日起十日内向上一级人民法院申请复议。

第二百三十三条 人民法院自收到申请执行书之日起超过六个月未执行的，申请执行人可以向上一级人民法院申请执行。上一级人民法院经审查，可以责令原人民法院在一定期限内执行，也可以决定由本院执行或者指令其他人民法院执行。

第二百三十四条 执行过程中，案外人对执行标的提出书面异议的，人民法院应当自收到书面异议之日起十五日内审查，理由成立的，裁定中止对该标的的执行；理由不成立的，裁定驳回。案外人、当事人对裁定不服，认为原判决、裁定错误的，依照审判监督程序办理；与原判决、裁定无关的，可以自裁定送达之日起十五日内向人民法院提起诉讼。

第二百三十五条 执行工作由执行员进行。

采取强制执行措施时，执行员应当出示证件。执行完毕后，应当将执行情况制作笔录，由在场的有关人员签名或者盖章。

人民法院根据需要可以设立执行机构。

第二百三十六条 被执行人或者被执行的财产在外地的，可以委托当地人民法院代为执行。受委托人民法院收到委托函件后，必须在十五日内开始执行，不得拒绝。执行完毕后，应当将执行结果及时函复委托人民法院；在三十日内如果还未执行完毕，也应当将执行情况函告委托人民法院。

受委托人民法院自收到委托函件之日起十五日内不执行的，委托人民法院可以请求受委托人民法院的上级人民法院指令受委托人民法院执行。

第二百三十七条 在执行中，双方当事人自行和解达成协议的，执行员应当将协议内容记入笔录，由双方当事人签名或者盖章。

申请执行人因受欺诈、胁迫与被执行人达成和解协议，或者当事人不履行和解协议的，人民法院可以根据当事人的申请，恢复对原生效法律文书的执行。

第二百三十八条 在执行中，被执行人向人民法院提供担保，并经申请执行人同意的，人民法院可以决定暂缓执行及暂缓执行的期限。被执行人逾期仍不履行的，人民法院有权执行被执行人的担保财产或者担保人的财产。

第二百三十九条　作为被执行人的公民死亡的，以其遗产偿还债务。作为被执行人的法人或者其他组织终止的，由其权利义务承受人履行义务。

第二百四十条　执行完毕后，据以执行的判决、裁定和其他法律文书确有错误，被人民法院撤销的，对已被执行的财产，人民法院应当作出裁定，责令取得财产的人返还；拒不返还的，强制执行。

第二百四十一条　人民法院制作的调解书的执行，适用本编的规定。

第二百四十二条　人民检察院有权对民事执行活动实行法律监督。

第二十章　执行的申请和移送

第二百四十三条　发生法律效力的民事判决、裁定，当事人必须履行。一方拒绝履行的，对方当事人可以向人民法院申请执行，也可以由审判员移送执行员执行。

调解书和其他应当由人民法院执行的法律文书，当事人必须履行。一方拒绝履行的，对方当事人可以向人民法院申请执行。

第二百四十四条　对依法设立的仲裁机构的裁决，一方当事人不履行的，对方当事人可以向有管辖权的人民法院申请执行。受申请的人民法院应当执行。

被申请人提出证据证明仲裁裁决有下列情形之一的，经人民法院组成合议庭审查核实，裁定不予执行：

（一）当事人在合同中没有订有仲裁条款或者事后没有达成书面仲裁协议的；

（二）裁决的事项不属于仲裁协议的范围或者仲裁机构无权仲裁的；

（三）仲裁庭的组成或者仲裁的程序违反法定程序的；

（四）裁决所根据的证据是伪造的；

（五）对方当事人向仲裁机构隐瞒了足以影响公正裁决的证据的；

（六）仲裁员在仲裁该案时有贪污受贿，徇私舞弊，枉法裁决行为的。

人民法院认定执行该裁决违背社会公共利益的，裁定不予执行。

裁定书应当送达双方当事人和仲裁机构。

仲裁裁决被人民法院裁定不予执行的，当事人可以根据双方达成的书面仲裁协议重新申请仲裁，也可以向人民法院起诉。

第二百四十五条　对公证机关依法赋予强制执行效力的债权文书，一方当事人不履行的，对方当事人可以向有管辖权的人民法院申请执行，受申请的人民法院应当执行。

公证债权文书确有错误的，人民法院裁定不予执行，并将裁定书送达双方当事人和公证机关。

第二百四十六条　申请执行的期间为二年。申请执行时效的中止、中断，适用法律有关诉讼时效中止、中断的规定。

前款规定的期间，从法律文书规定履行期间的最后一日起计算；法律文书规定分期履行的，从最后一期履行期限届满之日起计算；法律文书未规定履行期间的，从法律文书生效之日起计算。

第二百四十七条 执行员接到申请执行书或者移交执行书，应当向被执行人发出执行通知，并可以立即采取强制执行措施。

第二十一章 执行措施

第二百四十八条 被执行人未按执行通知履行法律文书确定的义务，应当报告当前以及收到执行通知之日前一年的财产情况。被执行人拒绝报告或者虚假报告的，人民法院可以根据情节轻重对被执行人或者其法定代理人、有关单位的主要负责人或者直接责任人员予以罚款、拘留。

第二百四十九条 被执行人未按执行通知履行法律文书确定的义务，人民法院有权向有关单位查询被执行人的存款、债券、股票、基金份额等财产情况。人民法院有权根据不同情形扣押、冻结、划拨、变价被执行人的财产。人民法院查询、扣押、冻结、划拨、变价的财产不得超出被执行人应当履行义务的范围。

人民法院决定扣押、冻结、划拨、变价财产，应当作出裁定，并发出协助执行通知书，有关单位必须办理。

第二百五十条 被执行人未按执行通知履行法律文书确定的义务，人民法院有权扣留、提取被执行人应当履行义务部分的收入。但应当保留被执行人及其所扶养家属的生活必需费用。

人民法院扣留、提取收入时，应当作出裁定，并发出协助执行通知书，被执行人所在单位、银行、信用合作社和其他有储蓄业务的单位必须办理。

第二百五十一条 被执行人未按执行通知履行法律文书确定的义务，人民法院有权查封、扣押、冻结、拍卖、变卖被执行人应当履行义务部分的财产。但应当保留被执行人及其所扶养家属的生活必需品。

采取前款措施，人民法院应当作出裁定。

第二百五十二条 人民法院查封、扣押财产时，被执行人是公民的，应当通知被执行人或者他的成年家属到场；被执行人是法人或者其他组织的，应当通知其法定代表人或者主要负责人到场。拒不到场的，不影响执行。被执行人是公民的，其工作单位或者财产所在地的基层组织应当派人参加。

对被查封、扣押的财产，执行员必须造具清单，由在场人签名或者盖章后，交被执行人一份。被执行人是公民的，也可以交他的成年家属一份。

第二百五十三条 被查封的财产，执行员可以指定被执行人负责保管。因被执行人的过错造成的损失，由被执行人承担。

第二百五十四条 财产被查封、扣押后，执行员应当责令被执行人在指定期间履行法律文书确定的义务。被执行人逾期不履行的，人民法院应当拍卖被查封、扣押的财产；不适于拍卖或者当事人双方同意不进行拍卖的，人民法院可以委托有关单位变卖或者自行变卖。国家禁止自由买卖的物品，交有关单位按照国家规定的价格收购。

第二百五十五条 被执行人不履行法律文书确定的义务，并隐匿财产的，人民法院有权发出搜查令，对被执行人及其住所或者财产隐匿地进行搜查。

采取前款措施，由院长签发搜查令。

第二百五十六条　法律文书指定交付的财物或者票证，由执行员传唤双方当事人当面交付，或者由执行员转交，并由被交付人签收。

有关单位持有该项财物或者票证的，应当根据人民法院的协助执行通知书转交，并由被交付人签收。

有关公民持有该项财物或者票证的，人民法院通知其交出。拒不交出的，强制执行。

第二百五十七条　强制迁出房屋或者强制退出土地，由院长签发公告，责令被执行人在指定期间履行。被执行人逾期不履行的，由执行员强制执行。

强制执行时，被执行人是公民的，应当通知被执行人或者他的成年家属到场；被执行人是法人或者其他组织的，应当通知其法定代表人或者主要负责人到场。拒不到场的，不影响执行。被执行人是公民的，其工作单位或者房屋、土地所在地的基层组织应当派人参加。执行员应当将强制执行情况记入笔录，由在场人签名或者盖章。

强制迁出房屋被搬出的财物，由人民法院派人运至指定处所，交给被执行人。被执行人是公民的，也可以交给他的成年家属。因拒绝接收而造成的损失，由被执行人承担。

第二百五十八条　在执行中，需要办理有关财产权证照转移手续的，人民法院可以向有关单位发出协助执行通知书，有关单位必须办理。

第二百五十九条　对判决、裁定和其他法律文书指定的行为，被执行人未按执行通知履行的，人民法院可以强制执行或者委托有关单位或者其他人完成，费用由被执行人承担。

第二百六十条　被执行人未按判决、裁定和其他法律文书指定的期间履行给付金钱义务的，应当加倍支付迟延履行期间的债务利息。被执行人未按判决、裁定和其他法律文书指定的期间履行其他义务的，应当支付迟延履行金。

第二百六十一条　人民法院采取本法第二百四十九条、第二百五十条、第二百五十一条规定的执行措施后，被执行人仍不能偿还债务的，应当继续履行义务。债权人发现被执行人有其他财产的，可以随时请求人民法院执行。

第二百六十二条　被执行人不履行法律文书确定的义务的，人民法院可以对其采取或者通知有关单位协助采取限制出境，在征信系统记录、通过媒体公布不履行义务信息以及法律规定的其他措施。

第二十二章　执行中止和终结

第二百六十三条　有下列情形之一的，人民法院应当裁定中止执行：

（一）申请人表示可以延期执行的；

（二）案外人对执行标的提出确有理由的异议的；

（三）作为一方当事人的公民死亡，需要等待继承人继承权利或者承担义务的；

（四）作为一方当事人的法人或者其他组织终止，尚未确定权利义务承受人的；

（五）人民法院认为应当中止执行的其他情形。

中止的情形消失后，恢复执行。

第二百六十四条　有下列情形之一的，人民法院裁定终结执行：

（一）申请人撤销申请的；

（二）据以执行的法律文书被撤销的；

（三）作为被执行人的公民死亡，无遗产可供执行，又无义务承担人的；

（四）追索赡养费、扶养费、抚养费案件的权利人死亡的；

（五）作为被执行人的公民因生活困难无力偿还借款，无收入来源，又丧失劳动能力的；

（六）人民法院认为应当终结执行的其他情形。

第二百六十五条 中止和终结执行的裁定，送达当事人后立即生效。

第四编 涉外民事诉讼程序的特别规定

第二十三章 一般原则

第二百六十六条 在中华人民共和国领域内进行涉外民事诉讼，适用本编规定。本编没有规定的，适用本法其他有关规定。

第二百六十七条 中华人民共和国缔结或者参加的国际条约同本法有不同规定的，适用该国际条约的规定，但中华人民共和国声明保留的条款除外。

第二百六十八条 对享有外交特权与豁免的外国人、外国组织或者国际组织提起的民事诉讼，应当依照中华人民共和国有关法律和中华人民共和国缔结或者参加的国际条约的规定办理。

第二百六十九条 人民法院审理涉外民事案件，应当使用中华人民共和国通用的语言、文字。当事人要求提供翻译的，可以提供，费用由当事人承担。

第二百七十条 外国人、无国籍人、外国企业和组织在人民法院起诉、应诉，需要委托律师代理诉讼的，必须委托中华人民共和国的律师。

第二百七十一条 在中华人民共和国领域内没有住所的外国人、无国籍人、外国企业和组织委托中华人民共和国律师或者其他人代理诉讼，从中华人民共和国领域外寄交或者托交的授权委托书，应当经所在国公证机关证明，并经中华人民共和国驻该国使领馆认证，或者履行中华人民共和国与该所在国订立的有关条约中规定的证明手续后，才具有效力。

第二十四章 管 辖

第二百七十二条 因合同纠纷或者其他财产权益纠纷，对在中华人民共和国领域内没有住所的被告提起的诉讼，如果合同在中华人民共和国领域内签订或者履行，或者诉讼标的物在中华人民共和国领域内，或者被告在中华人民共和国领域内有可供扣押的财产，或者被告在中华人民共和国领域内设有代表机构，可以由合同签订地、合同履行地、诉讼标的物所在地、可供扣押财产所在地、侵权行为地或者代表机构住所地人民法院管辖。

第二百七十三条 因在中华人民共和国履行中外合资经营企业合同、中外合作经营企业合同、中外合作勘探开发自然资源合同发生纠纷提起的诉讼，由中华人民共和国人民法院管辖。

第二十五章　送达、期间

第二百七十四条　人民法院对在中华人民共和国领域内没有住所的当事人送达诉讼文书，可以采用下列方式：

（一）依照受送达人所在国与中华人民共和国缔结或者共同参加的国际条约中规定的方式送达；

（二）通过外交途径送达；

（三）对具有中华人民共和国国籍的受送达人，可以委托中华人民共和国驻受送达人所在国的使领馆代为送达；

（四）向受送达人委托的有权代其接受送达的诉讼代理人送达；

（五）向受送达人在中华人民共和国领域内设立的代表机构或者有权接受送达的分支机构、业务代办人送达；

（六）受送达人所在国的法律允许邮寄送达的，可以邮寄送达，自邮寄之日起满三个月，送达回证没有退回，但根据各种情况足以认定已经送达的，期间届满之日视为送达；

（七）采用传真、电子邮件等能够确认受送达人收悉的方式送达；

（八）不能用上述方式送达的，公告送达，自公告之日起满三个月，即视为送达。

第二百七十五条　被告在中华人民共和国领域内没有住所的，人民法院应当将起诉状副本送达被告，并通知被告在收到起诉状副本后三十日内提出答辩状。被告申请延期的，是否准许，由人民法院决定。

第二百七十六条　在中华人民共和国领域内没有住所的当事人，不服第一审人民法院判决、裁定的，有权在判决书、裁定书送达之日起三十日内提起上诉。被上诉人在收到上诉状副本后，应当在三十日内提出答辩状。当事人不能在法定期间提起上诉或者提出答辩状，申请延期的，是否准许，由人民法院决定。

第二百七十七条　人民法院审理涉外民事案件的期间，不受本法第一百五十二条、第一百八十三条规定的限制。

第二十六章　仲　　裁

第二百七十八条　涉外经济贸易、运输和海事中发生的纠纷，当事人在合同中订有仲裁条款或者事后达成书面仲裁协议，提交中华人民共和国涉外仲裁机构或者其他仲裁机构仲裁的，当事人不得向人民法院起诉。

当事人在合同中没有订有仲裁条款或者事后没有达成书面仲裁协议的，可以向人民法院起诉。

第二百七十九条　当事人申请采取保全的，中华人民共和国的涉外仲裁机构应当将当事人的申请，提交被申请人住所地或者财产所在地的中级人民法院裁定。

第二百八十条　经中华人民共和国涉外仲裁机构裁决的，当事人不得向人民法院起诉。一方当事人不履行仲裁裁决的，对方当事人可以向被申请人住所地或者财产所在地的中级人民法院申请执行。

第二百八十一条 对中华人民共和国涉外仲裁机构作出的裁决，被申请人提出证据证明仲裁裁决有下列情形之一的，经人民法院组成合议庭审查核实，裁定不予执行：

（一）当事人在合同中没有订有仲裁条款或者事后没有达成书面仲裁协议的；

（二）被申请人没有得到指定仲裁员或者进行仲裁程序的通知，或者由于其他不属于被申请人负责的原因未能陈述意见的；

（三）仲裁庭的组成或者仲裁的程序与仲裁规则不符的；

（四）裁决的事项不属于仲裁协议的范围或者仲裁机构无权仲裁的。

人民法院认定执行该裁决违背社会公共利益的，裁定不予执行。

第二百八十二条 仲裁裁决被人民法院裁定不予执行的，当事人可以根据双方达成的书面仲裁协议重新申请仲裁，也可以向人民法院起诉。

第二十七章　司 法 协 助

第二百八十三条 根据中华人民共和国缔结或者参加的国际条约，或者按照互惠原则，人民法院和外国法院可以相互请求，代为送达文书、调查取证以及进行其他诉讼行为。

外国法院请求协助的事项有损于中华人民共和国的主权、安全或者社会公共利益的，人民法院不予执行。

第二百八十四条 请求和提供司法协助，应当依照中华人民共和国缔结或者参加的国际条约所规定的途径进行；没有条约关系的，通过外交途径进行。

外国驻中华人民共和国的使领馆可以向该国公民送达文书和调查取证，但不得违反中华人民共和国的法律，并不得采取强制措施。

除前款规定的情况外，未经中华人民共和国主管机关准许，任何外国机关或者个人不得在中华人民共和国领域内送达文书、调查取证。

第二百八十五条 外国法院请求人民法院提供司法协助的请求书及其所附文件，应当附有中文译本或者国际条约规定的其他文字文本。

人民法院请求外国法院提供司法协助的请求书及其所附文件，应当附有该国文字译本或者国际条约规定的其他文字文本。

第二百八十六条 人民法院提供司法协助，依照中华人民共和国法律规定的程序进行。外国法院请求采用特殊方式的，也可以按照其请求的特殊方式进行，但请求采用的特殊方式不得违反中华人民共和国法律。

第二百八十七条 人民法院作出的发生法律效力的判决、裁定，如果被执行人或者其财产不在中华人民共和国领域内，当事人请求执行的，可以由当事人直接向有管辖权的外国法院申请承认和执行，也可以由人民法院依照中华人民共和国缔结或者参加的国际条约的规定，或者按照互惠原则，请求外国法院承认和执行。

中华人民共和国涉外仲裁机构作出的发生法律效力的仲裁裁决，当事人请求执行的，如果被执行人或者其财产不在中华人民共和国领域内，应当由当事人直接向有管辖权的外国法院申请承认和执行。

第二百八十八条　外国法院作出的发生法律效力的判决、裁定，需要中华人民共和国人民法院承认和执行的，可以由当事人直接向中华人民共和国有管辖权的中级人民法院申请承认和执行，也可以由外国法院依照该国与中华人民共和国缔结或者参加的国际条约的规定，或者按照互惠原则，请求人民法院承认和执行。

第二百八十九条　人民法院对申请或者请求承认和执行的外国法院作出的发生法律效力的判决、裁定，依照中华人民共和国缔结或者参加的国际条约，或者按照互惠原则进行审查后，认为不违反中华人民共和国法律的基本原则或者国家主权、安全、社会公共利益的，裁定承认其效力，需要执行的，发出执行令，依照本法的有关规定执行。违反中华人民共和国法律的基本原则或者国家主权、安全、社会公共利益的，不予承认和执行。

第二百九十条　国外仲裁机构的裁决，需要中华人民共和国人民法院承认和执行的，应当由当事人直接向被执行人住所地或者其财产所在地的中级人民法院申请，人民法院应当依照中华人民共和国缔结或者参加的国际条约，或者按照互惠原则办理。

第二百九十一条　本法自公布之日起施行，《中华人民共和国民事诉讼法（试行）》同时废止。

二、司法解释

最高人民法院关于适用《中华人民共和国民事诉讼法》的解释

（2014年12月18日最高人民法院审判委员会第1636次会议通过　根据2020年12月23日最高人民法院审判委员会第1823次会议通过的《最高人民法院关于修改〈最高人民法院关于人民法院民事调解工作若干问题的规定〉等十九件民事诉讼类司法解释的决定》第一次修正　根据2022年3月22日最高人民法院审判委员会第1866次会议通过的《最高人民法院关于修改〈最高人民法院关于适用《中华人民共和国民事诉讼法》的解释〉的决定》第二次修正　2022年4月1日最高人民法院公告公布　自2022年4月10日起施行　法释〔2022〕11号）

2012年8月31日，第十一届全国人民代表大会常务委员会第二十八次会议审议通过了《关于修改〈中华人民共和国民事诉讼法〉的决定》。根据修改后的民事诉讼法，结合人民法院民事审判和执行工作实际，制定本解释。

一、管　　辖

第一条　民事诉讼法第十九条第一项规定的重大涉外案件，包括争议标的额大的案件、案情复杂的案件，或者一方当事人人数众多等具有重大影响的案件。

第二条　专利纠纷案件由知识产权法院、最高人民法院确定的中级人民法院和基层人民法院管辖。

海事、海商案件由海事法院管辖。

第三条　公民的住所地是指公民的户籍所在地，法人或者其他组织的住所地是指法人或者其他组织的主要办事机构所在地。

法人或者其他组织的主要办事机构所在地不能确定的，法人或者其他组织的注册地或者登记地为住所地。

第四条　公民的经常居住地是指公民离开住所地至起诉时已连续居住一年以上的地方，但公民住院就医的地方除外。

第五条　对没有办事机构的个人合伙、合伙型联营体提起的诉讼，由被告注册登记地人民法院管辖。没有注册登记，几个被告又不在同一辖区的，被告住所地的人民法院都有管辖权。

第六条　被告被注销户籍的，依照民事诉讼法第二十三条规定确定管辖；原告、被告均被注销户籍的，由被告居住地人民法院管辖。

第七条 当事人的户籍迁出后尚未落户，有经常居住地的，由该地人民法院管辖；没有经常居住地的，由其原户籍所在地人民法院管辖。

第八条 双方当事人都被监禁或者被采取强制性教育措施的，由被告原住所地人民法院管辖。被告被监禁或者被采取强制性教育措施一年以上的，由被告被监禁地或者被采取强制性教育措施地人民法院管辖。

第九条 追索赡养费、扶养费、抚养费案件的几个被告住所地不在同一辖区的，可以由原告住所地人民法院管辖。

第十条 不服指定监护或者变更监护关系的案件，可以由被监护人住所地人民法院管辖。

第十一条 双方当事人均为军人或者军队单位的民事案件由军事法院管辖。

第十二条 夫妻一方离开住所地超过一年，另一方起诉离婚的案件，可以由原告住所地人民法院管辖。

夫妻双方离开住所地超过一年，一方起诉离婚的案件，由被告经常居住地人民法院管辖；没有经常居住地的，由原告起诉时被告居住地人民法院管辖。

第十三条 在国内结婚并定居国外的华侨，如定居国法院以离婚诉讼须由婚姻缔结地法院管辖为由不予受理，当事人向人民法院提出离婚诉讼的，由婚姻缔结地或者一方在国内的最后居住地人民法院管辖。

第十四条 在国外结婚并定居国外的华侨，如定居国法院以离婚诉讼须由国籍所属国法院管辖为由不予受理，当事人向人民法院提出离婚诉讼的，由一方原住所地或者在国内的最后居住地人民法院管辖。

第十五条 中国公民一方居住在国外，一方居住在国内，不论哪一方向人民法院提起离婚诉讼，国内一方住所地人民法院都有权管辖。国外一方在居住国法院起诉，国内一方向人民法院起诉的，受诉人民法院有权管辖。

第十六条 中国公民双方在国外但未定居，一方向人民法院起诉离婚的，应由原告或者被告原住所地人民法院管辖。

第十七条 已经离婚的中国公民，双方均定居国外，仅就国内财产分割提起诉讼的，由主要财产所在地人民法院管辖。

第十八条 合同约定履行地点的，以约定的履行地点为合同履行地。

合同对履行地点没有约定或者约定不明确，争议标的为给付货币的，接收货币一方所在地为合同履行地；交付不动产的，不动产所在地为合同履行地；其他标的，履行义务一方所在地为合同履行地。即时结清的合同，交易行为地为合同履行地。

合同没有实际履行，当事人双方住所地都不在合同约定的履行地的，由被告住所地人民法院管辖。

第十九条 财产租赁合同、融资租赁合同以租赁物使用地为合同履行地。合同对履行地有约定的，从其约定。

第二十条 以信息网络方式订立的买卖合同，通过信息网络交付标的的，以买受人住所地为合同履行地；通过其他方式交付标的的，收货地为合同履行地。合同对履行地有约定的，从其约定。

第二十一条 因财产保险合同纠纷提起的诉讼，如果保险标的物是运输工具或者运输中的货物，可以由运输工具登记注册地、运输目的地、保险事故发生地人民法院管辖。

因人身保险合同纠纷提起的诉讼，可以由被保险人住所地人民法院管辖。

第二十二条 因股东名册记载、请求变更公司登记、股东知情权、公司决议、公司合并、公司分立、公司减资、公司增资等纠纷提起的诉讼，依照民事诉讼法第二十七条规定确定管辖。

第二十三条 债权人申请支付令，适用民事诉讼法第二十二条规定，由债务人住所地基层人民法院管辖。

第二十四条 民事诉讼法第二十九条规定的侵权行为地，包括侵权行为实施地、侵权结果发生地。

第二十五条 信息网络侵权行为实施地包括实施被诉侵权行为的计算机等信息设备所在地，侵权结果发生地包括被侵权人住所地。

第二十六条 因产品、服务质量不合格造成他人财产、人身损害提起的诉讼，产品制造地、产品销售地、服务提供地、侵权行为地和被告住所地人民法院都有管辖权。

第二十七条 当事人申请诉前保全后没有在法定期间起诉或者申请仲裁，给被申请人、利害关系人造成损失引起的诉讼，由采取保全措施的人民法院管辖。

当事人申请诉前保全后在法定期间内起诉或者申请仲裁，被申请人、利害关系人因保全受到损失提起的诉讼，由受理起诉的人民法院或者采取保全措施的人民法院管辖。

第二十八条 民事诉讼法第三十四条第一项规定的不动产纠纷是指因不动产的权利确认、分割、相邻关系等引起的物权纠纷。

农村土地承包经营合同纠纷、房屋租赁合同纠纷、建设工程施工合同纠纷、政策性房屋买卖合同纠纷，按照不动产纠纷确定管辖。

不动产已登记的，以不动产登记簿记载的所在地为不动产所在地；不动产未登记的，以不动产实际所在地为不动产所在地。

第二十九条 民事诉讼法第三十五条规定的书面协议，包括书面合同中的协议管辖条款或者诉讼前以书面形式达成的选择管辖的协议。

第三十条 根据管辖协议，起诉时能够确定管辖法院的，从其约定；不能确定的，依照民事诉讼法的相关规定确定管辖。

管辖协议约定两个以上与争议有实际联系的地点的人民法院管辖，原告可以向其中一个人民法院起诉。

第三十一条 经营者使用格式条款与消费者订立管辖协议，未采取合理方式提请消费者注意，消费者主张管辖协议无效的，人民法院应予支持。

第三十二条 管辖协议约定由一方当事人住所地人民法院管辖，协议签订后当事人住所地变更的，由签订管辖协议时的住所地人民法院管辖，但当事人另有约定的除外。

第三十三条 合同转让的，合同的管辖协议对合同受让人有效，但转让时受让人不知道有管辖协议，或者转让协议另有约定且原合同相对人同意的除外。

第三十四条 当事人因同居或者在解除婚姻、收养关系后发生财产争议，约定管辖的，可以适用民事诉讼法第三十五条规定确定管辖。

第三十五条 当事人在答辩期间届满后未应诉答辩，人民法院在一审开庭前，发现案件不属于本院管辖的，应当裁定移送有管辖权的人民法院。

第三十六条 两个以上人民法院都有管辖权的诉讼，先立案的人民法院不得将案件移送给另一个有管辖权的人民法院。人民法院在立案前发现其他有管辖权的人民法院已先立案的，不得重复立案；立案后发现其他有管辖权的人民法院已先立案的，裁定将案件移送给先立案的人民法院。

第三十七条 案件受理后，受诉人民法院的管辖权不受当事人住所地、经常居住地变更的影响。

第三十八条 有管辖权的人民法院受理案件后，不得以行政区域变更为由，将案件移送给变更后有管辖权的人民法院。判决后的上诉案件和依审判监督程序提审的案件，由原审人民法院的上级人民法院进行审判；上级人民法院指令再审、发回重审的案件，由原审人民法院再审或者重审。

第三十九条 人民法院对管辖异议审查后确定有管辖权的，不因当事人提起反诉、增加或者变更诉讼请求等改变管辖，但违反级别管辖、专属管辖规定的除外。

人民法院发回重审或者按第一审程序再审的案件，当事人提出管辖异议的，人民法院不予审查。

第四十条 依照民事诉讼法第三十八条第二款规定，发生管辖权争议的两个人民法院因协商不成报请它们的共同上级人民法院指定管辖时，双方为同属一个地、市辖区的基层人民法院的，由该地、市的中级人民法院及时指定管辖；同属一个省、自治区、直辖市的两个人民法院的，由该省、自治区、直辖市的高级人民法院及时指定管辖；双方为跨省、自治区、直辖市的人民法院，高级人民法院协商不成的，由最高人民法院及时指定管辖。

依照前款规定报请上级人民法院指定管辖时，应当逐级进行。

第四十一条 人民法院依照民事诉讼法第三十八条第二款规定指定管辖的，应当作出裁定。

对报请上级人民法院指定管辖的案件，下级人民法院应当中止审理。指定管辖裁定作出前，下级人民法院对案件作出判决、裁定的，上级人民法院应当在裁定指定管辖的同时，一并撤销下级人民法院的判决、裁定。

第四十二条 下列第一审民事案件，人民法院依照民事诉讼法第三十九条第一款规定，可以在开庭前交下级人民法院审理：

（一）破产程序中有关债务人的诉讼案件；

（二）当事人人数众多且不方便诉讼的案件；

（三）最高人民法院确定的其他类型案件。

人民法院交下级人民法院审理前，应当报请其上级人民法院批准。上级人民法院批准后，人民法院应当裁定将案件交下级人民法院审理。

二、回　　避

第四十三条 审判人员有下列情形之一的，应当自行回避，当事人有权申请其回避：

（一）是本案当事人或者当事人近亲属的；

（二）本人或者其近亲属与本案有利害关系的；
（三）担任过本案的证人、鉴定人、辩护人、诉讼代理人、翻译人员的；
（四）是本案诉讼代理人近亲属的；
（五）本人或者其近亲属持有本案非上市公司当事人的股份或者股权的；
（六）与本案当事人或者诉讼代理人有其他利害关系，可能影响公正审理的。

第四十四条 审判人员有下列情形之一的，当事人有权申请其回避：
（一）接受本案当事人及其受托人宴请，或者参加由其支付费用的活动的；
（二）索取、接受本案当事人及其受托人财物或者其他利益的；
（三）违反规定会见本案当事人、诉讼代理人的；
（四）为本案当事人推荐、介绍诉讼代理人，或者为律师、其他人员介绍代理本案的；
（五）向本案当事人及其受托人借用款物的；
（六）有其他不正当行为，可能影响公正审理的。

第四十五条 在一个审判程序中参与过本案审判工作的审判人员，不得再参与该案其他程序的审判。

发回重审的案件，在一审法院作出裁判后又进入第二审程序的，原第二审程序中审判人员不受前款规定的限制。

第四十六条 审判人员有应当回避的情形，没有自行回避，当事人也没有申请其回避的，由院长或者审判委员会决定其回避。

第四十七条 人民法院应当依法告知当事人对合议庭组成人员、独任审判员和书记员等人员有申请回避的权利。

第四十八条 民事诉讼法第四十七条所称的审判人员，包括参与本案审理的人民法院院长、副院长、审判委员会委员、庭长、副庭长、审判员和人民陪审员。

第四十九条 书记员和执行员适用审判人员回避的有关规定。

三、诉讼参加人

第五十条 法人的法定代表人以依法登记的为准，但法律另有规定的除外。依法不需要办理登记的法人，以其正职负责人为法定代表人；没有正职负责人的，以其主持工作的副职负责人为法定代表人。

法定代表人已经变更，但未完成登记，变更后的法定代表人要求代表法人参加诉讼的，人民法院可以准许。

其他组织，以其主要负责人为代表人。

第五十一条 在诉讼中，法人的法定代表人变更的，由新的法定代表人继续进行诉讼，并应向人民法院提交新的法定代表人身份证明书。原法定代表人进行的诉讼行为有效。

前款规定，适用于其他组织参加的诉讼。

第五十二条 民事诉讼法第五十一条规定的其他组织是指合法成立、有一定的组织机构和财产，但又不具备法人资格的组织，包括：

（一）依法登记领取营业执照的个人独资企业；

（二）依法登记领取营业执照的合伙企业；

（三）依法登记领取我国营业执照的中外合作经营企业、外资企业；

（四）依法成立的社会团体的分支机构、代表机构；

（五）依法设立并领取营业执照的法人的分支机构；

（六）依法设立并领取营业执照的商业银行、政策性银行和非银行金融机构的分支机构；

（七）经依法登记领取营业执照的乡镇企业、街道企业；

（八）其他符合本条规定条件的组织。

第五十三条 法人非依法设立的分支机构，或者虽依法设立，但没有领取营业执照的分支机构，以设立该分支机构的法人为当事人。

第五十四条 以挂靠形式从事民事活动，当事人请求由挂靠人和被挂靠人依法承担民事责任的，该挂靠人和被挂靠人为共同诉讼人。

第五十五条 在诉讼中，一方当事人死亡，需要等待继承人表明是否参加诉讼的，裁定中止诉讼。人民法院应当及时通知继承人作为当事人承担诉讼，被继承人已经进行的诉讼行为对承担诉讼的继承人有效。

第五十六条 法人或者其他组织的工作人员执行工作任务造成他人损害的，该法人或者其他组织为当事人。

第五十七条 提供劳务一方因劳务造成他人损害，受害人提起诉讼的，以接受劳务一方为被告。

第五十八条 在劳务派遣期间，被派遣的工作人员因执行工作任务造成他人损害的，以接受劳务派遣的用工单位为当事人。当事人主张劳务派遣单位承担责任的，该劳务派遣单位为共同被告。

第五十九条 在诉讼中，个体工商户以营业执照上登记的经营者为当事人。有字号的，以营业执照上登记的字号为当事人，但应同时注明该字号经营者的基本信息。

营业执照上登记的经营者与实际经营者不一致的，以登记的经营者和实际经营者为共同诉讼人。

第六十条 在诉讼中，未依法登记领取营业执照的个人合伙的全体合伙人为共同诉讼人。个人合伙有依法核准登记的字号的，应在法律文书中注明登记的字号。全体合伙人可以推选代表人；被推选的代表人，应由全体合伙人出具推选书。

第六十一条 当事人之间的纠纷经人民调解委员会或者其他依法设立的调解组织调解达成协议后，一方当事人不履行调解协议，另一方当事人向人民法院提起诉讼的，应以对方当事人为被告。

第六十二条 下列情形，以行为人为当事人：

（一）法人或者其他组织应登记而未登记，行为人即以该法人或者其他组织名义进行民事活动的；

（二）行为人没有代理权、超越代理权或者代理权终止后以被代理人名义进行民事活动的，但相对人有理由相信行为人有代理权的除外；

（三）法人或者其他组织依法终止后，行为人仍以其名义进行民事活动的。

第六十三条 企业法人合并的，因合并前的民事活动发生的纠纷，以合并后的企业为当事人；企业法人分立的，因分立前的民事活动发生的纠纷，以分立后的企业为共同诉讼人。

第六十四条 企业法人解散的，依法清算并注销前，以该企业法人为当事人；未依法清算即被注销的，以该企业法人的股东、发起人或者出资人为当事人。

第六十五条 借用业务介绍信、合同专用章、盖章的空白合同书或者银行账户的，出借单位和借用人为共同诉讼人。

第六十六条 因保证合同纠纷提起的诉讼，债权人向保证人和被保证人一并主张权利的，人民法院应当将保证人和被保证人列为共同被告。保证合同约定为一般保证，债权人仅起诉保证人的，人民法院应当通知被保证人作为共同被告参加诉讼；债权人仅起诉被保证人的，可以只列被保证人为被告。

第六十七条 无民事行为能力人、限制民事行为能力人造成他人损害的，无民事行为能力人、限制民事行为能力人和其监护人为共同被告。

第六十八条 居民委员会、村民委员会或者村民小组与他人发生民事纠纷的，居民委员会、村民委员会或者有独立财产的村民小组为当事人。

第六十九条 对侵害死者遗体、遗骨以及姓名、肖像、名誉、荣誉、隐私等行为提起诉讼的，死者的近亲属为当事人。

第七十条 在继承遗产的诉讼中，部分继承人起诉的，人民法院应通知其他继承人作为共同原告参加诉讼；被通知的继承人不愿意参加诉讼又未明确表示放弃实体权利的，人民法院仍应将其列为共同原告。

第七十一条 原告起诉被代理人和代理人，要求承担连带责任的，被代理人和代理人为共同被告。

原告起诉代理人和相对人，要求承担连带责任的，代理人和相对人为共同被告。

第七十二条 共有财产权受到他人侵害，部分共有权人起诉的，其他共有权人为共同诉讼人。

第七十三条 必须共同进行诉讼的当事人没有参加诉讼的，人民法院应当依照民事诉讼法第一百三十五条的规定，通知其参加；当事人也可以向人民法院申请追加。人民法院对当事人提出的申请，应当进行审查，申请理由不成立的，裁定驳回；申请理由成立的，书面通知被追加的当事人参加诉讼。

第七十四条 人民法院追加共同诉讼的当事人时，应当通知其他当事人。应当追加的原告，已明确表示放弃实体权利的，可不予追加；既不愿意参加诉讼，又不放弃实体权利的，仍应追加为共同原告，其不参加诉讼，不影响人民法院对案件的审理和依法作出判决。

第七十五条 民事诉讼法第五十六条、第五十七条和第二百零六条规定的人数众多，一般指十人以上。

第七十六条 依照民事诉讼法第五十六条规定，当事人一方人数众多在起诉时确定的，可以由全体当事人推选共同的代表人，也可以由部分当事人推选自己的代表人；推选不出代表人的当事人，在必要的共同诉讼中可以自己参加诉讼，在普通的共同诉讼中可以另行起诉。

第七十七条　根据民事诉讼法第五十七条规定，当事人一方人数众多在起诉时不确定的，由当事人推选代表人。当事人推选不出的，可以由人民法院提出人选与当事人协商；协商不成的，也可以由人民法院在起诉的当事人中指定代表人。

第七十八条　民事诉讼法第五十六条和第五十七条规定的代表人为二至五人，每位代表人可以委托一至二人作为诉讼代理人。

第七十九条　依照民事诉讼法第五十七条规定受理的案件，人民法院可以发出公告，通知权利人向人民法院登记。公告期间根据案件的具体情况确定，但不得少于三十日。

第八十条　根据民事诉讼法第五十七条规定向人民法院登记的权利人，应当证明其与对方当事人的法律关系和所受到的损害。证明不了的，不予登记，权利人可以另行起诉。人民法院的裁判在登记的范围内执行。未参加登记的权利人提起诉讼，人民法院认定其请求成立的，裁定适用人民法院已作出的判决、裁定。

第八十一条　根据民事诉讼法第五十九条的规定，有独立请求权的第三人有权向人民法院提出诉讼请求和事实、理由，成为当事人；无独立请求权的第三人，可以申请或者由人民法院通知参加诉讼。

第一审程序中未参加诉讼的第三人，申请参加第二审程序的，人民法院可以准许。

第八十二条　在一审诉讼中，无独立请求权的第三人无权提出管辖异议，无权放弃、变更诉讼请求或者申请撤诉，被判决承担民事责任的，有权提起上诉。

第八十三条　在诉讼中，无民事行为能力人、限制民事行为能力人的监护人是他的法定代理人。事先没有确定监护人的，可以由有监护资格的人协商确定；协商不成的，由人民法院在他们之中指定诉讼中的法定代理人。当事人没有民法典第二十七条、第二十八条规定的监护人的，可以指定民法典第三十二条规定的有关组织担任诉讼中的法定代理人。

第八十四条　无民事行为能力人、限制民事行为能力人以及其他依法不能作为诉讼代理人的，当事人不得委托其作为诉讼代理人。

第八十五条　根据民事诉讼法第六十一条第二款第二项规定，与当事人有夫妻、直系血亲、三代以内旁系血亲、近姻亲关系以及其他有抚养、赡养关系的亲属，可以当事人近亲属的名义作为诉讼代理人。

第八十六条　根据民事诉讼法第六十一条第二款第二项规定，与当事人有合法劳动人事关系的职工，可以当事人工作人员的名义作为诉讼代理人。

第八十七条　根据民事诉讼法第六十一条第二款第三项规定，有关社会团体推荐公民担任诉讼代理人的，应当符合下列条件：

（一）社会团体属于依法登记设立或者依法免予登记设立的非营利性法人组织；

（二）被代理人属于该社会团体的成员，或者当事人一方住所地位于该社会团体的活动地域；

（三）代理事务属于该社会团体章程载明的业务范围；

（四）被推荐的公民是该社会团体的负责人或者与该社会团体有合法劳动人事关系的工作人员。

专利代理人经中华全国专利代理人协会推荐，可以在专利纠纷案件中担任诉讼代理人。

第八十八条　诉讼代理人除根据民事诉讼法第六十二条规定提交授权委托书外，还应当按照下列规定向人民法院提交相关材料：

（一）律师应当提交律师执业证、律师事务所证明材料；

（二）基层法律服务工作者应当提交法律服务工作者执业证、基层法律服务所出具的介绍信以及当事人一方位于本辖区内的证明材料；

（三）当事人的近亲属应当提交身份证件和与委托人有近亲属关系的证明材料；

（四）当事人的工作人员应当提交身份证件和与当事人有合法劳动人事关系的证明材料；

（五）当事人所在社区、单位推荐的公民应当提交身份证件、推荐材料和当事人属于该社区、单位的证明材料；

（六）有关社会团体推荐的公民应当提交身份证件和符合本解释第八十七条规定条件的证明材料。

第八十九条 当事人向人民法院提交的授权委托书，应当在开庭审理前送交人民法院。授权委托书仅写“全权代理”而无具体授权的，诉讼代理人无权代为承认、放弃、变更诉讼请求，进行和解，提出反诉或者提起上诉。

适用简易程序审理的案件，双方当事人同时到庭并径行开庭审理的，可以当场口头委托诉讼代理人，由人民法院记入笔录。

四、证　　据

第九十条 当事人对自己提出的诉讼请求所依据的事实或者反驳对方诉讼请求所依据的事实，应当提供证据加以证明，但法律另有规定的除外。

在作出判决前，当事人未能提供证据或者证据不足以证明其事实主张的，由负有举证证明责任的当事人承担不利的后果。

第九十一条 人民法院应当依照下列原则确定举证证明责任的承担，但法律另有规定的除外：

（一）主张法律关系存在的当事人，应当对产生该法律关系的基本事实承担举证证明责任；

（二）主张法律关系变更、消灭或者权利受到妨害的当事人，应当对该法律关系变更、消灭或者权利受到妨害的基本事实承担举证证明责任。

第九十二条 一方当事人在法庭审理中，或者在起诉状、答辩状、代理词等书面材料中，对于己不利的事实明确表示承认的，另一方当事人无需举证证明。

对于涉及身份关系、国家利益、社会公共利益等应当由人民法院依职权调查的事实，不适用前款自认的规定。

自认的事实与查明的事实不符的，人民法院不予确认。

第九十三条 下列事实，当事人无须举证证明：

（一）自然规律以及定理、定律；

（二）众所周知的事实；

（三）根据法律规定推定的事实；

（四）根据已知的事实和日常生活经验法则推定出的另一事实；

（五）已为人民法院发生法律效力的裁判所确认的事实；

（六）已为仲裁机构生效裁决所确认的事实；

（七）已为有效公证文书所证明的事实。

前款第二项至第四项规定的事实，当事人有相反证据足以反驳的除外；第五项至第七项规定的事实，当事人有相反证据足以推翻的除外。

第九十四条 民事诉讼法第六十七条第二款规定的当事人及其诉讼代理人因客观原因不能自行收集的证据包括：

（一）证据由国家有关部门保存，当事人及其诉讼代理人无权查阅调取的；

（二）涉及国家秘密、商业秘密或者个人隐私的；

（三）当事人及其诉讼代理人因客观原因不能自行收集的其他证据。

当事人及其诉讼代理人因客观原因不能自行收集的证据，可以在举证期限届满前书面申请人民法院调查收集。

第九十五条 当事人申请调查收集的证据，与待证事实无关联、对证明待证事实无意义或者其他无调查收集必要的，人民法院不予准许。

第九十六条 民事诉讼法第六十七条第二款规定的人民法院认为审理案件需要的证据包括：

（一）涉及可能损害国家利益、社会公共利益的；

（二）涉及身份关系的；

（三）涉及民事诉讼法第五十八条规定诉讼的；

（四）当事人有恶意串通损害他人合法权益可能的；

（五）涉及依职权追加当事人、中止诉讼、终结诉讼、回避等程序性事项的。

除前款规定外，人民法院调查收集证据，应当依照当事人的申请进行。

第九十七条 人民法院调查收集证据，应当由两人以上共同进行。调查材料要由调查人、被调查人、记录人签名、捺印或者盖章。

第九十八条 当事人根据民事诉讼法第八十四条第一款规定申请证据保全的，可以在举证期限届满前书面提出。

证据保全可能对他人造成损失的，人民法院应当责令申请人提供相应的担保。

第九十九条 人民法院应当在审理前的准备阶段确定当事人的举证期限。举证期限可以由当事人协商，并经人民法院准许。

人民法院确定举证期限，第一审普通程序案件不得少于十五日，当事人提供新的证据的第二审案件不得少于十日。

举证期限届满后，当事人对已经提供的证据，申请提供反驳证据或者对证据来源、形式等方面的瑕疵进行补正的，人民法院可以酌情再次确定举证期限，该期限不受前款规定的限制。

第一百条 当事人申请延长举证期限的，应当在举证期限届满前向人民法院提出书面申请。

申请理由成立的，人民法院应当准许，适当延长举证期限，并通知其他当事人。延长的举证期限适用于其他当事人。

申请理由不成立的，人民法院不予准许，并通知申请人。

第一百零一条 当事人逾期提供证据的，人民法院应当责令其说明理由，必要时可以要求其提供相应的证据。

当事人因客观原因逾期提供证据，或者对方当事人对逾期提供证据未提出异议的，视为未逾期。

第一百零二条 当事人因故意或者重大过失逾期提供的证据，人民法院不予采纳。但该证据与案件基本事实有关的，人民法院应当采纳，并依照民事诉讼法第六十八条、第一百一十八条第一款的规定予以训诫、罚款。

当事人非因故意或者重大过失逾期提供的证据，人民法院应当采纳，并对当事人予以训诫。

当事人一方要求另一方赔偿因逾期提供证据致使其增加的交通、住宿、就餐、误工、证人出庭作证等必要费用的，人民法院可予支持。

第一百零三条 证据应当在法庭上出示，由当事人互相质证。未经当事人质证的证据，不得作为认定案件事实的根据。

当事人在审理前的准备阶段认可的证据，经审判人员在庭审中说明后，视为质证过的证据。

涉及国家秘密、商业秘密、个人隐私或者法律规定应当保密的证据，不得公开质证。

第一百零四条 人民法院应当组织当事人围绕证据的真实性、合法性以及与待证事实的关联性进行质证，并针对证据有无证明力和证明力大小进行说明和辩论。

能够反映案件真实情况、与待证事实相关联、来源和形式符合法律规定的证据，应当作为认定案件事实的根据。

第一百零五条 人民法院应当按照法定程序，全面、客观地审核证据，依照法律规定，运用逻辑推理和日常生活经验法则，对证据有无证明力和证明力大小进行判断，并公开判断的理由和结果。

第一百零六条 对以严重侵害他人合法权益、违反法律禁止性规定或者严重违背公序良俗的方法形成或者获取的证据，不得作为认定案件事实的根据。

第一百零七条 在诉讼中，当事人为达成调解协议或者和解协议作出妥协而认可的事实，不得在后续的诉讼中作为对其不利的根据，但法律另有规定或者当事人均同意的除外。

第一百零八条 对负有举证证明责任的当事人提供的证据，人民法院经审查并结合相关事实，确信待证事实的存在具有高度可能性的，应当认定该事实存在。

对一方当事人为反驳负有举证证明责任的当事人所主张事实而提供的证据，人民法院经审查并结合相关事实，认为待证事实真伪不明的，应当认定该事实不存在。

法律对于待证事实所应达到的证明标准另有规定的，从其规定。

第一百零九条 当事人对欺诈、胁迫、恶意串通事实的证明，以及对口头遗嘱或者赠与事实的证明，人民法院确信该待证事实存在的可能性能够排除合理怀疑的，应当认定该事实存在。

第一百一十条 人民法院认为有必要的，可以要求当事人本人到庭，就案件有关事实接受询问。在询问当事人之前，可以要求其签署保证书。

保证书应当载明据实陈述、如有虚假陈述愿意接受处罚等内容。当事人应当在保证书上签名或者捺印。

负有举证证明责任的当事人拒绝到庭、拒绝接受询问或者拒绝签署保证书，待证事实又欠缺其他证据证明的，人民法院对其主张的事实不予认定。

第一百一十一条　民事诉讼法第七十三条规定的提交书证原件确有困难，包括下列情形：

（一）书证原件遗失、灭失或者毁损的；

（二）原件在对方当事人控制之下，经合法通知提交而拒不提交的；

（三）原件在他人控制之下，而其有权不提交的；

（四）原件因篇幅或者体积过大而不便提交的；

（五）承担举证证明责任的当事人通过申请人民法院调查收集或者其他方式无法获得书证原件的。

前款规定情形，人民法院应当结合其他证据和案件具体情况，审查判断书证复制品等能否作为认定案件事实的根据。

第一百一十二条　书证在对方当事人控制之下的，承担举证证明责任的当事人可以在举证期限届满前书面申请人民法院责令对方当事人提交。

申请理由成立的，人民法院应当责令对方当事人提交，因提交书证所产生的费用，由申请人负担。对方当事人无正当理由拒不提交的，人民法院可以认定申请人所主张的书证内容为真实。

第一百一十三条　持有书证的当事人以妨碍对方当事人使用为目的，毁灭有关书证或者实施其他致使书证不能使用行为的，人民法院可以依照民事诉讼法第一百一十四条规定，对其处以罚款、拘留。

第一百一十四条　国家机关或者其他依法具有社会管理职能的组织，在其职权范围内制作的文书所记载的事项推定为真实，但有相反证据足以推翻的除外。必要时，人民法院可以要求制作文书的机关或者组织对文书的真实性予以说明。

第一百一十五条　单位向人民法院提出的证明材料，应当由单位负责人及制作证明材料的人员签名或者盖章，并加盖单位印章。人民法院就单位出具的证明材料，可以向单位及制作证明材料的人员进行调查核实。必要时，可以要求制作证明材料的人员出庭作证。

单位及制作证明材料的人员拒绝人民法院调查核实，或者制作证明材料的人员无正当理由拒绝出庭作证的，该证明材料不得作为认定案件事实的根据。

第一百一十六条　视听资料包括录音资料和影像资料。

电子数据是指通过电子邮件、电子数据交换、网上聊天记录、博客、微博客、手机短信、电子签名、域名等形成或者存储在电子介质中的信息。

存储在电子介质中的录音资料和影像资料，适用电子数据的规定。

第一百一十七条　当事人申请证人出庭作证的，应当在举证期限届满前提出。

符合本解释第九十六条第一款规定情形的，人民法院可以依职权通知证人出庭作证。

未经人民法院通知，证人不得出庭作证，但双方当事人同意并经人民法院准许的除外。

第一百一十八条　民事诉讼法第七十七条规定的证人因履行出庭作证义务而支出的交通、住宿、就餐等必要费用，按照机关事业单位工作人员差旅费用和补贴标准计算；误工损失按照国家上年度职工日平均工资标准计算。

人民法院准许证人出庭作证申请的，应当通知申请人预缴证人出庭作证费用。

第一百一十九条　人民法院在证人出庭作证前应当告知其如实作证的义务以及作伪证的法律后果，并责令其签署保证书，但无民事行为能力人和限制民事行为能力人除外。

证人签署保证书适用本解释关于当事人签署保证书的规定。

第一百二十条 证人拒绝签署保证书的，不得作证，并自行承担相关费用。

第一百二十一条 当事人申请鉴定，可以在举证期限届满前提出。申请鉴定的事项与待证事实无关联，或者对证明待证事实无意义的，人民法院不予准许。

人民法院准许当事人鉴定申请的，应当组织双方当事人协商确定具备相应资格的鉴定人。当事人协商不成的，由人民法院指定。

符合依职权调查收集证据条件的，人民法院应当依职权委托鉴定，在询问当事人的意见后，指定具备相应资格的鉴定人。

第一百二十二条 当事人可以依照民事诉讼法第八十二条的规定，在举证期限届满前申请一至二名具有专门知识的人出庭，代表当事人对鉴定意见进行质证，或者对案件事实所涉及的专业问题提出意见。

具有专门知识的人在法庭上就专业问题提出的意见，视为当事人的陈述。

人民法院准许当事人申请的，相关费用由提出申请的当事人负担。

第一百二十三条 人民法院可以对出庭的具有专门知识的人进行询问。经法庭准许，当事人可以对出庭的具有专门知识的人进行询问，当事人各自申请的具有专门知识的人可以就案件中的有关问题进行对质。

具有专门知识的人不得参与专业问题之外的法庭审理活动。

第一百二十四条 人民法院认为有必要的，可以根据当事人的申请或者依职权对物证或者现场进行勘验。勘验时应当保护他人的隐私和尊严。

人民法院可以要求鉴定人参与勘验。必要时，可以要求鉴定人在勘验中进行鉴定。

五、期间和送达

第一百二十五条 依照民事诉讼法第八十五条第二款规定，民事诉讼中以时起算的期间从次时起算；以日、月、年计算的期间从次日起算。

第一百二十六条 民事诉讼法第一百二十六条规定的立案期限，因起诉状内容欠缺通知原告补正的，从补正后交人民法院的次日起算。由上级人民法院转交下级人民法院立案的案件，从受诉人民法院收到起诉状的次日起算。

第一百二十七条 民事诉讼法第五十九条第三款、第二百一十二条以及本解释第三百七十二条、第三百八十二条、第三百九十九条、第四百二十条、第四百二十一条规定的六个月，民事诉讼法第二百三十条规定的一年，为不变期间，不适用诉讼时效中止、中断、延长的规定。

第一百二十八条 再审案件按照第一审程序或者第二审程序审理的，适用民事诉讼法第一百五十二条、第一百八十三条规定的审限。审限自再审立案的次日起算。

第一百二十九条 对申请再审案件，人民法院应当自受理之日起三个月内审查完毕，但公告期间、当事人和解期间等不计入审查期限。有特殊情况需要延长的，由本院院长批准。

第一百三十条 向法人或者其他组织送达诉讼文书，应当由法人的法定代表人、该组织的主要负责人或者办公室、收发室、值班室等负责收件的人签收或者盖章，拒绝签收或者盖章的，适用留置送达。

民事诉讼法第八十九条规定的有关基层组织和所在单位的代表，可以是受送达人住所地的居民委员会、村民委员会的工作人员以及受送达人所在单位的工作人员。

第一百三十一条 人民法院直接送达诉讼文书的，可以通知当事人到人民法院领取。当事人到达人民法院，拒绝签署送达回证的，视为送达。审判人员、书记员应当在送达回证上注明送达情况并签名。

人民法院可以在当事人住所地以外向当事人直接送达诉讼文书。当事人拒绝签署送达回证的，采用拍照、录像等方式记录送达过程即视为送达。审判人员、书记员应当在送达回证上注明送达情况并签名。

第一百三十二条 受送达人有诉讼代理人的，人民法院既可以向受送达人送达，也可以向其诉讼代理人送达。受送达人指定诉讼代理人为代收人的，向诉讼代理人送达时，适用留置送达。

第一百三十三条 调解书应当直接送达当事人本人，不适用留置送达。当事人本人因故不能签收的，可由其指定的代收人签收。

第一百三十四条 依照民事诉讼法第九十一条规定，委托其他人民法院代为送达的，委托法院应当出具委托函，并附需要送达的诉讼文书和送达回证，以受送达人在送达回证上签收的日期为送达日期。

委托送达的，受委托人民法院应当自收到委托函及相关诉讼文书之日起十日内代为送达。

第一百三十五条 电子送达可以采用传真、电子邮件、移动通信等即时收悉的特定系统作为送达媒介。

民事诉讼法第九十条第二款规定的到达受送达人特定系统的日期，为人民法院对应系统显示发送成功的日期，但受送达人证明到达其特定系统的日期与人民法院对应系统显示发送成功的日期不一致的，以受送达人证明到达其特定系统的日期为准。

第一百三十六条 受送达人同意采用电子方式送达的，应当在送达地址确认书中予以确认。

第一百三十七条 当事人在提起上诉、申请再审、申请执行时未书面变更送达地址的，其在第一审程序中确认的送达地址可以作为第二审程序、审判监督程序、执行程序的送达地址。

第一百三十八条 公告送达可以在法院的公告栏和受送达人住所地张贴公告，也可以在报纸、信息网络等媒体上刊登公告，发出公告日期以最后张贴或者刊登的日期为准。对公告送达方式有特殊要求的，应当按要求的方式进行。公告期满，即视为送达。

人民法院在受送达人住所地张贴公告的，应当采取拍照、录像等方式记录张贴过程。

第一百三十九条 公告送达应当说明公告送达的原因；公告送达起诉状或者上诉状副本的，应当说明起诉或者上诉要点，受送达人答辩期限及逾期不答辩的法律后果；公告送达传票，应当说明出庭的时间和地点及逾期不出庭的法律后果；公告送达判决书、裁定书的，应当说明裁判主要内容，当事人有权上诉的，还应当说明上诉权利、上诉期限和上诉的人民法院。

第一百四十条 适用简易程序的案件，不适用公告送达。

第一百四十一条 人民法院在定期宣判时，当事人拒不签收判决书、裁定书的，应视为送达，并在宣判笔录中记明。

六、调　　解

第一百四十二条　人民法院受理案件后，经审查，认为法律关系明确、事实清楚，在征得当事人双方同意后，可以径行调解。

第一百四十三条　适用特别程序、督促程序、公示催告程序的案件，婚姻等身份关系确认案件以及其他根据案件性质不能进行调解的案件，不得调解。

第一百四十四条　人民法院审理民事案件，发现当事人之间恶意串通，企图通过和解、调解方式侵害他人合法权益的，应当依照民事诉讼法第一百一十五条的规定处理。

第一百四十五条　人民法院审理民事案件，应当根据自愿、合法的原则进行调解。当事人一方或者双方坚持不愿调解的，应当及时裁判。

人民法院审理离婚案件，应当进行调解，但不应久调不决。

第一百四十六条　人民法院审理民事案件，调解过程不公开，但当事人同意公开的除外。

调解协议内容不公开，但为保护国家利益、社会公共利益、他人合法权益，人民法院认为确有必要公开的除外。

主持调解以及参与调解的人员，对调解过程以及调解过程中获悉的国家秘密、商业秘密、个人隐私和其他不宜公开的信息，应当保守秘密，但为保护国家利益、社会公共利益、他人合法权益的除外。

第一百四十七条　人民法院调解案件时，当事人不能出庭的，经其特别授权，可由其委托代理人参加调解，达成的调解协议，可由委托代理人签名。

离婚案件当事人确因特殊情况无法出庭参加调解的，除本人不能表达意志的以外，应当出具书面意见。

第一百四十八条　当事人自行和解或者调解达成协议后，请求人民法院按照和解协议或者调解协议的内容制作判决书的，人民法院不予准许。

无民事行为能力人的离婚案件，由其法定代理人进行诉讼。法定代理人与对方达成协议要求发给判决书的，可根据协议内容制作判决书。

第一百四十九条　调解书需经当事人签收后才发生法律效力的，应当以最后收到调解书的当事人签收的日期为调解书生效日期。

第一百五十条　人民法院调解民事案件，需由无独立请求权的第三人承担责任的，应当经其同意。该第三人在调解书送达前反悔的，人民法院应当及时裁判。

第一百五十一条　根据民事诉讼法第一百零一条第一款第四项规定，当事人各方同意在调解协议上签名或者盖章后即发生法律效力的，经人民法院审查确认后，应当记入笔录或者将调解协议附卷，并由当事人、审判人员、书记员签名或者盖章后即具有法律效力。

前款规定情形，当事人请求制作调解书的，人民法院审查确认后可以制作调解书送交当事人。当事人拒收调解书的，不影响调解协议的效力。

七、保全和先予执行

第一百五十二条　人民法院依照民事诉讼法第一百零三条、第一百零四条规定，在采取诉前保全、诉讼保全措施时，责令利害关系人或者当事人提供担保的，应当书面通知。

利害关系人申请诉前保全的，应当提供担保。申请诉前财产保全的，应当提供相当于请求保全数额的担保；情况特殊的，人民法院可以酌情处理。申请诉前行为保全的，担保的数额由人民法院根据案件的具体情况决定。

在诉讼中，人民法院依申请或者依职权采取保全措施的，应当根据案件的具体情况，决定当事人是否应当提供担保以及担保的数额。

第一百五十三条　人民法院对季节性商品、鲜活、易腐烂变质以及其他不宜长期保存的物品采取保全措施时，可以责令当事人及时处理，由人民法院保存价款；必要时，人民法院可予以变卖，保存价款。

第一百五十四条　人民法院在财产保全中采取查封、扣押、冻结财产措施时，应当妥善保管被查封、扣押、冻结的财产。不宜由人民法院保管的，人民法院可以指定被保全人负责保管；不宜由被保全人保管的，可以委托他人或者申请保全人保管。

查封、扣押、冻结担保物权人占有的担保财产，一般由担保物权人保管；由人民法院保管的，质权、留置权不因采取保全措施而消灭。

第一百五十五条　由人民法院指定被保全人保管的财产，如果继续使用对该财产的价值无重大影响，可以允许被保全人继续使用；由人民法院保管或者委托他人、申请保全人保管的财产，人民法院和其他保管人不得使用。

第一百五十六条　人民法院采取财产保全的方法和措施，依照执行程序相关规定办理。

第一百五十七条　人民法院对抵押物、质押物、留置物可以采取财产保全措施，但不影响抵押权人、质权人、留置权人的优先受偿权。

第一百五十八条　人民法院对债务人到期应得的收益，可以采取财产保全措施，限制其支取，通知有关单位协助执行。

第一百五十九条　债务人的财产不能满足保全请求，但对他人有到期债权的，人民法院可以依债权人的申请裁定该他人不得对本案债务人清偿。该他人要求偿付的，由人民法院提存财物或者价款。

第一百六十条　当事人向采取诉前保全措施以外的其他有管辖权的人民法院起诉的，采取诉前保全措施的人民法院应当将保全手续移送受理案件的人民法院。诉前保全的裁定视为受移送人民法院作出的裁定。

第一百六十一条　对当事人不服一审判决提起上诉的案件，在第二审人民法院接到报送的案件之前，当事人有转移、隐匿、出卖或者毁损财产等行为，必须采取保全措施的，由第一审人民法院依当事人申请或者依职权采取。第一审人民法院的保全裁定，应当及时报送第二审人民法院。

第一百六十二条　第二审人民法院裁定对第一审人民法院采取的保全措施予以续保或者采取新的保全措施的，可以自行实施，也可以委托第一审人民法院实施。

再审人民法院裁定对原保全措施予以续保或者采取新的保全措施的，可以自行实施，也可以委托原审人民法院或者执行法院实施。

第一百六十三条 法律文书生效后，进入执行程序前，债权人因对方当事人转移财产等紧急情况，不申请保全将可能导致生效法律文书不能执行或者难以执行的，可以向执行法院申请采取保全措施。债权人在法律文书指定的履行期间届满后五日内不申请执行的，人民法院应当解除保全。

第一百六十四条 对申请保全人或者他人提供的担保财产，人民法院应当依法办理查封、扣押、冻结等手续。

第一百六十五条 人民法院裁定采取保全措施后，除作出保全裁定的人民法院自行解除或者其上级人民法院决定解除外，在保全期限内，任何单位不得解除保全措施。

第一百六十六条 裁定采取保全措施后，有下列情形之一的，人民法院应当作出解除保全裁定：

（一）保全错误的；

（二）申请人撤回保全申请的；

（三）申请人的起诉或者诉讼请求被生效裁判驳回的；

（四）人民法院认为应当解除保全的其他情形。

解除以登记方式实施的保全措施的，应当向登记机关发出协助执行通知书。

第一百六十七条 财产保全的被保全人提供其他等值担保财产且有利于执行的，人民法院可以裁定变更保全标的物为被保全人提供的担保财产。

第一百六十八条 保全裁定未经人民法院依法撤销或者解除，进入执行程序后，自动转为执行中的查封、扣押、冻结措施，期限连续计算，执行法院无需重新制作裁定书，但查封、扣押、冻结期限届满的除外。

第一百六十九条 民事诉讼法规定的先予执行，人民法院应当在受理案件后终审判决作出前采取。先予执行应当限于当事人诉讼请求的范围，并以当事人的生活、生产经营的急需为限。

第一百七十条 民事诉讼法第一百零九条第三项规定的情况紧急，包括：

（一）需要立即停止侵害、排除妨碍的；

（二）需要立即制止某项行为的；

（三）追索恢复生产、经营急需的保险理赔费的；

（四）需要立即返还社会保险金、社会救助资金的；

（五）不立即返还款项，将严重影响权利人生活和生产经营的。

第一百七十一条 当事人对保全或者先予执行裁定不服的，可以自收到裁定书之日起五日内向作出裁定的人民法院申请复议。人民法院应当在收到复议申请后十日内审查。裁定正确的，驳回当事人的申请；裁定不当的，变更或者撤销原裁定。

第一百七十二条 利害关系人对保全或者先予执行的裁定不服申请复议的，由作出裁定的人民法院依照民事诉讼法第一百一十一条规定处理。

第一百七十三条 人民法院先予执行后，根据发生法律效力的判决，申请人应当返还因先予执行所取得的利益的，适用民事诉讼法第二百四十条的规定。

八、对妨害民事诉讼的强制措施

第一百七十四条 民事诉讼法第一百一十二条规定的必须到庭的被告，是指负有赡养、抚育、扶养义务和不到庭就无法查清案情的被告。

人民法院对必须到庭才能查清案件基本事实的原告，经两次传票传唤，无正当理由拒不到庭的，可以拘传。

第一百七十五条 拘传必须用拘传票，并直接送达被拘传人；在拘传前，应当向被拘传人说明拒不到庭的后果，经批评教育仍拒不到庭的，可以拘传其到庭。

第一百七十六条 诉讼参与人或者其他人有下列行为之一的，人民法院可以适用民事诉讼法第一百一十三条规定处理：

（一）未经准许进行录音、录像、摄影的；

（二）未经准许以移动通信等方式现场传播审判活动的；

（三）其他扰乱法庭秩序，妨害审判活动进行的。

有前款规定情形的，人民法院可以暂扣诉讼参与人或者其他人进行录音、录像、摄影、传播审判活动的器材，并责令其删除有关内容；拒不删除的，人民法院可以采取必要手段强制删除。

第一百七十七条 训诫、责令退出法庭由合议庭或者独任审判员决定。训诫的内容、被责令退出法庭者的违法事实应当记入庭审笔录。

第一百七十八条 人民法院依照民事诉讼法第一百一十三条至第一百一十七条的规定采取拘留措施的，应经院长批准，作出拘留决定书，由司法警察将被拘留人送交当地公安机关看管。

第一百七十九条 被拘留人不在本辖区的，作出拘留决定的人民法院应当派员到被拘留人所在地的人民法院，请该院协助执行，受委托的人民法院应当及时派员协助执行。被拘留人申请复议或者在拘留期间承认并改正错误，需要提前解除拘留的，受委托人民法院应当向委托人民法院转达或者提出建议，由委托人民法院审查决定。

第一百八十条 人民法院对被拘留人采取拘留措施后，应当在二十四小时内通知其家属；确实无法按时通知或者通知不到的，应当记录在案。

第一百八十一条 因哄闹、冲击法庭，用暴力、威胁等方法抗拒执行公务等紧急情况，必须立即采取拘留措施的，可在拘留后，立即报告院长补办批准手续。院长认为拘留不当的，应当解除拘留。

第一百八十二条 被拘留人在拘留期间认错悔改的，可以责令其具结悔过，提前解除拘留。提前解除拘留，应报经院长批准，并作出提前解除拘留决定书，交负责看管的公安机关执行。

第一百八十三条 民事诉讼法第一百一十三条至第一百一十六条规定的罚款、拘留可以单独适用，也可以合并适用。

第一百八十四条 对同一妨害民事诉讼行为的罚款、拘留不得连续适用。发生新的妨害民事诉讼行为的，人民法院可以重新予以罚款、拘留。

第一百八十五条 被罚款、拘留的人不服罚款、拘留决定申请复议的，应当自收到决定书之日起三日内提出。上级人民法院应当在收到复议申请后五日内作出决定，并将复议结果通知下级人民法院和当事人。

第一百八十六条 上级人民法院复议时认为强制措施不当的，应当制作决定书，撤销或者变更下级人民法院作出的拘留、罚款决定。情况紧急的，可以在口头通知后三日内发出决定书。

第一百八十七条 民事诉讼法第一百一十四条第一款第五项规定的以暴力、威胁或者其他方法阻碍司法工作人员执行职务的行为，包括：

（一）在人民法院哄闹、滞留，不听从司法工作人员劝阻的；

（二）故意毁损、抢夺人民法院法律文书、查封标志的；

（三）哄闹、冲击执行公务现场，围困、扣押执行或者协助执行公务人员的；

（四）毁损、抢夺、扣留案件材料、执行公务车辆、其他执行公务器械、执行公务人员服装和执行公务证件的；

（五）以暴力、威胁或者其他方法阻碍司法工作人员查询、查封、扣押、冻结、划拨、拍卖、变卖财产的；

（六）以暴力、威胁或者其他方法阻碍司法工作人员执行职务的其他行为。

第一百八十八条 民事诉讼法第一百一十四条第一款第六项规定的拒不履行人民法院已经发生法律效力的判决、裁定的行为，包括：

（一）在法律文书发生法律效力后隐藏、转移、变卖、毁损财产或者无偿转让财产、以明显不合理的价格交易财产、放弃到期债权、无偿为他人提供担保等，致使人民法院无法执行的；

（二）隐藏、转移、毁损或者未经人民法院允许处分已向人民法院提供担保的财产的；

（三）违反人民法院限制高消费令进行消费的；

（四）有履行能力而拒不按照人民法院执行通知履行生效法律文书确定的义务的；

（五）有义务协助执行的个人接到人民法院协助执行通知书后，拒不协助执行的。

第一百八十九条 诉讼参与人或者其他人有下列行为之一的，人民法院可以适用民事诉讼法第一百一十四条的规定处理：

（一）冒充他人提起诉讼或者参加诉讼的；

（二）证人签署保证书后作虚假证言，妨碍人民法院审理案件的；

（三）伪造、隐藏、毁灭或者拒绝交出有关被执行人履行能力的重要证据，妨碍人民法院查明被执行人财产状况的；

（四）擅自解冻已被人民法院冻结的财产的；

（五）接到人民法院协助执行通知书后，给当事人通风报信，协助其转移、隐匿财产的。

第一百九十条 民事诉讼法第一百一十五条规定的他人合法权益，包括案外人的合法权益、国家利益、社会公共利益。

第三人根据民事诉讼法第五十九条第三款规定提起撤销之诉，经审查，原案当事人之间恶意串通进行虚假诉讼的，适用民事诉讼法第一百一十五条规定处理。

第一百九十一条 单位有民事诉讼法第一百一十五条或者第一百一十六条规定行为的，人民法院应当对该单位进行罚款，并可以对其主要负责人或者直接责任人员予以罚款、拘留；构成犯罪的，依法追究刑事责任。

第一百九十二条 有关单位接到人民法院协助执行通知书后，有下列行为之一的，人民法院可以适用民事诉讼法第一百一十七条规定处理：

（一）允许被执行人高消费的；

（二）允许被执行人出境的；

（三）拒不停止办理有关财产权证照转移手续、权属变更登记、规划审批等手续的；

（四）以需要内部请示、内部审批，有内部规定等为由拖延办理的。

第一百九十三条　人民法院对个人或者单位采取罚款措施时，应当根据其实施妨害民事诉讼行为的性质、情节、后果，当地的经济发展水平，以及诉讼标的额等因素，在民事诉讼法第一百一十八条第一款规定的限额内确定相应的罚款金额。

九、诉讼费用

第一百九十四条　依照民事诉讼法第五十七条审理的案件不预交案件受理费，结案后按照诉讼标的额由败诉方交纳。

第一百九十五条　支付令失效后转入诉讼程序的，债权人应当按照《诉讼费用交纳办法》补交案件受理费。

支付令被撤销后，债权人另行起诉的，按照《诉讼费用交纳办法》交纳诉讼费用。

第一百九十六条　人民法院改变原判决、裁定、调解结果的，应当在裁判文书中对原审诉讼费用的负担一并作出处理。

第一百九十七条　诉讼标的物是证券的，按照证券交易规则并根据当事人起诉之日前最后一个交易日的收盘价、当日的市场价或者其载明的金额计算诉讼标的金额。

第一百九十八条　诉讼标的物是房屋、土地、林木、车辆、船舶、文物等特定物或者知识产权，起诉时价值难以确定的，人民法院应当向原告释明主张过高或者过低的诉讼风险，以原告主张的价值确定诉讼标的金额。

第一百九十九条　适用简易程序审理的案件转为普通程序的，原告自接到人民法院交纳诉讼费用通知之日起七日内补交案件受理费。

原告无正当理由未按期足额补交的，按撤诉处理，已经收取的诉讼费用退还一半。

第二百条　破产程序中有关债务人的民事诉讼案件，按照财产案件标准交纳诉讼费，但劳动争议案件除外。

第二百零一条　既有财产性诉讼请求，又有非财产性诉讼请求的，按照财产性诉讼请求的标准交纳诉讼费。

有多个财产性诉讼请求的，合并计算交纳诉讼费；诉讼请求中有多个非财产性诉讼请求的，按一件交纳诉讼费。

第二百零二条　原告、被告、第三人分别上诉的，按照上诉请求分别预交二审案件受理费。

同一方多人共同上诉的，只预交一份二审案件受理费；分别上诉的，按照上诉请求分别预交二审案件受理费。

第二百零三条　承担连带责任的当事人败诉的，应当共同负担诉讼费用。

第二百零四条　实现担保物权案件，人民法院裁定拍卖、变卖担保财产的，申请费由债务人、担保人负担；人民法院裁定驳回申请的，申请费由申请人负担。

申请人另行起诉的，其已经交纳的申请费可以从案件受理费中扣除。

第二百零五条 拍卖、变卖担保财产的裁定作出后，人民法院强制执行的，按照执行金额收取执行申请费。

第二百零六条 人民法院决定减半收取案件受理费的，只能减半一次。

第二百零七条 判决生效后，胜诉方预交但不应负担的诉讼费用，人民法院应当退还，由败诉方向人民法院交纳，但胜诉方自愿承担或者同意败诉方直接向其支付的除外。

当事人拒不交纳诉讼费用的，人民法院可以强制执行。

十、第一审普通程序

第二百零八条 人民法院接到当事人提交的民事起诉状时，对符合民事诉讼法第一百二十二条的规定，且不属于第一百二十七条规定情形的，应当登记立案；对当场不能判定是否符合起诉条件的，应当接收起诉材料，并出具注明收到日期的书面凭证。

需要补充必要相关材料的，人民法院应当及时告知当事人。在补齐相关材料后，应当在七日内决定是否立案。

立案后发现不符合起诉条件或者属于民事诉讼法第一百二十七条规定情形的，裁定驳回起诉。

第二百零九条 原告提供被告的姓名或者名称、住所等信息具体明确，足以使被告与他人相区别的，可以认定为有明确的被告。

起诉状列写被告信息不足以认定明确的被告的，人民法院可以告知原告补正。原告补正后仍不能确定明确的被告的，人民法院裁定不予受理。

第二百一十条 原告在起诉状中有谩骂和人身攻击之辞的，人民法院应当告知其修改后提起诉讼。

第二百一十一条 对本院没有管辖权的案件，告知原告向有管辖权的人民法院起诉；原告坚持起诉的，裁定不予受理；立案后发现本院没有管辖权的，应当将案件移送有管辖权的人民法院。

第二百一十二条 裁定不予受理、驳回起诉的案件，原告再次起诉，符合起诉条件且不属于民事诉讼法第一百二十七条规定情形的，人民法院应予受理。

第二百一十三条 原告应当预交而未预交案件受理费，人民法院应当通知其预交，通知后仍不预交或者申请减、缓、免未获批准而仍不预交的，裁定按撤诉处理。

第二百一十四条 原告撤诉或者人民法院按撤诉处理后，原告以同一诉讼请求再次起诉的，人民法院应予受理。

原告撤诉或者按撤诉处理的离婚案件，没有新情况、新理由，六个月内又起诉的，比照民事诉讼法第一百二十七条第七项的规定不予受理。

第二百一十五条 依照民事诉讼法第一百二十七条第二项的规定，当事人在书面合同中订有仲裁条款，或者在发生纠纷后达成书面仲裁协议，一方向人民法院起诉的，人民法院应当告知原告向仲裁机构申请仲裁，其坚持起诉的，裁定不予受理，但仲裁条款或者仲裁协议不成立、无效、失效、内容不明确无法执行的除外。

第二百一十六条　在人民法院首次开庭前，被告以有书面仲裁协议为由对受理民事案件提出异议的，人民法院应当进行审查。

经审查符合下列情形之一的，人民法院应当裁定驳回起诉：

（一）仲裁机构或者人民法院已经确认仲裁协议有效的；

（二）当事人没有在仲裁庭首次开庭前对仲裁协议的效力提出异议的；

（三）仲裁协议符合仲裁法第十六条规定且不具有仲裁法第十七条规定情形的。

第二百一十七条　夫妻一方下落不明，另一方诉至人民法院，只要求离婚，不申请宣告下落不明人失踪或者死亡的案件，人民法院应当受理，对下落不明人公告送达诉讼文书。

第二百一十八条　赡养费、扶养费、抚养费案件，裁判发生法律效力后，因新情况、新理由，一方当事人再行起诉要求增加或者减少费用的，人民法院应作为新案受理。

第二百一十九条　当事人超过诉讼时效期间起诉的，人民法院应予受理。受理后对方当事人提出诉讼时效抗辩，人民法院经审理认为抗辩事由成立的，判决驳回原告的诉讼请求。

第二百二十条　民事诉讼法第七十一条、第一百三十七条、第一百五十九条规定的商业秘密，是指生产工艺、配方、贸易联系、购销渠道等当事人不愿公开的技术秘密、商业情报及信息。

第二百二十一条　基于同一事实发生的纠纷，当事人分别向同一人民法院起诉的，人民法院可以合并审理。

第二百二十二条　原告在起诉状中直接列写第三人的，视为其申请人民法院追加该第三人参加诉讼。是否通知第三人参加诉讼，由人民法院审查决定。

第二百二十三条　当事人在提交答辩状期间提出管辖异议，又针对起诉状的内容进行答辩的，人民法院应当依照民事诉讼法第一百三十条第一款的规定，对管辖异议进行审查。

当事人未提出管辖异议，就案件实体内容进行答辩、陈述或者反诉的，可以认定为民事诉讼法第一百三十条第二款规定的应诉答辩。

第二百二十四条　依照民事诉讼法第一百三十六条第四项规定，人民法院可以在答辩期届满后，通过组织证据交换、召集庭前会议等方式，作好审理前的准备。

第二百二十五条　根据案件具体情况，庭前会议可以包括下列内容：

（一）明确原告的诉讼请求和被告的答辩意见；

（二）审查处理当事人增加、变更诉讼请求的申请和提出的反诉，以及第三人提出的与本案有关的诉讼请求；

（三）根据当事人的申请决定调查收集证据，委托鉴定，要求当事人提供证据，进行勘验，进行证据保全；

（四）组织交换证据；

（五）归纳争议焦点；

（六）进行调解。

第二百二十六条　人民法院应当根据当事人的诉讼请求、答辩意见以及证据交换的情况，归纳争议焦点，并就归纳的争议焦点征求当事人的意见。

第二百二十七条 人民法院适用普通程序审理案件，应当在开庭三日前用传票传唤当事人。对诉讼代理人、证人、鉴定人、勘验人、翻译人员应当用通知书通知其到庭。当事人或者其他诉讼参与人在外地的，应当留有必要的在途时间。

第二百二十八条 法庭审理应当围绕当事人争议的事实、证据和法律适用等焦点问题进行。

第二百二十九条 当事人在庭审中对其在审理前的准备阶段认可的事实和证据提出不同意见的，人民法院应当责令其说明理由。必要时，可以责令其提供相应证据。人民法院应当结合当事人的诉讼能力、证据和案件的具体情况进行审查。理由成立的，可以列入争议焦点进行审理。

第二百三十条 人民法院根据案件具体情况并征得当事人同意，可以将法庭调查和法庭辩论合并进行。

第二百三十一条 当事人在法庭上提出新的证据的，人民法院应当依照民事诉讼法第六十八条第二款规定和本解释相关规定处理。

第二百三十二条 在案件受理后，法庭辩论结束前，原告增加诉讼请求，被告提出反诉，第三人提出与本案有关的诉讼请求，可以合并审理的，人民法院应当合并审理。

第二百三十三条 反诉的当事人应当限于本诉的当事人的范围。

反诉与本诉的诉讼请求基于相同法律关系、诉讼请求之间具有因果关系，或者反诉与本诉的诉讼请求基于相同事实的，人民法院应当合并审理。

反诉应由其他人民法院专属管辖，或者与本诉的诉讼标的及诉讼请求所依据的事实、理由无关联的，裁定不予受理，告知另行起诉。

第二百三十四条 无民事行为能力人的离婚诉讼，当事人的法定代理人应当到庭；法定代理人不能到庭的，人民法院应当在查清事实的基础上，依法作出判决。

第二百三十五条 无民事行为能力的当事人的法定代理人，经传票传唤无正当理由拒不到庭，属于原告方的，比照民事诉讼法第一百四十六条的规定，按撤诉处理；属于被告方的，比照民事诉讼法第一百四十七条的规定，缺席判决。必要时，人民法院可以拘传其到庭。

第二百三十六条 有独立请求权的第三人经人民法院传票传唤，无正当理由拒不到庭的，或者未经法庭许可中途退庭的，比照民事诉讼法第一百四十六条的规定，按撤诉处理。

第二百三十七条 有独立请求权的第三人参加诉讼后，原告申请撤诉，人民法院在准许原告撤诉后，有独立请求权的第三人作为另案原告，原案原告、被告作为另案被告，诉讼继续进行。

第二百三十八条 当事人申请撤诉或者依法可以按撤诉处理的案件，如果当事人有违反法律的行为需要依法处理的，人民法院可以不准许撤诉或者不按撤诉处理。

法庭辩论终结后原告申请撤诉，被告不同意的，人民法院可以不予准许。

第二百三十九条 人民法院准许本诉原告撤诉的，应当对反诉继续审理；被告申请撤回反诉的，人民法院应予准许。

第二百四十条 无独立请求权的第三人经人民法院传票传唤，无正当理由拒不到庭，或者未经法庭许可中途退庭的，不影响案件的审理。

第二百四十一条 被告经传票传唤无正当理由拒不到庭，或者未经法庭许可中途退庭的，人民法院应当按期开庭或者继续开庭审理，对到庭的当事人诉讼请求、双方的诉辩理由以及已经提交的证据及其他诉讼材料进行审理后，可以依法缺席判决。

第二百四十二条　一审宣判后，原审人民法院发现判决有错误，当事人在上诉期内提出上诉的，原审人民法院可以提出原判决有错误的意见，报送第二审人民法院，由第二审人民法院按照第二审程序进行审理；当事人不上诉的，按照审判监督程序处理。

第二百四十三条　民事诉讼法第一百五十二条规定的审限，是指从立案之日起至裁判宣告、调解书送达之日止的期间，但公告期间、鉴定期间、双方当事人和解期间、审理当事人提出的管辖异议以及处理人民法院之间的管辖争议期间不应计算在内。

第二百四十四条　可以上诉的判决书、裁定书不能同时送达双方当事人的，上诉期从各自收到判决书、裁定书之日计算。

第二百四十五条　民事诉讼法第一百五十七条第一款第七项规定的笔误是指法律文书误写、误算，诉讼费用漏写、误算和其他笔误。

第二百四十六条　裁定中止诉讼的原因消除，恢复诉讼程序时，不必撤销原裁定，从人民法院通知或者准许当事人双方继续进行诉讼时起，中止诉讼的裁定即失去效力。

第二百四十七条　当事人就已经提起诉讼的事项在诉讼过程中或者裁判生效后再次起诉，同时符合下列条件的，构成重复起诉：

（一）后诉与前诉的当事人相同；

（二）后诉与前诉的诉讼标的相同；

（三）后诉与前诉的诉讼请求相同，或者后诉的诉讼请求实质上否定前诉裁判结果。

当事人重复起诉的，裁定不予受理；已经受理的，裁定驳回起诉，但法律、司法解释另有规定的除外。

第二百四十八条　裁判发生法律效力后，发生新的事实，当事人再次提起诉讼的，人民法院应当依法受理。

第二百四十九条　在诉讼中，争议的民事权利义务转移的，不影响当事人的诉讼主体资格和诉讼地位。人民法院作出的发生法律效力的判决、裁定对受让人具有拘束力。

受让人申请以无独立请求权的第三人身份参加诉讼的，人民法院可予准许。受让人申请替代当事人承担诉讼的，人民法院可以根据案件的具体情况决定是否准许；不予准许的，可以追加其为无独立请求权的第三人。

第二百五十条　依照本解释第二百四十九条规定，人民法院准许受让人替代当事人承担诉讼的，裁定变更当事人。

变更当事人后，诉讼程序以受让人为当事人继续进行，原当事人应当退出诉讼。原当事人已经完成的诉讼行为对受让人具有拘束力。

第二百五十一条　二审裁定撤销一审判决发回重审的案件，当事人申请变更、增加诉讼请求或者提出反诉，第三人提出与本案有关的诉讼请求的，依照民事诉讼法第一百四十三条规定处理。

第二百五十二条　再审裁定撤销原判决、裁定发回重审的案件，当事人申请变更、增加诉讼请求或者提出反诉，符合下列情形之一的，人民法院应当准许：

（一）原审未合法传唤缺席判决，影响当事人行使诉讼权利的；

（二）追加新的诉讼当事人的；

（三）诉讼标的物灭失或者发生变化致使原诉讼请求无法实现的；

（四）当事人申请变更、增加的诉讼请求或者提出的反诉，无法通过另诉解决的。

第二百五十三条 当庭宣判的案件，除当事人当庭要求邮寄发送裁判文书的外，人民法院应当告知当事人或者诉讼代理人领取裁判文书的时间和地点以及逾期不领取的法律后果。上述情况，应当记入笔录。

第二百五十四条 公民、法人或者其他组织申请查阅发生法律效力的判决书、裁定书的，应当向作出该生效裁判的人民法院提出。申请应当以书面形式提出，并提供具体的案号或者当事人姓名、名称。

第二百五十五条 对于查阅判决书、裁定书的申请，人民法院根据下列情形分别处理：

（一）判决书、裁定书已经通过信息网络向社会公开的，应当引导申请人自行查阅；

（二）判决书、裁定书未通过信息网络向社会公开，且申请符合要求的，应当及时提供便捷的查阅服务；

（三）判决书、裁定书尚未发生法律效力，或者已失去法律效力的，不提供查阅并告知申请人；

（四）发生法律效力的判决书、裁定书不是本院作出的，应当告知申请人向作出生效裁判的人民法院申请查阅；

（五）申请查阅的内容涉及国家秘密、商业秘密、个人隐私的，不予准许并告知申请人。

十一、简 易 程 序

第二百五十六条 民事诉讼法第一百六十条规定的简单民事案件中的事实清楚，是指当事人对争议的事实陈述基本一致，并能提供相应的证据，无须人民法院调查收集证据即可查明事实；权利义务关系明确是指能明确区分谁是责任的承担者，谁是权利的享有者；争议不大是指当事人对案件的是非、责任承担以及诉讼标的争执无原则分歧。

第二百五十七条 下列案件，不适用简易程序：

（一）起诉时被告下落不明的；

（二）发回重审的；

（三）当事人一方人数众多的；

（四）适用审判监督程序的；

（五）涉及国家利益、社会公共利益的；

（六）第三人起诉请求改变或者撤销生效判决、裁定、调解书的；

（七）其他不宜适用简易程序的案件。

第二百五十八条 适用简易程序审理的案件，审理期限到期后，有特殊情况需要延长的，经本院院长批准，可以延长审理期限。延长后的审理期限累计不得超过四个月。

人民法院发现案件不宜适用简易程序，需要转为普通程序审理的，应当在审理期限届满前作出裁定并将审判人员及相关事项书面通知双方当事人。

案件转为普通程序审理的，审理期限自人民法院立案之日计算。

第二百五十九条　当事人双方可就开庭方式向人民法院提出申请，由人民法院决定是否准许。经当事人双方同意，可以采用视听传输技术等方式开庭。

第二百六十条　已经按照普通程序审理的案件，在开庭后不得转为简易程序审理。

第二百六十一条　适用简易程序审理案件，人民法院可以依照民事诉讼法第九十条、第一百六十二条的规定采取捎口信、电话、短信、传真、电子邮件等简便方式传唤双方当事人、通知证人和送达诉讼文书。

以简便方式送达的开庭通知，未经当事人确认或者没有其他证据证明当事人已经收到的，人民法院不得缺席判决。

适用简易程序审理案件，由审判员独任审判，书记员担任记录。

第二百六十二条　人民法庭制作的判决书、裁定书、调解书，必须加盖基层人民法院印章，不得用人民法庭的印章代替基层人民法院的印章。

第二百六十三条　适用简易程序审理案件，卷宗中应当具备以下材料：

（一）起诉状或者口头起诉笔录；

（二）答辩状或者口头答辩笔录；

（三）当事人身份证明材料；

（四）委托他人代理诉讼的授权委托书或者口头委托笔录；

（五）证据；

（六）询问当事人笔录；

（七）审理（包括调解）笔录；

（八）判决书、裁定书、调解书或者调解协议；

（九）送达和宣判笔录；

（十）执行情况；

（十一）诉讼费收据；

（十二）适用民事诉讼法第一百六十五条规定审理的，有关程序适用的书面告知。

第二百六十四条　当事人双方根据民事诉讼法第一百六十条第二款规定约定适用简易程序的，应当在开庭前提出。口头提出的，记入笔录，由双方当事人签名或者捺印确认。

本解释第二百五十七条规定的案件，当事人约定适用简易程序的，人民法院不予准许。

第二百六十五条　原告口头起诉的，人民法院应当将当事人的姓名、性别、工作单位、住所、联系方式等基本信息，诉讼请求，事实及理由等准确记入笔录，由原告核对无误后签名或者捺印。对当事人提交的证据材料，应当出具收据。

第二百六十六条　适用简易程序案件的举证期限由人民法院确定，也可以由当事人协商一致并经人民法院准许，但不得超过十五日。被告要求书面答辩的，人民法院可在征得其同意的基础上，合理确定答辩期间。

人民法院应当将举证期限和开庭日期告知双方当事人，并向当事人说明逾期举证以及拒不到庭的法律后果，由双方当事人在笔录和开庭传票的送达回证上签名或者捺印。

当事人双方均表示不需要举证期限、答辩期间的，人民法院可以立即开庭审理或者确定开庭日期。

第二百六十七条 适用简易程序审理案件，可以简便方式进行审理前的准备。

第二百六十八条 对没有委托律师、基层法律服务工作者代理诉讼的当事人，人民法院在庭审过程中可以对回避、自认、举证证明责任等相关内容向其作必要的解释或者说明，并在庭审过程中适当提示当事人正确行使诉讼权利、履行诉讼义务。

第二百六十九条 当事人就案件适用简易程序提出异议，人民法院经审查，异议成立的，裁定转为普通程序；异议不成立的，裁定驳回。裁定以口头方式作出的，应当记入笔录。

转为普通程序的，人民法院应当将审判人员及相关事项以书面形式通知双方当事人。

转为普通程序前，双方当事人已确认的事实，可以不再进行举证、质证。

第二百七十条 适用简易程序审理的案件，有下列情形之一的，人民法院在制作判决书、裁定书、调解书时，对认定事实或者裁判理由部分可以适当简化：

（一）当事人达成调解协议并需要制作民事调解书的；

（二）一方当事人明确表示承认对方全部或者部分诉讼请求的；

（三）涉及商业秘密、个人隐私的案件，当事人一方要求简化裁判文书中的相关内容，人民法院认为理由正当的；

（四）当事人双方同意简化的。

十二、简易程序中的小额诉讼

第二百七十一条 人民法院审理小额诉讼案件，适用民事诉讼法第一百六十五条的规定，实行一审终审。

第二百七十二条 民事诉讼法第一百六十五条规定的各省、自治区、直辖市上年度就业人员年平均工资，是指已经公布的各省、自治区、直辖市上一年度就业人员年平均工资。在上一年度就业人员年平均工资公布前，以已经公布的最近年度就业人员年平均工资为准。

第二百七十三条 海事法院可以适用小额诉讼的程序审理海事、海商案件。案件标的额应当以实际受理案件的海事法院或者其派出法庭所在的省、自治区、直辖市上年度就业人员年平均工资为基数计算。

第二百七十四条 人民法院受理小额诉讼案件，应当向当事人告知该类案件的审判组织、一审终审、审理期限、诉讼费用交纳标准等相关事项。

第二百七十五条 小额诉讼案件的举证期限由人民法院确定，也可以由当事人协商一致并经人民法院准许，但一般不超过七日。

被告要求书面答辩的，人民法院可以在征得其同意的基础上合理确定答辩期间，但最长不得超过十五日。

当事人到庭后表示不需要举证期限和答辩期间的，人民法院可立即开庭审理。

第二百七十六条 当事人对小额诉讼案件提出管辖异议的，人民法院应当作出裁定。裁定一经作出即生效。

第二百七十七条 人民法院受理小额诉讼案件后，发现起诉不符合民事诉讼法第一百二十二条规定的起诉条件的，裁定驳回起诉。裁定一经作出即生效。

第二百七十八条　因当事人申请增加或者变更诉讼请求、提出反诉、追加当事人等，致使案件不符合小额诉讼案件条件的，应当适用简易程序的其他规定审理。

前款规定案件，应当适用普通程序审理的，裁定转为普通程序。

适用简易程序的其他规定或者普通程序审理前，双方当事人已确认的事实，可以不再进行举证、质证。

第二百七十九条　当事人对按照小额诉讼案件审理有异议的，应当在开庭前提出。人民法院经审查，异议成立的，适用简易程序的其他规定审理或者裁定转为普通程序；异议不成立的，裁定驳回。裁定以口头方式作出的，应当记入笔录。

第二百八十条　小额诉讼案件的裁判文书可以简化，主要记载当事人基本信息、诉讼请求、裁判主文等内容。

第二百八十一条　人民法院审理小额诉讼案件，本解释没有规定的，适用简易程序的其他规定。

十三、公益诉讼

第二百八十二条　环境保护法、消费者权益保护法等法律规定的机关和有关组织对污染环境、侵害众多消费者合法权益等损害社会公共利益的行为，根据民事诉讼法第五十八条规定提起公益诉讼，符合下列条件的，人民法院应当受理：

（一）有明确的被告；

（二）有具体的诉讼请求；

（三）有社会公共利益受到损害的初步证据；

（四）属于人民法院受理民事诉讼的范围和受诉人民法院管辖。

第二百八十三条　公益诉讼案件由侵权行为地或者被告住所地中级人民法院管辖，但法律、司法解释另有规定的除外。

因污染海洋环境提起的公益诉讼，由污染发生地、损害结果地或者采取预防污染措施地海事法院管辖。

对同一侵权行为分别向两个以上人民法院提起公益诉讼的，由最先立案的人民法院管辖，必要时由它们的共同上级人民法院指定管辖。

第二百八十四条　人民法院受理公益诉讼案件后，应当在十日内书面告知相关行政主管部门。

第二百八十五条　人民法院受理公益诉讼案件后，依法可以提起诉讼的其他机关和有关组织，可以在开庭前向人民法院申请参加诉讼。人民法院准许参加诉讼的，列为共同原告。

第二百八十六条　人民法院受理公益诉讼案件，不影响同一侵权行为的受害人根据民事诉讼法第一百二十二条规定提起诉讼。

第二百八十七条　对公益诉讼案件，当事人可以和解，人民法院可以调解。

当事人达成和解或者调解协议后，人民法院应当将和解或者调解协议进行公告。公告期间不得少于三十日。

公告期满后，人民法院经审查，和解或者调解协议不违反社会公共利益的，应当出具调解书；和解或者调解协议违反社会公共利益的，不予出具调解书，继续对案件进行审理并依法作出裁判。

第二百八十八条 公益诉讼案件的原告在法庭辩论终结后申请撤诉的，人民法院不予准许。

第二百八十九条 公益诉讼案件的裁判发生法律效力后，其他依法具有原告资格的机关和有关组织就同一侵权行为另行提起公益诉讼的，人民法院裁定不予受理，但法律、司法解释另有规定的除外。

十四、第三人撤销之诉

第二百九十条 第三人对已经发生法律效力的判决、裁定、调解书提起撤销之诉的，应当自知道或者应当知道其民事权益受到损害之日起六个月内，向作出生效判决、裁定、调解书的人民法院提出，并应当提供存在下列情形的证据材料：

（一）因不能归责于本人的事由未参加诉讼；

（二）发生法律效力的判决、裁定、调解书的全部或者部分内容错误；

（三）发生法律效力的判决、裁定、调解书内容错误损害其民事权益。

第二百九十一条 人民法院应当在收到起诉状和证据材料之日起五日内送交对方当事人，对方当事人可以自收到起诉状之日起十日内提出书面意见。

人民法院应当对第三人提交的起诉状、证据材料以及对方当事人的书面意见进行审查。必要时，可以询问双方当事人。

经审查，符合起诉条件的，人民法院应当在收到起诉状之日起三十日内立案。不符合起诉条件的，应当在收到起诉状之日起三十日内裁定不予受理。

第二百九十二条 人民法院对第三人撤销之诉案件，应当组成合议庭开庭审理。

第二百九十三条 民事诉讼法第五十九条第三款规定的因不能归责于本人的事由未参加诉讼，是指没有被列为生效判决、裁定、调解书当事人，且无过错或者无明显过错的情形。包括：

（一）不知道诉讼而未参加的；

（二）申请参加未获准许的；

（三）知道诉讼，但因客观原因无法参加的；

（四）因其他不能归责于本人的事由未参加诉讼的。

第二百九十四条 民事诉讼法第五十九条第三款规定的判决、裁定、调解书的部分或者全部内容，是指判决、裁定的主文，调解书中处理当事人民事权利义务的结果。

第二百九十五条 对下列情形提起第三人撤销之诉的，人民法院不予受理：

（一）适用特别程序、督促程序、公示催告程序、破产程序等非讼程序处理的案件；

（二）婚姻无效、撤销或者解除婚姻关系等判决、裁定、调解书中涉及身份关系的内容；

（三）民事诉讼法第五十七条规定的未参加登记的权利人对代表人诉讼案件的生效裁判；

（四）民事诉讼法第五十八条规定的损害社会公共利益行为的受害人对公益诉讼案件的生效

裁判。

第二百九十六条　第三人提起撤销之诉，人民法院应当将该第三人列为原告，生效判决、裁定、调解书的当事人列为被告，但生效判决、裁定、调解书中没有承担责任的无独立请求权的第三人列为第三人。

第二百九十七条　受理第三人撤销之诉案件后，原告提供相应担保，请求中止执行的，人民法院可以准许。

第二百九十八条　对第三人撤销或者部分撤销发生法律效力的判决、裁定、调解书内容的请求，人民法院经审理，按下列情形分别处理：

（一）请求成立且确认其民事权利的主张全部或部分成立的，改变原判决、裁定、调解书内容的错误部分；

（二）请求成立，但确认其全部或部分民事权利的主张不成立，或者未提出确认其民事权利请求的，撤销原判决、裁定、调解书内容的错误部分；

（三）请求不成立的，驳回诉讼请求。

对前款规定裁判不服的，当事人可以上诉。

原判决、裁定、调解书的内容未改变或者未撤销的部分继续有效。

第二百九十九条　第三人撤销之诉案件审理期间，人民法院对生效判决、裁定、调解书裁定再审的，受理第三人撤销之诉的人民法院应当裁定将第三人的诉讼请求并入再审程序。但有证据证明原审当事人之间恶意串通损害第三人合法权益的，人民法院应当先行审理第三人撤销之诉案件，裁定中止再审诉讼。

第三百条　第三人诉讼请求并入再审程序审理的，按照下列情形分别处理：

（一）按照第一审程序审理的，人民法院应当对第三人的诉讼请求一并审理，所作的判决可以上诉；

（二）按照第二审程序审理的，人民法院可以调解，调解达不成协议的，应当裁定撤销原判决、裁定、调解书，发回一审法院重审，重审时应当列明第三人。

第三百零一条　第三人提起撤销之诉后，未中止生效判决、裁定、调解书执行的，执行法院对第三人依照民事诉讼法第二百三十四条规定提出的执行异议，应予审查。第三人不服驳回执行异议裁定，申请对原判决、裁定、调解书再审的，人民法院不予受理。

案外人对人民法院驳回其执行异议裁定不服，认为原判决、裁定、调解书内容错误损害其合法权益的，应当根据民事诉讼法第二百三十四条规定申请再审，提起第三人撤销之诉的，人民法院不予受理。

十五、执行异议之诉

第三百零二条　根据民事诉讼法第二百三十四条规定，案外人、当事人对执行异议裁定不服，自裁定送达之日起十五日内向人民法院提起执行异议之诉的，由执行法院管辖。

第三百零三条　案外人提起执行异议之诉，除符合民事诉讼法第一百二十二条规定外，还应当具备下列条件：

（一）案外人的执行异议申请已经被人民法院裁定驳回；

（二）有明确的排除对执行标的执行的诉讼请求，且诉讼请求与原判决、裁定无关；

（三）自执行异议裁定送达之日起十五日内提起。

人民法院应当在收到起诉状之日起十五日内决定是否立案。

第三百零四条 申请执行人提起执行异议之诉，除符合民事诉讼法第一百二十二条规定外，还应当具备下列条件：

（一）依案外人执行异议申请，人民法院裁定中止执行；

（二）有明确的对执行标的继续执行的诉讼请求，且诉讼请求与原判决、裁定无关；

（三）自执行异议裁定送达之日起十五日内提起。

人民法院应当在收到起诉状之日起十五日内决定是否立案。

第三百零五条 案外人提起执行异议之诉的，以申请执行人为被告。被执行人反对案外人异议的，被执行人为共同被告；被执行人不反对案外人异议的，可以列被执行人为第三人。

第三百零六条 申请执行人提起执行异议之诉的，以案外人为被告。被执行人反对申请执行人主张的，以案外人和被执行人为共同被告；被执行人不反对申请执行人主张的，可以列被执行人为第三人。

第三百零七条 申请执行人对中止执行裁定未提起执行异议之诉，被执行人提起执行异议之诉的，人民法院告知其另行起诉。

第三百零八条 人民法院审理执行异议之诉案件，适用普通程序。

第三百零九条 案外人或者申请执行人提起执行异议之诉的，案外人应当就其对执行标的享有足以排除强制执行的民事权益承担举证证明责任。

第三百一十条 对案外人提起的执行异议之诉，人民法院经审理，按照下列情形分别处理：

（一）案外人就执行标的享有足以排除强制执行的民事权益的，判决不得执行该执行标的；

（二）案外人就执行标的不享有足以排除强制执行的民事权益的，判决驳回诉讼请求。

案外人同时提出确认其权利的诉讼请求的，人民法院可以在判决中一并作出裁判。

第三百一十一条 对申请执行人提起的执行异议之诉，人民法院经审理，按照下列情形分别处理：

（一）案外人就执行标的不享有足以排除强制执行的民事权益的，判决准许执行该执行标的；

（二）案外人就执行标的享有足以排除强制执行的民事权益的，判决驳回诉讼请求。

第三百一十二条 对案外人执行异议之诉，人民法院判决不得对执行标的执行的，执行异议裁定失效。

对申请执行人执行异议之诉，人民法院判决准许对该执行标的执行的，执行异议裁定失效，执行法院可以根据申请执行人的申请或者依职权恢复执行。

第三百一十三条 案外人执行异议之诉审理期间，人民法院不得对执行标的进行处分。申请执行人请求人民法院继续执行并提供相应担保的，人民法院可以准许。

被执行人与案外人恶意串通，通过执行异议、执行异议之诉妨害执行的，人民法院应当依照民事诉讼法第一百一十六条规定处理。申请执行人因此受到损害的，可以提起诉讼要求被执行人、案外人赔偿。

第三百一十四条 人民法院对执行标的裁定中止执行后，申请执行人在法律规定的期间内未提起执行异议之诉的，人民法院应当自起诉期限届满之日起七日内解除对该执行标的采取的执行措施。

十六、第二审程序

第三百一十五条 双方当事人和第三人都提起上诉的，均列为上诉人。人民法院可以依职权确定第二审程序中当事人的诉讼地位。

第三百一十六条 民事诉讼法第一百七十三条、第一百七十四条规定的对方当事人包括被上诉人和原审其他当事人。

第三百一十七条 必要共同诉讼人的一人或者部分人提起上诉的，按下列情形分别处理：

（一）上诉仅对与对方当事人之间权利义务分担有意见，不涉及其他共同诉讼人利益的，对方当事人为被上诉人，未上诉的同一方当事人依原审诉讼地位列明；

（二）上诉仅对共同诉讼人之间权利义务分担有意见，不涉及对方当事人利益的，未上诉的同一方当事人为被上诉人，对方当事人依原审诉讼地位列明；

（三）上诉对双方当事人之间以及共同诉讼人之间权利义务承担有意见的，未提起上诉的其他当事人均为被上诉人。

第三百一十八条 一审宣判时或者判决书、裁定书送达时，当事人口头表示上诉的，人民法院应告知其必须在法定上诉期间内递交上诉状。未在法定上诉期间内递交上诉状的，视为未提起上诉。虽递交上诉状，但未在指定的期限内交纳上诉费的，按自动撤回上诉处理。

第三百一十九条 无民事行为能力人、限制民事行为能力人的法定代理人，可以代理当事人提起上诉。

第三百二十条 上诉案件的当事人死亡或者终止的，人民法院依法通知其权利义务承继者参加诉讼。

需要终结诉讼的，适用民事诉讼法第一百五十四条规定。

第三百二十一条 第二审人民法院应当围绕当事人的上诉请求进行审理。

当事人没有提出请求的，不予审理，但一审判决违反法律禁止性规定，或者损害国家利益、社会公共利益、他人合法权益的除外。

第三百二十二条 开庭审理的上诉案件，第二审人民法院可以依照民事诉讼法第一百三十六条第四项规定进行审理前的准备。

第三百二十三条 下列情形，可以认定为民事诉讼法第一百七十七条第一款第四项规定的严重违反法定程序：

（一）审判组织的组成不合法的；

（二）应当回避的审判人员未回避的；

（三）无诉讼行为能力人未经法定代理人代为诉讼的；

（四）违法剥夺当事人辩论权利的。

第三百二十四条 对当事人在第一审程序中已经提出的诉讼请求，原审人民法院未作审理、判决的，第二审人民法院可以根据当事人自愿的原则进行调解；调解不成的，发回重审。

第三百二十五条 必须参加诉讼的当事人或者有独立请求权的第三人，在第一审程序中未参加诉讼，第二审人民法院可以根据当事人自愿的原则予以调解；调解不成的，发回重审。

第三百二十六条 在第二审程序中，原审原告增加独立的诉讼请求或者原审被告提出反诉的，第二审人民法院可以根据当事人自愿的原则就新增加的诉讼请求或者反诉进行调解；调解不成的，告知当事人另行起诉。

双方当事人同意由第二审人民法院一并审理的，第二审人民法院可以一并裁判。

第三百二十七条 一审判决不准离婚的案件，上诉后，第二审人民法院认为应当判决离婚的，可以根据当事人自愿的原则，与子女抚养、财产问题一并调解；调解不成的，发回重审。

双方当事人同意由第二审人民法院一并审理的，第二审人民法院可以一并裁判。

第三百二十八条 人民法院依照第二审程序审理案件，认为依法不应由人民法院受理的，可以由第二审人民法院直接裁定撤销原裁判，驳回起诉。

第三百二十九条 人民法院依照第二审程序审理案件，认为第一审人民法院受理案件违反专属管辖规定的，应当裁定撤销原裁判并移送有管辖权的人民法院。

第三百三十条 第二审人民法院查明第一审人民法院作出的不予受理裁定有错误的，应当在撤销原裁定的同时，指令第一审人民法院立案受理；查明第一审人民法院作出的驳回起诉裁定有错误的，应当在撤销原裁定的同时，指令第一审人民法院审理。

第三百三十一条 第二审人民法院对下列上诉案件，依照民事诉讼法第一百七十六条规定可以不开庭审理：

（一）不服不予受理、管辖权异议和驳回起诉裁定的；

（二）当事人提出的上诉请求明显不能成立的；

（三）原判决、裁定认定事实清楚，但适用法律错误的；

（四）原判决严重违反法定程序，需要发回重审的。

第三百三十二条 原判决、裁定认定事实或者适用法律虽有瑕疵，但裁判结果正确的，第二审人民法院可以在判决、裁定中纠正瑕疵后，依照民事诉讼法第一百七十七条第一款第一项规定予以维持。

第三百三十三条 民事诉讼法第一百七十七条第一款第三项规定的基本事实，是指用以确定当事人主体资格、案件性质、民事权利义务等对原判决、裁定的结果有实质性影响的事实。

第三百三十四条 在第二审程序中，作为当事人的法人或者其他组织分立的，人民法院可以直接将分立后的法人或者其他组织列为共同诉讼人；合并的，将合并后的法人或者其他组织列为当事人。

第三百三十五条 在第二审程序中，当事人申请撤回上诉，人民法院经审查认为一审判决确有错误，或者当事人之间恶意串通损害国家利益、社会公共利益、他人合法权益的，不应准许。

第三百三十六条 在第二审程序中，原审原告申请撤回起诉，经其他当事人同意，且不损害国家利益、社会公共利益、他人合法权益的，人民法院可以准许。准许撤诉的，应当一并裁定撤销一审裁判。

原审原告在第二审程序中撤回起诉后重复起诉的，人民法院不予受理。

第三百三十七条　当事人在第二审程序中达成和解协议的，人民法院可以根据当事人的请求，对双方达成的和解协议进行审查并制作调解书送达当事人；因和解而申请撤诉，经审查符合撤诉条件的，人民法院应予准许。

第三百三十八条　第二审人民法院宣告判决可以自行宣判，也可以委托原审人民法院或者当事人所在地人民法院代行宣判。

第三百三十九条　人民法院审理对裁定的上诉案件，应当在第二审立案之日起三十日内作出终审裁定。有特殊情况需要延长审限的，由本院院长批准。

第三百四十条　当事人在第一审程序中实施的诉讼行为，在第二审程序中对该当事人仍具有拘束力。

当事人推翻其在第一审程序中实施的诉讼行为时，人民法院应当责令其说明理由。理由不成立的，不予支持。

十七、特别程序

第三百四十一条　宣告失踪或者宣告死亡案件，人民法院可以根据申请人的请求，清理下落不明人的财产，并指定案件审理期间的财产管理人。公告期满后，人民法院判决宣告失踪的，应当同时依照民法典第四十二条的规定指定失踪人的财产代管人。

第三百四十二条　失踪人的财产代管人经人民法院指定后，代管人申请变更代管的，比照民事诉讼法特别程序的有关规定进行审理。申请理由成立的，裁定撤销申请人的代管人身份，同时另行指定财产代管人；申请理由不成立的，裁定驳回申请。

失踪人的其他利害关系人申请变更代管的，人民法院应当告知其以原指定的代管人为被告起诉，并按普通程序进行审理。

第三百四十三条　人民法院判决宣告公民失踪后，利害关系人向人民法院申请宣告失踪人死亡，自失踪之日起满四年的，人民法院应当受理，宣告失踪的判决即是该公民失踪的证明，审理中仍应依照民事诉讼法第一百九十二条规定进行公告。

第三百四十四条　符合法律规定的多个利害关系人提出宣告失踪、宣告死亡申请的，列为共同申请人。

第三百四十五条　寻找下落不明人的公告应当记载下列内容：

（一）被申请人应当在规定期间内向受理法院申报其具体地址及其联系方式。否则，被申请人将被宣告失踪、宣告死亡；

（二）凡知悉被申请人生存现状的人，应当在公告期间内将其所知道情况向受理法院报告。

第三百四十六条　人民法院受理宣告失踪、宣告死亡案件后，作出判决前，申请人撤回申请的，人民法院应当裁定终结案件，但其他符合法律规定的利害关系人加入程序要求继续审理的除外。

第三百四十七条　在诉讼中，当事人的利害关系人或者有关组织提出该当事人不能辨认或者不能完全辨认自己的行为，要求宣告该当事人无民事行为能力或者限制民事行为能力的，应由利害关系人或者有关组织向人民法院提出申请，由受诉人民法院按照特别程序立案审理，原诉讼中止。

第三百四十八条 认定财产无主案件，公告期间有人对财产提出请求的，人民法院应当裁定终结特别程序，告知申请人另行起诉，适用普通程序审理。

第三百四十九条 被指定的监护人不服居民委员会、村民委员会或者民政部门指定，应当自接到通知之日起三十日内向人民法院提出异议。经审理，认为指定并无不当的，裁定驳回异议；指定不当的，判决撤销指定，同时另行指定监护人。判决书应当送达异议人、原指定单位及判决指定的监护人。

有关当事人依照民法典第三十一条第一款规定直接向人民法院申请指定监护人的，适用特别程序审理，判决指定监护人。判决书应当送达申请人、判决指定的监护人。

第三百五十条 申请认定公民无民事行为能力或者限制民事行为能力的案件，被申请人没有近亲属的，人民法院可以指定经被申请人住所地的居民委员会、村民委员会或者民政部门同意，且愿意担任代理人的个人或者组织为代理人。

没有前款规定的代理人的，由被申请人住所地的居民委员会、村民委员会或者民政部门担任代理人。

代理人可以是一人，也可以是同一顺序中的两人。

第三百五十一条 申请司法确认调解协议的，双方当事人应当本人或者由符合民事诉讼法第六十一条规定的代理人依照民事诉讼法第二百零一条的规定提出申请。

第三百五十二条 调解组织自行开展的调解，有两个以上调解组织参与的，符合民事诉讼法第二百零一条规定的各调解组织所在地人民法院均有管辖权。

双方当事人可以共同向符合民事诉讼法第二百零一条规定的其中一个有管辖权的人民法院提出申请；双方当事人共同向两个以上有管辖权的人民法院提出申请的，由最先立案的人民法院管辖。

第三百五十三条 当事人申请司法确认调解协议，可以采用书面形式或者口头形式。当事人口头申请的，人民法院应当记入笔录，并由当事人签名、捺印或者盖章。

第三百五十四条 当事人申请司法确认调解协议，应当向人民法院提交调解协议、调解组织主持调解的证明，以及与调解协议相关的财产权利证明等材料，并提供双方当事人的身份、住所、联系方式等基本信息。

当事人未提交上述材料的，人民法院应当要求当事人限期补交。

第三百五十五条 当事人申请司法确认调解协议，有下列情形之一的，人民法院裁定不予受理：

（一）不属于人民法院受理范围的；

（二）不属于收到申请的人民法院管辖的；

（三）申请确认婚姻关系、亲子关系、收养关系等身份关系无效、有效或者解除的；

（四）涉及适用其他特别程序、公示催告程序、破产程序审理的；

（五）调解协议内容涉及物权、知识产权确权的。

人民法院受理申请后，发现有上述不予受理情形的，应当裁定驳回当事人的申请。

第三百五十六条 人民法院审查相关情况时，应当通知双方当事人共同到场对案件进行核实。

人民法院经审查，认为当事人的陈述或者提供的证明材料不充分、不完备或者有疑义的，可以要求当事人限期补充陈述或者补充证明材料。必要时，人民法院可以向调解组织核实有关情况。

第三百五十七条　确认调解协议的裁定作出前，当事人撤回申请的，人民法院可以裁定准许。

当事人无正当理由未在限期内补充陈述、补充证明材料或者拒不接受询问的，人民法院可以按撤回申请处理。

第三百五十八条　经审查，调解协议有下列情形之一的，人民法院应当裁定驳回申请：

（一）违反法律强制性规定的；

（二）损害国家利益、社会公共利益、他人合法权益的；

（三）违背公序良俗的；

（四）违反自愿原则的；

（五）内容不明确的；

（六）其他不能进行司法确认的情形。

第三百五十九条　民事诉讼法第二百零三条规定的担保物权人，包括抵押权人、质权人、留置权人；其他有权请求实现担保物权的人，包括抵押人、出质人、财产被留置的债务人或者所有权人等。

第三百六十条　实现票据、仓单、提单等有权利凭证的权利质权案件，可以由权利凭证持有人住所地人民法院管辖；无权利凭证的权利质权，由出质登记地人民法院管辖。

第三百六十一条　实现担保物权案件属于海事法院等专门人民法院管辖的，由专门人民法院管辖。

第三百六十二条　同一债权的担保物有多个且所在地不同，申请人分别向有管辖权的人民法院申请实现担保物权的，人民法院应当依法受理。

第三百六十三条　依照民法典第三百九十二条的规定，被担保的债权既有物的担保又有人的担保，当事人对实现担保物权的顺序有约定，实现担保物权的申请违反该约定的，人民法院裁定不予受理；没有约定或者约定不明的，人民法院应当受理。

第三百六十四条　同一财产上设立多个担保物权，登记在先的担保物权尚未实现的，不影响后顺位的担保物权人向人民法院申请实现担保物权。

第三百六十五条　申请实现担保物权，应当提交下列材料：

（一）申请书。申请书应当记明申请人、被申请人的姓名或者名称、联系方式等基本信息，具体的请求和事实、理由；

（二）证明担保物权存在的材料，包括主合同、担保合同、抵押登记证明或者他项权利证书，权利质权的权利凭证或者质权出质登记证明等；

（三）证明实现担保物权条件成就的材料；

（四）担保财产现状的说明；

（五）人民法院认为需要提交的其他材料。

第三百六十六条　人民法院受理申请后，应当在五日内向被申请人送达申请书副本、异议权利告知书等文书。

被申请人有异议的，应当在收到人民法院通知后的五日内向人民法院提出，同时说明理由并提供相应的证据材料。

第三百六十七条 实现担保物权案件可以由审判员一人独任审查。担保财产标的额超过基层人民法院管辖范围的，应当组成合议庭进行审查。

第三百六十八条 人民法院审查实现担保物权案件，可以询问申请人、被申请人、利害关系人，必要时可以依职权调查相关事实。

第三百六十九条 人民法院应当就主合同的效力、期限、履行情况，担保物权是否有效设立、担保财产的范围、被担保的债权范围、被担保的债权是否已届清偿期等担保物权实现的条件，以及是否损害他人合法权益等内容进行审查。

被申请人或者利害关系人提出异议的，人民法院应当一并审查。

第三百七十条 人民法院审查后，按下列情形分别处理：

（一）当事人对实现担保物权无实质性争议且实现担保物权条件成就的，裁定准许拍卖、变卖担保财产；

（二）当事人对实现担保物权有部分实质性争议的，可以就无争议部分裁定准许拍卖、变卖担保财产；

（三）当事人对实现担保物权有实质性争议的，裁定驳回申请，并告知申请人向人民法院提起诉讼。

第三百七十一条 人民法院受理申请后，申请人对担保财产提出保全申请的，可以按照民事诉讼法关于诉讼保全的规定办理。

第三百七十二条 适用特别程序作出的判决、裁定，当事人、利害关系人认为有错误的，可以向作出该判决、裁定的人民法院提出异议。人民法院经审查，异议成立或者部分成立的，作出新的判决、裁定撤销或者改变原判决、裁定；异议不成立的，裁定驳回。

对人民法院作出的确认调解协议、准许实现担保物权的裁定，当事人有异议的，应当自收到裁定之日起十五日内提出；利害关系人有异议的，自知道或者应当知道其民事权益受到侵害之日起六个月内提出。

十八、审判监督程序

第三百七十三条 当事人死亡或者终止的，其权利义务承继者可以根据民事诉讼法第二百零六条、第二百零八条的规定申请再审。

判决、调解书生效后，当事人将判决、调解书确认的债权转让，债权受让人对该判决、调解书不服申请再审的，人民法院不予受理。

第三百七十四条 民事诉讼法第二百零六条规定的人数众多的一方当事人，包括公民、法人和其他组织。

民事诉讼法第二百零六条规定的当事人双方为公民的案件，是指原告和被告均为公民的案件。

第三百七十五条　当事人申请再审，应当提交下列材料：

（一）再审申请书，并按照被申请人和原审其他当事人的人数提交副本；

（二）再审申请人是自然人的，应当提交身份证明；再审申请人是法人或者其他组织的，应当提交营业执照、组织机构代码证书、法定代表人或者主要负责人身份证明书。委托他人代为申请的，应当提交授权委托书和代理人身份证明；

（三）原审判决书、裁定书、调解书；

（四）反映案件基本事实的主要证据及其他材料。

前款第二项、第三项、第四项规定的材料可以是与原件核对无异的复印件。

第三百七十六条　再审申请书应当记明下列事项：

（一）再审申请人与被申请人及原审其他当事人的基本信息；

（二）原审人民法院的名称，原审裁判文书案号；

（三）具体的再审请求；

（四）申请再审的法定情形及具体事实、理由。

再审申请书应当明确申请再审的人民法院，并由再审申请人签名、捺印或者盖章。

第三百七十七条　当事人一方人数众多或者当事人双方为公民的案件，当事人分别向原审人民法院和上一级人民法院申请再审且不能协商一致的，由原审人民法院受理。

第三百七十八条　适用特别程序、督促程序、公示催告程序、破产程序等非讼程序审理的案件，当事人不得申请再审。

第三百七十九条　当事人认为发生法律效力的不予受理、驳回起诉的裁定错误的，可以申请再审。

第三百八十条　当事人就离婚案件中的财产分割问题申请再审，如涉及判决中已分割的财产，人民法院应当依照民事诉讼法第二百零七条的规定进行审查，符合再审条件的，应当裁定再审；如涉及判决中未作处理的夫妻共同财产，应当告知当事人另行起诉。

第三百八十一条　当事人申请再审，有下列情形之一的，人民法院不予受理：

（一）再审申请被驳回后再次提出申请的；

（二）对再审判决、裁定提出申请的；

（三）在人民检察院对当事人的申请作出不予提出再审检察建议或者抗诉决定后又提出申请的。

前款第一项、第二项规定情形，人民法院应当告知当事人可以向人民检察院申请再审检察建议或者抗诉，但因人民检察院提出再审检察建议或者抗诉而再审作出的判决、裁定除外。

第三百八十二条　当事人对已经发生法律效力的调解书申请再审，应当在调解书发生法律效力后六个月内提出。

第三百八十三条　人民法院应当自收到符合条件的再审申请书等材料之日起五日内向再审申请人发送受理通知书，并向被申请人及原审其他当事人发送应诉通知书、再审申请书副本等材料。

第三百八十四条　人民法院受理申请再审案件后，应当依照民事诉讼法第二百零七条、第二百零八条、第二百一十一条等规定，对当事人主张的再审事由进行审查。

第三百八十五条 再审申请人提供的新的证据，能够证明原判决、裁定认定基本事实或者裁判结果错误的，应当认定为民事诉讼法第二百零七条第一项规定的情形。

对于符合前款规定的证据，人民法院应当责令再审申请人说明其逾期提供该证据的理由；拒不说明理由或者理由不成立的，依照民事诉讼法第六十八条第二款和本解释第一百零二条的规定处理。

第三百八十六条 再审申请人证明其提交的新的证据符合下列情形之一的，可以认定逾期提供证据的理由成立：

（一）在原审庭审结束前已经存在，因客观原因于庭审结束后才发现的；

（二）在原审庭审结束前已经发现，但因客观原因无法取得或者在规定的期限内不能提供的；

（三）在原审庭审结束后形成，无法据此另行提起诉讼的。

再审申请人提交的证据在原审中已经提供，原审人民法院未组织质证且未作为裁判根据的，视为逾期提供证据的理由成立，但原审人民法院依照民事诉讼法第六十八条规定不予采纳的除外。

第三百八十七条 当事人对原判决、裁定认定事实的主要证据在原审中拒绝发表质证意见或者质证中未对证据发表质证意见的，不属于民事诉讼法第二百零七条第四项规定的未经质证的情形。

第三百八十八条 有下列情形之一，导致判决、裁定结果错误的，应当认定为民事诉讼法第二百零七条第六项规定的原判决、裁定适用法律确有错误：

（一）适用的法律与案件性质明显不符的；

（二）确定民事责任明显违背当事人约定或者法律规定的；

（三）适用已经失效或者尚未施行的法律的；

（四）违反法律溯及力规定的；

（五）违反法律适用规则的；

（六）明显违背立法原意的。

第三百八十九条 原审开庭过程中有下列情形之一的，应当认定为民事诉讼法第二百零七条第九项规定的剥夺当事人辩论权利：

（一）不允许当事人发表辩论意见的；

（二）应当开庭审理而未开庭审理的；

（三）违反法律规定送达起诉状副本或者上诉状副本，致使当事人无法行使辩论权利的；

（四）违法剥夺当事人辩论权利的其他情形。

第三百九十条 民事诉讼法第二百零七条第十一项规定的诉讼请求，包括一审诉讼请求、二审上诉请求，但当事人未对一审判决、裁定遗漏或者超出诉讼请求提起上诉的除外。

第三百九十一条 民事诉讼法第二百零七条第十二项规定的法律文书包括：

（一）发生法律效力的判决书、裁定书、调解书；

（二）发生法律效力的仲裁裁决书；

（三）具有强制执行效力的公证债权文书。

第三百九十二条 民事诉讼法第二百零七条第十三项规定的审判人员审理该案件时有贪污受

贿、徇私舞弊、枉法裁判行为，是指已经由生效刑事法律文书或者纪律处分决定所确认的行为。

第三百九十三条　当事人主张的再审事由成立，且符合民事诉讼法和本解释规定的申请再审条件的，人民法院应当裁定再审。

当事人主张的再审事由不成立，或者当事人申请再审超过法定申请再审期限、超出法定再审事由范围等不符合民事诉讼法和本解释规定的申请再审条件的，人民法院应当裁定驳回再审申请。

第三百九十四条　人民法院对已经发生法律效力的判决、裁定、调解书依法决定再审，依照民事诉讼法第二百一十三条规定，需要中止执行的，应当在再审裁定中同时写明中止原判决、裁定、调解书的执行；情况紧急的，可以将中止执行裁定口头通知负责执行的人民法院，并在通知后十日内发出裁定书。

第三百九十五条　人民法院根据审查案件的需要决定是否询问当事人。新的证据可能推翻原判决、裁定的，人民法院应当询问当事人。

第三百九十六条　审查再审申请期间，被申请人及原审其他当事人依法提出再审申请的，人民法院应当将其列为再审申请人，对其再审事由一并审查，审查期限重新计算。经审查，其中一方再审申请人主张的再审事由成立的，应当裁定再审。各方再审申请人主张的再审事由均不成立的，一并裁定驳回再审申请。

第三百九十七条　审查再审申请期间，再审申请人申请人民法院委托鉴定、勘验的，人民法院不予准许。

第三百九十八条　审查再审申请期间，再审申请人撤回再审申请的，是否准许，由人民法院裁定。

再审申请人经传票传唤，无正当理由拒不接受询问的，可以按撤回再审申请处理。

第三百九十九条　人民法院准许撤回再审申请或者按撤回再审申请处理后，再审申请人再次申请再审的，不予受理，但有民事诉讼法第二百零七条第一项、第三项、第十二项、第十三项规定情形，自知道或者应当知道之日起六个月内提出的除外。

第四百条　再审申请审查期间，有下列情形之一的，裁定终结审查：

（一）再审申请人死亡或者终止，无权利义务承继者或者权利义务承继者声明放弃再审申请的；

（二）在给付之诉中，负有给付义务的被申请人死亡或者终止，无可供执行的财产，也没有应当承担义务的人的；

（三）当事人达成和解协议且已履行完毕的，但当事人在和解协议中声明不放弃申请再审权利的除外；

（四）他人未经授权以当事人名义申请再审的；

（五）原审或者上一级人民法院已经裁定再审的；

（六）有本解释第三百八十一条第一款规定情形的。

第四百零一条　人民法院审理再审案件应当组成合议庭开庭审理，但按照第二审程序审理，有特殊情况或者双方当事人已经通过其他方式充分表达意见，且书面同意不开庭审理的除外。

符合缺席判决条件的，可以缺席判决。

第四百零二条 人民法院开庭审理再审案件，应当按照下列情形分别进行：

（一）因当事人申请再审的，先由再审申请人陈述再审请求及理由，后由被申请人答辩、其他原审当事人发表意见；

（二）因抗诉再审的，先由抗诉机关宣读抗诉书，再由申请抗诉的当事人陈述，后由被申请人答辩、其他原审当事人发表意见；

（三）人民法院依职权再审，有申诉人的，先由申诉人陈述再审请求及理由，后由被申诉人答辩、其他原审当事人发表意见；

（四）人民法院依职权再审，没有申诉人的，先由原审原告或者原审上诉人陈述，后由原审其他当事人发表意见。

对前款第一项至第三项规定的情形，人民法院应当要求当事人明确其再审请求。

第四百零三条 人民法院审理再审案件应当围绕再审请求进行。当事人的再审请求超出原审诉讼请求的，不予审理；符合另案诉讼条件的，告知当事人可以另行起诉。

被申请人及原审其他当事人在庭审辩论结束前提出的再审请求，符合民事诉讼法第二百一十二条规定的，人民法院应当一并审理。

人民法院经再审，发现已经发生法律效力的判决、裁定损害国家利益、社会公共利益、他人合法权益的，应当一并审理。

第四百零四条 再审审理期间，有下列情形之一的，可以裁定终结再审程序：

（一）再审申请人在再审期间撤回再审请求，人民法院准许的；

（二）再审申请人经传票传唤，无正当理由拒不到庭的，或者未经法庭许可中途退庭，按撤回再审请求处理的；

（三）人民检察院撤回抗诉的；

（四）有本解释第四百条第一项至第四项规定情形的。

因人民检察院提出抗诉裁定再审的案件，申请抗诉的当事人有前款规定的情形，且不损害国家利益、社会公共利益或者他人合法权益的，人民法院应当裁定终结再审程序。

再审程序终结后，人民法院裁定中止执行的原生效判决自动恢复执行。

第四百零五条 人民法院经再审审理认为，原判决、裁定认定事实清楚、适用法律正确的，应予维持；原判决、裁定认定事实、适用法律虽有瑕疵，但裁判结果正确的，应当在再审判决、裁定中纠正瑕疵后予以维持。

原判决、裁定认定事实、适用法律错误，导致裁判结果错误的，应当依法改判、撤销或者变更。

第四百零六条 按照第二审程序再审的案件，人民法院经审理认为不符合民事诉讼法规定的起诉条件或者符合民事诉讼法第一百二十七条规定不予受理情形的，应当裁定撤销一、二审判决，驳回起诉。

第四百零七条 人民法院对调解书裁定再审后，按照下列情形分别处理：

（一）当事人提出的调解违反自愿原则的事由不成立，且调解书的内容不违反法律强制性规定的，裁定驳回再审申请；

（二）人民检察院抗诉或者再审检察建议所主张的损害国家利益、社会公共利益的理由不成立的，裁定终结再审程序。

前款规定情形，人民法院裁定中止执行的调解书需要继续执行的，自动恢复执行。

第四百零八条　一审原告在再审审理程序中申请撤回起诉，经其他当事人同意，且不损害国家利益、社会公共利益、他人合法权益的，人民法院可以准许。裁定准许撤诉的，应当一并撤销原判决。

一审原告在再审审理程序中撤回起诉后重复起诉的，人民法院不予受理。

第四百零九条　当事人提交新的证据致使再审改判，因再审申请人或者申请检察监督当事人的过错未能在原审程序中及时举证，被申请人等当事人请求补偿其增加的交通、住宿、就餐、误工等必要费用的，人民法院应予支持。

第四百一十条　部分当事人到庭并达成调解协议，其他当事人未作出书面表示的，人民法院应当在判决中对该事实作出表述；调解协议内容不违反法律规定，且不损害其他当事人合法权益的，可以在判决主文中予以确认。

第四百一十一条　人民检察院依法对损害国家利益、社会公共利益的发生法律效力的判决、裁定、调解书提出抗诉，或者经人民检察院检察委员会讨论决定提出再审检察建议的，人民法院应予受理。

第四百一十二条　人民检察院对已经发生法律效力的判决以及不予受理、驳回起诉的裁定依法提出抗诉的，人民法院应予受理，但适用特别程序、督促程序、公示催告程序、破产程序以及解除婚姻关系的判决、裁定等不适用审判监督程序的判决、裁定除外。

第四百一十三条　人民检察院依照民事诉讼法第二百一十六条第一款第三项规定对有明显错误的再审判决、裁定提出抗诉或者再审检察建议的，人民法院应予受理。

第四百一十四条　地方各级人民检察院依当事人的申请对生效判决、裁定向同级人民法院提出再审检察建议，符合下列条件的，应予受理：

（一）再审检察建议书和原审当事人申请书及相关证据材料已经提交；

（二）建议再审的对象为依照民事诉讼法和本解释规定可以进行再审的判决、裁定；

（三）再审检察建议书列明该判决、裁定有民事诉讼法第二百一十五条第二款规定情形；

（四）符合民事诉讼法第二百一十六条第一款第一项、第二项规定情形；

（五）再审检察建议经该人民检察院检察委员会讨论决定。

不符合前款规定的，人民法院可以建议人民检察院予以补正或者撤回；不予补正或者撤回的，应当函告人民检察院不予受理。

第四百一十五条　人民检察院依当事人的申请对生效判决、裁定提出抗诉，符合下列条件的，人民法院应当在三十日内裁定再审：

（一）抗诉书和原审当事人申请书及相关证据材料已经提交；

（二）抗诉对象为依照民事诉讼法和本解释规定可以进行再审的判决、裁定；

（三）抗诉书列明该判决、裁定有民事诉讼法第二百一十五条第一款规定情形；

（四）符合民事诉讼法第二百一十六条第一款第一项、第二项规定情形。

不符合前款规定的，人民法院可以建议人民检察院予以补正或者撤回；不予补正或者撤回的，人民法院可以裁定不予受理。

第四百一十六条 当事人的再审申请被上级人民法院裁定驳回后，人民检察院对原判决、裁定、调解书提出抗诉，抗诉事由符合民事诉讼法第二百零七条第一项至第五项规定情形之一的，受理抗诉的人民法院可以交由下一级人民法院再审。

第四百一十七条 人民法院收到再审检察建议后，应当组成合议庭，在三个月内进行审查，发现原判决、裁定、调解书确有错误，需要再审的，依照民事诉讼法第二百零五条规定裁定再审，并通知当事人；经审查，决定不予再审的，应当书面回复人民检察院。

第四百一十八条 人民法院审理因人民检察院抗诉或者检察建议裁定再审的案件，不受此前已经作出的驳回当事人再审申请裁定的影响。

第四百一十九条 人民法院开庭审理抗诉案件，应当在开庭三日前通知人民检察院、当事人和其他诉讼参与人。同级人民检察院或者提出抗诉的人民检察院应当派员出庭。

人民检察院因履行法律监督职责向当事人或者案外人调查核实的情况，应当向法庭提交并予以说明，由双方当事人进行质证。

第四百二十条 必须共同进行诉讼的当事人因不能归责于本人或者其诉讼代理人的事由未参加诉讼的，可以根据民事诉讼法第二百零七条第八项规定，自知道或者应当知道之日起六个月内申请再审，但符合本解释第四百二十一条规定情形的除外。

人民法院因前款规定的当事人申请而裁定再审，按照第一审程序再审的，应当追加其为当事人，作出新的判决、裁定；按照第二审程序再审，经调解不能达成协议的，应当撤销原判决、裁定，发回重审，重审时应追加其为当事人。

第四百二十一条 根据民事诉讼法第二百三十四条规定，案外人对驳回其执行异议的裁定不服，认为原判决、裁定、调解书内容错误损害其民事权益的，可以自执行异议裁定送达之日起六个月内，向作出原判决、裁定、调解书的人民法院申请再审。

第四百二十二条 根据民事诉讼法第二百三十四条规定，人民法院裁定再审后，案外人属于必要的共同诉讼当事人的，依照本解释第四百二十条第二款规定处理。

案外人不是必要的共同诉讼当事人的，人民法院仅审理原判决、裁定、调解书对其民事权益造成损害的内容。经审理，再审请求成立的，撤销或者改变原判决、裁定、调解书；再审请求不成立的，维持原判决、裁定、调解书。

第四百二十三条 本解释第三百三十八条规定适用于审判监督程序。

第四百二十四条 对小额诉讼案件的判决、裁定，当事人以民事诉讼法第二百零七条规定的事由向原审人民法院申请再审的，人民法院应当受理。申请再审事由成立的，应当裁定再审，组成合议庭进行审理。作出的再审判决、裁定，当事人不得上诉。

当事人以不应按小额诉讼案件审理为由向原审人民法院申请再审的，人民法院应当受理。理由成立的，应当裁定再审，组成合议庭审理。作出的再审判决、裁定，当事人可以上诉。

十九、督促程序

第四百二十五条 两个以上人民法院都有管辖权的，债权人可以向其中一个基层人民法院申请支付令。

债权人向两个以上有管辖权的基层人民法院申请支付令的，由最先立案的人民法院管辖。

第四百二十六条　人民法院收到债权人的支付令申请书后，认为申请书不符合要求的，可以通知债权人限期补正。人民法院应当自收到补正材料之日起五日内通知债权人是否受理。

第四百二十七条　债权人申请支付令，符合下列条件的，基层人民法院应当受理，并在收到支付令申请书后五日内通知债权人：

（一）请求给付金钱或者汇票、本票、支票、股票、债券、国库券、可转让的存款单等有价证券；

（二）请求给付的金钱或者有价证券已到期且数额确定，并写明了请求所根据的事实、证据；

（三）债权人没有对待给付义务；

（四）债务人在我国境内且未下落不明；

（五）支付令能够送达债务人；

（六）收到申请书的人民法院有管辖权；

（七）债权人未向人民法院申请诉前保全。

不符合前款规定的，人民法院应当在收到支付令申请书后五日内通知债权人不予受理。

基层人民法院受理申请支付令案件，不受债权金额的限制。

第四百二十八条　人民法院受理申请后，由审判员一人进行审查。经审查，有下列情形之一的，裁定驳回申请：

（一）申请人不具备当事人资格的；

（二）给付金钱或者有价证券的证明文件没有约定逾期给付利息或者违约金、赔偿金，债权人坚持要求给付利息或者违约金、赔偿金的；

（三）要求给付的金钱或者有价证券属于违法所得的；

（四）要求给付的金钱或者有价证券尚未到期或者数额不确定的。

人民法院受理支付令申请后，发现不符合本解释规定的受理条件的，应当在受理之日起十五日内裁定驳回申请。

第四百二十九条　向债务人本人送达支付令，债务人拒绝接收的，人民法院可以留置送达。

第四百三十条　有下列情形之一的，人民法院应当裁定终结督促程序，已发出支付令的，支付令自行失效：

（一）人民法院受理支付令申请后，债权人就同一债权债务关系又提起诉讼的；

（二）人民法院发出支付令之日起三十日内无法送达债务人的；

（三）债务人收到支付令前，债权人撤回申请的。

第四百三十一条　债务人在收到支付令后，未在法定期间提出书面异议，而向其他人民法院起诉的，不影响支付令的效力。

债务人超过法定期间提出异议的，视为未提出异议。

第四百三十二条　债权人基于同一债权债务关系，在同一支付令申请中向债务人提出多项支付请求，债务人仅就其中一项或者几项请求提出异议的，不影响其他各项请求的效力。

第四百三十三条　债权人基于同一债权债务关系，就可分之债向多个债务人提出支付请求，多个债务人中的一人或者几人提出异议的，不影响其他请求的效力。

第四百三十四条 对设有担保的债务的主债务人发出的支付令，对担保人没有拘束力。

债权人就担保关系单独提起诉讼的，支付令自人民法院受理案件之日起失效。

第四百三十五条 经形式审查，债务人提出的书面异议有下列情形之一的，应当认定异议成立，裁定终结督促程序，支付令自行失效：

（一）本解释规定的不予受理申请情形的；

（二）本解释规定的裁定驳回申请情形的；

（三）本解释规定的应当裁定终结督促程序情形的；

（四）人民法院对是否符合发出支付令条件产生合理怀疑的。

第四百三十六条 债务人对债务本身没有异议，只是提出缺乏清偿能力、延缓债务清偿期限、变更债务清偿方式等异议的，不影响支付令的效力。

人民法院经审查认为异议不成立的，裁定驳回。

债务人的口头异议无效。

第四百三十七条 人民法院作出终结督促程序或者驳回异议裁定前，债务人请求撤回异议的，应当裁定准许。

债务人对撤回异议反悔的，人民法院不予支持。

第四百三十八条 支付令失效后，申请支付令的一方当事人不同意提起诉讼的，应当自收到终结督促程序裁定之日起七日内向受理申请的人民法院提出。

申请支付令的一方当事人不同意提起诉讼的，不影响其向其他有管辖权的人民法院提起诉讼。

第四百三十九条 支付令失效后，申请支付令的一方当事人自收到终结督促程序裁定之日起七日内未向受理申请的人民法院表明不同意提起诉讼的，视为向受理申请的人民法院起诉。

债权人提出支付令申请的时间，即为向人民法院起诉的时间。

第四百四十条 债权人向人民法院申请执行支付令的期间，适用民事诉讼法第二百四十六条的规定。

第四百四十一条 人民法院院长发现本院已经发生法律效力的支付令确有错误，认为需要撤销的，应当提交本院审判委员会讨论决定后，裁定撤销支付令，驳回债权人的申请。

二十、公示催告程序

第四百四十二条 民事诉讼法第二百二十五条规定的票据持有人，是指票据被盗、遗失或者灭失前的最后持有人。

第四百四十三条 人民法院收到公示催告的申请后，应当立即审查，并决定是否受理。经审查认为符合受理条件的，通知予以受理，并同时通知支付人停止支付；认为不符合受理条件的，七日内裁定驳回申请。

第四百四十四条 因票据丧失，申请公示催告的，人民法院应结合票据存根、丧失票据的复印件、出票人关于签发票据的证明、申请人合法取得票据的证明、银行挂失止付通知书、报案证明等证据，决定是否受理。

第四百四十五条　人民法院依照民事诉讼法第二百二十六条规定发出的受理申请的公告，应当写明下列内容：

（一）公示催告申请人的姓名或者名称；

（二）票据的种类、号码、票面金额、出票人、背书人、持票人、付款期限等事项以及其他可以申请公示催告的权利凭证的种类、号码、权利范围、权利人、义务人、行权日期等事项；

（三）申报权利的期间；

（四）在公示催告期间转让票据等权利凭证，利害关系人不申报的法律后果。

第四百四十六条　公告应当在有关报纸或者其他媒体上刊登，并于同日公布于人民法院公告栏内。人民法院所在地有证券交易所的，还应当同日在该交易所公布。

第四百四十七条　公告期间不得少于六十日，且公示催告期间届满日不得早于票据付款日后十五日。

第四百四十八条　在申报期届满后、判决作出之前，利害关系人申报权利的，应当适用民事诉讼法第二百二十八条第二款、第三款规定处理。

第四百四十九条　利害关系人申报权利，人民法院应当通知其向法院出示票据，并通知公示催告申请人在指定的期间查看该票据。公示催告申请人申请公示催告的票据与利害关系人出示的票据不一致的，应当裁定驳回利害关系人的申报。

第四百五十条　在申报权利的期间无人申报权利，或者申报被驳回的，申请人应当自公示催告期间届满之日起一个月内申请作出判决。逾期不申请判决的，终结公示催告程序。

裁定终结公示催告程序的，应当通知申请人和支付人。

第四百五十一条　判决公告之日起，公示催告申请人有权依据判决向付款人请求付款。

付款人拒绝付款，申请人向人民法院起诉，符合民事诉讼法第一百二十二条规定的起诉条件的，人民法院应予受理。

第四百五十二条　适用公示催告程序审理案件，可由审判员一人独任审理；判决宣告票据无效的，应当组成合议庭审理。

第四百五十三条　公示催告申请人撤回申请，应在公示催告前提出；公示催告期间申请撤回的，人民法院可以径行裁定终结公示催告程序。

第四百五十四条　人民法院依照民事诉讼法第二百二十七条规定通知支付人停止支付，应当符合有关财产保全的规定。支付人收到停止支付通知后拒不止付的，除可依照民事诉讼法第一百一十四条、第一百一十七条规定采取强制措施外，在判决后，支付人仍应承担付款义务。

第四百五十五条　人民法院依照民事诉讼法第二百二十八条规定终结公示催告程序后，公示催告申请人或者申报人向人民法院提起诉讼，因票据权利纠纷提起的，由票据支付地或者被告住所地人民法院管辖；因非票据权利纠纷提起的，由被告住所地人民法院管辖。

第四百五十六条　依照民事诉讼法第二百二十八条规定制作的终结公示催告程序的裁定书，由审判员、书记员署名，加盖人民法院印章。

第四百五十七条　依照民事诉讼法第二百三十条的规定，利害关系人向人民法院起诉的，人民法院可按票据纠纷适用普通程序审理。

第四百五十八条　民事诉讼法第二百三十条规定的正当理由，包括：

（一）因发生意外事件或者不可抗力致使利害关系人无法知道公告事实的；

（二）利害关系人因被限制人身自由而无法知道公告事实，或者虽然知道公告事实，但无法自己或者委托他人代为申报权利的；

（三）不属于法定申请公示催告情形的；

（四）未予公告或者未按法定方式公告的；

（五）其他导致利害关系人在判决作出前未能向人民法院申报权利的客观事由。

第四百五十九条 根据民事诉讼法第二百三十条的规定，利害关系人请求人民法院撤销除权判决的，应当将申请人列为被告。

利害关系人仅诉请确认其为合法持票人的，人民法院应当在裁判文书中写明，确认利害关系人为票据权利人的判决作出后，除权判决即被撤销。

二十一、执行程序

第四百六十条 发生法律效力的实现担保物权裁定、确认调解协议裁定、支付令，由作出裁定、支付令的人民法院或者与其同级的被执行财产所在地的人民法院执行。

认定财产无主的判决，由作出判决的人民法院将无主财产收归国家或者集体所有。

第四百六十一条 当事人申请人民法院执行的生效法律文书应当具备下列条件：

（一）权利义务主体明确；

（二）给付内容明确。

法律文书确定继续履行合同的，应当明确继续履行的具体内容。

第四百六十二条 根据民事诉讼法第二百三十四条规定，案外人对执行标的提出异议的，应当在该执行标的执行程序终结前提出。

第四百六十三条 案外人对执行标的提出的异议，经审查，按照下列情形分别处理：

（一）案外人对执行标的不享有足以排除强制执行的权益的，裁定驳回其异议；

（二）案外人对执行标的享有足以排除强制执行的权益的，裁定中止执行。

驳回案外人执行异议裁定送达案外人之日起十五日内，人民法院不得对执行标的进行处分。

第四百六十四条 申请执行人与被执行人达成和解协议后请求中止执行或者撤回执行申请的，人民法院可以裁定中止执行或者终结执行。

第四百六十五条 一方当事人不履行或者不完全履行在执行中双方自愿达成的和解协议，对方当事人申请执行原生效法律文书的，人民法院应当恢复执行，但和解协议已履行的部分应当扣除。和解协议已经履行完毕的，人民法院不予恢复执行。

第四百六十六条 申请恢复执行原生效法律文书，适用民事诉讼法第二百四十六条申请执行期间的规定。申请执行期间因达成执行中的和解协议而中断，其期间自和解协议约定履行期限的最后一日起重新计算。

第四百六十七条 人民法院依照民事诉讼法第二百三十八条规定决定暂缓执行的，如果担保是有期限的，暂缓执行的期限应当与担保期限一致，但最长不得超过一年。被执行人或者担保人对担保的财产在暂缓执行期间有转移、隐藏、变卖、毁损等行为的，人民法院可以恢复强制执行。

第四百六十八条　根据民事诉讼法第二百三十八条规定向人民法院提供执行担保的，可以由被执行人或者他人提供财产担保，也可以由他人提供保证。担保人应当具有代为履行或者代为承担赔偿责任的能力。

他人提供执行保证的，应当向执行法院出具保证书，并将保证书副本送交申请执行人。被执行人或者他人提供财产担保的，应当参照民法典的有关规定办理相应手续。

第四百六十九条　被执行人在人民法院决定暂缓执行的期限届满后仍不履行义务的，人民法院可以直接执行担保财产，或者裁定执行担保人的财产，但执行担保人的财产以担保人应当履行义务部分的财产为限。

第四百七十条　依照民事诉讼法第二百三十九条规定，执行中作为被执行人的法人或者其他组织分立、合并的，人民法院可以裁定变更后的法人或者其他组织为被执行人；被注销的，如果依照有关实体法的规定有权利义务承受人的，可以裁定该权利义务承受人为被执行人。

第四百七十一条　其他组织在执行中不能履行法律文书确定的义务的，人民法院可以裁定执行对该其他组织依法承担义务的法人或者公民个人的财产。

第四百七十二条　在执行中，作为被执行人的法人或者其他组织名称变更的，人民法院可以裁定变更后的法人或者其他组织为被执行人。

第四百七十三条　作为被执行人的公民死亡，其遗产继承人没有放弃继承的，人民法院可以裁定变更被执行人，由该继承人在遗产的范围内偿还债务。继承人放弃继承的，人民法院可以直接执行被执行人的遗产。

第四百七十四条　法律规定由人民法院执行的其他法律文书执行完毕后，该法律文书被有关机关或者组织依法撤销的，经当事人申请，适用民事诉讼法第二百四十条规定。

第四百七十五条　仲裁机构裁决的事项，部分有民事诉讼法第二百四十四条第二款、第三款规定情形的，人民法院应当裁定对该部分不予执行。

应当不予执行部分与其他部分不可分的，人民法院应当裁定不予执行仲裁裁决。

第四百七十六条　依照民事诉讼法第二百四十四条第二款、第三款规定，人民法院裁定不予执行仲裁裁决后，当事人对该裁定提出执行异议或者复议的，人民法院不予受理。当事人可以就该民事纠纷重新达成书面仲裁协议申请仲裁，也可以向人民法院起诉。

第四百七十七条　在执行中，被执行人通过仲裁程序将人民法院查封、扣押、冻结的财产确权或者分割给案外人的，不影响人民法院执行程序的进行。

案外人不服的，可以根据民事诉讼法第二百三十四条规定提出异议。

第四百七十八条　有下列情形之一的，可以认定为民事诉讼法第二百四十五条第二款规定的公证债权文书确有错误：

（一）公证债权文书属于不得赋予强制执行效力的债权文书的；

（二）被执行人一方未亲自或者未委托代理人到场公证等严重违反法律规定的公证程序的；

（三）公证债权文书的内容与事实不符或者违反法律强制性规定的；

（四）公证债权文书未载明被执行人不履行义务或者不完全履行义务时同意接受强制执行的。

人民法院认定执行该公证债权文书违背社会公共利益的，裁定不予执行。

公证债权文书被裁定不予执行后，当事人、公证事项的利害关系人可以就债权争议提起诉讼。

第四百七十九条 当事人请求不予执行仲裁裁决或者公证债权文书的，应当在执行终结前向执行法院提出。

第四百八十条 人民法院应当在收到申请执行书或者移交执行书后十日内发出执行通知。

执行通知中除应责令被执行人履行法律文书确定的义务外，还应通知其承担民事诉讼法第二百六十条规定的迟延履行利息或者迟延履行金。

第四百八十一条 申请执行人超过申请执行时效期间向人民法院申请强制执行的，人民法院应予受理。被执行人对申请执行时效期间提出异议，人民法院经审查异议成立的，裁定不予执行。

被执行人履行全部或者部分义务后，又以不知道申请执行时效期间届满为由请求执行回转的，人民法院不予支持。

第四百八十二条 对必须接受调查询问的被执行人、被执行人的法定代表人、负责人或者实际控制人，经依法传唤无正当理由拒不到场的，人民法院可以拘传其到场。

人民法院应当及时对被拘传人进行调查询问，调查询问的时间不得超过八小时；情况复杂，依法可能采取拘留措施的，调查询问的时间不得超过二十四小时。

人民法院在本辖区以外采取拘传措施时，可以将被拘传人拘传到当地人民法院，当地人民法院应予协助。

第四百八十三条 人民法院有权查询被执行人的身份信息与财产信息，掌握相关信息的单位和个人必须按照协助执行通知书办理。

第四百八十四条 对被执行的财产，人民法院非经查封、扣押、冻结不得处分。对银行存款等各类可以直接扣划的财产，人民法院的扣划裁定同时具有冻结的法律效力。

第四百八十五条 人民法院冻结被执行人的银行存款的期限不得超过一年，查封、扣押动产的期限不得超过两年，查封不动产、冻结其他财产权的期限不得超过三年。

申请执行人申请延长期限的，人民法院应当在查封、扣押、冻结期限届满前办理续行查封、扣押、冻结手续，续行期限不得超过前款规定的期限。

人民法院也可以依职权办理续行查封、扣押、冻结手续。

第四百八十六条 依照民事诉讼法第二百五十四条规定，人民法院在执行中需要拍卖被执行人财产的，可以由人民法院自行组织拍卖，也可以交由具备相应资质的拍卖机构拍卖。

交拍卖机构拍卖的，人民法院应当对拍卖活动进行监督。

第四百八十七条 拍卖评估需要对现场进行检查、勘验的，人民法院应当责令被执行人、协助义务人予以配合。被执行人、协助义务人不予配合的，人民法院可以强制进行。

第四百八十八条 人民法院在执行中需要变卖被执行人财产的，可以交有关单位变卖，也可以由人民法院直接变卖。

对变卖的财产，人民法院或者其工作人员不得买受。

第四百八十九条 经申请执行人和被执行人同意，且不损害其他债权人合法权益和社会公共利益的，人民法院可以不经拍卖、变卖，直接将被执行人的财产作价交申请执行人抵偿债务。对剩余债务，被执行人应当继续清偿。

第四百九十条 被执行人的财产无法拍卖或者变卖的，经申请执行人同意，且不损害其他债权人合法权益和社会公共利益的，人民法院可以将该项财产作价后交付申请执行人抵偿债务，或者交付申请执行人管理；申请执行人拒绝接收或者管理的，退回被执行人。

第四百九十一条　拍卖成交或者依法定程序裁定以物抵债的，标的物所有权自拍卖成交裁定或者抵债裁定送达买受人或者接受抵债物的债权人时转移。

第四百九十二条　执行标的物为特定物的，应当执行原物。原物确已毁损或者灭失的，经双方当事人同意，可以折价赔偿。

双方当事人对折价赔偿不能协商一致的，人民法院应当终结执行程序。申请执行人可以另行起诉。

第四百九十三条　他人持有法律文书指定交付的财物或者票证，人民法院依照民事诉讼法第二百五十六条第二款、第三款规定发出协助执行通知后，拒不转交的，可以强制执行，并可依照民事诉讼法第一百一十七条、第一百一十八条规定处理。

他人持有期间财物或者票证毁损、灭失的，参照本解释第四百九十二条规定处理。

他人主张合法持有财物或者票证的，可以根据民事诉讼法第二百三十四条规定提出执行异议。

第四百九十四条　在执行中，被执行人隐匿财产、会计账簿等资料的，人民法院除可依照民事诉讼法第一百一十四条第一款第六项规定对其处理外，还应责令被执行人交出隐匿的财产、会计账簿等资料。被执行人拒不交出的，人民法院可以采取搜查措施。

第四百九十五条　搜查人员应当按规定着装并出示搜查令和工作证件。

第四百九十六条　人民法院搜查时禁止无关人员进入搜查现场；搜查对象是公民的，应当通知被执行人或者他的成年家属以及基层组织派员到场；搜查对象是法人或者其他组织的，应当通知法定代表人或者主要负责人到场。拒不到场的，不影响搜查。

搜查妇女身体，应当由女执行人员进行。

第四百九十七条　搜查中发现应当依法采取查封、扣押措施的财产，依照民事诉讼法第二百五十二条第二款和第二百五十四条规定办理。

第四百九十八条　搜查应当制作搜查笔录，由搜查人员、被搜查人及其他在场人签名、捺印或者盖章。拒绝签名、捺印或者盖章的，应当记入搜查笔录。

第四百九十九条　人民法院执行被执行人对他人的到期债权，可以作出冻结债权的裁定，并通知该他人向申请执行人履行。

该他人对到期债权有异议，申请执行人请求对异议部分强制执行的，人民法院不予支持。利害关系人对到期债权有异议的，人民法院应当按照民事诉讼法第二百三十四条规定处理。

对生效法律文书确定的到期债权，该他人予以否认的，人民法院不予支持。

第五百条　人民法院在执行中需要办理房产证、土地证、林权证、专利证书、商标证书、车船执照等有关财产权证照转移手续的，可以依照民事诉讼法第二百五十八条规定办理。

第五百零一条　被执行人不履行生效法律文书确定的行为义务，该义务可由他人完成的，人民法院可以选定代履行人；法律、行政法规对履行该行为义务有资格限制的，应当从有资格的人中选定。必要时，可以通过招标的方式确定代履行人。

申请执行人可以在符合条件的人中推荐代履行人，也可以申请自己代为履行，是否准许，由人民法院决定。

第五百零二条 代履行费用的数额由人民法院根据案件具体情况确定，并由被执行人在指定期限内预先支付。被执行人未预付的，人民法院可以对该费用强制执行。

代履行结束后，被执行人可以查阅、复制费用清单以及主要凭证。

第五百零三条 被执行人不履行法律文书指定的行为，且该项行为只能由被执行人完成的，人民法院可以依照民事诉讼法第一百一十四条第一款第六项规定处理。

被执行人在人民法院确定的履行期间内仍不履行的，人民法院可以依照民事诉讼法第一百一十四条第一款第六项规定再次处理。

第五百零四条 被执行人迟延履行的，迟延履行期间的利息或者迟延履行金自判决、裁定和其他法律文书指定的履行期间届满之日起计算。

第五百零五条 被执行人未按判决、裁定和其他法律文书指定的期间履行非金钱给付义务的，无论是否已给申请执行人造成损失，都应当支付迟延履行金。已经造成损失的，双倍补偿申请执行人已经受到的损失；没有造成损失的，迟延履行金可以由人民法院根据具体案件情况决定。

第五百零六条 被执行人为公民或者其他组织，在执行程序开始后，被执行人的其他已经取得执行依据的债权人发现被执行人的财产不能清偿所有债权的，可以向人民法院申请参与分配。

对人民法院查封、扣押、冻结的财产有优先权、担保物权的债权人，可以直接申请参与分配，主张优先受偿权。

第五百零七条 申请参与分配，申请人应当提交申请书。申请书应当写明参与分配和被执行人不能清偿所有债权的事实、理由，并附有执行依据。

参与分配申请应当在执行程序开始后，被执行人的财产执行终结前提出。

第五百零八条 参与分配执行中，执行所得价款扣除执行费用，并清偿应当优先受偿的债权后，对于普通债权，原则上按照其占全部申请参与分配债权数额的比例受偿。清偿后的剩余债务，被执行人应当继续清偿。债权人发现被执行人有其他财产的，可以随时请求人民法院执行。

第五百零九条 多个债权人对执行财产申请参与分配的，执行法院应当制作财产分配方案，并送达各债权人和被执行人。债权人或者被执行人对分配方案有异议的，应当自收到分配方案之日起十五日内向执行法院提出书面异议。

第五百一十条 债权人或者被执行人对分配方案提出书面异议的，执行法院应当通知未提出异议的债权人、被执行人。

未提出异议的债权人、被执行人自收到通知之日起十五日内未提出反对意见的，执行法院依异议人的意见对分配方案审查修正后进行分配；提出反对意见的，应当通知异议人。异议人可以自收到通知之日起十五日内，以提出反对意见的债权人、被执行人为被告，向执行法院提起诉讼；异议人逾期未提起诉讼的，执行法院按照原分配方案进行分配。

诉讼期间进行分配的，执行法院应当提存与争议债权数额相应的款项。

第五百一十一条 在执行中，作为被执行人的企业法人符合企业破产法第二条第一款规定情形的，执行法院经申请执行人之一或者被执行人同意，应当裁定中止对该被执行人的执行，将执行案件相关材料移送被执行人住所地人民法院。

第五百一十二条　被执行人住所地人民法院应当自收到执行案件相关材料之日起三十日内，将是否受理破产案件的裁定告知执行法院。不予受理的，应当将相关案件材料退回执行法院。

第五百一十三条　被执行人住所地人民法院裁定受理破产案件的，执行法院应当解除对被执行人财产的保全措施。被执行人住所地人民法院裁定宣告被执行人破产的，执行法院应当裁定终结对该被执行人的执行。

被执行人住所地人民法院不受理破产案件的，执行法院应当恢复执行。

第五百一十四条　当事人不同意移送破产或者被执行人住所地人民法院不受理破产案件的，执行法院就执行变价所得财产，在扣除执行费用及清偿优先受偿的债权后，对于普通债权，按照财产保全和执行中查封、扣押、冻结财产的先后顺序清偿。

第五百一十五条　债权人根据民事诉讼法第二百六十一条规定请求人民法院继续执行的，不受民事诉讼法第二百四十六条规定申请执行时效期间的限制。

第五百一十六条　被执行人不履行法律文书确定的义务的，人民法院除对被执行人予以处罚外，还可以根据情节将其纳入失信被执行人名单，将被执行人不履行或者不完全履行义务的信息向其所在单位、征信机构以及其他相关机构通报。

第五百一十七条　经过财产调查未发现可供执行的财产，在申请执行人签字确认或者执行法院组成合议庭审查核实并经院长批准后，可以裁定终结本次执行程序。

依照前款规定终结执行后，申请执行人发现被执行人有可供执行财产的，可以再次申请执行。再次申请不受申请执行时效期间的限制。

第五百一十八条　因撤销申请而终结执行后，当事人在民事诉讼法第二百四十六条规定的申请执行时效期间内再次申请执行的，人民法院应当受理。

第五百一十九条　在执行终结六个月内，被执行人或者其他人对已执行的标的有妨害行为的，人民法院可以依申请排除妨害，并可以依照民事诉讼法第一百一十四条规定进行处罚。因妨害行为给执行债权人或者其他人造成损失的，受害人可以另行起诉。

二十二、涉外民事诉讼程序的特别规定

第五百二十条　有下列情形之一，人民法院可以认定为涉外民事案件：

（一）当事人一方或者双方是外国人、无国籍人、外国企业或者组织的；

（二）当事人一方或者双方的经常居所地在中华人民共和国领域外的；

（三）标的物在中华人民共和国领域外的；

（四）产生、变更或者消灭民事关系的法律事实发生在中华人民共和国领域外的；

（五）可以认定为涉外民事案件的其他情形。

第五百二十一条　外国人参加诉讼，应当向人民法院提交护照等用以证明自己身份的证件。

外国企业或者组织参加诉讼，向人民法院提交的身份证明文件，应当经所在国公证机关公证，并经中华人民共和国驻该国使领馆认证，或者履行中华人民共和国与该所在国订立的有关条约中规定的证明手续。

代表外国企业或者组织参加诉讼的人，应当向人民法院提交其有权作为代表人参加诉讼的证

明，该证明应当经所在国公证机关公证，并经中华人民共和国驻该国使领馆认证，或者履行中华人民共和国与该所在国订立的有关条约中规定的证明手续。

本条所称的“所在国”，是指外国企业或者组织的设立登记地国，也可以是办理了营业登记手续的第三国。

第五百二十二条 依照民事诉讼法第二百七十一条以及本解释第五百二十一条规定，需要办理公证、认证手续，而外国当事人所在国与中华人民共和国没有建立外交关系的，可以经该国公证机关公证，经与中华人民共和国有外交关系的第三国驻该国使领馆认证，再转由中华人民共和国驻该第三国使领馆认证。

第五百二十三条 外国人、外国企业或者组织的代表人在人民法院法官的见证下签署授权委托书，委托代理人进行民事诉讼的，人民法院应予认可。

第五百二十四条 外国人、外国企业或者组织的代表人在中华人民共和国境内签署授权委托书，委托代理人进行民事诉讼，经中华人民共和国公证机构公证的，人民法院应予认可。

第五百二十五条 当事人向人民法院提交的书面材料是外文的，应当同时向人民法院提交中文翻译件。

当事人对中文翻译件有异议的，应当共同委托翻译机构提供翻译文本；当事人对翻译机构的选择不能达成一致的，由人民法院确定。

第五百二十六条 涉外民事诉讼中的外籍当事人，可以委托本国人为诉讼代理人，也可以委托本国律师以非律师身份担任诉讼代理人；外国驻华使领馆官员，受本国公民的委托，可以以个人名义担任诉讼代理人，但在诉讼中不享有外交或者领事特权和豁免。

第五百二十七条 涉外民事诉讼中，外国驻华使领馆授权其本馆官员，在作为当事人的本国国民不在中华人民共和国领域内的情况下，可以以外交代表身份为其本国国民在中华人民共和国聘请中华人民共和国律师或者中华人民共和国公民代理民事诉讼。

第五百二十八条 涉外民事诉讼中，经调解双方达成协议，应当制发调解书。当事人要求发给判决书的，可以依协议的内容制作判决书送达当事人。

第五百二十九条 涉外合同或者其他财产权益纠纷的当事人，可以书面协议选择被告住所地、合同履行地、合同签订地、原告住所地、标的物所在地、侵权行为地等与争议有实际联系地点的外国法院管辖。

根据民事诉讼法第三十四条和第二百七十三条规定，属于中华人民共和国法院专属管辖的案件，当事人不得协议选择外国法院管辖，但协议选择仲裁的除外。

第五百三十条 涉外民事案件同时符合下列情形的，人民法院可以裁定驳回原告的起诉，告知其向更方便的外国法院提起诉讼：

（一）被告提出案件应由更方便外国法院管辖的请求，或者提出管辖异议；

（二）当事人之间不存在选择中华人民共和国法院管辖的协议；

（三）案件不属于中华人民共和国法院专属管辖；

（四）案件不涉及中华人民共和国国家、公民、法人或者其他组织的利益；

（五）案件争议的主要事实不是发生在中华人民共和国境内，且案件不适用中华人民共和国法律，人民法院审理案件在认定事实和适用法律方面存在重大困难；

（六）外国法院对案件享有管辖权，且审理该案件更加方便。

第五百三十一条 中华人民共和国法院和外国法院都有管辖权的案件，一方当事人向外国法院起诉，而另一方当事人向中华人民共和国法院起诉的，人民法院可予受理。判决后，外国法院申请或者当事人请求人民法院承认和执行外国法院对本案作出的判决、裁定的，不予准许；但双方共同缔结或者参加的国际条约另有规定的除外。

外国法院判决、裁定已经被人民法院承认，当事人就同一争议向人民法院起诉的，人民法院不予受理。

第五百三十二条 对在中华人民共和国领域内没有住所的当事人，经用公告方式送达诉讼文书，公告期满不应诉，人民法院缺席判决后，仍应当将裁判文书依照民事诉讼法第二百七十四条第八项规定公告送达。自公告送达裁判文书满三个月之日起，经过三十日的上诉期当事人没有上诉的，一审判决即发生法律效力。

第五百三十三条 外国人或者外国企业、组织的代表人、主要负责人在中华人民共和国领域内的，人民法院可以向该自然人或者外国企业、组织的代表人、主要负责人送达。

外国企业、组织的主要负责人包括该企业、组织的董事、监事、高级管理人员等。

第五百三十四条 受送达人所在国允许邮寄送达的，人民法院可以邮寄送达。

邮寄送达时应当附有送达回证。受送达人未在送达回证上签收但在邮件回执上签收的，视为送达，签收日期为送达日期。

自邮寄之日起满三个月，如果未收到送达的证明文件，且根据各种情况不足以认定已经送达的，视为不能用邮寄方式送达。

第五百三十五条 人民法院一审时采取公告方式向当事人送达诉讼文书的，二审时可径行采取公告方式向其送达诉讼文书，但人民法院能够采取公告方式之外的其他方式送达的除外。

第五百三十六条 不服第一审人民法院判决、裁定的上诉期，对在中华人民共和国领域内有住所的当事人，适用民事诉讼法第一百七十一条规定的期限；对在中华人民共和国领域内没有住所的当事人，适用民事诉讼法第二百七十六条规定的期限。当事人的上诉期均已届满没有上诉的，第一审人民法院的判决、裁定即发生法律效力。

第五百三十七条 人民法院对涉外民事案件的当事人申请再审进行审查的期间，不受民事诉讼法第二百一十一条规定的限制。

第五百三十八条 申请人向人民法院申请执行中华人民共和国涉外仲裁机构的裁决，应当提出书面申请，并附裁决书正本。如申请人为外国当事人，其申请书应当用中文文本提出。

第五百三十九条 人民法院强制执行涉外仲裁机构的仲裁裁决时，被执行人以有民事诉讼法第二百八十一条第一款规定的情形为由提出抗辩的，人民法院应当对被执行人的抗辩进行审查，并根据审查结果裁定执行或者不予执行。

第五百四十条 依照民事诉讼法第二百七十九条规定，中华人民共和国涉外仲裁机构将当事人的保全申请提交人民法院裁定的，人民法院可以进行审查，裁定是否进行保全。裁定保全的，应当责令申请人提供担保，申请人不提供担保的，裁定驳回申请。

当事人申请证据保全，人民法院经审查认为无需提供担保的，申请人可以不提供担保。

第五百四十一条 申请人向人民法院申请承认和执行外国法院作出的发生法律效力的判决、

裁定，应当提交申请书，并附外国法院作出的发生法律效力的判决、裁定正本或者经证明无误的副本以及中文译本。外国法院判决、裁定为缺席判决、裁定的，申请人应当同时提交该外国法院已经合法传唤的证明文件，但判决、裁定已经对此予以明确说明的除外。

中华人民共和国缔结或者参加的国际条约对提交文件有规定的，按照规定办理。

第五百四十二条 当事人向中华人民共和国有管辖权的中级人民法院申请承认和执行外国法院作出的发生法律效力的判决、裁定的，如果该法院所在国与中华人民共和国没有缔结或者共同参加国际条约，也没有互惠关系的，裁定驳回申请，但当事人向人民法院申请承认外国法院作出的发生法律效力的离婚判决的除外。

承认和执行申请被裁定驳回的，当事人可以向人民法院起诉。

第五百四十三条 对临时仲裁庭在中华人民共和国领域外作出的仲裁裁决，一方当事人向人民法院申请承认和执行的，人民法院应当依照民事诉讼法第二百九十条规定处理。

第五百四十四条 对外国法院作出的发生法律效力的判决、裁定或者外国仲裁裁决，需要中华人民共和国法院执行的，当事人应当先向人民法院申请承认。人民法院经审查，裁定承认后，再根据民事诉讼法第三编的规定予以执行。

当事人仅申请承认而未同时申请执行的，人民法院仅对应否承认进行审查并作出裁定。

第五百四十五条 当事人申请承认和执行外国法院作出的发生法律效力的判决、裁定或者外国仲裁裁决的期间，适用民事诉讼法第二百四十六条的规定。

当事人仅申请承认而未同时申请执行的，申请执行的期间自人民法院对承认申请作出的裁定生效之日起重新计算。

第五百四十六条 承认和执行外国法院作出的发生法律效力的判决、裁定或者外国仲裁裁决的案件，人民法院应当组成合议庭进行审查。

人民法院应当将申请书送达被申请人。被申请人可以陈述意见。

人民法院经审查作出的裁定，一经送达即发生法律效力。

第五百四十七条 与中华人民共和国没有司法协助条约又无互惠关系的国家的法院，未通过外交途径，直接请求人民法院提供司法协助的，人民法院应予退回，并说明理由。

第五百四十八条 当事人在中华人民共和国领域外使用中华人民共和国法院的判决书、裁定书，要求中华人民共和国法院证明其法律效力的，或者外国法院要求中华人民共和国法院证明判决书、裁定书的法律效力的，作出判决、裁定的中华人民共和国法院，可以本法院的名义出具证明。

第五百四十九条 人民法院审理涉及香港、澳门特别行政区和台湾地区的民事诉讼案件，可以参照适用涉外民事诉讼程序的特别规定。

二十三、附　　则

第五百五十条 本解释公布施行后，最高人民法院于 1992 年 7 月 14 日发布的《关于适用〈中华人民共和国民事诉讼法〉若干问题的意见》同时废止；最高人民法院以前发布的司法解释与本解释不一致的，不再适用。

最高人民法院关于严格规范民商事案件延长审限和延期开庭问题的规定

（2018年4月23日最高人民法院审判委员会第1737次会议通过　根据2019年2月25日最高人民法院审判委员会第1762次会议《最高人民法院关于修改〈最高人民法院关于严格规范民商事案件延长审限和延期开庭问题的规定〉的决定》修正　2019年3月27日最高人民法院公告公布　自2019年3月28日起施行　法释〔2019〕4号）

为维护诉讼当事人合法权益，根据《中华人民共和国民事诉讼法》等规定，结合审判实际，现就民商事案件延长审限和延期开庭等有关问题规定如下。

第一条　人民法院审理民商事案件时，应当严格遵守法律及司法解释有关审限的规定。适用普通程序审理的第一审案件，审限为六个月；适用简易程序审理的第一审案件，审限为三个月。审理对判决的上诉案件，审限为三个月；审理对裁定的上诉案件，审限为三十日。

法律规定有特殊情况需要延长审限的，独任审判员或合议庭应当在期限届满十五日前向本院院长提出申请，并说明详细情况和理由。院长应当在期限届满五日前作出决定。

经本院院长批准延长审限后尚不能结案，需要再次延长的，应当在期限届满十五日前报请上级人民法院批准。上级人民法院应当在审限届满五日前作出决定。

第二条　民事诉讼法第一百四十六条第四项规定的“其他应当延期的情形”，是指因不可抗力或者意外事件导致庭审无法正常进行的情形。

第三条　人民法院应当严格限制延期开庭审理次数。适用普通程序审理民商事案件，延期开庭审理次数不超过两次；适用简易程序以及小额速裁程序审理民商事案件，延期开庭审理次数不超过一次。

第四条　基层人民法院及其派出的法庭审理事实清楚、权利义务关系明确、争议不大的简单民商事案件，适用简易程序。

基层人民法院及其派出的法庭审理符合前款规定且标的额为各省、自治区、直辖市上年度就业人员年平均工资两倍以下的民商事案件，应当适用简易程序，法律及司法解释规定不适用简易程序的案件除外。

适用简易程序审理的民商事案件，证据交换、庭前会议等庭前准备程序与开庭程序一并进行，不再另行组织。

适用简易程序的案件，不适用公告送达。

第五条　人民法院开庭审理民商事案件后，认为需要延期开庭审理的，应当依法告知当事人下次开庭的时间。两次开庭间隔时间不得超过一个月，但因不可抗力或当事人同意的除外。

第六条　独任审判员或者合议庭适用民事诉讼法第一百四十六条第四项规定决定延期开庭的，应当报本院院长批准。

第七条　人民法院应当将案件的立案时间、审理期限，扣除、延长、重新计算审限，延期开庭审理的情况及事由，按照《最高人民法院关于人民法院通过互联网公开审判流程信息的规定》及时向当事人及其法定代理人、诉讼代理人公开。当事人及其法定代理人、诉讼代理人有异议的，可以依法向受理案件的法院申请监督。

第八条 故意违反法律、审判纪律、审判管理规定拖延办案，或者因过失延误办案，造成严重后果的，依照《人民法院工作人员处分条例》第四十七条的规定予以处分。

第九条 本规定自2018年4月26日起施行；最高人民法院此前发布的司法解释及规范性文件与本规定不一致的，以本规定为准。

最高人民法院关于推进行政诉讼程序繁简分流改革的意见

（2021年5月14日 法发〔2021〕17号）

为深化行政诉讼制度改革，推进行政案件繁简分流、轻重分离、快慢分道，优化行政审判资源配置，推动行政争议实质化解，依法保护公民、法人和其他组织合法权益，支持和监督行政机关依法行政，根据《中华人民共和国行政诉讼法》（以下简称行政诉讼法）及司法解释的规定，结合审判工作实际，制定本意见。

一、一般规定

第一条 人民法院应当严格规范审理复杂行政案件，依法快速审理简单行政案件，完善行政诉讼简易程序适用规则，推动电子诉讼的应用，引导当事人正确行使诉讼权利、依法履行诉讼义务，全面提升行政审判质量、效率和公信力。

第二条 第一审人民法院审理下列行政案件，可以作为简单案件进行审理：

（一）属于行政诉讼法第八十二条第一款、第二款规定情形的；

（二）不符合法定起诉条件的；

（三）不服行政复议机关作出的不予受理或者驳回复议申请决定的；

（四）事实清楚、权利义务关系明确、争议不大的政府信息公开类、履行法定职责类以及商标授权确权类行政案件。

第二审人民法院对于第一审人民法院按照简单案件快速审理的上诉案件，以及当事人撤回上诉、起诉、按自动撤回上诉处理的案件，针对不予立案、驳回起诉、管辖权异议裁定提起上诉的案件等，可以作为简单案件进行审理。

高级人民法院可以探索开展行政申请再审案件繁简分流工作。

第三条 人民法院可以建立行政案件快审团队或者专业化、类型化审判团队，也可以设立程序分流员，负责行政案件繁简分流，实现简案快审、类案专审、繁案精审。

二、促进行政争议诉前分流

第四条　人民法院应当强化行政争议的诉源治理，完善行政诉讼与行政复议、行政裁决等非诉讼解纷方式的分流对接机制，探索建立诉前和解机制，依托司法与行政的良性互动，加强行政争议多元化解及相关平台建设。

第五条　行政诉讼法规定可以调解的案件、行政相对人要求和解的案件，或者通过和解方式处理更有利于实质性化解行政争议的案件，人民法院可以在立案前引导当事人自行和解或者通过第三方进行调解。开展诉前调解应在调解平台上进行，并编立相应案号。

建立非诉讼调解自动履行正向激励机制，通过将自动履行情况纳入诚信评价体系等，引导当事人自动、即时履行调解协议，及时化解行政争议。

第六条　经诉前调解达成和解协议，当事人共同申请司法确认的，人民法院可以依法确认和解协议效力，出具行政诉前调解书。

当事人拒绝调解或者未达成和解协议，符合法定立案条件的，人民法院应当依法及时登记立案。

立案后，经调解当事人申请撤诉，人民法院审查认为符合法律规定的，依法作出准予撤诉的裁定。

第七条　诉前调解中，当事人没有争议的事实应当记入调解笔录，并由当事人签字确认。

在审理过程中，经当事人同意，双方在调解过程中已确认的无争议事实不再进行举证、质证，但当事人为达成和解协议作出妥协而认可的事实或者有相反证据足以推翻的事实除外。

三、健全简易程序适用规则

第八条　人民法院依照行政诉讼法第八十二条第一款规定适用简易程序审理的行政案件，可以向当事人发送简易程序审理通知书，告知审理方式、审理期限等事项。

人民法院依照行政诉讼法第八十二条第二款规定审理其他第一审行政案件，应当征求当事人意见。征求意见可以通过诉讼平台、电话、手机短信、即时通讯账号等简便方式进行。当事人不同意适用简易程序的，应当自收到通知之日起五日内向人民法院提出。期限内未提出异议的，人民法院可以按照简易程序进行审理。

第九条　人民法院适用简易程序审理行政案件，可以根据案件情况，采取下列方式简化庭审程序，但应当保障当事人答辩、举证、质证、陈述、辩论等诉讼权利：

（一）已经通过开庭前准备阶段或者其他方式完成当事人身份核实、权利义务告知、庭审纪律宣示的，开庭时可以不再重复；

（二）庭审直接围绕与被诉行政行为合法性相关的争议焦点展开，法庭调查、法庭辩论可以合并进行。

当事人双方表示不需要答辩期间、举证期限的，人民法院可以迳行开庭，开庭时间不受答辩期间、举证期限的限制。

适用简易程序审理的案件，应当一次开庭审结，但人民法院认为确有必要再次开庭的除外。

第十条 适用简易程序审理行政案件的庭审录音录像，经当事人同意的，可以代替法庭笔录。

第十一条 人民法院适用简易程序审理行政案件，可以简化裁判文书，但应当包含当事人基本信息、诉讼请求、答辩意见、主要事实、简要裁判理由、裁判依据和裁判主文，以及诉讼费用负担、告知当事人上诉权利等必要内容。

第十二条 由简易程序转为普通程序审理的案件，转为普通程序前已经进行的诉讼行为有效，双方当事人已确认的无争议事实，可以不再进行举证、质证。

由简易程序转为普通程序的案件，不得再转为简易程序审理。

四、依法快速审理简单案件

第十三条 人民法院经过阅卷、调查或者询问当事人，认为原告起诉不符合法定起诉条件的，可以迳行裁定驳回起诉，但需要开庭审理查明相关事实的除外。

第十四条 开庭前准备阶段已核实当事人身份、告知权利义务、进行证据交换的，开庭审理时不再重复进行。

开庭前准备阶段确认的没有争议并记录在卷的证据，经人民法院在法庭调查时予以说明、各方当事人确认后，可以作为认定案件事实的依据。

第十五条 复议机关为共同被告的案件，对于复议决定与原行政行为认定一致的事实，对方当事人在庭审中明确表示认可的，人民法院可以简化庭审举证和质证，但有相反证据足以推翻该事实的除外。

第十六条 人民法院对具备下列情形之一的上诉案件，经过阅卷、调查或者询问当事人，对没有提出新的事实、证据或者理由的，可以不开庭审理：

（一）不服一审行政裁定的；

（二）当事人认为一审裁判适用法律法规错误的。

在依法保障当事人诉讼权利的情况下，第二审人民法院可以通过诉讼平台、电话、手机短信、即时通讯账号等简便方式询问当事人，并记录在案，但涉及新的事实或者新证据的除外。

第十七条 人民法院审查申请再审案件，应当依据行政诉讼法第九十一条规定，结合当事人的再审请求及理由进行审查。需要询问当事人的，可以通过诉讼平台、电话、手机短信、即时通讯账号等简便方式进行。

当事人主张的再审事由明显不成立的，或者不符合申请再审条件的，驳回再审申请裁定可以适当简化，但应当包含当事人基本信息、案件由来、申请人申请再审的请求和理由、简要裁判理由、裁判依据和裁判主文等必要内容。

第十八条 依法快速审理的简单行政案件，庭审笔录可以适当简化。相关庭审录音录像应当制作光盘等存储介质，一并入卷归档。

第十九条 对事实清楚、权利义务关系明确、争议不大的政府信息公开、不履行法定职责、不予受理或者程序性驳回复议申请以及商标授权确权等行政案件，人民法院可以结合被诉行政行为为合法性的审查要素和当事人争议焦点开展庭审活动，并可以制作要素式行政裁判文书。

要素式行政裁判文书可以采取简易方式，按照当事人情况、诉讼请求、基本事实、裁判理由和裁判结果等行政裁判文书的基本要素进行填写。

第二十条　不同当事人对同一个或者同一类行政行为分别提起诉讼的，可以集中立案，由同一审判团队实行集中排期、开庭、审理、宣判。

第二十一条　人民法院审理简单行政案件过程中，发现案件疑难复杂的，应当及时转为复杂案件进行审理。需要变更合议庭或者审判员的，应当告知当事人。

第二十二条　人民法院、当事人及其他诉讼参与人通过信息化诉讼平台在线开展行政诉讼活动，行政诉讼法没有规定的，可以参照适用民事诉讼法及民事诉讼程序繁简分流的相关规定。

五、附　　则

第二十三条　本意见自 2021 年 6 月 1 日起施行。

最高人民法院关于印发《民事诉讼程序繁简分流改革试点实施办法》的通知

（2020 年 1 月 15 日　法〔2020〕11 号）

北京、上海、江苏、浙江、安徽、福建、山东、河南、湖北、广东、四川、贵州、云南、宁夏、陕西省（区、市）高级人民法院：

为深入贯彻党的十九大和十九届二中、三中、四中全会及中央政法工作会议精神，深化民事诉讼制度改革，根据第十三届全国人大常委会第十五次会议作出的《全国人民代表大会常务委员会关于授权最高人民法院在部分地区开展民事诉讼程序繁简分流改革试点工作的决定》（人大常委会字〔2019〕42 号）和最高人民法院印发的《民事诉讼程序繁简分流改革试点方案》（法〔2020〕10 号），结合工作实际，最高人民法院制定了《民事诉讼程序繁简分流改革试点实施办法》。现将文件印发给你们，请认真组织实施。实施过程中遇有情况和问题，请及时层报最高人民法院。

民事诉讼程序繁简分流改革试点实施办法

为深化民事诉讼制度改革，推进案件繁简分流、轻重分离、快慢分道，进一步优化司法资源配置，全面促进司法公正，提升司法效能，满足人民群众多元、高效、便捷的纠纷解决需求，维护当事人合法诉讼权益，根据第十三届全国人民代表大会常务委员会第十五次会议作出的《全国人民代表大会常务委员会关于授权最高人民法院在部分地区开展民事诉讼程序繁简分流改革试点工作的决定》，结合审判工作实际，制定本办法。

一、一般规定

第一条 试点法院应当根据本办法，积极优化司法确认程序、小额诉讼程序和简易程序，健全审判组织适用模式，探索推行电子诉讼和在线审理机制，有效降低当事人诉讼成本，充分保障人民群众合法诉讼权益，促进司法资源与司法需求合理有效配置，全面提升司法质量、效率和公信力，努力让人民群众在每一个司法案件中感受到公平正义。

二、优化司法确认程序

第二条 人民法院应当建立特邀调解名册，按照规定的程序和条件，确定特邀调解组织和特邀调解员，并对名册进行管理。

第三条 经人民调解委员会、特邀调解组织或者特邀调解员调解达成民事调解协议的，双方当事人可以自调解协议生效之日起三十日内共同向人民法院申请司法确认。

第四条 司法确认案件按照以下规定依次确定管辖：

（一）委派调解的，由作出委派的人民法院管辖；

（二）当事人选择由人民调解委员会或者特邀调解组织调解的，由调解组织所在地基层人民法院管辖；当事人选择由特邀调解员调解的，由调解协议签订地基层人民法院管辖。

案件符合级别管辖或者专门管辖标准的，由对应的中级人民法院或者专门人民法院管辖。

三、完善小额诉讼程序

第五条 基层人民法院审理的事实清楚、权利义务关系明确、争议不大的简单金钱给付类案件，标的额为人民币五万元以下的，适用小额诉讼程序，实行一审终审。

标的额超出前款规定，但在人民币五万元以上、十万元以下的简单金钱给付类案件，当事人双方约定适用小额诉讼程序的，可以适用小额诉讼程序审理。

适用小额诉讼程序审理的案件，人民法院应当向当事人告知审判组织、审理期限、审理方式、一审终审等相关事项。

第六条 下列案件，不适用小额诉讼程序审理：

（一）人身关系、财产确权纠纷；

（二）涉外民事纠纷；

（三）需要评估、鉴定或者对诉前评估、鉴定结果有异议的纠纷；

（四）一方当事人下落不明的纠纷；

（五）其他不宜适用小额诉讼程序审理的纠纷。

第七条 适用小额诉讼程序审理的案件，经人民法院告知放弃答辩期间、举证期限的法律后果后，当事人明确表示放弃的，人民法院可以直接开庭审理。

当事人明确表示不放弃答辩期间的，人民法院可以在征得其同意的基础上，合理确定答辩期间，但一般不超过七日。

当事人明确表示不放弃举证期限的，可以由当事人自行约定举证期限或者由人民法院指定举证期限，但一般不超过七日。

第八条 适用小额诉讼程序审理的案件，可以比照简易程序进一步简化传唤、送达、证据交换的方式，但不得减损当事人答辩、举证、质证、陈述、辩论等诉讼权利。

适用小额诉讼程序审理的案件，庭审可以不受法庭调查、法庭辩论等庭审程序限制，直接围绕诉讼请求或者案件要素进行，原则上应当一次开庭审结，但人民法院认为确有必要再次开庭的除外。

第九条 适用小额诉讼程序审理的案件，可以比照简易程序进一步简化裁判文书，主要记载当事人基本信息、诉讼请求、答辩意见、主要事实、简要裁判理由、裁判依据、裁判主文和一审终审的告知等内容。

对于案情简单、法律适用明确的案件，法官可以当庭作出裁判并说明裁判理由。对于当庭裁判的案件，裁判过程经庭审录音录像或者庭审笔录完整记录的，人民法院在制作裁判文书时可以不再载明裁判理由。

第十条 适用小额诉讼程序审理的案件，应当在立案之日起两个月内审结，有特殊情况需要延长的，经本院院长批准，可以延长一个月。

第十一条 适用小额诉讼程序审理的案件，出现下列情形之一，符合适用简易程序审理条件的，裁定转为简易程序审理：

（一）当事人认为案件不符合本办法第五条、第六条关于小额诉讼程序适用条件的规定，向人民法院提出异议，经审查认为异议成立的；

（二）当事人申请增加或者变更诉讼请求、追加当事人，致使案件标的额在人民币五万元以上、十万元以下，且一方当事人不同意继续适用小额诉讼程序的；

（三）当事人申请增加或者变更诉讼请求、追加当事人，致使案件标的额在人民币十万元以上或者不符合小额诉讼程序适用条件的；

（四）当事人提出反诉的；

（五）需要鉴定、评估、审计的；

（六）其他不宜继续适用小额诉讼程序的情形。

适用小额诉讼程序审理的案件，审理中发现案情疑难复杂，并且不适宜适用简易程序审理的，裁定转为普通程序审理。由小额诉讼程序转为简易程序审理的案件，一般不得再转为普通程序审理，但确有必要的除外。

适用小额诉讼程序审理的案件，转为简易程序或者普通程序审理前，双方当事人已确认的事实，可以不再举证、质证。

四、完善简易程序规则

第十二条 事实清楚、权利义务关系明确的简单案件，需要公告送达的，可以适用简易程序审理。

第十三条 适用简易程序审理的案件，人民法院可以根据案件情况，采取下列方式简化庭审程序，但应当保障当事人答辩、举证、质证、陈述、辩论等诉讼权利：

（一）开庭前已经通过庭前会议或者其他方式完成当事人身份核实、权利义务告知、庭审纪律宣示的，开庭时可以不再重复；

（二）经庭前会议笔录记载的无争议事实和证据，可以不再举证、质证；

（三）庭审可以直接围绕诉讼请求或者案件要素进行。

第十四条 适用简易程序审理的案件，人民法院可以采取下列方式简化裁判文书：

（一）对于能够概括出案件固定要素的，可以根据案件要素载明原告、被告意见、证据和法院认定理由、依据及裁判结果；

（二）对于一方当事人明确表示承认对方全部或者主要诉讼请求的、当事人对案件事实没有争议或者争议不大的，裁判文书可以只包含当事人基本信息、诉讼请求、答辩意见、主要事实、简要裁判理由、裁判依据和裁判主文。

简化后的裁判文书应当包含诉讼费用负担、告知当事人上诉权利等必要内容。

第十五条 人民法院适用简易程序审理的案件，应当在立案之日起三个月内审结。有特殊情况需要延长的，经本院院长批准，可以延长一个月。

五、扩大独任制适用范围

第十六条 基层人民法院适用小额诉讼程序、简易程序审理的案件，由法官一人独任审理。

基层人民法院审理的事实不易查明，但法律适用明确的案件，可以由法官一人适用普通程序独任审理。

第十七条 基层人民法院审理的案件，具备下列情形之一的，应当依法组成合议庭，适用普通程序审理：

（一）涉及国家利益、公共利益的；

（二）涉及群体性纠纷，可能影响社会稳定的；

（三）产生较大社会影响，人民群众广泛关注的；

（四）新类型或者疑难复杂的；

（五）与本院或者上级人民法院已经生效的类案判决可能发生冲突的；

（六）发回重审的；

（七）适用审判监督程序的；

（八）第三人起诉请求改变或者撤销生效判决、裁定、调解书的；

（九）其他不宜采用独任制的案件。

第十八条 第二审人民法院审理上诉案件应当组成合议庭审理。但事实清楚、法律适用明确的下列案件，可以由法官一人独任审理：

（一）第一审适用简易程序审理结案的；

（二）不服民事裁定的。

第十九条 由法官一人独任审理的第一审或者第二审案件，审理过程中出现本办法第十七条第（一）至（五）项或者第（九）项所列情形之一的，人民法院应当裁定组成合议庭审理，并将合议庭组成人员及相关事项书面通知双方当事人。

由独任审理转为合议庭审理的案件，审理期限自人民法院立案之日起计算，已经作出的诉讼行为继续有效。双方当事人已确认的事实，可以不再举证、质证。

第二十条　由法官一人独任审理的上诉案件，应当开庭审理。

没有提出新的事实、证据的案件，具备下列情形之一的，独任法官经过阅卷、调查或者询问当事人，认为不需要开庭的，可以不开庭审理：

（一）不服民事裁定的；

（二）上诉请求明显不能成立的；

（三）原判决认定事实清楚，但适用法律明显错误的；

（四）原判决严重违反法定程序，需要发回重审的。

六、健全电子诉讼规则

第二十一条　人民法院、当事人及其他诉讼参与人可以通过信息化诉讼平台在线开展诉讼活动。诉讼主体的在线诉讼活动，与线下诉讼活动具有同等效力。

人民法院根据技术条件、案件情况和当事人意愿等因素，决定是否采取在线方式完成相关诉讼环节。

第二十二条　当事人及其他诉讼参与人以电子化方式提交的诉讼材料和证据材料，经人民法院审核通过后，可以直接在诉讼中使用，不再提交纸质原件。人民法院根据对方当事人申请或者案件审理需要，要求提供原件的，当事人应当提供。

第二十三条　人民法院开庭审理案件，可以采取在线视频方式，但符合下列情形之一的，不适用在线庭审：

（一）双方当事人明确表示不同意，或者一方当事人表示不同意且有正当理由的；

（二）双方当事人均不具备参与在线庭审的技术条件和能力的；

（三）需要现场查明身份、核对原件、查验实物的；

（四）人民法院认为存在其他不宜适用在线庭审情形的。

仅一方当事人选择在线庭审的，人民法院可以根据案件情况，采用一方当事人在线、另一方当事人线下的方式开庭。

采用在线庭审方式审理的案件，审理过程中出现上述情形之一的，人民法院应当将案件转为线下开庭方式审理。已完成的在线庭审活动具有法律效力。

第二十四条　经受送达人同意，人民法院可以通过中国审判流程信息公开网、全国统一送达平台、传真、电子邮件、即时通讯账号等电子方式送达诉讼文书和当事人提交的证据材料。

具备下列情形之一的，人民法院可以确定受送达人同意电子送达：

（一）受送达人明确表示同意的；

（二）受送达人对在诉讼中适用电子送达已作出过约定的；

（三）受送达人在提交的起诉状、答辩状中主动提供用于接收送达的电子地址的；

（四）受送达人通过回复收悉、参加诉讼等方式接受已经完成的电子送达，并且未明确表示不同意电子送达的。

第二十五条 经受送达人明确表示同意，人民法院可以电子送达判决书、裁定书、调解书等裁判文书。当事人提出需要纸质裁判文书的，人民法院应当提供。

第二十六条 人民法院向受送达人主动提供或者确认的电子地址进行送达的，送达信息到达电子地址所在系统时，即为送达。

受送达人同意电子送达但未主动提供或者确认电子地址，人民法院向能够获取的受送达人电子地址进行送达的，根据下列情形确定是否完成送达：

（一）受送达人回复已收到送达材料，或者根据送达内容作出相应诉讼行为的，视为完成有效送达；

（二）受送达人的电子地址所在系统反馈受送达人已阅知，或者有其他证据可以证明受送达人已经收悉的，推定完成有效送达，但受送达人能够证明存在系统错误、送达地址非本人使用或者非本人阅知等未收悉送达内容的情形除外。

完成有效送达的，人民法院应当制作电子送达凭证。电子送达凭证具有送达回证效力。

七、附　　则

第二十七条 本办法仅适用于北京、上海市辖区内中级人民法院、基层人民法院，南京、苏州、杭州、宁波、合肥、福州、厦门、济南、郑州、洛阳、武汉、广州、深圳、成都、贵阳、昆明、西安、银川市中级人民法院及其辖区内基层人民法院，北京、上海、广州知识产权法院，上海金融法院，北京、杭州、广州互联网法院。

本办法所称的人民法院，是指纳入试点的人民法院；所称的第二审人民法院，包括纳入试点的中级人民法院、知识产权法院和金融法院；所称的中级人民法院、基层人民法院包括试点地区内的铁路运输中级法院和基层法院。

第二十八条 试点地区高级人民法院根据本办法，结合工作实际，制定具体实施方案和相关制度规定，并于2020年2月10日前报最高人民法院备案。

试点地区高级人民法院在制定实施方案、修订现有规范、做好机制衔接的前提下，组织试点法院自本法印发之日起全面启动试点工作，试点时间二年。2021年1月1日前，试点地区高级人民法院应当形成试点工作中期报告报最高人民法院。

第二十九条 本办法由最高人民法院负责解释。

第三十条 本办法报全国人民代表大会常务委员会备案，自发布之日起实施；之前有关民事诉讼制度规定与本办法不一致的，按照本办法执行。

最高人民法院关于人民法院民事诉讼中委托鉴定审查工作若干问题的规定

（2020年8月14日　法〔2020〕202号）

为进一步规范民事诉讼中委托鉴定工作，促进司法公正，根据《中华人民共和国民事诉讼法》《最高人民法院关于适用〈中华人民共和国民事诉讼法〉的解释》《最高人民法院关于民事诉讼证据的若干规定》等法律、司法解释的规定，结合人民法院工作实际，制定本规定。

一、对鉴定事项的审查

1. 严格审查拟鉴定事项是否属于查明案件事实的专门性问题，有下列情形之一的，人民法院不予委托鉴定：

（1）通过生活常识、经验法则可以推定的事实；

（2）与待证事实无关联的问题；

（3）对证明待证事实无意义的问题；

（4）应当由当事人举证的非专门性问题；

（5）通过法庭调查、勘验等方法可以查明的事实；

（6）对当事人责任划分的认定；

（7）法律适用问题；

（8）测谎；

（9）其他不适宜委托鉴定的情形。

2. 拟鉴定事项所涉鉴定技术和方法争议较大的，应当先对其鉴定技术和方法的科学可靠性进行审查。所涉鉴定技术和方法没有科学可靠性的，不予委托鉴定。

二、对鉴定材料的审查

3. 严格审查鉴定材料是否符合鉴定要求，人民法院应当告知当事人不提供符合要求鉴定材料的法律后果。

4. 未经法庭质证的材料（包括补充材料），不得作为鉴定材料。

当事人无法联系、公告送达或当事人放弃质证的，鉴定材料应当经合议庭确认。

5. 对当事人有争议的材料，应当由人民法院予以认定，不得直接交由鉴定机构、鉴定人选用。

三、对鉴定机构的审查

6. 人民法院选择鉴定机构，应当根据法律、司法解释等规定，审查鉴定机构的资质、执业范围等事项。

7. 当事人协商一致选择鉴定机构的，人民法院应当审查协商选择的鉴定机构是否具备鉴定资质及符合法律、司法解释等规定。发现双方当事人的选择有可能损害国家利益、集体利益或第三方利益的，应当终止协商选择程序，采用随机方式选择。

8. 人民法院应当要求鉴定机构在接受委托后5个工作日内，提交鉴定方案、收费标准、鉴定人情况和鉴定人承诺书。

重大、疑难、复杂鉴定事项可适当延长提交期限。

鉴定人拒绝签署承诺书的，人民法院应当要求更换鉴定人或另行委托鉴定机构。

四、对鉴定人的审查

9. 人民法院委托鉴定机构指定鉴定人的，应当严格依照法律、司法解释等规定，对鉴定人的专业能力、从业经验、业内评价、执业范围、鉴定资格、资质证书有效期以及是否有依法回避的情形等进行审查。

特殊情形人民法院直接指定鉴定人的，依照前款规定进行审查。

五、对鉴定意见书的审查

10. 人民法院应当审查鉴定意见书是否具备《最高人民法院关于民事诉讼证据的若干规定》第三十六条规定的内容。

11. 鉴定意见书有下列情形之一的，视为未完成委托鉴定事项，人民法院应当要求鉴定人补充鉴定或重新鉴定：

（1）鉴定意见和鉴定意见书的其他部分相互矛盾的；

（2）同一认定意见使用不确定性表述的；

（3）鉴定意见书有其他明显瑕疵的。

补充鉴定或重新鉴定仍不能完成委托鉴定事项的，人民法院应当责令鉴定人退回已经收取的鉴定费用。

六、加强对鉴定活动的监督

12. 人民法院应当向当事人释明不按期预交鉴定费用及鉴定人出庭费用的法律后果，并对鉴定机构、鉴定人收费情况进行监督。

公益诉讼可以申请暂缓交纳鉴定费用和鉴定人出庭费用。

符合法律援助条件的当事人可以申请暂缓或减免交纳鉴定费用和鉴定人出庭费用。

13. 人民法院委托鉴定应当根据鉴定事项的难易程度、鉴定材料准备情况，确定合理的鉴定期限，一般案件鉴定时限不超过30个工作日，重大、疑难、复杂案件鉴定时限不超过60个工作日。

鉴定机构、鉴定人因特殊情况需要延长鉴定期限的，应当提出书面申请，人民法院可以根据具体情况决定是否延长鉴定期限。

鉴定人未按期提交鉴定书的，人民法院应当审查鉴定人是否存在正当理由。如无正当理由且人民法院准许当事人申请另行委托鉴定的，应当责令原鉴定机构、鉴定人退回已经收取的鉴定费用。

14. 鉴定机构、鉴定人超范围鉴定、虚假鉴定、无正当理由拖延鉴定、拒不出庭作证、违规收费以及有其他违法违规情形的，人民法院可以根据情节轻重，对鉴定机构、鉴定人予以暂停委托、责令退还鉴定费用、从人民法院委托鉴定专业机构、专业人员备选名单中除名等惩戒，并向行政主管部门或者行业协会发出司法建议。鉴定机构、鉴定人存在违法犯罪情形的，人民法院应当将有关线索材料移送公安、检察机关处理。

人民法院建立鉴定人黑名单制度。鉴定机构、鉴定人有前款情形的，可列入鉴定人黑名单。鉴定机构、鉴定人被列入黑名单期间，不得进入人民法院委托鉴定专业机构、专业人员备选名单和相关信息平台。

15. 人民法院应当充分运用委托鉴定信息平台加强对委托鉴定工作的管理。

16. 行政诉讼中人民法院委托鉴定，参照适用本规定。

17. 本规定自2020年9月1日起施行。

附件：

鉴定人承诺书（试行）

本人接受人民法院委托，作为诉讼参与人参加诉讼活动，依照国家法律法规和人民法院相关规定完成本次司法鉴定活动，承诺如下：

一、遵循科学、公正和诚实原则，客观、独立地进行鉴定，保证鉴定意见不受当事人、代理人或其他第三方的干扰。

二、廉洁自律，不接受当事人、诉讼代理人及其请托人提供的财物、宴请或其他利益。

三、自觉遵守有关回避的规定，及时向人民法院报告可能影响鉴定意见的各种情形。

四、保守在鉴定活动中知悉的国家秘密、商业秘密和个人隐私，不利用鉴定活动中知悉的国家秘密、商业秘密和个人隐私获取利益，不向无关人员泄露案情及鉴定信息。

五、勤勉尽责，遵照相关鉴定管理规定及技术规范，认真分析判断专业问题，独立进行检验、测算、分析、评定并形成鉴定意见，保证不出具虚假或误导性鉴定意见；妥善保管、保存、移交相关鉴定材料，不因自身原因造成鉴定材料污损、遗失。

六、按照规定期限和人民法院要求完成鉴定事项，如遇特殊情形不能如期完成的，应当提前向人民法院申请延期。

七、保证依法履行鉴定人出庭作证义务，做好鉴定意见的解释及质证工作。

本人已知悉违反上述承诺将承担的法律责任及行业主管部门、人民法院给予的相应处理后果。

承诺人：（签名）

鉴定机构：（盖章）

年　月　日

最高人民法院关于民事诉讼证据的若干规定

（2001年12月6日最高人民法院审判委员会第1201次会议通过　根据2019年10月14日最高人民法院审判委员会第1777次会议《关于修改〈关于民事诉讼证据的若干规定〉的决定》修正　2019年12月25日最高人民法院公告公布　自2020年5月1日起施行　法释〔2019〕19号）

为保证人民法院正确认定案件事实，公正、及时审理民事案件，保障和便利当事人依法行使诉讼权利，根据《中华人民共和国民事诉讼法》（以下简称民事诉讼法）等有关法律的规定，结合民事审判经验和实际情况，制定本规定。

一、当事人举证

第一条　原告向人民法院起诉或者被告提出反诉，应当提供符合起诉条件的相应的证据。

第二条　人民法院应当向当事人说明举证的要求及法律后果，促使当事人在合理期限内积极、全面、正确、诚实地完成举证。

当事人因客观原因不能自行收集的证据，可申请人民法院调查收集。

第三条　在诉讼过程中，一方当事人陈述的于己不利的事实，或者对于己不利的事实明确表示承认的，另一方当事人无需举证证明。

在证据交换、询问、调查过程中，或者在起诉状、答辩状、代理词等书面材料中，当事人明确承认于己不利的事实的，适用前款规定。

第四条　一方当事人对于另一方当事人主张的于己不利的事实既不承认也不否认，经审判人员说明并询问后，其仍然不明确表示肯定或者否定的，视为对该事实的承认。

第五条　当事人委托诉讼代理人参加诉讼的，除授权委托书明确排除的事项外，诉讼代理人的自认视为当事人的自认。

当事人在场对诉讼代理人的自认明确否认的，不视为自认。

第六条　普通共同诉讼中，共同诉讼人中一人或者数人作出的自认，对作出自认的当事人发生效力。

必要共同诉讼中，共同诉讼人中一人或者数人作出自认而其他共同诉讼人予以否认的，不发生自认的效力。其他共同诉讼人既不承认也不否认，经审判人员说明并询问后仍然不明确表示意见的，视为全体共同诉讼人的自认。

第七条　一方当事人对于另一方当事人主张的于己不利的事实有所限制或者附加条件予以承认的，由人民法院综合案件情况决定是否构成自认。

第八条　《最高人民法院关于适用〈中华人民共和国民事诉讼法〉的解释》第九十六条第一款规定的事实，不适用有关自认的规定。

自认的事实与已经查明的事实不符的，人民法院不予确认。

第九条 有下列情形之一，当事人在法庭辩论终结前撤销自认的，人民法院应当准许：

（一）经对方当事人同意的；

（二）自认是在受胁迫或者重大误解情况下作出的。

人民法院准许当事人撤销自认的，应当作出口头或者书面裁定。

第十条 下列事实，当事人无须举证证明：

（一）自然规律以及定理、定律；

（二）众所周知的事实；

（三）根据法律规定推定的事实；

（四）根据已知的事实和日常生活经验法则推定出的另一事实；

（五）已为仲裁机构的生效裁决所确认的事实；

（六）已为人民法院发生法律效力的裁判所确认的基本事实；

（七）已为有效公证文书所证明的事实。

前款第二项至第五项事实，当事人有相反证据足以反驳的除外；第六项、第七项事实，当事人有相反证据足以推翻的除外。

第十一条 当事人向人民法院提供证据，应当提供原件或者原物。如需自己保存证据原件、原物或者提供原件、原物确有困难的，可以提供经人民法院核对无异的复制件或者复制品。

第十二条 以动产作为证据的，应当将原物提交人民法院。原物不宜搬移或者不宜保存的，当事人可以提供复制品、影像资料或者其他替代品。

人民法院在收到当事人提交的动产或者替代品后，应当及时通知双方当事人到人民法院或者保存现场查验。

第十三条 当事人以不动产作为证据的，应当向人民法院提供该不动产的影像资料。

人民法院认为有必要的，应当通知双方当事人到场进行查验。

第十四条 电子数据包括下列信息、电子文件：

（一）网页、博客、微博客等网络平台发布的信息；

（二）手机短信、电子邮件、即时通信、通讯群组等网络应用服务的通信信息；

（三）用户注册信息、身份认证信息、电子交易记录、通信记录、登录日志等信息；

（四）文档、图片、音频、视频、数字证书、计算机程序等电子文件；

（五）其他以数字化形式存储、处理、传输的能够证明案件事实的信息。

第十五条 当事人以视听资料作为证据的，应当提供存储该视听资料的原始载体。

当事人以电子数据作为证据的，应当提供原件。电子数据的制作者制作的与原件一致的副本，或者直接来源于电子数据的打印件或其他可以显示、识别的输出介质，视为电子数据的原件。

第十六条 当事人提供的公文书证系在中华人民共和国领域外形成的，该证据应当经所在国公证机关证明，或者履行中华人民共和国与该所在国订立的有关条约中规定的证明手续。

中华人民共和国领域外形成的涉及身份关系的证据，应当经所在国公证机关证明并经中华人民共和国驻该国使领馆认证，或者履行中华人民共和国与该所在国订立的有关条约中规定的证明手续。

当事人向人民法院提供的证据是在香港、澳门、台湾地区形成的，应当履行相关的证明手续。

第十七条 当事人向人民法院提供外文书证或者外文说明资料，应当附有中文译本。

第十八条 双方当事人无争议的事实符合《最高人民法院关于适用〈中华人民共和国民事诉讼法〉的解释》第九十六条第一款规定情形的，人民法院可以责令当事人提供有关证据。

第十九条 当事人应当对其提交的证据材料逐一分类编号，对证据材料的来源、证明对象和内容作简要说明，签名盖章，注明提交日期，并依照对方当事人人数提出副本。

人民法院收到当事人提交的证据材料，应当出具收据，注明证据的名称、份数和页数以及收到的时间，由经办人员签名或者盖章。

二、证据的调查收集和保全

第二十条 当事人及其诉讼代理人申请人民法院调查收集证据，应当在举证期限届满前提交书面申请。

申请书应当载明被调查人的姓名或者单位名称、住所地等基本情况、所要调查收集的证据名称或者内容、需要由人民法院调查收集证据的原因及其要证明的事实以及明确的线索。

第二十一条 人民法院调查收集的书证，可以是原件，也可以是经核对无误的副本或者复制件。是副本或者复制件的，应当在调查笔录中说明来源和取证情况。

第二十二条 人民法院调查收集的物证应当是原物。被调查人提供原物确有困难的，可以提供复制品或者影像资料。提供复制品或者影像资料的，应当在调查笔录中说明取证情况。

第二十三条 人民法院调查收集视听资料、电子数据，应当要求被调查人提供原始载体。

提供原始载体确有困难的，可以提供复制件。提供复制件的，人民法院应当在调查笔录中说明其来源和制作经过。

人民法院对视听资料、电子数据采取证据保全措施的，适用前款规定。

第二十四条 人民法院调查收集可能需要鉴定的证据，应当遵守相关技术规范，确保证据不被污染。

第二十五条 当事人或者利害关系人根据民事诉讼法第八十一条的规定申请证据保全的，申请书应当载明需要保全的证据的基本情况、申请保全的理由以及采取何种保全措施等内容。

当事人根据民事诉讼法第八十一条第一款的规定申请证据保全的，应当在举证期限届满前向人民法院提出。

法律、司法解释对诉前证据保全有规定的，依照其规定办理。

第二十六条 当事人或者利害关系人申请采取查封、扣押等限制保全标的物使用、流通等保全措施，或者保全可能对证据持有人造成损失的，人民法院应当责令申请人提供相应的担保。

担保方式或者数额由人民法院根据保全措施对证据持有人的影响、保全标的物的价值、当事人或者利害关系人争议的诉讼标的金额等因素综合确定。

第二十七条 人民法院进行证据保全，可以要求当事人或者诉讼代理人到场。

根据当事人的申请和具体情况，人民法院可以采取查封、扣押、录音、录像、复制、鉴定、勘验等方法进行证据保全，并制作笔录。

在符合证据保全目的的情况下，人民法院应当选择对证据持有人利益影响最小的保全措施。

第二十八条　申请证据保全错误造成财产损失，当事人请求申请人承担赔偿责任的，人民法院应予支持。

第二十九条　人民法院采取诉前证据保全措施后，当事人向其他有管辖权的人民法院提起诉讼的，采取保全措施的人民法院应当根据当事人的申请，将保全的证据及时移交受理案件的人民法院。

第三十条　人民法院在审理案件过程中认为待证事实需要通过鉴定意见证明的，应当向当事人释明，并指定提出鉴定申请的期间。

符合《最高人民法院关于适用〈中华人民共和国民事诉讼法〉的解释》第九十六条第一款规定情形的，人民法院应当依职权委托鉴定。

第三十一条　当事人申请鉴定，应当在人民法院指定期间内提出，并预交鉴定费用。逾期不提出申请或者不预交鉴定费用的，视为放弃申请。

对需要鉴定的待证事实负有举证责任的当事人，在人民法院指定期间内无正当理由不提出鉴定申请或者不预交鉴定费用，或者拒不提供相关材料，致使待证事实无法查明的，应当承担举证不能的法律后果。

第三十二条　人民法院准许鉴定申请的，应当组织双方当事人协商确定具备相应资格的鉴定人。当事人协商不成的，由人民法院指定。

人民法院依职权委托鉴定的，可以在询问当事人的意见后，指定具备相应资格的鉴定人。

人民法院在确定鉴定人后应当出具委托书，委托书中应当载明鉴定事项、鉴定范围、鉴定目的和鉴定期限。

第三十三条　鉴定开始之前，人民法院应当要求鉴定人签署承诺书。承诺书中应当载明鉴定人保证客观、公正、诚实地进行鉴定，保证出庭作证，如作虚假鉴定应当承担法律责任等内容。

鉴定人故意作虚假鉴定的，人民法院应当责令其退还鉴定费用，并根据情节，依照民事诉讼法第一百一十一条的规定进行处罚。

第三十四条　人民法院应当组织当事人对鉴定材料进行质证。未经质证的材料，不得作为鉴定的根据。

经人民法院准许，鉴定人可以调取证据、勘验物证和现场、询问当事人或者证人。

第三十五条　鉴定人应当在人民法院确定的期限内完成鉴定，并提交鉴定书。

鉴定人无正当理由未按期提交鉴定书的，当事人可以申请人民法院另行委托鉴定人进行鉴定。人民法院准许的，原鉴定人已经收取的鉴定费用应当退还；拒不退还的，依照本规定第八十一条第二款的规定处理。

第三十六条　人民法院对鉴定人出具的鉴定书，应当审查是否具有下列内容：

（一）委托法院的名称；

（二）委托鉴定的内容、要求；

（三）鉴定材料；

（四）鉴定所依据的原理、方法；

（五）对鉴定过程的说明；

（六）鉴定意见；

（七）承诺书。

鉴定书应当由鉴定人签名或者盖章，并附鉴定人的相应资格证明。委托机构鉴定的，鉴定书应当由鉴定机构盖章，并由从事鉴定的人员签名。

第三十七条 人民法院收到鉴定书后，应当及时将副本送交当事人。

当事人对鉴定书的内容有异议的，应当在人民法院指定期间内以书面方式提出。

对于当事人的异议，人民法院应当要求鉴定人作出解释、说明或者补充。人民法院认为有必要的，可以要求鉴定人对当事人未提出异议的内容进行解释、说明或者补充。

第三十八条 当事人在收到鉴定人的书面答复后仍有异议的，人民法院应当根据《诉讼费用交纳办法》第十一条的规定，通知有异议的当事人预交鉴定人出庭费用，并通知鉴定人出庭。有异议的当事人不预交鉴定人出庭费用的，视为放弃异议。

双方当事人对鉴定意见均有异议的，分摊预交鉴定人出庭费用。

第三十九条 鉴定人出庭费用按照证人出庭作证费用的标准计算，由败诉的当事人负担。因鉴定意见不明确或者有瑕疵需要鉴定人出庭的，出庭费用由其自行负担。

人民法院委托鉴定时已经确定鉴定人出庭费用包含在鉴定费用中的，不再通知当事人预交。

第四十条 当事人申请重新鉴定，存在下列情形之一的，人民法院应当准许：

（一）鉴定人不具备相应资格的；

（二）鉴定程序严重违法的；

（三）鉴定意见明显依据不足的；

（四）鉴定意见不能作为证据使用的其他情形。

存在前款第一项至第三项情形的，鉴定人已经收取的鉴定费用应当退还。拒不退还的，依照本规定第八十一条第二款的规定处理。

对鉴定意见的瑕疵，可以通过补正、补充鉴定或者补充质证、重新质证等方法解决的，人民法院不予准许重新鉴定的申请。

重新鉴定的，原鉴定意见不得作为认定案件事实的根据。

第四十一条 对于一方当事人就专门性问题自行委托有关机构或者人员出具的意见，另一方当事人有证据或者理由足以反驳并申请鉴定的，人民法院应予准许。

第四十二条 鉴定意见被采信后，鉴定人无正当理由撤销鉴定意见的，人民法院应当责令其退还鉴定费用，并可以根据情节，依照民事诉讼法第一百一十一条的规定对鉴定人进行处罚。当事人主张鉴定人负担由此增加的合理费用的，人民法院应予支持。

人民法院采信鉴定意见后准许鉴定人撤销的，应当责令其退还鉴定费用。

第四十三条 人民法院应当在勘验前将勘验的时间和地点通知当事人。当事人不参加的，不影响勘验进行。

当事人可以就勘验事项向人民法院进行解释和说明，可以请求人民法院注意勘验中的重要事项。

人民法院勘验物证或者现场，应当制作笔录，记录勘验的时间、地点、勘验人、在场人、勘验的经过、结果，由勘验人、在场人签名或者盖章。对于绘制的现场图应当注明绘制的时间、方位、测绘人姓名、身份等内容。

第四十四条　摘录有关单位制作的与案件事实相关的文件、材料，应当注明出处，并加盖制作单位或者保管单位的印章，摘录人和其他调查人员应当在摘录件上签名或者盖章。

摘录文件、材料应当保持内容相应的完整性。

第四十五条　当事人根据《最高人民法院关于适用〈中华人民共和国民事诉讼法〉的解释》第一百一十二条的规定申请人民法院责令对方当事人提交书证的，申请书应当载明所申请提交的书证名称或者内容、需要以该书证证明的事实及事实的重要性、对方当事人控制该书证的根据以及应当提交该书证的理由。

对方当事人否认控制书证的，人民法院应当根据法律规定、习惯等因素，结合案件的事实、证据，对于书证是否在对方当事人控制之下的事实作出综合判断。

第四十六条　人民法院对当事人提交书证的申请进行审查时，应当听取对方当事人的意见，必要时可以要求双方当事人提供证据、进行辩论。

当事人申请提交的书证不明确、书证对于待证事实的证明无必要、待证事实对于裁判结果无实质性影响、书证未在对方当事人控制之下或者不符合本规定第四十七条情形的，人民法院不予准许。

当事人申请理由成立的，人民法院应当作出裁定，责令对方当事人提交书证；理由不成立的，通知申请人。

第四十七条　下列情形，控制书证的当事人应当提交书证：

（一）控制书证的当事人在诉讼中曾经引用过的书证；

（二）为对方当事人的利益制作的书证；

（三）对方当事人依照法律规定有权查阅、获取的书证；

（四）账簿、记账原始凭证；

（五）人民法院认为应当提交书证的其他情形。

前款所列书证，涉及国家秘密、商业秘密、当事人或第三人的隐私，或者存在法律规定应当保密的情形的，提交后不得公开质证。

第四十八条　控制书证的当事人无正当理由拒不提交书证的，人民法院可以认定对方当事人所主张的书证内容为真实。

控制书证的当事人存在《最高人民法院关于适用〈中华人民共和国民事诉讼法〉的解释》第一百一十三条规定情形的，人民法院可以认定对方当事人主张以该书证证明的事实为真实。

三、举证时限与证据交换

第四十九条　被告应当在答辩期届满前提出书面答辩，阐明其对原告诉讼请求及所依据的事实和理由的意见。

第五十条　人民法院应当在审理前的准备阶段向当事人送达举证通知书。

举证通知书应当载明举证责任的分配原则和要求、可以向人民法院申请调查收集证据的情形、人民法院根据案件情况指定的举证期限以及逾期提供证据的法律后果等内容。

第五十一条 举证期限可以由当事人协商，并经人民法院准许。

人民法院指定举证期限的，适用第一审普通程序审理的案件不得少于十五日，当事人提供新的证据的第二审案件不得少于十日。适用简易程序审理的案件不得超过十五日，小额诉讼案件的举证期限一般不得超过七日。

举证期限届满后，当事人提供反驳证据或者对已经提供的证据的来源、形式等方面的瑕疵进行补正的，人民法院可以酌情再次确定举证期限，该期限不受前款规定的期间限制。

第五十二条 当事人在举证期限内提供证据存在客观障碍，属于民事诉讼法第六十五条第二款规定的“当事人在该期限内提供证据确有困难”的情形。

前款情形，人民法院应当根据当事人的举证能力、不能在举证期限内提供证据的原因等因素综合判断。必要时，可以听取对方当事人的意见。

第五十三条 诉讼过程中，当事人主张的法律关系性质或者民事行为效力与人民法院根据案件事实作出的认定不一致的，人民法院应当将法律关系性质或者民事行为效力作为焦点问题进行审理。但法律关系性质对裁判理由及结果没有影响，或者有关问题已经当事人充分辩论的除外。

存在前款情形，当事人根据法庭审理情况变更诉讼请求的，人民法院应当准许并可以根据案件的具体情况重新指定举证期限。

第五十四条 当事人申请延长举证期限的，应当在举证期限届满前向人民法院提出书面申请。

申请理由成立的，人民法院应当准许，适当延长举证期限，并通知其他当事人。延长的举证期限适用于其他当事人。

申请理由不成立的，人民法院不予准许，并通知申请人。

第五十五条 存在下列情形的，举证期限按照如下方式确定：

（一）当事人依照民事诉讼法第一百二十七条规定提出管辖权异议的，举证期限中止，自驳回管辖权异议的裁定生效之日起恢复计算；

（二）追加当事人、有独立请求权的第三人参加诉讼或者无独立请求权的第三人经人民法院通知参加诉讼的，人民法院应当依照本规定第五十一条的规定为新参加诉讼的当事人确定举证期限，该举证期限适用于其他当事人；

（三）发回重审的案件，第一审人民法院可以结合案件具体情况和发回重审的原因，酌情确定举证期限；

（四）当事人增加、变更诉讼请求或者提出反诉的，人民法院应当根据案件具体情况重新确定举证期限；

（五）公告送达的，举证期限自公告期届满之次日起计算。

第五十六条 人民法院依照民事诉讼法第一百三十三条第四项的规定，通过组织证据交换进行审理前准备的，证据交换之日举证期限届满。

证据交换的时间可以由当事人协商一致并经人民法院认可，也可以由人民法院指定。当事人申请延期举证经人民法院准许的，证据交换日相应顺延。

第五十七条　证据交换应当在审判人员的主持下进行。

在证据交换的过程中，审判人员对当事人无异议的事实、证据应当记录在卷；对有异议的证据，按照需要证明的事实分类记录在卷，并记载异议的理由。通过证据交换，确定双方当事人争议的主要问题。

第五十八条　当事人收到对方的证据后有反驳证据需要提交的，人民法院应当再次组织证据交换。

第五十九条　人民法院对逾期提供证据的当事人处以罚款的，可以结合当事人逾期提供证据的主观过错程度、导致诉讼迟延的情况、诉讼标的金额等因素，确定罚款数额。

四、质　证

第六十条　当事人在审理前的准备阶段或者人民法院调查、询问过程中发表过质证意见的证据，视为质证过的证据。

当事人要求以书面方式发表质证意见，人民法院在听取对方当事人意见后认为有必要的，可以准许。人民法院应当及时将书面质证意见送交对方当事人。

第六十一条　对书证、物证、视听资料进行质证时，当事人应当出示证据的原件或者原物。但有下列情形之一的除外：

（一）出示原件或者原物确有困难并经人民法院准许出示复制件或者复制品的；

（二）原件或者原物已不存在，但有证据证明复制件、复制品与原件或者原物一致的。

第六十二条　质证一般按下列顺序进行：

（一）原告出示证据，被告、第三人与原告进行质证；

（二）被告出示证据，原告、第三人与被告进行质证；

（三）第三人出示证据，原告、被告与第三人进行质证。

人民法院根据当事人申请调查收集的证据，审判人员对调查收集证据的情况进行说明后，由提出申请的当事人与对方当事人、第三人进行质证。

人民法院依职权调查收集的证据，由审判人员对调查收集证据的情况进行说明后，听取当事人的意见。

第六十三条　当事人应当就案件事实作真实、完整的陈述。

当事人的陈述与此前陈述不一致的，人民法院应当责令其说明理由，并结合当事人的诉讼能力、证据和案件具体情况进行审查认定。

当事人故意作虚假陈述妨碍人民法院审理的，人民法院应当根据情节，依照民事诉讼法第一百一十一条的规定进行处罚。

第六十四条　人民法院认为有必要的，可以要求当事人本人到场，就案件的有关事实接受询问。

人民法院要求当事人到场接受询问的，应当通知当事人询问的时间、地点、拒不到场的后果等内容。

第六十五条　人民法院应当在询问前责令当事人签署保证书并宣读保证书的内容。

保证书应当载明保证据实陈述，绝无隐瞒、歪曲、增减，如有虚假陈述应当接受处罚等内容。当事人应当在保证书上签名、捺印。

当事人有正当理由不能宣读保证书的，由书记员宣读并进行说明。

第六十六条 当事人无正当理由拒不到场、拒不签署或宣读保证书或者拒不接受询问的，人民法院应当综合案件情况，判断待证事实的真伪。待证事实无其他证据证明的，人民法院应当作出不利于该当事人的认定。

第六十七条 不能正确表达意思的人，不能作为证人。

待证事实与其年龄、智力状况或者精神健康状况相适应的无民事行为能力人和限制民事行为能力人，可以作为证人。

第六十八条 人民法院应当要求证人出庭作证，接受审判人员和当事人的询问。证人在审理前的准备阶段或者人民法院调查、询问等双方当事人在场时陈述证言的，视为出庭作证。

双方当事人同意证人以其他方式作证并经人民法院准许的，证人可以不出庭作证。

无正当理由未出庭的证人以书面等方式提供的证言，不得作为认定案件事实的根据。

第六十九条 当事人申请证人出庭作证的，应当在举证期限届满前向人民法院提交申请书。

申请书应当载明证人的姓名、职业、住所、联系方式，作证的主要内容，作证内容与待证事实的关联性，以及证人出庭作证的必要性。

符合《最高人民法院关于适用〈中华人民共和国民事诉讼法〉的解释》第九十六条第一款规定情形的，人民法院应当依职权通知证人出庭作证。

第七十条 人民法院准许证人出庭作证申请的，应当向证人送达通知书并告知双方当事人。通知书中应当载明证人作证的时间、地点，作证的事项、要求以及作伪证的法律后果等内容。

当事人申请证人出庭作证的事项与待证事实无关，或者没有通知证人出庭作证必要的，人民法院不予准许当事人的申请。

第七十一条 人民法院应当要求证人在作证之前签署保证书，并在法庭上宣读保证书的内容。但无民事行为能力人和限制民事行为能力人作为证人的除外。

证人确有正当理由不能宣读保证书的，由书记员代为宣读并进行说明。

证人拒绝签署或者宣读保证书的，不得作证，并自行承担相关费用。

证人保证书的内容适用当事人保证书的规定。

第七十二条 证人应当客观陈述其亲身感知的事实，作证时不得使用猜测、推断或者评论性语言。

证人作证前不得旁听法庭审理，作证时不得以宣读事先准备的书面材料的方式陈述证言。

证人言辞表达有障碍的，可以通过其他表达方式作证。

第七十三条 证人应当就其作证的事项进行连续陈述。

当事人及其法定代理人、诉讼代理人或者旁听人员干扰证人陈述的，人民法院应当及时制止，必要时可以依照民事诉讼法第一百一十条的规定进行处罚。

第七十四条 审判人员可以对证人进行询问。当事人及其诉讼代理人经审判人员许可后可以询问证人。

询问证人时其他证人不得在场。

人民法院认为有必要的，可以要求证人之间进行对质。

第七十五条 证人出庭作证后，可以向人民法院申请支付证人出庭作证费用。证人有困难需要预先支取出庭作证费用的，人民法院可以根据证人的申请在出庭作证前支付。

第七十六条 证人确有困难不能出庭作证，申请以书面证言、视听传输技术或者视听资料等方式作证的，应当向人民法院提交申请书。申请书中应当载明不能出庭的具体原因。

符合民事诉讼法第七十三条规定情形的，人民法院应当准许。

第七十七条 证人经人民法院准许，以书面证言方式作证的，应当签署保证书；以视听传输技术或者视听资料方式作证的，应当签署保证书并宣读保证书的内容。

第七十八条 当事人及其诉讼代理人对证人的询问与待证事实无关，或者存在威胁、侮辱证人或不适当引导等情形的，审判人员应当及时制止。必要时可以依照民事诉讼法第一百一十条、第一百一十一条的规定进行处罚。

证人故意作虚假陈述，诉讼参与人或者其他人以暴力、威胁、贿买等方法妨碍证人作证，或者在证人作证后以侮辱、诽谤、诬陷、恐吓、殴打等方式对证人打击报复的，人民法院应当根据情节，依照民事诉讼法第一百一十一条的规定，对行为人进行处罚。

第七十九条 鉴定人依照民事诉讼法第七十八条的规定出庭作证的，人民法院应当在开庭审理三日前将出庭的时间、地点及要求通知鉴定人。

委托机构鉴定的，应当由从事鉴定的人员代表机构出庭。

第八十条 鉴定人应当就鉴定事项如实答复当事人的异议和审判人员的询问。当庭答复确有困难的，经人民法院准许，可以在庭审结束后书面答复。

人民法院应当及时将书面答复送交当事人，并听取当事人的意见。必要时，可以再次组织质证。

第八十一条 鉴定人拒不出庭作证的，鉴定意见不得作为认定案件事实的根据。人民法院应当建议有关主管部门或者组织对拒不出庭作证的鉴定人予以处罚。

当事人要求退还鉴定费用的，人民法院应当在三日内作出裁定，责令鉴定人退还；拒不退还的，由人民法院依法执行。

当事人因鉴定人拒不出庭作证申请重新鉴定的，人民法院应当准许。

第八十二条 经法庭许可，当事人可以询问鉴定人、勘验人。

询问鉴定人、勘验人不得使用威胁、侮辱等不适当的言语和方式。

第八十三条 当事人依照民事诉讼法第七十九条和《最高人民法院关于适用〈中华人民共和国民事诉讼法〉的解释》第一百二十二条的规定，申请有专门知识的人出庭的，申请书中应当载明有专门知识的人的基本情况和申请的目的。

人民法院准许当事人申请的，应当通知双方当事人。

第八十四条 审判人员可以对有专门知识的人进行询问。经法庭准许，当事人可以对有专门知识的人进行询问，当事人各自申请的有专门知识的人可以就案件中的有关问题进行对质。

有专门知识的人不得参与对鉴定意见质证或者就专业问题发表意见之外的法庭审理活动。

五、证据的审核认定

第八十五条 人民法院应当以证据能够证明的案件事实为根据依法作出裁判。

审判人员应当依照法定程序，全面、客观地审核证据，依据法律的规定，遵循法官职业道德，运用逻辑推理和日常生活经验，对证据有无证明力和证明力大小独立进行判断，并公开判断的理由和结果。

第八十六条 当事人对于欺诈、胁迫、恶意串通事实的证明，以及对于口头遗嘱或赠与事实的证明，人民法院确信该待证事实存在的可能性能够排除合理怀疑的，应当认定该事实存在。

与诉讼保全、回避等程序事项有关的事实，人民法院结合当事人的说明及相关证据，认为有关事实存在的可能性较大的，可以认定该事实存在。

第八十七条 审判人员对单一证据可以从下列方面进行审核认定：

（一）证据是否为原件、原物，复制件、复制品与原件、原物是否相符；

（二）证据与本案事实是否相关；

（三）证据的形式、来源是否符合法律规定；

（四）证据的内容是否真实；

（五）证人或者提供证据的人与当事人有无利害关系。

第八十八条 审判人员对案件的全部证据，应当从各证据与案件事实的关联程度、各证据之间的联系等方面进行综合审查判断。

第八十九条 当事人在诉讼过程中认可的证据，人民法院应当予以确认。但法律、司法解释另有规定的除外。

当事人对认可的证据反悔的，参照《最高人民法院关于适用〈中华人民共和国民事诉讼法〉的解释》第二百二十九条的规定处理。

第九十条 下列证据不能单独作为认定案件事实的根据：

（一）当事人的陈述；

（二）无民事行为能力人或者限制民事行为能力人所作的与其年龄、智力状况或者精神健康状况不相当的证言；

（三）与一方当事人或者其代理人有利害关系的证人陈述的证言；

（四）存有疑点的视听资料、电子数据；

（五）无法与原件、原物核对的复制件、复制品。

第九十一条 公文书证的制作者根据文书原件制作的载有部分或者全部内容的副本，与正本具有相同的证明力。

在国家机关存档的文件，其复制件、副本、节录本经档案部门或者制作原本的机关证明其内容与原本一致的，该复制件、副本、节录本具有与原本相同的证明力。

第九十二条 私文书证的真实性，由主张以私文书证证明案件事实的当事人承担举证责任。

私文书证由制作者或者其代理人签名、盖章或捺印的，推定为真实。

私文书证上有删除、涂改、增添或者其他形式瑕疵的，人民法院应当综合案件的具体情况判断其证明力。

第九十三条　人民法院对于电子数据的真实性，应当结合下列因素综合判断：

（一）电子数据的生成、存储、传输所依赖的计算机系统的硬件、软件环境是否完整、可靠；

（二）电子数据的生成、存储、传输所依赖的计算机系统的硬件、软件环境是否处于正常运行状态，或者不处于正常运行状态时对电子数据的生成、存储、传输是否有影响；

（三）电子数据的生成、存储、传输所依赖的计算机系统的硬件、软件环境是否具备有效的防止出错的监测、核查手段；

（四）电子数据是否被完整地保存、传输、提取，保存、传输、提取的方法是否可靠；

（五）电子数据是否在正常的往来活动中形成和存储；

（六）保存、传输、提取电子数据的主体是否适当；

（七）影响电子数据完整性和可靠性的其他因素。

人民法院认为有必要的，可以通过鉴定或者勘验等方法，审查判断电子数据的真实性。

第九十四条　电子数据存在下列情形的，人民法院可以确认其真实性，但有足以反驳的相反证据的除外：

（一）由当事人提交或者保管的于己不利的电子数据；

（二）由记录和保存电子数据的中立第三方平台提供或者确认的；

（三）在正常业务活动中形成的；

（四）以档案管理方式保管的；

（五）以当事人约定的方式保存、传输、提取的。

电子数据的内容经公证机关公证的，人民法院应当确认其真实性，但有相反证据足以推翻的除外。

第九十五条　一方当事人控制证据无正当理由拒不提交，对待证事实负有举证责任的当事人主张该证据的内容不利于控制人的，人民法院可以认定该主张成立。

第九十六条　人民法院认定证人证言，可以通过对证人的智力状况、品德、知识、经验、法律意识和专业技能等的综合分析作出判断。

第九十七条　人民法院应当在裁判文书中阐明证据是否采纳的理由。

对当事人无争议的证据，是否采纳的理由可以不在裁判文书中表述。

六、其　他

第九十八条　对证人、鉴定人、勘验人的合法权益依法予以保护。

当事人或者其他诉讼参与人伪造、毁灭证据，提供虚假证据，阻止证人作证，指使、贿买、胁迫他人作伪证，或者对证人、鉴定人、勘验人打击报复的，依照民事诉讼法第一百一十条、第一百一十一条的规定进行处罚。

第九十九条　本规定对证据保全没有规定的，参照适用法律、司法解释关于财产保全的规定。

除法律、司法解释另有规定外，对当事人、鉴定人、有专门知识的人的询问参照适用本规定中关于询问证人的规定；关于书证的规定适用于视听资料、电子数据；存储在电子计算机等电子介质中的视听资料，适用电子数据的规定。

第一百条 本规定自2020年5月1日起施行。

本规定公布施行后，最高人民法院以前发布的司法解释与本规定不一致的，不再适用。

最高人民法院关于人民法院办理财产保全案件若干问题的规定

（2016年10月17日最高人民法院审判委员会第1696次会议通过　根据2020年12月23日最高人民法院审判委员会第1823次会议通过的《最高人民法院关于修改〈最高人民法院关于人民法院扣押铁路运输货物若干问题的规定〉等十八件执行类司法解释的决定》修正　2020年12月29日最高人民法院公告公布　自2021年1月1日起施行　法释〔2020〕21号）

为依法保护当事人、利害关系人的合法权益，规范人民法院办理财产保全案件，根据《中华人民共和国民事诉讼法》等法律规定，结合审判、执行实践，制定本规定。

第一条 当事人、利害关系人申请财产保全，应当向人民法院提交申请书，并提供相关证据材料。

申请书应当载明下列事项：

（一）申请保全人与被保全人的身份、送达地址、联系方式；

（二）请求事项和所根据的事实与理由；

（三）请求保全数额或者争议标的；

（四）明确的被保全财产信息或者具体的被保全财产线索；

（五）为财产保全提供担保的财产信息或资信证明，或者不需要提供担保的理由；

（六）其他需要载明的事项。

法律文书生效后，进入执行程序前，债权人申请财产保全的，应当写明生效法律文书的制作机关、文号和主要内容，并附生效法律文书副本。

第二条 人民法院进行财产保全，由立案、审判机构作出裁定，一般应当移送执行机构实施。

第三条 仲裁过程中，当事人申请财产保全的，应当通过仲裁机构向人民法院提交申请书及仲裁案件受理通知书等相关材料。人民法院裁定采取保全措施或者裁定驳回申请的，应当将裁定书送达当事人，并通知仲裁机构。

第四条 人民法院接受财产保全申请后，应当在五日内作出裁定；需要提供担保的，应当在提供担保后五日内作出裁定；裁定采取保全措施的，应当在五日内开始执行。对情况紧急的，必须在四十八小时内作出裁定；裁定采取保全措施的，应当立即开始执行。

第五条 人民法院依照民事诉讼法第一百条规定责令申请保全人提供财产保全担保的，担保数额不超过请求保全数额的百分之三十；申请保全的财产系争议标的的，担保数额不超过争议标的价值的百分之三十。

利害关系人申请诉前财产保全的，应当提供相当于请求保全数额的担保；情况特殊的，人民法院可以酌情处理。

财产保全期间，申请保全人提供的担保不足以赔偿可能给被保全人造成的损失的，人民法院可以责令其追加相应的担保；拒不追加的，可以裁定解除或者部分解除保全。

第六条　申请保全人或第三人为财产保全提供财产担保的，应当向人民法院出具担保书。担保书应当载明担保人、担保方式、担保范围、担保财产及其价值、担保责任承担等内容，并附相关证据材料。

第三人为财产保全提供保证担保的，应当向人民法院提交保证书。保证书应当载明保证人、保证方式、保证范围、保证责任承担等内容，并附相关证据材料。

对财产保全担保，人民法院经审查，认为违反民法典、公司法等有关法律禁止性规定的，应当责令申请保全人在指定期限内提供其他担保；逾期未提供的，裁定驳回申请。

第七条　保险人以其与申请保全人签订财产保全责任险合同的方式为财产保全提供担保的，应当向人民法院出具担保书。

担保书应当载明，因申请财产保全错误，由保险人赔偿被保全人因保全所遭受的损失等内容，并附相关证据材料。

第八条　金融监管部门批准设立的金融机构以独立保函形式为财产保全提供担保的，人民法院应当依法准许。

第九条　当事人在诉讼中申请财产保全，有下列情形之一的，人民法院可以不要求提供担保：

（一）追索赡养费、扶养费、抚育费、抚恤金、医疗费用、劳动报酬、工伤赔偿、交通事故人身损害赔偿的；

（二）婚姻家庭纠纷案件中遭遇家庭暴力且经济困难的；

（三）人民检察院提起的公益诉讼涉及损害赔偿的；

（四）因见义勇为遭受侵害请求损害赔偿的；

（五）案件事实清楚、权利义务关系明确，发生保全错误可能性较小的；

（六）申请保全人为商业银行、保险公司等由金融监管部门批准设立的具有独立偿付债务能力的金融机构及其分支机构的。

法律文书生效后，进入执行程序前，债权人申请财产保全的，人民法院可以不要求提供担保。

第十条　当事人、利害关系人申请财产保全，应当向人民法院提供明确的被保全财产信息。

当事人在诉讼中申请财产保全，确因客观原因不能提供明确的被保全财产信息，但提供了具体财产线索的，人民法院可以依法裁定采取财产保全措施。

第十一条　人民法院依照本规定第十条第二款规定作出保全裁定的，在该裁定执行过程中，申请保全人可以向已经建立网络执行查控系统的执行法院，书面申请通过该系统查询被保全人的财产。

申请保全人提出查询申请的，执行法院可以利用网络执行查控系统，对裁定保全的财产或者保全数额范围内的财产进行查询，并采取相应的查封、扣押、冻结措施。

人民法院利用网络执行查控系统未查询到可供保全财产的，应当书面告知申请保全人。

第十二条 人民法院对查询到的被保全人财产信息，应当依法保密。除依法保全的财产外，不得泄露被保全人其他财产信息，也不得在财产保全、强制执行以外使用相关信息。

第十三条 被保全人有多项财产可供保全的，在能够实现保全目的的情况下，人民法院应当选择对其生产经营活动影响较小的财产进行保全。

人民法院对厂房、机器设备等生产经营性财产进行保全时，指定被保全人保管的，应当允许其继续使用。

第十四条 被保全财产系机动车、航空器等特殊动产的，除被保全人下落不明的以外，人民法院应当责令被保全人书面报告该动产的权属和占有、使用等情况，并予以核实。

第十五条 人民法院应当依据财产保全裁定采取相应的查封、扣押、冻结措施。

可供保全的土地、房屋等不动产的整体价值明显高于保全裁定载明金额的，人民法院应当对该不动产的相应价值部分采取查封、扣押、冻结措施，但该不动产在使用上不可分或者分割会严重减损其价值的除外。

对银行账户内资金采取冻结措施的，人民法院应当明确具体的冻结数额。

第十六条 人民法院在财产保全中采取查封、扣押、冻结措施，需要有关单位协助办理登记手续的，有关单位应当在裁定书和协助执行通知书送达后立即办理。针对同一财产有多个裁定书和协助执行通知书的，应当按照送达的时间先后办理登记手续。

第十七条 利害关系人申请诉前财产保全，在人民法院采取保全措施后三十日内依法提起诉讼或者申请仲裁的，诉前财产保全措施自动转为诉讼或仲裁中的保全措施；进入执行程序后，保全措施自动转为执行中的查封、扣押、冻结措施。

依前款规定，自动转为诉讼、仲裁中的保全措施或者执行中的查封、扣押、冻结措施的，期限连续计算，人民法院无需重新制作裁定书。

第十八条 申请保全人申请续行财产保全的，应当在保全期限届满七日前向人民法院提出；逾期申请或者不申请的，自行承担不能续行保全的法律后果。

人民法院进行财产保全时，应当书面告知申请保全人明确的保全期限届满日以及前款有关申请续行保全的事项。

第十九条 再审审查期间，债务人申请保全生效法律文书确定给付的财产的，人民法院不予受理。

再审审理期间，原生效法律文书中止执行，当事人申请财产保全的，人民法院应当受理。

第二十条 财产保全期间，被保全人请求对被保全财产自行处分，人民法院经审查，认为不损害申请保全人和其他执行债权人合法权益的，可以准许，但应当监督被保全人按照合理价格在指定期限内处分，并控制相应价款。

被保全人请求对作为争议标的的被保全财产自行处分的，须经申请保全人同意。

人民法院准许被保全人自行处分被保全财产的，应当通知申请保全人；申请保全人不同意的，可以依照民事诉讼法第二百二十五条规定提出异议。

第二十一条　保全法院在首先采取查封、扣押、冻结措施后超过一年未对被保全财产进行处分的，除被保全财产系争议标的外，在先轮候查封、扣押、冻结的执行法院可以商请保全法院将被保全财产移送执行。但司法解释另有特别规定的，适用其规定。

保全法院与在先轮候查封、扣押、冻结的执行法院就移送被保全财产发生争议的，可以逐级报请共同的上级法院指定该财产的执行法院。

共同的上级法院应当根据被保全财产的种类及所在地、各债权数额与被保全财产价值之间的关系等案件具体情况指定执行法院，并督促其在指定期限内处分被保全财产。

第二十二条　财产纠纷案件，被保全人或第三人提供充分有效担保请求解除保全，人民法院应当裁定准许。被保全人请求对作为争议标的的财产解除保全的，须经申请保全人同意。

第二十三条　人民法院采取财产保全措施后，有下列情形之一的，申请保全人应当及时申请解除保全：

（一）采取诉前财产保全措施后三十日内不依法提起诉讼或者申请仲裁的；

（二）仲裁机构不予受理仲裁申请、准许撤回仲裁申请或者按撤回仲裁申请处理的；

（三）仲裁申请或者请求被仲裁裁决驳回的；

（四）其他人民法院对起诉不予受理、准许撤诉或者按撤诉处理的；

（五）起诉或者诉讼请求被其他人民法院生效裁判驳回的；

（六）申请保全人应当申请解除保全的其他情形。

人民法院收到解除保全申请后，应当在五日内裁定解除保全；对情况紧急的，必须在四十八小时内裁定解除保全。

申请保全人未及时申请人民法院解除保全，应当赔偿被保全人因财产保全所遭受的损失。

被保全人申请解除保全，人民法院经审查认为符合法律规定的，应当在本条第二款规定的期间内裁定解除保全。

第二十四条　财产保全裁定执行中，人民法院发现保全裁定的内容与被保全财产的实际情况不符的，应当予以撤销、变更或补正。

第二十五条　申请保全人、被保全人对保全裁定或者驳回申请裁定不服的，可以自裁定书送达之日起五日内向作出裁定的人民法院申请复议一次。人民法院应当自收到复议申请后十日内审查。

对保全裁定不服申请复议的，人民法院经审查，理由成立的，裁定撤销或变更；理由不成立的，裁定驳回。

对驳回申请裁定不服申请复议的，人民法院经审查，理由成立的，裁定撤销，并采取保全措施；理由不成立的，裁定驳回。

第二十六条　申请保全人、被保全人、利害关系人认为保全裁定实施过程中的执行行为违反法律规定提出书面异议的，人民法院应当依照民事诉讼法第二百二十五条规定审查处理。

第二十七条　人民法院对诉讼争议标的以外的财产进行保全，案外人对保全裁定或者保全裁定实施过程中的执行行为不服，基于实体权利对被保全财产提出书面异议的，人民法院应当依照民事诉讼法第二百二十七条规定审查处理并作出裁定。案外人、申请保全人对该裁定不服的，可以自裁定送达之日起十五日内向人民法院提起执行异议之诉。

人民法院裁定案外人异议成立后，申请保全人在法律规定的期间内未提起执行异议之诉的，人民法院应当自起诉期限届满之日起七日内对该被保全财产解除保全。

第二十八条 海事诉讼中，海事请求人申请海事请求保全，适用《中华人民共和国海事诉讼特别程序法》及相关司法解释。

第二十九条 本规定自2016年12月1日起施行。

本规定施行前公布的司法解释与本规定不一致的，以本规定为准。

最高人民法院关于适用《中华人民共和国民事诉讼法》执行程序若干问题的解释

（2008年9月8日最高人民法院审判委员会第1452次会议通过　根据2020年12月23日最高人民法院审判委员会第1823次会议通过的《最高人民法院关于修改〈最高人民法院关于人民法院扣押铁路运输货物若干问题的规定〉等十八件执行类司法解释的决定》修正　2020年12月29日最高人民法院公告公布　自2021年1月1日起施行　法释〔2020〕21号）

为了依法及时有效地执行生效法律文书，维护当事人的合法权益，根据《中华人民共和国民事诉讼法》（以下简称民事诉讼法），结合人民法院执行工作实际，对执行程序中适用法律的若干问题作出如下解释：

第一条 申请执行人向被执行的财产所在地人民法院申请执行的，应当提供该人民法院辖区有可供执行财产的证明材料。

第二条 对两个以上人民法院都有管辖权的执行案件，人民法院在立案前发现其他有管辖权的人民法院已经立案的，不得重复立案。

立案后发现其他有管辖权的人民法院已经立案的，应当撤销案件；已经采取执行措施的，应当将控制的财产交先立案的执行法院处理。

第三条 人民法院受理执行申请后，当事人对管辖权有异议的，应当自收到执行通知书之日起十日内提出。

人民法院对当事人提出的异议，应当审查。异议成立的，应当撤销执行案件，并告知当事人向有管辖权的人民法院申请执行；异议不成立的，裁定驳回。当事人对裁定不服的，可以向上一级人民法院申请复议。

管辖权异议审查和复议期间，不停止执行。

第四条 对人民法院采取财产保全措施的案件，申请执行人向采取保全措施的人民法院以外的其他有管辖权的人民法院申请执行的，采取保全措施的人民法院应当将保全的财产交执行法院处理。

第五条 执行过程中，当事人、利害关系人认为执行法院的执行行为违反法律规定的，可以依照民事诉讼法第二百二十五条的规定提出异议。

执行法院审查处理执行异议，应当自收到书面异议之日起十五日内作出裁定。

第六条　当事人、利害关系人依照民事诉讼法第二百二十五条规定申请复议的，应当采取书面形式。

第七条　当事人、利害关系人申请复议的书面材料，可以通过执行法院转交，也可以直接向执行法院的上一级人民法院提交。

执行法院收到复议申请后，应当在五日内将复议所需的案卷材料报送上一级人民法院；上一级人民法院收到复议申请后，应当通知执行法院在五日内报送复议所需的案卷材料。

第八条　当事人、利害关系人依照民事诉讼法第二百二十五条规定申请复议的，上一级人民法院应当自收到复议申请之日起三十日内审查完毕，并作出裁定。有特殊情况需要延长的，经本院院长批准，可以延长，延长的期限不得超过三十日。

第九条　执行异议审查和复议期间，不停止执行。

被执行人、利害关系人提供充分、有效的担保请求停止相应处分措施的，人民法院可以准许；申请执行人提供充分、有效的担保请求继续执行的，应当继续执行。

第十条　依照民事诉讼法第二百二十六条的规定，有下列情形之一的，上一级人民法院可以根据申请执行人的申请，责令执行法院限期执行或者变更执行法院：

（一）债权人申请执行时被执行人有可供执行的财产，执行法院自收到申请执行书之日起超过六个月对该财产未执行完结的；

（二）执行过程中发现被执行人可供执行的财产，执行法院自发现财产之日起超过六个月对该财产未执行完结的；

（三）对法律文书确定的行为义务的执行，执行法院自收到申请执行书之日起超过六个月未依法采取相应执行措施的；

（四）其他有条件执行超过六个月未执行的。

第十一条　上一级人民法院依照民事诉讼法第二百二十六条规定责令执行法院限期执行的，应当向其发出督促执行令，并将有关情况书面通知申请执行人。

上一级人民法院决定由本院执行或者指令本辖区其他人民法院执行的，应当作出裁定，送达当事人并通知有关人民法院。

第十二条　上一级人民法院责令执行法院限期执行，执行法院在指定期间内无正当理由仍未执行完结的，上一级人民法院应当裁定由本院执行或者指令本辖区其他人民法院执行。

第十三条　民事诉讼法第二百二十六条规定的六个月期间，不应当计算执行中的公告期间、鉴定评估期间、管辖争议处理期间、执行争议协调期间、暂缓执行期间以及中止执行期间。

第十四条　案外人对执行标的主张所有权或者有其他足以阻止执行标的转让、交付的实体权利的，可以依照民事诉讼法第二百二十七条的规定，向执行法院提出异议。

第十五条　案外人异议审查期间，人民法院不得对执行标的进行处分。

案外人向人民法院提供充分、有效的担保请求解除对异议标的的查封、扣押、冻结的，人民法院可以准许；申请执行人提供充分、有效的担保请求继续执行的，应当继续执行。

因案外人提供担保解除查封、扣押、冻结有错误，致使该标的无法执行的，人民法院可以直接执行担保财产；申请执行人提供担保请求继续执行有错误，给对方造成损失的，应当予以赔偿。

第十六条 案外人执行异议之诉审理期间，人民法院不得对执行标的进行处分。申请执行人请求人民法院继续执行并提供相应担保的，人民法院可以准许。

案外人请求解除查封、扣押、冻结或者申请执行人请求继续执行有错误，给对方造成损失的，应当予以赔偿。

第十七条 多个债权人对同一被执行人申请执行或者对执行财产申请参与分配的，执行法院应当制作财产分配方案，并送达各债权人和被执行人。债权人或者被执行人对分配方案有异议的，应当自收到分配方案之日起十五日内向执行法院提出书面异议。

第十八条 债权人或者被执行人对分配方案提出书面异议的，执行法院应当通知未提出异议的债权人或被执行人。

未提出异议的债权人、被执行人收到通知之日起十五日内未提出反对意见的，执行法院依异议人的意见对分配方案审查修正后进行分配；提出反对意见的，应当通知异议人。异议人可以自收到通知之日起十五日内，以提出反对意见的债权人、被执行人为被告，向执行法院提起诉讼；异议人逾期未提起诉讼的，执行法院依原分配方案进行分配。

诉讼期间进行分配的，执行法院应当将与争议债权数额相应的款项予以提存。

第十九条 在申请执行时效期间的最后六个月内，因不可抗力或者其他障碍不能行使请求权的，申请执行时效中止。从中止时效的原因消除之日起，申请执行时效期间继续计算。

第二十条 申请执行时效因申请执行、当事人双方达成和解协议、当事人一方提出履行要求或者同意履行义务而中断。从中断时起，申请执行时效期间重新计算。

第二十一条 生效法律文书规定债务人负有不作为义务的，申请执行时效期间从债务人违反不作为义务之日起计算。

第二十二条 执行员依照民事诉讼法第二百四十条规定立即采取强制执行措施的，可以同时或者自采取强制执行措施之日起三日内发送执行通知书。

第二十三条 依照民事诉讼法第二百五十五条规定对被执行人限制出境的，应当由申请执行人向执行法院提出书面申请；必要时，执行法院可以依职权决定。

第二十四条 被执行人为单位的，可以对其法定代表人、主要负责人或者影响债务履行的直接责任人员限制出境。

被执行人为无民事行为能力人或者限制民事行为能力人的，可以对其法定代理人限制出境。

第二十五条 在限制出境期间，被执行人履行法律文书确定的全部债务的，执行法院应当及时解除限制出境措施；被执行人提供充分、有效的担保或者申请执行人同意的，可以解除限制出境措施。

第二十六条 依照民事诉讼法第二百五十五条的规定，执行法院可以依职权或者依申请执行人的申请，将被执行人不履行法律文书确定义务的信息，通过报纸、广播、电视、互联网等媒体公布。

媒体公布的有关费用，由被执行人负担；申请执行人申请在媒体公布的，应当垫付有关费用。

第二十七条 本解释施行前本院公布的司法解释与本解释不一致的，以本解释为准。

人民检察院民事诉讼监督规则

（2021年2月9日最高人民检察院第十三届检察委员会第六十二次会议通过　2021年6月26日最高人民检察院公告公布　自2021年8月1日起施行）

第一章　总　　则

第一条　为了保障和规范人民检察院依法履行民事检察职责，根据《中华人民共和国民事诉讼法》《中华人民共和国人民检察院组织法》和其他有关规定，结合人民检察院工作实际，制定本规则。

第二条　人民检察院依法独立行使检察权，通过办理民事诉讼监督案件，维护司法公正和司法权威，维护国家利益和社会公共利益，维护自然人、法人和非法人组织的合法权益，保障国家法律的统一正确实施。

第三条　人民检察院通过抗诉、检察建议等方式，对民事诉讼活动实行法律监督。

第四条　人民检察院办理民事诉讼监督案件，应当以事实为根据，以法律为准绳，坚持公开、公平、公正和诚实信用原则，尊重和保障当事人的诉讼权利，监督和支持人民法院依法行使审判权和执行权。

第五条　负责控告申诉检察、民事检察、案件管理的部门分别承担民事诉讼监督案件的受理、办理、管理工作，各部门互相配合，互相制约。

第六条　人民检察院办理民事诉讼监督案件，实行检察官办案责任制，由检察官、检察长、检察委员会在各自职权范围内对办案事项作出决定，并依照规定承担相应司法责任。

第七条　人民检察院办理民事诉讼监督案件，根据案件情况，可以由一名检察官独任办理，也可以由两名以上检察官组成办案组办理。由检察官办案组办理的，检察长应当指定一名检察官担任主办检察官，组织、指挥办案组办理案件。

检察官办理案件，可以根据需要配备检察官助理、书记员、司法警察、检察技术人员等检察辅助人员。检察辅助人员依照有关规定承担相应的检察辅助事务。

第八条　最高人民检察院领导地方各级人民检察院和专门人民检察院的民事诉讼监督工作，上级人民检察院领导下级人民检察院的民事诉讼监督工作。

上级人民检察院认为下级人民检察院的决定错误的，有权指令下级人民检察院纠正，或者依法撤销、变更。上级人民检察院的决定，应当以书面形式作出，下级人民检察院应当执行。下级人民检察院对上级人民检察院的决定有不同意见的，可以在执行的同时向上级人民检察院报告。

上级人民检察院可以依法统一调用辖区的检察人员办理民事诉讼监督案件，调用的决定应当以书面形式作出。被调用的检察官可以代表办理案件的人民检察院履行相关检察职责。

第九条　人民检察院检察长或者检察长委托的副检察长在同级人民法院审判委员会讨论民事

抗诉案件或者其他与民事诉讼监督工作有关的议题时，可以依照有关规定列席会议。

第十条 人民检察院办理民事诉讼监督案件，实行回避制度。

第十一条 检察人员办理民事诉讼监督案件，应当秉持客观公正的立场，自觉接受监督。

检察人员不得接受当事人及其诉讼代理人、特定关系人、中介组织请客送礼或者其他利益，不得违反规定会见当事人及其委托的人。

检察人员有收受贿赂、徇私枉法等行为的，应当追究纪律责任和法律责任。

检察人员对过问或者干预、插手民事诉讼监督案件办理等重大事项的行为，应当按照有关规定全面、如实、及时记录、报告。

第二章 回　　避

第十二条 检察人员有《中华人民共和国民事诉讼法》第四十四条规定情形之一的，应当自行回避，当事人有权申请他们回避。

前款规定，适用于书记员、翻译人员、鉴定人、勘验人等。

第十三条 检察人员自行回避的，可以口头或者书面方式提出，并说明理由。口头提出申请的，应当记录在卷。

第十四条 当事人申请回避，应当在人民检察院作出提出抗诉或者检察建议等决定前以口头或者书面方式提出，并说明理由。口头提出申请的，应当记录在卷。根据《中华人民共和国民事诉讼法》第四十四条第二款规定提出回避申请的，应当提供相关证据。

被申请回避的人员在人民检察院作出是否回避的决定前，应当暂停参与本案工作，但案件需要采取紧急措施的除外。

第十五条 检察人员有应当回避的情形，没有自行回避，当事人也没有申请其回避的，由检察长或者检察委员会决定其回避。

第十六条 检察长的回避，由检察委员会讨论决定；检察人员和其他人员的回避，由检察长决定。检察委员会讨论检察长回避问题时，由副检察长主持，检察长不得参加。

第十七条 人民检察院对当事人提出的回避申请，应当在三日内作出决定，并通知申请人。申请人对决定不服的，可以在接到决定时向原决定机关申请复议一次。人民检察院应当在三日内作出复议决定，并通知复议申请人。复议期间，被申请回避的人员不停止参与本案工作。

第三章 受　　理

第十八条 民事诉讼监督案件的来源包括：

（一）当事人向人民检察院申请监督；

（二）当事人以外的自然人、法人和非法人组织向人民检察院控告；

（三）人民检察院在履行职责中发现。

第十九条 有下列情形之一的，当事人可以向人民检察院申请监督：

（一）已经发生法律效力的民事判决、裁定、调解书符合《中华人民共和国民事诉讼法》第二百零九条第一款规定的；

（二）认为民事审判程序中审判人员存在违法行为的；

（三）认为民事执行活动存在违法情形的。

第二十条　当事人依照本规则第十九条第一项规定向人民检察院申请监督，应当在人民法院作出驳回再审申请裁定或者再审判决、裁定发生法律效力之日起两年内提出。

本条规定的期间为不变期间，不适用中止、中断、延长的规定。

人民检察院依职权启动监督程序的案件，不受本条第一款规定期限的限制。

第二十一条　当事人向人民检察院申请监督，应当提交监督申请书、身份证明、相关法律文书及证据材料。提交证据材料的，应当附证据清单。

申请监督材料不齐备的，人民检察院应当要求申请人限期补齐，并一次性明确告知应补齐的全部材料。申请人逾期未补齐的，视为撤回监督申请。

第二十二条　本规则第二十一条规定的监督申请书应当记明下列事项：

（一）申请人的姓名、性别、年龄、民族、职业、工作单位、住所、有效联系方式，法人或者非法人组织的名称、住所和法定代表人或者主要负责人的姓名、职务、有效联系方式；

（二）其他当事人的姓名、性别、工作单位、住所、有效联系方式等信息，法人或者非法人组织的名称、住所、负责人、有效联系方式等信息；

（三）申请监督请求；

（四）申请监督的具体法定情形及事实、理由。

申请人应当按照其他当事人的人数提交监督申请书副本。

第二十三条　本规则第二十一条规定的身份证明包括：

（一）自然人的居民身份证、军官证、士兵证、护照等能够证明本人身份的有效证件；

（二）法人或者非法人组织的统一社会信用代码证书或者营业执照副本、组织机构代码证书和法定代表人或者主要负责人的身份证明等有效证照。

对当事人提交的身份证明，人民检察院经核对无误留存复印件。

第二十四条　本规则第二十一条规定的相关法律文书是指人民法院在该案件诉讼过程中作出的全部判决书、裁定书、决定书、调解书等法律文书。

第二十五条　当事人申请监督，可以依照《中华人民共和国民事诉讼法》的规定委托诉讼代理人。

第二十六条　当事人申请监督符合下列条件的，人民检察院应当受理：

（一）符合本规则第十九条的规定；

（二）申请人提供的材料符合本规则第二十一条至第二十四条的规定；

（三）属于本院受理案件范围；

（四）不具有本规则规定的不予受理情形。

第二十七条　当事人根据《中华人民共和国民事诉讼法》第二百零九条第一款的规定向人民检察院申请监督，有下列情形之一的，人民检察院不予受理：

（一）当事人未向人民法院申请再审的；

（二）当事人申请再审超过法律规定的期限的，但不可归责于其自身原因的除外；

（三）人民法院在法定期限内正在对民事再审申请进行审查的；

（四）人民法院已经裁定再审且尚未审结的；

（五）判决、调解解除婚姻关系的，但对财产分割部分不服的除外；

（六）人民检察院已经审查终结作出决定的；

（七）民事判决、裁定、调解书是人民法院根据人民检察院的抗诉或者再审检察建议再审后作出的；

（八）申请监督超过本规则第二十条规定的期限的；

（九）其他不应受理的情形。

第二十八条 当事人认为民事审判程序或者执行活动存在违法情形，向人民检察院申请监督，有下列情形之一的，人民检察院不予受理：

（一）法律规定可以提出异议、申请复议或者提起诉讼，当事人没有提出异议、申请复议或者提起诉讼的，但有正当理由的除外；

（二）当事人提出异议、申请复议或者提起诉讼后，人民法院已经受理并正在审查处理的，但超过法定期限未作出处理的除外；

（三）其他不应受理的情形。

当事人对审判、执行人员违法行为申请监督的，不受前款规定的限制。

第二十九条 当事人根据《中华人民共和国民事诉讼法》第二百零九条第一款的规定向人民检察院申请检察建议或者抗诉，由作出生效民事判决、裁定、调解书的人民法院所在地同级人民检察院负责控告申诉检察的部门受理。

人民法院裁定驳回再审申请或者逾期未对再审申请作出裁定，当事人向人民检察院申请监督的，由作出原生效民事判决、裁定、调解书的人民法院所在地同级人民检察院受理。

第三十条 当事人认为民事审判程序中审判人员存在违法行为或者民事执行活动存在违法情形，向人民检察院申请监督的，由审理、执行案件的人民法院所在地同级人民检察院负责控告申诉检察的部门受理。

当事人不服上级人民法院作出的复议裁定、决定等，提出监督申请的，由上级人民法院所在地同级人民检察院受理。人民检察院受理后，可以根据需要依照本规则有关规定将案件交由原审理、执行案件的人民法院所在地同级人民检察院办理。

第三十一条 当事人认为人民检察院不依法受理其监督申请的，可以向上一级人民检察院申请监督。上一级人民检察院认为当事人监督申请符合受理条件的，应当指令下一级人民检察院受理，必要时也可以直接受理。

第三十二条 人民检察院负责控告申诉检察的部门对监督申请，应当根据以下情形作出处理：

（一）符合受理条件的，应当依照本规则规定作出受理决定；

（二）不属于本院受理案件范围的，应当告知申请人向有关人民检察院申请监督；

（三）不属于人民检察院主管范围的，应当告知申请人向有关机关反映；

（四）不符合受理条件，且申请人不撤回监督申请的，可以决定不予受理。

第三十三条 负责控告申诉检察的部门应当在决定受理之日起三日内制作《受理通知书》，

发送申请人，并告知其权利义务；同时将《受理通知书》和监督申请书副本发送其他当事人，并告知其权利义务。其他当事人可以在收到监督申请书副本之日起十五日内提出书面意见，不提出意见的不影响人民检察院对案件的审查。

第三十四条 负责控告申诉检察的部门应当在决定受理之日起三日内将案件材料移送本院负责民事检察的部门，同时将《受理通知书》抄送本院负责案件管理的部门。负责控告申诉检察的部门收到其他当事人提交的书面意见等材料，应当及时移送负责民事检察的部门。

第三十五条 当事人以外的自然人、法人和非法人组织认为人民法院民事审判程序中审判人员存在违法行为或者民事执行活动存在违法情形等，可以向同级人民检察院控告。控告由人民检察院负责控告申诉检察的部门受理。

负责控告申诉检察的部门对收到的控告，应当依据《人民检察院信访工作规定》等办理。

第三十六条 负责控告申诉检察的部门可以依据《人民检察院信访工作规定》，向下级人民检察院交办涉及民事诉讼监督的信访案件。

第三十七条 人民检察院在履行职责中发现民事案件有下列情形之一的，应当依职权启动监督程序：

（一）损害国家利益或者社会公共利益的；

（二）审判、执行人员有贪污受贿，徇私舞弊，枉法裁判等违法行为的；

（三）当事人存在虚假诉讼等妨害司法秩序行为的；

（四）人民法院作出的已经发生法律效力的民事公益诉讼判决、裁定、调解书确有错误，审判程序中审判人员存在违法行为，或者执行活动存在违法情形的；

（五）依照有关规定需要人民检察院跟进监督的；

（六）具有重大社会影响等确有必要进行监督的情形。

人民检察院对民事案件依职权启动监督程序，不受当事人是否申请再审的限制。

第三十八条 下级人民检察院提请抗诉、提请其他监督等案件，由上一级人民检察院负责案件管理的部门受理。

依职权启动监督程序的民事诉讼监督案件，负责民事检察的部门应当到负责案件管理的部门登记受理。

第三十九条 负责案件管理的部门接收案件材料后，应当在三日内登记并将案件材料和案件登记表移送负责民事检察的部门；案件材料不符合规定的，应当要求补齐。

负责案件管理的部门登记受理后，需要通知当事人的，负责民事检察的部门应当制作《受理通知书》，并在三日内发送当事人。

第四章 审　　查

第一节　一般规定

第四十条 受理后的民事诉讼监督案件由负责民事检察的部门进行审查。

第四十一条 上级人民检察院认为确有必要的，可以办理下级人民检察院受理的民事诉讼监督案件。

下级人民检察院对受理的民事诉讼监督案件，认为需要由上级人民检察院办理的，可以报请上级人民检察院办理。

第四十二条 上级人民检察院可以将受理的民事诉讼监督案件交由下级人民检察院办理，并限定办理期限。交办的案件应当制作《交办通知书》，并将有关材料移送下级人民检察院。下级人民检察院应当依法办理，不得将案件再行交办。除本规则第一百零七条规定外，下级人民检察院应当在规定期限内提出处理意见并报送上级人民检察院，上级人民检察院应当在法定期限内作出决定。

交办案件需要通知当事人的，应当制作《通知书》，并发送当事人。

第四十三条 人民检察院审查民事诉讼监督案件，应当围绕申请人的申请监督请求、争议焦点以及本规则第三十七条规定的情形，对人民法院民事诉讼活动是否合法进行全面审查。其他当事人在人民检察院作出决定前也申请监督的，应当将其列为申请人，对其申请监督请求一并审查。

第四十四条 申请人或者其他当事人对提出的主张，应当提供证据材料。人民检察院收到当事人提交的证据材料，应当出具收据。

第四十五条 人民检察院应当告知当事人有申请回避的权利，并告知办理案件的检察人员、书记员等的姓名、法律职务。

第四十六条 人民检察院审查案件，应当通过适当方式听取当事人意见，必要时可以听证或者调查核实有关情况，也可以依照有关规定组织专家咨询论证。

第四十七条 人民检察院审查案件，可以依照有关规定调阅人民法院的诉讼卷宗。

通过拷贝电子卷、查阅、复制、摘录等方式能够满足办案需要的，可以不调阅诉讼卷宗。

人民检察院认为确有必要，可以依照有关规定调阅人民法院的诉讼卷宗副卷，并采取严格保密措施。

第四十八条 承办检察官审查终结后，应当制作审查终结报告。审查终结报告应当全面、客观、公正地叙述案件事实，依据法律提出处理建议或者意见。

承办检察官通过审查监督申请书等材料即可以认定案件事实的，可以直接制作审查终结报告，提出处理建议或者意见。

第四十九条 承办检察官办理案件过程中，可以提请部门负责人召集检察官联席会议讨论。检察长、部门负责人在审核或者决定案件时，也可以召集检察官联席会议讨论。

检察官联席会议讨论情况和意见应当如实记录，由参加会议的检察官签名后附卷保存。部门负责人或者承办检察官不同意检察官联席会议多数人意见的，部门负责人应当报请检察长决定。

检察长认为必要的，可以提请检察委员会讨论决定。检察长、检察委员会对案件作出的决定，承办检察官应当执行。

第五十条 人民检察院对审查终结的案件，应当区分情况作出下列决定：

（一）提出再审检察建议；

（二）提请抗诉或者提请其他监督；

（三）提出抗诉；

（四）提出检察建议；

（五）终结审查；

（六）不支持监督申请；

（七）复查维持。

负责控告申诉检察的部门受理的案件，负责民事检察的部门应当将案件办理结果告知负责控告申诉检察的部门。

第五十一条　人民检察院在办理民事诉讼监督案件过程中，当事人有和解意愿的，可以引导当事人自行和解。

第五十二条　人民检察院受理当事人申请对人民法院已经发生法律效力的民事判决、裁定、调解书监督的案件，应当在三个月内审查终结并作出决定，但调卷、鉴定、评估、审计、专家咨询等期间不计入审查期限。

对民事审判程序中审判人员违法行为监督案件和对民事执行活动监督案件的审查期限，参照前款规定执行。

第五十三条　人民检察院办理民事诉讼监督案件，可以依照有关规定指派司法警察协助承办检察官履行调查核实、听证等职责。

第二节　听　　证

第五十四条　人民检察院审查民事诉讼监督案件，认为确有必要的，可以组织有关当事人听证。

人民检察院审查民事诉讼监督案件，可以邀请与案件没有利害关系的人大代表、政协委员、人民监督员、特约检察员、专家咨询委员、人民调解员或者当事人所在单位、居住地的居民委员会、村民委员会成员以及专家、学者等其他社会人士参加公开听证，但该民事案件涉及国家秘密、个人隐私或者法律另有规定不得公开的除外。

第五十五条　人民检察院组织听证，由承办检察官主持，书记员负责记录。

听证一般在人民检察院专门听证场所内进行。

第五十六条　人民检察院组织听证，应当在听证三日前告知听证会参加人案由、听证时间和地点。

第五十七条　参加听证的当事人和其他相关人员应当按时参加听证，当事人无正当理由缺席或者未经许可中途退席的，不影响听证程序的进行。

第五十八条　听证应当围绕民事诉讼监督案件中的事实认定和法律适用等问题进行。

对当事人提交的证据材料和人民检察院调查取得的证据，应当充分听取各方当事人的意见。

第五十九条　听证会一般按照下列步骤进行：

（一）承办案件的检察官介绍案件情况和需要听证的问题；

（二）当事人及其他参加人就需要听证的问题分别说明情况；

（三）听证员向当事人或者其他参加人提问；

（四）主持人宣布休会，听证员就听证事项进行讨论；

（五）主持人宣布复会，根据案件情况，可以由听证员或者听证员代表发表意见；

（六）当事人发表最后陈述意见；

（七）主持人对听证会进行总结。

第六十条 听证应当制作笔录，经当事人校阅后，由当事人签名或者盖章。拒绝签名盖章的，应当记明情况。

第六十一条 参加听证的人员应当服从听证主持人指挥。

对违反听证秩序的，人民检察院可以予以批评教育，责令退出听证场所；对哄闹、冲击听证场所，侮辱、诽谤、威胁、殴打检察人员等严重扰乱听证秩序的，依法追究相应法律责任。

第三节 调查核实

第六十二条 人民检察院因履行法律监督职责的需要，有下列情形之一的，可以向当事人或者案外人调查核实有关情况：

（一）民事判决、裁定、调解书可能存在法律规定需要监督的情形，仅通过阅卷及审查现有材料难以认定的；

（二）民事审判程序中审判人员可能存在违法行为的；

（三）民事执行活动可能存在违法情形的；

（四）其他需要调查核实的情形。

第六十三条 人民检察院可以采取以下调查核实措施：

（一）查询、调取、复制相关证据材料；

（二）询问当事人或者案外人；

（三）咨询专业人员、相关部门或者行业协会等对专门问题的意见；

（四）委托鉴定、评估、审计；

（五）勘验物证、现场；

（六）查明案件事实所需要采取的其他措施。

人民检察院调查核实，不得采取限制人身自由和查封、扣押、冻结财产等强制性措施。

第六十四条 有下列情形之一的，人民检察院可以向银行业金融机构查询、调取、复制相关证据材料：

（一）可能损害国家利益、社会公共利益的；

（二）审判、执行人员可能存在违法行为的；

（三）涉及《中华人民共和国民事诉讼法》第五十五条规定诉讼的；

（四）当事人有伪造证据、恶意串通损害他人合法权益可能的。

人民检察院可以依照有关规定指派具备相应资格的检察技术人员对民事诉讼监督案件中的鉴定意见等技术性证据进行专门审查，并出具审查意见。

第六十五条 人民检察院可以就专门性问题书面或者口头咨询有关专业人员、相关部门或者行业协会的意见。口头咨询的，应当制作笔录，由接受咨询的专业人员签名或者盖章。拒绝签名盖章的，应当记明情况。

第六十六条 人民检察院对专门性问题认为需要鉴定、评估、审计的，可以委托具备资格的机构进行鉴定、评估、审计。

在诉讼过程中已经进行过鉴定、评估、审计的，一般不再委托鉴定、评估、审计。

第六十七条　人民检察院认为确有必要的，可以勘验物证或者现场。勘验人应当出示人民检察院的证件，并邀请当地基层组织或者当事人所在单位派人参加。当事人或者当事人的成年家属应当到场，拒不到场的，不影响勘验的进行。

勘验人应当将勘验情况和结果制作笔录，由勘验人、当事人和被邀参加人签名或者盖章。

第六十八条　需要调查核实的，由承办检察官在职权范围内决定，或者报检察长决定。

第六十九条　人民检察院调查核实，应当由二人以上共同进行。

调查笔录经被调查人校阅后，由调查人、被调查人签名或者盖章。被调查人拒绝签名盖章的，应当记明情况。

第七十条　人民检察院可以指令下级人民检察院或者委托外地人民检察院调查核实。

人民检察院指令调查或者委托调查的，应当发送《指令调查通知书》或者《委托调查函》，载明调查核实事项、证据线索及要求。受指令或者受委托人民检察院收到《指令调查通知书》或者《委托调查函》后，应当在十五日内完成调查核实工作并书面回复。因客观原因不能完成调查的，应当在上述期限内书面回复指令或者委托的人民检察院。

人民检察院到外地调查的，当地人民检察院应当配合。

第七十一条　人民检察院调查核实，有关单位和个人应当配合。拒绝或者妨碍人民检察院调查核实的，人民检察院可以向有关单位或者其上级主管部门提出检察建议，责令纠正；涉嫌违纪违法犯罪的，依照规定移送有关机关处理。

第四节　中止审查和终结审查

第七十二条　有下列情形之一的，人民检察院可以中止审查：

（一）申请监督的自然人死亡，需要等待继承人表明是否继续申请监督的；

（二）申请监督的法人或者非法人组织终止，尚未确定权利义务承受人的；

（三）本案必须以另一案的处理结果为依据，而另一案尚未审结的；

（四）其他可以中止审查的情形。

中止审查的，应当制作《中止审查决定书》，并发送当事人。中止审查的原因消除后，应当及时恢复审查。

第七十三条　有下列情形之一的，人民检察院应当终结审查：

（一）人民法院已经裁定再审或者已经纠正违法行为的；

（二）申请人撤回监督申请，且不损害国家利益、社会公共利益或者他人合法权益的；

（三）申请人在与其他当事人达成的和解协议中声明放弃申请监督权利，且不损害国家利益、社会公共利益或者他人合法权益的；

（四）申请监督的自然人死亡，没有继承人或者继承人放弃申请，且没有发现其他应当监督的违法情形的；

（五）申请监督的法人或者非法人组织终止，没有权利义务承受人或者权利义务承受人放弃申请，且没有发现其他应当监督的违法情形的；

（六）发现已经受理的案件不符合受理条件的；

（七）人民检察院依职权启动监督程序的案件，经审查不需要采取监督措施的；

（八）其他应当终结审查的情形。

终结审查的，应当制作《终结审查决定书》，需要通知当事人的，发送当事人。

第五章　对生效判决、裁定、调解书的监督

第一节　一般规定

第七十四条　人民检察院发现人民法院已经发生法律效力的民事判决、裁定有《中华人民共和国民事诉讼法》第二百条规定情形之一的，依法向人民法院提出再审检察建议或者抗诉。

第七十五条　人民检察院发现民事调解书损害国家利益、社会公共利益的，依法向人民法院提出再审检察建议或者抗诉。

人民检察院对当事人通过虚假诉讼获得的民事调解书应当依照前款规定监督。

第七十六条　当事人因故意或者重大过失逾期提供的证据，人民检察院不予采纳。但该证据与案件基本事实有关并且能够证明原判决、裁定确有错误的，应当认定为《中华人民共和国民事诉讼法》第二百条第一项规定的情形。

人民检察院依照本规则第六十三条、第六十四条规定调查取得的证据，与案件基本事实有关并且能够证明原判决、裁定确有错误的，应当认定为《中华人民共和国民事诉讼法》第二百条第一项规定的情形。

第七十七条　有下列情形之一的，应当认定为《中华人民共和国民事诉讼法》第二百条第二项规定的"认定的基本事实缺乏证据证明"：

（一）认定的基本事实没有证据支持，或者认定的基本事实所依据的证据虚假、缺乏证明力的；

（二）认定的基本事实所依据的证据不合法的；

（三）对基本事实的认定违反逻辑推理或者日常生活法则的；

（四）认定的基本事实缺乏证据证明的其他情形。

第七十八条　有下列情形之一，导致原判决、裁定结果错误的，应当认定为《中华人民共和国民事诉讼法》第二百条第六项规定的"适用法律确有错误"：

（一）适用的法律与案件性质明显不符的；

（二）确定民事责任明显违背当事人约定或者法律规定的；

（三）适用已经失效或者尚未施行的法律的；

（四）违反法律溯及力规定的；

（五）违反法律适用规则的；

（六）明显违背立法原意的；

（七）适用法律错误的其他情形。

第七十九条　有下列情形之一的，应当认定为《中华人民共和国民事诉讼法》第二百条第七项规定的"审判组织的组成不合法"：

（一）应当组成合议庭审理的案件独任审判的；
（二）人民陪审员参与第二审案件审理的；
（三）再审、发回重审的案件没有另行组成合议庭的；
（四）审理案件的人员不具有审判资格的；
（五）审判组织或者人员不合法的其他情形。

第八十条　有下列情形之一的，应当认定为《中华人民共和国民事诉讼法》第二百条第九项规定的“违反法律规定，剥夺当事人辩论权利”：
（一）不允许或者严重限制当事人行使辩论权利的；
（二）应当开庭审理而未开庭审理的；
（三）违反法律规定送达起诉状副本或者上诉状副本，致使当事人无法行使辩论权利的；
（四）违法剥夺当事人辩论权利的其他情形。

第二节　再审检察建议和提请抗诉

第八十一条　地方各级人民检察院发现同级人民法院已经发生法律效力的民事判决、裁定有下列情形之一的，可以向同级人民法院提出再审检察建议：
（一）有新的证据，足以推翻原判决、裁定的；
（二）原判决、裁定认定的基本事实缺乏证据证明的；
（三）原判决、裁定认定事实的主要证据是伪造的；
（四）原判决、裁定认定事实的主要证据未经质证的；
（五）对审理案件需要的主要证据，当事人因客观原因不能自行收集，书面申请人民法院调查收集，人民法院未调查收集的；
（六）审判组织的组成不合法或者依法应当回避的审判人员没有回避的；
（七）无诉讼行为能力人未经法定代理人代为诉讼或者应当参加诉讼的当事人，因不能归责于本人或者其诉讼代理人的事由，未参加诉讼的；
（八）违反法律规定，剥夺当事人辩论权利的；
（九）未经传票传唤，缺席判决的；
（十）原判决、裁定遗漏或者超出诉讼请求的；
（十一）据以作出原判决、裁定的法律文书被撤销或者变更的。

第八十二条　符合本规则第八十一条规定的案件有下列情形之一的，地方各级人民检察院一般应当提请上一级人民检察院抗诉：
（一）判决、裁定是经同级人民法院再审后作出的；
（二）判决、裁定是经同级人民法院审判委员会讨论作出的。

第八十三条　地方各级人民检察院发现同级人民法院已经发生法律效力的民事判决、裁定有下列情形之一的，一般应当提请上一级人民检察院抗诉：
（一）原判决、裁定适用法律确有错误的；
（二）审判人员在审理该案件时有贪污受贿，徇私舞弊，枉法裁判行为的。

第八十四条　符合本规则第八十二条、第八十三条规定的案件，适宜由同级人民法院再审纠正的，地方各级人民检察院可以向同级人民法院提出再审检察建议。

第八十五条 地方各级人民检察院发现民事调解书损害国家利益、社会公共利益的，可以向同级人民法院提出再审检察建议，也可以提请上一级人民检察院抗诉。

第八十六条 对人民法院已经采纳再审检察建议进行再审的案件，提出再审检察建议的人民检察院一般不得再向上级人民检察院提请抗诉。

第八十七条 人民检察院提出再审检察建议，应当制作《再审检察建议书》，在决定提出再审检察建议之日起十五日内将《再审检察建议书》连同案件卷宗移送同级人民法院，并制作决定提出再审检察建议的《通知书》，发送当事人。

人民检察院提出再审检察建议，应当经本院检察委员会决定，并将《再审检察建议书》报上一级人民检察院备案。

第八十八条 人民检察院提请抗诉，应当制作《提请抗诉报告书》，在决定提请抗诉之日起十五日内将《提请抗诉报告书》连同案件卷宗报送上一级人民检察院，并制作决定提请抗诉的《通知书》，发送当事人。

第八十九条 人民检察院认为当事人的监督申请不符合提出再审检察建议或者提请抗诉条件的，应当作出不支持监督申请的决定，并在决定之日起十五日内制作《不支持监督申请决定书》，发送当事人。

第三节 抗　　诉

第九十条 最高人民检察院对各级人民法院已经发生法律效力的民事判决、裁定、调解书，上级人民检察院对下级人民法院已经发生法律效力的民事判决、裁定、调解书，发现有《中华人民共和国民事诉讼法》第二百条、第二百零八条规定情形的，应当向同级人民法院提出抗诉。

第九十一条 人民检察院提出抗诉的案件，接受抗诉的人民法院将案件交下一级人民法院再审，下一级人民法院审理后作出的再审判决、裁定仍有明显错误的，原提出抗诉的人民检察院可以依职权再次提出抗诉。

第九十二条 人民检察院提出抗诉，应当制作《抗诉书》，在决定抗诉之日起十五日内将《抗诉书》连同案件卷宗移送同级人民法院，并由接受抗诉的人民法院向当事人送达再审裁定时一并送达《抗诉书》。

人民检察院应当制作决定抗诉的《通知书》，发送当事人。上级人民检察院可以委托提请抗诉的人民检察院将决定抗诉的《通知书》发送当事人。

第九十三条 人民检察院认为当事人的监督申请不符合抗诉条件的，应当作出不支持监督申请的决定，并在决定之日起十五日内制作《不支持监督申请决定书》，发送当事人。上级人民检察院可以委托提请抗诉的人民检察院将《不支持监督申请决定书》发送当事人。

第四节 出　　庭

第九十四条 人民检察院提出抗诉的案件，人民法院再审时，人民检察院应当派员出席法庭。

必要时，人民检察院可以协调人民法院安排人民监督员旁听。

第九十五条 接受抗诉的人民法院将抗诉案件交下级人民法院再审的，提出抗诉的人民检察院可以指令再审人民法院的同级人民检察院派员出庭。

第九十六条 检察人员出席再审法庭的任务是：

（一）宣读抗诉书；

（二）对人民检察院调查取得的证据予以出示和说明；

（三）庭审结束时，经审判长许可，可以发表法律监督意见；

（四）对法庭审理中违反诉讼程序的情况予以记录。

检察人员发现庭审活动违法的，应当待休庭或者庭审结束之后，以人民检察院的名义提出检察建议。

出庭检察人员应当全程参加庭审。

第九十七条 当事人或者其他参加庭审人员在庭审中对检察机关或者出庭检察人员有侮辱、诽谤、威胁等不当言论或者行为的，出庭检察人员应当建议法庭即时予以制止；情节严重的，应当建议法庭依照规定予以处理，并在庭审结束后向检察长报告。

第六章　对审判程序中审判人员违法行为的监督

第九十八条 《中华人民共和国民事诉讼法》第二百零八条第三款规定的审判程序包括：

（一）第一审普通程序；

（二）简易程序；

（三）第二审程序；

（四）特别程序；

（五）审判监督程序；

（六）督促程序；

（七）公示催告程序；

（八）海事诉讼特别程序；

（九）破产程序。

第九十九条 《中华人民共和国民事诉讼法》第二百零八条第三款的规定适用于法官、人民陪审员、法官助理、书记员。

第一百条 人民检察院发现同级人民法院民事审判程序中有下列情形之一的，应当向同级人民法院提出检察建议：

（一）判决、裁定确有错误，但不适用再审程序纠正的；

（二）调解违反自愿原则或者调解协议的内容违反法律的；

（三）符合法律规定的起诉和受理条件，应当立案而不立案的；

（四）审理案件适用审判程序错误的；

（五）保全和先予执行违反法律规定的；

（六）支付令违反法律规定的；

（七）诉讼中止或者诉讼终结违反法律规定的；

（八）违反法定审理期限的；

（九）对当事人采取罚款、拘留等妨害民事诉讼的强制措施违反法律规定的；

（十）违反法律规定送达的；

（十一）其他违反法律规定的情形。

第一百零一条 人民检察院发现同级人民法院民事审判程序中审判人员有《中华人民共和国法官法》第四十六条等规定的违法行为且可能影响案件公正审判、执行的，应当向同级人民法院提出检察建议。

第一百零二条 人民检察院依照本章规定提出检察建议的，应当制作《检察建议书》，在决定提出检察建议之日起十五日内将《检察建议书》连同案件卷宗移送同级人民法院，并制作决定提出检察建议的《通知书》，发送申请人。

第一百零三条 人民检察院认为当事人申请监督的审判程序中审判人员违法行为认定依据不足的，应当作出不支持监督申请的决定，并在决定之日起十五日内制作《不支持监督申请决定书》，发送申请人。

第七章 对执行活动的监督

第一百零四条 人民检察院对人民法院执行生效民事判决、裁定、调解书、支付令、仲裁裁决以及公证债权文书等法律文书的活动实行法律监督。

第一百零五条 人民检察院认为人民法院在执行活动中可能存在怠于履行职责情形的，可以依照有关规定向人民法院发出《说明案件执行情况通知书》，要求说明案件的执行情况及理由。

第一百零六条 人民检察院发现人民法院在执行活动中有下列情形之一的，应当向同级人民法院提出检察建议：

（一）决定是否受理、执行管辖权的移转以及审查和处理执行异议、复议、申诉等执行审查活动存在违法、错误情形的；

（二）实施财产调查、控制、处分、交付和分配以及罚款、拘留、信用惩戒措施等执行实施活动存在违法、错误情形的；

（三）存在消极执行、拖延执行等情形的；

（四）其他执行违法、错误情形。

第一百零七条 人民检察院依照本规则第三十条第二款规定受理后交办的案件，下级人民检察院经审查认为人民法院作出的执行复议裁定、决定等存在违法、错误情形的，应当提请上级人民检察院监督；认为人民法院作出的执行复议裁定、决定等正确的，应当作出不支持监督申请的决定。

第一百零八条 人民检察院对执行活动提出检察建议的，应当经检察长或者检察委员会决定，制作《检察建议书》，在决定之日起十五日内将《检察建议书》连同案件卷宗移送同级人民法院，并制作决定提出检察建议的《通知书》，发送当事人。

第一百零九条 人民检察院认为当事人申请监督的人民法院执行活动不存在违法情形的，应当作出不支持监督申请的决定，并在决定之日起十五日内制作《不支持监督申请决定书》，发送申请人。

第一百一十条　人民检察院发现同级人民法院执行活动中执行人员存在违法行为的，参照本规则第六章有关规定执行。

第八章　案件管理

第一百一十一条　人民检察院负责案件管理的部门对民事诉讼监督案件的受理、期限、程序、质量等进行管理、监督、预警。

第一百一十二条　负责案件管理的部门发现本院办案活动有下列情形之一的，应当及时提出纠正意见：

（一）法律文书制作、使用不符合法律和有关规定的；

（二）违反办案期限有关规定的；

（三）侵害当事人、诉讼代理人诉讼权利的；

（四）未依法对民事审判活动以及执行活动中的违法行为履行法律监督职责的；

（五）其他应当提出纠正意见的情形。

情节轻微的，可以口头提示；情节较重的，应当发送《案件流程监控通知书》，提示办案部门及时查明情况并予以纠正；情节严重的，应当同时向检察长报告。

办案部门收到《案件流程监控通知书》后，应当在十日内将核查情况书面回复负责案件管理的部门。

第一百一十三条　负责案件管理的部门对以本院名义制发民事诉讼监督法律文书实施监督管理。

第一百一十四条　人民检察院办理的民事诉讼监督案件，办结后需要向其他单位移送案卷材料的，统一由负责案件管理的部门审核移送材料是否规范、齐备。负责案件管理的部门认为材料规范、齐备，符合移送条件的，应当立即由办案部门按照规定移送；认为材料不符合要求的，应当及时通知办案部门补送、更正。

第一百一十五条　人民法院向人民检察院送达的民事判决书、裁定书或者调解书等法律文书，由负责案件管理的部门负责接收，并即时登记移送负责民事检察的部门。

第一百一十六条　人民检察院在办理民事诉讼监督案件过程中，当事人及其诉讼代理人提出有关申请、要求或者提交有关书面材料的，由负责案件管理的部门负责接收，需要出具相关手续的，负责案件管理的部门应当出具。负责案件管理的部门接收材料后应当及时移送负责民事检察的部门。

第九章　其他规定

第一百一十七条　人民检察院发现人民法院在多起同一类型民事案件中有下列情形之一的，可以提出检察建议：

（一）同类问题适用法律不一致的；

（二）适用法律存在同类错误的；

（三）其他同类违法行为。

人民检察院发现有关单位的工作制度、管理方法、工作程序违法或者不当，需要改正、改进的，可以提出检察建议。

第一百一十八条　申请人向人民检察院提交的新证据是伪造的，或者对案件重要事实作虚假陈述的，人民检察院应当予以批评教育，并可以终结审查，但确有必要进行监督的除外；涉嫌违纪违法犯罪的，依照规定移送有关机关处理。

其他当事人有前款规定情形的，人民检察院应当予以批评教育；涉嫌违纪违法犯罪的，依照规定移送有关机关处理。

第一百一十九条　人民检察院发现人民法院审查和处理当事人申请执行、撤销仲裁裁决或者申请执行公证债权文书存在违法、错误情形的，参照本规则第六章、第七章有关规定执行。

第一百二十条　负责民事检察的部门在履行职责过程中，发现涉嫌违纪违法犯罪以及需要追究司法责任的行为，应当报检察长决定，及时将相关线索及材料移送有管辖权的机关或者部门。

人民检察院其他职能部门在履行职责中发现符合本规则规定的应当依职权启动监督程序的民事诉讼监督案件线索，应当及时向负责民事检察的部门通报。

第一百二十一条　人民检察院发现作出的相关决定确有错误需要纠正或者有其他情形需要撤回的，应当经本院检察长或者检察委员会决定。

第一百二十二条　人民法院对人民检察院监督行为提出建议的，人民检察院应当在一个月内将处理结果书面回复人民法院。人民法院对回复意见有异议，并通过上一级人民法院向上一级人民检察院提出的，上一级人民检察院认为人民法院建议正确，应当要求下级人民检察院及时纠正。

第一百二十三条　人民法院对民事诉讼监督案件作出再审判决、裁定或者其他处理决定后，提出监督意见的人民检察院应当对处理结果进行审查，并填写《民事诉讼监督案件处理结果审查登记表》。

第一百二十四条　有下列情形之一的，人民检察院可以按照有关规定再次监督或者提请上级人民检察院监督：

（一）人民法院审理民事抗诉案件作出的判决、裁定、调解书仍有明显错误的；

（二）人民法院对检察建议未在规定的期限内作出处理并书面回复的；

（三）人民法院对检察建议的处理结果错误的。

第一百二十五条　地方各级人民检察院对适用法律确属疑难、复杂，本院难以决断的重大民事诉讼监督案件，可以向上一级人民检察院请示。

请示案件依照最高人民检察院关于办理下级人民检察院请示件、下级人民检察院向最高人民检察院报送公文的相关规定办理。

第一百二十六条　当事人认为人民检察院对同级人民法院已经发生法律效力的民事判决、裁定、调解书作出的不支持监督申请决定存在明显错误的，可以在不支持监督申请决定作出之日起一年内向上一级人民检察院申请复查一次。负责控告申诉检察的部门经初核，发现可能有以下情形之一的，可以移送本院负责民事检察的部门审查处理：

（一）有新的证据，足以推翻原判决、裁定的；

（二）有证据证明原判决、裁定认定事实的主要证据是伪造的；

（三）据以作出原判决、裁定的法律文书被撤销或者变更的；

（四）有证据证明审判人员审理该案件时有贪污受贿，徇私舞弊，枉法裁判等行为的；

（五）有证据证明检察人员办理该案件时有贪污受贿，徇私舞弊，滥用职权等行为的；

（六）其他确有必要进行复查的。

负责民事检察的部门审查后，认为下一级人民检察院不支持监督申请决定错误，应当以人民检察院的名义予以撤销并依法提出抗诉；认为不存在错误，应当决定复查维持，并制作《复查决定书》，发送申请人。

上级人民检察院可以依职权复查下级人民检察院对同级人民法院已经发生法律效力的民事判决、裁定、调解书作出不支持监督申请决定的案件。

对复查案件的审查期限，参照本规则第五十二条第一款规定执行。

第一百二十七条 制作民事诉讼监督法律文书，应当符合规定的格式。

民事诉讼监督法律文书的格式另行制定。

第一百二十八条 人民检察院可以参照《中华人民共和国民事诉讼法》有关规定发送法律文书。

第一百二十九条 人民检察院发现制作的法律文书存在笔误的，应当作出《补正决定书》予以补正。

第一百三十条 人民检察院办理民事诉讼监督案件，应当按照规定建立民事诉讼监督案卷。

第一百三十一条 人民检察院办理民事诉讼监督案件，不收取案件受理费。申请复印、鉴定、审计、勘验等产生的费用由申请人直接支付给有关机构或者单位，人民检察院不得代收代付。

第十章 附 则

第一百三十二条 检察建议案件的办理，本规则未规定的，适用《人民检察院检察建议工作规定》。

第一百三十三条 民事公益诉讼监督案件的办理，适用本规则及有关公益诉讼检察司法解释的规定。

第一百三十四条 军事检察院等专门人民检察院对民事诉讼监督案件的办理，以及人民检察院对其他专门人民法院的民事诉讼监督案件的办理，适用本规则和其他有关规定。

第一百三十五条 本规则自 2021 年 8 月 1 日起施行，《人民检察院民事诉讼监督规则（试行）》同时废止。本院之前公布的其他规定与本规则内容不一致的，以本规则为准。

人民检察院行政诉讼监督规则

（2021年4月8日最高人民检察院第十三届检察委员会第65次会议通过　2021年7月27日最高人民检察院公告公布　自2021年9月1日起施行）

第一章　总　　则

第一条　为了保障和规范人民检察院依法履行行政诉讼监督职责，根据《中华人民共和国行政诉讼法》《中华人民共和国民事诉讼法》《中华人民共和国人民检察院组织法》和其他有关规定，结合人民检察院工作实际，制定本规则。

第二条　人民检察院依法独立行使检察权，通过办理行政诉讼监督案件，监督人民法院依法审判和执行，促进行政机关依法行使职权，维护司法公正和司法权威，维护国家利益和社会公共利益，保护公民、法人和其他组织的合法权益，推动行政争议实质性化解，保障国家法律的统一正确实施。

第三条　人民检察院通过提出抗诉、检察建议等方式，对行政诉讼实行法律监督。

第四条　人民检察院对行政诉讼实行法律监督，应当以事实为根据，以法律为准绳，坚持公开、公平、公正，依法全面审查，监督和支持人民法院、行政机关依法行使职权。

第五条　人民检察院办理行政诉讼监督案件，应当实行繁简分流，繁案精办、简案快办。

人民检察院办理行政诉讼监督案件，应当加强智慧借助，对于重大、疑难、复杂问题，可以向专家咨询或者组织专家论证，听取专家意见建议。

第六条　人民检察院办理行政诉讼监督案件，应当查清案件事实、辨明是非，综合运用监督纠正、公开听证、释法说理、司法救助等手段，开展行政争议实质性化解工作。

第七条　负责控告申诉检察、行政检察、案件管理的部门分别承担行政诉讼监督案件的受理、办理、管理工作，各部门互相配合，互相制约。

当事人不服人民法院生效行政赔偿判决、裁定、调解书的案件，由负责行政检察的部门办理，适用本规则规定。

第八条　人民检察院办理行政诉讼监督案件，由检察官、检察长、检察委员会在各自职权范围内对办案事项作出决定，并依照规定承担相应司法责任。

检察官在检察长领导下开展工作。重大办案事项，由检察长决定。检察长可以根据案件情况，提交检察委员会讨论决定。其他办案事项，检察长可以自行决定，也可以委托检察官决定。

本规则对应当由检察长或者检察委员会决定的重大办案事项有明确规定的，依照本规则的规定；本规则没有明确规定的，省级人民检察院可以制定有关规定，报最高人民检察院批准。

以人民检察院名义制发的法律文书，由检察长签发；属于检察官职权范围内决定事项的，检察长可以授权检察官签发。

重大、疑难、复杂或者有社会影响的案件，应当向检察长报告。

第九条 人民检察院办理行政诉讼监督案件，根据案件情况，可以由一名检察官独任办理，也可以由两名以上检察官组成办案组办理。由检察官办案组办理的，检察长应当指定一名检察官担任主办检察官，组织、指挥办案组办理案件。

检察官办理行政诉讼监督案件，可以根据需要配备检察官助理、书记员、司法警察、检察技术人员等检察辅助人员。检察辅助人员依照有关规定承担相应的检察辅助事务。

第十条 最高人民检察院领导地方各级人民检察院和专门人民检察院的行政诉讼监督工作，上级人民检察院领导下级人民检察院的行政诉讼监督工作。

上级人民检察院认为下级人民检察院的决定错误的，有权指令下级人民检察院纠正，或者依法撤销、变更。上级人民检察院的决定，应当以书面形式作出，下级人民检察院应当执行。下级人民检察院对上级人民检察院的决定有不同意见的，可以在执行的同时向上级人民检察院报告。

上级人民检察院可以依法统一调用辖区的检察人员办理行政诉讼监督案件，调用的决定应当以书面形式作出。被调用的检察官可以代表办理案件的人民检察院履行相关检察职责。

第十一条 人民检察院检察长或者检察长委托的副检察长在同级人民法院审判委员会讨论行政诉讼监督案件或者其他与行政诉讼监督工作有关的议题时，可以依照有关规定列席会议。

第十二条 检察人员办理行政诉讼监督案件，应当秉持客观公正的立场，自觉接受监督。

检察人员不得违反规定与当事人、律师、特殊关系人、中介组织接触、交往。

检察人员有收受贿赂、徇私枉法等行为的，应当追究纪律责任和法律责任。

检察人员对过问或者干预、插手行政诉讼监督案件办理等重大事项的行为，应当依照有关规定全面、如实、及时记录、报告。

第二章 回 避

第十三条 检察人员办理行政诉讼监督案件，有下列情形之一的，应当自行回避，当事人有权申请他们回避：

（一）是本案当事人或者当事人、委托代理人近亲属的；

（二）担任过本案的证人、委托代理人、审判人员、行政执法人员的；

（三）与本案有利害关系的；

（四）与本案当事人、委托代理人有其他关系，可能影响对案件公正办理的。

检察人员接受当事人、委托代理人请客送礼及其他利益，或者违反规定会见当事人、委托代理人，当事人有权申请他们回避。

上述规定，适用于书记员、翻译人员、鉴定人、勘验人等。

第十四条 检察人员自行回避的，可以口头或者书面方式提出，并说明理由。口头提出申请的，应当记录在卷。

第十五条 当事人申请回避，应当在人民检察院作出提出抗诉或者检察建议等决定前以口头或者书面方式提出，并说明理由。口头提出申请的，应当记录在卷。依照本规则第十三条第二款规定提出回避申请的，应当提供相关证据。

被申请回避的人员在人民检察院作出是否回避的决定前，应当暂停参与本案工作，但案件需要采取紧急措施的除外。

第十六条 检察长的回避，由检察委员会讨论决定；检察人员和其他人员的回避，由检察长决定。检察委员会讨论检察长回避问题时，由副检察长主持，检察长不得参加。

第十七条 人民检察院对当事人提出的回避申请，应当在三日内作出决定，并通知申请人。对明显不属于法定回避事由的申请，可以当场驳回，并记录在卷。

申请人对驳回回避申请的决定不服的，可以在接到决定时向原决定机关申请复议一次。人民检察院应当在三日内作出复议决定，并通知复议申请人。复议期间，被申请回避的人员不停止参与本案工作。

第三章 受　理

第十八条 人民检察院受理行政诉讼监督案件的途径包括：

（一）当事人向人民检察院申请监督；

（二）当事人以外的公民、法人或者其他组织向人民检察院控告；

（三）人民检察院依职权发现。

第十九条 有下列情形之一的，当事人可以向人民检察院申请监督：

（一）人民法院驳回再审申请或者逾期未对再审申请作出裁定，当事人对已经发生法律效力的行政判决、裁定、调解书，认为确有错误的；

（二）认为再审行政判决、裁定确有错误的；

（三）认为行政审判程序中审判人员存在违法行为的；

（四）认为人民法院行政案件执行活动存在违法情形的。

当事人死亡或者终止的，其权利义务承继者可以依照前款规定向人民检察院申请监督。

第二十条 当事人依照本规则第十九条第一款第一项、第二项规定向人民检察院申请监督，应当在人民法院送达驳回再审申请裁定之日或者再审判决、裁定发生法律效力之日起六个月内提出；对人民法院逾期未对再审申请作出裁定的，应当在再审申请审查期限届满之日起六个月内提出。

当事人依照本规则第十九条第一款第一项、第二项规定向人民检察院申请监督，具有下列情形之一的，应当在知道或者应当知道之日起六个月内提出：

（一）有新的证据，足以推翻原生效判决、裁定的；

（二）原生效判决、裁定认定事实的主要证据系伪造的；

（三）据以作出原生效判决、裁定的法律文书被撤销或者变更的；

（四）审判人员在审理该案件时有贪污受贿、徇私舞弊、枉法裁判行为的。

当事人依照本规则第十九条第一款第三项、第四项向人民检察院申请监督，应当在知道或者应当知道审判人员违法行为或者执行活动违法情形发生之日起六个月内提出。

本条规定的期间为不变期间，不适用中止、中断、延长的规定。

第二十一条 当事人向人民检察院申请监督，应当提交监督申请书、身份证明、相关法律文书及证据材料。提交证据材料的，应当附证据清单。

申请监督材料不齐备的，人民检察院应当要求申请人限期补齐，并一次性明确告知应当补齐的全部材料以及逾期未按要求补齐视为撤回监督申请的法律后果。申请人逾期未补齐主要材料的，视为撤回监督申请。

第二十二条 本规则第二十一条规定的监督申请书应当记明下列事项：

（一）申请人的姓名、性别、年龄、民族、职业、工作单位、住址、有效联系方式，法人或者其他组织的名称、住所和法定代表人或者主要负责人的姓名、职务、有效联系方式；

（二）其他当事人的姓名、性别、工作单位、住址、有效联系方式等信息，法人或者其他组织的名称、住所、法定代表人或者主要负责人的姓名、职务、有效联系方式等信息；

（三）申请监督请求；

（四）申请监督的具体法定情形及事实、理由。

申请人应当按照其他当事人的人数提交监督申请书副本。

第二十三条 本规则第二十一条规定的身份证明包括：

（一）公民的居民身份证、军官证、士兵证、护照等能够证明本人身份的有效证件；

（二）法人或者其他组织的统一社会信用代码证书或者营业执照、法定代表人或者主要负责人的身份证明等有效证照。

对当事人提交的身份证明，人民检察院经核对无误留存复印件。

第二十四条 本规则第二十一条规定的相关法律文书是指人民法院在该案件诉讼过程中作出的全部判决书、裁定书、决定书、调解书等法律文书。

第二十五条 当事人申请监督，可以依照《中华人民共和国行政诉讼法》的规定委托代理人。

第二十六条 当事人申请监督同时符合下列条件的，人民检察院应当受理：

（一）符合本规则第十九条的规定；

（二）符合本规则第二十条的规定；

（三）申请人提供的材料符合本规则第二十一条至第二十四条的规定；

（四）属于本院受理案件范围；

（五）不具有本规则规定的不予受理情形。

第二十七条 当事人向人民检察院申请监督，有下列情形之一的，人民检察院不予受理：

（一）当事人对生效行政判决、裁定、调解书未向人民法院申请再审的；

（二）当事人申请再审超过法律规定的期限的；

（三）人民法院在法定期限内正在对再审申请进行审查的；

（四）人民法院已经裁定再审且尚未审结的；

（五）人民检察院已经审查终结作出决定的；

（六）行政判决、裁定、调解书是人民法院根据人民检察院的抗诉或者再审检察建议再审后作出的；

（七）申请监督超过本规则第二十条规定的期限的；

（八）根据法律规定可以对人民法院的执行活动提出异议、申请复议或者提起诉讼，当事人、利害关系人、案外人没有提出异议、申请复议或者提起诉讼的，但有正当理由或者人民检察院依职权监督的除外；

（九）当事人提出有关执行的异议、申请复议、申诉或者提起诉讼后，人民法院已经受理并正在审查处理的，但超过法定期限未作出处理的除外；

（十）其他不应当受理的情形。

第二十八条 当事人对已经发生法律效力的行政判决、裁定、调解书向人民检察院申请监督的，由作出生效判决、裁定、调解书的人民法院所在地同级人民检察院负责控告申诉检察的部门受理。

第二十九条 当事人认为行政审判程序中审判人员存在违法行为或者执行活动存在违法情形，向人民检察院申请监督的，由审理、执行案件的人民法院所在地同级人民检察院负责控告申诉检察的部门受理。

当事人不服审理、执行案件人民法院的上级人民法院作出的复议裁定、决定等，向人民检察院申请监督的，由作出复议裁定、决定等的人民法院所在地同级人民检察院负责控告申诉检察的部门受理。

第三十条 人民检察院不依法受理当事人监督申请的，当事人可以向上一级人民检察院申请监督。上一级人民检察院认为当事人监督申请符合受理条件的，应当指令下一级人民检察院受理，必要时也可以直接受理。

第三十一条 人民检察院负责控告申诉检察的部门对监督申请，应当在七日内根据以下情形作出处理，并答复申请人：

（一）符合受理条件的，应当依照本规则规定作出受理决定；

（二）不属于本院受理案件范围的，应当告知申请人向有关人民检察院申请监督；

（三）不属于人民检察院主管范围的，告知申请人向有关机关反映；

（四）不符合受理条件，且申请人不撤回监督申请的，可以决定不予受理。

第三十二条 负责控告申诉检察的部门应当在决定受理之日起三日内制作《受理通知书》，发送申请人，并告知其权利义务。

需要通知其他当事人的，应当将《受理通知书》和监督申请书副本发送其他当事人，并告知其权利义务。其他当事人可以在收到监督申请书副本之日起十五日内提出书面意见；不提出意见的，不影响人民检察院对案件的审查。

第三十三条 负责控告申诉检察的部门应当在决定受理之日起三日内将案件材料移送本院负责行政检察的部门，同时将《受理通知书》抄送本院负责案件管理的部门。负责控告申诉检察的部门收到其他当事人提交的书面意见等材料，应当及时移送负责行政检察的部门。

第三十四条 当事人以外的公民、法人或者其他组织认为人民法院行政审判程序中审判人员存在违法行为或者执行活动存在违法情形的，可以向同级人民检察院控告。控告由人民检察院负责控告申诉检察的部门受理。

负责控告申诉检察的部门对收到的控告，应当依照《人民检察院信访工作规定》等办理。

第三十五条 负责控告申诉检察的部门可以依照《人民检察院信访工作规定》，向下级人民检察院交办涉及行政诉讼监督的信访案件。

第三十六条 人民检察院在履行职责中发现行政案件有下列情形之一的，应当依职权监督：

(一) 损害国家利益或者社会公共利益的；

(二) 审判人员、执行人员审理和执行行政案件时有贪污受贿、徇私舞弊、枉法裁判等行为的；

(三) 依照有关规定需要人民检察院跟进监督的；

(四) 人民检察院作出的不支持监督申请决定确有错误的；

(五) 其他确有必要进行监督的。

人民检察院对行政案件依职权监督，不受当事人是否申请再审的限制。

第三十七条　下级人民检察院提请抗诉、提请其他监督等案件，由上一级人民检察院负责案件管理的部门受理。

依职权监督的案件，负责行政检察的部门应当到负责案件管理的部门登记受理。

第三十八条　负责案件管理的部门接收案件材料后，应当在三日内登记并将案件材料和案件登记表移送负责行政检察的部门；案件材料不符合规定的，应当要求补齐。

负责案件管理的部门登记受理后，需要通知当事人的，负责行政检察的部门应当制作《受理通知书》，并在三日内发送当事人。

第四章　审　　查

第一节　一般规定

第三十九条　人民检察院负责行政检察的部门负责对受理后的行政诉讼监督案件进行审查。

第四十条　负责行政检察的部门收到负责控告申诉检察、案件管理的部门移送的行政诉讼监督案件后，应当按照随机分案为主、指定分案为辅的原则，确定承办案件的独任检察官或者检察官办案组。

第四十一条　上级人民检察院可以将受理的行政诉讼监督案件交由下级人民检察院办理，并限定办理期限。交办的案件应当制作《交办通知书》，并将有关材料移送下级人民检察院。下级人民检察院应当依法办理，在规定期限内提出处理意见并报送上级人民检察院，上级人民检察院应当在法定期限内作出决定。

上级人民检察院交办案件需要通知当事人的，应当制作通知文书，并发送当事人。

第四十二条　上级人民检察院认为确有必要的，可以办理下级人民检察院受理的行政诉讼监督案件。

下级人民检察院受理的行政诉讼监督案件，认为需要由上级人民检察院办理的，可以报请上级人民检察院办理。

最高人民检察院、省级人民检察院根据实质性化解行政争议等需要，可以指定下级人民检察院办理案件。

第四十三条　人民检察院审查行政诉讼监督案件，应当围绕申请人的申请监督请求、争议焦点、本规则第三十六条规定的情形以及发现的其他违法情形，对行政诉讼活动进行全面审查。其他当事人在人民检察院作出决定前也申请监督的，应当将其列为申请人，对其申请监督请求一并审查。

第四十四条 人民检察院在审查行政诉讼监督案件期间收到申请人或者其他当事人提交的证据材料的，应当出具收据。

第四十五条 被诉行政机关以外的当事人对不能自行收集的证据，在原审中向人民法院申请调取，人民法院应当调取而未予以调取，在诉讼监督阶段向人民检察院申请调取，符合下列情形之一的，人民检察院可以调取：

（一）由国家机关保存只能由国家机关调取的证据；

（二）涉及国家秘密、商业秘密和个人隐私的证据；

（三）确因客观原因不能自行收集的其他证据。

当事人依照前款规定申请调取证据，人民检察院认为与案件事实无关联、对证明案件事实无意义或者其他无调取收集必要的，不予调取。

第四十六条 人民检察院应当告知当事人有申请回避的权利，并告知办理行政诉讼监督案件的检察人员、书记员等的姓名、法律职务。

第四十七条 人民检察院审查案件，应当听取当事人意见，调查核实有关情况，必要时可以举行听证，也可以听取专家意见。

对于当事人委托律师担任代理人的，人民检察院应当听取代理律师意见，尊重和支持代理律师依法履行职责，依法为代理律师履职提供相关协助和便利，保障代理律师执业权利。

第四十八条 人民检察院可以采取当面、视频、电话、传真、电子邮件、由当事人提交书面意见等方式听取当事人意见。

听取意见的内容包括：

（一）申请人认为生效行政判决、裁定、调解书符合再审情形的主要事实和理由；

（二）申请人认为人民法院行政审判程序中审判人员违法的事实和理由；

（三）申请人认为人民法院行政案件执行活动违法的事实和理由；

（四）其他当事人针对申请人申请监督请求所提出的意见及理由；

（五）行政机关作出行政行为的事实和理由；

（六）申请人与其他当事人有无和解意愿；

（七）其他需要听取的意见。

第四十九条 人民检察院审查案件，可以依照有关规定调阅人民法院的诉讼卷宗、执行卷宗。通过拷贝电子卷、查阅、复制、摘录等方式能够满足办案需要的，可以不调阅卷宗。

对于人民法院已经结案尚未归档的行政案件，正在办理或者已经结案尚未归档的执行案件，人民检察院可以直接到办理部门查阅、复制、拷贝、摘录案件材料，不调阅卷宗。

在对生效行政判决、裁定或者调解书的监督案件进行审查过程中，需要调取人民法院正在办理的其他案件材料的，人民检察院可以商办理案件的人民法院调取。

第五十条 人民检察院审查案件，对于事实认定、法律适用的重大、疑难、复杂问题，可以采用以下方式听取专家意见：

（一）召开专家论证会；

（二）口头或者书面咨询；

（三）其他咨询或者论证方式。

第五十一条　人民检察院办理行政诉讼监督案件，应当全面检索相关指导性案例、典型案例和关联案例，并在审查终结报告中作出说明。

第五十二条　承办检察官对审查认定的事实负责。审查终结后，应当制作审查终结报告。审查终结报告应当全面、客观、公正地叙述案件事实，依照法律提出明确的处理意见。

第五十三条　承办检察官办理案件过程中，可以提请负责行政检察的部门负责人召集检察官联席会议讨论。

负责行政检察的部门负责人对本部门的办案活动进行监督管理。需要报请检察长决定的事项和需要向检察长报告的案件，应当先由部门负责人审核。部门负责人可以主持召开检察官联席会议进行讨论，也可以直接报请检察长决定或者向检察长报告。

检察官联席会议讨论情况和意见应当如实记录，由参加会议的检察官签名后附卷保存。讨论结果供办案参考。

第五十四条　检察长不同意检察官意见的，可以要求检察官复核，也可以直接作出决定，或者提请检察委员会讨论决定。

检察官执行检察长决定时，认为决定错误的，应当书面提出意见。检察长不改变原决定的，检察官应当执行。

第五十五条　人民检察院对审查终结的案件，应当区分情况依法作出下列决定：

（一）提出再审检察建议；

（二）提请抗诉或者提请其他监督；

（三）提出抗诉；

（四）提出检察建议；

（五）不支持监督申请；

（六）终结审查。

对于负责控告申诉检察的部门受理的当事人申请监督案件，负责行政检察的部门应当将案件办理结果告知负责控告申诉检察的部门。

第五十六条　人民检察院受理当事人申请对人民法院已经发生法律效力的行政判决、裁定、调解书监督的案件，应当在三个月内审查终结并作出决定，但调卷、鉴定、评估、审计、专家咨询等期间不计入审查期限。

有需要调查核实、实质性化解行政争议及其他特殊情况需要延长审查期限的，由本院检察长批准。

人民检察院受理当事人申请对行政审判程序中审判人员违法行为监督的案件和申请对行政案件执行活动监督的案件的审查期限，参照第一款、第二款规定执行。

第五十七条　人民检察院办理行政诉讼监督案件，在当面听取当事人意见、调查核实、举行听证、出席法庭时，可以依照有关规定指派司法警察执行职务。

第二节　调查核实

第五十八条　人民检察院因履行法律监督职责的需要，有下列情形之一的，可以向当事人或者案外人调查核实有关情况：

（一）行政判决、裁定、调解书可能存在法律规定需要监督的情形，仅通过阅卷及审查现有材料难以认定的；

（二）行政审判程序中审判人员可能存在违法行为的；

（三）人民法院行政案件执行活动可能存在违法情形的；

（四）被诉行政行为及相关行政行为可能违法的；

（五）行政相对人、权利人合法权益未得到依法实现的；

（六）其他需要调查核实的情形。

人民检察院不得为证明行政行为的合法性调取行政机关作出行政行为时未收集的证据。

第五十九条 人民检察院通过阅卷以及调查核实难以认定有关事实的，可以听取人民法院相关审判、执行人员的意见，全面了解案件审判、执行的相关事实和理由。

第六十条 人民检察院可以采取以下调查核实措施：

（一）查询、调取、复制相关证据材料；

（二）询问当事人、有关知情人员或者其他相关人员；

（三）咨询专业人员、相关部门或者行业协会等对专门问题的意见；

（四）委托鉴定、评估、审计；

（五）勘验物证、现场；

（六）查明案件事实所需要采取的其他措施。

检察人员应当保守国家秘密和工作秘密，对调查核实中知悉的商业秘密和个人隐私予以保密。

人民检察院调查核实，不得采取限制人身自由和查封、扣押、冻结财产等强制性措施。

第六十一条 有下列情形之一的，人民检察院可以向银行业金融机构查询、调取、复制相关证据材料：

（一）可能损害国家利益、社会公共利益的；

（二）审判、执行人员可能存在违法行为的；

（三）当事人有伪造证据、恶意串通损害他人合法权益可能的。

人民检察院可以依照有关规定指派具备相应资格的检察技术人员对行政诉讼监督案件中的鉴定意见等技术性证据进行专门审查，并出具审查意见。

第六十二条 人民检察院可以就专门性问题书面或者口头咨询有关专业人员、相关部门或者行业协会的意见。口头咨询的，应当制作笔录，由接受咨询的专业人员签名或者盖章。拒绝签名盖章的，应当记明情况。

人民检察院对专门性问题认为需要鉴定、评估、审计的，可以委托具备资格的机构进行鉴定、评估、审计。在诉讼过程中已经进行过鉴定、评估、审计的，除确有必要外，一般不再委托鉴定、评估、审计。

第六十三条 人民检察院认为确有必要的，可以勘验物证或者现场。勘验人应当出示人民检察院的证件，并邀请当地基层组织或者当事人所在单位派人参加。当事人或者当事人的成年家属应当到场，拒不到场的，不影响勘验的进行。

勘验人应当将勘验情况和结果制作笔录，由勘验人、当事人和被邀参加人签名或者盖章。

第六十四条　需要调查核实的，由承办检察官在职权范围内决定，或者报检察长决定。

第六十五条　人民检察院调查核实，应当由二人以上共同进行。

调查笔录经被调查人校阅后，由调查人、被调查人签名或者盖章。被调查人拒绝签名盖章的，应当记明情况。

第六十六条　人民检察院可以指令下级人民检察院或者委托外地人民检察院调查核实。

人民检察院指令调查或者委托调查的，应当发送《指令调查通知书》或者《委托调查函》，载明调查核实事项、证据线索及要求。受指令或者受委托人民检察院收到《指令调查通知书》或者《委托调查函》后，应当在十五日内完成调查核实工作并书面回复。因客观原因不能完成调查的，应当在上述期限内书面回复指令或者委托的人民检察院。

人民检察院到外地调查的，当地人民检察院应当配合。

第六十七条　人民检察院调查核实，有关单位和个人应当配合。拒绝或者妨碍人民检察院调查核实的，人民检察院可以向有关单位或者其上级主管机关提出检察建议，责令纠正，必要时可以通报同级政府、监察机关；涉嫌违纪违法犯罪的，依照规定移送有关机关处理。

第三节　听　　证

第六十八条　人民检察院审查行政诉讼监督案件，在事实认定、法律适用、案件处理等方面存在较大争议，或者有重大社会影响，需要当面听取当事人和其他相关人员意见的，可以召开听证会。

第六十九条　人民检察院召开听证会，可以邀请与案件没有利害关系的人大代表、政协委员、人民监督员、特约检察员、专家咨询委员、人民调解员或者当事人所在单位、居住地的居民委员会、村民委员会成员以及专家、学者、律师等其他社会人士担任听证员。

人民检察院应当邀请人民监督员参加听证会，依照有关规定接受人民监督员监督。

第七十条　人民检察院决定召开听证会的，应当做好以下准备工作：

（一）制定听证方案，确定听证会参加人；

（二）在听证三日前告知听证会参加人案由、听证时间和地点；

（三）告知当事人主持听证会的检察官及听证员的姓名、身份。

第七十一条　当事人和其他相关人员应当按时参加听证会。当事人无正当理由缺席或者未经许可中途退席的，听证程序是否继续进行，由主持人决定。

第七十二条　听证会由检察官主持，书记员负责记录，司法警察负责维持秩序。

听证过程应当全程录音录像。经检察长批准，人民检察院可以通过中国检察听证网和其他公共媒体，对听证会进行图文、音频、视频直播或者录播。

第七十三条　听证会应当围绕行政诉讼监督案件中的事实认定和法律适用等问题进行。

对当事人提交的有争议的或者新的证据材料和人民检察院调查取得的证据，应当充分听取各方当事人的意见。

第七十四条　听证会一般按照下列步骤进行：

（一）承办案件的检察官介绍案件情况和需要听证的问题；

（二）申请人陈述申请监督请求、事实和理由；

（三）其他当事人发表意见；

（四）申请人和其他当事人提交新证据的，应当出示并予以说明；

（五）出示人民检察院调查取得的证据；

（六）案件各方当事人陈述对听证中所出示证据的意见；

（七）听证员、检察官向申请人和其他当事人提问；

（八）当事人发表最后陈述意见；

（九）主持人对听证会进行总结。

第七十五条 听证应当制作笔录，经参加听证的人员校阅后，由参加听证的人员签名。拒绝签名的，应当记明情况。

听证会结束后，主持人可以组织听证员对事实认定、法律适用和案件处理等进行评议，并制作评议笔录，由主持人、听证员签名。

听证员的意见是人民检察院依法处理案件的重要参考。

第七十六条 参加听证的人员应当服从听证主持人指挥。

对违反听证秩序的，人民检察院可以予以批评教育，责令退出听证场所；对哄闹、冲击听证场所，侮辱、诽谤、威胁、殴打他人等严重扰乱听证秩序的，依法追究相应法律责任。

第四节 简易案件办理

第七十七条 行政诉讼监督案件具有下列情形之一的，可以确定为简易案件：

（一）原一审人民法院适用简易程序审理的；

（二）案件事实清楚，法律关系简单的。

地方各级人民检察院可以结合本地实际确定简易案件具体情形。

第七十八条 审查简易案件，承办检察官通过审查监督申请书等材料即可以认定案件事实的，可以直接制作审查终结报告，提出处理建议。

审查过程中发现案情复杂或者需要调查核实，不宜适用简易程序的，转为普通案件办理程序。

第七十九条 办理简易案件，不适用延长审查期限的规定。

简易案件的审查终结报告、审批程序应当简化。

第五节 中止审查和终结审查

第八十条 有下列情形之一的，人民检察院可以中止审查：

（一）申请监督的公民死亡，需要等待继承人表明是否继续申请监督的；

（二）申请监督的法人或者其他组织终止，尚未确定权利义务承受人的；

（三）本案必须以另一案的处理结果为依据，而另一案尚未审结的；

（四）其他可以中止审查的情形。

中止审查的，应当制作《中止审查决定书》，并发送当事人。中止审查的原因消除后，应当及时恢复审查。

第八十一条 有下列情形之一的，人民检察院应当终结审查：

（一）人民法院已经裁定再审或者已经纠正违法行为的；

（二）申请人撤回监督申请，且不损害国家利益、社会公共利益或者他人合法权益的；

（三）申请人在与其他当事人达成的和解协议中声明放弃申请监督权利，且不损害国家利益、社会公共利益或者他人合法权益的；

（四）申请监督的公民死亡，没有继承人或者继承人放弃申请，且没有发现其他应当监督的违法情形的；

（五）申请监督的法人或者其他组织终止，没有权利义务承受人或者权利义务承受人放弃申请，且没有发现其他应当监督的违法情形的；

（六）发现已经受理的案件不符合受理条件的；

（七）人民检察院依职权发现的案件，经审查不需要监督的；

（八）其他应当终结审查的情形。

终结审查的，应当制作《终结审查决定书》，需要通知当事人的，发送当事人。

第五章　对生效行政判决、裁定、调解书的监督

第一节　一般规定

第八十二条　申请人提供的新证据以及人民检察院调查取得的证据，能够证明原判决、裁定确有错误的，应当认定为《中华人民共和国行政诉讼法》第九十一条第二项规定的情形，但原审被诉行政机关无正当理由逾期提供证据的除外。

第八十三条　有下列情形之一的，应当认定为《中华人民共和国行政诉讼法》第九十一条第三项规定的“认定事实的主要证据不足”：

（一）认定的事实没有证据支持，或者认定的事实所依据的证据虚假的；

（二）认定的事实所依据的主要证据不合法的；

（三）对认定事实的主要证据有无证明力、证明力大小或者证明对象的判断违反证据规则、逻辑推理或者经验法则的；

（四）认定事实的主要证据不足的其他情形。

第八十四条　有下列情形之一，导致原判决、裁定结果确有错误的，应当认定为《中华人民共和国行政诉讼法》第九十一条第四项规定的“适用法律、法规确有错误”：

（一）适用的法律、法规与案件性质明显不符的；

（二）适用的法律、法规已经失效或者尚未施行的；

（三）违反《中华人民共和国立法法》规定的法律适用规则的；

（四）违背法律、法规的立法目的和基本原则的；

（五）应当适用的法律、法规未适用的；

（六）适用法律、法规错误的其他情形。

第八十五条　有下列情形之一的，应当认定为《中华人民共和国行政诉讼法》第九十一条第五项规定的“违反法律规定的诉讼程序，可能影响公正审判”：

（一）审判组织的组成不合法的；
（二）依法应当回避的审判人员没有回避的；
（三）未经合法传唤缺席判决的；
（四）无诉讼行为能力人未经法定代理人代为诉讼的；
（五）遗漏应当参加诉讼的当事人的；
（六）违反法律规定，剥夺当事人辩论权、上诉权等重大诉讼权利的；
（七）其他严重违反法定程序的情形。

第八十六条 有下列情形之一的，应当认定为本规则第八十五条第一项规定的“审判组织的组成不合法”：

（一）应当组成合议庭审理的案件独任审判的；
（二）再审、发回重审的案件没有另行组成合议庭的；
（三）审理案件的人员不具有审判资格的；
（四）审判组织或者人员不合法的其他情形。

第八十七条 有下列情形之一的，应当认定为本规则第八十五条第六项规定的“违反法律规定，剥夺当事人辩论权”：

（一）不允许或者严重限制当事人行使辩论权利的；
（二）应当开庭审理而未开庭审理的；
（三）违反法律规定送达起诉状副本或者上诉状副本，致使当事人无法行使辩论权利的；
（四）违法剥夺当事人辩论权利的其他情形。

第二节 提出再审检察建议和提请抗诉、提出抗诉

第八十八条 地方各级人民检察院发现同级人民法院已经发生法律效力的行政判决、裁定有下列情形之一的，可以向同级人民法院提出再审检察建议：

（一）不予立案或者驳回起诉确有错误的；
（二）有新的证据，足以推翻原判决、裁定的；
（三）原判决、裁定认定事实的主要证据不足、未经质证或者系伪造的；
（四）违反法律规定的诉讼程序，可能影响公正审判的；
（五）原判决、裁定遗漏诉讼请求的；
（六）据以作出原判决、裁定的法律文书被撤销或者变更的。

第八十九条 符合本规则第八十八条规定的案件有下列情形之一的，地方各级人民检察院应当提请上一级人民检察院抗诉：

（一）判决、裁定是经同级人民法院再审后作出的；
（二）判决、裁定是经同级人民法院审判委员会讨论作出的；
（三）其他不适宜由同级人民法院再审纠正的。

第九十条 地方各级人民检察院发现同级人民法院已经发生法律效力的行政判决、裁定具有下列情形之一的，应当提请上一级人民检察院抗诉：

（一）原判决、裁定适用法律、法规确有错误的；

（二）审判人员在审理该案件时有贪污受贿、徇私舞弊、枉法裁判行为的。

审判人员在审理该案件时有贪污受贿、徇私舞弊、枉法裁判行为，是指已经由生效刑事法律文书或者纪律处分决定所确认的行为。

第九十一条　地方各级人民检察院发现同级人民法院已经发生法律效力的行政调解书损害国家利益或者社会公共利益的，可以向同级人民法院提出再审检察建议，也可以提请上一级人民检察院抗诉。

第九十二条　人民检察院提出再审检察建议，应当制作《再审检察建议书》，在决定之日起十五日内将《再审检察建议书》连同案件卷宗移送同级人民法院，并制作通知文书，发送当事人。

人民检察院提出再审检察建议，应当经本院检察委员会决定，并在提出再审检察建议之日起五日内将《再审检察建议书》及审查终结报告等案件材料报上一级人民检察院备案。上一级人民检察院认为下级人民检察院发出的《再审检察建议书》错误或者不当的，应当指令下级人民检察院撤回或者变更。

第九十三条　人民检察院提请抗诉，应当制作《提请抗诉报告书》，在决定之日起十五日内将《提请抗诉报告书》连同案件卷宗等材料报送上一级人民检察院，并制作通知文书，发送当事人。

第九十四条　最高人民检察院对各级人民法院已经发生法律效力的行政判决、裁定、调解书，上级人民检察院对下级人民法院已经发生法律效力的行政判决、裁定、调解书，发现有《中华人民共和国行政诉讼法》第九十一条、第九十三条规定情形的，应当向同级人民法院提出抗诉。

人民检察院提出抗诉后，接受抗诉的人民法院未在法定期限内作出审判监督的相关裁定的，人民检察院可以采取询问、走访等方式进行督促，并制作工作记录。人民法院对抗诉案件裁定再审后，对于人民法院在审判活动中存在违反法定审理期限等违法情形的，依照本规则第六章规定办理。

人民检察院提出抗诉的案件，接受抗诉的人民法院将案件交下一级人民法院再审，下一级人民法院审理后作出的再审判决、裁定仍符合抗诉条件且存在明显错误的，原提出抗诉的人民检察院可以再次提出抗诉。

第九十五条　人民检察院提出抗诉，应当制作《抗诉书》，在决定之日起十五日内将《抗诉书》连同案件卷宗移送同级人民法院，并由接受抗诉的人民法院向当事人送达再审裁定时一并送达《抗诉书》。

人民检察院应当制作决定抗诉的通知文书，发送当事人。上级人民检察院可以委托提请抗诉的人民检察院将通知文书发送当事人。

第九十六条　人民检察院认为当事人不服人民法院生效行政判决、裁定、调解书的监督申请不符合监督条件，应当制作《不支持监督申请决定书》，在决定之日起十五日内发送当事人。

下级人民检察院提请抗诉的案件，上级人民检察院可以委托提请抗诉的人民检察院将《不支持监督申请决定书》发送当事人。

第九十七条　人民检察院办理行政诉讼监督案件，发现地方性法规同行政法规相抵触的，或者认为规章以及国务院各部门、省、自治区、直辖市和设区的市、自治州的人民政府发布的其他具有普遍约束力的行政决定、命令同法律、行政法规相抵触的，可以层报最高人民检察院，由最高人民检察院向国务院书面提出审查建议。

第三节 出席法庭

第九十八条 人民检察院提出抗诉的案件，人民法院再审时，人民检察院应当派员出席法庭，并全程参加庭审活动。

接受抗诉的人民法院将抗诉案件交下级人民法院再审的，提出抗诉的人民检察院可以指令再审人民法院的同级人民检察院派员出庭。

第九十九条 检察人员在出庭前，应当做好以下准备工作：

（一）进一步熟悉案情，掌握证据情况；

（二）深入研究与本案有关的法律问题；

（三）拟定出示和说明证据的计划；

（四）对可能出现证据真实性、合法性和关联性争议的，拟定应对方案并准备相关材料；

（五）做好其他出庭准备工作。

第一百条 检察人员出席再审法庭的任务是：

（一）宣读抗诉书；

（二）对人民检察院调查取得的证据予以出示和说明；

（三）经审判长许可，对证据采信、法律适用和案件情况予以说明，针对争议焦点，客观、公正、全面地阐述法律监督意见；

（四）对法庭审理中违反诉讼程序的情况予以记录；

（五）依法从事其他诉讼活动。

出席法庭的检察人员发现庭审活动违反诉讼程序的，应当待休庭或者庭审结束之后，及时向检察长报告。人民检察院对违反诉讼程序的庭审活动提出检察建议，应当由人民检察院在庭审后提出。

第一百零一条 当事人或者其他参加庭审人员在庭审中有哄闹法庭，对检察机关或者出庭检察人员有侮辱、诽谤、威胁等不当言论或者行为，法庭未予制止的，出庭检察人员应当建议法庭即时制止；情节严重的，应当建议法庭依照规定予以处理，并在庭审结束后向检察长报告。

第一百零二条 人民法院开庭审理人民检察院提出再审检察建议的案件，人民检察院派员出席再审法庭的，参照适用本节规定。

人民检察院派员出席法庭的再审案件公开审理的，可以协调人民法院安排人民监督员旁听。

第六章 对行政审判程序中审判人员违法行为的监督

第一百零三条 人民检察院依法对人民法院下列行政审判程序中审判人员违法行为进行监督：

（一）第一审普通程序；

（二）简易程序；

（三）第二审程序；

（四）审判监督程序。

《中华人民共和国行政诉讼法》第九十三条第三款的规定适用于法官、人民陪审员、法官助理、书记员。

第一百零四条　人民检察院发现人民法院行政审判活动有下列情形之一的，应当向同级人民法院提出检察建议：

（一）判决、裁定确有错误，但不适用再审程序纠正的；

（二）调解违反自愿原则或者调解协议内容违反法律的；

（三）对公民、法人或者其他组织提起的诉讼未在法定期限内决定是否立案的；

（四）当事人依照《中华人民共和国行政诉讼法》第五十二条规定向上一级人民法院起诉，上一级人民法院未按该规定处理的；

（五）审理案件适用审判程序错误的；

（六）保全、先予执行、停止执行或者不停止执行行政行为裁定违反法律规定的；

（七）诉讼中止或者诉讼终结违反法律规定的；

（八）违反法定审理期限的；

（九）对当事人采取罚款、拘留等妨害行政诉讼的强制措施违反法律规定的；

（十）违反法律规定送达的；

（十一）其他违反法律规定的情形。

第一百零五条　人民检察院发现同级人民法院行政审判程序中审判人员有《中华人民共和国法官法》第四十六条等规定的违法行为且可能影响案件公正审判、执行的，应当向同级人民法院提出检察建议。

第一百零六条　人民检察院依照本章规定提出检察建议，应当经检察长批准或者检察委员会决定，制作《检察建议书》，在决定之日起十五日内将《检察建议书》连同案件卷宗移送同级人民法院。当事人申请监督的案件，人民检察院应当制作通知文书，发送申请人。

第一百零七条　人民检察院认为当事人申请监督的行政审判程序中审判人员违法行为认定依据不足的，应当作出不支持监督申请的决定，并在决定之日起十五日内制作《不支持监督申请决定书》，发送申请人。

第七章　对行政案件执行活动的监督

第一百零八条　人民检察院对人民法院行政案件执行活动实行法律监督。

第一百零九条　人民检察院发现人民法院执行裁定、决定等有下列情形之一的，应当向同级人民法院提出检察建议：

（一）提级管辖、指定管辖或者对管辖异议的裁定违反法律规定的；

（二）裁定受理、不予受理、中止执行、终结执行、终结本次执行程序、恢复执行、执行回转等违反法律规定的；

（三）变更、追加执行主体错误的；

（四）裁定采取财产调查、控制、处置等措施违反法律规定的；

（五）审查执行异议、复议以及案外人异议作出的裁定违反法律规定的；

（六）决定罚款、拘留、暂缓执行等事项违反法律规定的；

（七）执行裁定、决定等违反法定程序的；

（八）对行政机关申请强制执行的行政行为作出准予执行或者不准予执行的裁定违反法律规定的；

（九）执行裁定、决定等有其他违法情形的。

第一百一十条 人民检察院发现人民法院在执行活动中违反规定采取调查、查封、扣押、冻结、评估、拍卖、变卖、保管、发还财产，以及信用惩戒等执行实施措施的，应当向同级人民法院提出检察建议。

第一百一十一条 人民检察院发现人民法院有下列不履行或者怠于履行执行职责情形之一的，应当向同级人民法院提出检察建议：

（一）对依法应当受理的执行申请不予受理又不依法作出不予受理裁定的；

（二）对已经受理的执行案件不依法作出执行裁定、无正当理由未在法定期限内采取执行措施或者执行结案的；

（三）违法不受理执行异议、复议或者受理后逾期未作出裁定、决定的；

（四）暂缓执行、停止执行、中止执行的原因消失后，不按规定恢复执行的；

（五）依法应当变更或者解除执行措施而不变更、解除的；

（六）对拒绝履行行政判决、裁定、调解书的行政机关未依照《中华人民共和国行政诉讼法》第九十六条规定采取执行措施的；

（七）其他不履行或者怠于履行执行职责行为的。

第一百一十二条 人民检察院认为人民法院在行政案件执行活动中可能存在怠于履行职责情形的，可以向人民法院发出《说明案件执行情况通知书》，要求说明案件的执行情况及理由，并在十五日内书面回复人民检察院。

第一百一十三条 人民检察院依照本章规定提出检察建议，适用本规则第一百零六条的规定。

第一百一十四条 对于当事人申请的执行监督案件，人民检察院认为人民法院执行活动不存在违法情形的，应当作出不支持监督申请的决定，并在决定之日起十五日内制作《不支持监督申请决定书》，发送申请人。

第一百一十五条 人民检察院发现同级人民法院行政案件执行活动中执行人员存在违法行为的，参照本规则第六章有关规定执行。

第八章 案件管理

第一百一十六条 人民检察院负责案件管理的部门对行政诉讼监督案件的受理、期限、程序、质量等进行管理、监督、预警。

第一百一十七条 负责案件管理的部门对以本院名义制发行政诉讼监督法律文书实施监督

管理。

第一百一十八条　负责案件管理的部门发现本院办案活动有下列情形之一的，应当及时提出纠正意见：

（一）法律文书制作、使用不符合法律和有关规定的；

（二）违反办案期限有关规定的；

（三）侵害当事人、委托代理人诉讼权利的；

（四）未依法对行政诉讼活动中的违法行为履行法律监督职责的；

（五）其他应当提出纠正意见的情形。

情节轻微的，可以口头提示；情节较重的，应当发送《案件流程监控通知书》，提示办案部门及时查明情况并予以纠正；情节严重的，应当同时向检察长报告。

负责行政检察的部门收到《案件流程监控通知书》后，应当在十日内将核查情况书面回复负责案件管理的部门。

第九章　其他规定

第一百一十九条　人民检察院发现人民法院在多起同一类行政案件中有下列情形之一的，可以提出检察建议：

（一）同类问题适用法律不一致的；

（二）适用法律存在同类错误的；

（三）其他同类违法行为。

人民检察院发现有关单位的工作制度、管理方法、工作程序违法或者不当，需要改正、改进的，可以提出检察建议。

第一百二十条　人民检察院依照有关规定提出改进工作、完善治理的检察建议，对同类违法情形，应当制发一份检察建议。

第一百二十一条　人民检察院办理行政诉讼监督案件，可以对行政诉讼监督情况进行年度或者专题分析，向人民法院、行政机关通报，向党委、人大报告。通报、报告包括以下内容：

（一）审判机关、行政机关存在的普遍性问题和突出问题；

（二）审判机关、行政机关存在的苗头性、倾向性问题或者某方面问题的特点和趋势；

（三）促进依法行政、公正司法的意见和建议；

（四）认为需要通报、报告的其他情形。

第一百二十二条　人民检察院可以针对行政诉讼监督中的普遍性问题或者突出问题，组织开展专项监督活动。

第一百二十三条　人民检察院负责行政检察的部门在履行职责过程中，发现涉嫌违纪违法犯罪以及需要追究司法责任的行为，经检察长批准，应当及时将相关线索及材料移送有管辖权的机关或者部门。

人民检察院其他职能部门在履行职责中发现符合本规则规定的应当依职权监督的行政诉讼监督案件线索，应当及时向负责行政检察的部门通报。

第一百二十四条 人民法院对行政诉讼监督案件作出再审判决、裁定或者其他处理决定后，提出监督意见的人民检察院应当对处理结果进行审查，并填写《行政诉讼监督案件处理结果审查登记表》。

第一百二十五条 有下列情形之一的，人民检察院可以依照有关规定跟进监督或者提请上级人民检察院监督：

（一）人民法院审理行政抗诉案件作出的判决、裁定、调解书仍符合抗诉条件且存在明显错误的；

（二）人民法院、行政机关对人民检察院提出的检察建议未在规定的期限内作出处理并书面回复的；

（三）人民法院、行政机关对检察建议的处理错误的。

第一百二十六条 地方各级人民检察院对适用法律确属疑难、复杂，本院难以决断的重大行政诉讼监督案件，可以向上一级人民检察院请示。

请示案件依照最高人民检察院关于办理下级人民检察院请示件、下级人民检察院向最高人民检察院报送公文的相关规定办理。

第一百二十七条 人民检察院发现作出的相关决定确有错误或者有其他情形需要撤回、变更的，应当经检察长批准或者检察委员会决定。

第一百二十八条 人民法院对人民检察院监督行为提出书面异议的，人民检察院应当在规定期限内将处理结果书面回复人民法院。人民法院对回复意见仍有异议，并通过上一级人民法院向上一级人民检察院提出的，上一级人民检察院认为人民法院异议正确，应当要求下级人民检察院及时纠正。

第一百二十九条 制作行政诉讼监督法律文书，应当符合规定的格式。

行政诉讼监督法律文书的格式另行制定。

第一百三十条 人民检察院可以参照《中华人民共和国行政诉讼法》《中华人民共和国民事诉讼法》有关规定发送法律文书。

第一百三十一条 人民检察院发现制作的法律文书存在笔误的，应当作出《补正决定书》予以补正。

第一百三十二条 人民检察院办理行政诉讼监督案件，应当依照规定立卷归档。

第一百三十三条 人民检察院办理行政诉讼监督案件，不收取案件受理费。申请复印、鉴定、审计、勘验等产生的费用由申请人直接支付给有关机构或者单位，人民检察院不得代收代付。

第一百三十四条 人民检察院办理行政诉讼监督案件，对于申请人诉求具有一定合理性，但通过法律途径难以解决，且生活困难的，可以依法给予司法救助。

对于未纳入国家司法救助范围或者实施国家司法救助后仍然面临生活困难的申请人，可以引导其依照相关规定申请社会救助。

第十章 附 则

第一百三十五条 人民检察院办理行政诉讼监督案件，本规则没有规定的，适用《人民检察院民事诉讼监督规则》的相关规定。

第一百三十六条 人民检察院办理行政诉讼监督案件，向有关单位和部门提出检察建议，本规则没有规定的，适用《人民检察院检察建议工作规定》的相关规定。

第一百三十七条 本规则自2021年9月1日起施行，《人民检察院行政诉讼监督规则（试行）》同时废止。本院之前公布的其他规定与本规则内容不一致的，以本规则为准。

最高人民法院关于印发《关于完善四级法院审级职能定位改革试点的实施办法》的通知

（2021年9月27日 法〔2021〕242号）

各省、自治区、直辖市高级人民法院，新疆维吾尔自治区高级人民法院生产建设兵团分院：

根据中央全面深化改革委员会审议通过的《关于完善四级法院审级职能定位的改革方案》（中政委〔2021〕45号）和第十三届全国人大常委会第三十次会议作出的《全国人民代表大会常务委员会关于授权最高人民法院组织开展四级法院审级职能定位改革试点工作的决定》（人大常会字〔2021〕38号），结合工作实际，经认真研究，最高人民法院制定了《关于完善四级法院审级职能定位改革试点的实施办法》，已于2021年9月16日由最高人民法院审判委员会第1846次会议通过，自2021年10月1日起施行。现将文件印发给你们，请认真组织实施。实施过程中遇有情况和问题，请及时层报最高人民法院。

关于完善四级法院审级职能定位改革试点的实施办法

为进一步深化诉讼制度改革，明确四级法院审级职能定位，加强审级制约监督体系建设，实现依法纠错与维护生效裁判权威相统一，推动法律正确统一适用，根据中央全面深化改革委员会审议通过的《关于完善四级法院审级职能定位的改革方案》、第十三届全国人民代表大会常务委员会第三十次会议作出的《关于授权最高人民法院组织开展四级法院审级职能定位改革试点工作的决定》和相关法律规定，结合审判工作实际，制定本办法。

一、一般规定

第一条 各级人民法院应当根据本办法，健全工作衔接机制、完善内设机构设置、优化审判力量配置，在实现审判重心进一步下沉的同时，推动将涉及重大国家利益、社会公共利益和具有普遍法律适用指导意义的案件交由较高层级法院审理，逐步实现基层人民法院重在准确查明事实、实质化解纠纷；中级人民法院重在二审有效终审、精准定分止争；高级人民法院重在再审依法纠错、统一裁判尺度；最高人民法院监督指导全国审判工作、确保法律正确统一适用。通过依法有序开展试点工作，充分发挥四级两审审级制度优势，加快推进审判体系和审判能力现代化，为全面建设社会主义现代化国家提供有力司法服务和保障。

二、完善行政案件级别管辖制度

第二条 下列以县级、地市级人民政府为被告的第一审行政案件，由基层人民法院管辖：

（一）政府信息公开案件；

（二）不履行法定职责的案件；

（三）行政复议机关不予受理或者程序性驳回复议申请的案件；

（四）土地、山林等自然资源权属争议行政裁决案件。

第三条 中级人民法院对于公民、法人或者其他组织以县级、地市级人民政府为被告提起的诉讼，根据本办法第二条不属于本院管辖的，应当及时告知其向有管辖权的基层人民法院提起诉讼；当事人坚持起诉的，可以将案件直接移送有管辖权的基层人民法院。

三、完善案件提级管辖机制

第四条 基层人民法院对所管辖的第一审民事、刑事、行政案件，认为属于下列情形之一，需要由中级人民法院审理的，可以报请上一级人民法院审理：

（一）涉及重大国家利益、社会公共利益，不宜由基层人民法院审理的；

（二）在辖区内属于新类型，且案情疑难复杂的；

（三）具有普遍法律适用指导意义的；

（四）上一级人民法院或者其辖区内各基层人民法院之间近三年裁判生效的同类案件存在重大法律适用分歧，截至案件审理时仍未解决的；

（五）由中级人民法院一审更有利于公正审理的。

中级人民法院对辖区基层人民法院已经受理的第一审民事、刑事、行政案件，认为属于上述情形之一，有必要由本院审理的，应当决定提级管辖。

第五条 中级人民法院对所管辖的第一审民事、刑事、行政案件，认为属于下列情形之一，需要由高级人民法院审理的，可以报请上一级人民法院审理：

（一）具有普遍法律适用指导意义的；

（二）上一级人民法院或者其辖区内各中级人民法院之间近三年裁判生效的同类案件存在重大法律适用分歧，截至案件审理时仍未解决的；

（三）由高级人民法院一审更有利于公正审理的。

高级人民法院对辖区中级人民法院已经受理的第一审民事、刑事、行政案件，认为属于上述情形之一，有必要由本院审理的，应当决定提级管辖。

第六条 本办法所称具有普遍法律适用指导意义的案件，是指法律、司法解释规定不明确或者司法解释没有规定，需要通过司法裁判进一步明确法律适用的案件。

第七条 案件报请上一级人民法院审理的，应当经本院院长批准，至迟于案件法定审理期限届满三十日前报送；涉及法律统一适用问题的，应当经审判委员会讨论决定。

第八条　上级人民法院收到下一级人民法院根据本办法第四条、第五条提出的请求后，由立案庭转相关审判庭审查，并应当在十五日内作出下述处理：

（一）同意提级管辖；

（二）不同意提级管辖。

中级、高级人民法院根据本办法第四条、第五条提级管辖的案件，应当报上一级人民法院立案庭备案。

第九条　上级人民法院决定提级管辖的案件，由检察机关提起公诉的，应当同时书面通知同级人民检察院。

原受诉人民法院收到上一级人民法院同意提级管辖的文书后，应当在十日内将案卷材料移送上一级人民法院，并书面通知当事人；对检察机关提起公诉的案件，应当书面通知同级人民检察院，将案卷材料退回检察机关，并书面通知当事人。

第十条　按本办法提级管辖案件的审理期限，自上一级人民法院立案之日起重新计算。

向上一级人民法院报送期间和上一级人民法院审查处理期间，不计入原审案件审理期限。

四、改革再审程序

第十一条　当事人对高级人民法院作出的已经发生法律效力的民事、行政判决、裁定，认为有错误的，应当向原审高级人民法院申请再审；符合下列情形之一的，可以向最高人民法院申请再审：

（一）再审申请人对原判决、裁定认定的基本事实、主要证据和诉讼程序无异议，但认为适用法律有错误的；

（二）原判决、裁定经高级人民法院审判委员会讨论决定的。

当事人对高级人民法院作出的已经发生法律效力的民事、行政调解书申请再审的，应当向相关高级人民法院提出。

第十二条　当事人根据本办法第十一条第一款第一项向最高人民法院申请再审的，除依法必须载明的事项外，应当在再审申请书中声明对原判决、裁定认定的基本事实、认定事实的主要证据、适用的诉讼程序没有异议，同时载明案件所涉法律适用问题的争议焦点、生效裁判适用法律存在错误的论证理由和依据。

再审申请人提交的再审申请书不符合前款要求的，最高人民法院应当给予指导和释明，一次性全面告知其在十日内予以补正。再审申请人无正当理由逾期未予补正的，按撤回申请处理。

第十三条　最高人民法院应当自收到民事、行政再审申请书之日起三十日内，决定由本院或者作出生效判决、裁定的高级人民法院审查。民事、行政申请再审案件符合下列情形之一的，最高人民法院可以决定由原审高级人民法院审查：

（一）案件可能存在基本事实不清、诉讼程序违法、遗漏诉讼请求情形的；

（二）原判决、裁定适用法律可能存在错误，但不具有法律适用指导意义的。

最高人民法院决定将案件交原审高级人民法院审查的，应当在十日内将决定书、再审申请书和相关材料送原审高级人民法院立案庭，并书面通知再审申请人。

第十四条 原判决、裁定适用法律确有错误，且符合下列情形之一的，最高人民法院应当裁定提审：

（一）具有普遍法律适用指导意义的；

（二）最高人民法院或者不同高级人民法院之间近三年裁判生效的同类案件存在重大法律适用分歧，截至案件审理时仍未解决的；

（三）最高人民法院认为应当提审的其他情形。

最高人民法院对地方各级人民法院、专门人民法院已经发生法律效力的判决、裁定，发现确有错误，且符合前款所列情形之一的，可以裁定提审。

第十五条 高级人民法院对受理的民事、行政申请再审案件，认为原判决、裁定适用法律确有错误，且符合本办法第十四条第一款第一项、第二项所列情形之一，需要由最高人民法院审理的，经审判委员会讨论决定后，可以报请最高人民法院审理。

最高人民法院收到高级人民法院根据前款规定提出的请求后，认为有必要由本院审理的，裁定提审；认为没有必要的，不予提审。

第十六条 当事人向最高人民法院申请再审的，最高人民法院应当向其释明委托律师作为诉讼代理人的必要性。

对于委托律师有困难的再审申请人，最高人民法院应当及时告知其有权申请法律援助。

五、完善最高人民法院审判权力运行机制

第十七条 最高人民法院立案庭和各巡回法庭、知识产权法庭的诉讼服务中心根据法律、司法解释和本办法第十二条的规定收取申请再审材料，确保材料齐全；材料齐全的，交由相关审判庭、巡回法庭、知识产权法庭的审判人员审核。

第十八条 因统一法律适用、审判监督管理等工作需要，最高人民法院相关审判庭和各巡回法庭、知识产权法庭可以向审判管理办公室提出申请，报院长批准后，组成跨审判机构的五人以上合议庭。最高人民法院院长认为确有必要的，可以直接要求就特定案件组成跨审判机构的合议庭，并指定一名大法官担任审判长。

最高人民法院开庭审理具有普遍法律适用指导意义的案件，可以结合案件情况，优化庭审程序，重点围绕案件所涉法律适用问题展开。

第十九条 最高人民法院相关审判庭和各巡回法庭、知识产权法庭认为有必要召开跨审判机构的专业法官会议，研究解决跨部门的法律适用分歧或者跨领域的重大法律适用问题的，可以向审判管理办公室提出申请。

最高人民法院各审判机构或者跨审判机构召开的专业法官会议，涉及法律适用问题的，应当形成纪要，统一送审判管理办公室备案。各审判机构之间存在重大法律适用分歧，经专业法官会议讨论未能解决的，由审判管理办公室呈报院长提交审判委员会讨论。

六、附　　则

第二十条　本办法第二条、第三条仅适用于北京、天津、辽宁、上海、江苏、浙江、山东、河南、广东、重庆、四川、陕西省（市）高级人民法院辖区内的中级、基层人民法院。

本办法关于中级人民法院的规定，海事法院、知识产权法院、金融法院和铁路运输中级法院等可以参照适用；关于基层人民法院的规定，互联网法院、铁路运输法院等可以参照适用。

第二十一条　各高级人民法院应当根据本办法，结合对应开展的试点工作，制定具体实施方案和相关制度规定，并于 2021 年 11 月 5 日前报最高人民法院备案。

各高级人民法院在制定实施方案、修订现有规范、做好机制衔接的前提下，自本办法实施之日起全面启动试点工作，试点时间两年。2022 年 7 月 31 日前，各高级人民法院应当形成试点工作中期报告报最高人民法院。

各高级人民法院应当结合试点工作实际，在中央相关政策指导下，积极争取省级组织部门、机构编制部门的支持配合，优化辖区法院的机构人员编制、员额，推动编制、员额配置向基层和办案一线倾斜。关于优化各级人民法院编制机构、法官配备的相关问题，另行规定。

第二十二条　本办法由最高人民法院负责解释。

第二十三条　本办法报全国人民代表大会常务委员会备案，自 2021 年 10 月 1 日起施行。之前有关司法解释、司法指导性文件的规定与本办法不一致的，按照本办法执行。

中级人民法院于本办法实施之前受理的第一审行政案件，实施当日尚未审结的，应当继续审理，并按照相关法律规定作出裁判。

最高人民法院于本办法实施之前受理的民事、行政申请再审案件，实施当日尚未审查完毕的，应当继续审查，并按照相关法律规定作出处理。

附件：

1. 民事决定书（最高人民法院决定交高级人民法院审查用）
2. 民事通知书（最高人民法院通知再审申请人用）
3. 民事请示（高级人民法院向最高人民法院报请提审用）
4. 民事裁定书（依高级人民法院报请同意提审用）
5. 民事批复（最高人民法院不同意提审用）
6. 行政诉讼决定书（最高人民法院决定交高级人民法院审查用）
7. 行政诉讼通知书（最高人民法院通知再审申请人用）
8. 行政诉讼请示（高级人民法院向最高人民法院报请提审用）
9. 行政诉讼裁定书（依高级人民法院报请同意提审用）
10. 行政诉讼批复（最高人民法院不同意提审用）

附件1

民事决定书（最高人民法院决定交高级人民法院审查用）

中华人民共和国最高人民法院
决定书

（××××）最高法民决……号

××××高级人民法院：

根据《全国人民代表大会常务委员会关于授权最高人民法院组织开展四级法院审级职能定位改革试点工作的决定》和《最高人民法院关于完善四级法院审级职能定位改革试点的实施办法》第十一条、第十三条的规定，现将再审申请人×××因不服你院（××××）……号民事判决/民事裁定（写明再审申请对应的生效判决、裁定案号）提起的再审申请，交由你院审查。请你院依照《中华人民共和国民事诉讼法》及相关司法解释的规定审查处理。

××××年××月××日
（院印）

附件2

民事通知书（最高人民法院通知再审申请人用）

中华人民共和国最高人民法院
通知书

（××××）最高法民通……号

×××（再审申请人）：

根据《全国人民代表大会常务委员会关于授权最高人民法院组织开展四级法院审级职能定位改革试点工作的决定》和《最高人民法院关于完善四级法院审级职能定位改革试点的实施办法》第十一条、第十三条的规定，本院将你/你单位因不服××××高级人民法院（××××）……号民事判决/民事裁定（写明再审申请对应的生效判决、裁定案号）提起的再审申请，交××××高级人民法院审查处理。请等待审查结果。对高级人民法院审查后作出的判决、裁定仍然不服的，可以依照《中华人民共和国民事诉讼法》第二百零九条的规定，向人民检察院申请检察建议或者抗诉。

特此通知。

××××年××月××日
（院印）

附件 3

民事请示（高级人民法院向最高人民法院报请提审用）

关于……（写明再审申请人及案由）一案报请提审的请示

（××××）……民申……号

最高人民法院：

再审申请人×××因与被申请人×××……（写明案由）一案，不服××××人民法院/本院（××××）……号民事判决/民事裁定，向本院申请再审。本院依法组成合议庭进行了审查，并经审判委员会讨论，现已审查终结。

×××申请再审称，……（概述再审请求、事实和理由）。

本院认为，×××的再审申请符合《中华人民共和国民事诉讼法》第二百条第×项规定的情形，同时……（写明报请提审的事实和理由）。

依据《全国人民代表大会常务委员会关于授权最高人民法院组织开展四级法院审级职能定位改革试点工作的决定》和《最高人民法院关于完善四级法院审级职能定位改革试点的实施办法》第十五条的规定，现报请你院提审该案。

以上请示，请批复。

附：案卷×宗

××××年××月××日

（院印）

附件 4

民事裁定书（依高级人民法院报请同意提审用）

中华人民共和国最高人民法院
民事裁定书

（××××）最高法民申……号

再审申请人（一、二审诉讼地位）：×××，……。

法定代理人/指定代理人/法定代表人/主要负责人：×××，……。

委托诉讼代理人：×××，……。

被申请人（一、二审诉讼地位）：×××，……。

法定代理人/指定代理人/法定代表人/主要负责人：×××，……。

委托诉讼代理人：×××，……。

二审上诉人/二审被上诉人/第三人（一审诉讼地位）：×××，……。
法定代理人/指定代理人/法定代表人/主要负责人：×××，……。
委托诉讼代理人：×××，……。
（以上写明当事人和其他诉讼参加人的姓名或者名称等基本信息）
再审申请人×××因与被申请人×××……（写明案由）一案，不服××××人民法院（××××）……号民事判决/民事裁定，提起再审申请。
××××高级人民法院经审查认为……（写明高级人民法院审查意见及报请提审的理由）。
本院认为，……（写明对高级人民法院报请提审的事实与理由的分析意见）。
依照《中华人民共和国民事诉讼法》第二百条第×项、《全国人民代表大会常务委员会关于授权最高人民法院组织开展四级法院审级职能定位改革试点工作的决定》和《最高人民法院关于完善四级法院审级职能定位改革试点的实施办法》第十五条的规定，裁定如下：
一、本案由本院提审。
二、再审期间，中止原判决/原裁定的执行。

审 判 长 ×××
审 判 员 ×××
审 判 员 ×××
××××年××月××日
（院印）
法官助理 ×××
书 记 员 ×××

附件 5

民事批复（最高人民法院不同意提审用）

关于对……（写明再审申请人及案由）一案
报请提审的批复

（××××）最高法民申……号

××××高级人民法院：
你院《关于……一案报请提审的请示》收悉。经研究，批复如下：
不同意……一案由我院提审。
此复。

××××年××月××日
（院印）

附件 6

行政诉讼决定书（最高人民法院决定交高级人民法院审查用）

中华人民共和国最高人民法院
决定书

（××××）最高法行决……号

××××高级人民法院：

根据《全国人民代表大会常务委员会关于授权最高人民法院组织开展四级法院审级职能定位改革试点工作的决定》和《最高人民法院关于完善四级法院审级职能定位改革试点的实施办法》第十一条、第十三条的规定，现将再审申请人因不服你院（××××）……号行政判决/行政裁定（写明再审申请对应的生效判决、裁定案号）提起的再审申请，交由你院审查。请你院依照《中华人民共和国行政诉讼法》及相关司法解释的规定审查处理。

××××年××月××日
（院印）

附件 7

行政诉讼通知书（最高人民法院通知再审申请人用）

中华人民共和国最高人民法院
通知书

（××××）最高法行通……号

×××（再审申请人）：

根据《全国人民代表大会常务委员会关于授权最高人民法院组织开展四级法院审级职能定位改革试点工作的决定》和《最高人民法院关于完善四级法院审级职能定位改革试点的实施办法》第十一条、第十三条的规定，本院将你/你单位因不服××××高级人民法院（××××）……号行政判决/行政裁定（写明再审申请对应的生效判决、裁定案号）提起的再审申请，交由××××高级人民法院审查。请等待审查结果。对高级人民法院审查后作出的判决、裁定仍然不服的，可以依照《最高人民法院关于适用〈中华人民共和国行政诉讼法〉的解释》第一百一十七条的规定，向人民检察院申请抗诉或者检察建议。

特此通知。

××××年××月××日
（院印）

附件 8

行政诉讼请示（高级人民法院向最高人民法院报请提审用）

关于……（写明再审申请人及案由）一案报请提审的请示

（××××）……行申……号

最高人民法院：

再审申请人×××因与被申请人×××……（写明案由）一案，不服××××人民法院/本院（××××）……号行政判决/行政裁定，向本院申请再审。本院依法组成合议庭进行了审查，并经审判委员会讨论，现已审查终结。

×××申请再审称，……（概述再审请求、事实和理由）。

本院认为，×××的再审申请符合《中华人民共和国行政诉讼法》第九十一条第×项规定的情形，同时，……（写明报请提审的事实和理由）。

依据《全国人民代表大会常务委员会关于授权最高人民法院组织开展四级法院审级职能定位改革试点工作的决定》和《最高人民法院关于完善四级法院审级职能定位改革试点的实施办法》第十五条的规定，现报请你院提审该案。

以上请示，请批复。

附：案卷×宗

××××年××月××日

（院印）

附件 9

行政诉讼裁定书（依高级人民法院报请同意提审用）

中华人民共和国最高人民法院
行政裁定书

（××××）最高法行申……号

再审申请人（一、二审诉讼地位）：×××，……。

法定代理人/指定代理人/法定代表人/主要负责人：×××，……。

委托诉讼代理人：×××，……。

被申请人（一、二审诉讼地位）：×××，……。

法定代理人/指定代理人/法定代表人/主要负责人：×××，……。

委托诉讼代理人：×××，……。

二审上诉人/二审被上诉人/第三人（一审诉讼地位）：×××，……。
法定代理人/指定代理人/法定代表人/主要负责人：×××，……。
委托诉讼代理人：×××，……。
（以上写明当事人和其他诉讼参加人的姓名或者名称等基本信息）
再审申请人×××因与被申请人×××……（写明案由）一案，不服××××人民法院（××××）……号行政判决/行政裁定，提起再审申请。
××××高级人民法院经审查认为……（写明高级人民法院审查意见及报请提审的理由）。
本院认为，……（写明对高级人民法院报请提审的事实与理由的分析意见）。
依照《中华人民共和国行政诉讼法》第九十一条第×项、《全国人民代表大会常务委员会关于授权最高人民法院组织开展四级法院审级职能定位改革试点工作的决定》和《最高人民法院关于完善四级法院审级职能定位改革试点的实施办法》第十五条的规定，裁定如下：
一、本案由本院提审。
二、再审期间，中止原判决/原裁定的执行。

审判长　×××
审判员　×××
审判员　×××
××××年××月××日
（院印）
法官助理　×××
书记员　×××

附件10

行政诉讼批复（最高人民法院不同意提审用）

关于对……（写明再审申请人及案由）一案
报请提审的批复

（××××）最高法行申……号

××××高级人民法院：
你院《关于……一案报请提审的请示》收悉。经研究，批复如下：
不同意……一案由我院提审。
此复。

××××年××月××日
（院印）

最高人民法院关于办理行政申请再审案件若干问题的规定

（2021年3月1日最高人民法院审判委员会第1833次会议通过 2021年3月25日最高人民法院公告公布 自2021年4月1日起施行 法释〔2021〕6号）

为切实保障当事人申请再审的权利，切实有效解决行政争议，结合人民法院行政审判工作实践，根据《中华人民共和国行政诉讼法》的规定，制定本解释。

第一条 当事人不服高级人民法院已经发生法律效力的判决、裁定，依照行政诉讼法第九十条的规定向最高人民法院申请再审的，最高人民法院应当依法审查，分别情况予以处理。

第二条 下列行政申请再审案件中，原判决、裁定适用法律、法规确有错误的，最高人民法院应当裁定再审：

（一）在全国具有普遍法律适用指导意义的案件；

（二）在全国范围内或者省、自治区、直辖市有重大影响的案件；

（三）跨省、自治区、直辖市的案件；

（四）重大涉外或者涉及香港特别行政区、澳门特别行政区、台湾地区的案件；

（五）涉及重大国家利益、社会公共利益的案件；

（六）经高级人民法院审判委员会讨论决定的案件；

（七）最高人民法院认为应当再审的其他案件。

第三条 行政申请再审案件有下列情形之一的，最高人民法院可以决定由作出生效判决、裁定的高级人民法院审查：

（一）案件基本事实不清、诉讼程序违法、遗漏诉讼请求的；

（二）再审申请人或者第三人人数众多的；

（三）由高级人民法院审查更适宜实质性化解行政争议的；

（四）最高人民法院认为可以由高级人民法院审查的其他情形。

第四条 已经发生法律效力的判决、裁定认定事实清楚，适用法律、法规正确，当事人主张的再审事由不成立的，最高人民法院可以迳行裁定驳回再审申请。

第五条 当事人不服人民法院再审判决、裁定的，可以依法向人民检察院申请抗诉或者检察建议。

第六条 本解释自2021年4月1日起施行。本解释施行后，最高人民法院此前作出的相关司法解释与本解释相抵触的，以本解释为准。

附件： 1. 中华人民共和国最高人民法院决定书（最高人民法院决定由高级人民法院审查用）

2. 中华人民共和国最高人民法院通知书（最高人民法院决定由高级人民法院审查时通知再审申请人用）

3. 中华人民共和国最高人民法院行政裁定书（最高人民法院迳行驳回再审申请用）

附件 1

中华人民共和国最高人民法院
决定书

（××××）最高法行决×号

××××高级人民法院：

根据《中华人民共和国行政诉讼法》第九十条、《最高人民法院关于办理行政申请再审案件若干问题的规定》第三条的规定，现将再审申请人×××诉×××（机关名称）一案，交由你院审查。请你院依照《中华人民共和国行政诉讼法》及其司法解释的相关规定进行审查处理。

××××年××月××日
（院印）

附件 2

中华人民共和国最高人民法院
通知书

（××××）最高法行通×号

×××（再审申请人）：

根据《中华人民共和国行政诉讼法》第九十条、《最高人民法院关于办理行政申请再审案件若干问题的规定》第三条的规定，本院将再审申请人×××诉×××（机关名称）一案，交由××××高级人民法院审查。请等待审查结果。对高级人民法院审查后作出的判决、裁定仍然不服的，可以依照《最高人民法院关于适用〈中华人民共和国行政诉讼法〉的解释》第一百一十七条的规定向人民检察院申请抗诉或者检察建议。

特此通知。

××××年××月××日
（院印）

附件 3

中华人民共和国最高人民法院
行政裁定书

（××××）最高法行申×号

再审申请人（一、二审诉讼地位）：×××，……。
被申请人（一、二审诉讼地位）：×××，……。
（以上写明当事人和其他诉讼参与人的姓名或者名称等基本信息）

再审申请人×××因诉×××（机关名称）一案，不服××××高级人民法院×××号行政判决（裁定），向本院申请再审。本院依法对本案进行了审查，现已审查终结。

×××向本院申请再审，请求……（简要列明请求和理由）。

本院认为，×××的再审申请不符合《中华人民共和国行政诉讼法》第九十一条规定的情形。依照《最高人民法院关于适用〈中华人民共和国行政诉讼法〉的解释》第一百一十六条第二款、《最高人民法院关于办理行政申请再审案件若干问题的规定》第四条之规定，裁定如下：

驳回×××的再审申请。

审判长×××
审判员×××
审判员×××
××××年××月××日
（院印）
法官助理×××
书记员×××

参考资料

最高人民法院民事案件当事人申请再审指南

（2021 年 11 月 29 日）

为引导当事人正确行使申请再审权，方便当事人诉讼，根据《中华人民共和国民事诉讼法》《最高人民法院关于适用〈中华人民共和国民事诉讼法〉的解释》《全国人民代表大会常务委员会关于授权最高人民法院组织开展四级法院审级职能定位改革试点工作的决定》《最高人民法院关于完善四级法院审级职能定位改革试点的实施办法》的规定，结合最高人民法院民事申请再审案件受理工作实际，制定本指南。

一、向最高人民法院申请再审的法定条件

第一条 当事人对最高人民法院已经发生法律效力的一审、二审民事判决、裁定、调解书，可以向最高人民法院申请再审。

第二条 当事人对高级人民法院已经发生法律效力的一审、二审民事判决、裁定，符合下列情形之一的，可以向最高人民法院申请再审：

（一）再审申请人对原判决、裁定认定的基本事实、主要证据和诉讼程序无异议，但认为适用法律有错误的；

（二）原判决、裁定经高级人民法院审判委员会讨论决定的。

第三条 下列情形当事人申请再审的，最高人民法院不予受理：

（一）已经发生法律效力的解除婚姻关系的判决、调解；

（二）当事人将生效判决、调解书确认的债权转让，债权受让人对该判决、调解书不服申请再审的案件；

（三）适用特别程序、督促程序、公示催告程序、破产程序等非讼程序审理的案件；

（四）再审申请被驳回的案件；

（五）再审判决、裁定；

（六）人民检察院对当事人的申请作出不予提出再审检察建议或者抗诉决定的案件。

（七）当事人对高级人民法院已经发生法律效力的民事调解书申请再审的案件。

第四条 当事人可以对最高人民法院、高级人民法院作出且符合本指南第一条、第二条规定的下列裁定向最高人民法院申请再审：

（一）不予受理的裁定；

（二）驳回起诉的裁定。

第五条 再审申请人应当符合下列情形之一：

（一）判决、裁定、调解书列明的当事人；

（二）认为原判决、裁定、调解书损害其民事权益，所提出的执行异议被裁定驳回的案外人；

（三）上述当事人或案外人死亡或者终止的，其权利义务承继者。

第六条 当事人向最高人民法院申请再审的，一般应委托律师作为诉讼代理人。委托律师有困难的，可以申请法律援助。

第七条 当事人提交的再审申请书不符合要求的，应当在告知后十日内予以补正。无正当理由逾期未予补正的，按撤回再审申请处理。

第八条 当事人申请再审，应当在判决、裁定、调解书发生法律效力后六个月内提出；有民事诉讼法第二百条第一项、第三项、第十二项、第十三项规定情形的，自知道或者应当知道之日起六个月内提出。

二、向最高人民法院申请再审的方式

第九条 当事人向最高人民法院申请再审，可以下列方式提出：

（一）到最高人民法院诉讼服务中心提交申请再审案件材料；

（二）向最高人民法院邮寄提交申请再审案件材料；

（三）通过最高人民法院诉讼服务网、中国移动微法院、人民法院律师服务平台、人民法院网上申诉信访平台在线提交申请再审案件材料。

三、向最高人民法院申请再审应当提交的书面材料

第十条 再审申请人应当提交再审申请书，并按照被申请人及原审其他当事人人数提交再审申请书副本。

第十一条 再审申请书应当载明下列事项：

（一）再审申请人、被申请人及原审其他当事人的基本情况。当事人是自然人的，应列明姓名、性别、出生日期、民族、职业（或工作单位及职务）、住所及有效联系电话、邮寄地址；当事人是法人或者其他组织的，应列明名称、住所和法定代表人或者主要负责人的姓名、职务及有效联系电话、邮寄地址；

（二）作出判决、裁定、调解书的人民法院名称，判决、裁定、调解文书案号；

（三）具体的再审请求；

（四）申请再审所依据的法定情形（须列明所依据的民事诉讼法的具体条、款、项）及具体事实、理由。当事人不服最高人民法院生效判决、裁定申请再审的，再审申请书列明的再审事由应当是民事诉讼法第二百条规定的情形。当事人不服高级法院生效判决、裁定向本院申请再审的，再审申请书列明再审事由应当是民事诉讼法第二百条第六项规定的情形，并在再审申请书中声明对原判决、裁定认定的基本事实、认定事实的主要证据、适用的诉讼程序没有异议，同时载明案件所涉法律适用问题的争议焦点、生效裁判适用法律存在错误的论证理由和依据。再审申请书未列明再审事由的，应当补充；

（五）向最高人民法院申请再审的明确表述；

（六）再审申请人的签名或者盖章。

第十二条 再审申请人除应提交符合规定的再审申请书外，还应当提交以下材料：

（一）再审申请人是自然人的，应提交身份证明复印件；再审申请人是法人或其他组织的，应提交加盖公章的组织机构代码证复印件、营业执照复印件、法定代表人或主要负责人身份证明书；

（二）委托他人代为申请，除提交授权委托书外，委托代理人是律师的，应提交律师事务所函和律师执业证复印件；委托代理人是基层法律服务工作者的，应提交基层法律服务所函和法律服务工作者执业证，以及当事人一方位于本辖区内的证明材料。委托代理人是当事人的近亲属的，应提交代理人身份证明复印件以及与当事人有近亲属关系的证明材料；委托代理人是当事人

的工作人员的，应提交代理人身份证明复印件和与当事人有合法劳动人事关系的证明材料；委托代理人是当事人所在社区、单位以及有关社会团体推荐的公民的，应提交代理人身份证明复印件、推荐材料和当事人隶属于该社区、单位的证明材料；

（三）申请再审的判决、裁定、调解书原件，或者经核对无误的复印件；判决、裁定、调解书系二审裁判的，应同时提交一审裁判文书原件，或者经核对无误的复印件；

（四）在原审诉讼过程中提交的主要证据复印件；

（五）支持申请再审所依据的法定情形和再审请求的证据材料；

（六）再审申请人有新证据的，应按照被申请人及原审其他当事人人数提交相应份数的新证据副本。

第十三条 再审申请人提交再审申请书等材料应使用A4型纸，同时可以附与书面材料内容一致的可编辑的一审、二审裁判文书和再审申请书的电子文本（WORD文本），并提供所有纸质文件的便携式格式文本（PDF文本），将上述两种格式的电子文本刻录在同一张光盘中，与纸质材料一并提交。

第十四条 再审申请人提交的再审申请书等材料不符合上述要求，或者有人身攻击等内容，可能引起矛盾激化的，应当补充或改正。

四、到最高人民法院诉讼服务中心提交申请再审案件材料的要求

第十五条 最高人民法院在本部、各巡回法庭及知识产权法庭诉讼服务中心设立专门窗口负责审查接受申请再审案件材料。

第十六条 再审申请人到最高人民法院诉讼服务中心提交申请再审材料的，应当填写来访人员登记表，按照提交登记表的顺序，由接谈法官审查其再审申请是否符合受理条件以及材料是否齐备。

第十七条 再审申请人提出的再审申请符合受理条件且材料齐备的，应填写《最高人民法院民事申请再审诉讼材料收取清单》一式两份，签名并注明日期，由接谈法官加盖最高人民法院收取诉讼材料专用章后返还一份清单。

再审申请人应同时填写送达地址确认书。

五、向最高人民法院邮寄提交申请再审案件材料的要求

第十八条 再审申请人向最高人民法院邮寄提交申请再审案件材料的，应当符合以下要求：

（一）按照本指南第十条至第十四条的要求提供材料，并附材料清单、送达地址确认书及电话等有效联系方式；

（二）在信封上注明提交民事申请再审案件材料；

（三）在信封上注明来信地址、邮政编码及联系电话。

第十九条 再审申请人以邮寄方式提出再审申请符合受理条件，但申请再审案件材料不齐备或需要改正的，应当按要求予以补充或改正。

六、在线提交申请再审案件材料的要求

第二十条 当事人在线提交申请再审案件材料应当符合以下要求：

（一）按照本指南第十条至第十四条的要求提供材料，并附材料清单、送达地址确认书及电话等有效联系方式；

（二）上传与书面材料内容一致的可编辑的一审、二审裁判文书和再审申请书的电子文本（WORD 文本），并提供所有纸质文件的便携式格式文本（PDF 文本）；

（三）填写送达方式、送达地址确认书。

第二十一条 再审申请人在线提出的再审申请，符合受理条件的，立案受理。但申请再审案件材料不齐备或需要补正的，应当按要求予以补正。

七、涉外民事案件申请再审的特别规定

第二十二条 涉外民事案件中的外国当事人向最高人民法院申请再审，申请人为外国人的，应当提交其与原件核对无误的护照复印件，或能证明其身份信息的其他证件复印件；申请人为外国企业或组织的，应当提交申请人身份证明及代表人身份证明。上述身份证明应当经所在国公证机关公证，并经中华人民共和国驻该国使领馆认证，或者履行中华人民共和国与该所在国订立的有关条约中规定的证明手续。

外国人、外国企业或者组织从中华人民共和国领域外寄交或者托交的授权委托书，应当经所在国公证机关公证，并经中华人民共和国驻该国使领馆认证，或者履行中华人民共和国与该所在国订立的有关条约中规定的证明手续。外国人、外国企业或者组织的代表人在中华人民共和国境内签署授权委托书的，应当根据民事诉讼法司法解释第五百二十五条的规定，在人民法院法官见证下签署，或根据民事诉讼法司法解释第五百二十六条的规定提交中华人民共和国公证机构的公证书。

八、其　　他

第二十三条 最高人民法院网站可供查询民事申请再审相关规定和诉讼文书样式，提交民事申请再审案件材料网址为 ssfw. court. gov. cn。也可拨打 12368 诉讼服务热线查询。

第二十四条 申请再审材料邮寄地址：

最高人民法院本部　北京市东城区北花市大街 9 号最高人民法院立案庭诉讼服务中心登记四室，邮政编码：100062。如需实地查询请到北京市朝阳区南四环肖村桥南顶路红寺村 316 号最高法院申诉信访大厅办理。

第一巡回法庭　广东省深圳市罗湖区红岭中路 1036 号最高人民法院第一巡回法庭诉讼服务中心，邮政编码：518000。

第二巡回法庭　辽宁省沈阳市浑南区世纪路 3 号最高人民法院第二巡回法庭诉讼服务中心，

邮政编码：110179。

第三巡回法庭　江苏省南京市江北新区浦珠北路88号最高人民法院第三巡回法庭诉讼服务中心，邮政编码：210031。

第四巡回法庭　河南省郑州市郑东新区博学路33号最高人民法院第四巡回法庭诉讼服务中心，邮政编码：430070。

第五巡回法庭　重庆市江北区盘溪路406-9号最高人民法院第五巡回法庭诉讼服务中心，邮政编码：400021。

第六巡回法庭　陕西省西安市国际港务区港兴二路6116号最高人民法院第六巡回法庭诉讼服务中心，邮政编码：710038。

最高人民法院关于适用《中华人民共和国民事诉讼法》审判监督程序若干问题的解释

（2008年11月10日最高人民法院审判委员会第1453次会议通过　根据2020年12月23日最高人民法院审判委员会第1823次会议通过的《最高人民法院关于修改〈最高人民法院关于人民法院民事调解工作若干问题的规定〉等十九件民事诉讼类司法解释的决定》修正　2020年12月29日最高人民法院公告公布　自2021年1月1日起施行　法释〔2020〕20号）

为了保障当事人申请再审权利，规范审判监督程序，维护各方当事人的合法权益，根据《中华人民共和国民事诉讼法》，结合审判实践，对审判监督程序中适用法律的若干问题作出如下解释：

第一条　当事人在民事诉讼法第二百零五条规定的期限内，以民事诉讼法第二百条所列明的再审事由，向原审人民法院的上一级人民法院申请再审的，上一级人民法院应当依法受理。

第二条　民事诉讼法第二百零五条规定的申请再审期间不适用中止、中断和延长的规定。

第三条　当事人申请再审，应当向人民法院提交再审申请书，并按照对方当事人人数提出副本。

人民法院应当审查再审申请书是否载明下列事项：

（一）申请再审人与对方当事人的姓名、住所及有效联系方式等基本情况；法人或其他组织的名称、住所和法定代表人或主要负责人的姓名、职务及有效联系方式等基本情况；

（二）原审人民法院的名称，原判决、裁定、调解文书案号；

（三）申请再审的法定情形及具体事实、理由；

（四）具体的再审请求。

第四条　当事人申请再审，应当向人民法院提交已经发生法律效力的判决书、裁定书、调解书，身份证明及相关证据材料。

第五条　申请再审人提交的再审申请书或者其他材料不符合本解释第三条、第四条的规定，或者有人身攻击等内容，可能引起矛盾激化的，人民法院应当要求申请再审人补充或改正。

第六条 人民法院应当自收到符合条件的再审申请书等材料后五日内完成向申请再审人发送受理通知书等受理登记手续，并向对方当事人发送受理通知书及再审申请书副本。

第七条 人民法院受理再审申请后，应当组成合议庭予以审查。

第八条 人民法院对再审申请的审查，应当围绕再审事由是否成立进行。

第九条 民事诉讼法第二百条第（五）项规定的“对审理案件需要的主要证据”，是指人民法院认定案件基本事实所必须的证据。

第十条 原判决、裁定对基本事实和案件性质的认定系根据其他法律文书作出，而上述其他法律文书被撤销或变更的，人民法院可以认定为民事诉讼法第二百条第（十二）项规定的情形。

第十一条 人民法院经审查再审申请书等材料，认为申请再审事由成立的，应当进行裁定再审。

当事人申请再审超过民事诉讼法第二百零五条规定的期限，或者超出民事诉讼法第二百条所列明的再审事由范围的，人民法院应当裁定驳回再审申请。

第十二条 人民法院认为仅审查再审申请书等材料难以作出裁定的，应当调阅原审卷宗予以审查。

第十三条 人民法院可以根据案情需要决定是否询问当事人。

以有新的证据足以推翻原判决、裁定为由申请再审的，人民法院应当询问当事人。

第十四条 在审查再审申请过程中，对方当事人也申请再审的，人民法院应当将其列为申请再审人，对其提出的再审申请一并审查。

第十五条 申请再审人在案件审查期间申请撤回再审申请的，是否准许，由人民法院裁定。

申请再审人经传票传唤，无正当理由拒不接受询问，可以裁定按撤回再审申请处理。

第十六条 人民法院经审查认为申请再审事由不成立的，应当裁定驳回再审申请。

驳回再审申请的裁定一经送达，即发生法律效力。

第十七条 人民法院审查再审申请期间，人民检察院对该案提出抗诉的，人民法院应依照民事诉讼法第二百一十一条的规定裁定再审。申请再审人提出的具体再审请求应纳入审理范围。

第十八条 上一级人民法院经审查认为申请再审事由成立的，一般由本院提审。最高人民法院、高级人民法院也可以指定与原审人民法院同级的其他人民法院再审，或者指令原审人民法院再审。

第十九条 上一级人民法院可以根据案件的影响程度以及案件参与人等情况，决定是否指定再审。需要指定再审的，应当考虑便利当事人行使诉讼权利以及便利人民法院审理等因素。

接受指定再审的人民法院，应当按照民事诉讼法第二百零七条第一款规定的程序审理。

第二十条 有下列情形之一的，不得指令原审人民法院再审：

（一）原审人民法院对该案无管辖权的；

（二）审判人员在审理该案件时有贪污受贿，徇私舞弊，枉法裁判行为的；

（三）原判决、裁定系经原审人民法院审判委员会讨论作出的；

（四）其他不宜指令原审人民法院再审的。

第二十一条 当事人未申请再审、人民检察院未抗诉的案件，人民法院发现原判决、裁定、调解协议有损害国家利益、社会公共利益等确有错误情形的，应当依照民事诉讼法第一百九十八条的规定提起再审。

第二十二条　人民法院应当依照民事诉讼法第二百零七条的规定，按照第一审程序或者第二审程序审理再审案件。

人民法院审理再审案件应当开庭审理。但按照第二审程序审理的，双方当事人已经其他方式充分表达意见，且书面同意不开庭审理的除外。

第二十三条　申请再审人在再审期间撤回再审申请的，是否准许由人民法院裁定。裁定准许的，应终结再审程序。申请再审人经传票传唤，无正当理由拒不到庭的，或者未经法庭许可中途退庭的，可以裁定按自动撤回再审申请处理。

人民检察院抗诉再审的案件，申请抗诉的当事人有前款规定的情形，且不损害国家利益、社会公共利益或第三人利益的，人民法院应当裁定终结再审程序；人民检察院撤回抗诉的，应当准予。

终结再审程序的，恢复原判决的执行。

第二十四条　按照第一审程序审理再审案件时，一审原告申请撤回起诉的，是否准许由人民法院裁定。裁定准许的，应当同时裁定撤销原判决、裁定、调解书。

第二十五条　当事人在再审审理中经调解达成协议的，人民法院应当制作调解书。调解书经各方当事人签收后，即具有法律效力，原判决、裁定视为被撤销。

第二十六条　人民法院经再审审理认为，原判决、裁定认定事实清楚、适用法律正确的，应予维持；原判决、裁定在认定事实、适用法律、阐述理由方面虽有瑕疵，但裁判结果正确的，人民法院应在再审判决、裁定中纠正上述瑕疵后予以维持。

第二十七条　人民法院按照第二审程序审理再审案件，发现原判决认定事实错误或者认定事实不清的，应当在查清事实后改判。但原审人民法院便于查清事实，化解纠纷的，可以裁定撤销原判决，发回重审；原审程序遗漏必须参加诉讼的当事人且无法达成调解协议，以及其他违反法定程序不宜在再审程序中直接作出实体处理的，应当裁定撤销原判决，发回重审。

第二十八条　人民法院以调解方式审结的案件裁定再审后，经审理发现申请再审人提出的调解违反自愿原则的事由不成立，且调解协议的内容不违反法律强制性规定的，应当裁定驳回再审申请，并恢复原调解书的执行。

第二十九条　民事再审案件的当事人应为原审案件的当事人。原审案件当事人死亡或者终止的，其权利义务承受人可以申请再审并参加再审诉讼。

第三十条　本院以前发布的司法解释与本解释不一致的，以本解释为准。本解释未作规定的，按照以前的规定执行。

最高人民法院关于民事审判监督程序严格依法适用指令再审和发回重审若干问题的规定

（2015年2月2日最高人民法院审判委员会第1643次会议通过　2015年2月16日最高人民法院公告公布　自2015年3月15日起施行　法释〔2015〕7号）

为了及时有效维护各方当事人的合法权益，维护司法公正，进一步规范民事案件指令再审和再审发回重审，提高审判监督质量和效率，根据《中华人民共和国民事诉讼法》，结合审判实际，制定本规定。

第一条　上级人民法院应当严格依照民事诉讼法第二百条等规定审查当事人的再审申请，符合法定条件的，裁定再审。不得因指令再审而降低再审启动标准，也不得因当事人反复申诉将依法不应当再审的案件指令下级人民法院再审。

第二条　因当事人申请裁定再审的案件一般应当由裁定再审的人民法院审理。有下列情形之一的，最高人民法院、高级人民法院可以指令原审人民法院再审：

（一）依据民事诉讼法第二百条第（四）项、第（五）项或者第（九）项裁定再审的；

（二）发生法律效力的判决、裁定、调解书是由第一审法院作出的；

（三）当事人一方人数众多或者当事人双方为公民的；

（四）经审判委员会讨论决定的其他情形。

人民检察院提出抗诉的案件，由接受抗诉的人民法院审理，具有民事诉讼法第二百条第（一）至第（五）项规定情形之一的，可以指令原审人民法院再审。

人民法院依据民事诉讼法第一百九十八条第二款裁定再审的，应当提审。

第三条　虽然符合本规定第二条可以指令再审的条件，但有下列情形之一的，应当提审：

（一）原判决、裁定系经原审人民法院再审审理后作出的；

（二）原判决、裁定系经原审人民法院审判委员会讨论作出的；

（三）原审审判人员在审理该案件时有贪污受贿，徇私舞弊，枉法裁判行为的；

（四）原审人民法院对该案无再审管辖权的；

（五）需要统一法律适用或裁量权行使标准的；

（六）其他不宜指令原审人民法院再审的情形。

第四条　人民法院按照第二审程序审理再审案件，发现原判决认定基本事实不清的，一般应当通过庭审认定事实后依法作出判决。但原审人民法院未对基本事实进行过审理的，可以裁定撤销原判决，发回重审。原判决认定事实错误的，上级人民法院不得以基本事实不清为由裁定发回重审。

第五条　人民法院按照第二审程序审理再审案件，发现第一审人民法院有下列严重违反法定程序情形之一的，可以依照民事诉讼法第一百七十条第一款第（四）项的规定，裁定撤销原判决，发回第一审人民法院重审：

（一）原判决遗漏必须参加诉讼的当事人的；

（二）无诉讼行为能力人未经法定代理人代为诉讼，或者应当参加诉讼的当事人，因不能归责于本人或者其诉讼代理人的事由，未参加诉讼的；

（三）未经合法传唤缺席判决，或者违反法律规定剥夺当事人辩论权利的；

（四）审判组织的组成不合法或者依法应当回避的审判人员没有回避的；

（五）原判决、裁定遗漏诉讼请求的。

第六条　上级人民法院裁定指令再审、发回重审的，应当在裁定书中阐明指令再审或者发回重审的具体理由。

第七条　再审案件应当围绕申请人的再审请求进行审理和裁判。对方当事人在再审庭审辩论终结前也提出再审请求的，应一并审理和裁判。当事人的再审请求超出原审诉讼请求的不予审理，构成另案诉讼的应告知当事人可以提起新的诉讼。

第八条　再审发回重审的案件，应当围绕当事人原诉讼请求进行审理。当事人申请变更、增加诉讼请求和提出反诉的，按照最高人民法院《关于适用〈中华人民共和国民事诉讼法〉的解释》第二百五十二条的规定审查决定是否准许。当事人变更其在原审中的诉讼主张、质证及辩论意见的，应说明理由并提交相应的证据，理由不成立或证据不充分的，人民法院不予支持。

第九条　各级人民法院对民事案件指令再审和再审发回重审的审判行为，应当严格遵守本规定。违反本规定的，应当依照相关规定追究有关人员的责任。

第十条　最高人民法院以前发布的司法解释与本规定不一致的，不再适用。

最高人民法院、最高人民检察院、公安部、司法部关于进一步加强虚假诉讼犯罪惩治工作的意见

（2021年3月4日　法发〔2021〕10号）

第一章　总　　则

第一条　为了进一步加强虚假诉讼犯罪惩治工作，维护司法公正和司法权威，保护自然人、法人和非法人组织的合法权益，促进社会诚信建设，根据《中华人民共和国刑法》《中华人民共和国刑事诉讼法》《中华人民共和国民事诉讼法》和《最高人民法院、最高人民检察院关于办理虚假诉讼刑事案件适用法律若干问题的解释》等规定，结合工作实际，制定本意见。

第二条　本意见所称虚假诉讼犯罪，是指行为人单独或者与他人恶意串通，采取伪造证据、虚假陈述等手段，捏造民事案件基本事实，虚构民事纠纷，向人民法院提起民事诉讼，妨害司法秩序或者严重侵害他人合法权益，依照法律应当受刑罚处罚的行为。

第三条　人民法院、人民检察院、公安机关、司法行政机关应当按照法定职责分工负责、配合协作，加强沟通协调，在履行职责过程中发现可能存在虚假诉讼犯罪的，应当及时相互通报情况，共同防范和惩治虚假诉讼犯罪。

第二章 虚假诉讼犯罪的甄别和发现

第四条 实施《最高人民法院、最高人民检察院关于办理虚假诉讼刑事案件适用法律若干问题的解释》第一条第一款、第二款规定的捏造事实行为，并有下列情形之一的，应当认定为刑法第三百零七条之一第一款规定的“以捏造的事实提起民事诉讼”：

（一）提出民事起诉的；

（二）向人民法院申请宣告失踪、宣告死亡，申请认定公民无民事行为能力、限制民事行为能力，申请认定财产无主，申请确认调解协议，申请实现担保物权，申请支付令，申请公示催告的；

（三）在民事诉讼过程中增加独立的诉讼请求、提出反诉，有独立请求权的第三人提出与本案有关的诉讼请求的；

（四）在破产案件审理过程中申报债权的；

（五）案外人申请民事再审的；

（六）向人民法院申请执行仲裁裁决、公证债权文书的；

（七）案外人在民事执行过程中对执行标的提出异议，债权人在民事执行过程中申请参与执行财产分配的；

（八）以其他手段捏造民事案件基本事实，虚构民事纠纷，提起民事诉讼的。

第五条 对于下列虚假诉讼犯罪易发的民事案件类型，人民法院、人民检察院在履行职责过程中应当予以重点关注：

（一）民间借贷纠纷案件；

（二）涉及房屋限购、机动车配置指标调控的以物抵债案件；

（三）以离婚诉讼一方当事人为被告的财产纠纷案件；

（四）以已经资不抵债或者已经被作为被执行人的自然人、法人和非法人组织为被告的财产纠纷案件；

（五）以拆迁区划范围内的自然人为当事人的离婚、分家析产、继承、房屋买卖合同纠纷案件；

（六）公司分立、合并和企业破产纠纷案件；

（七）劳动争议案件；

（八）涉及驰名商标认定的案件；

（九）其他需要重点关注的民事案件。

第六条 民事诉讼当事人有下列情形之一的，人民法院、人民检察院在履行职责过程中应当依法严格审查，及时甄别和发现虚假诉讼犯罪：

（一）原告起诉依据的事实、理由不符合常理，存在伪造证据、虚假陈述可能的；

（二）原告诉请司法保护的诉讼标的额与其自身经济状况严重不符的；

（三）在可能影响案外人利益的案件中，当事人之间存在近亲属关系或者关联企业等共同利益关系的；

（四）当事人之间不存在实质性民事权益争议和实质性诉辩对抗的；

（五）一方当事人对于另一方当事人提出的对其不利的事实明确表示承认，且不符合常理的；

（六）认定案件事实的证据不足，但双方当事人主动迅速达成调解协议，请求人民法院制作调解书的；

（七）当事人自愿以价格明显不对等的财产抵付债务的；

（八）民事诉讼过程中存在其他异常情况的。

第七条 民事诉讼代理人、证人、鉴定人等诉讼参与人有下列情形之一的，人民法院、人民检察院在履行职责过程中应当依法严格审查，及时甄别和发现虚假诉讼犯罪：

（一）诉讼代理人违规接受对方当事人或者案外人给付的财物或者其他利益，与对方当事人或者案外人恶意串通，侵害委托人合法权益的；

（二）故意提供虚假证据，指使、引诱他人伪造、变造证据、提供虚假证据或者隐匿、毁灭证据的；

（三）采取其他不正当手段干扰民事诉讼活动正常进行的。

第三章 线索移送和案件查处

第八条 人民法院、人民检察院、公安机关发现虚假诉讼犯罪的线索来源包括：

（一）民事诉讼当事人、诉讼代理人和其他诉讼参与人、利害关系人、其他自然人、法人和非法人组织的报案、控告、举报和法律监督申请；

（二）被害人有证据证明对被告人通过实施虚假诉讼行为侵犯自己合法权益的行为应当依法追究刑事责任，且有证据证明曾经提出控告，而公安机关或者人民检察院不予追究被告人刑事责任，向人民法院提出的刑事自诉；

（三）人民法院、人民检察院、公安机关、司法行政机关履行职责过程中主动发现；

（四）有关国家机关移送的案件线索；

（五）其他线索来源。

第九条 虚假诉讼刑事案件由相关虚假民事诉讼案件的受理法院所在地或者执行法院所在地人民法院管辖。有刑法第三百零七条之一第四款情形的，上级人民法院可以指定下级人民法院将案件移送其他人民法院审判。

前款所称相关虚假民事诉讼案件的受理法院，包括该民事案件的一审、二审和再审法院。

虚假诉讼刑事案件的级别管辖，根据刑事诉讼法的规定确定。

第十条 人民法院、人民检察院向公安机关移送涉嫌虚假诉讼犯罪案件，应当附下列材料：

（一）案件移送函，载明移送案件的人民法院或者人民检察院名称、民事案件当事人名称和案由、所处民事诉讼阶段、民事案件办理人及联系电话等。案件移送函应当附移送材料清单和回执，经人民法院或者人民检察院负责人批准后，加盖人民法院或者人民检察院公章；

（二）移送线索的情况说明，载明案件来源、当事人信息、涉嫌虚假诉讼犯罪的事实、法律依据等，并附相关证据材料；

（三）与民事案件有关的诉讼材料，包括起诉书、答辩状、庭审笔录、调查笔录、谈话笔录等。

人民法院、人民检察院应当指定专门职能部门负责涉嫌虚假诉讼犯罪案件的移送。

人民法院将涉嫌虚假诉讼犯罪案件移送公安机关的，同时将有关情况通报同级人民检察院。

第十一条 人民法院、人民检察院认定民事诉讼当事人和其他诉讼参与人的行为涉嫌虚假诉讼犯罪，除民事诉讼当事人、其他诉讼参与人或者案外人的陈述、证言外，一般还应有物证、书证或者其他证人证言等证据相印证。

第十二条 人民法院、人民检察院将涉嫌虚假诉讼犯罪案件有关材料移送公安机关的，接受案件的公安机关应当出具接受案件的回执或者在案件移送函所附回执上签收。

公安机关收到有关材料后，分别作出以下处理：

（一）认为移送的案件材料不全的，应当在收到有关材料之日起三日内通知移送的人民法院或者人民检察院在三日内补正。不得以材料不全为由不接受移送案件；

（二）认为有犯罪事实，需要追究刑事责任的，应当在收到有关材料之日起三十日内决定是否立案，并通知移送的人民法院或者人民检察院；

（三）认为有犯罪事实，但是不属于自己管辖的，应当立即报经县级以上公安机关负责人批准，在二十四小时内移送有管辖权的机关处理，并告知移送的人民法院或者人民检察院。对于必须采取紧急措施的，应当先采取紧急措施，然后办理手续，移送主管机关；

（四）认为没有犯罪事实，或者犯罪情节显著轻微不需要追究刑事责任的，或者具有其他依法不追究刑事责任情形的，经县级以上公安机关负责人批准，不予立案，并应当说明理由，制作不予立案通知书在三日内送达移送的人民法院或者人民检察院，退回有关材料。

第十三条 人民检察院依法对公安机关的刑事立案实行监督。

人民法院对公安机关的不予立案决定有异议的，可以建议人民检察院进行立案监督。

第四章 程序衔接

第十四条 人民法院向公安机关移送涉嫌虚假诉讼犯罪案件，民事案件必须以相关刑事案件的审理结果为依据的，应当依照民事诉讼法第一百五十条第一款第五项的规定裁定中止诉讼。刑事案件的审理结果不影响民事诉讼程序正常进行的，民事案件应当继续审理。

第十五条 刑事案件裁判认定民事诉讼当事人的行为构成虚假诉讼犯罪，相关民事案件尚在审理或者执行过程中的，作出刑事裁判的人民法院应当及时函告审理或者执行该民事案件的人民法院。

人民法院对于与虚假诉讼刑事案件的裁判存在冲突的已经发生法律效力的民事判决、裁定、调解书，应当及时依法启动审判监督程序予以纠正。

第十六条 公安机关依法自行立案侦办虚假诉讼刑事案件的，应当在立案后三日内将立案决定书等法律文书和相关材料复印件抄送对相关民事案件正在审理、执行或者作出生效裁判文书的人民法院并说明立案理由，同时通报办理民事案件人民法院的同级人民检察院。对相关民事案件正在审理、执行或者作出生效裁判文书的人民法院应当依法审查，依照相关规定做出处理，并在收到材料之日起三十日内将处理意见书面通报公安机关。

公安机关在办理刑事案件过程中，发现犯罪嫌疑人还涉嫌实施虚假诉讼犯罪的，可以一并处理。需要逮捕犯罪嫌疑人的，由侦查该案件的公安机关提请同级人民检察院审查批准；需要提起公诉的，由侦查该案件的公安机关移送同级人民检察院审查决定。

第十七条　有管辖权的公安机关接受民事诉讼当事人、诉讼代理人和其他诉讼参与人、利害关系人、其他自然人、法人和非法人组织的报案、控告、举报或者在履行职责过程中发现存在虚假诉讼犯罪嫌疑的，可以开展调查核实工作。经县级以上公安机关负责人批准，公安机关可以依照有关规定拷贝电子卷或者查阅、复制、摘录人民法院的民事诉讼卷宗，人民法院予以配合。

公安机关在办理刑事案件过程中，发现犯罪嫌疑人还涉嫌实施虚假诉讼犯罪的，适用前款规定。

第十八条　人民检察院发现已经发生法律效力的判决、裁定、调解书系民事诉讼当事人通过虚假诉讼获得的，应当依照民事诉讼法第二百零八条第一款、第二款等法律和相关司法解释的规定，向人民法院提出再审检察建议或者抗诉。

第十九条　人民法院对人民检察院依照本意见第十八条的规定提出再审检察建议或者抗诉的民事案件，应当依照民事诉讼法等法律和相关司法解释的规定处理。按照审判监督程序决定再审、需要中止执行的，裁定中止原判决、裁定、调解书的执行。

第二十条　人民检察院办理民事诉讼监督案件过程中，发现存在虚假诉讼犯罪嫌疑的，可以向民事诉讼当事人或者案外人调查核实有关情况。有关单位和个人无正当理由拒不配合调查核实、妨害民事诉讼的，人民检察院可以建议有关人民法院依照民事诉讼法第一百一十一条第一款第五项等规定处理。

人民检察院针对存在虚假诉讼犯罪嫌疑的民事诉讼监督案件依照有关规定调阅人民法院的民事诉讼卷宗的，人民法院予以配合。通过拷贝电子卷、查阅、复制、摘录等方式能够满足办案需要的，可以不调阅诉讼卷宗。

人民检察院发现民事诉讼监督案件存在虚假诉讼犯罪嫌疑的，可以听取人民法院原承办人的意见。

第二十一条　对于存在虚假诉讼犯罪嫌疑的民事案件，人民法院可以依职权调查收集证据。

当事人自认的事实与人民法院、人民检察院依职权调查并经审理查明的事实不符的，人民法院不予确认。

第五章　责任追究

第二十二条　对于故意制造、参与虚假诉讼犯罪活动的民事诉讼当事人和其他诉讼参与人，人民法院应当加大罚款、拘留等对妨害民事诉讼的强制措施的适用力度。

民事诉讼当事人、其他诉讼参与人实施虚假诉讼，人民法院向公安机关移送案件有关材料前，可以依照民事诉讼法的规定先行予以罚款、拘留。

对虚假诉讼刑事案件被告人判处罚金、有期徒刑或者拘役的，人民法院已经依照民事诉讼法的规定给予的罚款、拘留，应当依法折抵相应罚金或者刑期。

第二十三条　人民检察院可以建议人民法院依照民事诉讼法的规定，对故意制造、参与虚假诉讼的民事诉讼当事人和其他诉讼参与人采取罚款、拘留等强制措施。

第二十四条 司法工作人员利用职权参与虚假诉讼的，应当依照法律法规从严处理；构成犯罪的，依法从严追究刑事责任。

第二十五条 司法行政机关、相关行业协会应当加强对律师、基层法律服务工作者、司法鉴定人、公证员、仲裁员的教育和管理，发现上述人员利用职务之便参与虚假诉讼的，应当依照规定进行行政处罚或者行业惩戒；构成犯罪的，依法移送司法机关处理。律师、基层法律服务工作者、司法鉴定人、公证员、仲裁员利用职务之便参与虚假诉讼的，依照有关规定从严追究法律责任。

人民法院、人民检察院、公安机关在办理案件过程中，发现律师、基层法律服务工作者、司法鉴定人、公证员、仲裁员利用职务之便参与虚假诉讼，尚未构成犯罪的，可以向司法行政机关、相关行业协会或者上述人员所在单位发出书面建议。司法行政机关、相关行业协会或者上述人员所在单位应当在收到书面建议之日起三个月内作出处理决定，并书面回复作出书面建议的人民法院、人民检察院或者公安机关。

第六章 协作机制

第二十六条 人民法院、人民检察院、公安机关、司法行政机关探索建立民事判决、裁定、调解书等裁判文书信息共享机制和信息互通数据平台，综合运用信息化手段发掘虚假诉讼违法犯罪线索，逐步实现虚假诉讼违法犯罪案件信息、数据共享。

第二十七条 人民法院、人民检察院、公安机关、司法行政机关落实“谁执法谁普法”的普法责任制要求，通过定期开展法治宣传、向社会公开发布虚假诉讼典型案例、开展警示教育等形式，增强全社会对虚假诉讼违法犯罪的防范意识，震慑虚假诉讼违法犯罪。

第七章 附 则

第二十八条 各省、自治区、直辖市高级人民法院、人民检察院、公安机关、司法行政机关可以根据本地区实际情况，制定实施细则。

第二十九条 本意见自2021年3月10日起施行。

最高人民法院关于进一步完善“四类案件”监督管理工作机制的指导意见

（2021年11月4日 法发〔2021〕30号）

为加强人民法院司法责任体系建设，健全与新型审判权力运行机制相适应的监督管理体系，进一步完善权责明晰、权责统一、监督有力、制约有效、运转有序的“四类案件”监督管理工作机制，结合人民法院工作实际，提出以下意见。

一、各级人民法院监督管理“四类案件”，应当严格依照法律规定，遵循司法规律，落实

“让审理者裁判，由裁判者负责”，在落实审判组织办案主体地位基础上，细化完善审判权力和责任清单，推动实现全过程监督、组织化行权，有效防控各类风险，不断提升审判质量、效率和司法公信力。

二、本意见所称“四类案件”，是指符合下列情形之一的案件：

（一）重大、疑难、复杂、敏感的；

（二）涉及群体性纠纷或者引发社会广泛关注，可能影响社会稳定的；

（三）与本院或者上级人民法院的类案裁判可能发生冲突的；

（四）有关单位或者个人反映法官有违法审判行为的。

三、“重大、疑难、复杂、敏感”的案件主要包括下列案件：涉及国家利益、社会公共利益的；对事实认定或者法律适用存在较大争议的；具有首案效应的新类型案件；具有普遍法律适用指导意义的；涉及国家安全、外交、民族、宗教等敏感案件。

四、“涉及群体性纠纷或者引发社会广泛关注，可能影响社会稳定”的案件主要包括下列案件：当事人或者被害人人数众多，可能引发群体性事件的；可能或者已经引发社会广泛关注，存在激化社会矛盾风险的；具有示范效应、可能引发后续批量诉讼的；可能对特定行业产业发展、特定群体利益、社会和谐稳定产生较大影响的。

五、“与本院或者上级人民法院的类案裁判可能发生冲突”的案件主要包括下列案件：与本院或者上级人民法院近三年类案生效裁判可能发生冲突的；与本院正在审理的类案裁判结果可能发生冲突，有必要统一法律适用的；本院近三年类案生效裁判存在重大法律适用分歧，截至案件审理时仍未解决的。

六、“有关单位或者个人反映法官有违法审判行为”的案件主要包括下列案件：当事人、诉讼代理人、辩护人、利害关系人实名反映参与本案审理的法官有违法审判行为，并提供具体线索的；当事人、诉讼代理人、辩护人实名反映案件久拖不决，经初步核实确属违反审判执行期限管理规定的；有关部门通过审务督察、司法巡查、案件评查、信访接待或者受理举报、投诉等方式，发现法官可能存在违法审判行为的；承办审判组织在“三个规定”记录报告平台反映存在违反规定干预过问案件情况，可能或者已经影响司法公正的。

有关单位或者个人反映审判辅助人员有违纪违法行为，可能或者已经影响司法公正的，参照上述情形监督管理。

七、各级人民法院可以结合本院工作实际，对下列案件适用“四类案件”的监督管理措施：本院已经发生法律效力的判决、裁定、调解书等确有错误需要再审的；人民检察院提出抗诉的；拟判处死刑（包括死刑缓期两年执行）的；拟宣告被告人无罪或者拟在法定刑以下判处刑罚、免予刑事处罚的；指令再审或者发回重审的；诉讼标的额特别巨大的；其他有必要适用“四类案件”监督管理措施的。

八、各级人民法院应当结合本院实际，建立覆盖审判工作全过程的“四类案件”识别标注、及时报告、推送提醒、预警提示机制，明确各类审判组织、审判人员、职能部门的主体责任、报告义务、问责机制。对“四类案件”，应当通过依法公开审理、加强裁判文书说理，接受社会监督。

立案部门在立案阶段识别出“四类案件”的，应当同步在办案平台标注，提示相关院庭长，根据本意见要求确定承办审判组织形式和人员。承办审判组织在案件审理阶段识别出“四类案件”的，应当主动标注，并及时向院庭长报告。院庭长发现分管领域内“四类案件”的，应当提醒承办审判组织及时标注，并要求其报告案件进展情况。审判管理、审务督察、新闻宣传等职能部门在日常工作中发现“四类案件”的，应当及时提示相关院庭长。下级人民法院向上级人民法院移送“四类案件”卷宗材料的，应当在原审纸质卷宗或者电子卷宗中作出相应标注。

对案件是否属于“四类案件”存在争议的，可以按照工作程序层报院庭长决定。案件不再作为“四类案件”监督管理的，撤销相应标注，并在办案平台注明原因。

九、立案阶段识别标注的“四类案件”，可以指定分案。审理“四类案件”，应当依法组成合议庭，一般由院庭长担任审判长，并根据案件所涉情形、复杂程度等因素，综合确定合议庭组成人员和人数。

案件进入审理阶段后被识别标注为“四类案件”的，院庭长可以根据案件所涉情形、进展情况，按权限决定作出下述调整，调整结果应当及时通知当事人，并在办案平台注明原因：

（一）由独任审理转为合议庭审理；

（二）调整承办法官；

（三）调整合议庭组成人员或者人数；

（四）决定由自己担任审判长。

十、院庭长应当根据《中华人民共和国法官法》第九条的规定，针对“四类案件”审理中需要关注和解决的问题，按照职务权限采取以下监督管理措施：

（一）按权限调整分案；

（二）要求合议庭报告案件进展、评议结果；

（三）要求合议庭提供类案裁判文书或者制作类案检索报告；

（四）审阅案件庭审提纲、审理报告；

（五）调阅卷宗、旁听庭审；

（六）要求合议庭复议并报告复议结果，但同一案件一般不得超过两次；

（七）决定将案件提交专业法官会议讨论；

（八）决定按照工作程序将案件提交审判委员会讨论；

（九）决定按程序报请上一级人民法院审理；

（十）其他与其职务相适应的必要监督管理措施。

院庭长在分管领域、职务权限范围内，按工作程序采取上述监督管理措施，或者对下级人民法院审理的“四类案件”依法履行监督指导职责，不属于违反规定干预过问案件。

十一、院庭长对“四类案件”履行监督管理职责时，应当在办案平台全程留痕，或者形成书面记录入卷备查。院庭长对“四类案件”的处理意见，应当在专业法官会议或者审判委员会会议上发表，并记入会议记录，签字确认后在办案平台或者案卷中留痕。院庭长对合议庭拟作出的裁判结果有异议的，有权要求复议，也可以按照工作程序将案件提交专业法官会议、审判委员会讨论。院庭长非经法定程序，不得直接改变合议庭意见。

十二、承办审判组织发现案件属于“四类案件”，故意隐瞒不报或者不服从监督管理的，院庭长可以按权限调整分案。承办审判组织因前述行为导致裁判错误并造成严重后果的，依法承担违法审判责任。

院庭长因故意或者重大过失，对本人依职权发现、承办审判组织主动报告、有关职能部门告知或者系统自动推送提示的“四类案件”，怠于或者不当行使监督管理职责，导致裁判错误并造成严重后果的，依照干部管理有关规定和程序承担监督管理责任。

十三、各高级人民法院应当充分运用智慧法院建设成果，在辖区内完善统一的“四类案件”识别监测系统，探索构建由案由、罪名、涉案主体、涉案领域、程序类型、社会关注程度等要素组成的识别指引体系，逐步实现“四类案件”的自动识别、精准标注、实时提醒、智能监督管理。在立案、调解、庭审、评议、宣判、执行等环节出现“四类案件”对应情形的，系统可以同步标注、推送，提醒审判组织及时报告，提示院庭长依职权监督管理。对承办审判组织应当报告而未报告，应当提交专业法官会议或者审判委员会讨论而未提交的案件，系统可以自动预警并提示院庭长。

十四、本意见所称院庭长，包括进入法官员额的院长、副院长、审判委员会专职委员、庭长、副庭长和其他依法承担监督管理职责的审判（执行）部门负责人。

各级人民法院应当结合审判权力和责任清单，明确院庭长在“四类案件”监督管理工作中的具体职责、对应职权和工作程序。院庭长履行监督管理“四类案件”职责的情况，应当计入工作量，纳入绩效考核评价。

十五、本意见由最高人民法院解释。各级人民法院可以根据本意见，结合本院实际，制定或者修订“四类案件”监督管理实施细则，并报上一级人民法院备案。

十六、本意见自2021年11月5日起施行。之前有关规定与本意见不一致的，按照本意见执行。

民事案件案由规定（节录）

［2007年10月29日最高人民法院审判委员会第1438次会议通过　自2008年4月1日起施行　根据2011年2月18日最高人民法院《关于修改〈民事案件案由规定〉的决定》（法〔2011〕41号）第一次修正　根据2020年12月14日最高人民法院审判委员会第1821次会议通过的《最高人民法院关于修改〈民事案件案由规定〉的决定》（法〔2020〕346号）第二次修正　2020年12月29日最高人民法院公告公布　自2021年1月1日起施行］

……

第五部分　知识产权与竞争纠纷

十三、知识产权合同纠纷

146. 著作权合同纠纷

（1）委托创作合同纠纷

（2）合作创作合同纠纷
（3）著作权转让合同纠纷
（4）著作权许可使用合同纠纷
（5）出版合同纠纷
（6）表演合同纠纷
（7）音像制品制作合同纠纷
（8）广播电视播放合同纠纷
（9）邻接权转让合同纠纷
（10）邻接权许可使用合同纠纷
（11）计算机软件开发合同纠纷
（12）计算机软件著作权转让合同纠纷
（13）计算机软件著作权许可使用合同纠纷
147. 商标合同纠纷
（1）商标权转让合同纠纷
（2）商标使用许可合同纠纷
（3）商标代理合同纠纷
148. 专利合同纠纷
（1）专利申请权转让合同纠纷
（2）专利权转让合同纠纷
（3）发明专利实施许可合同纠纷
（4）实用新型专利实施许可合同纠纷
（5）外观设计专利实施许可合同纠纷
（6）专利代理合同纠纷
149. 植物新品种合同纠纷
（1）植物新品种育种合同纠纷
（2）植物新品种申请权转让合同纠纷
（3）植物新品种权转让合同纠纷
（4）植物新品种实施许可合同纠纷
150. 集成电路布图设计合同纠纷
（1）集成电路布图设计创作合同纠纷
（2）集成电路布图设计专有权转让合同纠纷
（3）集成电路布图设计许可使用合同纠纷
151. 商业秘密合同纠纷
（1）技术秘密让与合同纠纷
（2）技术秘密许可使用合同纠纷
（3）经营秘密让与合同纠纷
（4）经营秘密许可使用合同纠纷

152. 技术合同纠纷
(1) 技术委托开发合同纠纷
(2) 技术合作开发合同纠纷
(3) 技术转化合同纠纷
(4) 技术转让合同纠纷
(5) 技术许可合同纠纷
(6) 技术咨询合同纠纷
(7) 技术服务合同纠纷
(8) 技术培训合同纠纷
(9) 技术中介合同纠纷
(10) 技术进口合同纠纷
(11) 技术出口合同纠纷
(12) 职务技术成果完成人奖励、报酬纠纷
(13) 技术成果完成人署名权、荣誉权、奖励权纠纷
153. 特许经营合同纠纷
154. 企业名称（商号）合同纠纷
(1) 企业名称（商号）转让合同纠纷
(2) 企业名称（商号）使用合同纠纷
155. 特殊标志合同纠纷
156. 网络域名合同纠纷
(1) 网络域名注册合同纠纷
(2) 网络域名转让合同纠纷
(3) 网络域名许可使用合同纠纷
157. 知识产权质押合同纠纷
十四、知识产权权属、侵权纠纷
158. 著作权权属、侵权纠纷
(1) 著作权权属纠纷
(2) 侵害作品发表权纠纷
(3) 侵害作品署名权纠纷
(4) 侵害作品修改权纠纷
(5) 侵害保护作品完整权纠纷
(6) 侵害作品复制权纠纷
(7) 侵害作品发行权纠纷
(8) 侵害作品出租权纠纷
(9) 侵害作品展览权纠纷
(10) 侵害作品表演权纠纷
(11) 侵害作品放映权纠纷

（12）侵害作品广播权纠纷
（13）侵害作品信息网络传播权纠纷
（14）侵害作品摄制权纠纷
（15）侵害作品改编权纠纷
（16）侵害作品翻译权纠纷
（17）侵害作品汇编权纠纷
（18）侵害其他著作财产权纠纷
（19）出版者权权属纠纷
（20）表演者权权属纠纷
（21）录音录像制作者权权属纠纷
（22）广播组织权权属纠纷
（23）侵害出版者权纠纷
（24）侵害表演者权纠纷
（25）侵害录音录像制作者权纠纷
（26）侵害广播组织权纠纷
（27）计算机软件著作权权属纠纷
（28）侵害计算机软件著作权纠纷
159. 商标权权属、侵权纠纷
（1）商标权权属纠纷
（2）侵害商标权纠纷
160. 专利权权属、侵权纠纷
（1）专利申请权权属纠纷
（2）专利权权属纠纷
（3）侵害发明专利权纠纷
（4）侵害实用新型专利权纠纷
（5）侵害外观设计专利权纠纷
（6）假冒他人专利纠纷
（7）发明专利临时保护期使用费纠纷
（8）职务发明创造发明人、设计人奖励、报酬纠纷
（9）发明创造发明人、设计人署名权纠纷
（10）标准必要专利使用费纠纷
161. 植物新品种权权属、侵权纠纷
（1）植物新品种申请权权属纠纷
（2）植物新品种权权属纠纷
（3）侵害植物新品种权纠纷
（4）植物新品种临时保护期使用费纠纷
162. 集成电路布图设计专有权权属、侵权纠纷

（1）集成电路布图设计专有权权属纠纷
（2）侵害集成电路布图设计专有权纠纷
163. 侵害企业名称（商号）权纠纷
164. 侵害特殊标志专有权纠纷
165. 网络域名权属、侵权纠纷
（1）网络域名权属纠纷
（2）侵害网络域名纠纷
166. 发现权纠纷
167. 发明权纠纷
168. 其他科技成果权纠纷
169. 确认不侵害知识产权纠纷
（1）确认不侵害专利权纠纷
（2）确认不侵害商标权纠纷
（3）确认不侵害著作权纠纷
（4）确认不侵害植物新品种权纠纷
（5）确认不侵害集成电路布图设计专用权纠纷
（6）确认不侵害计算机软件著作权纠纷
170. 因申请知识产权临时措施损害责任纠纷
（1）因申请诉前停止侵害专利权损害责任纠纷
（2）因申请诉前停止侵害注册商标专用权损害责任纠纷
（3）因申请诉前停止侵害著作权损害责任纠纷
（4）因申请诉前停止侵害植物新品种权损害责任纠纷
（5）因申请海关知识产权保护措施损害责任纠纷
（6）因申请诉前停止侵害计算机软件著作权损害责任纠纷
（7）因申请诉前停止侵害集成电路布图设计专用权损害责任纠纷
171. 因恶意提起知识产权诉讼损害责任纠纷
172. 专利权宣告无效后返还费用纠纷

十五、不正当竞争纠纷

173. 仿冒纠纷
（1）擅自使用与他人有一定影响的商品名称、包装、装潢等相同或者近似的标识纠纷
（2）擅自使用他人有一定影响的企业名称、社会组织名称、姓名纠纷
（3）擅自使用他人有一定影响的域名主体部分、网站名称、网页纠纷
174. 商业贿赂不正当竞争纠纷
175. 虚假宣传纠纷
176. 侵害商业秘密纠纷
（1）侵害技术秘密纠纷
（2）侵害经营秘密纠纷

177. 低价倾销不正当竞争纠纷
178. 捆绑销售不正当竞争纠纷
179. 有奖销售纠纷
180. 商业诋毁纠纷
181. 串通投标不正当竞争纠纷
182. 网络不正当竞争纠纷

十六、垄断纠纷

183. 垄断协议纠纷
(1) 横向垄断协议纠纷
(2) 纵向垄断协议纠纷
184. 滥用市场支配地位纠纷
(1) 垄断定价纠纷
(2) 掠夺定价纠纷
(3) 拒绝交易纠纷
(4) 限定交易纠纷
(5) 捆绑交易纠纷
(6) 差别待遇纠纷
185. 经营者集中纠纷
……

最高人民法院关于互联网法院审理案件若干问题的规定

(2018 年 9 月 3 日最高人民法院审判委员会第 1747 次会议通过　2018 年 9 月 6 日最高人民法院公告公布　自 2018 年 9 月 7 日起施行　法释〔2018〕16 号)

为规范互联网法院诉讼活动，保护当事人及其他诉讼参与人合法权益，确保公正高效审理案件，根据《中华人民共和国民事诉讼法》《中华人民共和国行政诉讼法》等法律，结合人民法院审判工作实际，就互联网法院审理案件相关问题规定如下。

第一条　互联网法院采取在线方式审理案件，案件的受理、送达、调解、证据交换、庭前准备、庭审、宣判等诉讼环节一般应当在线上完成。

根据当事人申请或者案件审理需要，互联网法院可以决定在线下完成部分诉讼环节。

第二条　北京、广州、杭州互联网法院集中管辖所在市的辖区内应当由基层人民法院受理的下列第一审案件：

(一) 通过电子商务平台签订或者履行网络购物合同而产生的纠纷；

(二) 签订、履行行为均在互联网上完成的网络服务合同纠纷；

(三) 签订、履行行为均在互联网上完成的金融借款合同纠纷、小额借款合同纠纷；

（四）在互联网上首次发表作品的著作权或者邻接权权属纠纷；

（五）在互联网上侵害在线发表或者传播作品的著作权或者邻接权而产生的纠纷；

（六）互联网域名权属、侵权及合同纠纷；

（七）在互联网上侵害他人人身权、财产权等民事权益而产生的纠纷；

（八）通过电子商务平台购买的产品，因存在产品缺陷，侵害他人人身、财产权益而产生的产品责任纠纷；

（九）检察机关提起的互联网公益诉讼案件；

（十）因行政机关作出互联网信息服务管理、互联网商品交易及有关服务管理等行政行为而产生的行政纠纷；

（十一）上级人民法院指定管辖的其他互联网民事、行政案件。

第三条 当事人可以在本规定第二条确定的合同及其他财产权益纠纷范围内，依法协议约定与争议有实际联系地点的互联网法院管辖。

电子商务经营者、网络服务提供商等采取格式条款形式与用户订立管辖协议的，应当符合法律及司法解释关于格式条款的规定。

第四条 当事人对北京互联网法院作出的判决、裁定提起上诉的案件，由北京市第四中级人民法院审理，但互联网著作权权属纠纷和侵权纠纷、互联网域名纠纷的上诉案件，由北京知识产权法院审理。

当事人对广州互联网法院作出的判决、裁定提起上诉的案件，由广州市中级人民法院审理，但互联网著作权权属纠纷和侵权纠纷、互联网域名纠纷的上诉案件，由广州知识产权法院审理。

当事人对杭州互联网法院作出的判决、裁定提起上诉的案件，由杭州市中级人民法院审理。

第五条 互联网法院应当建设互联网诉讼平台（以下简称诉讼平台），作为法院办理案件和当事人及其他诉讼参与人实施诉讼行为的专用平台。通过诉讼平台作出的诉讼行为，具有法律效力。

互联网法院审理案件所需涉案数据，电子商务平台经营者、网络服务提供商、相关国家机关应当提供，并有序接入诉讼平台，由互联网法院在线核实、实时固定、安全管理。诉讼平台对涉案数据的存储和使用，应当符合《中华人民共和国网络安全法》等法律法规的规定。

第六条 当事人及其他诉讼参与人使用诉讼平台实施诉讼行为的，应当通过证件证照比对、生物特征识别或者国家统一身份认证平台认证等在线方式完成身份认证，并取得登录诉讼平台的专用账号。

使用专用账号登录诉讼平台所作出的行为，视为被认证人本人行为，但因诉讼平台技术原因导致系统错误，或者被认证人能够证明诉讼平台账号被盗用的除外。

第七条 互联网法院在线接收原告提交的起诉材料，并于收到材料后七日内，在线作出以下处理：

（一）符合起诉条件的，登记立案并送达案件受理通知书、诉讼费交纳通知书、举证通知书等诉讼文书。

（二）提交材料不符合要求的，及时发出补正通知，并于收到补正材料后次日重新起算受理时间；原告未在指定期限内按要求补正的，起诉材料作退回处理。

（三）不符合起诉条件的，经释明后，原告无异议的，起诉材料作退回处理；原告坚持继续起诉的，依法作出不予受理裁定。

第八条 互联网法院受理案件后，可以通过原告提供的手机号码、传真、电子邮箱、即时通讯账号等，通知被告、第三人通过诉讼平台进行案件关联和身份验证。

被告、第三人应当通过诉讼平台了解案件信息，接收和提交诉讼材料，实施诉讼行为。

第九条 互联网法院组织在线证据交换的，当事人应当将在线电子数据上传、导入诉讼平台，或者将线下证据通过扫描、翻拍、转录等方式进行电子化处理后上传至诉讼平台进行举证，也可以运用已经导入诉讼平台的电子数据证明自己的主张。

第十条 当事人及其他诉讼参与人通过技术手段将身份证明、营业执照副本、授权委托书、法定代表人身份证明等诉讼材料，以及书证、鉴定意见、勘验笔录等证据材料进行电子化处理后提交的，经互联网法院审核通过后，视为符合原件形式要求。对方当事人对上述材料真实性提出异议且有合理理由的，互联网法院应当要求当事人提供原件。

第十一条 当事人对电子数据真实性提出异议的，互联网法院应当结合质证情况，审查判断电子数据生成、收集、存储、传输过程的真实性，并着重审查以下内容：

（一）电子数据生成、收集、存储、传输所依赖的计算机系统等硬件、软件环境是否安全、可靠；

（二）电子数据的生成主体和时间是否明确，表现内容是否清晰、客观、准确；

（三）电子数据的存储、保管介质是否明确，保管方式和手段是否妥当；

（四）电子数据提取和固定的主体、工具和方式是否可靠，提取过程是否可以重现；

（五）电子数据的内容是否存在增加、删除、修改及不完整等情形；

（六）电子数据是否可以通过特定形式得到验证。

当事人提交的电子数据，通过电子签名、可信时间戳、哈希值校验、区块链等证据收集、固定和防篡改的技术手段或者通过电子取证存证平台认证，能够证明其真实性的，互联网法院应当确认。

当事人可以申请具有专门知识的人就电子数据技术问题提出意见。互联网法院可以根据当事人申请或者依职权，委托鉴定电子数据的真实性或者调取其他相关证据进行核对。

第十二条 互联网法院采取在线视频方式开庭。存在确需当庭查明身份、核对原件、查验实物等特殊情形的，互联网法院可以决定在线下开庭，但其他诉讼环节仍应当在线完成。

第十三条 互联网法院可以视情决定采取下列方式简化庭审程序：

（一）开庭前已经在线完成当事人身份核实、权利义务告知、庭审纪律宣示的，开庭时可以不再重复进行；

（二）当事人已经在线完成证据交换的，对于无争议的证据，法官在庭审中说明后，可以不再举证、质证；

（三）经征得当事人同意，可以将当事人陈述、法庭调查、法庭辩论等庭审环节合并进行。对于简单民事案件，庭审可以直接围绕诉讼请求或者案件要素进行。

第十四条 互联网法院根据在线庭审特点，适用《中华人民共和国人民法院法庭规则》的有关规定。除经查明确属网络故障、设备损坏、电力中断或者不可抗力等原因外，当事人不按时参加在线庭审的，视为“拒不到庭”，庭审中擅自退出的，视为“中途退庭”，分别按照《中华人民共和国民事诉讼法》《中华人民共和国行政诉讼法》及相关司法解释的规定处理。

第十五条　经当事人同意，互联网法院应当通过中国审判流程信息公开网、诉讼平台、手机短信、传真、电子邮件、即时通讯账号等电子方式送达诉讼文书及当事人提交的证据材料等。

当事人未明确表示同意，但已经约定发生纠纷时在诉讼中适用电子送达的，或者通过回复收悉、作出相应诉讼行为等方式接受已经完成的电子送达，并且未明确表示不同意电子送达的，可以视为同意电子送达。

经告知当事人权利义务，并征得其同意，互联网法院可以电子送达裁判文书。当事人提出需要纸质版裁判文书的，互联网法院应当提供。

第十六条　互联网法院进行电子送达，应当向当事人确认电子送达的具体方式和地址，并告知电子送达的适用范围、效力、送达地址变更方式以及其他需告知的送达事项。

受送达人未提供有效电子送达地址的，互联网法院可以将能够确认为受送达人本人的近三个月内处于日常活跃状态的手机号码、电子邮箱、即时通讯账号等常用电子地址作为优先送达地址。

第十七条　互联网法院向受送达人主动提供或者确认的电子地址进行送达的，送达信息到达受送达人特定系统时，即为送达。

互联网法院向受送达人常用电子地址或者能够获取的其他电子地址进行送达的，根据下列情形确定是否完成送达：

（一）受送达人回复已收到送达材料，或者根据送达内容作出相应诉讼行为的，视为完成有效送达。

（二）受送达人的媒介系统反馈受送达人已阅知，或者有其他证据可以证明受送达人已经收悉的，推定完成有效送达，但受送达人能够证明存在媒介系统错误、送达地址非本人所有或者使用、非本人阅知等未收悉送达内容的情形除外。

完成有效送达的，互联网法院应当制作电子送达凭证。电子送达凭证具有送达回证效力。

第十八条　对需要进行公告送达的事实清楚、权利义务关系明确的简单民事案件，互联网法院可以适用简易程序审理。

第十九条　互联网法院在线审理的案件，审判人员、法官助理、书记员、当事人及其他诉讼参与人等通过在线确认、电子签章等在线方式对调解协议、笔录、电子送达凭证及其他诉讼材料予以确认的，视为符合《中华人民共和国民事诉讼法》有关“签名”的要求。

第二十条　互联网法院在线审理的案件，可以在调解、证据交换、庭审、合议等诉讼环节运用语音识别技术同步生成电子笔录。电子笔录以在线方式核对确认后，与书面笔录具有同等法律效力。

第二十一条　互联网法院应当利用诉讼平台随案同步生成电子卷宗，形成电子档案。案件纸质档案已经全部转化为电子档案的，可以以电子档案代替纸质档案进行上诉移送和案卷归档。

第二十二条　当事人对互联网法院审理的案件提起上诉的，第二审法院原则上采取在线方式审理。第二审法院在线审理规则参照适用本规定。

第二十三条　本规定自 2018 年 9 月 7 日起施行。最高人民法院之前发布的司法解释与本规定不一致的，以本规定为准。

三、地方规范性司法文件

湖南省高级人民法院等关于进一步依法保障律师调查取证权利的若干规定

（2021年3月15日　湘司发〔2021〕7号）

第一条　为贯彻落实党中央、国务院和省委、省政府关于健全完善律师执业权利保障机制的要求，根据《中华人民共和国刑事诉讼法》《中华人民共和国民事诉讼法》《中华人民共和国行政诉讼法》和《中华人民共和国律师法》等有关法律规定，结合我省实际，制定本规定。

第二条　律师为办理诉讼、仲裁及非诉讼业务，在本省范围内调查核实与其承办的法律事务有关的情况，适用本规定。

第三条　律师依法调查取证的权利受法律保护，负有依法向律师提供证据、信息材料责任的有关单位（以下称“有关单位”）和经办人员应当按照有关规定给予配合和协助。

第四条　律师同时凭下列证件及文书，可以依法向有关单位调查核实与所承办法律事务有关的情况，并可查询有关证据、信息材料，但法律法规另有规定的除外。

（一）律师执业证；

（二）律师事务所证明；

（三）承诺书；

（四）授权委托书或法律援助公函。

律师事务所证明应当载明当事人名称、案（事）由，承办律师姓名、执业证号及联系方式，需收集、调取的证据、信息材料的内容或名称等情况，由律师事务所负责人或律师事务所职能部门负责人审核后签名并加盖公章。

获取证据、信息材料的律师和律师事务所依法承担收集、调取行为及保管、使用的法律责任。

第五条　律师要求确认所复制材料来源的，提供材料的有关单位应当予以盖章确认。

律师查阅、摘抄、复制材料的，有关单位不得收取无法定依据的费用。律师办理法律援助案件复制材料发生的费用，应当予以免收或者减收。

第六条　民事审判和执行程序中，代理律师通过正常的调查取证途径无法获得相关证据时，可以向受理案件的人民法院申请签发律师调查令。律师申请、使用调查令应当遵守人民法院调查令制度的具体规定。

第七条　刑事诉讼审查起诉、审理期间，辩护律师书面申请调取公安机关、人民检察院在侦查、审查起诉期间收集但未提交的证明犯罪嫌疑人、被告人无罪或者罪轻的证据材料的，人民检察院、人民法院应当依法及时审查。经审查，认为辩护律师申请调取的证据材料已收集并且与案件事实有关联的，应当及时调取。相关证据材料调取后，人民检察院、人民法院应当及时通知辩护律师查阅、摘抄、复制。经审查决定不予调取的，应当书面说明理由。

第八条 辩护律师申请向被害人或者其近亲属、被害人提供的证人收集与案件有关的材料的，人民检察院、人民法院应当在七日内作出是否许可的决定，并通知辩护律师。辩护律师书面提出有关申请时，办案机关不许可的，应当书面说明理由；辩护律师口头提出申请的，办案机关可以口头答复。

办案机关许可的，辩护律师应当在收集调取证据材料完毕之日起三个工作日内向作出许可的办案机关通报。

第九条 辩护律师申请人民检察院、人民法院收集、调取证据的，人民检察院、人民法院应当在三日内作出是否同意的决定，并通知辩护律师。辩护律师书面提出有关申请时，办案机关不同意的，应当书面说明理由。

第十条 辩护律师申请向正在服刑的罪犯收集与案件有关的证据的，应当向监狱和其他监管机关说明收集调取证据的内容。监狱和其他监管机关在查验律师执业证书、律师事务所证明和委托书或法律援助公函后，应当及时安排并提供合适的场所和便利。正在服刑的罪犯属于辩护律师所承办案件的被害人或者其近亲属、被害人提供的证人的，应当经人民检察院或者人民法院许可。

第十一条 律师查阅、摘抄、复制的证据材料属于国家秘密的，应当经过有关单位同意并遵守国家保密规定。律师对在调查取证中所获悉的涉及商业秘密、个人隐私的信息和材料，应当严格按照法律法规履行应尽的责任和义务，并于法律事务办结后统一交律师事务所存档。违法泄露涉及商业秘密、个人隐私的信息和材料，应当承担相应的法律责任。

第十二条 律师认为有关单位及其工作人员违反法律规定，阻碍律师依法调查取证的，有权向该单位或者其上一级单位投诉。

收到投诉的单位，应当及时开展调查，律师要求反映情况的，应当当面听取律师意见。经调查情况属实的，应当依法立即纠正，及时答复律师，并做好说明解释工作。

第十三条 刑事诉讼中，律师认为办案机关及其工作人员的下列行为阻碍律师依法行使调查取证权利的，可以向同级或者上一级人民检察院申诉、控告：

（一）对律师依法提出的申请，不接收、不答复的；

（二）依法应当许可律师提出的申请未许可的；

（三）其他阻碍律师依法行使调查取证权利的行为。

律师依照前款规定提出申诉、控告的，人民检察院应当指定专门机构受理和审查处理，并在受理后十日内将处理情况书面答复律师。情况属实的，通知有关机关予以纠正。情况不属实的，做好说明解释工作。

第十四条 律师认为有关单位侵犯其调查取证权利的，可以向所执业的律师事务所所在地的市级司法行政机关、所属律师协会申请维护执业权利，情况紧急的，可以向事发地的司法行政机关、律师协会申请维护执业权利。事发地的司法行政机关、律师协会应当给予协助。

第十五条 司法行政机关、律师协会应当落实维护律师执业权利快速联动处置机制，及时安排专人负责协调处理。律师的维权申请合法有据的，司法行政机关、律师协会应当向有关单位提出调查处理建议，有关单位应当调查核实，并在三十日内将处理情况反馈给提出调查处理建议的司法行政机关、律师协会。

第十六条 有关单位发现律师调查取证和使用证据时有违法违规行为的，应当予以制止，及时将相关情况通报其主管的司法行政机关或者所属律师协会，并附相关证据材料。

司法行政机关或者律师协会应当确定相关机构和人员负责接收有关单位转递的材料，并认真组织调查。经调查核实，律师存在违法违规行为的，应当依据有关法律、法规、规章和行业规范，给予行政处罚或行业处分，调查处理结束后，司法行政机关或律师协会应当在七日内书面告知有关单位。

第十七条 司法行政机关、律师协会与有关单位应当落实律师工作联席会议制度，定期沟通交流保障律师调查取证权利工作情况，研究解决律师在调查取证中的普遍性、政策性问题，健全律师执业监管跨部门协调机制，加强对律师在调查取证中的执业监管。

第十八条 本规定自颁发之日起施行。

广东省高级人民法院、广东省司法厅关于在民事诉讼中实行律师调查令的规定

（2020年4月16日　粤高法〔2020〕34号）

为保护当事人的合法权益，充分发挥律师依法调查收集证据的作用，根据《中华人民共和国民事诉讼法》《中华人民共和国律师法》《最高人民法院关于适用〈中华人民共和国民事诉讼法〉的解释》以及《广东省实施〈中华人民共和国律师法〉办法》等相关规定，结合审判实际，制定本规定。

第一条 本规定所称律师调查令，是指民事诉讼当事人及其代理律师因客观原因不能自行收集涉诉案件相关证据时，经代理律师申请，人民法院审查批准，由代理律师向接受调查的单位或个人调查收集相关证据的法律文件。

第二条 律师调查令的申请，可在起诉、审理、执行阶段提出。再审审查阶段不适用律师调查令。

起诉阶段，律师调查令的申请应于递交起诉状及相关证据后提出，申请调查的证据应限于与管辖受理有关的起诉证据。

审理阶段，律师调查令的申请应于案件受理后，举证期限届满前提出。

执行阶段，律师调查令的申请应于执行完毕前提出，申请调查的证据应限于与被执行人的财产状况和实际履行能力有关的证据。

第三条 持律师调查令调查收集的证据应为由接受调查单位或个人保管并与案件事实直接相关的书证、电子数据、视听资料、鉴定意见和勘验笔录等，但不包括证人证言、物证。

第四条 申请律师调查令，应当提供下列材料：

（一）申请书；

（二）当事人的授权委托书；

（三）代理律师所在律师事务所出具的指派律师函或法律援助机构出具的法律援助公函；

（四）代理律师有效的执业证书；

（五）律师调查令使用承诺书。

第五条　律师调查令申请书应当载明下列内容：

（一）案号或收件编号；

（二）申请方当事人的姓名、身份证号码或名称、统一社会信用代码；

（三）申请人的姓名、律师执业证号和律师事务所名称；

（四）接受调查单位、个人的名称或者姓名；

（五）调查取证的目的及理由；

（六）需要调查收集的证据、财产线索；

（七）其他需要说明的事项。

申请书需详细列明调查事项，由代理律师签字或盖章，并加盖律师事务所印章。

第六条　律师调查令经依法审查后，起诉阶段由立案庭庭长签发，审理阶段由审判长或独任法官签发，执行阶段由执行局局长或指定的法官签发。

人民法院应当自申请之日起七个工作日内决定是否签发律师调查令。

人民法院决定不予签发的，应当告知申请人并说明理由。口头告知的，应记录在卷。

第七条　属下列情形之一的，不予签发律师调查令：

（一）涉及国家秘密、个人隐私、商业秘密；

（二）与待证事实不具有关联性或必要性；

（三）证据不为接受调查单位或个人保管；

（四）申请调查的证据不明确、不具体；

（五）其他不宜以律师调查令形式调查取证的情形。

涉及上述（一）、（五）项情形的证据，当事人可以提交证据线索，申请人民法院依法调查收集。

第八条　律师调查令应当载明下列内容：

（一）案号或收件编号和律师调查令的编号；

（二）申请方当事人的名称或者姓名；

（三）代理律师的姓名、性别、执业证号、所在律师事务所名称；

（四）接受调查单位、个人的名称或者姓名；

（五）需要调查收集的证据、财产线索以及提供证据、财产线索的相关要求；

（六）律师调查令的有效期限；

（七）签发单位名称、签发日期和院印；

（八）人民法院的联系人及联系方式；

（九）拒绝或者妨害调查的法律后果。

第九条　律师调查令样式由省法院统一制定。各级人民法院对本院签发的律师调查令实行统一编号管理，律师调查令及申请书、律师调查令回执、律师调查令使用承诺书等相关材料入卷归档。

第十条 律师调查令的有效期限由人民法院根据案件具体情况确定，最长为十五个工作日。

律师调查令在期限届满后自动失效。代理律师因正当理由不能在有效期限之内完成调查的，可重新申请延长调查令期限一次。

第十一条 代理律师持调查令向接受调查单位或个人调查收集相关证据时，应主动出示调查令和执业证等证件并说明有关情况。

接受调查单位或个人应当根据调查令指定的调查内容及时提供有关证据。当场提供证据确有困难的，应当在收到律师调查令之日起七个工作日内提供。提供的证据如为复印件或复制品的，应当在提供的证据材料上注明与原件核对无异并签名或盖章。调取的证据可由代理律师转交签发法院，也可由接受调查单位或个人密封另行送至签发法院。律师调查令可由接受调查的单位或组织存档。

代理律师持调查令调查获得的证据及信息，仅限于本案诉讼，不得泄露或作其他使用。

第十二条 接受调查单位或个人因故不能提供、无证据提供或者拒绝提供指定证据的，应当在律师调查令回执中注明原因。接受调查单位或个人未在回执中注明原因的，代理律师应书面说明。

代理律师调取证据后，应于五个工作日内将调查收集的全部证据及调查回执提交人民法院。持律师调查令调查收集的证据需经法定程序质证或核实后，才能作为认定案件事实或者采取执行措施的依据。

律师调查令因故未使用的，应当在有效期限届满后五个工作日内归还人民法院入卷。

第十三条 接受调查单位或个人认为调查令指定提供的证据或者信息属于第七条规定情形之一的，可以在收到调查令之日起十个工作日内向人民法院书面申请撤销该调查令。

人民法院经审查认为理由成立的，应当撤销调查令，并根据案件办理需要依职权进行调查取证；理由不成立的，应当书面告知接受调查单位或个人并说明原因，接受调查单位或个人在收到书面通知后应当提供调查令指定的证据或者信息。

第十四条 接受调查单位或个人无正当理由拖延、拒绝协助调查的，人民法院可根据情节轻重，依照民事诉讼法有关规定予以处罚。

有协助调查义务的单位及公职人员拒不协助调查的，人民法院可向相关主管部门通报情况，也可向有关机关提出予以纪律处分的司法建议。

第十五条 代理律师有下列情形之一的，人民法院可决定在六个月到两年内不再向其签发律师调查令，或向司法行政机关或律师协会提出予以处罚或惩戒的司法建议。情节严重的，依法予以训诫、罚款或司法拘留；构成犯罪的，依法追究刑事责任。

（一）伪造、变造律师调查令收集证据；

（二）伪造、变造、隐匿、毁灭持律师调查令收集的证据或信息；

（三）未经人民法院允许，私自拆封接受调查单位或个人密封的证据；

（四）擅自复制、泄露、散布证据等可能损害他人合法权益或社会公共利益；

（五）利用持律师调查令收集的证据对案件进行歪曲、不实、误导性宣传，影响案件办理；

（六）利用持律师调查令收集的证据诋毁对方当事人声誉；

（七）无正当理由未按期提交调查收集的全部证据、律师调查令或者回执；

（八）其他滥用律师调查令的情形。

对律师事务所审核不严、违规出具证明等导致滥用律师调查令情形的，人民法院可向司法行政机关或律师协会提出予以行政处罚或行业处分的司法建议。

第十六条　刑事诉讼附带民事部分申请律师调查令的，参照本规定执行。

第十七条　本规定自印发之日起施行。《广东省高级人民法院 广东省司法厅关于在民事诉讼中实行律师调查令的规定（试行）》（粤高法〔2018〕300号）同时废止。

附件：1. 律师调查令申请书

2. 广东省×××人民法院律师调查令

3. 广东省×××人民法院律师调查令（回执）

4. 律师调查令使用承诺书

附件 1

律师调查令申请书

当事人：×××

申请人：×××，×××律师事务所律师，执业证号：×××

接受调查单位或个人：×××

请求事项：因×××（原告/上诉人/申请执行人）与×××（被告/被上诉人/被执行人）×××（案由）一案（案号/收件编号：×××）中存在因客观原因不能自行收集证据的情形，特请求贵院开具律师调查令，以便申请人能够持律师调查令前往×××调查收集如下证据材料：

1.

2.

3.

事实和理由：

1.

2.

3.

此致

×××人民法院

申请人：×××

×××律师事务所（公章）

年　　月　　日

附件 2

广东省×××人民法院
律师调查令

（××××）粤××民调令××号

×××（写明接受调查单位或个人的名称或姓名）：

本院已受理×××（原告/上诉人/申请执行人）与×××（被告/被上诉人/被执行人）××纠纷（案由）一案，案号/收件编号为×××。×××（当事人）因客观原因无法取得有关证据，于××××年××月××日向本院提出调查××××的申请。为查明案件事实，根据《中华人民共和国民事诉讼法》的相关规定，经本院审查决定，现指定××律师事务所×××到你处收集、调查以下证据：

1.

2.

3.

代理律师：×××（性别：×，律师执业证编号：××××××××××××）

请你在核对持令律师执业证书、律师事务所所函并确认无误后，向持证律师当场提供上述指定证据材料。证据不宜提供原件的，可以提供复印件，并注明与原件核对无异。在提供的证据材料上须加盖起证明作用的单位骑缝印章，注明材料的总页数并由经办人签名。当场提供证据确有困难的，应当在收到律师调查令之日起七个工作日内提供。所调取证据可由代理律师转交签发法院，也可另行送至签发法院，由此产生的复印、邮寄等费用，由持令律师承担。

接受调查单位或个人认为调查令指定提供的证据或者信息属于《关于在民事诉讼中实行律师调查令的规定》第七条规定情形之一的，可以在收到调查令之日起十个工作日内向人民法院书面申请撤销该调查令。

依据法律和司法解释规定，有义务协助律师调查令实施的单位或个人，应当积极协助持令律师收集、调查证据。无正当理由拖延、拒绝协助调查的，人民法院可根据情节轻重，依照民事诉讼法有关规定予以处罚。对有协助义务而拒不协助的单位及公职人员，人民法院可向有关主管部门通报情况，也可向有关机关提出予以纪律处分的司法建议。

本调查令有效期限为：　　年　月　日至　　年　月　日。

此令。

×××人民法院联系人：　　　　　　　　　联系电话：

地址：

广东省×××人民法院（院印）

年　　月　　日

附件 3

广东省×××人民法院
律师调查令（回执）

（××××）粤××民调令××号

广东省××××人民法院：

你院×××一案律师调查令已于×月×日收悉。根据你院的要求，现提供如下证明材料：

1.

2.

3.

以上材料共×页。

不能提供律师调查令所列第××项证明材料，原因是：

经办人：（签字）
年 月 日
（接受调查单位印章或个人捺印）

联系方式：

（此联由持令律师交还本院附卷）

附件 4

律师调查令使用承诺书

广东省××××人民法院：

本人系×××律师事务所×××律师，执业证号×××，因×××（原告/上诉人/申请执行人）与×××（被告/被上诉人/被执行人）×××（案由）一案中存在因客观原因不能自行收集证据的情形，向贵院申请律师调查令。现本人承诺如下：

一、在有效期限内使用律师调查令，并保证在调查取证后，五日内将调查收集的全部证据及回执提交给贵院。

二、律师调查令因故未使用或接受调查单位或个人未提供证据的，在有效期限届满后五个工作日内将律师调查令和回执退还贵院入卷。

三、规范使用律师调查令，对持令调查获得的证据及信息，仅限于本案诉讼使用，不对外泄露或作其他使用。

四、不伪造、变造律师调查令收集证据或信息。

五、不伪造、变造、隐匿、毁灭持律师调查令收集的证据或信息。

六、若接受调查单位或个人将调取证据密封，未经人民法院允许不私自拆封。

七、不擅自复制、泄露、散布证据等可能损害当事人或者第三人权益。

八、不利用持律师调查令收集的证据或信息对案件进行歪曲、不实、误导性宣传，影响案件办理。

九、不利用持律师调查令收集的证据或信息，诋毁对方当事人声誉。

如本人有违上述承诺，自愿接受人民法院、司法行政机关及律师协会依法给予的相应处罚；构成犯罪的，承担相应的刑事责任。

承诺人：

日期：　　年　月　日

重庆市高级人民法院关于在民事诉讼中推行律师调查令的意见

（2020 年 12 月 23 日）

第一条　为切实保障民事诉讼当事人依法行使诉讼权利，充分发挥律师依法调查收集证据的作用，便于人民法院在审判程序中准确认定事实，根据《中华人民共和国民事诉讼法》《中华人民共和国律师法》《最高人民法院关于适用〈中华人民共和国民事诉讼法〉的解释》《最高人民法院关于民事诉讼证据的若干规定》等法律、司法解释的相关规定，制定本意见。

第二条　申请调查收集的证据包括由有关单位或个人保存，与案件事实直接相关且当事人及诉讼代理律师因客观原因无法自行收集的书证以及电子数据、视听资料等。

律师调查令制度的实施不影响诉讼代理律师根据《民事诉讼法》《律师法》相关规定自行调查收集证据的权利。

第三条　各级相关单位及其下设或由其管理的机构应当积极配合持令律师调查取证。

第四条　申请律师调查令应当提供以下材料：

（一）律师调查令申请书；

（二）授权委托书；

（三）律师事务所函或法律援助机构出具的函件；

（四）代理律师的律师执业证复印件。

前款列明材料已提交的无需再次提交。

第五条　律师调查令申请书应载明下列内容：

（一）代理律师姓名、性别、律师执业证编号和所属律师事务所名称、联系方式；

（二）当事人姓名或名称、案由、案号；

（三）接受调查人的姓名或者单位名称、住所地等基本情况；

（四）拟调查证据的名称、内容、拟证明的事实；

（五）律师不能自行收集或调取证据的理由；

（六）需要说明的其他内容。

第六条　律师调查令的申请应当在案件受理后举证期限届满七日前提出。

第七条　人民法院接到申请后，由合议庭、独任法官负责对申请人的资格、申请的理由、申请是否在规定期限内、申请调查证据的范围及与案件的关联性等进行审查并决定是否签发律师调查令。

人民法院应当在接到申请之日起七日内决定是否签发律师调查令。发现申请人未提供本意见第四条规定内容的，应当中止审查，并一次性告知申请人在七日内补正全部缺失内容，逾期未补正的不予签发。申请人在期限内补正的，人民法院应当恢复审查。

申请人申请的证据名称或内容不明确的，人民法院不予签发。经审查决定不予签发的，应当书面或口头告知申请人并说明理由。

第八条　律师调查令应当载明下列内容：

（一）案件编号和律师调查令编号；

（二）当事人姓名或名称；

（三）律师姓名、性别、律师证编号和所在律师事务所名称；

（四）接受调查单位名称或个人姓名；

（五）需要调查收集的证据；

（六）律师调查令的有效期间；

（七）签发人签名、签发日期和院印。

第九条　人民法院向代理律师签发律师调查令时，应当一并签发律师调查令回执、使用须知和保密须知。

第十条　律师调查令的有效期限可以根据调查需要、案件复杂程度等确定，最长不得超过十五日。持令律师应当在律师调查令载明的有效期限内完成调查取证事项。期限届满，律师调查令自动失效。

因不可抗力或者其他特殊情形不能在有效期内完成调查的，在障碍消除后五个工作日内，代理律师可以向人民法院申请重新签发律师调查令。

第十一条　律师调查令应当由律师调查令载明的任一律师保管、使用。

持令律师应当主动向接受调查人出示律师执业证和律师调查令，并将律师调查令交接受调查人保存。

第十二条　律师调查令不适用于下列证据材料的收集和调取：

（一）涉及国家秘密、商业秘密或者个人隐私的；

（二）证人证言；

（三）法院生效案件卷宗材料；

（四）仲裁案件卷宗材料；

（五）破产申请审查阶段被申请人的财产、债权债务状况；

（六）与待证事实不具关联性或非必要性的信息；

（七）不为接受调查人占有、保管、控制的证据；

（八）其他不宜由诉讼代理律师持律师调查令调查收集的证据。

第十三条 律师调查令不得以对方当事人为调查对象。

第十四条 接受调查人应当积极配合持令律师的调查工作。对律师调查令核对无误后，应当根据律师调查令确定的调查内容及时提供有关证据，在回执上注明材料的名称、页数等，由持令律师、参与调查的律师和接受调查人签字捺印或者盖章。

接受调查人出具的证据材料为复印件的，应注明“本件与原本核对无异”字样。

接受调查人不能按时提供或无证据材料提供的，应当在律师调查令回执中注明原因。律师调查令确定的调查内容以外的事项，接受调查人有权拒绝提供。

第十五条 持令律师应当对调查过程中知悉的证据及信息保密。

第十六条 持令律师应当在律师调查令有效期届满之日起七日内将持令获取的全部证据、信息以及接受调查人填写的律师调查令回执提交人民法院。

持令律师因故未使用律师调查令的，应当在律师调查令有效期届满之日起七日内将律师调查令交还人民法院并书面说明原因。

第十七条 通过律师调查令调查收集的证据限人民法院诉讼使用。需经法定程序质证后，才能作为人民法院认定案件事实的依据。

第十八条 接受调查人无正当理由拒绝或妨碍持令律师调查取证的，持令律师应当及时向签发调查令的人民法院报告情况。人民法院可以向接受调查人发出限期纠正的司法建议，也可视情节轻重，依照《中华人民共和国民事诉讼法》第一百一十四条的规定以及其他有关规定予以处罚。

有协助调查义务的单位和公职人员拒不接受调查的，人民法院可以向监察机关或者有关机关提出予以纪律处分的司法建议。必要时，可以向当地党委、政府及有关部门通报情况。

第十九条 存在以下情形之一的，人民法院应视情节对持令律师予以训诫、罚款，建议司法行政机关或律师协会对其予以行政处罚或行业惩戒；构成妨碍民事诉讼行为的，依照《中华人民共和国民事诉讼法》第一百一十一条规定，根据情节轻重予以罚款、拘留；情节特别严重构成犯罪的，依法追究刑事责任。

（一）伪造、变造律师调查令的；

（二）伪造、变造、隐匿、毁灭持律师调查令收集的证据的；

（三）擅自泄露、散布持律师调查令收集的证据的；

（四）利用持律师调查令收集的证据对案件进行歪曲、不实、有误导性的宣传，影响案件办理的；

（五）利用持律师调查令收集的证据诋毁对方当事人声誉的；

（六）其他滥用律师调查令的情形。

律师事务所未尽到管理义务导致律师出现上述情形的，人民法院可以建议司法行政机关或律师协会给予行政处罚或行业惩戒。

第二十条 重庆市高级人民法院统一制定律师调查令样式，建立重庆法院律师调查令信息管理系统；各级法院对本院签发的律师调查令实行统一编号管理。

第二十一条 刑事附带民事诉讼中律师申请调查令的，参照本意见执行。

第二十二条　本意见与最高人民法院之后颁布的司法解释不一致的，以最高人民法院司法解释为准。

第二十三条　本意见自发布之日起施行。

福建省高级人民法院、福建省司法厅、福建省律师协会关于印发《关于民事执行调查令的规定（试行）》的通知

（2019年1月31日　闽高法〔2019〕27号）

全省各级人民法院，各市、县（区）司法局，厦门海事法院，平潭综合实验区人民法院、司法办，福州铁路运输法院，各设区市律师协会：

现将《关于民事执行调查令的规定（试行）》印发给你们，请结合各地实际，认真抓好贯彻落实。执行中遇到的问题请及时逐级上报至省法院、省司法厅、省律师协会。

福建省高级人民法院、福建省司法厅、福建省律师协会关于民事执行调查令的规定（试行）

第一条　为保障当事人在民事执行程序中提供证据的权利，充分发挥律师依法调查收集证据的作用，根据《中华人民共和国民事诉讼法》第六十四条、第六十七条，《中华人民共和国律师法》第三十五条、《最高人民法院关于民事执行中财产调查若干问题的规定》第一条、《最高人民法院关于认真贯彻律师法依法保障律师在诉讼中执业权利的通知》第三条和《福建省高级人民法院关于民事诉讼调查令的实施意见（试行）》（闽高法〔2017〕15号）的规定，制定本规定。

第二条　在民事执行过程中，调查令的申请、审查决定、签发、持令调查、接受调查以及与调查令相关的其他事项，适用本规定。

第三条　执行立案之后，人民法院应当在五日内通过网络执行查控系统调查被执行人的财产情况以及为强制执行所必要的身份等其他相关情况的证据或者信息。人民法院应当及时告知申请执行人查询结果。

第四条　无法通过网络执行查控系统调查，且申请执行人因客观原因不能自行收集的证据或信息，申请执行人可以书面申请人民法院向其授权委托的律师发出调查令，由该律师持令向接受调查人进行调查。人民法院认为有必要的，可以依职权向执行案件当事人的代理律师发出调查令，要求协助调查。

调查令申请书，可以由当事人的代理人签署。

第五条　调查令可以用于调查被执行人的基本主体信息，包括户籍登记、身份证登记、护照

及其他出入境证件信息、本人相片、婚姻登记、工商登记、税务登记、社会保障情况、征信记录、被执行人的手机号码、固定电话号码、微信、QQ、微博、网络虚拟账号信息等。

调查令可以用于调查被执行人下列财产的现状及其变动或者交易明细情况：

（一）在银行、证券、保险、信托等金融机构的存款、理财、债券、股票、基金份额、信托受益权、保险金请求权、保单现金价值、住房公积金、拆迁补偿安置等财产情况；

（二）在支付宝、财付通等互联网金融机构的财产情况；

（三）不动产、机动车辆、船舶、航空器、股权、注册商标专用权、专利权等经法定登记机构登记的财产情况；

（四）被执行人的其他债权情况，作为债权人的其他案件审理、执行情况；

（五）被执行人出口退税、各类补贴等情况；

（六）人民法院认为适合以调查令调查的其他财产情况。

调查令可以用于调查人民法院认为适合以调查令调查的有关被执行人的实际履行能力、被执行人是否违反限制消费令、是否违反限制出境措施、是否隐藏转移财产以及涉嫌拒不执行判决、裁定犯罪等的证据或者信息。

第六条 属下列情形之一的，不得使用律师调查令：

（一）涉及国家秘密的；

（二）代理律师能够自行调查收集的；

（三）与本案执行无关的；

（四）其他不宜持调查令调查的。

第七条 申请使用调查令，可以通过网络在线申请，也可以向人民法院递交书面申请。书面申请必须提供下列材料：

（一）申请书。申请书应当载明持令调查律师身份情况、接受调查的个人姓名或单位名称、申请调查收集的证据名称、申请调查收集的目的，以及无法院调查令律师难以自行取得该证据的原因等。

（二）持令调查律师执业证复印件、律师事务所证明材料。

申请调查的事项应当具体明确，指向特定的证据或者信息，其调查方法应当具有可操作性。

申请调查的内容仅载明调查“案件相关资料、有关材料”或者存在其他内容不明确的情形的，人民法院不予准许。

第八条 申请调查的持令调查律师一般不超过两人。持令调查律师为两名的，可以由任意一名律师持令调查。

持令调查律师既可以是申请执行人已经授权委托的执行案件的代理律师，也可以是申请执行人为特定调查事项特别授权委托的律师。持令律师为后者的，不受《中华人民共和国民事诉讼法》第五十八条第一款关于诉讼代理人数量的限制。

第九条 人民法院应当在收到调查令申请之日起五日内作出决定是否签发调查令。

执行法官决定准许申请的，应当立即签发调查令。调查令调查对象、调查事项应当明确具体，内容不得手写修改或补充。

执行法官认为不予准许的，应当报局领导审批同意后，告知申请执行人并说明理由。

不予准许调查令申请，不影响人民法院另行依职权调查。

第十条　调查令的有效期限，最长不得超过十五日。

第十一条　调查律师持令调查时，应当主动出示调查令和律师执业证等相关证件。调查取证后，五日内将调查收集的全部材料及接受调查人填写的回执提交人民法院。

第十二条　持令调查律师因故未使用调查令的，应当在调查令载明的有效期限届满后五日内，将调查令向人民法院缴存入卷。

第十三条　接受调查人无正当理由拒绝或者妨碍调查的，持令调查律师有权当场采取合法正当的措施，固定接受调查人拒绝或者妨碍调查行为的证据，并立即向人民法院报告。人民法院根据情节轻重，依照《中华人民共和国民事诉讼法》第一百一十四条、第一百一十五条等的规定进行处理。

有协助调查义务的单位及公职人员拒不协助调查的，人民法院可以向监察机关或者有关机关提出予以纪律处分的司法建议。

第十四条　律师经人民法院发给调查令，应当依法持令调查，接受人民法院的监督。

持令调查律师不得妨碍接受调查人执行调查令，不得选择性收集有关证据或者信息，不得向人民法院隐瞒已经收集到的证据或者信息。对持令调查中获得的证据或者信息，持令调查律师应当保密，且仅限于本案执行目的使用，不得泄露或在其他事务中使用。

第十五条　持令调查律师有下列情形之一的，人民法院可以在六个月至二年内不再向该律师签发调查令，并可以建议司法行政机关或律师协会予以处罚或惩戒，构成妨碍民事诉讼的，依法追究相应责任，涉嫌犯罪的，依法移送相关部门处理：

（一）未完整、及时反馈持调查令收集的证据或者信息；

（二）无正当理由未按照本规定交还调查令或者回执的；

（三）不当使用、泄露持调查令获得的证据或者信息的；

（四）伪造、变造调查令以及伪造、变造、隐匿、毁灭持调查令收集的证据的；

（五）利用持调查令收集的证据或者信息诋毁对方当事人声誉的；

（六）利用持调查令收集的证据或者信息对案件事实进行歪曲、不实、误导性的宣传，影响案件审理的；

（七）其他滥用调查令应当追究责任的情形。

第十六条　本规定自印发之日起试行，试行期限一年。

附件：调查令相关文书样式

正面

福建省××××人民法院
民事执行调查令

（案号）

××××（接受调查人）：

我院受理申请执行人（异议申请人、复议申请人）××××与被执行人（申请执行人、利害关系人、案外人）××××（案由）一案，××××（申请人）因客观原因无法取得有关证据，根据《中华人民共和国民事诉讼法》第六十四条、第六十七条、《最高人民法院关于认真贯彻律师法依法保障律师在诉讼中执业权利的通知》第三条的规定，经本院审查决定，由下列律师前往你出调查收集下列证据材料。

调查律师：××××，执业证号：××××，执业机构：××××

调查收集的证据或者信息材料：1. ××××；2. ××××；3. ××××。

本调查令有效期自××××年××月××日起至××××年××月××日止。

此令。

签发人：　　　　　　××××年××月××日

（院印）

（此联由接受调查人保存）

背面

注意事项

1. 持令调查律师为两名的，可以由任意一名律师持令调查。

2. 调查律师持调查令调查时，应当主动出示调查令和律师执业证等相关证件。调查取证后，五日内将调查收集的全部证据及接受调查人填写的回执提交人民法院。

3. 调查律师因故未使用调查令的，应当在调查令载明的有效期限届满后五日内，将调查令向人民法院缴存入卷。

4. 调查律师持调查令调查获得的证据及信息，不得不当使用。

5. 调查律师持调查令调查时，接受调查人核对调查令和相关证件无误后，应当提供调查令所指定的证据。不能当即提供的，应当在收到调查令之日起五日内提供。

6. 接受调查人有权拒绝提供调查令指定证据以外的其他材料。

7. 接受调查人应当在提供的证据材料上注明与原件核对无异，在回执上注明证据材料的名称、页数等，并签名、盖章或捺印，提供的证明材料为两页以上的，应当骑缝盖章。

8. 接受调查人不能按时提供证据、无证据提供或者拒绝提供调查令指定证据的，应当在调查令回执中注明原因。

9. 接受调查人无正当理由拒绝或者妨碍调查的，持令调查律师有权当场采取合法正当的措施，固定接受调查人拒绝或者妨碍调查行为的证据，并立即向人民法院报告。人民法院根据情节轻重，依照《中华人民共和国民事诉讼法》第一百一十四条、第一百一十五条等的规定进行处理。有协助调查义务的单位及公职人员拒不协助调查的，人民法院可以向监察机关或者有关机关提出予以纪律处分的司法建议。

福建省××××人民法院
民事执行调查令
(回执)

(案号)

福建省××××人民法院：

你院××××一案调查令已收悉。根据你院的要求，现提供以下证据或信息材料：

1.

2.

3.

不能提供调查令所列的第××项证据或信息材料，原因是：

经办人：(签字)　　　　　　　　××××年××月××日

(接受调查人印章或捺印)

(此联由持令调查律师交还本院附卷)

福建省××××人民法院
民事执行调查令
(存根)

(案号)

申请人：××××

调查律师：××××，执业证号：××××，执业机构：××××

批准调查收集的证据或信息材料：

1.

2.

3.

本调查令有效期自××××年××月××日起至××××年××月××日止。

××××年××月××日

(院印)

调查令或者回执交还时的签收人：××××

××××年××月××日

江苏省高级人民法院关于规范律师查阅、复制庭审笔录的通知

（2016年1月22日）

为认真落实司法公开要求，依法保障律师执业权利，规范庭审笔录查阅、复制工作，根据《最高人民法院、最高人民检察院、公安部、国家安全部、司法部关于依法保障律师执业权利的若干规定》《最高人民法院关于依法切实保障律师诉讼权利的规定》和相关司法解释的规定，现就规范律师查阅、复制庭审笔录的有关事项通知如下：

一、律师有权在诉讼过程中查阅、复制案件的庭审笔录。人民法院提供查阅、复制的庭审笔录，应当经过当事人、诉讼参与人和审判人员、书记员的审阅并签字确认。

二、律师在庭审结束时或者在案件卷宗归档前申请查阅、复制庭审笔录的，审判人员应当准许并及时安排落实。确因客观原因无法当即安排的，应当向律师说明理由并安排其在三个工作日以内查阅、复制。

律师申请查阅、复制已经归档案件庭审笔录的，各级法院档案管理部门按照人民法院诉讼档案管理办法办理。

三、律师复制庭审笔录可以通过复印、拍照、扫描等方式进行，条件允许的，可以将庭审笔录刻成光盘交给律师。

四、律师通过江苏法院诉讼服务网阅卷平台提出在线查阅正在审理案件庭审笔录的，审判人员应当在收到申请后三个工作日内，安排人员扫描庭审笔录并推送至诉讼服务网，方便律师自行查阅。

五、律师查阅、复制的庭审笔录涉及国家秘密的，按照国家有关规定办理。

广州市中级人民法院关于规范律师查阅、复制庭审笔录的通知

（2021年12月9日　穗中法〔2021〕303号）

各基层法院，本院各部门：

为依法保障律师执业权利，规范庭审笔录的查阅、复制等工作，根据《最高人民法院最高人民检察院公安部国家安全部司法部关于依法保障律师执业权利的规定》《最高人民法院关于依法切实保障律师诉讼权利的规定》等司法解释以及《广东省高级人民法院广东省人民检察院广东省公安厅广东省国家安全厅广东省司法厅关于依法保障律师执业权利的实施办法》的规定，现就规范律师查阅、复制庭审笔录的有关事项通知如下：

一、律师有权在诉讼过程中查阅、复制案件的庭审笔录。

人民法院应当为律师查阅、复制庭审笔录提供便利，并保证必要的时间。律师可以根据需要带律师助理协助阅卷，人民法院应当核实律师助理的身份。

复制庭审笔录可以采用复印、拍照、扫描、电子数据拷贝等方式。

二、律师提出查阅庭审笔录要求的，应当当时安排查阅，无法当时安排的，应当向律师说明

并安排其在三个工作日以内查阅，不得限制律师查阅庭审笔录的次数和时间。

律师可以通过广州审判网、“广州微法院”小程序自助查询公开开庭的庭审笔录。对于公开开庭案件但审判人员暂未上传开庭笔录的，律师可以通过“广州微法院”小程序提出在线查阅的申请，审判人员应当在收到申请后三个工作日内，安排人员扫描庭审笔录并推送至系统，方便律师自行查阅。对于非公开开庭案件笔录，暂不开放线上阅卷。

三、律师查阅、摘抄、复制的庭审笔录属于国家秘密的，应当经过人民法院同意并遵守国家保密规定。律师不得违反规定，披露、散布案件重要信息和庭审笔录，或者将其用于本案辩护、代理以外的其他用途。

四、律师办理申诉、抗诉案件，在人民法院经审查决定立案后，可以持律师执业证书、律师事务所证明和委托书或者法律援助公函到人民法院的案卷档案管理部门或者正在持有案卷的办案部门查阅、摘抄、复制已经审理终结案件的案卷材料以及与该案件直接相关案件的案卷材料。

五、本通知所称的“律师助理”，是指辩护、代理律师所在律师事务所的其他律师和申请律师执业实习人员。

附　录

部分知识产权法院（法庭）级别管辖图示

◎导　读

本部分为十四个省市的知识产权民事案件级别管辖示意图，所收录内容截止时间为2022年6月。示意图对不同地区、不同级别法院的管辖数额以及集中管辖的特别规定进行了标注，方便读者快速查询并确定某一知识产权民事案件的管辖法院。同时，图示下方附有参考资料，以发布时间为据排序，供读者使用时结合最新规定更新当地的管辖情况。

一、北京市知识产权民事案件级别管辖

<table>
<tr><th>法院</th><th>审级</th><th>案件类型</th><th>当事人住所地</th><th>数额要求（单位：人民币）</th></tr>
<tr><td rowspan="9">北京市高级人民法院</td><td rowspan="7">一审</td><td>驰名商标+普通商标</td><td rowspan="3">不作区分</td><td rowspan="3">50 亿元以上</td></tr>
<tr><td>外观设计权属、侵权</td></tr>
<tr><td>其他普通知产民事
（含知识产权合同案件）</td></tr>
<tr><td rowspan="2">七类特殊案件①</td><td>双方均在北京市</td><td>2 亿元以上</td></tr>
<tr><td>一方不在北京市或涉外、涉港澳台</td><td>1 亿元以上</td></tr>
<tr><td colspan="3">重大影响的案件</td></tr>
<tr><td colspan="3"></td></tr>
<tr><td>二审</td><td colspan="3">对北京知识产权法院作出的第一审知识产权民事判决、裁定提起上诉的案件（七类特殊案件除外，至最高院）</td></tr>
<tr><td>再审</td><td colspan="3">对北京知识产权法院已经发生法律效力的知识产权民事判决、裁定、调解书申请再审的案件，但是当事人依法向北京知识产权法院申请再审的除外（七类特殊案件除外，至最高院）</td></tr>
<tr><td rowspan="7">北京知识产权法院</td><td rowspan="5">一审</td><td>驰名商标（北京市）</td><td rowspan="2">不作区分</td><td rowspan="2">50 亿元以下</td></tr>
<tr><td>外观设计权属、侵权</td></tr>
<tr><td rowspan="2">七类特殊案件</td><td>双方均在北京市</td><td>2 亿元以下</td></tr>
<tr><td>一方不在北京市或涉外、涉港澳台</td><td>1 亿元以下</td></tr>
<tr><td colspan="3">在北京市除高院认为的重大影响之外的其他有重大影响的案件</td></tr>
<tr><td>二审</td><td colspan="3">对北京市基层人民法院作出的第一审知识产权民事判决、裁定提起的上诉案件</td></tr>
<tr><td>再审</td><td colspan="3">对北京市基层人民法院已经发生法律效力的知识产权民事判决、裁定、调解书申请再审的案件，但是当事人依法向各基层人民法院申请再审的除外</td></tr>
</table>

① 指发明专利、实用新型专利、植物新品种、集成电路布图设计、技术秘密、计算机软件的权属、侵权纠纷及垄断纠纷，下同。——编者注

续表

法院	审级	案件类型	当事人住所地	数额要求（单位：人民币）
北京市各其他中级人民法院	不再受理知识产权民事案件			
北京市各基层人民法院	一审	**普通商标**		
		其他普通知识产权案件（含知识产权合同纠纷）	不作区分	50亿元以下
	注：集中管辖与各自管辖 全市16个区法院，2个（北京市朝阳区、海淀区人民法院）各自管辖，14个实施集中管辖 1. 东城区法院：跨区域管辖北京市通州区、顺义区、怀柔区、平谷区、密云区人民法院辖区内的第一审知识产权民事案件 2. 西城区法院：跨区域管辖北京市大兴区人民法院辖区内的第一审知识产权民事案件 3. 丰台区法院：跨区域管辖北京市房山区人民法院辖区内的第一审知识产权民事案件 4. 石景山区法院：跨区域管辖北京市门头沟区、昌平区、延庆区人民法院辖区内的第一审知识产权民事案件			

参考资料：

《〈关于第一审知识产权民事、行政案件管辖的若干规定〉的理解与适用》①（2022.5）

《最高人民法院关于涉及发明专利等知识产权合同纠纷案件上诉管辖问题的通知》（2022.4）

《最高人民法院关于第一审知识产权民事、行政案件管辖的若干规定》（2022.4）

《最高人民法院关于印发基层人民法院管辖第一审知识产权民事、行政案件标准的通知》（2022.4）

《最高人民法院关于北京、上海、广州知识产权法院案件管辖的规定》（2020.12）

《最高人民法院关于审理商标案件有关管辖和法律适用范围问题的解释》（2020.12）

《最高人民法院关于调整高级人民法院和中级人民法院管辖第一审民事案件标准的通知》（2019.4）

《最高人民法院关于知识产权法庭若干问题的规定》（2018.12）

《北京市高级人民法院关于调整本市法院知识产权民事案件管辖的规定》（2017.11）

① 载人民司法官方微信公众号，https：//mp.weixin.qq.com/s/6WX5MunKxGjcchR8llyY1Q，2022年6月14日访问。

《北京市高级人民法院关于北京市基层人民法院知识产权民事案件管辖调整的规定》（2015.12）

《最高人民法院关于知识产权法院案件管辖等有关问题的通知》（2014.12）

《最高人民法院关于调整地方各级人民法院管辖第一审知识产权民事案件标准的通知》（2010.1）

二、上海市知识产权民事案件级别管辖

<table>
<tr><th>法院</th><th>审级</th><th>案件类型</th><th>当事人住所地</th><th>数额要求（单位：人民币）</th></tr>
<tr><td rowspan="8">上海市高级人民法院</td><td rowspan="6">一审</td><td>驰名商标+普通商标</td><td rowspan="3">不作区分</td><td rowspan="3">50亿元以上</td></tr>
<tr><td>外观设计权属、侵权</td></tr>
<tr><td>其他普通知产民事
（含知识产权合同案件）</td></tr>
<tr><td rowspan="2">七类特殊案件</td><td>双方均在上海市</td><td>2亿元以上</td></tr>
<tr><td>一方不在上海市或涉外、涉港澳台</td><td>1亿元以上</td></tr>
<tr><td colspan="3">重大影响的案件</td></tr>
<tr><td>二审</td><td colspan="3">对上海知识产权法院作出的第一审知识产权民事判决、裁定提起上诉的案件（七类特殊案件除外，至最高院）</td></tr>
<tr><td>再审</td><td colspan="3">对上海知识产权法院已经发生法律效力的知识产权民事判决、裁定、调解书申请再审的案件（七类特殊案件除外，至最高院）</td></tr>
<tr><td rowspan="7">上海知识产权法院</td><td rowspan="5">一审</td><td>驰名商标（上海市）</td><td rowspan="2">不作区分</td><td rowspan="2">50亿元以下</td></tr>
<tr><td>外观设计权属、侵权</td></tr>
<tr><td rowspan="2">七类特殊案件</td><td>双方均在上海市</td><td>2亿元以下</td></tr>
<tr><td>一方不在上海市或涉外、涉港澳台</td><td>1亿元以下</td></tr>
<tr><td colspan="3">在上海市除高院认为的重大影响之外的其他有重大影响的案件</td></tr>
<tr><td>二审</td><td colspan="3">对上海市基层人民法院作出的第一审知识产权民事判决、裁定提起上诉的案件</td></tr>
<tr><td>再审</td><td colspan="3">对上海市基层人民法院已经发生法律效力的知识产权民事判决、裁定、调解书申请再审的案件</td></tr>
<tr><td>上海市各其他中级人民法院</td><td colspan="4">不再受理知识产权民事案件</td></tr>
</table>

续表

法院	审级	案件类型	当事人住所地	数额要求（单位：人民币）
上海市各基层人民法院		**普通商标**		
	一审	其他普通知识产权案件（含知识产权合同纠纷）	不作区分	50亿元以下
	注：各自管辖 全市16个区法院（上海市浦东新区、徐汇区、长宁区、闵行区、金山区、松江区、奉贤区、黄埔区、杨浦区、虹口区、静安区、普陀区、宝山区、嘉定区、青浦区、崇明区人民法院），各自管辖，不再实施集中管辖			

参考资料：

《〈关于第一审知识产权民事、行政案件管辖的若干规定〉的理解与适用》（2022. 5）
《最高人民法院关于涉及发明专利等知识产权合同纠纷案件上诉管辖问题的通知》（2022. 4）
《最高人民法院关于第一审知识产权民事、行政案件管辖的若干规定》（2022. 4）
《最高人民法院关于印发基层人民法院管辖第一审知识产权民事、行政案件标准的通知》（2022. 4）
《最高人民法院关于北京、上海、广州知识产权法院案件管辖的规定》（2020. 12）
《最高人民法院关于调整高级人民法院和中级人民法院管辖第一审民事案件标准的通知》（2019. 4）
《最高人民法院关于知识产权法庭若干问题的规定》（2018. 12）
《上海市高级人民法院关于调整本市法院知识产权民事案件管辖的规定》（2016. 2）
《最高人民法院关于知识产权法院案件管辖等有关问题的通知》（2014. 12）
《最高人民法院关于调整地方各级人民法院管辖第一审知识产权民事案件标准的通知》（2010. 1）

三、广州市知识产权民事案件级别管辖

法院	审级	案件类型	当事人住所地	数额要求（单位：人民币）
广东省高级人民法院	一审	**驰名商标+普通商标**	不作区分	50亿元以上
		外观设计权属、侵权		
		其他普通知产民事（含知识产权合同案件）		
		七类特殊案件	双方均在广东省	2亿元以上
			一方不在广东省或涉外、涉港澳台	1亿元以上
		重大影响的案件		
	二审	对广州知识产权法院作出的第一审民事判决、裁定提起上诉的案件（七类特殊案件除外，至最高院）		
	再审	对广州知识产权法院已经发生法律效力的民事判决、裁定、调解书申请再审的案件（七类特殊案件除外，至最高院）		
广州知识产权法院	一审	**驰名商标（广州市）**	不作区分	50亿元以下
		外观设计权属、侵权（广东省集中，深圳市除外）		
		普通商标	不作区分	1000万元以上、50亿元以下
		其他普通知产民事（含知识产权合同案件）		
		七类特殊案件（广东省集中，深圳市除外）	双方均在广东省	2亿元以下
			一方不在广东省或涉外、涉港澳台	1亿元以下
	二审	对广州市基层人民法院作出的第一审知识产权民事判决、裁定提起上诉的案件		
	再审	对广州市基层人民法院已经发生法律效力的知识产权民事判决、裁定、调解书申请再审的案件		

续表

法院	审级	案件类型	当事人住所地	数额要求（单位：人民币）
广东省其他中级人民法院	驰名商标认定不再集中至广州知识产权法院，各中级人民法院均有管辖权 外观设计权属、侵权案件，仍集中至广州知识产权法院管辖（深圳市除外）			
广州市各基层人民法院	一审	普通商标 其他普通知识产权案件（含知识产权合同纠纷）	不作区分	1000万元以下
	注：各自管辖 全市11个区法院（广州市越秀区、海珠区、荔湾区、天河区、白云区、黄埔区、花都区、番禺区、南沙区、从化区、增城区人民法院），各自管辖，不再实施集中管辖			

参考资料：

《〈关于第一审知识产权民事、行政案件管辖的若干规定〉的理解与适用》（2022.5）
《最高人民法院关于涉及发明专利等知识产权合同纠纷案件上诉管辖问题的通知》（2022.4）
《最高人民法院关于第一审知识产权民事、行政案件管辖的若干规定》（2022.4）
《最高人民法院关于印发基层人民法院管辖第一审知识产权民事、行政案件标准的通知》（2022.4）
《最高人民法院关于北京、上海、广州知识产权法院案件管辖的规定》（2020.12）
《最高人民法院关于调整高级人民法院和中级人民法院管辖第一审民事案件标准的通知》（2019.4）
《最高人民法院关于知识产权法庭若干问题的规定》（2018.12）
《最高人民法院关于知识产权法院案件管辖等有关问题的通知》（2014.12）
《全国人民代表大会常务委员会关于在北京、上海、广州设立知识产权法院的决定》（2014.8）
《最高人民法院关于调整地方各级人民法院管辖第一审知识产权民事案件标准的通知》（2010.1）

四、海南省知识产权民事案件级别管辖

<table>
<tr><th>法院</th><th>审级</th><th>案件类型</th><th>当事人住所地</th><th>数额要求（单位：人民币）</th></tr>
<tr><td rowspan="8">海南省高级人民法院</td><td rowspan="6">一审</td><td>驰名商标+普通商标</td><td rowspan="3">不作区分</td><td rowspan="3">50亿元以上</td></tr>
<tr><td>外观设计权属、侵权</td></tr>
<tr><td>其他普通知识产权案件
（含知识产权合同纠纷）</td></tr>
<tr><td rowspan="2">七类特殊案件</td><td>双方均在海南省</td><td>2亿元以上</td></tr>
<tr><td>一方不在海南省或涉外、涉港澳台</td><td>1亿元以上</td></tr>
<tr><td colspan="3">重大影响的案件</td></tr>
<tr><td>二审</td><td colspan="3">不服海南自由贸易港知识产权法院作出的第一审知识产权民事判决、裁定的上诉案件（七类特殊案件除外，至最高院）</td></tr>
<tr><td>再审</td><td colspan="3">不服海南自由贸易港知识产权法院作出的已经发生法律效力的知识产权民事判决、裁定、调解书申请再审的案件（七类特殊案件除外，至最高院）</td></tr>
<tr><td rowspan="8">海南自由贸易港
知识产权法院</td><td rowspan="7">一审</td><td>驰名商标（海南省）</td><td rowspan="2">不作区分</td><td rowspan="2">50亿元以下</td></tr>
<tr><td>外观设计权属、侵权(海南省)</td></tr>
<tr><td>普通商标</td><td rowspan="2">不作区分</td><td rowspan="2">500万元以上、50亿元以下</td></tr>
<tr><td>其他普通知识产权案件
（含知识产权合同纠纷）</td></tr>
<tr><td rowspan="2">七类特殊案件（海南省）</td><td>双方均在海南省</td><td>2亿元以下</td></tr>
<tr><td>一方不在海南省或涉外、涉港澳台</td><td>1亿元以下</td></tr>
<tr><td colspan="3">最高人民法院确定由其管辖的其他案件</td></tr>
<tr><td>二审</td><td colspan="3">不服海口市琼山区、琼海市、儋州市、三亚市城郊人民法院作出的第一审知识产权民事判决、裁定的上诉案件</td></tr>
</table>

续表

法院	审级	案件类型	当事人住所地	数额要求（单位：人民币）
海南自由贸易港知识产权法院	再审	不服海口市琼山区、琼海市、儋州市、三亚市城郊人民法院人民法院作出的已经发生法律效力的知识产权民事判决、裁定、调解书申请再审的案件		
海南省各其他中级人民法院	不再受理知识产权民事案件			
海南省各基层人民法院	一审	普通商标 其他普通知识产权案件（含知识产权合同纠纷）	不作区分	500 万元以下
	注：集中管辖 1. 海口市琼山区人民法院：管辖海口市、三沙市中级人民法院辖区内 500 万元以下第一审普通知识产权民事案件 2. 琼海市人民法院：管辖海南省第一中级人民法院（琼海市、万宁市、五指山市、文昌市、定安县、屯昌县、澄迈县、陵水黎族自治县、保亭黎族苗族自治县、琼中黎族苗族自治县法院）辖区内 500 万以下第一审普通知识产权民事案件 3. 儋州市人民法院：管辖海南省第二中级人民法院（儋州市、洋浦经济开发区、临高县、乐东黎族自治县、东方市、昌江黎族自治县和白沙黎族自治县人民法院）辖区内 500 万以下第一审普通知识产权民事案件 4. 三亚市城郊人民法院：管辖三亚市中级人民法院辖区内 500 万元以下第一审普通知识产权民事案件。			

参考资料：

《〈关于第一审知识产权民事、行政案件管辖的若干规定〉的理解与适用》（2022. 5）

《最高人民法院关于涉及发明专利等知识产权合同纠纷案件上诉管辖问题的通知》（2022. 4）

《最高人民法院关于第一审知识产权民事、行政案件管辖的若干规定》（2022. 4）

《最高人民法院关于印发基层人民法院管辖第一审知识产权民事、行政案件标准的通知》（2022. 4）

《海南省高级人民法院民事起诉指南》①（2022. 1）

《全国人民代表大会常务委员会关于设立海南自由贸易港知识产权法院的决定》（2020. 12）

① 载天涯法律网，http：//www. hicourt. gov. cn/preview/article？articleId = c51557e5-8b0b-435a-9653-cf7f68bcad1a&&colArticleId = bd6c222c-509a-43e6-845b-fa8665b34403，2022 年 6 月 14 日访问。

《最高人民法院关于调整高级人民法院和中级人民法院管辖第一审民事案件标准的通知》（2019.4）

《最高人民法院关于知识产权法庭若干问题的规定》（2018.12）

《最高人民法院关于调整地方各级人民法院管辖第一审知识产权民事案件标准的通知》（2010.1）

五、深圳市知识产权民事案件级别管辖

法院	审级	案件类型	当事人住所地	数额要求（单位：人民币）
广东省高级人民法院	一审	驰名商标+普通商标	不作区分	50亿元以上
		外观设计权属、侵权		
		其他普通知产民事（含知识产权合同案件）		
		七类特殊案件	双方均在广东省	2亿元以上
			一方不在广东省或涉外、涉港澳台	1亿元以上
		重大影响的案件		
	二审	不服深圳市中级人民法院作出的第一审知识产权民事判决、裁定提起上诉的案件（七类特殊案件除外，至最高院）		
	再审	不服深圳市中级人民法院作出的生效知识产权民事判决、裁定、调解书申请再审的案件（七类特殊案件除外，至最高院）		
深圳市中级人民法院	一审	**驰名商标（深圳市）**	不作区分	50亿元以下
		外观设计权属、侵权		
		普通商标	不作区分	1000万元以上、50亿元以下
		其他普通知识产权案件（含知识产权合同纠纷）		
		七类特殊案件（深圳市）	双方均在广东省	2亿元以下
			一方不在广东省或涉外、涉港澳台	1亿元以下
	二审	不服深圳市辖区内基层人民法院审理的第一审知识产权民事案件的上诉案件		
	再审	不服深圳市辖区内基层人民法院作出的生效知识产权民事判决申请再审的案件		

续表

法院	审级	案件类型	当事人住所地	数额要求（单位：人民币）
深圳市各基层人民法院	一审	普通商标 其他普通知识产权案件（含知识产权合同纠纷）	不作区分	1000 万元以下
	注：各自管辖 全市共 11 个区法院（深圳市罗湖区、福田区、南山区、宝安区、龙岗区、盐田区、前海合作区、龙华区、坪山区、光明区、深汕特别合作区人民法院），各自管辖			

参考资料：

《〈关于第一审知识产权民事、行政案件管辖的若干规定〉的理解与适用》（2022.5）

《最高人民法院关于涉及发明专利等知识产权合同纠纷案件上诉管辖问题的通知》（2022.4）

《最高人民法院关于第一审知识产权民事、行政案件管辖的若干规定》（2022.4）

《最高人民法院关于印发基层人民法院管辖第一审知识产权民事、行政案件标准的通知》（2022.4）

《深圳市中级人民法院诉讼材料清单指引（民商事一审）》①（2020.5）

《最高人民法院关于调整高级人民法院和中级人民法院管辖第一审民事案件标准的通知》（2019.4）

《最高人民法院关于知识产权法庭若干问题的规定》（2018.12）

《最高人民法院关于调整地方各级人民法院管辖第一审知识产权民事案件标准的通知》（2010.1）

① 载深圳市中级人民法院官网，https：//www.szcourt.gov.cn/article/30127580，2022 年 6 月 14 日访问。

六、南京市知识产权民事案件级别管辖

<table>
<tr><th>法院</th><th>审级</th><th>案件类型</th><th>当事人住所地</th><th>数额要求（单位：人民币）</th></tr>
<tr><td rowspan="9">江苏省高级人民法院</td><td rowspan="7">一审</td><td>驰名商标+普通商标</td><td rowspan="3">不作区分</td><td rowspan="3">50 亿元以上</td></tr>
<tr><td>外观设计权属、侵权</td></tr>
<tr><td>其他普通知识产权案件
（含知识产权合同纠纷）</td></tr>
<tr><td rowspan="2">七类特殊案件</td><td>双方均在江苏省</td><td>2 亿元以上</td></tr>
<tr><td>一方不在江苏省或涉外、涉港澳台</td><td>1 亿元以上</td></tr>
<tr><td colspan="3">重大影响的案件</td></tr>
<tr><td colspan="3"></td></tr>
<tr><td>二审</td><td colspan="3">不服南京市中级人民法院作出的第一审知识产权民事判决、裁定的上诉案件（七类特殊案件除外，至最高院）</td></tr>
<tr><td>再审</td><td colspan="3">不服南京市中级人民法院作出的已经发生法律效力的知识产权民事判决、裁定、调解书申请再审的案件（七类特殊案件除外，至最高院）</td></tr>
<tr><td rowspan="8">南京市中级人民法院</td><td rowspan="6">一审</td><td>驰名商标（南京市）</td><td rowspan="2">不作区分</td><td rowspan="2">50 亿元以下</td></tr>
<tr><td>外观设计权属、侵权</td></tr>
<tr><td>普通商标</td><td rowspan="2">不作区分</td><td rowspan="2">500 万元以上、50 亿元以下</td></tr>
<tr><td>其他普通知识产权案件
（含知识产权合同纠纷）</td></tr>
<tr><td rowspan="2">七类特殊案件
（集中管辖南京市、镇江市、扬州市、泰州市、盐城市、淮安市辖区内）</td><td>双方均在江苏省</td><td>2 亿元以下</td></tr>
<tr><td>一方不在江苏省或涉外、涉港澳台</td><td>1 亿元以下</td></tr>
<tr><td>二审</td><td colspan="3">不服南京市辖区内基层人民法院作出的第一审知识产权民事判决、裁定的上诉案件</td></tr>
<tr><td>再审</td><td colspan="3">不服南京市辖区内基层人民法院作出的已经发生法律效力的知识产权民事判决、裁定、调解书申请再审的案件</td></tr>
</table>

续表

法院	审级	案件类型	当事人住所地	数额要求（单位：人民币）
南京市各基层人民法院	一审	**普通商标** 其他普通知识产权案件（含知识产权合同纠纷）	不作区分	500 万元以下
	注：集中管辖与各自管辖 1. 南京市玄武区人民法院：集中管辖玄武区、栖霞区辖区内 500 万元以下第一审普通知识产权民事案件 2. 南京市江宁经济技术开发区人民法院：集中管辖秣陵街道及禄口街道、溧水区、高淳区辖区内 500 万元以下第一审普通知识产权民事案件 3. 南京市江北新区人民法院：集中管辖江北新区、浦口区、六合区、鼓楼区辖区内 500 万元以下第一审普通知识产权民事案件 4. 南京市秦淮区人民法院：管辖本辖区内 500 万元以下第一审普通知识产权民事案件 5. 南京市建邺区人民法院：管辖本辖区内 500 万元以下第一审普通知识产权民事案件 6. 南京市雨花台区人民法院：管辖本辖区内 500 万元以下第一审普通知识产权民事案件 7. 南京市江宁区人民法院：管辖本辖区内（秣陵街道及禄口街道除外）500 万元以下第一审普通知识产权民事案件			

参考资料：

《南京、苏州、无锡、徐州中院知识产权案件管辖范围调整》① (2022. 6)

《〈关于第一审知识产权民事、行政案件管辖的若干规定〉的理解与适用》(2022. 5)

《最高人民法院关于涉及发明专利等知识产权合同纠纷案件上诉管辖问题的通知》(2022. 4)

《最高人民法院关于第一审知识产权民事、行政案件管辖的若干规定》(2022. 4)

《最高人民法院关于印发基层人民法院管辖第一审知识产权民事、行政案件标准的通知》(2022. 4)

《江北新区人民法院管辖范围》② (2020. 8)

《最高人民法院关于调整高级人民法院和中级人民法院管辖第一审民事案件标准的通知》(2019. 4)

《最高人民法院关于知识产权法庭若干问题的规定》(2018. 12)

《最高人民法院关于同意南京市、苏州市、武汉市、成都市中级人民法院内设专门审判机构并跨区域管辖部分知识产权案件的批复》(2017. 1)

《最高人民法院关于调整地方各级人民法院管辖第一审知识产权民事案件标准的通知》(2010. 1)

① 载江苏高院官方微信公众号，https：//mp. weixin. qq. com/s/Swh5jJ4OlWHp8hjr2ZuMEA，2022 年 6 月 14 日访问。

② 载南京市江北新区人民法院官网，http：//www. njnacourt. gov. cn/njxxweb_ publishing/www/nafy/fygk_ 3_ mb_ a202008122169. html，2022 年 6 月 14 日访问。

七、苏州市知识产权民事案件级别管辖

法院	审级	案件类型	当事人住所地	数额要求（单位：人民币）
江苏省高级人民法院	一审	**驰名商标+普通商标**	不作区分	50 亿元以上
		外观设计权属、侵权		
		其他普通知识产权案件（含知识产权合同纠纷）		
		七类特殊案件	双方均在江苏省	2 亿元以上
			一方不在江苏省或涉外、涉港澳台	1 亿元以上
		重大影响的案件		
	二审	不服苏州市中级人民法院作出的第一审知识产权民事判决、裁定的上诉案件（七类特殊案件除外，至最高院）		
	再审	不服苏州市中级人民法院作出的已经发生法律效力的知识产权民事判决、裁定、调解书申请再审的案件（七类特殊案件除外，至最高院）		
苏州市中级人民法院	一审	**驰名商标（苏州市）**	不作区分	50 亿元以下
		外观设计权属、侵权		
		普通商标	不作区分	500 万元以上、50 亿元以下
		其他普通知识产权案件（含知识产权合同纠纷）		
		七类特殊案件（集中管辖苏州市、常州市、南通市辖区内）	双方均在江苏省	2 亿元以上
			一方不在江苏省或涉外、涉港澳台	1 亿元以上
	二审	不服苏州市辖区内基层人民法院审理的第一审知识产权民事案件的上诉案件		
	再审	不服苏州市辖区内基层人民法院作出的已经发生法律效力的知识产权民事判决、裁定、调解书申请再审的案件		

续表

法院	审级	案件类型	当事人住所地	数额要求（单位：人民币）
苏州市各基层人民法院	一审	普通商标	不作区分	500 万元以下
		其他普通知识产权案件（含知识产权合同纠纷）		
	注：**集中管辖与各自管辖** 1. 苏州市虎丘区人民法院管辖虎丘区、姑苏区辖区内 500 万元以下第一审普通知识产权民事案件 2. 苏州市工业园区人民法院管辖工业园区、吴中区辖区内 500 万元以下第一审普通知识产权民事案件 3. 苏州市相城区、吴江区、昆山市、太仓市、常熟市、张家港市人民法院管辖各自辖区内 500 万元以下第一审普通知识产权民事案件			

参考资料：

《南京、苏州、无锡、徐州中院知识产权案件管辖范围调整》（2022.6）

《〈关于第一审知识产权民事、行政案件管辖的若干规定〉的理解与适用》（2022.5）

《最高人民法院关于涉及发明专利等知识产权合同纠纷案件上诉管辖问题的通知》（2022.4）

《最高人民法院关于第一审知识产权民事、行政案件管辖的若干规定》（2022.4）

《最高人民法院关于印发基层人民法院管辖第一审知识产权民事、行政案件标准的通知》（2022.4）

《最高人民法院关于调整高级人民法院和中级人民法院管辖第一审民事案件标准的通知》（2019.4）

《最高人民法院关于知识产权法庭若干问题的规定》（2018.12）

《最高人民法院关于同意南京市、苏州市、武汉市、成都市中级人民法院内设专门审判机构并跨区域管辖部分知识产权案件的批复》（2017.1）

《最高人民法院关于调整地方各级人民法院管辖第一审知识产权民事案件标准的通知》（2010.1）

八、杭州市知识产权民事案件级别管辖

<table>
<tr><th>法院</th><th>审级</th><th>案件类型</th><th>当事人住所地</th><th>数额要求（单位：人民币）</th></tr>
<tr><td rowspan="8">浙江省高级人民法院</td><td rowspan="6">一审</td><td>驰名商标+普通商标</td><td rowspan="3">不作区分</td><td rowspan="3">50亿元以上</td></tr>
<tr><td>外观设计权属、侵权</td></tr>
<tr><td>其他普通知识产权案件（含知识产权合同纠纷）</td></tr>
<tr><td rowspan="2">七类特殊案件</td><td>双方均在浙江省</td><td>2亿元以上</td></tr>
<tr><td>一方不在浙江省或涉外、涉港澳台</td><td>1亿元以上</td></tr>
<tr><td colspan="3">重大影响的案件</td></tr>
<tr><td>二审</td><td colspan="3">不服杭州市中级人民法院作出的第一审知识产权民事判决、裁定的上诉案件（七类特殊案件除外，至最高院）</td></tr>
<tr><td>再审</td><td colspan="3">不服杭州市中级人民法院作出的已经发生法律效力的知识产权民事判决、裁定、调解书申请再审的案件（七类特殊案件除外，至最高院）</td></tr>
<tr><td rowspan="8">杭州市中级人民法院</td><td rowspan="6">一审</td><td>驰名商标（杭州市）</td><td rowspan="2">不作区分</td><td rowspan="2">50亿元以下</td></tr>
<tr><td>外观设计权属、侵权</td></tr>
<tr><td>普通商标</td><td rowspan="2">不作区分</td><td rowspan="2">500万元以上、50亿元以下</td></tr>
<tr><td>其他普通知识产权案件（含知识产权合同纠纷）</td></tr>
<tr><td rowspan="2">七类特殊案件（集中管辖杭州、湖州、衢州辖区内）</td><td>双方均在浙江省</td><td>2亿元以下</td></tr>
<tr><td>一方不在浙江省或涉外、涉港澳台</td><td>1亿元以下</td></tr>
<tr><td>二审</td><td colspan="3">不服杭州市辖区内基层人民法院审理的第一审知识产权民事、刑事、行政案件的上诉案件</td></tr>
<tr><td>再审</td><td colspan="3">不服杭州市辖区内基层人民法院作出的已经发生法律效力的知识产权民事判决、裁定、调解书申请再审的案件</td></tr>
</table>

续表

法院	审级	案件类型	当事人住所地	数额要求（单位：人民币）
杭州市各基层人民法院	一审	普通商标 其他普通知识产权案件（含知识产权合同纠纷）	不作区分	500 万元以下
	注：集中管辖与各自管辖 1. 杭州铁路运输法院：集中管辖上城区（含原江干区部分）、富阳区、临安区、建德市、淳安县、桐庐县辖区内 500 万元以下的第一审普通知识产权民事案件 2. 杭州市拱墅区、西湖区、滨江区、萧山区、余杭区、临平区、钱塘区人民法院：各自管辖本辖区内 500 万元以下的第一审普通知识产权民事案件			

参考资料：

《〈关于第一审知识产权民事、行政案件管辖的若干规定〉的理解与适用》（2022.5）

《最高人民法院关于涉及发明专利等知识产权合同纠纷案件上诉管辖问题的通知》（2022.4）

《最高人民法院关于第一审知识产权民事、行政案件管辖的若干规定》（2022.4）

《最高人民法院关于印发基层人民法院管辖第一审知识产权民事、行政案件标准的通知》（2022.4）

《浙江省高级人民法院关于温州市中级人民法院内设专门审判机构跨区域管辖部分知识产权案件并调整杭州市、宁波市中级人民法院知识产权案件管辖范围的通知》①（2021.12）

《最高人民法院关于调整高级人民法院和中级人民法院管辖第一审民事案件标准的通知》（2019.4）

《最高人民法院关于知识产权法庭若干问题的规定》（2018.12）

《最高人民法院关于同意杭州市、宁波市、合肥市、福州市、济南市、青岛市中级人民法院内设专门审判机构并跨区域管辖部分知识产权案件的批复》（2017.8）

《最高人民法院关于调整地方各级人民法院管辖第一审知识产权民事案件标准的通知》（2010.1）

---

① 参见《温州知识产权法庭成立！管辖地域、案件种类将作重大调整！》，载温州中院官方公众号，https：//mp. weixin. qq. com/s/f5zeki3Gk2YYpap9bqlB4g，2022 年 6 月 14 日访问。

九、重庆市知识产权民事案件级别管辖

法院	审级	案件类型	当事人住所地	数额要求（单位：人民币）
重庆市高级人民法院	一审	**驰名商标+普通商标**	不作区分	50 亿元以上
		外观设计权属、侵权	不作区分	50 亿元以上
		其他普通知识产权案件（含知识产权合同纠纷）	不作区分	50 亿元以上
		七类特殊案件	双方均在重庆市	2 亿元以上
		七类特殊案件	一方不在重庆市或涉外、涉港澳台	1 亿元以上
		重大影响的案件		
	二审	不服重庆市第一中级人民法院作出的第一审知识产权民事判决、裁定的上诉案件（七类特殊案件除外，至最高院）		
	再审	不服重庆市第一中级人民法院作出的已经发生法律效力的知识产权民事判决、裁定、调解书申请再审的案件（七类特殊案件除外，至最高院）		
重庆市第一中级人民法院	一审（重庆市）	**驰名商标**	不作区分	50 亿元以下
		外观设计权属、侵权	不作区分	50 亿元以下
		普通商标	不作区分	500 万元以上、50 亿元以下
		其他普通知识产权案件（含知识产权合同纠纷）	不作区分	500 万元以上、50 亿元以下
		七类特殊案件	双方均在重庆市	2 亿元以下
		七类特殊案件	一方不在重庆市或涉外、涉港澳台	1 亿元以下
	二审	不服渝中区、重庆两江新区（重庆自由贸易试验区）法院作出的第一审知识产权民事判决、裁定的上诉案件		
	再审	不服渝中区、重庆两江新区（重庆自由贸易试验区）法院作出的已经发生法律效力的知识产权民事判决、裁定、调解书申请再审的案件		

续表

法院	审级	案件类型	当事人住所地	数额要求（单位：人民币）
重庆市其他中级人民法院	不再管辖知识产权民事案件			
重庆市各基层人民法院	一审	普通商标	不作区分	500 万元以下
		其他普通知识产权案件（含知识产权合同纠纷）		
	注：集中管辖 1. 重庆市渝中区人民法院：管辖重庆市第二、三、四、五中级人民法院辖区内 500 万元以下第一审普通知识产权民事案件 2. 重庆两江新区人民法院（重庆自由贸易试验区人民法院）：管辖在重庆市第一中级人民法院辖区内（沙坪坝区、江北区、北碚区、渝北区、大足区、合川区、长寿区、璧山区、铜梁区、潼南区、两江新区）500 万元以下第一审普通知识产权民事案件			

参考资料：

《〈关于第一审知识产权民事、行政案件管辖的若干规定〉的理解与适用》（2022.5）

《重庆市高级人民法院关于自贸区法院和渝中区法院管辖第一审知识产权民事、行政案件范围的通知》①（2022.5）

《最高人民法院关于涉及发明专利等知识产权合同纠纷案件上诉管辖问题的通知》（2022.4）

《最高人民法院关于第一审知识产权民事、行政案件管辖的若干规定》（2022.4）

《最高人民法院关于印发基层人民法院管辖第一审知识产权民事、行政案件标准的通知》（2022.4）

《重庆市高级人民法院民商事案件管辖指引》②（2021.11）

《重庆知识产权法庭正式成立》③（2021.6）

① 载重庆知识产权法庭官方微信公众号，https：//mp. weixin. qq. com/s/RRhB-LdDLDG1A-DeLHaCgQ，2022 年 6 月 14 日访问。

② 参见《重庆高院发布〈立案实务指南〉和〈民商事案件管辖指引〉》，载重庆高院官方微信公众号，https：//mp. weixin. qq. com/s/lqRVQeGjFSgLi-UJllHujg，2022 年 6 月 14 日访问。

③ 载重庆知识产权法庭官方微信公众号，https：//mp. weixin. qq. com/s/fJ8SofpRaGPQ9X9eNZdiXw，2022 年 6 月 14 日访问。

《重庆市高级人民法院关于调整重庆市第一中级人民法院知识产权案件管辖范围的通知》①（2021.6）

《重庆两江新区人民法院（重庆自由贸易试验区人民法院）关于管辖范围相关问题的解答（修订）》②（2021.4）

《最高人民法院关于同意指定重庆市渝中区人民法院管辖部分知识产权纠纷案件的批复》③（2020.1）

《重庆市高级人民法院关于重庆两江新区人民法院 重庆自由贸易试验区人民法院受案范围的规定（修订）》④（2019.12）

《最高人民法院关于调整高级人民法院和中级人民法院管辖第一审民事案件标准的通知》（2019.4）

《最高人民法院关于知识产权法庭若干问题的规定》（2018.12）

《最高人民法院关于调整地方各级人民法院管辖第一审知识产权民事案件标准的通知》（2010.1）

---

① 参见《关于重庆知识产权纠纷案件管辖文件的汇总》，载重庆知识产权法庭官方微信公众号，https：//mp.weixin.qq.com/s/F7BBvhvqFml6al47vjSYtA，2022 年 6 月 14 日访问。

② 载重庆两江新区人民法院（重庆自由贸易试验区人民法院）官网，http：//ljxqfy.chinacourt.gov.cn/article/detail/2021/04/id/5976407.shtml，2022 年 6 月 14 日访问。

③ 参见《关于重庆知识产权纠纷案件管辖文件的汇总》，载重庆知识产权法庭官方微信公众号，https：//mp.weixin.qq.com/s/F7BBvhvqFml6al47vjSYtA，2022 年 6 月 14 日访问。

④ 参见《关于重庆知识产权纠纷案件管辖文件的汇总》，载重庆知识产权法庭官方微信公众号，https：//mp.weixin.qq.com/s/F7BBvhvqFml6al47vjSYtA，2022 年 6 月 14 日访问。

十、成都市知识产权民事案件级别管辖

<table>
<tr><th>法院</th><th>审级</th><th>案件类型</th><th>当事人住所地</th><th>数额要求（单位：人民币）</th></tr>
<tr><td rowspan="9">四川省高级人民法院</td><td rowspan="7">一审</td><td>驰名商标+普通商标</td><td rowspan="3">不作区分</td><td rowspan="3">50 亿元以上</td></tr>
<tr><td>外观设计权属、侵权</td></tr>
<tr><td>其他普通知识产权案件
（含知识产权合同纠纷）</td></tr>
<tr><td rowspan="2">七类特殊案件</td><td>双方均在四川省</td><td>2 亿元以上</td></tr>
<tr><td>一方不在四川省或涉外、涉港澳台</td><td>1 亿元以上</td></tr>
<tr><td colspan="3">重大影响的案件</td></tr>
<tr><td colspan="3"></td></tr>
<tr><td>二审</td><td colspan="3">对成都市中级人民法院作出的第一审知识产权民事判决、裁定提起上诉的案件（七类特殊案件除外，至最高院）</td></tr>
<tr><td>再审</td><td colspan="3">对成都市中级人民法院已经发生法律效力的知识产权民事判决、裁定、调解书申请再审的案件，但是当事人依法向成都市中级人民法院申请再审的除外（七类特殊案件除外，至最高院）</td></tr>
<tr><td rowspan="9">成都市中级人民法院</td><td rowspan="7">一审</td><td>驰名商标（成都市）</td><td rowspan="2">不作区分</td><td rowspan="2">50 亿元以下</td></tr>
<tr><td>外观设计权属、侵权</td></tr>
<tr><td>普通商标</td><td rowspan="2">不作区分</td><td rowspan="2">100 万元以上、50 亿元以下</td></tr>
<tr><td>其他普通知识产权案件
（含知识产权合同纠纷）</td></tr>
<tr><td rowspan="2">七类特殊案件（四川省）</td><td>双方均在四川省</td><td>2 亿元以下</td></tr>
<tr><td>一方不在四川省或涉外、涉港澳台</td><td>1 亿元以下</td></tr>
<tr><td colspan="3"></td></tr>
<tr><td>二审</td><td colspan="3">不服成都市辖区内基层人民法院审理的第一审普通知识产权民事案件的上诉案件</td></tr>
<tr><td>再审</td><td colspan="3">对成都市基层人民法院已经发生法律效力的知识产权民事判决、裁定、调解书申请再审的案件，但是当事人依法向各基层人民法院申请再审的除外</td></tr>
</table>

续表

法院	审级	案件类型	当事人住所地	数额要求（单位：人民币）
成都市各基层人民法院		普通商标		
	一审	其他普通知识产权案件（含知识产权合同纠纷）	不作区分	100万元以下
	注：集中管辖（一） 1. 四川天府新区成都片区人民法院（四川自由贸易试验区人民法院）：管辖四川天府新区成都直管区、中国（四川）自由贸易试验区成都天府新区片区及成都青白江铁路港片区、龙泉驿区、双流区、简阳市、蒲江县辖区内100万元以下第一审普通知识产权民事案件 2. 成都高新技术产业开发区人民法院：管辖成都高新技术开发区、成华区、新津区、邛崃市辖区内100万元以下第一审普通知识产权民事案件 3. 成都市锦江区人民法院：管辖锦江区、青羊区、青白江区、金堂县辖区内100万元以下第一审普通知识产权民事案件 4. 成都市武侯区人民法院：管辖金牛区、武侯区、温江区、崇州市辖区内100万元以下第一审普通知识产权民事案件 5. 成都市郫都区人民法院：管辖新都区、郫都区、都江堰市、彭州市、大邑县辖区内100万元以下第一审普通知识产权民事案件 集中管辖（二） 成都铁路运输第一法院（成都互联网法庭）集中管辖成都市、德阳市、眉山市、资阳市辖区内互联网域名权属、侵权及合同纠纷、互联网不正当竞争纠纷案件			

参考资料：

《〈关于第一审知识产权民事、行政案件管辖的若干规定〉的理解与适用》（2022.5）

《最高人民法院关于涉及发明专利等知识产权合同纠纷案件上诉管辖问题的通知》（2022.4）

《最高人民法院关于第一审知识产权民事、行政案件管辖的若干规定》（2022.4）

《最高人民法院关于印发基层人民法院管辖第一审知识产权民事、行政案件标准的通知》（2022.4）

《四川省高级人民法院关于成都市、德阳市、眉山市、资阳市辖区内互联网案件集中管辖的补充通知》①（2021.12）

① 载成铁第一法院（成都互联网法庭）官方微信公众号，https：//mp. weixin. qq. com/s/CsVfMWWIlP0TgeVxyMlZHg，2022年6月14日访问。

《最高人民法院关于调整高级人民法院和中级人民法院管辖第一审民事案件标准的通知》（2019.4）

《最高人民法院关于知识产权法庭若干问题的规定》（2018.12）

《最高人民法院关于同意南京市、苏州市、武汉市、成都市中级人民法院内设专门审判机构并跨区域管辖部分知识产权案件的批复》（2017.1）

《最高人民法院关于调整地方各级人民法院管辖第一审知识产权民事案件标准的通知》（2010.1）

十一、武汉市知识产权民事案件级别管辖

法院	审级	案件类型	当事人住所地	数额要求（单位：人民币）
湖北省高级人民法院	一审	**驰名商标+普通商标**	不作区分	50 亿元以上
		外观设计权属、侵权		
		其他普通知识产权案件（含知识产权合同纠纷）		
		七类特殊案件	双方均在湖北省	2 亿元以上
			一方不在湖北省或涉外、涉港澳台	1 亿元以上
		重大影响的案件		
	二审	不服武汉市中级人民法院作出的第一审知识产权民事判决、裁定的上诉案件（七类特殊案件除外，至最高院）		
	再审	不服武汉市中级人民法院作出的已经发生法律效力的知识产权民事判决、裁定、调解书申请再审的案件（七类特殊案件除外，至最高院）		
武汉市中级人民法院	一审	**驰名商标（武汉市）**	不作区分	50 亿元以下
		外观设计权属、侵权		
		普通商标	不作区分	500 万元以上、50 亿元以下
		其他普通知识产权案件（含知识产权合同纠纷）		
		七类特殊案件（湖北省）	双方均在湖北省	2 亿元以下
			一方不在湖北省或涉外、涉港澳台	1 亿元以下
	二审	不服武汉市辖区内基层人民法院审理的第一审知识产权民事、行政案件的上诉案件		
	再审	不服武汉市辖区内基层人民法院作出的已经发生法律效力的知识产权民事判决、裁定、调解书申请再审的案件		

续表

法院	审级	案件类型	当事人住所地	数额要求（单位：人民币）
武汉市各基层人民法院	一审	**普通商标**		
		其他普通知识产权案件（含知识产权合同纠纷）	不作区分	500万元以下
	注：集中管辖 1. 武汉市江岸区人民法院：管辖发生在武汉市江岸区、黄陂区、新洲区辖区内500万元以下第一审普通知识产权民事案件 2. 武汉市江汉区人民法院：管辖发生在武汉市江汉区、硚口区、东西湖区辖区内500万元以下第一审普通知识产权民事案件 3. 武汉市洪山区人民法院：管辖发生在武汉市武昌区、青山区、洪山区辖区内500万元以下第一审普通知识产权民事案件 4. 武汉经济技术开发区人民法院：管辖发生在武汉市汉阳区、蔡甸区、汉南区、武汉经济技术开发区辖区内500万元以下第一审普通知识产权民事案件 5. 武汉东湖新技术开发区人民法院：管辖发生在武汉市江夏区、武汉东湖新技术开发区内500万元以下第一审普通知识产权民事案件			

参考资料：

《〈关于第一审知识产权民事、行政案件管辖的若干规定〉的理解与适用》（2022.5）

《最高人民法院关于涉及发明专利等知识产权合同纠纷案件上诉管辖问题的通知》（2022.4）

《最高人民法院关于第一审知识产权民事、行政案件管辖的若干规定》（2022.4）

《最高人民法院关于印发基层人民法院管辖第一审知识产权民事、行政案件标准的通知》（2022.4）

《最高人民法院关于调整高级人民法院和中级人民法院管辖第一审民事案件标准的通知》（2019.4）

《最高人民法院关于知识产权法庭若干问题的规定》（2018.12）

《最高人民法院关于同意南京市、苏州市、武汉市、成都市中级人民法院内设专门审判机构并跨区域管辖部分知识产权案件的批复》（2017.1）

《最高人民法院关于调整地方各级人民法院管辖第一审知识产权民事案件标准的通知》（2010.1）

十二、长沙市知识产权民事案件级别管辖

法院	审级	案件类型	当事人住所地	数额要求（单位：人民币）
湖南省高级人民法院	一审	**驰名商标+普通商标**	不作区分	50亿元以上
		外观设计权属、侵权		
		其他普通知识产权案件（含知识产权合同纠纷）		
		七类特殊案件	双方均在湖南省	2亿元以上
			一方不在湖南省或涉外、涉港澳台	1亿元以上
		重大影响的案件		
	二审	不服长沙市中级人民法院作出的第一审知识产权民事判决、裁定的上诉案件（七类特殊案件除外，至最高院）		
	再审	不服长沙市中级人民法院作出的已经发生法律效力的知识产权民事判决、裁定、调解书申请再审的案件（七类特殊案件除外，至最高院）		
长沙市中级人民法院	一审	**驰名商标（长沙市）**	不作区分	50亿元以下
		外观设计权属、侵权		
		普通商标	不作区分	100万元以上、50亿元以下
		其他普通知识产权案件（含知识产权合同纠纷）		
		七类特殊案件（湖南省）	双方均在湖南省	2亿元以下
			一方不在湖南省或涉外、涉港澳台	1亿元以下
	二审	不服长沙市辖区内基层法院审理的第一审一般知识产权民事案件的上诉案件		
	再审	不服长沙市辖区内基层法院作出的已经发生法律效力的知识产权民事判决、裁定、调解书申请再审的案件		

续表

法院	审级	案件类型	当事人住所地	数额要求（单位：人民币）
长沙市各基层人民法院	一审	**普通商标** 其他普通知识产权案件（含知识产权合同纠纷）	不作区分	100万元以下
	注：集中管辖与各自管辖 1. 长沙市岳麓区人民法院：管辖发生在长沙市岳麓区、望城区辖区内100万元以下第一审普通知识产权民事案件 2. 长沙市天心区人民法院：管辖发生在长沙市天心区、雨花区辖区内100万元以下第一审普通知识产权民事案件 3. 长沙市开福区人民法院：管辖发生在长沙市开福区、芙蓉区辖区内100万元以下第一审普通知识产权民事案件 4. 长沙市长沙县、浏阳市、宁乡市人民法院：各自管辖发生在本辖区内100万元以下第一审普通知识产权民事案件			

参考资料：

《〈关于第一审知识产权民事、行政案件管辖的若干规定〉的理解与适用》（2022.5）

《最高人民法院关于涉及发明专利等知识产权合同纠纷案件上诉管辖问题的通知》（2022.4）

《最高人民法院关于第一审知识产权民事、行政案件管辖的若干规定》（2022.4）

《最高人民法院关于印发基层人民法院管辖第一审知识产权民事、行政案件标准的通知》（2022.4）

《最高人民法院关于调整高级人民法院和中级人民法院管辖第一审民事案件标准的通知》（2019.4）

《最高人民法院关于知识产权法庭若干问题的规定》（2018.12）

《最高人民法院关于调整地方各级人民法院管辖第一审知识产权民事案件标准的通知》（2010.1）

十三、济南市知识产权民事案件级别管辖

法院	审级	案件类型	当事人住所地	数额要求（单位：人民币）
山东省高级人民法院	一审	**驰名商标+普通商标**	不作区分	50 亿元以上
		外观设计权属、侵权		
		其他普通知识产权案件（含知识产权合同纠纷）		
		七类特殊案件	双方均在山东省	2 亿元以上
			一方不在山东省或涉外、涉港澳台	1 亿元以上
		重大影响的案件		
	二审	不服济南市中级人民法院作出的第一审知识产权民事判决、裁定的上诉案件（七类特殊案件除外，至最高院）		
	再审	不服济南市中级人民法院作出的已经发生法律效力的知识产权民事判决、裁定、调解书申请再审的案件（七类特殊案件除外，至最高院）		
济南市中级人民法院	一审	**驰名商标（济南市）**	不作区分	50 亿元以下
		外观设计权属、侵权		
		普通商标	不作区分	100 万元以上、50 亿元以下
		其他普通知识产权案件（含知识产权合同纠纷）		
		七类特殊案件（集中管辖济南市、淄博市、枣庄市、济宁市、泰安市、莱芜市、滨州市、德州市、聊城市、临沂市、菏泽市辖区内）	双方均在山东省	2 亿元以下
			一方不在山东省或涉外、涉港澳台	1 亿元以下
	二审	不服济南市基层人民法院审理的第一审知识产权民事的上诉案件		
	再审	不服济南市基层人民法院作出的已经发生法律效力的知识产权民事判决、裁定、调解书申请再审的案件		

续表

法院	审级	案件类型	当事人住所地	数额要求（单位：人民币）
济南市各基层人民法院	一审	普通商标 其他普通知识产权案件（含知识产权合同纠纷）	不作区分	100万元以下
	注：集中管辖 1. 济南市历下区人民法院：管辖发生在济南市历下区、槐荫区辖区内100万元以下第一审普通知识产权民事案件 2. 济南市市中区人民法院：管辖发生在济南市市中区、历城区辖区内100万元以下第一审普通知识产权民事案件 3. 济南市天桥区人民法院：管辖发生在济南市天桥区、济阳区、商河县辖区内100万元以下第一审普通知识产权民事案件 4. 济南市长清区人民法院：管辖发生在济南市长清区、平阴县辖区内100万元以下第一审普通知识产权民事案件 5. 济南市章丘区人民法院：管辖发生在济南市章丘区、济南高新技术产业开发区辖区内100万元以下第一审普通知识产权民事案件 6. 济南市莱芜区人民法院：管辖发生在济南市莱芜区、钢城区辖区内100万元以下第一审普通知识产权民事案件			

参考资料：

《〈关于第一审知识产权民事、行政案件管辖的若干规定〉的理解与适用》（2022.5）

《最高人民法院关于涉及发明专利等知识产权合同纠纷案件上诉管辖问题的通知》（2022.4）

《最高人民法院关于第一审知识产权民事、行政案件管辖的若干规定》（2022.4）

《最高人民法院关于印发基层人民法院管辖第一审知识产权民事、行政案件标准的通知》（2022.4）

《最高人民法院关于调整高级人民法院和中级人民法院管辖第一审民事案件标准的通知》（2019.4）

《最高人民法院关于知识产权法庭若干问题的规定》（2018.12）

《最高人民法院关于同意杭州市、宁波市、合肥市、福州市、济南市、青岛市中级人民法院内设专门审判机构并跨区域管辖部分知识产权案件的批复》①（2017.8）

《最高人民法院关于调整地方各级人民法院管辖第一审知识产权民事案件标准的通知》（2010.1）

① 载山东省高级人民法院官网，http：//www.sdcourt.gov.cn/nwglpt/sfgk6317/_2547857/sszy45/index.html，访问路径：诉讼指南—管辖法律汇编—自动下载—知识产权管辖篇，2022年6月14日访问。

十四、青岛市知识产权民事案件级别管辖

法院	审级	案件类型	当事人住所地	数额要求（单位：人民币）
山东省高级人民法院	一审	**驰名商标+普通商标**	不作区分	50 亿元以上
		外观设计权属、侵权		
		其他普通知识产权案件（含知识产权合同纠纷）		
		七类特殊案件	双方均在山东省	2 亿元以上
			一方不在山东省或涉外、涉港澳台	1 亿元以上
		重大影响的案件		
	二审	不服青岛市中级人民法院作出的第一审知识产权民事判决、裁定的上诉案件（七类特殊案件除外，至最高院）		
	再审	不服青岛市中级人民法院作出的已经发生法律效力的知识产权民事判决、裁定、调解书申请再审的案件（七类特殊案件除外，至最高院）		
青岛市中级人民法院	一审	**驰名商标（青岛市）**	不作区分	50 亿元以下
		外观设计权属、侵权		
		普通商标	不作区分	100 万元以上、50 亿元以下
		其他普通知识产权案件（含知识产权合同纠纷）		
		七类特殊案件（集中管辖青岛市、东营市、烟台市、潍坊市、威海市、日照市辖区内）	双方均在山东省	2 亿元以下
			一方不在山东省或涉外、涉港澳台	1 亿元以下
	二审	不服青岛市基层人民法院审理的第一审知识产权民事的上诉案件		
	再审	不服青岛市基层人民法院作出的已经发生法律效力的知识产权民事判决、裁定、调解书申请再审的案件		

续表

法院	审级	案件类型	当事人住所地	数额要求（单位：人民币）
青岛市各基层人民法院	一审	**普通商标**		
		其他普通知识产权案件（含知识产权合同纠纷）	不作区分	100万元以下
	注：集中管辖与各自管辖 全市10个区（含省辖县级市）法院，2个（青岛市黄岛区、崂山区人民法院）各自管辖，8个实施集中管辖 1. 青岛市市南区人民法院：管辖发生在青岛市市南区、市北区辖区内100万元以下第一审普通知识产权民事案件 2. 青岛市即墨区人民法院：管辖发生在青岛市即墨区、莱西市辖区内100万元以下第一审普通知识产权民事案件 3. 青岛市李沧区人民法院：管辖发生在青岛市李沧区、城阳区辖区内100万元以下第一审普通知识产权民事案件 4. 胶州市人民法院：管辖发生在胶州市、平度市辖区内100万元以下第一审普通知识产权民事案件			

参考资料：

《〈关于第一审知识产权民事、行政案件管辖的若干规定〉的理解与适用》（2022.5）

《最高人民法院关于涉及发明专利等知识产权合同纠纷案件上诉管辖问题的通知》（2022.4）

《最高人民法院关于第一审知识产权民事、行政案件管辖的若干规定》（2022.4）

《最高人民法院关于印发基层人民法院管辖第一审知识产权民事、行政案件标准的通知》（2022.4）

《最高人民法院关于调整高级人民法院和中级人民法院管辖第一审民事案件标准的通知》（2019.4）

《最高人民法院关于知识产权法庭若干问题的规定》（2018.12）

《最高人民法院关于同意杭州市、宁波市、合肥市、福州市、济南市、青岛市中级人民法院内设专门审判机构并跨区域管辖部分知识产权案件的批复》（2017.8）

《最高人民法院关于调整地方各级人民法院管辖第一审知识产权民事案件标准的通知》（2010.1）

图书在版编目（CIP）数据

商标诉讼实务法规辑要 / 李永波，侯玉静编 . —北京：中国法制出版社，2022. 8
ISBN 978-7-5216-2782-4

Ⅰ. ①商… Ⅱ. ①李…②侯… Ⅲ. ①商标权-民事诉讼-中国 Ⅳ. ①D923. 43

中国版本图书馆 CIP 数据核字（2022）第 123637 号

责任编辑：成知博　　封面设计：李　宁

商标诉讼实务法规辑要
SHANGBIAO SUSONG SHIWU FAGUI JIYAO

编者/李永波，侯玉静
经销/新华书店
印刷/保定市中画美凯印刷有限公司
开本/787 毫米×1092 毫米　16 开　　印张/43. 75　字数/725 千
版次/2022 年 8 月第 1 版　　2022 年 8 月第 1 次印刷

中国法制出版社出版
书号 ISBN 978-7-5216-2782-4　　定价：139. 00 元

北京市西城区西便门西里甲 16 号西便门办公区
邮政编码：100053　　传真：010-63141600
网址：http：//www. zgfzs. com　　**编辑部电话：010-63141809**
市场营销部电话：010-63141612　　**印务部电话：010-63141606**

（如有印装质量问题，请与本社印务部联系。）